新型南南合作蓝皮书

BLUE BOOK OF A NEW TYPE OF
SOUTH-SOUTH COOPERATION

金砖国家合作发展报告
（2019）

REPORT ON BRICS COOPERATION AND DEVELOPMENT
(2019)

主　编／郭业洲
副主编／栾建章　蔡春林

社会科学文献出版社
SOCIAL SCIENCES ACADEMIC PRESS (CHINA)

图书在版编目（CIP）数据

金砖国家合作发展报告.2019／郭业洲主编.－－北京：社会科学文献出版社，2019.7

（新型南南合作蓝皮书）

ISBN 978－7－5201－4787－3

Ⅰ.①金… Ⅱ.①郭… Ⅲ.①国际合作－经济合作－经济发展－研究报告－2019 Ⅳ.①F114.4

中国版本图书馆 CIP 数据核字（2019）第 080779 号

新型南南合作蓝皮书

金砖国家合作发展报告（2019）

主　　编／郭业洲

副 主 编／栾建章　蔡春林

出 版 人／谢寿光

责任编辑／王玉山

文稿编辑／张金木

出　　版／社会科学文献出版社·经济与管理分社（010）59367226
地址：北京市北三环中路甲 29 号院华龙大厦　邮编：100029
网址：www. ssap. com. cn

发　　行／市场营销中心（010）59367081　59367083

印　　装／天津千鹤文化传播有限公司

规　　格／开本：787mm × 1092mm　1/16
印张：32.25　字数：533 千字

版　　次／2019 年 7 月第 1 版　2019 年 7 月第 1 次印刷

书　　号／ISBN 978－7－5201－4787－3

定　　价／189.00 元

主要编撰者简介

郭业洲 大学学历，文学学士。1993年7月加入中国共产党。1983年9月进入北京外国语学院德语系学习。1987年8月在中共中央对外联络部工作，历任副处长、处长、八局副局长、研究室副主任（副局级）、研究室主任（正局级）、二局局长、部长助理、部长助理兼办公厅主任。1989年11月至1990年10月在山东省淄博市临淄区基层锻炼。1991年3月至1993年8月、1996年1月至1998年2月赴中国驻德意志联邦共和国大使馆工作。2001年5月至2002年1月在河北省丰润县挂职锻炼，任县委副书记。2010年8月至2013年8月任中国驻保加利亚共和国特命全权大使。2014年1月任中共中央对外联络部副部长。

栾建章 中国人民大学国际关系学院毕业，法学博士，山东大学中外战略对话研究中心兼职教授。先后在外交部政策研究室、中国驻澳大利亚使馆和中央外事工作领导小组办公室政策研究局工作，现任中共中央对外联络部研究室主任、金砖国家智库合作中方理事会秘书长。长期从事国际关系和中国对外战略等方面的研究。多年来除了撰写大量供决策者参考的内部文稿外，还主持编写了《国家地理——从地理版图到文化版图的历史考察》、《中国外交官眼中的世界热点》、《中共十八大：中国梦与世界》和"智库话金砖系列丛书"等多部著作，发表《深入理解习近平外交思想的五个维度》《中国新型政党制度是对人类政治文明的重大贡献》《科学发展观与新形势下的对外工作》等多篇论文。

蔡春林 对外经济贸易大学博士生导师，经济学博士，广东工业大学经济与贸易学院教授，广东省新兴经济体研究会会长，金砖国家智库合作中方理事会理事，广东工业大学金砖国家研究中心主任，中国致公党广东省委经济委副主任，中国新兴经济体研究会常务理事兼副秘书长，中国拉丁美洲学会常务理事，中国高等教育学会"一带一路"研究分会常务理事。发表论文 50 多篇，出版著作 17 部，主持国家项目 2 项、省部级项目 6 项，其中 7 项研究成果获省部级奖，21 篇报告得到省部级单位采用。

About Editors-in-chief

Guo Yezhou, with a bachelor's degree in literature. He joined the Communist Party of China in July 1993. In September 1983, he entered the German Department of Beijing Institute of Foreign Languages. In August 1987, he participated in the Foreign Liaison Department of the Central Committee of the Communist Party of China. He was successively deputy director, director, deputy director of the Eighth Bureau, deputy director of the research department (deputy Bureau level), director of the research department (bureau level), director of the second bureau, assistant minister, assistant minister and chief of the general office. From November 1989 to October 1990, he exercised at the grass-roots level in Linzi District, Zibo City, Shandong Province. From March 1991 to August 1993, January 1996 to February 1998, he worked at the Chinese Embassy in the Federal Republic of Germany. From May 2001 to January 2002, he worked in Fengrun County, Hebei Province as Deputy Secretary of the county Party committee. From August 2010 to August 2013, he served as the Ambassador Extraordinary and Plenipotentiary of China to the Republic of Bulgaria. In January 2014, he was appointed Vice-Minister of the Foreign Liaison Department of the Central Committee of the Communist Party of China.

Luan Jianzhang, has received his doctor of law degree at School of International Studies, Renmin University of China, and is also a part-time professor in Research Center of Strategic Conversation between China and foreign countries, Shandong University. He successively worked in the Policy Research Department of the Ministry of Foreign Affairs, the Embassy of the People's Republic of China in Commonwealth of Australia and Office of the Leading Group for Foreign Affairs of the Central Committee of CPC. At present he holds the position of director of the Research Office of International Department, Central Committee of CPC and Secretary General of China Council for BRICS Think Tank Cooperation. Being engaged in the research of international relations and China's foreign policies for years, he has produced a large number of internal documents for decision makers and presided over the editing of many publications, including "National Geography-a Historical Survey from Geographical Map to Cultural Map", "Global Hot Spots in the Eyes of Chinese Diplomats", "The 18th CPC National Congress: the Chinese Dream and the World" and "The Series of Think Tanks towards BRICS", as well as issued lots of papers, involving "the Five Dimensions of Deepening Understanding of Xi Jinping's Diplomatic Thoughts", "China's New Political Party System-A Major Contribution to Human Political Civilization" and "The Scientific Outlook on Development and Foreign Work under the New Situation".

Cai Chunlin, graduated from the University of International Business and Economics, majoring in world economy, Doctor of Economics, Doctoral supervisor. Professor of School of Economics and Commerce, Guangdong University of Technology, Chairman of Guangdong Emerging Economies Society, director of the China Council for BRICS Think Tank Cooperation. He is also director of Center for BRICS Studies, Guangdong University of Technology, vice chairman of the Economic Committee of Guangdong Provincial Committee of China Zhi Gong Party, executive director of the China Society of Emerging Economies, executive director of Chinese Association for Latin American Studies, and executive director of Belt and Road Institute of China Association of Higher Education. He has published more than 50 papers and 17 books, presided over 2 national projects, 6 provincial and ministerial projects. And 7 research results won provincial and ministerial awards, 21 reports have been adopted by provincial and ministerial departments.

摘　要

　　星移斗转，世事沧桑。半个多世纪风雨兼程、起落沉浮，南南合作不仅没有消亡，反而不断壮大，在促进南方国家独立、发展和参与、推动全球治理走向民主化、公平化和合理化进程中发挥了不可或缺的积极作用。

　　当下，全球化运动遭遇了以英国脱欧、"美国优先"和"退群"等所代表的逆流，多边合作趋势遭受挫折，对南南合作提出了新的命题和挑战。一方面，在新时代，全球发展与全球治理面临的问题更加复杂多样和尖锐，时代呼唤深化全球化和多边合作；另一方面，以美国为首的全球化进程框架下的全球多边合作秩序被破坏，急需其他多边合作主体承担起推动全球化和国际合作的责任，包括南南合作在内的多边合作责无旁贷，需要承担起更多的合作义务，做出更大的全球贡献。南方国家为了进一步创造良好发展环境和增强全球治理参与能力，克服全球化和多边合作出现的困难，加强合作的诉求是必然的，同时，南方国家的综合实力以及多边合作经验也得到显著提升。但也应看到，南方国家阵营本身发展分化明显，与发达国家的政治经济联系密切度各有不同，制度政策选择、合作需求和能力差距较大，强化自身内部合作也面临更大的协调难度。

　　站在历史新起点上，南方国家要强化凝聚力，承担起时代赋予的推动全球化和国际多边合作的历史使命，无疑需要总结过去南南合作的得失成败、经验教训，顺应时代变化、强化合作力度、创新合作机制、提高合作质效、焕发新活力，开启南南合作新时代（新型南南合作），为推动全球化和国际合作做出更大贡献。在这方面，当今的南南合作具有更多的可能性和更大的底气，因为，金砖国家的崛起和金砖合作的深化，不仅与南南合作并驾齐驱，而且互相补充完善，相得益彰。金砖国家整体上作为南方国家的代表性群体，正成为南方国家的领头羊和榜样，金砖国家的合作既相对独立，又成为南南合作体系的重要组成部分和引领性力量。由于金砖合作的稳定推进和影响力日益扩大，其对南南合作的健康持续发展产生正面而持久的积极影响，必将让南南合作爆发更加强劲的合作动力和生命力。

基于上述背景，本书认为针对新时代南南合作新发展以及金砖国家和金砖合作在其中扮演什么角色、如何互动共进，合力推动全球化和国际多边合作新发展，需要进行深入研究。在此前提下，本书对南南合作的发展历程进行了追根溯源，分析了新时期南南合作面临的新环境、新机遇和新挑战，探索深化和创新南南合作、金砖合作以及促进两者相互融合互动的新领域、新方法、新动力、新机制。

本书共分三大部分，第一部分是总报告，第二部分是 5 篇国别报告，第三部分是 23 篇专题报告，全书共约 53 万字，由 30 多位长期关注和跟踪研究南南合作与金砖国家问题的专家倾心撰写。

在总报告"金砖机制引领南南合作新发展"中，界定了南南合作与新南南合作的基本内涵，回顾了南南合作的历史角色、作用及发展变迁，分析了新时期南南合作的意义、背景及特点，指出金砖合作与新南南合作包容互动发展，特别是发挥金砖机制引领作用的基本方向和共同为全球发展、治理与合作做出新贡献的基本途径。

在"巴西经济社会发展最新情况及对南南合作态度"部分，分析了 2017 年巴西经济在 2015～2016 年连续两年深度衰退后多指标好转的复苏情况，同时指出了依然存在政府财政负担较重和限制对外经济政策实施的困境，认为回归民主化以来巴西历届政府把南南合作作为保证巴西经济发展和提升巴西国际地位的外交战略内容之一，尤其是新总统上台之后将南南合作，特别是金砖国家、非洲国家和南美洲国家作为巴西对外政策重点和支点的取向值得肯定和关注。

在"俄罗斯经济社会发展最新状况评析"部分，回顾了 2017 年俄罗斯经济衰退企稳状况以及就业、医疗、教育指标出现一定程度改善，但人口问题依然严峻的形势，认为俄罗斯当前各项指标与普京实现改善民生和强国战略的宏伟目标相距甚远，对当前及未来经济增长向好是关系到普京执政基础和普京历史地位的关键因素做出了判断。同时，还介绍并肯定了俄罗斯近年来在国力受限的情况下，对南南合作更加重视并试图通过对外经贸、军事技术合作、对外援助等方式加强与南方国家合作以谋求发展中国家尽可能支持的政策和行为。

在"印度经济社会发展态势及南南合作取向"部分，认可了印度作为金砖机制重要成员和南南合作重要推动国的地位，分析了印度在面临种种问题和挑战境况下通过发挥地缘、人缘、语言、文化等优势对南南合作发挥的重要政治、经济、外交等影响以及力图把更多发展中国家囊括到"金砖＋"合作中的愿景，指出未来中印依然要落实合作共识，促进国际多边合作，完善国际合作体系，推动发展中国家融入世界经济、实现共同发展，以应对"印太"战略和美国主导的贸易保护主义。

在"中国经济社会发展态势及南南合作基本政策"部分，总结了 2018 年中国经济运行基本状况，分析了 2019 年中国经济稳中向好、结构优化升级态势持续发展基本格局下面临的国内外严峻环境和经济下行压力，还分析了中国在新时代推进南南合作需要扮演的新角色和做出的新贡献，如通过倡导构建人类命运共同体理念为南南合作进一步指明方向，通过"一带一路"倡议和推动金砖合作机制发展等为南南合作提供重要平台，通过中国特色国际发展合作为南南合作注入新动力等。

在"南非经济社会发展及其在南南合作中的角色"部分，描述了近五年来南非因经济结构单一、高失业率与高通胀率并存、公共部门成本过高等结构性问题而陷入经济停滞及由此导致 2017～2018 年南非政府更迭的情况，介绍了南非新政府意图通过推动激进改革尤其是土地再分配以解决经济停滞和支持率下降的政策选择，分析展望了南非新政府为赢得下次大选，近期将会把主要精力放在国内事务而非国际事务上，其国际承诺将趋于谨慎，包括参与南南合作的方式会有所调整的前景。

在"国际合作体系新变化及南南合作新使命"部分，认为国际合作体系正在发生深刻变革，援助主体正从美国和欧洲等传统援助国扩大到新兴经济体等多元主体，国际合作主要形式正由以北方援助南方发展为主、南南合作为补充，转变为南南合作与南北合作并驾齐驱，南南合作理念和经验开始引领国际发展合作；分析了新南南合作面临从南方视角构建自身发展知识和经验、促进南南国家之间平行经验的转移以及协调南南合作与南北合作关系的挑战；提出在全球化面临阻力的背景下，积极塑造国际合作体系成为南南合作的新使命，创新南南合作模式可以为全球治理提供更多公共产品和解决方案。

在"南南合作与全球治理体系变革"部分，肯定了几十年来南南合作在经济、技术、信息、人力资源等领域取得的丰硕成果及对发展中国家经济社会发展和国际政治经济秩序变革所起的积极作用；阐述了在全球治理体系变革大背景下南南合作面临诸多问题及呈现若干新趋势和加强南南合作对于推进全球治理体系变革所具有的重要意义；提出为顺应和促进全球治理体系变革加强南南合作需要从丰富南南合作内容、强化南南合作制度性、将南南合作与各国发展战略对接和优化南南合作与南北合作关系等多方面入手的基本思路。

在"金砖国家在推动南南合作中的角色和地位"部分，基于南南合作与金砖国家的发展历程追溯，论述了金砖国家是推动南南合作的示范引领者、改革创新者和强力"造血"者，阐述了因政治身份独特、经济实力强大、国际影响力凸显等因素，金砖国家在推动南南合作中具有不可替代的重要地位；同时还进一步分析了金砖国家在参与全球治理和推进南南合作中需正视与面对的困境并有针对性地提出加强务实合作的方向和举措。

在"金砖国家推动南南合作的复合路径"部分，分析了金砖国家经由三大路径推动新时期南南合作的可能性：扩大和深化金砖五国相互之间的实质性合作将在国内国际两大层面和政治经济两大领域为南南合作奠定坚实的内核基础；通过"金砖+"对话机制为南南合作构筑更加广泛的伙伴关系网络；引领和改善南方国家与北方国家之间的政治对话与经济合作将有助于构建南北命运共同体并为南南合作提供更加良好的外部环境。同时认为，上述三大既相对独立又相互关联的路径有利于金砖国家推动形成有效、有序、有利的南南合作新局面。

在"从'金砖+'机制看南南合作模式创新"部分，对 20 世纪后半叶兴起的南南合作进行了评价，认为受到不合理国际政治经济制度的制约，南南合作并未给南方国家带来预期的发展；提出自新千年以来以金砖五国为代表的新兴经济体的迅速发展冲击了既有国际政治经济格局，金砖合作机制的成果与影响力在十多年不断发展并成为新时期南南合作的典范，"金砖+"机制的创立将进一步提升金砖合作对南方国家的开放性，为将金砖合作打造成新时期最具代表性的南南合作平台提供理念和制度支持。

在"试析金砖国家命运共同体的构建"部分，肯定了构建金砖命运共同体对建设人类命运共同体及对推动金砖可持续合作所具有的重要实践价值和历史意义；强调金砖国家在近十余年的合作中已经发展成为一个利益共同体，在合作进程中建立的伙伴关系和形成的金砖精神为构建命运共同体奠定了基础，内外形势变化为构建命运共同体提供了条件；建议构建金砖命运共同体需要在坚持整体性、主权、包容、民主和责任共担等原则的基础上主要通过创新和完善合作机制来进行。

在"国际能源合作体系中的南南合作"部分，认为近年来国际能源市场供求格局发生了很大的变化，对发展中国家在能源领域的合作产生了深远的影响，能源成为南南合作的重要领域；分析了发展中国家通过双边或者多边机制，搭建一系列能源合作国际平台和在能源安全、开发和利用清洁能源等领域开展的合作促进了全球能源治理机制的不断完善；肯定了中国作为世界上最大发展中国家在新南南合作中日益凸显的重要性和在推动发展中国家间的能源合作方面正在发挥的积极作用。

在"金砖合作对全球贫困治理的带动与示范作用"部分，分析了冷战结束后在全球化日益深入过程中贫困问题呈现的地区不平衡、资源依附性强以及与冲突相关联等新特征，认为贫困问题日益成为全球治理的关注对象；提出金砖国家以其集体行动、自身经济发展和双边或多边合作的方式在全球贫困治理中发挥积极作用，未来金砖国家间合作将推动全球贫困治理的改善围绕以主权国家为主体的多层治理体系、平等与公平的发展型伙伴关系以及长期稳定的制度框架等方面进行。

在"南南合作与全球金融治理变革"部分，从2008年全球金融危机之后以"华盛顿共识"为代表的自由资本主义模式广受诟病这一背景分析出发，认为广大发展中国家进一步认识到南南合作对促进自身发展和推动全球治理的重要作用，传统的全球金融治理模式难以防止区域和全球金融危机的爆发，近年来的一系列机构和制度改革依然不能满足南方国家的期待和要求，分析了南方国家特别是金砖国家在推动全球金融治理改革方面进行的一系列尝试及取得的阶段性成果；提出了未来南南国家合作参与全球金融治理的共同目标和任务。

在"金砖国家技术创新政策比较研究"部分，提出技术创新政策的制度安排对金砖国家未来可持续发展的重要性，通过构建金砖国家技术创新政策目标、工具和执行的三维比较研究框架，对金砖国家政策设计进行全面比较，即从空间上横向比较金砖国家已有技术创新政策布局，以及沿时间轴纵向比较金砖国家不同时间段和全阶段的技术创新政策差异，探寻金砖国家技术创新政策演进的规律和差异，并基于上述分析结果提出科学构建中国技术创新政策体系的若干建议。

在"全球农业南南合作和中国的参与"部分，分析了全球农业南南合作从双边合作主导转向三边合作的基本趋势以及全球南南合作从政治领域合作扩展到经济、社会、文化等领域，农业合作在南南合作中所具有的重要地位，认为中国一直秉承南南合作原则，尤其是在农业领域，成为各种农业南南合作模式的主要参与者、引领者和贡献力量。

在"发挥智库对金砖合作的支撑与引领作用"部分，梳理了金砖国家合作机制的背景与历史演进，强调了智库的智力支持对金砖国家发展以及金砖合作机制建设的积极作用，着重分析了金砖国家相关智库发展及智库领域合作现状，结合智库交流与合作情况对智库支持金砖合作提出践行"金砖+"模式、扩展智库对话合作平台、深化智库成果分享、健全信息获取渠道、全方位参与公共决策、增强协同创新、提升社会智库共治能力等建议。

在"'一带一路'倡议及其对深化金砖合作的影响与作用"部分，论述了"一带一路"倡议对金砖国家塑造发展创新、增长联动、利益融合的世界经济，坚定维护和发展开放型世界经济，树立命运共同体意识，建设利益共享的全球价值链，培育全球大市场，实现互利共赢发展的重大意义，指出了金砖国家从产能合作、经贸规则、政治安全、人文交流、环境保护等方面深化合作以实现"一带一路"建设与金砖合作的对接发展的基本路径。

在"中国在金砖国家投资的法律风险及对策"部分，分析了国家鼓励国内资本和优势产业向金砖国家投资的重大意义与政策取向，认为这既是经济要素国际移动的必然趋势，也是提高我国对外话语权的重要途径。同时也指出，金砖国家因国情不同导致其政体及其法律体制、法律制度的差异性而使中国投资面临包括法律风险在内的诸多风险。在探讨中国在金砖其他国家直接投资面临的国内法和国际法风险及其主要表现基础上提出国家层面较系统、多元化的法律预防和救济措施。

在"金砖国家国际金融公共产品供给研究"部分，认为金砖国家金融合作的实质是国际金融公共产品的供给。在国际金融公共产品供给框架下，从国际金融稳定与国际金融效率出发，对金砖国家新开发银行和金砖国家应急储备安排的建设进行分析，并就其未来发展和包容性提升提出具体建议。此外，也对新时期金融科技发展背景下，金砖国家国际金融合作面临的新机遇进行了展望。

在"金砖国家人文交流风险与障碍"部分，认为人文交流作为金砖国家合作的第三支柱正日益受到关注，但在实施过程中，人文交流对强化金砖国家合作和夯实民意基础的支持力度不够，而且在主客观条件、实施过程、成效和评估机制方面尚存在一定风险。指出为了克服障碍，金砖国家人文交流需要探索交流的有效方式，弥合鸿沟，克服自我中心，实现多元联动，强化品牌意识，健全评估体系。

在"金砖国家在非洲工业化进程中的角色及作用"部分，从分析金砖五国在非洲国家投资的历史、现状和特点入手，指出非洲面临"去工业化"的挑战，针对金砖国家在非洲工业化进程中的作用提出量化可行的目标和落实路线图，包括建立金砖国家与非洲工业化协调机制，需要特别强调金砖国家新开发银行的特殊角色以及与非洲开发银行的合作，结合自身特点和发展经验对口支持非洲国家的工业化建设，催生非洲版新兴金砖国家，共同推动《2030 年可持续发展议程》以及非洲《2063 年议程》的实现，等等。

在"金砖国家数字经济合作的重要机遇与主要挑战"部分，认为随着实体经济加速向以数字经济为重要内容的新经济转变，数字经济日益成为受全球关注的新经济、新业态、新动能，作为新兴经济体的金砖国家更应把握机会在数字经济发展的大潮中建立自身优势并打造新型区域合作模式。通过环境指数、基础设施就绪度指数、应用指数、影响力指数的得分和排名情况对金砖国家数字经济发展状况进行系统分析，同时对金砖国家之间在数字经济领域的合作进行了回顾，提出金砖国家在数字经济领域合作面临的挑战以及推进这一合作的若干建议。

在"金砖国家的数字经济合作：现状、问题与前景"部分，从基础设施、产业数字化、政策环境等方面分析总结金砖国家数字经济合作现状，指出当前金砖国家在数字经济领域的合作还存在诸如基础设施建设差异较大、跨境电商贸易壁垒较多、网络安全技术不到位、国际政策不完善等一些亟待解决的问题。在此基础上，提出加强金砖国家协作、推动金砖国家数字经济基础设施互联互通建设、数字网络安全共享、数字技术融合、健全数字经济合作制度等促进金砖国家互利共赢的数字经济发展等基本构想。

在"金砖五国人文特点及对金砖国家合作的影响"部分，指出金砖国家之间的经贸财金、政治安全、人文交流合作升级对于共谋发展、坚持多边主义、维护全球公平正义至关重要，同时人文交流更能对金砖合作产生潜移默化、润物无声的推动作用，更有利于实现包容发展和求同存异。在分析和承认金砖国家因地理、历史、宗教、种族、人口等迥异而显示出人文特质明显差异的基础上，力图探索消除人文合作障碍的途径以及潜在可能发挥良性影响的因素，扬长避短发挥人文因素对弘扬金砖合作的积极贡献。

在"深化金砖国家贸易合作的政策建议"部分，认为在以美国为主要推动者的贸易保护主义措施频现的形势下，深化金砖贸易合作，引领发展中国家共同推动全球经济治理机制的变革意义凸显。分析了当前金砖国家间贸易迅速增长背后存在的贸易不平衡、贸易垂直化结构、贸易保护主义以及贸易合作机制不完善等矛盾和挑战。指出需要在面对外部环境以及内部竞争等制约因素时采取加强政治互信和国家战略对接、提高贸易便利化程度、推动基础设施建设、创新贸易合作内容与方式、改善贸易结构、打造以金砖国家为枢纽的双环流价值体系、建立贸易纠纷解决机制以及提升金砖智库对深化经贸合作智力支持等系列举措。

在"中国如何利用金砖合作参与全球治理"部分，认为以美国为首的西方发达国家呈现回归保护主义、在全球治理中收缩的趋势，以中国为代表的新兴国家成为全球治理的关键行为体，金砖合作机制更是代表广大发展中国家利益和诉求、参与全球治理实践的平台。中国应探寻如何凝聚金砖力量更有效地参与全球经济、金融、生态、发展等治理进程，实现国家利益、金砖成员诉求与全球治理需要相契合，既有力回应国际社会对中国提供更多全球公共产品的要求，同时还有助于推动金砖机制在全球事务中发挥更大作用。

在"中美贸易摩擦背景下金砖国家合作的战略意义"部分，认为在中美贸易摩擦背景下，金砖国家合作的战略意义更加凸显。中国既可以通过加强与金砖国家的合作，借助新兴经济体和发展中国家的利益与诉求来应对中美贸易摩擦，实现自我稳固发展和目标达成，也可以借机巩固和深化双边关系，完善和发展金砖机制，构建多层次的成员体系、常设组织机构和全方位的协调机制。同时借助金砖平台推进全球化和世界贸易体制改革，推动形成新的全球政治经济社会治理架构，丰富"人类命运共同体"理念的内涵和实践。

目 录

Ⅰ 总报告

Ⅱ 国别报告

Ⅲ 专题报告

皮书数据库阅读**使用指南**

总 报 告

General Report

B.1
金砖机制引领南南合作新发展

林跃勤*

摘　要：　在当前全球化和国际合作大趋势受到空前威胁和挑战，以及
　　　　　新兴市场与发展中国家作为后发者和追赶者的角色依然没有
　　　　　根本改变的语境下，深化内部合作、促进平等互利发展以及
　　　　　协同强化参与全球治理的能力与竞争力将一直是新兴市场与
　　　　　发展中国家不可回避的迫切战略选择。传统南南合作在推动
　　　　　二战后新独立发展中国家的主权安全、发展和参与全球治理
　　　　　协作等方面发挥过积极作用。随着时代与环境变化，新兴市
　　　　　场与发展中国家间的合作选择和范式也日益丰富，特别是金
　　　　　砖合作机制的出现和发展显著改写了南南合作的基本格局和
　　　　　动力结构。通过回顾南南合作历史作用及发展变迁，分析新
　　　　　时期南南合作的重要意义及新特点，指出金砖合作与新南南合

---

* 林跃勤，博士，研究员，中国社会科学杂志社对外传播中心主任，研究领域：国际贸易与国
　际问题。

作包容互动发展，特别是发挥金砖机制引领作用的基本方向和二者共同为全球发展、治理与合作做出新贡献的基本途径。

关键词： 南南合作　金砖国家　互动协作

一　南南合作对战后初生发展中国家团结互助产生积极作用

国际合作作为人类社会发展的动力一直普遍存在、形式多样并与时俱进。从合作参与者角色种类多寡衡量，国际合作可以区分为双边合作与多边合作（超过两个主体），后者包括区域性（跨区域性）合作与全球性合作，如东盟、欧盟、南方共同市场、非盟、阿拉伯国家联盟、不结盟运动、北美自由贸易协议、七十七国集团、安第斯共同体、北约、上合组织、金砖合作机制等集团型合作机制，而联合国、世界银行、国际货币基金组织、关贸总协定/世界贸易组织等是全球性合作组织。从合作机制参与者发达程度衡量，有发达国家之间的合作（一般称之为北方国家之间的合作，北北合作），如 G7、OECD、欧盟等。南北合作或称混合型合作，则是指发展中国家及发达国家等不同发展程度的主体之间开展的合作，如环印度洋地区合作联盟（Indian Ocean Rim Association for Regional Cooperation，IOR-ARC）①、G20、APEC、东盟、亚投行等，当然也包括联合国、世界贸易组织、世界银行、国际货币基金组织等包含区域与全球所有成员在内的合作形式。欠发达国家之间的合作，一般称之为南方国家（多数分布在南半球）之间的合作，南南合作或南—南合作（South-South Cooperation，SSC）。根据联合国南南合作办公室（the United Nations Office for South-South Cooperation）2004 年的定义，南南合作泛指"那些在政治、经济、文化、环境和技术领域都处在'南方'的国家间的合作，一般涉及两个或多个发展中国家，可以是双边的、地区的合作，也可以是次地区的、地区间的

---

① 1995 年 4 月 18 日，南非、印度、澳大利亚、肯尼亚、毛里求斯、新加坡和阿曼在毛里求斯发表推动环印度洋经济圈计划的联合声明。

合作，发展中国家通过共享知识、技术、专业技能和资源以达到它们的发展目标"，是南方国家涉及政治、经济、社会、文化、环境和技术领域合作的一个广泛的框架。由于发展中国家大多位于南半球及北半球的南部，国际上常以南南合作来指代发展中国家之间的合作，因而，南南合作主要是指发展中国家间以加强政治、经济独立和集体经济力量进而实现建立国际经济新秩序的目标而开展的合作，如不结盟运动、七十七国集团、金砖国家合作机制、上合组织、非洲联盟、阿拉伯国家联盟、南方共同市场等。南南合作是广大发展中国家基于共同的历史遭遇和独立后面临共同的任务而展开的经济、技术、贸易等多领域的互助性合作，是发展中国家自力更生、独立自主谋求发展的重要途径，也是确保发展中国家参与、融入国际体系的重要平台。① 南南发展合作的提供者就是"为了促进其他发展中国家的经济与社会福利而提供专业知识和财政支持的发展中国家"，还包括传统援助国家与其他多边组织通过提供资金、培训和管理技术等形式以支持南南合作的三方合作（见图1），包括双边合作、区域合作和全球合作三个层次。

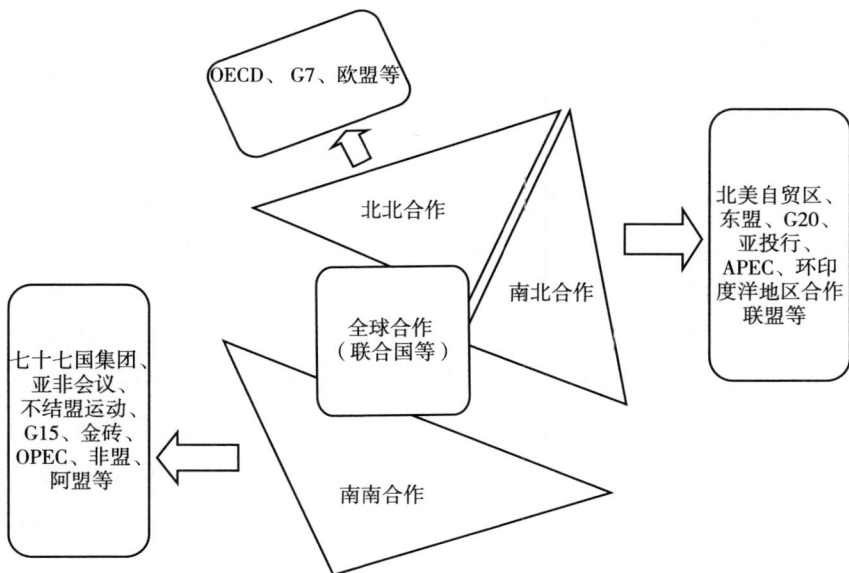

图1　国际合作体系主要结构中的南南合作

---

① 孙靓莹、邱昌情：《"一带一路"建设背景下的南南合作：路径与前景》，《广西社会科学》2016 年第 2 期。

南南合作得到联合国机构的高度重视，为增强人们对南南合作重要性的认识，2003 年 12 月 23 日联合国通过 58/220 决议，决定以每年 12 月 19 日为南南合作日，敦促联合国所有相关组织和多边机构加快努力，将南南合作有效地纳入其经常方案的设计、制定和执行的主流，考虑增拨人力、技术和财政资源，支持南南合作倡议。

（一）南南合作改写了传统发达国家主导的国际关系格局

南南合作起源于二战后广大发展中国家基于共同的历史遭遇和独立后面临的共同任务而开展的相互合作，南南合作的基本精神是发展中国家的自主发展；南南合作的指导原则是"尊重国家主权、国家所有权与独立，平等与无条件，不干涉内政，互惠互利"。1955 年万隆亚非会议确定了南南合作"磋商"的原则，促进了原料生产和出口国组织的建立，提出了在发展中国家间实施资金和技术合作，被认为是南南合作的肇始。20 世纪 60 年代初形成的不结盟运动和七十七国集团这两个南南合作的最大国际组织通过的一系列纲领性文件，为南南合作规定了合作的领域、内容、方式与指导原则。20 世纪 70 年代至 80 年代末，西非国家经济共同体、拉丁美洲经济体系、南部非洲发展协调会议、海湾合作委员会、南亚区域合作联盟等发展中国家谋求经济合作、增强集体自力更生能力的区域性经济组织相继建立。1982 年在印度新德里召开首届南南合作会议，1983 年和 1989 年先后在北京和吉隆坡召开南南合作会议。传统南南合作是在美苏对峙的国际环境下逐渐形成的，广大发展中国家将通过发展中国家自身的团结合作，寻求在美苏两大国冷战中走出一条独立自主的"第三条道路"，作为巩固独立和谋求发展的最佳政策选择。南南合作的实质是面对不平等的南北经济关系，实行联合自强、共同发展，其不仅涉及经济范畴，也包含政治、外交、人权、教育、环境、科技等。近 70 年来经过发展中国家的共同努力，不断巩固发展，对加快发展中国家自身发展和增强国际协调能力以及平衡发达国家集团、增进国际秩序公平化和合理化等均起到了积极作用。南南合作成为发展中国家联合自强的伟大创举，其发展变化不仅对发展中国家过去数十年政治经济发展以及国际地位等产生了巨大影响，也对全球治理与合作产生了不可估量的影响。

当下，随着新兴市场与发展中国家的快速崛起以及全球化进程的变化，南南合作也出现了新的机遇、挑战和新趋势。回顾总结国际合作体系中的南南合作变迁以及新时期南南合作的特点，或者说推进新型南南合作，对于丰富和完善国际合作大格局、推动新兴市场与发展中国家进步与繁荣、改善全球发展与治理，均有积极意义。

（二）南南合作推动了发展中国家的团结互助

二战后亚非拉上百个国家先后赢得政治独立，这是南南合作的必要条件；而面对独立后经济社会落后以及政治不稳定、发达国家的打压和抵制等诸多挑战，新独立国家意识到除了加入全球性的国际合作体系外，还要加强彼此合作，这成为南南合作的充分条件。

1. 为多数新兴独立发展中国家增强归属感和认同感

1955 年在印尼万隆举办的亚非会议被视为南南合作的肇始和第三世界国家团结合作、争取完全独立的进军号角。此后主要由新兴独立国家参与缔造的不结盟运动有力地推动南南合作的扩展。不结盟运动由 1961 年 9 月成立时的 25 个国家增加到 120 个成员国、17 个观察员国和 10 个观察员组织（中国于 1992 年 9 月成为其观察员国），其中绝大部分是亚非拉发展中国家，它是奉行独立自主、不与当时美苏两个超级大国中的任何一个结盟的外交政策的国际组织，是南南合作的主要平台之一，对南方国家具有超强的吸引力，到 2016 年 9 月 13 日不结盟运动峰会高官会议成功举办第 17 届。在历届峰会上，成员国就发展中国家加快各自经济社会发展以及增强对全球事务和形势的共识和协调立场提出很多有益主张。在南南合作精神与原则指引下出现了诸多具体合作组织和平台，如石油输出国组织（OPEC）①、15 国集团（G15）、东盟、南方共同市场、非洲联盟、阿拉伯国家联盟、上合组织、金砖国家合作机制等，使新独立的欠发达国家回归发展中国家大家庭，找到国际归属感。2018 年 3 月 21

① 为了应对全球原油市场被西方财团所谓"原油七姐妹"（埃克森公司、壳牌石油公司、莫比尔公司、德士古公司、英国石油公司、加利福尼亚美孚石油公司、海湾石油公司）垄断的局面，1960 年 9 月 14 日，伊朗、伊拉克、沙特、科威特和委内瑞拉五个盛产石油的发展中国家决定建立一个协调小组，达成产量和价格的同盟——石油输出国组织（Organization of the Petroleum Exporting Countries，OPEC），简称欧佩克。欧佩克组织曾多次使用石油价格武器抗衡美国等西方发达国家，平衡了欧美石油寡头对国际石油市场的垄断，对平衡世界能源市场起到了积极作用。

日，44 个非洲国家在卢旺达首都基加利签署协议成立非洲大陆自由贸易区，是非洲联盟为加强非洲一体化进而加强非洲内部贸易以发展经济的关键性计划，未来如果 55 个非盟国家均签署，则将形成包含 12 亿人口、超过 2.5 万亿美元经济总量的巨大市场，无疑会推动非洲大陆乃至全球的南南合作。

2. 南南合作促进了发展中国家共同发展

数十年间，发展中国家通过合作以及互助，取得了先进带后进、后进促先进、共同发展繁荣的成效。其中，中国、印度、巴西和俄罗斯等大型新兴经济体在这方面表现尤为突出。60 多年来，中国积极参与南南合作，不断拓展对发展中国家的经贸投资合作，对发展中国家的贸易和投资规模急剧扩大，中非贸易规模从 1980 年的约 200 亿美元扩大到 2015 年的 2220 亿美元，中国在非洲的外汇储备投资为 342 亿美元，成为多个非洲国家的最大贸易伙伴，预计 2020 年中非贸易规模将超过 4000 亿美元。同时，中国还扩大对外援助，共向 166 个国家（主要是发展中国家）和国际组织（主要是援助发展中国家的国际组织项目）提供了近 4000 亿元人民币的援助，派遣 60 多万人次的援助人员支援发展中国家建设，中国为 120 多个发展中国家提供了落实联合国千年发展目标力所能及的帮助。据联合国统计，当前南南合作框架下的贸易额约为 5 万亿美元，外国直接投资占全球一半。而中国对外贸易额超过 4 万亿美元（2016年），对外直接投资超过 1000 亿美元，其中相当比例的贸易和投资都是与其他发展中国家合作开展的，为这些国家创造了就业机会，改善了民生环境，减少了贫困人口。2015 年 9 月联合国大会期间中国积极倡导举办中国—南南合作圆桌会，中方在会上宣布设立 200 亿元的"南南合作援助基金"，增加对最不发达国家的投资，承诺在 5 年内为发展中国家在减贫、农业合作、生态保护、应对气候变化、医疗设施、教育培训等方面提供"6 个 100"项目支持。近年来，中国积极促进、带动金砖国家合作，倡导"金砖＋"从而将金砖合作拓展至更多发展中国家，同时，中国与其他金砖国家一起发起成立金砖国家新开发银行、应急储备基金、亚投行、倡导"一带一路"等，推进互联互通建设和国际产能合作，为周边国家和全球发展提供新的公共产品，有利于增强发展中国家的整体造血功能，促进共同发展。印度、巴西、俄罗斯等国家也对发展中国家提供了各种形式的援助和合作。如印度自 2008 年以来与非洲国家举办印非高峰论坛，印度也很重视对发展中国家的支持与合作，特别是对非合作，印非贸易额从 2005/2006 年度的 119 亿美元升至 2015/2016 年度的 567 亿美元。截止到 2016 年的近 20 年间，印度在非洲大陆投资约 540 亿美元，占印度对外直接投资的 19.2%。印度 2015 年之前的十年间向非洲核准了 90 亿美元的优惠贷款，并承诺接下来的五年内再提供 100 亿美元的贷款，包括为卢旺达 35 个教育机构提供价值约 100 万美元的太阳能光伏设备；印度政府在南苏丹投入 4.25 亿卢比用于乡村科技园（Rural Technology Parks）的建设。印度设立了印非发展基金以及印非卫生基金，并向非洲学生提供 5 万个赴印留学的奖学金名额。① 巴西也一直注重南南合作，在一系列国际议题上注意维护发展中国家的共同利益，把巩固和发展南方共同市场（MERCOSUR）、南美洲国家联盟（Union of South American Nations）、拉美和加勒比国家共同体（CELAC），开拓非洲和中东、加强与新兴发展中大国关系作为南南合作的战略重点。在气候变化问题上，巴西在联合国坎昆气候变化大会上与中国、南非和印度组成基础四国共同协调立场，主张发展中国家只能根据本国实际情况制定减排目标，不应承担过多的压力，要求发达国家承担历史与现实责任。巴西在海外使领馆和办事处的数量从原来的 155 个增加到 2010 年的 233 个，与 53 个发展中国家签署了合作交流计划，对外合作资金从 2003 年的 450 万雷亚尔（1 美元约合 1.686 雷亚尔）增加到 2011 年的 9200 万雷亚尔。2008~2010 年，巴西还为海地等国提供了 35 亿美元的信贷资金，为南美洲安第斯发展合作基金注入 3 亿美元资金，为南方共同市场结构性补充基金每年提供 1 亿美元（其中 70% 是无偿赠款）。除了减免有关国家债务外，2010 年巴西为非洲贫困国家提供了价值 3 亿美元的食物。巴西还积极参与和推动金砖国家合作机制建设，与其他发展中国家一起深化南南合作，共同建设一个公平、民主的国际秩序。②

金砖国家等对欠发达国家的援助减轻了后者对发达国家的依赖，美国政府计划从 2018 年 10 月 1 日开始的财政年度对发展中国家的直接援助至少减少 1/3。

---

① 《非发行年会报告指出印非合作密切》，2017 年 6 月 6 日，http://finance.sina.com.cn/roll/2017-06-06/doc-ifyfuzym8182887.shtml。

② 吴志华：《总统穿梭出访争取支持　依托南南合作提高自信巴西潜心塑造大国形象》，http://roll.sohu.com/20101229/n301527030.shtml。

3. 促进了发展中国家发展与治理经验分享

在南南合作中教育、培训、文化、科技以及智库交流等也是重要合作内容。通过医疗、农业、工业等专业人才和技能的教育培训以及经验交流等，促进了发展中国家发展与治理经验的积累和能力的提升。如中国派出大批援助队伍到非洲等国家传授医疗、农业、能源、制造、交通等技能，在非洲先后开办的数十家孔子学院以及其他各种培训形式，极大地提高了亚非拉国家的相关知识能力和发展能力。2016 年 4 月 29 日中国倡导设立的北京大学南南合作与发展学院（Institute of South-South Cooperation and Development，ISSCAD）揭牌，致力于培养发展中国家的高级专家（硕士和博士）以及分享中国的发展与治理经验。印度也注重通过投资及教育合作等提高非洲国家发展能力，尤其是 IT、科技等方面的知识技能，如印度对外教育援助的主要计划由印度技术与经济合作（India Technical and Economic Cooperation，ITEC）计划以及由该计划引申出来的英联邦非洲特别援助计划（the Special Commonwealth Assistance for Africa Programme，SCAAP）共同构成。

4. 促进了发展中国家发展与治理能力建设

南南合作伙伴在合作过程中通过技术、人才和经验的交流帮助各方提高发展与治理能力和水平。如中国通过能力建设、人力资源开发、技术合作等方式，与各国分享发展经验和实用技术，增强它们经济社会发展和民生改善的造血功能。中国派出大批医疗队到非洲帮助治疗疾病的同时培养当地医生，中国通过坦赞铁路建设和运行培育了大批当地现代化交通体系建设运行管理方面的专业人才。近年来，中国提出探索多元化发展道路、促进各国发展战略对接、实现务实发展成效、完善全球发展架构等倡议，为推动南南合作向更深层次发展指明了方向。

（三）南南合作推动了战后国际合作新体系的建构

1. 推动战后全球治理民主化进程

二战后，美国等发达国家一直以政治、经济、军事优势保持对国际关系体系的绝对垄断权，发展中国家尤其是新独立的单一发展中国家，综合实力以及经验技能等均无法望发达国家项背，通过独立发展以及借助南南合作平台等，逐渐增强了实力，平衡了美欧等国家的霸权，遏制了美国等西方霸权国家垄断国际秩序话语权的企图。发展中国家独立之后日益重视参与对外合作，维护自身主权的信心和独立发展觉悟不断高涨，逐渐从全球治理的"局外人"转变为积极的"参与者"。它们通过加强与国际接轨的制度改革，对全球治理体制基础的改善产生很大推动；通过南南合作与南北对话加强彼此合作，寻求全球治理的共同点；在坚持原则和维护自身利益的同时，保持策略的灵活性；通过不同文明间的交流与对话推动一个和谐世界的形成。① 新兴市场与发展中国家在国际舞台上的奋发有为有力促进了全球治理主体结构多元化、民主化和合理化。中国能够于 1971 年成功恢复联合国大会成员身份以及常任理事国地位多归功于亚非拉国家的支持，而中国的联合国地位又为维护广大发展中国家的根本利益和维护公正的国际秩序做了很多贡献，中国成为发展中国家的代言人。

2. 促进国际治理规制的重塑

南方国家在联合国大会、联合国有关重大问题磋商、世界贸易组织东京回合、乌拉圭回合、多哈回合等重要场合积极开展事前和过程中立场协调、政策对标，以便争取更有利于自身发展的条件。在应对 2008 年金融危机过程中，金砖国家等一致要求加快 IMF、世界银行以及 SDR 等的改革，并取得了初步成果，如 IMF 的份额比例和世界银行的投票权改革在 2010 年均取得了积极成果，有力推动了国际金融治理体系的改革。基础四国（BASIC，巴西、南非、印度和中国）在 2009 年 12 月哥本哈根全球气候大会之前开展立场磋商，就明确自身减排责任和强化发达国家责任，以及推动全球气候谈判议程协调了立场并做出了贡献。

二　当代南南合作需要新变革新发展

过去数十年间，南南合作得到长足进步，成绩斐然，有目共睹。但是，也不得不承认，受发展中国家整体实力较弱、发展不均衡、对北方国家存在较大依赖和发达国家垄断发展与治理话语权等的影响，南南合作还存在不少短板和问题，迫切需要顺应时代变化创新发展。

① 卢静：《发展中国家与全球治理》，载中国科学院战略规划局等编《第六期中国现代化研究论坛论文集》，2008。

（一）南南合作存在多方面的不足和缺陷

回顾过去半个多世纪的南南合作，既有成就也有失败，既有经验也有教训。反思其中的不足，大致可以归纳为如下一些方面。

1. 南南合作多流于空泛

南南合作总体比较松散、缺乏组织严密性。多数情况下，南南合作主要体现为定期或不定期的发展中国家领导人的磋商交流，如被视为南南合作运动肇始的亚非峰会在1955年召开之后到2005年才举办第二次。有120个成员国的不结盟运动在1961～2016年举办过17届高官会。会议主要就当时的重大国际问题以及发展中国家面临的挑战展开原则性讨论和立场宣示，其间也有为数不多的一些政府间经济合作贸易以及经济援助意向等。而且由于不结盟运动等成员国众多、国情悬殊，达成实质性的合作项目规划及协议困难大，多数只能发布原则性合作愿景与原则宣言，缺乏固定章程、常设秘书处等机构、合作具体目标和项目支持，也缺乏相应的执行保障机制，软约束性较为突出，合作模式很不成熟。一方面，南南合作坚持开放的地区主义，不搞封闭的贸易集团；另一方面，实行协调一致的单边主义，在集体行动议程的引导下，考虑本国经济发展水平及利益，调整和修改自己的单边行动计划，为实现共同目标做出各自的努力。这种合作模式不完全抛开组织机构的协调，但它不需要让渡主权，更多的是功能性合作，是一种约束力较弱的合作模式。近年来由中国倡导成立的中非合作论坛、中阿合作论坛、中国—中亚合作论坛、中国东盟论坛、金砖国家合作机制和"一带一路"倡议等，都属于这种软约束的合作形式。这种缺乏硬约束力的合作模式执行力及效率不够高。

2. 南南合作社会与市场基础不够坚实

过去南南合作受政治和意识形态影响较大，而发展中国家政治立场多元化，民族、宗教等矛盾冲突及许多历史遗留问题使新南南合作面临诸多干扰。同时，南南合作主要属于政府援助或者官方行为，单向无偿援助或金融信贷等居多，缺乏具有活力和持久力的市场机制合作，多元化市场主体特别是民营企业大规模参与的合作偏少，民间的交往更少，因而，合作的群众基础不扎实，活力不强、可持续性不足。

3. 南南合作的效能与影响力偏小

传统南南合作是在绝大多数发展中国家都处于工业化之前、经济发展水平较低状态下的合作。经济结构都较为单一，资金、技术和人才缺乏等多种发展难题，使得南南国家之间的合作领域较窄、能力较弱，层次较浅、附加值不高等，大多表现为经济援助和互通有无，甚至更多的是政治性合作，纵向产业内的深度经济合作较少，合作的经济效果不佳。依据 Maurice Schiff 等的区域化"拇指规则"第 2 条，穷国合作容易带来贸易转移和伙伴国间的收入分化。由于技术水平较低、差异较小，结构同质性突出，竞争大于合作导致参与合作的发展中国家发展分化，如 1960～1990 年东南亚国家联盟（5 国）基本没有趋同现象，甚至出现分化。东非共同体因乌干达、肯尼亚、坦桑尼亚等国收益不均产生了严重的摩擦而于 1977 年解体。过去的南南合作对合作各方的效能有限，基本上只能起到南北合作的补充作用，无法取代后者在国际发展合作中的主渠道地位。南南合作对广大发展中国家对于借助合作加速自身发展以及提高在全球治理中的发言权的需求而言无疑尚有很大差距。主要体现在：对发展中国家迫切需要的发展经济贸易解决贫困以及提高国际话语权等实际问题并未给予高度关注，遑论提出合理可行的一揽子解决方案；并不经常举行大会也未通过有执行力和约束力的发展与治理战略规划，更缺乏执行监督和考核机制。因而，难以有实质性的合作成效，对发展中国家经济发展的促进作用有限。

4. 南南合作深入发展存在诸多软肋和矛盾

发展中国家不仅普遍存在资金与技术短缺、债务高、贫困现象、市场规模小、商品技术劳务等的市场准入规制薄弱、基础设施及监管服务效率低下等问题，而且还有一些政治体制脆弱、边界纠纷、历史矛盾等问题，容易受发达国家的全球化战略性贸易政策损害。此外，南南合作涉及伙伴、领域众多，组合分化、调整也较为频繁，集体行动能力较弱，南南合作不同组合和团体之间不乏竞争和替代。如中国、印度与非洲国家分别有合作峰会，均与非洲 50 多个国家竞相开展全面合作，既有共同的、相互补充的内容，也有相互竞争和替代的内容，如在资源开发利用以及同类产品贸易等方面。此外，发达国家还对发展中国家进行拉拢、打压，意图瓦解南南合作。如对中非合作，西方官方媒体极尽挖苦、污蔑和歪曲之能事，谎称中国在非洲国家的经贸投资行为是在非洲推行"资源掠夺""倾销低劣产品"，搞"新殖民主义"以及"缺乏社会责任"。在 2018 年 2 月 27 日~3 月 2 日由美国公谊会（AFSC）与津巴布韦环境法律协会（ZELA）合办的关于非洲人对中国的投资贸易认知研讨会上，来自非洲各国的官员、媒体和非政府组织整体欢迎中国投资，但也提出了中国在非洲的投资贸易活动中存在诸如企业社会责任感不强、环境保护不力以及偏重资源开发而非在当地加工等一些严峻问题。津巴布韦总统穆加贝 2016 年 6 月 10 日称居住在津巴布韦的中国人导致了该国货币危机加深。2018 年 3 月新总统姆南加古瓦访华前夕也把一些中国企业列为"掠夺者"。

5. 南南合作机制建设滞后

南南合作方式数十年间变化不大，固化严重，主要维持在援助、传统商品贸易、基础设施以及论坛协商等框架下，面对全球化、信息化、智能化时代的国际合作变化趋势缺乏应有的应变能力和模式创新，尚未加快在信息、技术、服务等新领域的平等能力建设合作、可持续发展以及深化在全球治理领域的协商和制度建设合作等。

（二）时代变化呼唤南南合作创新发展

2008 年全球性金融危机之后，特别是进入 21 世纪第二个十年以来，全球化以及国际合作出现新变化，主要发达国家的保守主义和封闭性明显加强，尤其是特朗普在 2016 年竞选总统成功之后，美国对外政策在全球化与国际合作方面出现显著倒退，对国际关系与全球发展及智利合作格局产生巨大威胁，也对南南合作提出新的机遇和挑战。

1. 全球化新趋势要求重塑全球合作格局

在全球化深化时代全球性问题增多和复杂化以及作为传统主导力量的美国等发达国家从国际主义立场后退，客观上对加强全球治理的合作诉求以及强化新的动力的要求空前提高。特朗普当选美国总统之后，奉行单边主义和贸易保护主义，先后退出 TPP、《巴黎协定》、联合国教科文组织，挥舞贸易大棒等，对全球化进程、国际关系以及全球合作造成巨大冲击。全球化框架下国际合作体系的崩溃和倒退不利于全球发展与治理。因为，随着全球开放和发展的深化，特别是 2008 年金融危机之后全球发展与经济治理出现了新的矛盾和挑战，作为危机源头的发达国家无法独立应对，尤其是在特朗普当选总统后急于退出全球化龙头角色，使得全球发展及治理出现倒退逆流，对全球化和全球治理提出了新挑战。全球性问题也日益增多和尖锐化，需要国际社会更加重视和开展合作。2018 年 1 月达沃斯世界经济论坛的主题就是"在分化的世界中打造共同命运"，强调在复杂多样的时代，人类社会更应该加强互动合作，应对挑战，共享发展。

2. 发展中国家深化合作诉求更高

对于后发南方国家借助全球化红利追赶发展目标的实现而言，支持并参与全球化、大举开放、积极参与包括以 WTO 为核心的全球贸易投资体系和其他国际合作机制是过去一段时期，中国、印度、越南、墨西哥、巴西、南非、土耳其、尼日利亚等大批后发新兴国家快速发展的重要动力。因此，全球化逆转和国际多边合作的停滞不利于这些需要继续追赶发展的新兴市场与发展中国家，并对其复兴和赶超大业造成严重冲击。外部环境对于新兴市场与发展中国家的稳健发展至关重要，融入全球发展与治理议程的制定与协商等直接关系到其未来发展的前途命运，而通过深化包括南南合作在内的广泛国际合作是其有效参与全球发展与治理规则制定的基础和保障。因而，广大新兴市场与发展中国家期盼加强各方面的合作，进而打造和谐合作的国际发展与治理新秩序。

（三）南南合作进入新南南合作阶段

进入 21 世纪以来，特别是 2008 年金融危机爆发呼唤新的更广泛的国际合作以及 2009 年金砖国家首次峰会的成功举办意味着新兴国家合作出现新平台、新机制，标志着国际合作新格局的出现以及南南合作新机遇、新气象、新前景的到来。

近半个多世纪，受西方发达国家掌控经济政治发展潮流和话语权的影响，南南合作经历了多年的起伏与低潮之后，随着全球化的兴起和发展，一批新兴市场与发展中国家趁势崛起，国际发展与合作格局开始发生巨大变化。时隔 50 年，2005 年在印尼第二次亚非高峰论坛的成功举办，尤其是金砖国家、上合组织等新兴国家合作机制的快速发展，15 国集团、上合组织、金砖机制等的相继建立并加强内部合作机制，为全球发展提供新的发展资源，分享了新的发展经验和发展制度，逐渐形成以新兴国家—发展中国家为圆心的新的国际经济大循环，把南方国家间的贸易、投资和发展援助提升到了新高度。金砖国家新开发银行、亚投行以及"一带一路"倡议等的出现，意味着南南合作获得了新的发展契机和动力，进入南南合作新阶段或者说"新南南合作"兴起，重塑了全球发展与合作格局。

与传统的南南合作相比，"新南南合作"继承了不干涉内政，尊重主权完整、平等、公正等政治遗产，强调国家需求导向、互利互惠原则，这使得南南合作本质得到了继承和保持；同时又有诸多新特点。

1. 合作主体更加开放和包容

传统南南合作主体主要是以刚刚独立的亚非拉欠发达国家为主，整体实力不强，合作经验及能力较弱。而当代南南合作的主体不仅包括一些较为落后的发展中国家，也包括一些进入中等和中上等收入阶段的极具发展前景和活力的新兴经济体，特别如金砖国家等，借助经济加速增长，综合实力显著提升，合作意愿强烈，合作举措得当，使得南南合作明显有别于过去合作群体庞大、基本平行发展而缺乏坚定一贯的合作领袖、南南合作群龙无首的尴尬局面。金砖国家认可并注重维护合作机制，成为南南合作体系的中坚和引领性力量。此外，以往很多纯粹的南方国家之间的合作日益扩大并吸纳新的合作对象，南南合作、南北合作和国际多元合作交叉融通日益明显。如众多新兴国家参与到 G7 倡导的 G8+5、G20 合作机制中，个别纯南方国家倡导建立的合作俱乐部，如亚投行、"一带一路"倡议等，本由中国率先倡导，但很多北方国家也纷纷加入，形成南南合作与南北合作融合发展的局面。

2. 合作内容与模式出现新变化

与过去的南南合作主要内容是道义支持、无偿援助、传统贸易以及政府主导不同，当下的南南合作更加强调务实合作，投资强调农业增长、新型工业化、基础设施先导和减贫效益，强调贸易、投资和援助三者结合，是新的发展经验、新的发展资源和新的发展制度下的全球发展方式；合作目标与效能追求上更加注重依据市场规则，援助与培养能力相结合，短期效益与长期目标兼顾；合作支撑方式方面，新兴市场与发展中国家通过发展优先、基础设施先导、农业发展和工业化、人口的流动与减贫等孕育了新的不同于 20 世纪 50 年代后取得独立的民族国家所继承的发展知识要素，超越了过去穷国之间互通有无、单向援助的模式，开始拓展到贸易、金融、产能乃至全球治理等多领域，从政府主导逐渐向政府—社会—企业—公民多元参与的混合模式，从无偿或者不按市场原则短期行为向基于市场规律和可持续发展转型。南方国家积极倡导金砖国家新开发银行、亚投行、"一带一路"倡议，参与 G20 会议和联合国《2030 年可持续发展议程》等，为新南南合作提供了制度建设的依据①；南南合作的内容更加广泛和深刻，不仅继续保持传统的经贸投资合作，同时还向电子商务、文化科技、人才培育、智库交流、全球治理、治国理政经验交流、促进能力建设、共同应对风险挑战等多方面拓展；南南合作的方式方法正在创新变革中。过去的南南合作主要通过政府主导，当下的合作除了政府参与外，还有第二轨和第三轨的广泛参与。以往的合作主要通过举办论坛、会议，发表宣言等方式开展合作，当下的合作还包括文化合作等多种形式。除了诸如100 多个国家参与的松散的不结盟整体性合作方式外，还包括金砖国家、东盟、上合组织、非盟、阿盟、南方共同市场等区域性或者较小群体性的合作。既包含以往的长期合作模式，也有短期和临时性合作，如联合国大会或全球气候大会等其他国际多边会议之间的协商。合作的平台抓手也不断多样化，上合组织、金砖机制、亚投行、G20、"一带一路"倡议等成为发展中国家新的合作平台。

3. 合作能力、层次更高，规模及国际影响力更大

随着发展中国家的技术能力、收入水平、市场规模、需求能力的迅速扩大，体现在贸易、投资、发展资源与发展援助、共同发展等方面的合作能力显著增强。根据 IMF 的数据统计，近 20 年来，南方国家进口额占全球比重从2000 年的 28% 增加到 2014 年的 43%，出口占比从 2000 年的 22% 增加到 2014年的 38%，而北方国家的相应比重则分别从 2000 年的 72% 和 78% 下降到 2014年的 57% 和 62%。同期，南方国家之间的进口额占比从 2000 年的 29% 上升至2014 年的 48%，同期出口额占比从 25% 增加到 41%。南北贸易的相应比重则从 71%、75% 分别下降至 2014 年的 52% 和 59%。根据 IMF 2014 年全球进出口贸易统计数据，中国是 143 个南方国家中的主要贸易国家，是 48 个南方国家的第一大进口贸易国，是 105 个南方国家排名前三的进口贸易国。同时，中国也是 33 个南方国家的第一出口贸易国，是 95 个南方国家排名前 10 的出口

---

① 李小云、肖瑾：《新南南合作的兴起：中国作为路径》，《华中农业大学学报》（社会科学版）2017 年第 5 期。

贸易国。除了贸易额的增加，南方国家之间的直接投资也在增加。2015 年全球投资报告显示，发展中国家投资超过了发展中国家外商直接投资（Foreign Direct Investment，FDI）来源总额的 55%，仅中国、巴西、印度、马来西亚、墨西哥和南非几国就占发展中国家 FDI 来源的 33%。发展中国家在对外直接投资目的地中，亚洲（东亚、东南亚、南亚、西亚）占发展中国家对外投资目的地的 58%，欧洲占 13%，非洲占 4%，拉美和加勒比地区占 4%，北美占 7%。中国是发展中国家最大的对外直接投资国。[①] 截至 2015 年末，中国对"一带一路"沿线国家的直接投资存量为 1156.8 亿美元，占中国对外直接投资存量的 10.5%。在国际发展援助上，南方国家也开始扮演越来越重要的角色，以金砖国家为代表的南方新援助国家的国际发展援助金额逐年增加。其中，中国已经是南方国家中最大的援助提供国，中国的官方援助支出远超金砖国家的印度、巴西和南非，印度居于中国之后成为金砖国家第二大援助支出国。

新南南合作更加注重合作规划、协商和务实合作，不仅在经贸投资领域有远景目标，如 2015 年 9 月中国和联合国举办的南南合作论坛提出并规划了南南合作长期目标，而且还有具体项目规划和支撑，合作能力和水平也与以往不可同日而语，现在的南南合作尤其是金砖国家合作等具有更加强大的物质支持和国际合作经验支持。如为落实中国—联合国关于未来南南合作愿景规划，中国倡议设立 200 亿元的南南合作基金，提出为发展中国家在减贫、农业合作、生态保护、应对气候变化、医疗设施、教育培训等方面为期 5 年的"6 个 100"项目支持。中国提出"一带一路"倡议旨在带动周边发展中国家搭乘中国经济发展快车，促进人类命运共同体建设，在上合组织框架下也设定了众多合作目标。此外，还注重与联合国、其他多边合作机制挂钩协调，如中国多次与联合国南南办公室联合举办各种研讨会等。2017 年 11 月 15 日在波恩联合国气候会议期间，中国和联合国南南合作办公室共同主办"应对气候变化南南合作高级别论坛"。由于近 20 年新兴市场与发展中国家的快速崛起，整体综合实力显著增强，南南合作的规模扩大，合作领域拓展，合作水平提高，合作效果也不断改善。依据安永会计师事务所发布的《非洲投资吸引力调查报告》，20 年以来，新兴经济体对非直接投资总体超过发达国家，金砖国家对非洲国家的援

---

① 资料来源于联合国贸发组织《世界投资报告 2015》。

助、中国非洲经济合作紧密度、印度与非洲合作的规模等均快速增长。金砖国家等与非洲和亚洲其他发展中国家的合作极大地改变了这些发展中国家过分依赖欧美国家投资和市场的贸易—投资结构，促进贸易平衡的实现和投资来源多元化。由于金砖国家、上合组织等合作机制体量较大，合作活跃度和深度也更强，其国际影响力也明显增大，在 TPP、TTIP 等发达国家主导的国际合作陷入危机的背景下，以金砖合作为代表的南南合作机制逐渐焕发生机并开始充当全球合作新引擎。

4. 更加注重合作机制建设

传统的南南合作比较抽象并以宏观层面的合作为主，合作制度建设比较滞后，章程、义务、职责、保障、监督、惩罚等作为调节合作团队意见和行动的规制没有建立起来，这也成为南南合作未能取得显著成效，南方国家发展和地位上升未能产生强大驱动力的根源。而金砖国家不仅注重常态性战略性磋商，务实合作平台和项目建设，如建立金砖国家新开发银行和应急储备基金，而且注重机制完善，如除各国轮流担任主席国并举办领导人会议外，还设立政府各部门磋商会晤机制，以及智库、媒体、青年、城市等各类民间交流合作机制，提出"金砖 +"机制等，比传统泛南南合作更加细致紧密、针对性强、务实性强和执行力较高、效率好等。

可见，近十多年来，南南合作在参与者、内容、模式等方面均体现出一系列新气象、新趋势、新特点。

三　金砖机制引领新南南合作稳健发展

在最近 10 年的国际合作体系中金砖合作异军突起，并对南南合作产生巨大而深远的影响。金砖合作与南南合作是何种关系，两者如何兼容并蓄、互动共进，金砖国家合作机制如何融入、弘扬和推动南南合作新发展，这些是金砖合作与南南合作的主体均需深入思考的问题。

（一）金砖国家成新南南合作主力

近数十年来，中国、印度、巴西等一批发展中国家脱颖而出，加速发展，成为新兴国家的代表和领军者，其规模体量以及影响力均名列发展中国家前茅。数据显示，金砖国家经济总量占全球 100 多个新兴市场与发展中国家经济总量的 55% 左右，贸易与对外投资规模也占一半以上。其工业化水平、技术水平以及发展前景等也居发展中国家前列，是实实在在的南南合作主力军。尽管金砖国家工业化进程没有完全完成，但其大国工业化进程的长期性以及自身的巨大规模和发展不平衡等特点，决定了其在本国工业化并未完成的时候既有必要也有可能实现较大规模的对外产业转移。在继续保持与中心国家的产业转移和分工循环的同时，完全能够展开与亚非拉发展中国家的产业转移与分工合作，这不仅有利于填补发达国家日益空心化的经济结构，缩小与亚非拉发展中国家的巨大经济落差，也有利于缩小与这些国家紧密经济一体化关系的空隙，进而形成一个在当前国际经济格局中，除了原有的发达国家主导的由新兴市场与发展中国家参与的经济循环之外，由正成为新兴全球制造中心和工业化地区的金砖国家与资源丰富但工业化程度及经济发展水平较低的其他发展中国家建立的经济新循环，它通过贸易、投资、金融、产业、区域一体化等合作形式发展经济合作、输出制成品、投资开发并进口资源与初级产品、转移成熟产业，带动当地工业化进程。近年来中国与非洲贸易和投资关系紧密程度及规模都超过欧美发达国家就是证明。① 尤其是中国提出"一带一路"倡议 5 年来，中国与"一带一路"沿线国家贸易总额超过 5 万亿美元，中国成为 25 个沿线国家（主要是南方国家）的最大贸易伙伴，对沿线国家直接投资超过 700 亿美元。这意味着包括中国在内的金砖国家等正通过切实的行动成为南南合作的新引领者和新引擎。

（二）金砖合作与南南合作包容共进

在后金融危机时代，在全球化红利分配矛盾加剧、多哈回合谈判停滞、全球化受阻的局面下，新的地区主义重新抬头，美欧纷纷推出再工业化、工业革命 4.0 以及出口倍增等计划，同时采取贸易保护主义政策，意欲继续维持对全球经济的主导权和遏制中国等新兴经济体的现代化进程。在这种情况下，新兴国家如果不能找到联合自强的方式，势必又会成为发达国家制度框架的附庸。

---

① 王跃生、马相东：《全球经济"双循环"与"新南南合作"》，《国际经济评论》2014 年第 2 期。

因为，过去很多发展中国家在国际价值链分工中主要是与发达国家垂直分工合作，吸引发达国家资金和技术，向发达国家出口廉价加工产品，而彼此之间的合作偏少。长期探索使发展中国家认识到，要在激烈的国际竞争中谋求发展，必须加强联合力量，走合作发展的道路。深化南南合作不但有利于合理利用地区物质资源、人力资源以及资金技术等，而且有利于增强发展中国家的竞争能力，改善其在同发达国家交往中的地位，对推动国际经济新秩序的建立具有积极意义。新兴市场与发展中国家通过积极利用已有经济基础和条件深化合作，不仅能促进自身发展，还有助于探索一条加速发展和从外围开始逐步改变世界经济既有失衡结构的途径，进而促进世界经济结构转型。

当代，南南合作除了传统的不结盟运动、七十七国集团、G15、海合会、非盟等组织和平台外，金砖国家、上合组织等是新生的南南合作平台。两者既有交集，也有区别，完全可以并行不悖，相得益彰。

1. 金砖合作的南南合作本质属性未变

首先，金砖国家也属于发展中国家和转型国家，是其领头羊。其次，金砖合作与南南合作宗旨完全一样，均奉行互不干涉内政、平等互利、公正合理原则。中国倡导的构建人类命运共同体能真正提高新兴市场国家和发展中国家的话语权和发言权，确保各国在国际经济合作中权利平等、机会平等、规则平等，超越了西方国际关系理论的局限，金砖国家理解和赞同这一合作理念。最后，金砖合作与南南合作的取向和目标均是通过共享发展资源、协调战略和分享经验，从而加速各自发展和世界繁荣。

2. 金砖合作与南南合作相互交叉和包容

金砖国家与南南合作在合作主体、目标、领域、内容、方式等诸多方面存在较大的交集和包容性。两者部分合作主体是重叠的，既是金砖合作主体也是其他南南合作的成员，如金砖五国中的中国、印度、俄罗斯同时也是上合组织成员，中国和印度还是亚非峰会成员。

3. 合作规模、深度和活跃度等有差异

从合作成员看，南南合作存在多种合作论坛、平台和组织机制，既有超过百名成员的论坛，也有几个或数十个成员的组织机构，而金砖国家合作机制却只有五个成员国，成员数量较少；从合作历史看，亚非会议、不结盟运动和七十七国集团等的历史均远超金砖合作机制；从合作深度、活跃度和合作紧密度看，以往的南南合作既有较为紧密的合作组织，如 OPEC、G15，也有较为松散的亚非论坛、七十七国集团及不结盟运动等，而金砖合作则逐渐从会晤式的松散合作机制走向紧密和务实合作，除了尚未设立秘书处、订立章程以外，金砖峰会每年举办一次，其他政府部门、智库等多层次多领域的合作机制很多，每年有数十上百场各类论坛、会晤、磋商等；从合作支撑架构看，亚非会议、不结盟运动、七十七国集团、非盟、阿盟等南南合作组织多数建立在国际论坛和原则立场磋商上，只有 OPEC 等具有紧密的日常运转机构，而金砖国家则开始设立一些诸如金砖国家新开发银行、金砖国家应急储备基金等实质性合作平台。

4. 金砖国家合作与南南合作存在部分竞争和替代

南南合作参与者众多、合作领域和合作层面广泛多样，其中一些参与者、合作领域、内容、方式有交集，有重合，也不乏竞争和替代，如金砖国家内部的合作对其他南南合作组织和机制之间的合作，包括经贸、投资、气候谈判、能源、教育、农业、基础设施、电子商务等存在一定的挤出效应，金砖国家内部贸易投资、金融等活动可能会替代一部分对其他南南国家的资源投入。而且，金砖国家各自在其他南方国家市场的投资贸易、基础设施、资源开发等也可能引发恶性竞争，例如，中国与印度在中亚和非洲市场的资源开发、基础设施以及贸易等方面均存在不少竞争，同样，亚非拉国家也在争取金砖国家的援助、投资等方面展开争夺。

5. 金砖合作机制与南南合作机制可以相互借鉴和促进

合作机制是指一个集体合作组织赖以协调、维护和保障合作组织的愿景、意志和行动，以使集体组织正常运转和顺利发展的制度框架和支持体系，是任何一个组织正常运行发展绕不开的内容。包括金砖合作在内的各类南南合作一方面致力于自身稳健发展，另一方面也不断完善合作机制。但由于合作伙伴情况复杂，认识差异和实力不同，以及组织协调能力不足等，合作机制的推进和完善并不尽如人意。如金砖合作机制建设中包括章程、秘书处设置、总部设立、扩员方案、仲裁机构等对金砖合作深化、机制化、高效化至关重要的一些基本制度和框架建设由于成员内部难以达成一致而无法有效推进。而 OPEC、上合组织等合作机制建设相对成熟，金砖国家合作和其他一些南南合作可以借鉴和学习一些机制化建设较为成熟的南南合作组织的机制建设做法和经验，推进自身合作机制建设。

（三）不断完善金砖机制驱动新南南合作繁荣发展

中国和金砖国家要做促进南南合作的真正领导者，不仅要壮大综合实力，还要努力完善合作机制，使其生命力、竞争力和影响力日益强大，才能有效应对来自北方国家和其他各方的挑战和挤压，维持南南合作的大局和权益。

1. 金砖国家要扮演新南南合作主力军角色

发挥自身优势，为南南合作提供强大物质支持，继续做经济发展火车头，夯实合作基础，继续发挥先进带后进的作用，在尽力支持和援助后进发展中国家的同时，着力通过优势互补、平等互利的能力建设合作，分享经验，共同提高发展与治理能力，实现共同繁荣。

2. 金砖合作应成为南南合作领头羊

金砖国家促进自身合作团队的稳健发展和合作效能发挥的能力显著提高，成为国际合作体系中的佼佼者，并努力促进金砖合作与南南合作协调互动，提高对其他南南合作形式的吸引力和辐射力，积极分享合作运转及治理经验，推动南南合作迈上新台阶。如 2017 年 3 月中国政府批准国务院发展研究中心设立中国国际发展知识中心，同各国一道研究和交流适合各自国情的发展理论和发展实践。通过"一带一路"倡议的成功经验将更多发展中国家紧密联通起来，并带动南南合作实践更为丰富多彩和成熟稳健。通过推动金砖合作的成功案例，为南南合作提供样板。

3. 完善金砖机制推进南南合作迈向新高度

通过完善自身合作机制建设，提升合作效率，为其他南南合作树立榜样。近期，作为全球发展与全球治理体系领头羊的美国陆续退出《跨太平洋伙伴关系协定》、《巴黎协定》、联合国教科文组织、《全球性难民和移民协议》等，使国际多边主义合作面临巨大挑战，给包括金砖合作在内的南南合作带来负面的动荡不定的外部环境。为适应全球化和国际合作面临的这一重大挑战以及重塑合理公正的全球发展与治理秩序的必然要求，金砖国家要联合广大发展中国家做世界和平的建设者、全球发展的贡献者、国际秩序的维护者，为构建人类命运共同体做出贡献。为此，巩固和深化内部合作，完善机制建设，强化应对外部不确定性和挑战的能力，就成为必然选择。正如墨西哥学者恩里克·杜塞尔所指出的，金砖国家合作机制是发展中国家团结起来参与世界经济的最佳方式，也是完善国际多边合作的重要组成部分。其积极意义在于大幅提升了新兴市场国家和发展中国家在全球治理中的话语权，打破了西方发达国家的垄断。近年来金砖国家合作已覆盖经贸、金融、能源、卫生、科技、文化、农业、教育等诸多领域。中国提出的"一带一路"倡议落地生根。在中国引领下，金砖国家合作机制已经成为南南合作的典范。亚洲基础设施投资银行、金砖国家新开发银行等金融机构为区域和世界经济合作注入强劲动力。中国提出的"金砖＋"模式，无疑也是扩大和深化发展中国家间合作的一种创新，全球绝大多数发展中国家都对此充满期待。未来金砖国家将在发展中国家脱贫、加强互联互通以及维护世界经济稳定等重大问题上加强合作。①

　　未来，金砖国家合作还应进一步完善机制建设，建立更加稳固、紧密、活跃、高效和可预期的合作模式，影响、带动其他南南合作组织和机制的完善和发展，进而推动南南合作在全球范围内的蓬勃兴盛和发扬光大。

---

① 〔墨〕恩里克·杜塞尔：《期待金砖打造南南合作新平台》，《人民日报》2017年8月25日，http：//paper. people. com. cn/rmrb/html/2017－08/25/nw. D110000renmrb_ 20170825_ 2－03. htm。

国别报告

Country Reports

B.2
巴西经济社会发展最新情况
及对南南合作态度

王 飞　林紫琪*

摘　要： 巴西经济在 2015~2016 年连续两年深度衰退后，终于在 2017
年和 2018 年迎来复苏，多项经济指标转好。三类产业均实现
了不同程度的增长，但是政府财政负担依然较重。通货膨胀
率和基准利率实现了同步下降，汇率水平基本稳定，货币政
策保持了一定的政策空间。经济困境在一定程度上限制了巴
西的对外政策，尤其是新总统上台之后外交政策出现新特点。
但是，南南合作依旧是巴西对外政策的重点，立足南南合作、
保证巴西经济发展和提升巴西的国际地位是回归民主化以来
巴西历届政府的外交战略内容之一。其中，金砖国家、非洲
国家和南美洲国家是巴西南南合作的具体支点。当前，在全

---

* 王飞，中国社会科学院拉丁美洲研究所助理研究员，研究领域：巴西经济。林紫琪，澳门大
学人文学院硕士，研究领域：葡萄牙语语言文学。

球化出现逆流且新兴经济体遭遇增长困境的大背景下，巴西的对外战略值得关注。

关键词： 巴西　多边主义　南南合作　金砖国家　南方共同市场

一　巴西经济社会发展形势

巴西经济在经历 2015～2016 年连续两年超过 3.5% 的萎缩之后，2017 年终于实现复苏，全年 GDP 增长 0.99%，走出深度衰退。2018 年增长 1.1%，实现连续增长。经济不景气使巴西连年高企的通货膨胀得到缓解，广义全国消费者价格指数（IPCA）从 2017 年的 2.95% 增至 3.75%，但仍在中央银行设定的通货膨胀目标之下，为货币政策创造了更大的空间。投资持续疲软以及政治不确定性仍然影响巴西经济的恢复。博索纳罗上台后，政治危机并未解除，贪污腐败等问题仍是影响巴西经济持续复苏的因素。此外，失业率创 2012 年以来的最高值，社会矛盾激化，社会问题激增。

（一）宏观经济

根据巴西国家地理与统计局（IBGE）的统计数据，2017 年巴西 GDP 增长 0.99%，达到 2.06 万亿美元，恢复至 2015 年政治经济危机前的水平。尽管巴西经济增长幅度远低于新兴市场和发展中经济体的平均水平（4.6%），在拉丁美洲和加勒比地区国家中也仅排在除三个经济衰退国家之外的倒数第三位，但是自 2015～2016 年连续两年 GDP 萎缩超过 3.5% 后出现首次正增长，经济有走出危机并逐步实现复苏的端倪，2018 年的经济增速扩大至 1.1%。巴西自 2017 年初开始实现增长，开启经济复苏进程（见图 1）。

2015～2016 年，由于气候恶劣，巴西农业经历了两年的困难时期。2017 年，得益于农作物丰收，农业部门的增长尤为突出，与 2016 年相比增长了 13%，创 1996 年以来的最高增长纪录，成为拉动经济增长的火车头。据巴西国家地理与统计局统计，大豆、玉米、大米和烟草是巴西主要的出口产品，2017 年出口比重约为 50%。2017 年这四种农作物全部获得丰收，尤其是玉

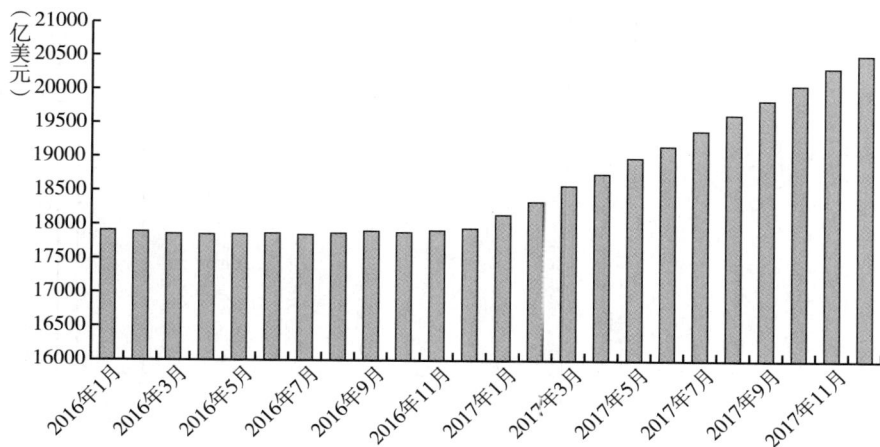

图1　2016~2017年巴西月度GDP

资料来源：巴西国家地理与统计局，http://www.ibge.gov.br。

米，全年产量增长超过40%。2017年巴西工业从衰退中复苏（见图2），实现0.2%的增长，工业生产指数虽未恢复至2012年的水平，但呈现积极的复苏态势。尤其是2017年第四季度，月度工业生产指数同比增速保持在4.5%以上。具体到各个工业部门，汽车及家电等耐用品行业增长幅度最大（13.3%），其次为资本货物（6%）、中间商品（1.6%）、半耐用品和非耐用品（0.9%）。根据瓦加斯基金会的数据，2017年巴西采矿业增长4.5%，电力部门增长1.3%，但建筑业下降5%。巴西第三产业在2017年仍旧低迷，全年增长0.26%。商业、交通和房地产增幅均在1%左右，而信息产业和金融业则有所衰退。①

2017年，得益于较低的通货膨胀率以及允许工人提取离职账户中积累的储蓄等新措施，巴西家庭消费增长1.1%，对经济的拉动率为0.54%，成为拉动经济增长最主要的部门。资本形成总额和净出口对经济的拉动率分别为0.38%和0.07%。连续两年经济大幅衰退造成巴西财政赤字高企、失业率飙升、投资信心不足和制造业水平的降低。2017年增长0.99%仍不足以改

---

① 巴西瓦加斯基金会数据库，http://portalibre.fgv.br/main.jsp?lumChannelId=402880811D8
E34B9011D92E5C726666F，最后访问日期：2018年3月5日。

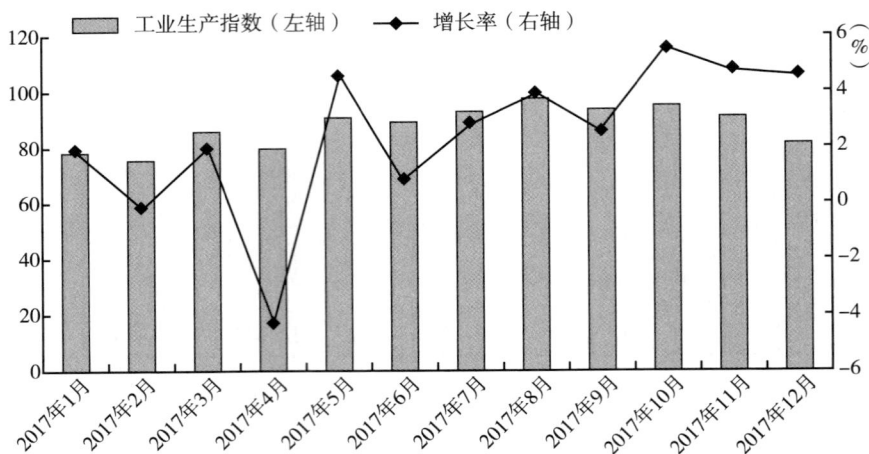

图 2　2017 年巴西月度工业生产指数（2012 年 = 100）及增长率

资料来源：巴西国家地理与统计局，http://www.ibge.gov.br。

变连续几年经济危机后的国内经济形势，巴西宏观经济的不确定性指数仍然较高。

（二）人民生活

在经历两年的经济衰退后，2017 年巴西人均 GDP 有所回升，达到 15500 美元，但仍远低于此次政治经济危机前 2014 年的水平（16306 美元），在拉美地区排在智利、乌拉圭、阿根廷和墨西哥之后。巴西家庭可支配收入约为 12227 美元，家庭净财富约 7102 美元。

如图 3 所示，2017 年，巴西通货膨胀率从 1 月的 5.35% 降至 12 月的 2.95%，10 年来首次成功将年度通货膨胀率控制在中央银行通货膨胀目标值以下。① 尤其是在 2017 年 3 ~ 8 月，负产出缺口、本币升值和食品价格受到供给有力冲击，巴西通货膨胀率快速下降，从 4.57% 降至 2.46%，并将低于 3% 的通货膨胀率保持至年底。2018 年巴西通胀率平稳，央行实现了其通胀目标。

---

① 巴西采用通货膨胀目标制货币政策。自 2006 年以来，中央银行的通货膨胀目标是 4.5%，上下区间各为 2 个百分点。2015 年 6 月，为稳定通货膨胀预期，浮动区间缩窄至 1.5 个百分点。

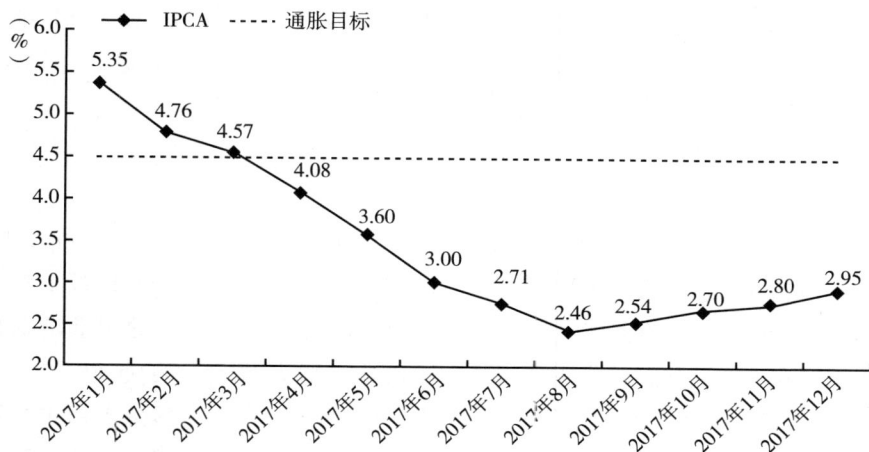

图3 2017年巴西通货膨胀率

资料来源：巴西国家地理与统计局，http：//www. ibge. gov. br。

尽管经济步入短期复苏，但工作岗位消失的状况并未好转。2015年巴西失业率从2014年的4.8%飙升至9.5%，此后一路上涨至2017年的12.7%，创2012年以来新高，失业人口达1323万。就业人口中，正式订立合同的受雇人数为3330万，同比下降2%。尽管从季度来看，失业率正在逐步下降，但工作环境和工作保障并没有好转，正式工作岗位的流失使非正式受雇人数同比增长5.7%，稳定在1110万人左右，其中约有640万人从事家政服务。2018年，巴西就业情况继续恶化，失业率升到11.6%。

2017年4月26日，巴西众议院以296票赞成对177票反对通过了政府提出的劳动制度改革方案。该方案由特梅尔总统于2016年12月23日提出，建议修改最低退休年龄，把男女最低退休年龄定为65岁，且劳动者要缴纳养老金49年以上才能拿到全额退休金。新制度一旦推行，意味着劳动者将要多工作十年以上。新改革方案及持续恶化的工作环境引起群众不满，4月28日，巴西超过150个城市爆发大规模罢工，超过4000万人参与游行，反对政府实施劳工和退休金制度改革。罢工造成交通瘫痪，圣保罗只剩下一条地铁线正常运行，机场、港口、银行及学校都受到影响。巧合的是，此次大规模罢工恰好距离1917年7月巴西首次大罢工100周年。根据经济合作与发展组织的美好生活指数①，2017 年巴西得分 6.6 分，与经合组织的平均水平 6.5 分基本一致。经济动荡也进一步加深了其他社会问题，在安全度方面表现极差，只取得 0.1 分（满分 10 分）。

（三）财政金融

财政始终是巴西宏观经济管理的重点。2015 年巴西政治经济危机以来，公共财政状况日益恶化（见表 1）。初级财政盈余占 GDP 的比重在 2015 年降至 0.2%，2017 年转为赤字（-1.1%），初级财政赤字占 GDP 的比重较 2016 年扩大了 0.1 个百分点。公共债务占 GDP 的比重则从 2015 年的 65.5% 扩大至 2017 年的 74%，比 2013 年的 51.5% 提高了 22.5 个百分点。虽然巴西中央银行自 2016 年 10 月起连续十次降息，SELIC 利率在 2017 年 12 月 6 日降至 7%，成为 1986 年以来的最低值，但巴西公共债务利息支付占 GDP 的比重在 2017 年仍然达到 6.9%，比 2016 年提高了 1.4 个百分点。根据巴西的《财政责任法》，政府需要实现初级财政盈余。但是，2016 年和 2017 年连续两年初级财政赤字使其重新回到了财政主导的老路上，财政成为巴西宏观经济体系中最为薄弱的环节，对宏观经济政策形成掣肘。2018 年巴西联邦政府的财政支出预算较 2017 年增加了 926 亿雷亚尔，财政将进一步扩张。

表1　2013~2017 年巴西公共财政指标（GDP）

单位：%

年份	公共部门财政盈余	公共债务利息支付	初级财政盈余	公共债务
2013	-1.6	4.7	3.0	51.5
2014	-4.7	5.4	0.7	56.3
2015	-8.2	8.5	0.2	65.5
2016	-6.5	5.5	-1.0	70.0
2017	-8.0	6.9	-1.1	74.0

资料来源：IMF，International Financial Statistics。

---

① 综合评估标准包括 10 个方面：住房条件、家庭收入、社区环境、教育、自然环境、公民参与、健康、生活满意度、安全度以及工作生活平衡度。

　　财政困难必须通过财政改革来解决。巴西庞大的社会保障支出、经济指数化规则以及早已不合时宜的退休政策等改革迫在眉睫。特梅尔总统自"转正"以来一直致力于进行税收和养老金改革，减轻巴西财政压力，但迫于国内压力，困难重重。由于巴西在解决财政困境问题上进展达不到预期，政府虽然积极推进微观经济改革，但是都难以得到国会的广泛支持。养老金改革和税收改革推进缓慢，使国际评级机构标准普尔在2018年初降低了巴西的信用评级。特梅尔任期内进行财政整顿的计划难以实现。

　　货币和汇率方面，连续两年的经济衰退以及稳定的汇率为巴西采取更为宽松的货币政策创造了有利条件。巴西中央银行在2017年连续8次降低基准利率，从年初的13%降至年底的7%。基准利率连续下降后，巴西的贷款利率和存款利率也同时下降。2017年，巴西的存款利率从年初的11.5%降至年底的6.3%，贷款利率从年初的52.8%降至年底的42.7%。相较于2016年的单边升值，巴西雷亚尔汇率在2017年基本保持了稳定（见图4）。全年雷亚尔兑美元汇率最高升至3.11∶1（2月），最低跌至3.29∶1（6月和12月）。雷亚尔币值的稳定为巴西中央银行连续降低利率的扩张性货币政策奠定了坚实的基础。

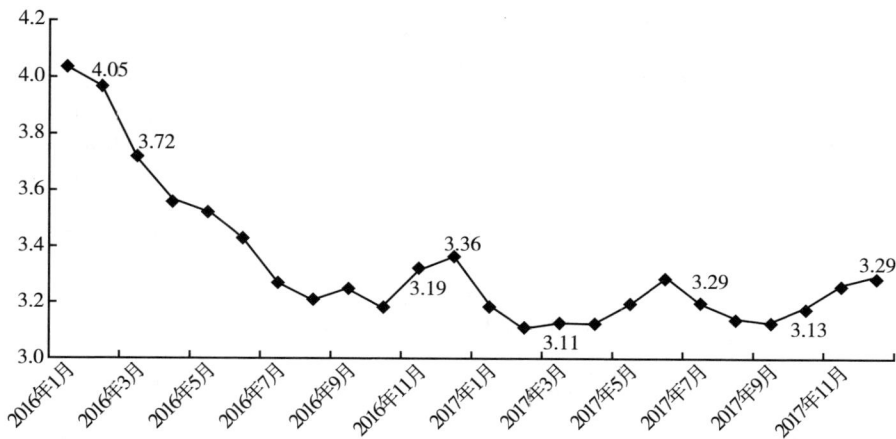

图4　2016~2017年巴西雷亚尔兑美元汇率

资料来源：IMF, International Financial Statistics。

（四）对外贸易

据巴西外贸秘书处统计，2017 全年巴西货物进出口额为 3684.9 亿美元，比 2016 年同期（下同）增长 14.2%。其中，出口 2177.4 亿美元，增长 17.5%；进口 1507.5 亿美元，增长 9.6%。贸易顺差 669.9 亿美元，增长 40.5%。中国仍然是巴西第一大出口目的地，出口总额达到 474 亿美元，同比增长 35.17%。紧随其后的出口目的地是美国、阿根廷和荷兰。巴西的主要进口来源国仍然为中国、美国、阿根廷和德国，墨西哥超越韩国位列第五。巴西主要进口商品为加工产品，如电子元件、医疗设备、汽车零部件及燃油，其中对燃油的进口贸易额增长了 116.6%。巴西前五大顺差来源地依次是中国、阿根廷、荷兰、伊朗和阿联酋，顺差额分别为 201.7 亿美元、81.8 亿美元、73.5 亿美元、25.2 亿美元和 23.2 亿美元；逆差主要来自德国、韩国和法国，分别为 43.2 亿美元、21.6 亿美元和 15.0 亿美元。

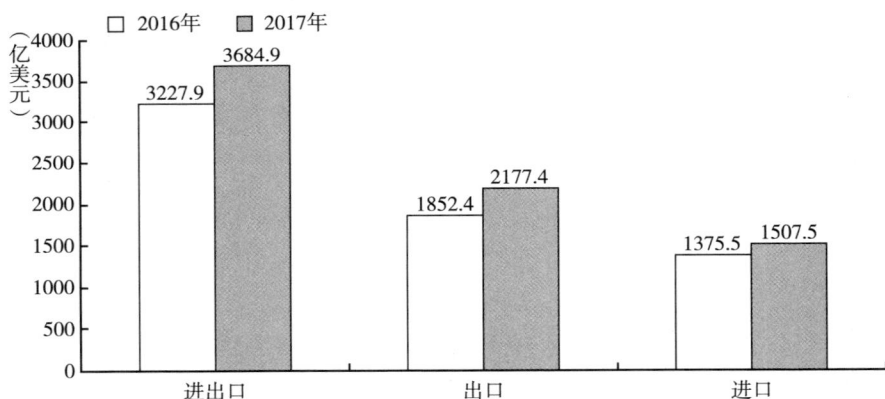

图 5　2016~2017 年巴西进出口贸易额

资料来源：巴西外贸秘书处。

矿产品、植物产品和食品饮料烟草是巴西的主要出口商品，2017 年出口额分别为 418.0 亿美元、372.6 亿美元和 251.9 亿美元，占巴西出口总额的 19.2%、17.1% 和 11.6%，其中，矿产品出口在铁矿石和原油出口大幅增长的情况下猛增 49.0%，成为巴西第一大出口产品。植物产品出口增长 24.2%，食品饮料烟草和矿产品出口增长 3.1%。其他产品也大都恢复增长，但运输设备出口微降 0.3%。机电产品、化工产品和矿产品是巴西进口的前三大类商品，2017 年合计进口 928.1 亿美元，占巴西进口总额的 61.6%。与出口走势类似，进口也基本恢复全面增长，但低于出口增幅，其中，矿产品进口增幅 40.4%，进口增幅居前，但第一大类进口产品机电产品进口仅增长 0.2%，运输设备进口则下降 1.5%，是进口出现下降的主要大类商品。

2017 年，巴西汽车出口量增长尤其明显，与 2016 年相比增长 42.78%，出口额超过 66 亿美元，创 1989 年以来的最高值。拉丁美洲仍是巴西汽车出口的主要市场。据巴西发展工业外贸部（MDIC）公布的最新数据，2017 年巴西销往阿根廷的汽车总额为 47.7 亿美元，同比增长 42.1%。墨西哥和智利分别是巴西第二、第三大汽车出口市场。增幅最大的是秘鲁，达到 261.08%。汽车出口的激增拉动了汽车行业的发展，也进一步推动了巴西经济逐步复苏。农产品方面，2015～2016 年恶劣气候带来的影响还在持续。气候严重干旱导致咖啡歉收，巴西在 2016 年曾试图从秘鲁进口 400 吨咖啡豆，但遭到咖啡豆生产商抗议，并未成功。2017 年初，巴西咖啡豆短缺的问题逐渐严峻，使巴西失去了一定的速溶咖啡市场份额。为改变这一局面，巴西政府开始大量进口咖啡豆，使生咖啡豆进口贸易额增长了 378 倍。[①]

二 南南合作与巴西外交

南南合作是巴西国际战略的核心内容，其目的是通过与南方国家的合作，实现外贸多元化、推动国际新秩序的建立以及提升巴西的国际影响力。基于这一基础，巴西积极开拓与金砖国家、非洲国家、南美洲地区国家之间的关系。博索纳罗执政后，巴西外交政策出现新动向，主动加强同发达国家之间的关系。

---

① 例如，2017 年巴西首次从越南进口咖啡豆，以满足国内咖啡加工业的需求。资料来源：巴西发展工业外贸部（MDIC），http://www.mdic.gov.br/comercio－exterior/estatisticas－de－comercio－exterior/balanca－comercial－brasileira－acumulado－do－ano，最后访问日期：2018 年 3 月 5 日。

（一）巴西的南南合作战略

2003 年，劳工党主席路易斯·伊纳西奥·卢拉·达席尔瓦就任巴西总统，两届任期中，卢拉延续卡多佐时期的外交战略，并采取一系列新的措施，使南南合作战略地位有了明显提升。[①]

首先，加强与金砖国家合作，巩固巴西领导地位。在全球事务方面，巴西重视加强同金砖各国的合作。巴西以一种较为平衡的方式发展国际关系，试图利用金砖国家合作机制谋求自主，巩固其在拉美地区的领导地位。2003 年，巴西、印度和南非在巴西利亚发表《巴西利亚宣言》，合作建立了"三国对话论坛"（IBSA），通过加强政策沟通与协调，深挖贸易和投资机遇，促进南南合作、国际减贫和社会发展，最终提升新兴经济体在全球治理中的影响力。三国希望以该论坛为基础，建立包括南方共同市场（MERCOSUR）、南部非洲关税联盟（SACU）和南亚区域合作联盟（SAARC）在内的区域合作机制。[②] 此后，巴西、中国、印度和南非就全球气候合作议题建立了"基础四国"（BASIC），成为国际气候治理中的一股重要力量，作为发展中国家的代表集体发声。

其次，重视与非洲国家的合作关系，发挥多边组织作用。在对外关系方面，非洲国家成为巴西南南合作的优先目标。卢拉执政之后，非洲在巴西外交中的地位不断提升。[③] 巴西与非洲国家的政治、经贸和文化往来日益密切，同时还扩大对非技术援助及债务减免，推动双方在安全领域的合作。巴西重视非洲国家的差异性，与非洲不同地区的合作水平、政策手段及合作内容各不相同，注重发挥多边组织的作用，重视实施软实力外交和首脑外交。

最后，加强南美一体化保持不变。在地区关系方面，南美洲国家成为巴西南南合作战略的主场。稳定的地区环境是一国参与全球竞争的基础，巴西将南美洲地区一体化，特别是把加强南方共同市场合作视为其巩固地区大国角色的

---

① C. Amorim, *Ramalá e Doha: Memórias da Política Externa Ativa e Altiva*, São Paulo: Saraiva Editora, 2015.

② F. Castro, K. Koonings, and M. Weisebron, "Brazil Under the Workers' Party-Continuity and Change from Lula to Dilma," *Palgrave Macmillan*, 2014, p. 66.

③ Simon Romero, "Brazil Gains Business and Influences as It Offers Aid and Loans in Africa," in *New York Times*, August 7, 2012.

途径。南美洲地区一体化一直是巴西外交战略的优先目标，强化与本地区国家的合作受到历届政府的重视，实现与南美邻国和平共处、推动地区发展是巴西履行其国际角色的关键一面。①

（二）巴西参与南南合作具体实践

自卢拉担任总统起，在多边主义外交和南南合作战略的指导下，巴西将金砖国家、非洲国家和南美洲地区国家视为重点合作对象，通过外贸多元化、安全合作、气候合作等多方位的战略合作，提升其自身影响力，推动国际新秩序的建立，并积极参与国际规则的制定。

1. 巴西与拉美其他国家的关系

南美洲地区国家，尤其是南方共同市场国家是巴西重要的政治和经济合作伙伴，巴西与这些国家的友好关系是其对外政策的基石。立足南美洲，在南南合作框架下推动南美地区一体化有助于夯实巴西在南美地区的领导地位，这也成为20世纪80年代以来巴西对外政策的关键内容之一。

1991年3月26日，阿根廷、巴西、巴拉圭和乌拉圭四国总统在巴拉圭首都签署《亚松森条约》，宣布建立南方共同市场。截至2017年12月，南方共同市场已经举行了51届首脑会议。南方共同市场为巴西的国际参与提供了重要平台，帮助其提升了国际地位。南方共同市场国家是巴西对外贸易的重要伙伴，也是巴西经济的生命线。2017年巴西从南方共同市场国家进口244.59亿美元，同比增长10.1%，占巴西总进口额的16.2%；出口390亿美元，同比增长17.3%，占巴西总出口额的17.9%。南美地区是巴西工业制成品的主要出口目的地，主要出口载人及载物交通工具、汽车零件等。2016年，巴西共推动执行了37个南南合作项目，涉及资金约7500万雷亚尔。目前巴西共有170个南南合作项目，其中有49个涉及与南美国家合作，覆盖领域包括国防、教育、文化等。

2. 巴西与非洲国家的关系

2003年卢拉总统就职后，巴西开始强化与非洲国家之间的关系，成为其

---

① Celso Amorim, "Brazil's Multilateral Diplomacy," in *Remarks at the Second National Conference on Foreign Policy and International Politics*, Brazilian Embassy in Washington, November 27, 2007.

南南合作战略的重要组成。卢拉在其就职演说中曾表示，非洲是巴西民族和文化形成中不可或缺的因素，优先发展与非洲国家的合作是巴西国际战略的组成部分。①

首先，巴西和非洲国家政治交往密切。卢拉总统重组了外交部，专门建立负责非洲事务的部门，其任期8年内12次出访非洲，利用首脑外交方式共访问了21个国家，同时接待了非洲27个国家的47位国家元首和政府首脑。② 卢拉将增进巴西与非洲国家的商贸关系列为首要任务之一，建立或恢复了17个巴西驻非洲使领馆，驻非洲使馆总数增至37个，而非洲驻巴西使馆总数也增至34个。罗塞夫总统继任之后，继续推动巴西与非洲国家的外交关系，多次访问非洲，积极参加非洲与南美洲地区的多边峰会。

其次，巴西和非洲国家经贸往来活跃。2007～2011年，巴西对非洲出口呈波动上升趋势，在2011年达到122.2亿美元的峰值。随后逐年下降，在经济危机中的2016年降至近十年最低水平（78.3亿美元）。2017年，巴西经济形势好转，对非洲出口重新扩大，增幅19.9%，达到93.9亿美元，占巴西总出口的4.3%。巴西从非洲进口在2015年和2016年分别下降48.6%和47.5%，2017年重新获得增长，涨幅20.2%，总进口额55.3亿美元。巴西对非洲主要出口蔗糖、精制糖、鸡肉、牛肉和玉米，进口则主要是轻油、原油和化肥。

最后，巴西对非技术援助及债务减免。卢拉总统执政期间与非洲国家进行了债务谈判，涉及10多亿美元的债务，占巴西债务谈判总量的75%。2013年5月，罗塞夫在非洲联盟成立50周年会议上宣布取消或重组20世纪70年代以来12个非盟国家拖欠巴西的债务，合计9亿美元。通过减免债务，巴西在非洲大陆的影响得到更广泛的认可。

3. 巴西与其他南方国家的关系

金砖国家是巴西南南合作外交战略中的重要一环，巴西利用金砖合作机制

---

① Luis Inácio Lula da Silva, "Mensagema à áfrica," in Discursos, Artigos, Entrevistas e Outras Comunicacões do mre, 12 de agosto, 2003.

② Oliver Stuenkel, "Brazil in Africa: Bridging the Atlantic?" January 2013, https://www.researchgate.net/publication/299991936_ Brazil_ in_ Africa_ Bridging_ the_ Atlantic，最后访问日期：2018年3月5日。

获得了一定的经济红利。根据巴西发展工业外贸部的数据，历经两年经济衰退后，2017 年巴西对中国、印度、俄罗斯和南非的出口大幅增长 35.2%，超过 548 亿美元，占巴西出口总额的 25.17%。中国是巴西最大的贸易伙伴和第一大出口市场。2017 年，中国以 273 亿美元的进口贸易额超越美国，成为巴西第一大进口市场。巴西对印度的出口量增长了 47.32%，超过 46.57 亿美元，是巴西第八大出口市场。2000 年至今，巴西对金砖国家的出口贸易额年平均增长 23.62%，进口年平均增长 20.33%。除传统经贸领域外，巴西还积极推动金砖国家在更广阔领域的合作。2016 年 10 月在印度举行的金砖国家技术创新部长级会议中，巴西提出在公共卫生领域，尤其是医疗方面的合作提议。巴西还提出了区域航空伙伴关系谅解备忘录，希望在 2018 年完成协商。2017 年 7 月 27～28 日在北京举行的第七次金砖国家安全事务高级代表会议上，巴西提议设立金砖国家情报论坛。同年 9 月 18～20 日，在巴西利亚举行了第一届金砖国家遥感卫星应用论坛，探讨金砖国家在新领域的合作。

构建金砖国家合作平台是巴西南南合作战略中的重要组成部分，可使巴西在拉丁美洲地区以外寻求更大的发展。自 2009 年起，连续举办的金砖国家领导人会议是金砖各国将南南合作制度化的重要体现，金砖国家已经形成了南南合作的政府间联盟。巴西是金砖国家领导人会议的积极推动者，在金砖国家合作机制的初创阶段发挥了领导作用，并在该机制的演变中持续发挥重要作用。2017 年在厦门举行的第九届金砖国家领导人会议上，新上任的巴西总统特梅尔表达了巴西将在责任与开放两个核心议题上发挥作用的意愿。他认为，联合国《2030 年可持续发展议程》保证了负责任的社会环境友好型发展及社会的长期稳定。巴西政府在国内肩负财政责任及社会责任，必须保证国民经济发展、创造就业、控制通货膨胀。关于开放方面，他则强调巴西坚持多边主义传统且积极推动拉美地区一体化。通过强化国家能力建设并积极参与金砖国家合作，巴西仍然是全球南南合作的关键角色之一。

（三）2016 年以来巴西外交关系变化与南南合作

罗塞夫总统执政时期，基本延续了卢拉总统的外交策略，坚持立足拉美、强调南南合作、反对霸权和干涉主义，即奉行"南美一体化为核心、南南合作优先、欧美国家次之"的原则。① 2016 年巴西政治经济危机以来，巴西的政治生态及外交走势有了明显变化。

首先，与左翼国家关系恶化。委内瑞拉作为拉美左翼阵营的重要国家，尼古拉斯·马杜罗政府是罗塞夫政府最紧密的盟友之一。特梅尔上台后，巴西和委内瑞拉关系开始恶化。委内瑞拉总统马杜罗不满罗塞夫被罢免，他认为这种议会政变是寡头政治和帝国主义对进步政府和左派的攻击，因此在特梅尔上任后宣布召回委内瑞拉驻巴西大使，冻结同特梅尔政府的政治和外交关系。② 巴西外交部针对委内瑞拉的做法做出强硬表态，认为这一决定揭示了委内瑞拉政府对巴西宪法和法律的深刻无知，并且否定了拉美一体化的原则和目标。③ 2016 年 9 月，巴西以委内瑞拉未履行南方共同市场的各项规定为由，不同意其担任下半年南方共同市场的轮值主席，改由阿根廷、巴西、巴拉圭和乌拉圭共同督导执行，制定经济体运作所需的行动方针和决定经贸与其他基本议题。④⑤ 2017 年 3 月，针对委内瑞拉最高法院判决国会处于非法状态并将取代国会行使立法权一事，巴西政府否认判决并直言此乃"明显违反宪政

---

① 刘国枝、郭熙煌：《当前巴西内政外交（2016 年）》，载刘国枝主编《巴西发展报告（2016 年）》，社会科学文献出版社，2017，第 17 页。

② Gobierno Bolivariano de Vevezuela, Venezuela condena golpe de Estado contra Presidenta Dilma Rousseff, http: //www. presidencia. gob. ve/Site/Web/Principal/paginas/classMostrarEvento3. php? id_ evento = 112，最后访问日期：2018 年 2 月 25 日。

③ Ministério das Relações Exteriores, Comunicado do Governo venezuelano sobre suas relações com o Brasil, http: //www. itamaraty. gov. br/pt – BR/notas – a – imprensa/14690 – comunicado – do – governo – venezuelano – sobre – suas – relacoes – com – o – brasil，最后访问日期：2018 年 2 月 25 日。

④ Ministério das Relações Exteriore, Aprovação da "Declaração Relativa ao Funcionamento do Mercosul e ao Protocolo de Adesão da República Bolivariana da Venezuela", http: //www. itamaraty. gov. br/pt – BR/notas – a – imprensa/14727 – aprovacao – da – declaracao – relativa – ao – funcionamento – do – mercosul – e – ao – protocolo – de – adesao – da – republica – bolivariana – da – venezuela，最后访问日期：2018 年 2 月 25 日。

⑤ Ministério das Relações Exteriores, Comunicado conjunto de Estados Membros da OEA sobre os acontecimentos recentes na República Bolivariana da Venezuela, http: //www. itamaraty. gov. br/pt – BR/notas – a – imprensa/15017 – comunicado – conjunto – dos – estados – membros – da – oea – sobre – os – acontecimentos – recentes – na – republica – bolivariana – da – venezuela，最后访问日期：2018 年 2 月 25 日。

秩序"。① 8 月 4 日，委内瑞拉制宪大会正式成立，巴西并不承认这一机构的合法性。隔日，在巴西圣保罗举行巴西、阿根廷、巴拉圭和乌拉圭外长紧急会议，发表决议称因委内瑞拉触犯南方共同市场有关成员国和联系国民主承诺条款，决定无限期中止委内瑞拉成员国资格，并将帮助委内瑞拉重建民主秩序。2017 年 12 月 23 日，委内瑞拉制宪大会主席德尔西·罗德里格斯（Delcy Rodrigues）宣布，巴西驻委大使鲁伊·佩雷拉（Ruy Pereira）为"不受欢迎的人"，并且在巴西恢复宪法秩序前，不会恢复与巴西的外交关系。巴西外交部也做出强硬回应，"如果委内瑞拉政府的决定得到确认，那么它再次表明尼古拉斯·马杜罗政府独裁、不愿进行任何对话，巴西将以同等力度的措施回应"。②

　　其次，巴西优先与亚洲新兴国家合作，非洲国家的合作地位下降。与旧日盟友的关系降至冰点，巴西与非洲国家的关系也一度紧张。特梅尔宣誓就任代总统后，任命不具有外交经验的若泽·塞拉（José Serra）为外交部部长。在就职演说中，塞拉提出了十点外交新方向。他提到将优先考虑与亚洲新合作伙伴的关系，尤其是中国和印度，并将同样致力于与非洲的对话与交流。塞拉表示，现代非洲不需要怜悯，但需要有效的经济、技术交流及投资，这才是正确的南南合作战略，而不仅仅是广告宣传，这缺乏经济效益且需要大量外交投资。塞拉此意暗指罗塞夫取消非洲十二国债务并非有效措施，批评卢拉及罗塞夫实行的外交战略，否定巴西与非洲国家的贸易往来成果。③ 此外，为了削减政府开支，塞拉要求外交部分析自 2003 年以来巴西在非洲和加勒比地区 17 个大使馆和外交代表团的开支情况。这一举动结合早前对非洲外交的表态，各方

① Ministério das Relações Exteriores, Sentenças do Tribunal Supremo de Justiça da Venezuela, http：//www. itamaraty. gov. br/pt – BR/notas – a – imprensa/16001 – sentencas – do – tribunal – superior – de – justica – da – venezuela, 最后访问日期：2018 年 2 月 25 日。

② Ministério das Relações Exteriores, Nota à imprensa, http：//www. itamaraty. gov. br/pt – BR/notas – a – imprensa/18113 – nota – a – imprensa – venezuela, 最后访问日期：2018 年 2 月 25 日。

③ Ministério das Relações Exteriores, DISCURSOS, ARTIGOS E ENTREVISTAS, http：//www. itamaraty. gov. br/pt – BR/discursos – artigos – e – entrevistas/ministro – das – relacoes – exteriores – discursos/14038 – discurso – do – ministro – jose – serra – por – ocasiao – da – cerimonia – de – transmissao – do – cargo – de – ministro – de – estado – das – relacoes – exteriores – brasilia – 18 – de – maio – de – 2016, 最后访问日期：2018 年 2 月 25 日。

纷纷猜测这是巴西关闭驻非洲及加勒比地区大使馆的一个信号。[1] 巴西在非洲国家运行大使馆的年花费为 20 万 ~ 25 万美元，而在欧洲的花费为此数目的 4 ~ 8 倍。比如，驻葡萄牙大使馆每年的花费大约为 400 万美元。若特梅尔政府关闭非洲使馆，既不能解决外交部的经费问题，也会破坏多年来巴西与非洲建立的友好关系。

最后，巴西侧重与美国等发达国家的合作关系。新总统执政后，巴西对南方共同市场的态度发生转变，谋求更大的贸易自由。2016 年 6 月 24 日，据《圣保罗页报》报道，巴西外交部正在研究修正南方共同市场有关会员国须共同对外洽签关税减让的经济决议的可行性，以使巴西获得单独对外签署双边自由贸易协定的权利。[2] 这一提议得到巴拉圭与乌拉圭的支持，但遭到阿根廷反对。同年 9 月，巴西、阿根廷、巴拉圭和乌拉圭四国外长在美国纽约举行会议，探讨南方共同市场与欧盟签订自由贸易协议等事宜。[3] 2016 年总统弹劾案通过后，特梅尔向美国传递了外交政策调整的信号，表示巴西要改变与新兴经济体集团结盟的策略，加强与美国的战略合作关系。过去 30 年中，巴西和美国之间没有签署任何一项经济协定。但在 2016 年，特梅尔还是代总统时，巴西与美国签署了牛肉出口协议，巴方按照 4% ~ 10% 的关税向美国出口鲜牛肉，超过配额之后税率可达 26%。[4] 2017 年 2 月 22 日，时任巴西外长塞拉因健康问题向总统特梅尔提交辞呈，来自巴西社会民主党（PSDB）的阿洛伊西奥·努内斯（Aloysio Nunes）继任。正是他在 2016 年总统弹劾案通过后的第二天，前往华盛顿与美国重要官员会晤。这一趟公关之旅表面上是迫于国际舆

---

① Folha de S. Paulo, Serra Pede Estudo de Custo de Embaixadas na África e no Caribe, http：//www1. folha. uol. com. br/mundo/2016/05/1771982 - serra - pede - estudo - de - custo - de - embaixadas - na - africa - e - no - caribe. shtml，最后访问日期：2018 年 2 月 25 日。

② Folha de S. Paulo, Itamaraty Quer Mudar Regra Para Fazer Acordo sem Países do Mercosu, http：//www1. folha. uol. com. br/mercado/2016/06/1785036 - itamaraty - quer - mercosul - flexivel - para - destravar - acordos - comerciais. shtml，最后访问日期：2018 年 2 月 25 日。

③ Planalto, Mercosul Acelera Discussões Sobre Acordo de Livre Comércio com União Europeia, diz Serra, http：//www2. planalto. gov. br/acompanhe - planalto/noticias/2016/09/mercosul - acelera - discussoes - sobre - acordo - de - livre - comercio - com - uniao - europeia - diz - serra，最后访问日期：2018 年 2 月 25 日。

④ 刘国枝、郭熙煌：《当前巴西内政外交（2016 年）》，载刘国枝主编《巴西发展报告（2016 年）》，社会科学文献出版社，2017，第 19 ~ 20 页。

论压力，巴西想出面回应针对罗塞夫的弹劾并非政变，但努内斯却取消了与美洲国家组织秘书长路易斯·阿尔马格罗（Luis Almagro）的会谈，只与美国共和党参议院外交委员会主席鲍勃·考克（Bob Corker）、民主党参议员本·卡尔丁（Benjamin Cardin）及负责政治事务的国务次卿托马斯·香农（Thomas Shannon）会晤。不仅如此，特梅尔上台三个月后，便通过了废除 13.365/2016 法案的提议。该法案规定巴西国家石油公司（Petrobras）必须是所有盐下油田的作业者，并至少持有 30% 的股权，而新法案只允许该公司有选择油田的优先权。外国石油巨头成为此次政策改革的最大受益者。

尽管新外长努内斯一再强调非洲及拉美国家在巴西外交中的地位，但巴西外交重点的调整随着特梅尔执政而逐渐显露。特梅尔执政后外交政策重点推动南方共同市场加强与太平洋联盟的联系等事宜，并游说阿根廷在南方共同市场与欧盟签署自由贸易协定中做出让步。

三　结语

南南合作是巴西国际战略的重要组成部分。巴西希望通过与南方国家的合作实现其外贸多元化，减轻对发达国家的经济依赖程度；推动建立国际新秩序，提升自身的国际地位。在这一战略目标指引下，巴西自 20 世纪 90 年代以来，积极加强与广大发展中国家之间的合作，尤以金砖国家、非洲国家和以南方共同市场成员国为主体的南美洲国家为重。通过调整和增设机构、总统及领导人外交、深化经贸合作、强化文化交流等渠道，巴西展现了其多边主义的外交传统，并提升了在全球治理中的地位，强化了话语权。2015～2016 年连续两年的经济大幅衰退使巴西将主要发展目标聚焦于国内，着眼于提高经济增长率、降低债务和通货膨胀率以及扩大就业。

巴西政权更迭之后，新政府的外交动向发生改变，巴西重新强调与美国等发达国家之间的联系，并积极利用南方共同市场深化与欧盟之间的经贸合作。与此同时，得益于农业恢复和对外贸易改善，巴西经济在 2017 年扭转了衰退，实现了增长。通货膨胀率降至中央银行规定的目标值以下以及相对稳定的金融系统为更为积极的货币政策创造了一定的空间。展望未来，尽管极右翼总统博索纳罗上台后，有放弃多边主义和南南合作的言论，但其外交政策并未发生大幅偏转。无论如何，在多极化的全球世界中，巴西对外关系中的南南合作取向应该不会改变。

参考文献

贺双荣：《巴西与金砖国家合作机制：战略考量、成果评估及可能的政策调整》，《当代世界》2017 年第 8 期。

刘国枝、郭熙煌：《当前巴西内政外交（2016 年）》，载刘国枝主编《巴西发展报告（2016 年）》，社会科学文献出版社，2017。

Castro，F.，K. Kooings，and M. Weisebron，"*Brazil under the Workers" Party-Continuity and Change from Lula to Dilma*，Palgrave Macmillan，2014.

B.3
俄罗斯经济社会发展最新状况评析

米军 邱鑫*

摘 要： 经过 2016 年的调整，俄罗斯经济衰退速度得到了控制。2017 年以来，俄罗斯进入经济社会发展的最关键时期。经济增长能否上去关系到普京执政基础是否稳固，关乎普京的历史地位。2018 年俄罗斯经济增长总体处于低速增长态势，当前尽管油价上涨，但也无法阻止俄经济增速放缓的趋势。显然，俄当前的宏观经济增长各项指标与普京实现改善民生和强国战略的宏伟目标相差甚远。不仅如此，俄罗斯社会发展指标喜忧参半，就业、医疗、教育均出现一定程度改善，但人口问题依然严峻。在当前欧美国家制裁的背景下，俄对南南合作更加重视，试图得到发展中国家尽可能多的支持。

关键词： 俄罗斯 经济社会发展 南南合作

一 俄罗斯经济社会总体形势回顾

乌克兰危机爆发后，俄罗斯遭受欧美国家制裁的压力有增无减，普京政权陷入前所未有的危机局面。经过 2016 年的调整，俄罗斯经济衰退速度得到了控制，2017 年以来俄罗斯经济社会形势呈现以下几方面突出特点。

---

* 米军，四川大学国际关系学院当代俄罗斯研究中心教授，研究领域：俄罗斯经济、国际经济关系；邱鑫，四川大学外国语学院讲师，研究领域：俄罗斯经济。

（一）经济处于低速增长状态

2017 年，俄罗斯经济摆脱负增长上升至 1.5%，2018 年俄罗斯经济总体呈弱增长态势。根据俄罗斯联邦统计局的资料，2018 年前三季度俄罗斯 GDP 同比增长 1.5%，略低于 2017 年同期 1.8% 的增长水平。其中，第一季度同比增长 1.3%，第二季度增长 1.9%，第三季度增长 1.8%。2018 年下半年经济增长势头减弱，这种放缓是由于农产品收成疲软、制造业和建筑业表现疲软以及世界杯的影响减弱等。按照俄罗斯经济发展部预测，俄罗斯全年 GDP 增长 1.8%，而世界银行则将俄罗斯该年度经济增长下调至 1.5%。如图 1 所示。

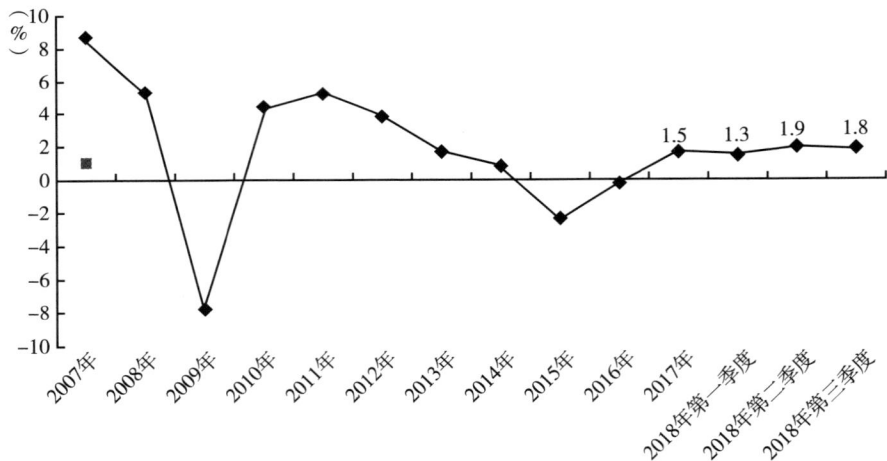

图1　俄罗斯 GDP 增长率

资料来源：世界银行。

（二）通货膨胀低位运行

任何宏观经济指标体系都无法忽略通货膨胀率，它对货币政策、利率、汇率等都会产生重大影响，俄罗斯政府一直将降低通胀率视为政府的主要任务之一。图 2 呈现了 2000 年以来俄罗斯通胀率的变化趋势。

2000 年至今，俄罗斯通胀率虽然勉强维持住了总体下降的大趋势，其间

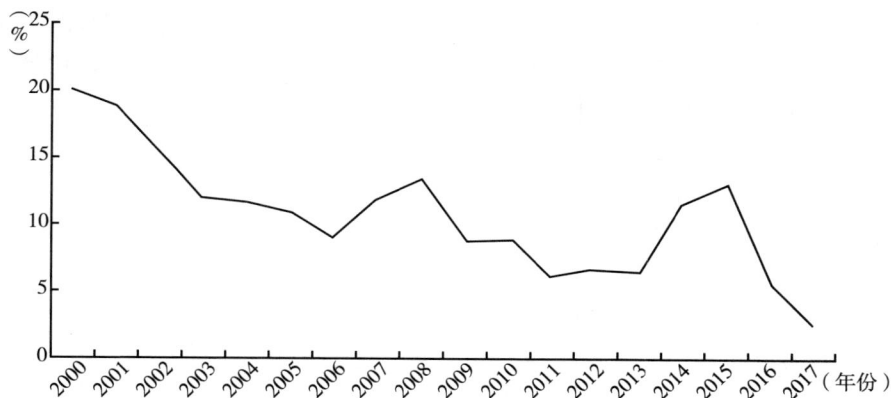

图2 2000~2017年俄罗斯通胀率的变化趋势

资料来源：俄罗斯联邦统计局。

受2008年国际金融危机和乌克兰地缘政治因素以及油价因素的影响波动十分剧烈，两次骤然升高至12.5%左右，又在经济企稳复苏后不断下滑。根据俄罗斯联邦统计局公布的数据，2017年全年俄罗斯通胀率仅为2.52%，贴近央行预估通胀区间的下限，为1991年苏联解体以来的最低水平，说明经济运行进入增长乏力状态。2018年俄罗斯国内居民消费总体趋于谨慎，消费需求增加对通胀率增加影响有限，但由于受地缘政治紧张和动荡加剧、增值税上调计划以及卢布贬值等因素影响，自7月以来，通胀率逐步上升，但仍低于央行设定的4%的年度目标。

（三）对外贸易保持回升状态

2016年俄罗斯对外贸易触底后开始反弹（见图3），进出口均呈现恢复性增长且继续保持贸易顺差。俄罗斯2017年以来同主要贸易伙伴实现了出口和进口总额双增长，这种增长的主要动因是商品价格上涨。进出口结构多年来变化不大，出口以能源和原料为主，进口以机械设备、交通工具、食品、化工产品占比较大。值得关注的是，食品及农产品原料进口大于出口的现状正在缓慢改善，进口替代战略的实施、粮食丰收增产等因素在此过程中发挥了重要作用。根据俄罗斯海关的统计，2018年1~6月俄罗斯对外贸易总额为3306亿美元，同比增长21.6%。贸易顺差为980亿美元，比2017年同期增加310亿美元。出口总额为 2143 亿美元，同比增长 26.5%，出口占比最大的仍然是能源和原料类商品（63.9%）。上半年俄罗斯进口总额为 1163 亿美元，同比增长 13.6%，进口占比最大的是机械设备（46.9%）。

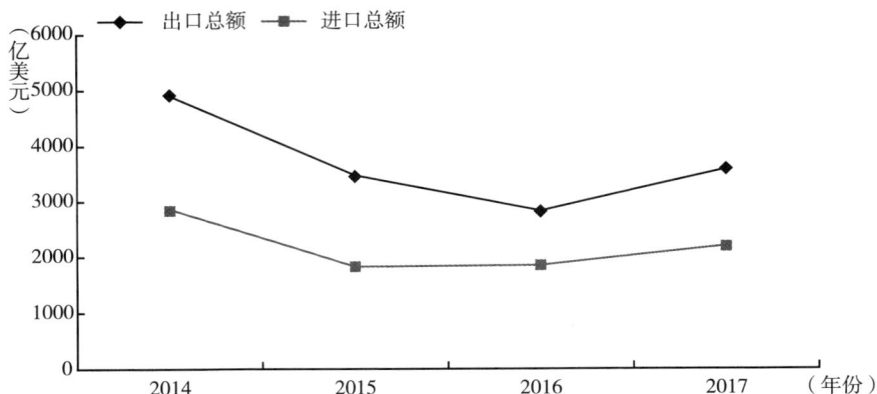

图 3　2014～2017 年俄罗斯的进出口总额变化

资料来源：俄罗斯联邦海关。

根据俄罗斯海关的对外贸易统计报告，截止到 2018 年 1 月，各大国际组织在俄罗斯对外贸易总额中的占比次序为：欧盟（42%）、亚太经合组织（31%）、金砖国家（18%）、独联体（12%，其中欧亚经济联盟诸国占 9%）。俄罗斯除与亚太经合组织保持逆差外，对其他国际组织均保持了顺差。若论单个国家，则俄罗斯最主要的贸易伙伴分别为：中国（15%，增长 32%）、德国（9%，增长 23%）、荷兰（7%，增长 22%）、白俄罗斯（5%，增长 26%）、意大利（4%，增长 21%）、美国（4%，增长 16%）、土耳其（4%，增长 37%）、韩国（3%，增长 28%）、哈萨克斯坦（3%，增长 30%）、乌克兰（2%，增长 26%）。其中，俄罗斯对中国、法国、美国、印度尼西亚、越南、泰国、巴西等国的贸易产生了较大逆差。

（四）财政吃紧，内债增多而外债减少

从财政收支看，未来俄罗斯的财政压力依旧存在。2012 年，俄罗斯整合预算中尚有 2604 亿卢布盈余，此后财政赤字不断增加，并在 2016 年达到

31421 亿卢布的顶峰。到 2017 年，其财政赤字有所缓解，回落到 13491 亿卢
布①，降幅较大。财政赤字高企的情况到 2018 年出现扭转，2018 年度前 5 个
月财政总收入 13.77 万亿卢布，同比增长 14.6%，盈余 1.28 万亿卢布。尽管
俄罗斯经济在短期内出现了好转，但由于整体经济的弱增长，期待财政收入出
现明显改善也不现实。

另外，在国家债务方面，呈现内债增多而外债减少的状况。从外债方
面看，俄罗斯外债在 2014 年第二季度达到 7328 亿美元的历史新高后逐年
下降。目前处于 2008 年到 2018 年近 10 年内的相对低位，其中，2018 年第
三季度的外债从第二季度的 4855 亿美元降至 4671 亿美元。图 4 是俄罗斯
外债走势。

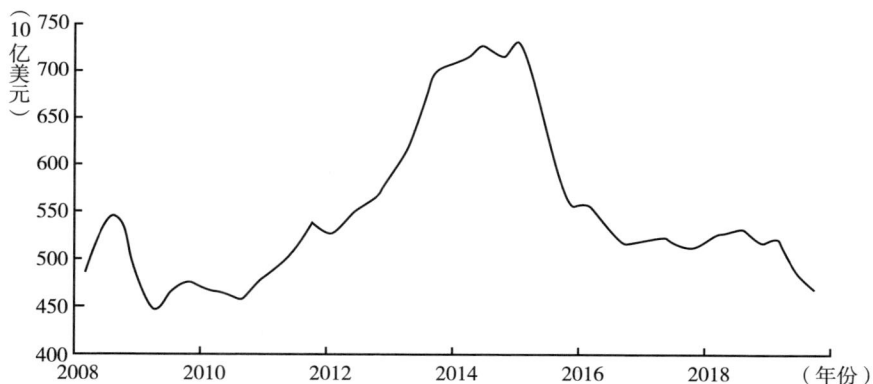

图 4　2008～2018 年俄罗斯外债走势

资料来源：Trading Economics。

从内债方面看，俄内债规模始终维持升势。根据俄罗斯财政部数据，截至
2017 年 1 月 1 日，俄罗斯内债为 6.1 万亿卢布，到 2018 年 1 月 1 日上升到
7.25 万亿卢布，内债增长了 18.9%，2018 年 11 月 1 日上升到 7.65 万亿卢布，
内债较 2017 年初增长 25%。内债规模的上升与固定收益率的联邦债券一年内
增发了 59% 有关，也与浮动类型的债务增加了 24% 有关。根据俄罗斯财政部

---

① Краткая информация об исполнении консолидированного бюджета Российской Федерации.
https：//www.minfin.ru/ru/statistics/conbud/.

解释，内债增加主要与俄罗斯宏观经济形势相关。图 5 反映了俄罗斯内债走势。

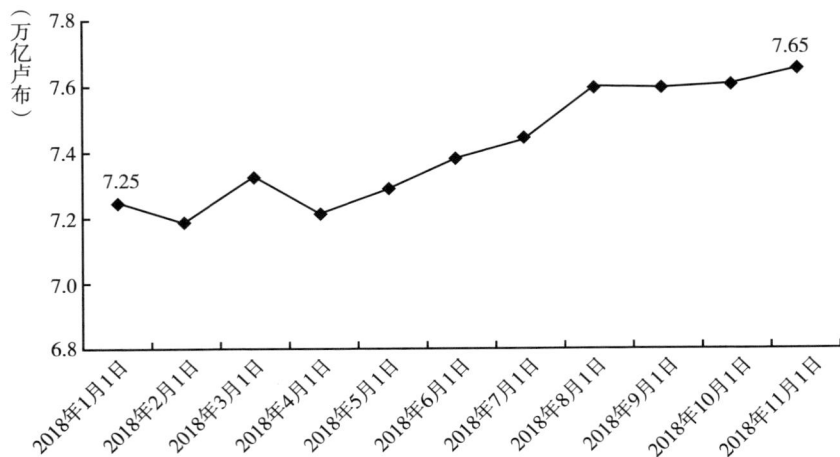

图 5　2018 年 1 ~ 11 月俄罗斯内债走势

资料来源：俄罗斯财政部。

（五）加大力度落实去美元化进程

伴随 2018 年美国再次发起新一轮对俄制裁，俄政府加快了寻找美元替代品的进程。政府承诺向使用卢布进行国际交易结算的公司提供税收优惠，同时俄经济发展部、财政部、中央银行三个部门共同起草了降低俄经济对美元依赖的提议，去美元化问题转入落实的新阶段。2018 年俄罗斯大幅削减持有的美国国债。根据俄罗斯《消息报》10 月 18 日消息，俄持有的美国国债从年初的 1000 亿美元降到 140 亿美元，减持幅度超过 80%，已经降至历史低点。根据俄罗斯《莫斯科共青团员报》网站 10 月 14 日发表尼古拉·马克耶夫的一篇文章，在美国实施反俄制裁之后，卢布在俄外贸结算货币结构中所占的比例不断上升。从 2013 年至 2018 年底，以美元结算的交易在俄外贸中占比从 80% 降为 36%，而以卢布结算的交易在俄外贸中的占比从 10% 升到了 29%，以欧元结算的交易占比从 8% 升到了 31%。

（六）俄罗斯社会发展呈局部性改善，但人口问题不容乐观

俄罗斯自 1991 年苏联解体以来，外部危机不断，内部经济转型一直没有完成，社会发展及民生福利情况受国家经济发展水平和财政投入水平的制约，发展并不均衡。其一，医疗卫生条件不断改善。俄罗斯政府 2011～2016 年的整合预算中，用于医疗卫生的支出分别为 19331 亿卢布、22830 亿卢布、23180 亿卢布、25327 亿卢布、28610 亿卢布、31244 亿卢布，一直在不断上升。2017 年俄罗斯政府虽因财政困难将预算削减至 28210 亿卢布，却仍然位于相对较高的水平。① 俄罗斯卫生部公布的 2017 年《俄罗斯联邦医疗卫生报告》，明确指出在未来发展初级医疗是卫生部 2017 年以来最核心的任务之一，另外两大核心任务分别为发展医疗航空和医疗信息化。深入街区的各类诊所能更好地满足初级医疗的要求，这也反映到综合性医院和诊所的数量对比数据的变化上，即综合性医院总数呈逐年递减的趋势，而同期诊所的数量则在逐年增加，俄罗斯民众赴诊所就诊的总次数也屡创新高。在医疗信息化领域，俄罗斯卫生部正在各医院和诊所大力推广无纸化办公，目前已有 60% 的医院接受了医疗信息系统升级，在 2018 年初，所有医疗单位均接入了快速网络。俄罗斯地广人稀，为了降低农村居民就医的难度，俄罗斯卫生部从 2012 年开始推行 "乡村医生" 计划，目前已吸引了超过 2.6 万余名年轻医生到农村工作，2018 年将该项目推广到常住人口小于 5 万的城市。其二，教育规模有所缩减，质量逐渐优化，特别是高等教育机构科研实力不断提升。近五年俄罗斯教育类预算支出一直在增长，如 2017 年占当年总财政支出的 10.2%，远高于全球均值 4.85% 和中国的 4.26%。其三，就业情况有所好转，但劳动报酬水平维持低位。俄罗斯财政部长西鲁安诺夫指出，2018 年俄罗斯民众工资的实际增速会达到 4.1%。根据国际劳工组织对失业人口的界定，截至 2018 年 6 月俄罗斯 15 岁以上无业人口约 354.3 万人，占适龄劳动人口数的 4.7%（比 2017 年同期降低 9.2 个百分点）。② 受整体经济弱增长的影响，俄罗斯居民的工资收入水平总体

---

① Консолидированный бюджет Российской Федерации. https：//www. minfin. ru/ru/statistics/conbud/.

② Информация о социально - экономическом положении России. http：//www. gks. ru/free_doc/doc_ 2018/info/oper - 06 - 2018. pdf.

偏低。根据俄罗斯国家统计局资料，即使在俄罗斯经济最发达的莫斯科，2018年前三季度的人均月工资只有 80000 多卢布，折算成人民币也只有 8000 多元。其四，人口问题依然严峻。俄罗斯国土面积辽阔，其严峻的人口问题仍然是最主要的社会问题，同时还事关国家的前途和民族的命运。截至 2018 年 6 月 1 日，俄罗斯全国总人口为 1.468 亿，较年初减少 0.1%，增长率为 2011 年以来最低，且增长的主要来源为移民增长。

二　2018年俄罗斯经济增长的影响因素分析

（一）疲弱的消费需求对经济增长的贡献有限

国内居民的消费需求疲弱。这一点可从居民实际可支配收入水平和实际工资水平以及消费信心指数的变动中观测得出。根据俄罗斯联邦统计局的数据，2016 年俄罗斯居民实际可支配收入仅为 2015 年的 94.2%，2017 年比 2016 年同期下降了 1.7%；2018 年 1~10 月居民实际可支配收入水平同比增长 1.6%，居民月平均收入为 31259 卢布（折合人民币 3238 元）。[①] 从实际工资水平看，2017 年同比增长 2.9%，2018 年前 10 个月该数据同比增长 7.6%。可见，俄罗斯近几年在国内经济不景气的形势下，政府依然采取措施逐步提高居民的实际收入和实际工资水平，为的是提振国内消费需求。工资收入的增长使得上半年俄罗斯内需有所扩大，商品及服务消费同比均得到增长，第一、二季度同比增幅分别为 3.3% 和 3.8%，其中，莫斯科 1~9 月零售贸易额同比增长了 5%。然而，俄罗斯居民消费信心不足，居民消费对经济增长的拉动作用有限。从消费信心指数看[②]，2017 年第一到第四季度的消费信心指数分别是 -15、-14、-11、-11，2018 年前两个季度该指数有所回升，到第三季度从第二季度的

---

① Уровень жизни. http://www.gks.ru/wps/wcm/connect/rosstat_main/rosstat/ru/statistics/population/level/#.

② 资料来源：Trading Economics。俄罗斯 CCI 的极值区间与中国略有不同，其数值在 -100 到 100 之间浮动，若该数值小于 0 则消费者信心为负面，若大于 0 则为正面。从 1998 年到 2018 年，俄罗斯消费者信心指数平均为 -14.62，2008 年第三季度达到 1 个指数点的历史最高点，1998 年第四季度达到 -59 个指数点的历史最低点。

-8 降至 -14，达到 2017 年第二季度以来的最低水平，这表明俄罗斯居民对国家经济形势和家庭个人财务状况的预期有所下降。正如俄央行指出，2018年俄国内消费积极性适中，俄居民更趋于谨慎消费。

（二）投资增速略有好转且工业生产呈阶段性恢复增长态势

固定资产投资略有好转。根据俄罗斯联邦统计局资料，从 2012 年到 2017年，俄罗斯固定资产投资总体保持稳步上升的态势。2017 年固定资产投资总额较 2016 年增长 8.26%，2018 年第一季度俄罗斯固定资产投资总额为 2.3 万亿卢布，同比仍然增长了 3.6%，第二季度固定资产投资增幅为 2.8%，俄经济发展部数据 2018 年投资约增长 3.5%。2017 年固定资产投资占比最大的是采掘业、原材料的粗加工工业、房地产业，2018 年上半年采掘业投资同比下降 9.2%、电力天然气及蒸汽供应下降 7.3%、运输和仓储下降 0.1%、制造业投资增长 7.4%、农业投资增长 21.3%、建筑业增长 9.3%。近三年来固定资产投资中属于各所有制形式的资产总额存在此消彼长的关系。私人企业是俄罗斯固定资产投资增长的主要动力（私有资产投资超过 9 万亿卢布），反映了俄罗斯私人企业对本国的投资信心有所增强；国有投资在近 3 年虽有所增长，然而联邦资产投资占比不大（大约 2.2 万亿卢布）；外国资产投资总额也在逐年减少（1 万亿卢布左右），反映了近年来由于经济下滑以及国际制裁等因素导致的俄资本外流。

由于投资逐步好转，工业生产方面呈现阶段性恢复性增长。根据 Markit Economics 公布的数据[①]，2017 年全年制造业 PMI 均值为 52.1（最高值为 1 月54.7），为 2013 年以来最高值。就工业生产指数（IPI）来看，2017 年采掘工业 IPI 同比增长 2%，制造业 IPI 总体同比增长 0.2%，其中食品生产同比增长5.6%、纺织品生产同比增长 7.1%，皮制品生产同比增长 4.3%，纸品制造同比增长 4.7%、焦炭及石油制品生产同比增长 0.6%，化工产品同比增长4.3%、药物制造同比增长 12.3%，橡胶及塑料生产同比增长 4.2%，电气设备生产同比增长 2.8%，交通运输设备制造同比增长 12.9%，家具制造同比增

---

① Индекс производственной активности PMI России. https：//ru. investing. com/economic - calendar/russian - markit - manufacturing - pmi - 1630.

长 8.7%。① 2018 年上半年，俄罗斯制造业 PMI 均值接近 51，7 ~ 11 月均值下降为 50.1%，制造业增长动能有所减缓。根据俄统计局资料，2018 年上半年工业生产指数有所好转：采掘业同比增长 2.8%，制造业总体同比增长 4%，食品生产同比增长 3.5%，饮料生产同比增长 2.9%，烟草制品同比增长 9.8%，纺织品生产同比增长 4.6%，成衣生产同比增长 6.6%，纸品制造同比增长 9.7%，焦炭及石油制品同比增长 2.4%，化工产品制造同比增长 2.8%，药物制造同比增长 7.3%，橡胶及塑料制品生产同比增长 4%，电气设备制造同比增长 3%，交通运输设备生产同比增长 17.2%，家具生产同比增长 5.3%。②

（三）对外贸易对经济增长的拉动显著

世界经济景气度提升、卢布贬值及油价上涨等因素促进了俄经济增长。俄罗斯是资源出口依赖型的经济增长模式，全球经济增长的恢复和国际油价上涨对俄罗斯经济增长的影响比较显著。目前世界经济处于 3.7% 的中速增长阶段，这必然对大宗商品特别是油气资源需求形成较强推动。同时，自 2016 年以来油价呈上涨态势，2016 年俄"乌拉尔"石油均价为 41.9 美元/桶，2017 年上升至 52.6 美元/桶，2018 年前 10 个月原油均价上涨至 70 美元/桶，较 2017 年价格上涨幅度超过 33%。根据世界银行 2018 年 11 月发布的报告，在油价上涨的支撑下，俄经常账户盈余从 2017 年同期占 GDP 的 1.7%（197 亿美元）扩大到 2018 年 1 ~ 9 月占 GDP 的 6.3%（758 亿美元）左右。受世界经济增长和卢布贬值的影响，不仅能源出口出现增长，非能源类商品出口增长态势也较好。能源出口增长主要得益于油价上涨，非能源出口受到价格和数量增长的支持。根据俄罗斯经济发展部的资料，2018 年上半年，燃料能源商品出口增加 1.3%，达到 63.9%。非能源出口增长范围广泛，食品（特别是农产品）、皮革、金属和机械出口增幅尤其大。其中，非原料出口增加 24.3%，为 1119 亿美元；创新产品出口增长 14.3%，为 140 亿美元；机械设备出口增长

---

① Информация о социально - экономическом положении России. http：//www. gks. ru/free_ doc/doc_ 2017/info/oper – 12 – 2017. pdf.

② Информация о социально - экономическом положении России. http：//www. gks. ru/free_ doc/doc_ 2018/info/oper – 06 – 2018. pdf.

15.3%，为124亿美元。卢布贬值还提升了俄罗斯旅游业的发展，特别是莫斯科的预算得到了空前的提高。塔斯社12月发布的信息显示，到莫斯科旅游的游客总数增加了780万，预计到2018年底将达到1210万，莫斯科的旅游消费总额和节日营业额已达到8170亿卢布（约合122亿美元），而城市预算收入比2010年翻了两番，达到1120亿卢布（约合16亿美元）。① 与此同时，俄罗斯世界杯不仅提升了对俄国内商品需求，来自全球的球迷还提振了俄罗斯的出口。根据俄罗斯旅行社协会的信息，世界杯为俄罗斯GDP贡献了8500亿卢布（约135亿美元）。

（四）与南南国家合作的加强拓宽了经济增长的渠道

在欧美施压的情况下，俄罗斯对南南合作更加重视，试图依托南南合作增强其发展能力。第一，俄罗斯加强了与亚非拉主要南南国家的对外贸易联系。亚洲是俄罗斯加强南南合作最重要的地区，其地位上升到仅次于与欧盟的经贸联系。俄与亚洲主要国家的贸易多集中在出口能源及原材料和进口工业产品，因此容易产生贸易逆差。中俄贸易在俄罗斯同亚洲发展中国家的贸易中占比最大，品种最丰富，对经济增长的贡献度显著提升。俄与非洲和拉美国家的经贸合作呈现贸易总额小但增长速度快的特点。俄罗斯在非洲的主要贸易伙伴为埃及（占俄罗斯对外贸易总额的1.15%）、阿尔及利亚（占0.79%）、摩洛哥（0.25%）、南非（0.14%）和突尼斯（0.09%），俄罗斯同非洲各国贸易的典型问题是出口远大于进口且贸易结构不合理，以农产品、能源及原料产品为主。埃及是俄罗斯在非的最大贸易伙伴。根据2018年第一季度数据，俄罗斯向埃及出口最多的是粮食产品及农业原料（38.48%）、金属及金属制品（20.38%）、矿物产品（13.8%）、机械设备及交通工具（7.35%）、木材及纸制品（6.17%）等，埃及对俄出口额中则有85.85%为粮食及农业原料，还有少量的轻工产品。俄罗斯同拉美国家的贸易结构以农产品为主，结构较单一，同样呈现贸易总额小但增长速度快的特点。根据2018年第一季度资料，俄罗斯在南美洲的主要经贸伙伴为巴西（占俄罗斯对外贸易总额的

---

① Tourism Gives Major Boost to Moscow Economy, Says Mayor, http://tass.com/economy/1035705.

0.69%）、厄瓜多尔（0.27%）、智利（0.16%）、巴拉圭（0.12%）和阿根廷（0.1%）；从双边贸易结构看，俄从厄瓜多尔、巴西、智利、阿根廷等国进口的粮食产品及农业原料分别占俄从该国进口总额的 99.95%、57.63%、72.19%、89.78%，俄对拉美国家的出口则主要集中于化工产品和矿物产品两大品类，对巴西、厄瓜多尔、智利等国出口的化工产品分别占对该国出口总额的 69.52%、50.1%、38.08%，对阿根廷出口的矿物产品则占对阿出口总额的 53.18%，化工产品占对阿出口总额的 27.76%。俄罗斯对南美的主要贸易伙伴均呈贸易逆差，这是因为巴西、智利、阿根廷等国对俄金属类产品的需求小，而俄罗斯对上述国家的食品，尤其是肉类及肉类制品需求较大，因此在对外贸易中一直处于逆差。①

第二，军事技术合作是俄与南南合作的显著亮点。仅 2017 年，俄罗斯对外军售总额超过 140 亿美元②，其中绝大部分武器卖给了亚太地区、非洲和拉丁美洲的发展中国家。技术合作方面，俄罗斯近年来逐渐加大了与南南国家联合研发和生产线输出的力度。例如俄罗斯和印度目前正在联合研制第五代战机，俄罗斯和中国正在联合研发超重型直升机和新型中远型宽体客机。

第三，在欧美制裁的情况下，俄加强了与南南国家国际组织的政治经济联系。经营独联体和欧亚经济联盟是俄罗斯的重中之重，同时不断强化金砖国家和上合组织的建设工作。根据俄罗斯经济发展部资料，截止到 2018 年上半年，俄罗斯与金砖国家的贸易额增幅最高为 28.8%，达到 584 亿美元，与上海合作组织成员国贸易额增长 27.2%，为 683 亿美元，与独联体国家贸易额增长 15.3%，为 389 亿美元，与欧亚经济联盟国家的贸易额增长 13.5%，为 273 亿美元。

三 俄罗斯经济发展前景的思考

当前，俄罗斯经济衰退得到控制，总体上还处于弱增长的态势，但这种增

---

① Торговля России со странами Южной Америки в 1кв. 2018 г. http：//russian – trade. com/reports – and – reviews/2018 – 05/torgovlya – rossii – so – stranami – yuzhnoy – ameriki – v – 1 – kv – 2018 – g/.

② Россия экспортировала вооружения на сумму свыше ＄14 млрд в 2017 году. https：//rossaprimavera. ru/news/c5f50bd2.

长能否持续并有所提高，将受本国资金短缺、经济结构性问题、营商环境差以及制裁等多方面不利因素的制约。

第一，投融资问题将长期制约俄罗斯未来经济发展。俄罗斯是一个资本严重短缺的国家，这已经严重影响到该国诸多建设项目实施。俄罗斯要想实现普京新任期的宏伟发展目标，特别是保持经济增长不低于 4% 的预期目标，加强持续有效的投资是重要抓手。仅基础设施升级改造在 2018 年 5 月公布的俄罗斯未来六年国家发展战略任务和目标中，就需要投入 6.3 万亿卢布建设资金，而联邦政府只能解决 3 万亿卢布，其他资金只能通过国内外金融市场来筹措，如果再加上加工制造业的资金需求，资金缺口将更大。由于俄罗斯国内低储蓄率和高利率的融资环境，必然需要大量的外部投资。当前，欧美国家对俄制裁呈现长期化的趋势，这就直接在较长时间内阻断了俄罗斯从国际金融市场融资的渠道，这对俄罗斯经济影响不容低估。

第二，经济结构性问题制约持续增长。俄罗斯资源为主导的发展模式导致加工制造业落后和创新驱动不足，特别是支撑经济起飞和持续增长的资本、市场、劳动力等关键要素缺乏①，这种结构性问题短期内无法解决。除了众所周知的资本问题外，人口问题严重制约经济的长期发展。无论是产业规模的扩大还是产业结构的变化，都需要得到劳动力市场的支持，然而俄罗斯目前的人口状况，显而易见无法在短期内改变。同时，俄罗斯社会老龄化严重，国内市场消费增长乏力，成为影响国内需求的重要因素。

第三，国家的管理制度问题绝非短期内可以解决的。如国内私有产权保护不足，有效的市场竞争没有形成，政策法规频繁变动，司法效率低下，权力机关对企业行政干预以及腐败问题严重。这些问题将严重影响国家的营商环境，特别是影响投融资环境。未来，俄罗斯必须加强制度创新，重构国家管理体系，在取消限制和改善投资环境方面应该迈出重大步伐，以发挥制度对经济发展的支撑作用。

总之，在普京新的任期内，提升经济增长，使其不低于世界经济增长平均水平依然是政府的中心任务。当前，尽管油价上涨是改善俄罗斯经济增长的重

---

① 徐向梅：《结构性难题与进口替代——俄罗斯经济发展前景分析》，《国外理论动态》2018年第 1 期，第 109 页。

要引擎，但也无法阻止俄经济增速放缓的态势，这说明普京任期内实现预期增长目标困难较大。值得关注的是，在欧美制裁的背景下，俄罗斯为了摆脱经济增长困境，加强了与新兴市场国家以及发展中国家政治、经济、技术合作，对南南合作更加重视，显示出俄罗斯多元化拓展国际生存空间的强烈愿望。尽管如此，如果不改善投资引资机制，不解决国家管理制度问题，不立足于更大程度的对外开放促进国内经济结构调整和国内营商环境的改善，俄罗斯经济发展要完成预期任务并不乐观。

B.4
印度经济社会发展态势及南南合作取向

陈利君　和瑞芳*

摘　要： 印度是金砖机制的重要成员，也是南南合作的重要推动国。印度在南南合作中发挥着重要作用。目前，尽管面临种种问题和挑战，印度通过发挥地缘、人缘、语言、文化等优势，在南南合作中发挥着重要的政治、经济、外交等影响力，也把更多发展中国家囊括到"金砖＋"合作中来。未来中印依然要落实合作共识，促进国际多边合作，完善国际合作体系，推动发展中国家融入世界经济、实现共同发展，以应对"印太"战略和美国主导的贸易保护主义。

关键词： 印度　经济社会　南南合作

一　印度经济社会发展态势

2014年莫迪担任印度总理后，通过采取"第二轮经济改革"，先后修订外国直接投资法案，废除大额现钞，通过"商品及服务税法案"（GST），推出"印度制造""数字印度""智慧城市"以及"东进行动""季节计划"等战略，使经济增长活力不断释放，民众生活得到改善。因此，尽管目前美国的贸易保护主义对全球经济尤其新兴经济体的影响较大，但印度仍然呈现良好的发展优势，在加快新兴经济体发展、深化南南合作中扮演重要角色。

---

* 陈利君，云南省社会科学院、中国（昆明）南亚东南亚研究院副院长，兼南亚研究所所长，研究领域：南亚研究；和瑞芳，云南省社会科学院、中国（昆明）南亚东南亚研究院南亚研究所助理研究员，研究领域：区域经济和国际经济。

（一）开展新一轮"历史性"经济改革

印度自 1991 年开始一系列经济改革，基本实现年均 6% 的经济增长，以外包服务为代表的现代服务业迅速崛起，经济波动也开始变小。2014 年以来，莫迪主导推进大规模经济改革，如"印度制造"（Make in India）、"创业印度"、"智慧城市"、"税制改革"、"废钞"和经济外交等经济改革措施。① 例如 2016 年"废钞"极大震慑了腐败、假币和黑钱等活动，也加快了数字化、系统化支付体系的发展。又如全国税制改革（GST 税制改革）是印度推行的全国税制统一改革，解决了中央联邦政府对商品生产制造环节征收消费税与地方政府对商品销售或购买环节征税间的问题，也解决了 29 个地方邦政府税率不统一的问题，有效破除了不同区域间的"贸易壁垒"。

（二）经济实现快速增长

进入 21 世纪以来，印度经济一直保持较快增长，引起世界广泛关注。根据麦肯锡的报告，2004～2009 年，印度 GDP 平均增长率高达 13.1%。② 虽然 2017 年废钞令和全国税制改革（GST 税制改革）使印度的经济增长从 2016 年超过 7% 降至 2017 财年第一季度的 5.7%，但随着废钞令和全国税制改革造成的负面影响逐渐消失，2017 年第四季度印度经济实现了 7.2% 的高速增长，2018 年第一、第二季度的经济增长也位居亚洲和全球首位。与此同时，印度更进一步改善了投资环境，提升了外商投资印度的热情，外商直接投资净流入增加，印度股市表现强劲，成为全球最具吸引力的新兴市场之一。③ 根据国际货币基金组织（IMF）2018 年 7 月发布的《2018 年世界经济形势与展望》，预计印度经济增长率将高于 7%，并在 2020 年左右实现 GDP 排名位居美国、中国、日本和德国之后的第五位。④

---

① 陈金英：《莫迪执政以来印度的政治经济改革》，《国际观察》2016 年第 2 期，第 113～115 页。
② 《报告称互联网对中国 GDP 增长贡献率达 3%》，新华网 2011 年 5 月 25 日。
③ 毛克疾：《不如预期，2017 印度经济回望》，《21 世纪经济报道》2018 年 1 月 19 日。
④ "World Economic Situation and Prospects 2018," IMF, 2008, July1.

（三）区域经济合作诉求增加

印度是金砖国家中经济增速最快的经济体，也是南南合作的重要推手。现在印度经济处于起飞阶段，需要良好的地区与周边环境，区域经济合作诉求增加从表面上看是传统"不结盟"运动的延续，但实际上反映了印度经济发展的内在需求。尽管目前面临美国贸易保护主义和"印太战略"带来的压力，但同时由于对原油、黄金等资源性产品的进口依赖以及大量产品需要进入新的海外市场，印度积极转向与发展中国家之间的合作，改善贸易结构，促进经济增长。目前，印度已经基本形成了"东进、西联、南下、北上"的对外合作框架，与南亚区域合作联盟、环印度洋地区合作联盟、世界贸易组织、金砖国家、上海合作组织、英联邦等组织以及印度洋、中亚、东南亚等地区的合作日益紧密。

（四）社会事业进步缓慢

尽管印度经济发展取得显著成绩，但社会事业进展仍然缓慢。印度是当今世界第二大人口大国，虽然印度在政治意义上是统一的，但也是一个民族成分复杂、民族文化丰富多元的国家，被称为"人种博物馆""民族大熔炉""宗教博物馆""语言博物馆"等①，多民族、多文化、多语言的特点增加了文化、民族认同的难度，加上当前印度民族主义思潮上升以及宗教极端主义、恐怖主义等的抬头，给印度社会发展带来较大困难。

印度社会发展滞后表现在多方面，虽然产业结构发生较大转变，形成了以服务业为主的产业结构，特别是软件和服务外包业发展迅速，促进了一些城市居民收入增加及来源多元化，但印度的区域发展差异较大，大量农村居民主要还是以农业为生，收入增加缓慢，生活水平难以在短期内获得大的提高。印度的城市化水平在35%以下，低于亚洲和世界平均水平，不同的城市以及城市不同地区之间的差距都十分大，如果加上农村，区域协调发展更困难。女性地位不高，相比其他国家，女性对经济社会发展的贡献有限，其他的社会问题，如教育、医疗、住房、腐败、毒品、种姓等也层出不穷，一时难以解决。

---

① 赵伯乐：《印度民族问题研究》，时事出版社，2015，第15页。

（五）贫困问题依然突出

虽然近年来印度通过一系列努力促进脱贫，但贫困人口仍然众多。2017年印度人均 GDP 约为 1850 美元，还属于中低收入国家水平。2016 年 7 月联合国贸易和发展会议发布了《发展与全球化：事实与数据》报告，虽然印度减贫取得了显著成绩，但极端贫困人口仍然众多。按每天收入不足 1.25 美元的标准计算，印度的贫困人口总量近 5 亿。世界银行将国际贫困线标准从每人每天生活支出 1.25 美元上调至 1.9 美元，这样一来印度贫困人口更多。2016 年印度贫困发生率超过 50%[①]，占世界贫困总人口的 1/3。即使到现在，印度的贫困人口也占总人口的 1/5。印度经济发展受到人口因素的影响，也受到国际原油价格、基础设施、资金、技术及产业等的制约，例如，由于印度大量依赖原油进口，一旦国际原油价格上涨，工业生产和生活成本也随之上升，容易导致民众致贫、返贫。事实上，在过去十年里，在印度许多较为贫穷的邦，贫困人口的绝对数是增加的。[②]因此，印度要全面解决贫困问题的路途还很遥远。

二　印度区域合作中的南南合作现状

进入 21 世纪以来，国际形势呈现世界多极化、经济全球化、文化多样化和社会信息化诸多特征，粮食安全、资源短缺、气候变化、网络攻击、人口爆炸、环境污染、疾病流行、跨国犯罪等全球非传统安全问题层出不穷[③]，印度也逐步认识到开展与南盟、环印度洋、中东、东南亚、中亚等地区合作的重要性，加快了南南合作进程。在莫迪的带领下，印度政府实施了"季节计划""香料之路""印非合作计划""亚非经济走廊"等多边区域合作方案[④]，不断加强同各国的友好合作，积极发展全方位多层次的对外关系，形成了"东进、

---

① 佚名：《数说：印度贫困率为中国的十倍》，新浪新闻 2017 年 11 月 17 日。

② World Bank, "India Overview", World Bank. http://www.worldbank.org/en/country/india/overview.

③ 雷钟哲：《安理会决议首次载入"命运共同体"有何深意？》，南方网 2017 年 03 月 22 日。

④ 陶亮：《"季节计划"、印度海洋战略与"21 世纪海上丝绸之路"》，《南亚研究》2015 年第 3 期，第 100 页。

西联、南下、北上"的南南合作格局。除积极发展大国关系、周边邻国关系外，还进一步加强了与非洲、东南亚、中亚和拉丁美洲国家的关系，与南非、肯尼亚、尼日利亚、苏丹、越南、伊朗、哈萨克斯坦、委内瑞拉、巴西等的关系得到加强。①

（一）"邻国优先"战略是印度南南合作的核心

基于错综复杂的政治、经济、文化，印度向来重视发展邻国关系和改善周边环境。莫迪上台后，印度积极调整与邻国的关系，提出"邻国优先"战略，体现"印度主导进程"的外交特点，以印度为核心的立场没有改变。

随着国际和地区形势的变化，印度不仅阐述其睦邻友好外交的新政策，而且采取了一系列措施加强与南亚邻国的合作，具体表现为：一是着眼于经济合作，高层互访时把经济合作放在突出位置，淡化政治问题，促进合作共赢，实现经济复兴；二是增加援助，避免邻国倒向其他大国，影响自身在南亚的地缘政治崛起；三是不断增加投资，合作建立经济特区，开展国际产能合作；四是优先开展能源、金融、信息等领域合作，增加对基础设施和产业领域的贷款；五是积极与域外国家竞争邻国项目，要求邻国在给予域外国家项目时考虑印度因素。②

莫迪的"邻国优先"战略已收到一些成效，与邻国的良性互动频繁，与孟加拉国解决了"飞地"问题，与周边邻国的互联互通不断推进，增加了边境贸易，扩大了对邻国投资，但印度的"邻国优先"战略往往有针对域外大国特别是中国的特点。2018 年 3 月 21 日《印度时报》报道称，考虑到中国在南亚不断上升的影响力，印度中央政府决定优先发展与不丹和尼泊尔的伙伴关系，从 2018 年 4 月开始增加对邻国援助。2018 ~ 2019 财年，印度对尼泊尔的援助由 2017 ~ 2018 财年的 37.5 亿卢比增加至 65 亿卢比③，对不丹的援助由 177.9 亿卢比增加到 181.3 亿卢比，对孟加拉国的援助由 6.5 亿卢比增加至

---

① 龚伟：《印度对非洲的发展援助政策》，《南亚研究季刊》2016 年第 2 期，第 66 ~ 75 页。
② 陈利君：《印度的南亚战略及其对"一带一路"国际合作的影响》，《当代世界》2018 年第 3 期，第 38 ~ 42 页。
③ 易简：《大出血！印度为应对中国对尼泊尔援助涨七成》，《环球时报》2018 年 3 月 22 日，http：//world. huanqiu. com/exclusive/2018 – 03/11683786. html？agt = 330。

17.5 亿卢比。[1] 印度与孟加拉国、不丹、尼泊尔等国家发起推进"印孟尼不"次区域合作倡议并得到三国的积极响应，使得本区域贸易、运输、能源、水资源等合作不断加强，但受基础设施条件等因素制约，进展仍较缓慢。

（二）与东盟国家合作是印度"东进战略"的基石又是其南南合作的重点

"深耕印度洋、东进太平洋"，是印度长期以来的国家战略。[2] 历史上，印度就与东南亚地区国家保持十分密切的联系，印度的政治、经济、宗教、文化对东南亚有潜移默化的影响。但后来相当长一段时期，受冷战影响，其对东盟的援助和经济合作规模较小，甚至还发生过直接冲突。20 世纪 90 年代印度提出"向东看"政策，开始加强与东南亚的合作。随着印度经济的崛起，印度不断加强与东盟合作。2000 年印度提出成立恒河—湄公河组织，开启了扩大与东盟合作的新篇章，合作领域也由贸易转向更为广泛的经济和安全领域，包括维护海上通道安全、禁毒、反走私、协调反恐等合作。

2014 年莫迪上台后，继续实施"向东看"政策，并将其作为印度融入亚太地区的基石，同时，将"向东看"政策升级为"东进战略"。相比南亚邻国，印度十分看重东盟的经济高速增长、政治基本稳定以及经济互补优势，将其作为对外发展经贸合作与改善关系的重心。目前，印度参与了东盟地区论坛（ARF）、东盟防长扩大会议以及东盟海事论坛（EAMF）、香格里拉对话（SLD）等多边安全合作机制[3]，还参与由东盟发起的"区域全面经济合作伙伴关系"（RCEP）谈判。2018 年 1 月，印度举办印度—东盟纪念峰会，东盟十个国家的首脑全部抵达新德里，发布了《德里宣言》，强调印度将加强与东盟合作。这些都表明东盟在印度对外发展战略中的地位日益重要，并将其作为参与亚太经济建设、发展经济的重要一环。

在东盟国家中，印度重点加强合作的国家包括缅甸、越南、新加坡、泰国等，并增加了对缅甸、越南等国家的援助。缅甸与印度紧密相连，虽然目前印

---

① 佚名：《印度终于从"后洞朗的微醺"中清醒了些》，环球网，2018 年 4 月 1 日，http://mil. huanqiu. com/strategysituation/2018 – 04/11738930. html？agt = 15417。

② 慕小明：《印度"东进"战略迷航》，《环球》2018 年第 1 期。

③ 慕小明：《印度"东进"战略迷航》，《环球》2018 年第 1 期。

度和缅甸的贸易量很小，但印度已将缅甸视为"东进战略"中的关键角色，并不断给予缅甸经济、军事等援助。① 目前，印度是缅甸排名前五的贸易国。与越南开展的能源合作、军事合作成为印度"东进战略"的重点。② 2018 年 3 月，越南国家主席陈大光访问印度，签署多项合作协议，包括共同在"越南陆地大陆架和专属经济区"开采油气、加强印度与东盟互联互通、强调在亚太地区航行和飞越自由，以及加强港口、航空等经贸联系等 29 项内容。另外，印度也对老挝、柬埔寨等国家给予了不同程度的援助。③

（三）"西联""南下"环印度洋地区，深化与中东、非洲国家合作是印度南南合作新方向

莫迪上台后，加快实施"西联"（Link West）战略，强化与中东的合作，使中东成为印度外交的优先方向之一。自 2015 年以来，莫迪总理先后访问了阿联酋、卡塔尔、伊朗、土耳其、沙特、以色列、巴勒斯坦等中东国家，特别是 2017 年访问以色列和 2018 年访问巴勒斯坦，都是印总理历史上的首次访问，也重启与海湾合作委员会（GCC）的 FTA 谈判、与阿联酋建立"战略安全对话"机制等。其频繁开创历史性的访问，不仅说明莫迪正在大力推进"大中东战略"，而且意图巩固印度在印度洋地区的地位，增强印度在亚太地区的影响力。

在对非合作方面，自 20 世纪 60 年代以来，印度对非洲的援助不断增加，并开展了诸多领域的合作。印度历史上与环印度洋及非洲国家关系密切，共同的殖民记忆、互通有无的经贸关系、形式多样的文化交流、数量众多的在非印侨以及地缘因素、政治制度和英语语言等，促进了印非关系发展。印度与西方国家和其他新兴国家相比，其对非发展援助在政策指导原则、援助对象与领域以及援助的手段上都具有独特性。④ 1997 年印度与南非等国家通过发起环印度洋联盟（IORA），加强在科学技术、风险管理、渔业等方面的合作，印度—非洲论坛峰会也召开多次，涉及经济与发展合作、联合国机构改革、气候变化、

---

① 慕小明：《印度"东进"战略迷航》，《环球》2018 年第 1 期。
② 慕小明：《印度"东进"战略迷航》，《环球》2018 年第 1 期。
③ 蒋小星编译《印度愿加强对柬埔寨水利及能源开发援助》，《东盟参考》2014 年 11 月 3 日，http://dongmengxueyuan.gxun.edu.cn/info/1502/2764.htm。
④ 龚伟：《印度对非洲的发展援助政策》，第 68 页。

反恐、基础设施、农业、能源、教育、卫生、人力资源开发和信息技术等领域的发展。另外，印度还与西非 8 个国家合作成立印度—TEAM9 合作机制，与巴西和南非建立印度巴西南非对话论坛及合作基金，这对推动南南合作也发挥了积极作用。① 印度与非洲的军事合作也不断升温，在塞舌尔、马达加斯加、马尔代夫、毛里求斯等部署了不少军事设施。

目前，考虑到中国以及西方国家等对非洲环印度洋地区援助、投资、贸易的逐步增加，印度也进一步积极调整对非洲的经济、政治和军事政策，与一些具有丰富的能源资源或在非洲具有较大政治影响力的国家开展了多领域援助②，积极发展双边经贸活动和伙伴关系，形成了具有印度特色的对非培训、能力建设、与项目有关的咨询服务、专家派遣、考察团组织和其他"软性"投资。随着印度与非洲的合作机制不断发展完善，双边贸易发展也十分迅速，2000 年印非贸易额仅为 30 亿美元，2017 年达到 840 亿美元，17 年扩大了 28 倍。③

（四）"北上"中亚是印度拓展南南合作的重要战略取向

历史上，印度和中亚的历史、宗教、文化渊源极深。美国发生"9·11"事件后，印度与中亚的关系开始升温。莫迪上台后，积极发展"北上"关系，提出"连接中亚政策"（Connecting Central Asia Policy），打通南北新丝路，扩大在阿富汗的战略投入，重建与中亚亲密关系。2015 年 7 月莫迪总理遍访中亚五国，表现出"北上"的空前热情，并试图在政治、经贸、能源、安全等方面与中亚国家开展全方位合作。

印度加强与中亚国家之间的联系，能源与安全方面的需求和中亚地缘政治重要性上升是重要因素。2008 年 4 月，印度与土库曼斯坦、阿富汗、巴基斯坦签订了兴建 TAPI 天然气管道建设框架协议，以避开中东石油的安全问题。2012 年在吉尔吉斯斯坦举行第一届印度—中亚对话会期间，印度就提出了

---

① 时宏远：《印度巴西南非对话论坛：缘起、成就与挑战》，《拉丁美洲研究》2009 年第 5 期，第 55～61 页。

② 龚伟：《印度对非洲的发展援助政策》，第 70 页。

③ 陶短房：《印非论坛峰会闭幕，印度在非洲能否赶超中国？》，澎湃新闻，2015 年 11 月 1 日，https：//www.thepaper.cn/newsDetail_ forward_ 1391152。

"连接中亚政策"①，印度在塔吉克斯坦建设水电站，推进"中亚—南亚电力输送和贸易项目"（CASA）。2015年莫迪总理访问中亚期间，与哈萨克斯坦、乌兹别克斯坦达成合作协议，两国将向印度提供天然铀。同时，印度提出推进印度与中亚之间的"互联互通"，打通南北运输走廊项目。2017年12月，印度援建的伊朗恰巴哈尔港一期落成，为印度联通阿富汗和中亚打开了一条新的战略通道。

在反恐方面，印度已经是上海合作组织的重要成员。印度靠近恐怖主义活跃的中亚地区，特别是塔利班在阿富汗兴起，印度深受其害。2012年起，印度成为继美国、日本、德国、法国之后对阿富汗第五大援助国②，阿富汗—印度"空中走廊"等的合作也在逐步落实。③ 印度还向北方联盟提供武器装备等军事援助④，并在塔吉克斯坦法克霍建立军事基地，与中亚国家签订反恐合作协议，打击中亚到印度这一带的跨国犯罪活动。

三　印度对南南合作的影响与发展趋势

1982年在印度新德里召开了首届南南合作会议，南南合作始终是印度对外合作的重点之一。⑤ 印度对外合作由多个部门共同组织与实施，外交部只是其中之一。虽然印度从未就发展南南合作发表过官方白皮书⑥，但印度对非洲等发展中国家的合作有别于传统发达国家，其明确支持国家或国际发展优先事项，强调发展中国家自主权，而非利润优先。⑦ 在2003年发布的《印度发展倡议》中，印度正式宣布不再接受八国集团（G8）、欧盟（EU）、世界银行以及国际货币基金组织（IMF）以外的双边或多边国际援助和"捆绑援助"

---

① David Scott, "India's Extended Neighborhood Concept: Power Projection for Rising Power," *India Review*, No. 2, 2009.
② 庞珣、隗倩:《印度的"三环"外援》,《国际援助》2015年第5期。
③ 刘乐凯:《印度要援助阿富汗建项目提高影响力，巴基斯坦表示不接受》，澎湃新闻网，2017年9月22日，https://www.thepaper.cn/newsDetail_ forward_ 1802755。
④ 王志:《印度"连接中亚政策"的战略评析》,《国际关系研究》2017年第1期，第152页。
⑤ 同上。
⑥ 胡勇、高见:《试析印度对不丹的发展合作政策》,《印度洋经济体研究》2017年第5期，第80页。
⑦ José Antonio Alonso and Jonathan Glennie, "What is Development Cooperation," 2016 Development Cooperation Forum Policy Briefs, No. 1, February 2015.

（tied aid），提高某些国家与印度非政府组织的合作门槛，并设立"印度发展倡议"扩大与南方发展中国家的经济合作。① 这表明印度逐渐有能力重新定义和规划自己在全球的角色。近年来，印度通过开展一系列的"印度优先"南南合作，经济社会不断发展，国际影响力得到提升。

（一）经济高速增长将进一步推动南南合作

随着印度经济的高速增长，人口、经济等因素逐步转化为政治影响力，给印度发展对外关系带来了自信，加上其对资金、贸易、油气资源需求日益上升，其以经济合作、能源勘探开发和基础设施建设为重点的南南合作正在不断深化。

在印度的对外战略中，其主导南亚的欲望十分强烈，积极防止来自域外大国的渗透。在维持和巩固与俄罗斯传统友好关系的同时，加强印美、印日、印欧、印澳等关系，扩大对外军事领域的合作，并积极发展与非洲、东盟、中亚等地区关系，努力寻求能源、资源、经贸、科技、文化等合作，签署了许多双边、多边协议。国际能源机构（IEA）预测，由于工业、制造业和交通业的发展，到 2040 年，印度的能源消费需求将占世界的 11%。如果印度到 2030 年的天然气消费份额从目前的 6.5% 提高到 15%，其天然气进口将从目前约 2000万吨增至 4000 万吨以上，届时印度将成为世界最大的天然气进口国。② 另外，印度与非洲的经贸合作也将增加。1990 年印度和非洲的双边贸易额为 10 亿美元，比过去十年与非洲贸易额增长了 5 倍。非洲开发银行（AfDB）总裁 Akinwumi Adesina 称，印非贸易额有望在 2018 年再次翻倍，达到 1000 亿美元。③ 随着"印太战略"的兴起以及非洲国家积极发展与日本和印度的合资合作，印度联合日本对非合作可能得到全面、可持续的发展。④

---

① Sachin Chaturvedi, Anuradha M. Chenoy, Deepta Chopra, Anuradha Joshi and Khush Hal S. Lagdhyan, "IndianDevelopment Cooperation: The State of the Debate," *Institute of Development Studies*, *Evidence report*, No. 95, September 2014.

② 佚名:《能源消费大国　中国 VS 印度》，搜狐网，2017 年 12 月 1 日，https://www.sohu.com/a/207925171_ 813870。

③ 驻赞比亚使馆经商处:《非洲开发银行称印非贸易增长迅猛》，2017 年 5 月 24 日，http://zm.mofcom.gov.cn/article/jmxw/201705/20170502581346.shtml。

④ 驻赞比亚使馆经商处:《非洲开发银行称印非贸易增长迅猛》，2017 年 5 月 24 日，http://zm.mofcom.gov.cn/article/jmxw/201705/20170502581346.shtml。

（二）将非传统安全纳入南南合作重要内容

近年来，恐怖主义、跨国犯罪、传染性疾病、气候变化、重大自然灾害、金融危机等非传统安全问题对全球带来严峻挑战，印度也将非传统安全合作纳入南南合作。仅从中印的角度看，两国同样面临经济安全、能源安全、民族分裂主义、恐怖主义、水资源安全等问题。虽然关于"龙象之争"的话题时有出现，但中印非传统安全领域的合作已经取得许多成果，在能源开发、应对气候变化、卫生、自然灾害、疾病防控和减灾救灾等领域达成了诸多共识。① 2017 年 9 月 3 ~ 5 日在中国厦门召开的金砖国家领导人会晤发表的《金砖国家领导人厦门宣言》表示，通过金砖各国的共同努力，就能源安全、反恐、气候变化、预防空气和水污染、废弃物管理、保护生物多样性等诸多领域的非传统安全合作采取具体行动达成了进一步共识②，2018 年 7 月南非发布的《金砖国家领导人第十次会晤约翰内斯堡宣言》进一步强调了这些领域的合作共识，以塑造良好的国际安全环境，推动金砖国家关于全球经济复苏、全球经济金融治理机构改革，以及第四次工业革命的伙伴关系。③

（三）希望在南亚和印度洋建立"排他性"的南南合作

印度历届政府都希望建立"排他性"的区域合作政策。莫迪政府也将这一理念贯串到现实的外交行动中，使印度的区域合作政策具有浓厚的单边主义色彩。

印度把中国的"一带一路"倡议当作威胁或竞争，使得中国在南亚地区的合作不断受到印度的干扰。印度提出"季节计划""香料之路""连接中亚政策""东进战略"，积极参与"亚非经济增长走廊""印太战略"等，这些都是印度追求地区影响力的政策工具，且有对冲中国在中亚、南亚及非洲地区影响力的考虑。印度近年来发起"印孟尼不"（BBIN）次区域合作，孤立巴基

---

① 黄德凯、瞿可：《孟中印缅经济走廊非传统安全合作的现状、困难及对策》，《印度洋经济体研究》2016 年第 2 期，第 33 页。
② 《金砖国家领导人厦门宣言》，中国厦门，2017 年 9 月 4 日。
③ 《金砖国家领导人第十次会晤约翰内斯堡宣言》，新华网 2018 年 7 月 27 日，http：//www. xinhuanet. com/world/2018 - 07/27/c_ 1123182948. htm。

斯坦并应对中国在南亚地区影响力上升是其动机之一。①"印孟尼不"次区域合作以印度为主导,既绕开了巴基斯坦在南盟框架内推进合作升级,还与印度"东进战略"相契合。② 亚洲开发银行发表的《南亚次区域经济合作:贸易便利化战略框架 2014~2018》(South Asia Sub-regional Economic Cooperation: Trade facilitation Strategic Framework 2014 – 2018) 将 10 个区域公路网纳入南亚走廊(SAC),其中 7 个确定在 BBIN 地区。另外,印度还向尼泊尔、斯里兰卡、马尔代夫等国施压,以消除中国在这些国家的影响力。③

(四)经济实力影响区域和南南合作深度

印度对南南合作持较积极态度,主要是基于自身的地缘、政治、经济安全等因素考虑,但自身实力有限,其选择性、排他性的区域合作和南南合作并不能够帮助印度建立有效的全方位合作体系。如果这种态势持续下去,必将影响南南合作深度,也将影响印度经济社会的可持续发展。

印度宏大的梦想及超前的国际区域合作设想和本国经济实力相脱节,但印度又反对"一带一路"倡议以及中国与南亚中小国家的合作,这十分不利于南亚地区整体发展。近几年来,虽然印度经济持续高速增长,但基础薄弱,综合国力和人均水平不高,对外合作能力有限,印度虽急于显示自己地区和全球大国的作为,但由于资金有限,对外承诺往往不能履行。例如印度对中国与"环印"国家的合作长期猜忌,常常采取"被动"竞争战略,对中国开展不理性竞争,既影响国内发展,又影响中国与"环印"国家的合作。印度这种搁置国内社会经济发展问题,而事事与中国在南亚及其他区域展开恶性竞争的行为,往往容易导致"两败俱伤""渔翁得利"的局面,不仅增加了印度团结南亚众多中小国家的外交成本,也增加了中国在南亚地区开展合作的成本,导致印度洋和南亚地区安全环境进一步复杂化。④

---

① 吴兆礼:《印度推进"孟不印尼"次区域合作的政策路径》,《太平洋学报》2017 年第 5 期,第 38 页。

② Partha Pratim Pal, "Intra-BBIN Trade: Opportunities and Challenges," ORF ISSUE BRIEF, No. 135, March 2016.

③ ADB, "South Asia Sub – regional Economic Cooperation: Trade facilitation Strategic Framework2014 – 2018" SASEC, October. 2014, https://www. adb. org/sites/default/files/publication/111017/sasec – tf – strategic – framework – 2014 – 2018. pdf.

④ 陈利君:《印度的南亚战略及其对"一带一路"国际合作的影响》,第 40 页。

四 中印携手推进南南合作的展望

冷战结束后，中印经济都先后驶入快车道，并成为"亚洲双雄"，这与双方不断推进南南合作有巨大关系。未来如果印度充分发挥优势，积极与周边国家开展战略合作和对接，必将有利于深化南南合作，有效消除美国主导的"印太战略"的不利因素，促进印度洋地区发展。

（一）增强互信，扩大合作

中印双方要有大国胸怀，不断增强互信，积极开展战略对接，共同促进双方、亚洲及全球经济社会发展。

中印双方要加快落实共识。2018 年 4 月，习近平主席在武汉与来华进行非正式会晤的印度总理莫迪达成掀开中印关系新篇章的愿景。莫迪总理也表示印中保持频繁的高层交往和战略沟通，对增进相互了解、深化合作、应对全球性问题和挑战具有重要意义。近年来，印度学者也不断提出要加强中印合作。有学者指出，在当今主权意识空前强烈、民族主义盛行和全球化势不可当的趋势下，印度要扩大与周边国家合作，对区域合作持开放立场，既要重视"孟中印缅经济走廊"，又要与其他互联互通倡议相对接。[1] 还有学者指出，印度推进的"环孟加拉湾多领域经济技术合作倡议""印孟尼不"等区域合作只有与"孟中印缅经济走廊"等其他次区域合作对接，才能使印度获得最大的收益。[2] 一些学者指出，印度"东进战略"等虽然为印度提供了连接南亚和东南亚的重大机遇，但合作才能共赢。[3] 印度学者也认为，亚洲基础设施投资银行给予印度超过 10 亿美元的贷款，已消除周边邻国对中国可能主导亚投行的顾虑。[4] 可见，中印要积极落实双方领导人达成的重要共识，加

---

[1] Rahul Mishra, "BBIN: A New Tool in India's Sub-Regional Diplomacy," ICWA Policy Brief, 8 July, 2015.

[2] Amit Kumar, "BBIN: Sub-regionalism in the SAARC," ICWA View Point, 5 March, 2015.

[3] Rahul Mishra, "BBIN: A New Tool in India's Sub-Regional Diplomacy," ICWA Policy Brief, 8 July, 2015.

[4] 苗苏：《外媒：印度成亚投行最大受益国　已接受超 10 亿美元贷款》，《经济日报》2017 年 3 月 19 日。

强各领域交往，迅速填补认知鸿沟，增强互信，不断深化互利合作，促进共同发展。

（二）务实推进南南合作，完善全球治理体系

中印作为新兴市场国家，是推动世界经济持续增长的重要力量，但在全球治理中的地位并不高，发言权较少，未来需要加强合作，更加积极地参与全球治理。目前要巩固和提升二十国集团、金砖国家等新的全球治理平台，促进各相关国家紧密合作，更好地促进全球化发展。

中印人口众多，市场潜力巨大，经济互补性强，共同利益远远大于分歧，是天然的合作伙伴。一旦两国把对方视为合作伙伴，不仅对两国是重大机遇，而且双方的合作将对亚洲乃至世界产生重大影响。为此，中印两国应加强政策沟通与对接，努力促进发展中国家在基础设施、信息技术、能源资源、农业等领域的合作，使南南合作再上新台阶。

同时，中印作为新兴市场国家代表，两国对许多国际问题的看法相同，认识相似，双方加强沟通，增加互信，坚持"互利共赢"理念，探索多种形式和渠道在其他发展中国家开展三方合作，将壮大发展中国家力量，深化南南合作，为维护国际社会的公平与正义做出贡献。

（三）加快经济发展，增强南南合作实力

在当前美国主导的贸易保护主义兴起的背景下，发达国家的抱团为发展中国家带来了巨大的经济压力，需要中印共同携手面对。南南合作与南北合作早已超越意识形态、阶级斗争的内容，其重点都是经济、技术等方面的合作。中印作为最大的发展中国家，其实力和影响力与过去不可同日而语，中国和印度都需要大力发展经济，增强经济实力，并加快国际合作步伐。中印要继续共同推动七国集团同发展中国家的经贸合作，与发达国家就重大国际问题交流看法、协调立场，维护世界多边贸易有效发展，为更多发展中国家带来发展机会，开辟新的增长空间。面对新的形势和新的挑战，中印要带领发展中国家加强团结，加强政策协商，充分参与国际经济决策，调动多种资源拓展合作渠道、丰富合作内涵、加强能力建设，推动南南合作深入发展，实现共同繁荣。一旦中印释放自己的经济发展潜力，国际合作能力必将得到显著提升，南南合作的步伐也将会越来越快。

（四）加强战略对接，促进共同发展

中印作为两个正在崛起的相互毗邻的大国，需要站在更高的战略高度加强战略对接，积极推进友好合作，才能更好促进互利共赢、共同发展。尽管当前中印之间存在许多问题，但这些问题不应掩盖双方的共同利益，且共同利益远远大于分歧。为此，双方要秉持友好合作态度，管控好矛盾与分歧，采取更加灵活务实的方式推进合作，防止两国关系走向对抗。同时，加强战略对接，努力寻求利益汇合点，做大积极面，提升合作水平，以中印之间的南南合作带动更多发展中国家进行国际贸易和投资合作、技术转让、知识和经验交流，为发展中国家经济社会发展做出更大贡献。

B.5
中国经济社会发展态势
及南南合作基本政策

张 兵*

摘　要：　2018 年中国在保持经济运行稳中有进的基础上，经济结构
调整优化进一步取得明显成效，开启了高质量发展的时代
新征程。2019 年中国经济稳中向好、结构优化升级的态势
将持续发展，但面临的国内外环境依然严峻复杂，经济下
行压力仍然较大。长期以来，作为最大的发展中国家，中
国一直是南南合作的积极倡导者和重要参与者。新时代，
中国倡导的构建人类命运共同体理念为南南合作进一步指明
了方向，"一带一路"建设和金砖国家合作机制等为南南合
作提供了重要平台，中国特色的发展援助也为南南合作不断
注入新动力。

关键词：　中国经济　南南合作　人类命运共同体　一带一路

一　2018年中国经济：稳中有进、结构调整优化

2018 年是中国改革开放 40 周年，是贯彻党的十九大精神的开局之年，同
时也是决胜全面建成小康社会、实施"十三五"规划承上启下的关键一年。
中国继续坚持稳中求进工作总基调，坚定不移贯彻新发展理念，统筹推进
"五位一体"总体布局和协调推进"四个全面"战略布局，以供给侧结构性改

---

*　张兵，经济学博士，南开大学经济学院教授、博士生导师，研究领域：国际经济理论与政策。

革为主线，以提高发展质量效益为中心，在保持经济运行稳中有进的基础上，经济结构转型发展、调整优化进一步取得了明显成效，开启了高质量发展时代新征程。

2018年，中国全年国内生产总值（GDP）首次突破90万亿元，同比增长6.6%，增速虽然比2017年下降0.2个百分点，但仍位居世界前五大经济体经济增速之首，持续保持6.5%~7%的中高速发展（如图1所示）。2018年中国GDP按年平均汇率折算达13.6万亿美元，稳居世界第二位，占世界经济的比重进一步提高至18%左右，对世界经济增长的贡献率保持在30%左右，继续成为世界经济稳健复苏的压舱石和重要引擎。

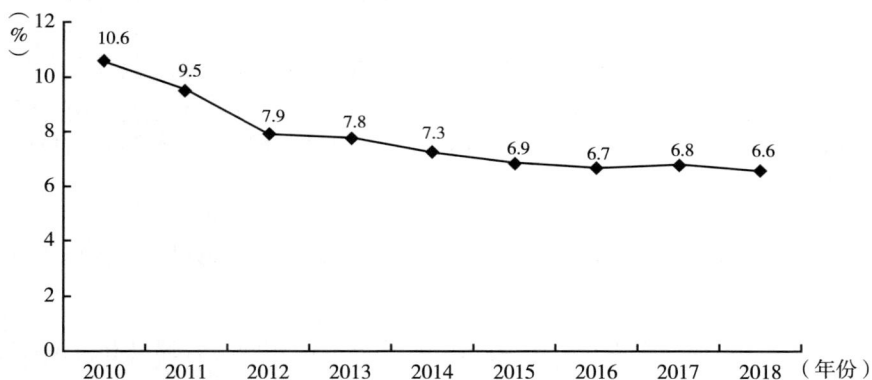

图1　2010~2018年中国GDP增长速度

资料来源：中华人民共和国国家统计局：《中国统计年鉴（2018）》《中华人民共和国2018年国民经济和社会发展统计公报》。

在经济增长保持稳定的同时，2018年末中国城镇登记失业率为3.8%，比2017年末下降0.1个百分点，为2002年以来的最低水平；全国城镇调查失业率为4.9%，实现了低于5.5%的预期目标，处于近年来的低位。如图2所示，2018年中国的物价水平总体也保持平稳，全年居民消费价格指数（CPI）与2017年相比上涨2.1%，低于3%的预期目标；工业生产者出厂价格指数（PPI）同比上涨3.5%，在2017年结束了自2012年以来连续5年下降局面的基础上，恢复性上涨的态势趋于稳定。

随着供给侧结构性改革的不断深入推进，2018年中国经济结构调整优化

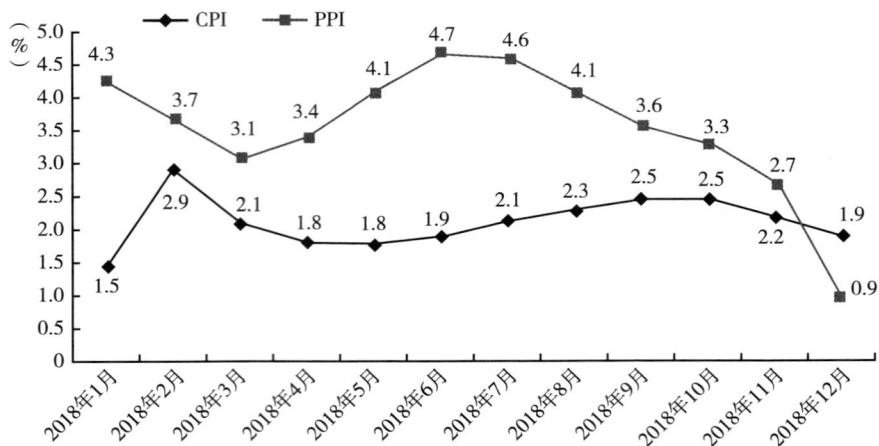

图 2 2018 年 1~12 月中国 CPI 和 PPI 的同比变化

资料来源：中华人民共和国国家统计局：《中华人民共和国 2018 年国民经济和社会发展统计公报》；中华人民共和国国家统计局最新发布："2019 年 1 月工业生产者出厂价格同比上涨 0.1%。"

进一步取得明显成效，高质量发展的特征日益凸显，主要可以概括为以下几个方面。

首先，从产业结构来看，中国在 2018 年第三产业的增长速度和占 GDP 的比重明显高于第一和第二产业，三次产业协调拉动经济增长的态势继续巩固。2018 年中国第一产业增加值为 64734 亿元，增长 3.5%；第二产业增加值为366001 亿元，增长 5.8%；第三产业增加值为 469575 亿元，增长 7.6%，分别高于第一和第二产业 4.1 个百分点和 1.8 个百分点。如图 3 和表 1 所示，2018 年中国第一、第二和第三产业增加值占国内生产总值的比重分别为 7.2%、40.7% 和 52.2%，第三产业对 GDP 增长的贡献率和拉动作用分别达 59.7% 和3.9%，比第二产业分别高出 23.6 个百分点和 1.5 个百分点，三次产业协调拉动经济增长的态势更加明显。同时，2018 年中国三次产业内部的结构优化升级也成效显著。从第一产业来看，2018 年中国粮食总产量 65789 万吨，连续 4 年稳定在 6.5 亿吨以上。农产品种植结构进一步优化，高库存的玉米产量减少，棉花、糖料和茶叶产量增加。从第二产业内部来看，结构优化和转型升级势头良好。2018 年，装备制造业和高技术制造业增加值分别比 2017 年增长 8.1% 和 11.7%，占规模以上工业增加值的比重分别达 32.9% 和 13.9%，分别比 2017 年提高 0.2 个百分点和 1.2 个百分点；工业战略性新兴产业增加值比 2017 年增长 8.9%。从第三产业内部来看，2018 年，以互联网和相关服务为代表的现代新兴服务业增速明显快于传统服务业，战略性新兴服务业营业收入比 2017 年增长 14.6%，服务业作为经济增长"稳定器"的功能更为突出。

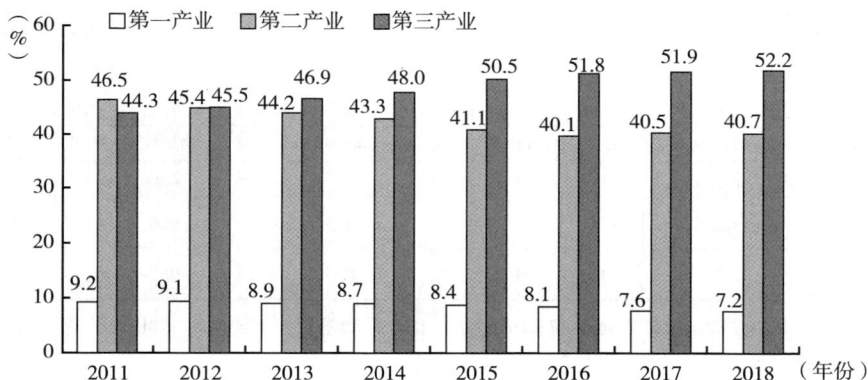

图 3　2011～2018 年中国三次产业占 GDP 比重的变化

注：由于四舍五入，计算存在误差。

资料来源：中华人民共和国国家统计局：《中国统计年鉴（2018）》《中华人民共和国 2018 年国民经济和社会发展统计公报》。

表 1　2011～2018 年中国三次产业对 GDP 增长的贡献率和拉动作用

		2011	2012	2013	2014	2015	2016	2017	2018
第一产业	贡献率(%)	4.1	5.0	4.2	4.6	4.5	4.1	4.8	4.2
	拉动(个百分点)	0.4	0.4	0.3	0.3	0.3	0.3	0.3	0.3
第二产业	贡献率(%)	52.0	50.0	48.5	47.9	42.5	38.2	35.7	36.1
	拉动(个百分点)	5.0	3.9	3.8	3.5	2.9	2.6	2.4	2.4
第三产业	贡献率(%)	43.9	45.0	47.2	47.5	53.0	57.7	59.6	59.7
	拉动(个百分点)	4.2	3.5	3.7	3.5	3.7	3.9	4.0	3.9

注：贡献率是指三次产业增加值增量与 GDP 增量之比；拉动是指三次产业对 GDP 增长的贡献率与 GDP 增长速度的乘积。由于四舍五入，计算存在误差。

资料来源：中华人民共和国国家统计局：《中国统计年鉴（2018）》《中华人民共和国 2018 年国民经济和社会发展统计公报》；盛来运：《经济运行稳中有进　转型发展再展新篇——〈2018 年统计公报〉评读》。

其次，从需求结构来看，中国 2018 年经济增长中消费需求的基础性作用进一步增强。如表 2 所示，2018 年，最终消费支出和资本形成总额对国内生产总值增长的贡献率分别为 76.2% 和 32.4%，货物和服务净出口的贡献率为 −8.6%。2018 年中国货物贸易在 2017 年的基础上进一步恢复性增长，贸易顺差缩窄，更趋平衡（如表 3 所示）；服务贸易逆差 17086 亿元，比 2017 年有所

表 2　2011～2018 年中国三大需求对 GDP 增长的贡献率和拉动作用

		2011	2012	2013	2014	2015	2016	2017	2018
最终消费支出	贡献率（%）	61.9	54.9	47.0	48.8	59.7	66.5	57.6	76.2
	拉动（个百分点）	5.9	4.3	3.6	3.6	4.1	4.5	3.9	5.0
资本形成总额	贡献率（%）	46.2	43.4	55.3	46.9	41.6	43.1	33.8	32.4
	拉动（个百分点）	4.4	3.4	4.3	3.4	2.9	2.9	2.3	2.1
货物和服务净出口	贡献率（%）	−8.1	1.7	−2.3	4.3	−1.3	−9.6	8.6	−8.6
	拉动（个百分点）	−0.8	0.2	−0.1	0.3	−0.1	−0.7	0.6	−0.6

注：贡献率是指三大需求增量与 GDP 增量之比；拉动是指三大需求对 GDP 增长的贡献率与 GDP 增长速度的乘积。由于四舍五入，计算存在误差。

资料来源：中华人民共和国国家统计局：《中国统计年鉴（2018）》《中华人民共和国 2018 年国民经济和社会发展统计公报》。2018 年拉动作用数据为作者计算而得。

表 3　2011～2018 年中国货物进出口贸易的变化

单位：亿美元；%

年份	出口		进口		进出口		贸易差额
	出口额	同比增长	进口额	同比增长	进出口总额	同比增长	
2011	18983.81	20.3	17434.84	24.9	36418.64	22.5	1548.97
2012	20487.14	7.9	18184.05	4.3	38671.19	6.2	2303.09
2013	22090.04	7.8	19499.89	7.2	41589.93	7.5	2590.15
2014	23422.93	6.0	19592.35	0.4	43015.27	3.4	3830.58
2015	22734.68	−2.9	16795.64	−14.1	39530.33	−8.0	5939.04
2016	20976.31	−7.7	15879.26	−5.5	36855.57	−6.8	5097.05
2017	22632.06	7.9	18418.83	16.0	41050.89	11.4	4213.23
2018	24874.0	9.9	21356.4	15.8	46230.4	12.6	3517.6

注：由于四舍五入，计算存在误差。

资料来源：中华人民共和国海关总署统计月报，http://www.customs.gov.cn/customs/302249/302274/302277/index.html。

扩大。在此背景下，内需特别是最终消费支出对经济增长的拉动作用进一步凸显。最终消费支出对经济增长的贡献率比资本形成总额高 43.8 个百分点，对 GDP 增长的拉动作用比资本形成总额高 2.9 个百分点。从需求内部结构来看，2018 年消费升级类商品需求增长较快，全国恩格尔系数进一步降为 28.4%。同时，投资需求内部结构也继续改善，更加重视支持经济发展中的短板和重点领域。2018 年，民间固定资产投资比 2017 年增长 8.7%，占固定资产投资（不含农户）的 62.0%，基础设施投资增长 3.8%；高技术产业投资增长 14.9%，工业技术改造投资增长 12.8%。

再次，从经济增长的新旧动能结构转换来看，随着新发展理念深入贯彻落实，创新驱动发展战略、"大众创业、万众创新"升级版和"互联网+"行动计划的扎实推进，中国创新动力和活力持续增强，以新产品、新模式、新服务为代表的新经济迅速发展，新动能支撑中国经济中高速增长的能力不断提升。2018 年，全国新登记企业 670 万户，比 2017 年增长 10.3%，日均新登记企业 1.84 万户。中国研究与试验发展（R&D）经费支出达 19657 亿元，比 2017 年增长 11.6%，研发投入强度（R&D 经费支出占国内生产总值的比重）达 2.18%，较 2017 年提高 0.06 个百分点。研发投入的快速增加，有力地促进科技创新成果不断涌现。2018 年中国受理境内外专利申请 432.3 万件，比 2017 年增长 16.9%；授权专利 244.7 万件，增长 33.3%；PCT 专利申请受理量达 5.5 万件。截至 2018 年底，中国有效专利共计 838.1 万件，其中境内有效发明专利 160.2 万件，每万人口发明专利拥有量达 11.5 件，比 2017 年增加 1.7 件。技术创新能力的提高进一步推动新产业新产品不断发展壮大，经济增长的新兴动能加快成长。2018 年，工业战略性新兴产业增加值比 2017 年增长 8.9%，增速快于全部规模以上工业 2.7 个百分点；战略性新兴服务业营业收入增长 14.6%，增速快于全部规模以上服务业 3.2 个百分点；新能源汽车、智能电视产量分别增长 66.2% 和 17.7%。同时，顺应产业结构和消费结构升级的大趋势，基于大数据、云计算、物联网的服务应用和创新创业活动日益活跃，共享经济、数字经济、平台经济广泛渗透，深刻改变着中国的经济形态和人们的生活方式。2018 年，中国移动互联网用户接入流量比 2017 年增长 189.1%；实物商品网上零售额为 70198 亿元，增长 25.4%，占社会消费品零售总额的 18.4%，比 2017 年提高 3.4 个百分点。

最后，从产能利用、节能降耗和能源消费结构来看，随着供给侧结构性改革的深入推进，"三去一降一补"取得显著成效，产能过剩行业生产和投资增长明显放缓，中国能源利用效率整体提升，能源消费结构继续发生积极变化。2018 年，中国坚持用市场化法治化手段去产能，提前超额完成全年去产能目标任务。全国工业产能利用率达 76.5%，其中，煤炭开采和洗选业产能利用率为 70.6%，比 2017 年提高 2.4 个百分点；黑色金属冶炼和压延加工业产能利用率为 78.0%，提高 2.2 个百分点。2018 年末商品房待售面积比 2017 年末减少 6510 万平方米，规模以上工业企业资产负债率下降 0.5 个百分点。全年规模以上工业企业每百元主营业务收入中的成本比 2017 年下降 0.20 元。2018年生态保护和环境治理业、农业固定资产投资（不含农户）分别比 2017 年增长 43.0% 和 15.4%。2018 年，全国万元国内生产总值能耗比 2017 年下降3.1%，万元国内生产总值二氧化碳排放下降 4.0%。全国万元国内生产总值用水量比 2017 年下降 5.1%，万元工业增加值用水量下降 5.2%。煤炭消费量占能源消费总量的 59.0%，比 2017 年下降 1.4 个百分点；天然气、水电、核电、风电等清洁能源消费量占能源消费总量的 22.1%，提高 1.3 个百分点。[1]

二　2019年中国经济：稳中向好但仍面临较大下行压力

2019 年是新中国成立 70 周年，同时也是决胜全面建成小康社会的关键年。综合分析国内外形势，中国发展面临世界经济继续复苏、物质技术基础更加雄厚、产业体系完备、市场规模巨大、人力资源丰富、创新创业活跃、综合优势明显、经济发展韧性好、潜力足、空间大等有利条件，中国经济长期向好的基本面不会改变，有能力继续延续稳中向好的发展态势。但同时我们也应当看到，当前世界经济中不稳定不确定因素依然很多（包括美国特朗普政府单边主义和贸易保护主义加剧、美联储加息等主要经济体政策调整及其外溢效应带来变数、英国"脱欧"带来不确定性影响、地缘政治风险等），国际环境仍

---

[1] 本部分中的数据除另有说明外均来自国家统计局《中华人民共和国 2018 年国民经济和社会发展统计公报》。

然错综复杂。特别是 2018 年开始的中美贸易摩擦不断升级给中国经济增长带来了很大的不确定性。① 同时中国经济正处在转变发展方式、优化经济结构、转换增长动力的攻关期，国内发展不平衡不充分的矛盾仍然比较突出，需要应对可以预料和难以预料的各种风险挑战，中国经济在 2019 年仍将面临较大的下行压力。从图 4 中经济合作与发展组织（OECD）发布的中国经济综合先行指数（Composite Leading Indicators）以及表 4 中世界大型企业联合会（The Conference Board）发布的中国先行经济指数（Leading Economic Index）和同步经济指数（Coincident Economic Index）来看，2019 年中国经济将会呈现企稳向好的势头。但是，由于当前不确定性因素较多，主要国际组织均给出了中国经济增速会继续出现下行的预测。联合国经济与社会事务部发布的《2019 年世界经济形势与展望》（World Economic Situation and Prospects 2019）报告中预

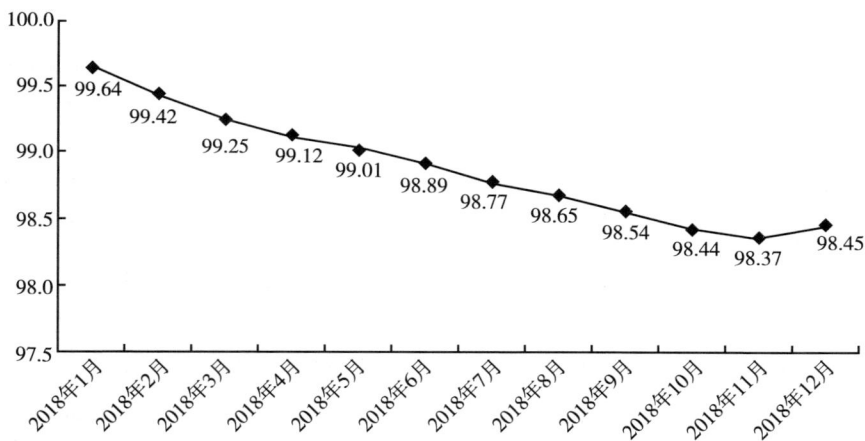

图 4　2018 年 1～12 月中国经济综合先行指数

注：长期平均 = 100。

资料来源：OECD：https：//data. oecd. org/leadind/composite‐leading‐indicator‐cli. htm。

---

① 2018 年 6 月 15 日，美国政府发布了加征关税的商品清单，将对从中国进口的约 500 亿美元商品加征 25% 的关税；2018 年 7 月 10 日，美国政府公布进一步对华加征关税清单，拟对约 2000 亿美元中国产品加征 10% 的关税，2018 年 8 月 2 日，美国贸易代表声明称拟将加征税率由 10% 提高至 25% 。针对美国特朗普政府这种极限施压和讹诈的做法，中方被迫采取了反制措施。尽管截至 2019 年 5 月初中美双方已经进行了十一轮高级别经贸磋商，但中美经贸摩擦的解决仍将面临很大不确定性。

测 2019 年和 2020 年中国经济增长率将分别为 6.3% 和 6.2%，低于 2018 年 6.6% 的经济增长速度；国际货币基金组织在 2019 年 4 月发布的最新《世界经济展望》（World Economic Outlook）中也预测 2019 年和 2020 年中国经济增长率将分别降为 6.3% 和 6.1%；世界银行则在 2019 年 1 月发布的《全球经济展望》（Global Economic Prospects）报告中预测 2019 年、2020 年和 2021 年中国经济增长率将分别降为 6.2%、6.2% 和 6.0%；OECD 也预测 2019 年和 2020 年中国经济增长率将分别降为 6.30% 和 6.02%。

表 4 2018 年 7 月~2019 年 1 月中国先行经济指数和同步经济指数

	2018.7	2018.8	2018.9	2018.10	2018.11	2018.12	2019.1
先行经济指数	134.4	135.2	136.4	137.8	138.8	139.8	142.0
同步经济指数	114.1	114.3	114.6	115.6	115.8	116.2	117.0

注：2016 年 = 100。

资料来源：The Conference Board：https：//www.conference – board.org/data/bcicountry.cfm? cid = 11。

面临依然复杂严峻、稳中有变、变中有忧的国内外环境，中国要继续坚持稳中求进的工作总基调，深入贯彻新发展理念，紧扣社会主要矛盾的变化，按照高质量发展的要求，统筹推进"五位一体"总体布局和协调推进"四个全面"战略布局，坚持以供给侧结构性改革为主线，统筹推进稳增长、促改革、调结构、惠民生、防风险各项工作，特别是切实做好稳就业、稳金融、稳外贸、稳外资、稳投资、稳预期工作，进一步加大改革开放力度，不断创新和完善宏观调控，有效实施积极的财政政策和稳健的货币政策，推动质量变革、效率变革、动力变革，在打好防范化解重大风险、精准脱贫、污染防治三大攻坚战方面扎实推进，不断加强和改善民生，从而促进经济社会实现更高质量、更有效率、更加公平、更可持续的发展。

三 中国推进南南合作的基本政策和成效

南南合作始于 20 世纪 50 年代。1955 年在印尼召开的万隆会议是南南合作的先声，会议通过的《关于促进世界和平与合作的宣言》在中国倡导的和平共处五项原则基础上提出了处理国际关系的十项原则。1961 年不结盟运动的诞生和 1964 年七十七国集团的建立，标志着整体性南南合作的开始。长期以来，作为最大的发展中国家，中国一直是南南合作的积极倡导者和重要参与者。联合国秘书长古特雷斯表示，"中国是促进南南合作的真正领导者"。在当今新时代，中国会继续积极引领、支持和参与各领域的南南合作，推动南南合作不断向纵深发展。

（一）构建人类命运共同体理念为南南合作指明了方向

1. 构建人类命运共同体理念为世界发展方向贡献了中国智慧和方案

2013 年 3 月，习近平在当选中国国家主席后首次出访俄罗斯时指出："这个世界，各国相互联系、相互依存的程度空前加深，……越来越成为你中有我、我中有你的命运共同体。"这是构建人类命运共同体倡议的首次提出。2015 年在以"亚洲新未来：迈向命运共同体"为主题的博鳌亚洲论坛上，习近平主席在演讲中主张"共同营造对亚洲、对世界都更为有利的地区秩序，通过迈向亚洲命运共同体，推动建设人类命运共同体"。2015 年 9 月，在第七十届联合国大会一般性辩论时，习近平主席再次强调："我们要继承和弘扬联合国宪章的宗旨和原则，构建以合作共赢为核心的新型国际关系，打造人类命运共同体。"2017 年 1 月，习近平主席在联合国日内瓦总部发表了题为《共同构建人类命运共同体》的主旨演讲，全面系统阐述了人类命运共同体理念。习近平主席指出，"世界命运应该由各国共同掌握，国际规则应该由各国共同书写，全球事务应该由各国共同治理，发展成果应该由各国共同分享"。

中国所倡导的构建人类命运共同体、实现共赢共享的中国方案，引起了世界范围的广泛关注，日益得到国际社会普遍认同。联合国秘书长古特雷斯表示："中国已成为多边主义的重要支柱，而我们践行多边主义的目的，就是要建立人类命运共同体。""联合国愿同中国共同推进世界和平与发展事业，实现构建人类命运共同体的伟大理想。"2017 年和 2018 年联合国决议相继载入中国所倡导的"构建人类命运共同体"的重要理念，说明国际社会对这一理念的重要意义和价值达成了共识，同时也彰显了中国对人类社会合作发展和全球治理的理念引领已经产生了重要影响。

2. 构建人类命运共同体理念为南南合作指明了实现共赢共享的发展方向

过去几十年以来，发展中国家在积极探索符合本国国情的发展道路、取得举世瞩目发展成就的同时，积极推动南南合作不断深入，在国际事务和全球经济治理变革中发挥日益重要的作用。但当前发展中国家之间的发展仍不平衡，极度贫困、不平等现象等问题依然存在。同时，世界正处于大发展、大变革、大调整时期，世界多极化和经济全球化深入发展，各种挑战和风险与日俱增。在此背景下，中国提出和倡导寻求共同利益和共同价值的"人类命运共同体"理念，为应对人类面临的共同挑战和全球性问题提供了中国方案，同时也为发展中国家南南合作注入了新的时代内涵，进一步指明了发展方向。在构建人类命运共同体理念的引领下，广大发展中国家要与国际社会一道，在推动南南合作过程中切实采取"五个坚持"的实际行动：坚持对话协商，建设一个持久和平的世界；坚持共建共享，建设一个普遍安全的世界；坚持合作共赢，建设一个共同繁荣的世界；坚持交流互鉴，建设一个开放包容的世界；坚持绿色低碳，建设一个清洁美丽的世界。

（二）"一带一路"建设和金砖国家合作机制等为南南合作提供了重要平台

1. "一带一路"建设为南南合作提供了广阔平台

（1）"一带一路"倡议是南南合作的战略平台和顶层设计

2013 年中国提出共建"丝绸之路经济带"和"21 世纪海上丝绸之路"（简称"一带一路"）的重大倡议，受到国际社会广泛关注。共建"一带一路"旨在促进经济要素有序自由流动、资源高效配置和市场深度融合，推动沿线各国实现经济政策协调，开展更大范围、更高水平、更深层次的区域合作，共同打造开放、包容、均衡、普惠的区域经济合作架构，建立一个包括欧亚非大陆在内的陆海内外联动、东西双向开放，世界各国政治互信、经济融合、文化包容的利益共同体、命运共同体和责任共同体。"一带一路"建设将沿线发展中国家加强合作提升至战略高度，为南南合作的深入推进提供了重要平台。

2015 年 3 月，国家发展改革委、外交部、商务部联合发布了《推动共建丝绸之路经济带和 21 世纪海上丝绸之路的愿景与行动》，明确提出了"一带一路"的共建原则、框架思路、合作重点以及合作机制等倡议，为"一带一路"建设提供了行动指南。之后，中国政府有关部门相继发布了《共建"一带一路"：理念、实践与中国的贡献》《推动"一带一路"能源合作的愿景与行动》《共同推进"一带一路"建设农业合作的愿景与行动》《关于推进绿色"一带一路"建设的指导意见》《"一带一路"建设海上合作设想》《"一带一路"生态环境保护合作规划》《"一带一路"融资指导原则》以及《标准联通共建"一带一路"行动计划（2018～2020 年）》等文件，不断完善"一带一路"建设的顶层规划和设计。2017 年 5 月 14～15 日，中国在北京成功举办了第一届"一带一路"国际合作高峰论坛。来自 29 个国家的国家元首、政府首脑与会，来自 130 多个国家和 70 多个国际组织的 1500 多名代表参会，成为新中国成立以来由中国首倡、中国主办的层级最高、规模最大的多边外交活动。中国国家主席习近平在论坛开幕式发表了题为《携手推进"一带一路"建设》的主旨演讲，指出要坚持共商、共建、共享原则，以政策沟通、设施联通、贸易畅通、资金融通、民心相通为目标，将"一带一路"建成和平之路、繁荣之路、开放之路、创新之路、文明之路。2019 年 4 月 25～27 日，第二届"一带一路"国际合作高峰论坛在北京举行，与会各方就进一步高质量共建"一带一路"达成广泛共识，取得了丰硕成果。

（2）"一带一路"的建设成效切实推进了南南合作

自"一带一路"倡议提出以来，中国实施了一系列政策措施积极推动"一带一路"建设并已取得初步成效。丝路基金和亚洲基础设施投资银行分别于 2014 年和 2015 年正式成立，为"一带一路"沿线国家基础设施建设、自然资源开发、产业经济合作和金融合作等与互联互通有关的项目提供投融资支持。中巴经济走廊、渝新欧大动脉、巴基斯坦瓜达尔港、希腊比雷埃夫斯港、斯里兰卡汉班托塔港、印尼雅万高铁、马尔代夫中马友谊大桥、中老铁路、肯尼亚蒙巴萨—内罗毕铁路、亚吉铁路等一大批惠及长远的重大互利合作项目已陆续开工建设或完成。据统计，2014～2016 年，中国同"一带一路"沿线国家贸易总额超过 3 万亿美元，对"一带一路"沿线国家投资累计超过 500 亿美元。2017 年，中国企业对"一带一路"沿线的 59 个国家进行了非金融类直接投资 143.6 亿美元，占同期总额的 12%；与"一带一路"沿线的 61 个国家新签对外承包工程合同额 1443.2 亿美元，占同期总额的 54.4%，同比增长 14.5%；完成营业额 855.3 亿美元，占同期总额的 50.7%，同比增长12.6%。① 2018 年，中国对"一带一路"沿线国家进出口总额达 83657 亿元，比 2017 年增长 13.3% 。其中，出口 46478 亿元，增长 7.9% ；进口 37179 亿元，增长 20.9% 。"一带一路"沿线国家对华直接投资新设立企业 4479 家，增长 16.1% ；对华直接投资金额 64 亿美元，增长 16.0% 。中国对"一带一路"沿线国家非金融类直接投资额 156 亿美元，增长 8.9% 。中国对"一带一路"沿线国家对外承包工程完成营业额 893 亿美元，增长 4.4% ，占对外承包工程完成营业额比重达 52.8% 。② 在"一带一路"框架下，中国已同 80 个国家和组织签署共建合作协议，同 30 多个国家开展了机制化产能合作，在沿线国家推进建设 80 多个境外经贸合作区，大大推动了贸易和投资自由化、便利化，将沿线各国紧密地联系在一起。国际货币基金组织预测，到 2020 年"一带一路"沿线国家和地区货物贸易总额将达到 19.6 万亿美元，占全球货物贸易总额的 38.9% 。共建"一带一路"合作倡议还先后于 2016 年 11 月、2017 年 3 月和 2017 年 5 月被载入联合国决议、联合国安理会决议和联合国亚太经社会决议。可以说，"一带一路"建设是新时代中国引领南南合作、促进各国共享发展的积极探索，通过秉持"和平合作、开放包容、互学互鉴、互利共赢"的丝绸之路精神，中国不断扩大与"一带一路"沿线国家的合作共识，已经推动共建"一带一路"由规划设计蓝图方案变为各方积极参与的实际合作行动，为南南合作的深入推进提供了广阔的发展平台。

2. 金砖国家合作机制为南南合作树立典范

（1）金砖合作机制为南南合作树立了完善全球治理的典范

2001 年，美国高盛公司（Goldman Sachs）的吉姆·奥尼尔（Jim O'Neill）在《世界需要更好的经济之砖》（*The World Needs Better Economic BRICs*）中首次提出了"金砖四国"（BRIC）的概念，囊括了中国、印度、巴西和俄罗斯等全球最大的四个新兴市场国家。2006 年第 61 届联合国大会期间，中国、巴西、俄罗斯和印度举行了首次金砖国家外长会晤，揭开了金砖国家合作的序幕。2009 年，首次金砖国家领导人会晤在俄罗斯叶卡捷琳堡举行。此后每年

---

① 资料来源：中华人民共和国商务部：《2017 年我对"一带一路"沿线国家投资合作情况》，http：//www. mofcom. gov. cn/article/tongjiziliao/dgzz/201801/20180102699459. shtml。

② 资料来源：国家统计局：《中华人民共和国 2018 年国民经济和社会发展统计公报》。

举行一次领导人会晤，截至 2018 年共举行了 10 次会晤。2010 年 12 月，中国作为金砖国家轮值主席国，邀请南非加入金砖国家并出席 2011 年在中国举办的金砖国家领导人第三次会晤，"金砖四国"由此变为金砖国家（BRICS）。金砖国家合作机制成立 10 多年来，合作的领域持续拓展，合作的基础也日益巩固，已经形成了以领导人会晤为引领，以外长、贸易部长、财长与央行行长会晤以及安全事务高级代表会议等部长级会议为支撑，建立了金砖国家新开发银行、应急储备基金、工商理事会、智库理事会等具体合作机制，在工商、经贸、财金、农业、教育、科技、文化、卫生、智库等数十个领域开展务实合作的多层次合作架构，在国际上日益产生重要影响。2009 ~ 2018 年除了已经举行的十次金砖国家领导人正式会晤之外，金砖国家领导人还分别于二十国集团领导人 2011 年 11 月戛纳峰会、2012 年 6 月洛斯卡沃斯峰会、2013 年 9 月圣彼得堡峰会、2014 年 11 月布里斯班峰会、2015 年 11 月安塔利亚峰会、2016 年 9 月杭州峰会、2017 年 7 月汉堡峰会以及 2018 年 11 月布宜诺斯艾利斯峰会期间举行非正式会晤，就共同关心的国际和地区问题交换意见。可以说，在领导人会晤的引领下，金砖国家合作机制不断完善，已经发展成为新兴市场和发展中国家在经济、金融和发展领域交流与对话的重要平台，成为完善全球经济治理、加强国际关系民主化和多边主义、带动全球经济增长的重要力量，同时也为南南合作树立了良好典范。

（2）金砖银行为南南合作树立了共同发展繁荣的典范

金砖国家合作机制不断深化的一个重要体现和具体载体是金砖国家新开发银行（又名金砖银行）的设立和运转。成立金砖国家新开发银行是 2012 年提出的。自 2008 年国际金融危机以来，美国经济和金融政策的变动导致国际金融市场资金流动的波动，对包括金砖国家在内的新兴市场国家的货币币值稳定造成了很大影响，而靠国际货币基金组织的资金救助则存在不及时、力度不够、有附加政治条件等问题。因此金砖国家希望设立金砖国家新开发银行和应急储备安排，以便构筑一个共同的金融安全网，借助应急储备安排避免在今后的金融危机中受到货币不稳定的冲击和影响，同时也能为南南合作的基础设施和可持续发展项目筹集资金，作为对全球增长和发展领域的现有多边和区域金融机构的补充。2013 年 3 月，金砖国家第五次领导人会晤决定设立金砖国家新开发银行和金砖国家应急储备安排，简化金砖国家间的相互结算与贷款业务，从而减少对美元和欧元等货币的依赖。2014 年 7 月举行的金砖国家领导人第六次会晤签署了关于成立金砖国家新开发银行的协议和关于成立金砖国家应急储备安排的条约,《福塔莱萨宣言》宣布,金砖国家新开发银行初始资本为 1000 亿美元,由 5 个创始成员平均出资,总部设在中国上海。2015 年 7 月 21 日,金砖国家新开发银行正式开业。2017 年 9 月 4 日,在金砖国家领导人第九次会晤期间,中国向金砖国家新开发银行项目准备基金捐赠仪式在中国厦门举行。中国财政部副部长史耀斌与新开发银行行长卡马特签署了中国捐赠 400 万美元的协议。中国是首个向该项目准备基金出资的创始成员国。该基金将为新开发银行项目运行打造更高效的环境,用于相关项目的可行性研究、帮助制订国家间伙伴关系计划、开展项目周期调研等。截至 2017 年 11 月,金砖国家新开发银行自成立以来已经批准了 13 个贷款项目,贷款总金额达 33 亿美元。其中,大部分资金投入太阳能、风能、小型水电、绿色能源传输等可持续发展项目。2017 年,金砖国家新开发银行在南非成立了首个区域性分支机构。预计到 2021 年底,金砖国家新开发银行批准的贷款总额将会达到 440 亿美元。应当说,作为完全由新兴市场国家创建的多边开发机构,金砖国家新开发银行为金砖国家引领南南合作、促进发展中国家的共同繁荣发展树立了良好典范,必将发挥日益重要的作用。

3. 中国通过其他双多边合作机制和平台推进南南合作

多年来中国一直秉持普惠包容、义利相兼、以义为先的原则,积极推动发展中国家之间的南南合作,不断健全合作发展协调机制。除了前述"一带一路"倡议和金砖国家合作机制外,中国还充分发挥上海合作组织、中国—东盟(10+1)、东盟与中日韩(10+3)、东亚峰会、亚太经合组织、亚欧会议、亚洲合作对话、亚信会议、中阿合作论坛、中非合作论坛、中国—海合会战略对话、大湄公河次区域经济合作、澜沧江—湄公河合作、中亚区域经济合作等双多边机制与区域合作平台的作用,在坚持南北合作主渠道地位的同时,不断深化南南合作和三方合作,探索更多更有效的合作共赢方式,推动各国共同发展。2018 年中国成功举办了首届中国国际进口博览会,中非合作论坛北京峰会、博鳌亚洲论坛 2018 年年会、上海合作组织青岛峰会等重大会议取得圆满成功,为南南合作深入推进进一步贡献了中国方案。

(三)中国特色发展援助为南南合作不断注入新动力

1. 中国特色对外援助重在提升受援发展中国家的自身发展能力

根据 2016 年 12 月中国国务院新闻办公室发布的《发展权:中国的理念、

实践与贡献》白皮书，中国 60 多年来已向 166 个国家和国际组织提供了近
4000 亿元人民币的援助，派遣了 60 多万名援助人员，为发展中国家培训各类
人员 1200 多万人次。特别是在推进南南合作的过程中，中国本着"平等互利、
注重实效、长期合作、共同发展"的原则，在实现自身发展的同时，坚持把
自身利益同广大发展中国家的共同利益结合起来，为全球范围内的南南合作树
立了良好典范。几十年来，中国通过分享发展经验、传授专业技术知识、减免
最不发达国家的债务等途径，在力所能及的范围内向 120 多个发展中国家提供
援助，覆盖了农业、教育、医疗、气候变化等多个领域。在南南合作框架下，
中国的对外援助不仅仅是解受援国的燃眉之急，更重要的是通过援建一大批重
大基础设施项目和民生项目不断提升受援国的自身发展能力。近年来，中国全
面落实习近平主席在 2015 年联合国可持续发展峰会、"一带一路"国际合作
高峰论坛和中非合作论坛约翰内斯堡峰会和北京峰会等国际场合宣布的"6 个
100"项目、"3 个 100"项目、"中非十大合作计划"、"八大行动"等重大援
助举措，根据受援国具体情况和实际需要，统筹利用各类援助资金和方式，援
建了一大批农业、工业、交通运输、能源电力、信息通信等领域重大基础设施
项目，深入开展农业生产、粮食安全、教育培训、医疗卫生等民生领域援助工
作，帮助受援国不断提升自身发展能力，改善发展中国家的民生福祉。

2. 中国通过创新对外援助体制和机制建设强化南南合作

为深入推进南南合作，中国还不断创新对外援助机制和体制建设。2015
年习近平主席在联合国发展峰会发表题为《谋共同永续发展　做合作共赢伙
伴》的重要讲话中做出郑重宣布后，中国陆续成立了南南合作援助基金和气
候变化南南合作基金，分别用于支持发展中国家落实 2015 年后发展议程和应
对气候变化。中国还成立了"南南合作与发展学院"，为发展中国家培养人
才，2017 年 8 月首届硕士生已经毕业。2017 年中国启动"中国－上海合作组
织人力资源开发合作计划"，与圣多美和普林西比等 9 国签署人力资源开发合
作谅解备忘录，为海外来中国接受培训的人员提供奖学金，加强人力资源培训
国际合作机制建设。中国于 2017 年 3 月批准国务院发展研究中心设立中国国
际发展知识中心，统筹协调国内外发展研究资源，开展发展理论和发展实践研
究，组织交流各国实现联合国 2030 年可持续发展目标等国际发展问题的研究
成果。2017 年 8 月，中国国际发展知识中心正式启动运营。2018 年 3 月召开

的第十三届全国人民代表大会第一次会议审议并通过了国务院机构改革方案，组建中华人民共和国国家国际发展合作署。国家国际发展合作署的主要职责是拟定对外援助战略方针、规划、政策，统筹协调对外援助重大问题并提出建议，推进对外援助方式改革，编制对外援助方案和计划，确定对外援助项目并监督评估实施情况等。国家国际发展合作署的设立可以强化对外援助的战略谋划和统筹协调，从而为中国在新时代推进南南合作框架下的对外援助工作加强顶层规划和设计。

参考文献

宁吉喆：《发展目标较好实现　稳中有进态势持续》，《求是》2019 年第 3 期。

盛来运：《经济运行稳中有进　转型发展再展新篇——〈2018 年统计公报〉评读》，http：//www. stats. gov. cn/tjsj/sjjd/201902/t20190228_ 1651270. html，2019 年 2 月 28 日。

吴绮敏、裴广江等：《让思想之光引领世界前行之路——习近平主席二〇一七年达沃斯、日内瓦主旨演讲的世界意义》，《人民日报》2018 年 1 月 25 日。

中华人民共和国国家统计局：《2018 年国民经济和社会发展统计公报》，http：//www. stats. gov. cn/tjsj/zxfb/201902/t20190228_ 1651265. html，2019 年 2 月 28 日。

中华人民共和国国家统计局综合司：《中国的发展是世界的机遇》，http：//www. stats. gov. cn/tjsj/sjjd/201804/t20180412_ 1593477. html，2018 年 4 月 12 日。

IMF, World Economic Outlook: Growth Slowdown, Precarious Recovery, https：//www. imf. org/en/Publications/WEO/Issues/2019/03/28/world – economic – april – 2019, April 2019.

The United Nations, World Economic Situation and Prospects 2019, https：//www. un. org/development/desa/dpad/publication/world – economic – situation – and – prospects – 2019/, 2019.

The World Bank, Global Economic Prospects: Darkening Skies, http：//www. worldbank. org/en/publication/global – economic – prospects, January 2019.

B.6
南非经济社会发展及其
在南南合作中的角色

沈 陈　侯筱辰*

摘　要： 由于经济结构单一、高失业率与高通胀率并存、公共部门成
本过高等结构性问题，南非经济增长近五年来陷于停滞。经
济停滞引发 2017 ~ 2018 年南非政府更迭，拉马福萨取代祖
马成为南非新任领导人。南非新政府意图通过推动激进改
革尤其是土地再分配，解决经济停滞和支持率下降的问题。
为了赢得下次大选，新政府近期将会把主要精力放到国内
事务上，国际承诺将趋于谨慎，参与南南合作的方式会有
所调整。

关键词： 南非经济　政府更迭　土地　外交走向

一　南非经济发展情况

2008 年全球性金融危机严重打击南非经济，2010 年世界杯前后曾有短
暂反弹，但此后重新陷入停滞。祖马政府在 2012 年非国大建党 100 周年之
际推出《2030 年国家发展计划》，提出未来二十年中实现年均增长 5.4%，
每年至少创造 50 万个就业岗位，失业人数降到 6%，基尼系数降到 0.6%。

* 沈陈，中国社会科学院世界经济与政治研究所助理研究员，研究领域：国际政治经济学；侯
筱辰，复旦大学金砖国家研究中心研究助理，复旦大学国际关系与公共事务学院博士生，研
究领域：金砖合作与全球治理、国际发展融资。

纵观祖马担任总统的第二个任期（2014～2018 年），南非的 GDP 增长年率从未超过2%。

南非的对外贸易在 2012 年出现逆转。当年进出口贸易额仅为 1888.22 亿美元，下降 4%，贸易逆差扩大至 142.9 亿美元，增长 332.3%。同年，经常账户赤字占国内生产总值的 6.3%，远高于 2011 年的 3.4%。① 2017 年，南非进口额持续大于出口额，贸易逆差一般在 20 亿美元左右，南非经常账户仍为赤字，但规模逐步缩减。外汇储备因此有所减少，2017 年外汇储备为 481 亿美元，与 2016 年相当，较 2012 年下降 20 多亿美元。②

与 2018 年第一季度相比，南非的劳动年龄人口在 2018 年第二季度增加了 15.4 万人，增幅为 4%。就业（减少 9 万人）和失业（增加 10.2 万人）的增长导致了劳动力参与率的下降，目前为 59.1%。与 2018 年第一季度相比，2018 年第二季度的失业率有所上升达到 27.2%，就业人数萎缩了 9 万。失业人数最多的行业是制造业，占 10.5 万个就业岗位，其次是社区服务行业（9.3 万个）和贸易行业（5.7 万个）。但与此同时，运输业（54000 个）、建筑业（45000 个）、采矿业（38000 个）、私人家庭（22000 个）和公共事业（18000 个）的就业人数均有增长。③

矿业是南非的第一经济支柱产业，南非的经济增长停滞也主要是因为矿产价格下跌。大宗商品占南非出口收益的一半左右，2011 年仅黄金出口额就占南非出口总额的 11%。黄金、锰矿、铂金、铁矿、煤炭等矿产品价格下跌，对南非经济造成沉重打击，造成税收减少，外汇萎缩，就业人口流失。2016 年以来矿业就业人口持续减少，目前仅为 40 多万人，是 20 世纪初以来南非矿业就业最少的年份。

能源短缺导致电力供应紧张。2018 年 4 月，南非政府重申了对可再生能源的承诺。南非能源部与 27 家独立电力生产商签署了协议价值 560 亿兰特的资金，这些资金将用于全国各地的可再生能源项目，主要用于农村地区。

---

① 关秀丽：《南非经济形势及推进中南合作的建议》，《宏观经济整理》2016 年第 4 期，第 81～83 页。
② 王洪一：《南非经济恢复增长但仍面临困难》，《中国投资》2017 年第 18 期，第 20～21 页。
③ 南非统计局：http://www.statssa.gou.za/。

为推动国内生产和消费,南非政府不断增加对外债务,外债率逐年攀升。2012 年以来,南非对外负债规模持续快速增长。公共债务占 GDP 比重从 2012 年的 40.9% 持续上升,2015 年已达 45.3%。2016 年底南非外债规模与 GDP 之比为 51.7%,2018 年第二季度南非外债规模达到了近三年最高,约 1832 亿美元。其中,公共债务上升风险来源于公共部门的高工资、农民补贴提高、高等教育投资增加等。南非政府将主要依靠国内资源融资,最大限度减少汇率风险,确保公共债务占 GDP 比重在 50% 之下。

2015 年南非债券收益率曾迅速升高,2016 年经济情况好转后回落。目前南非基准利率为 7.0%,再回购利率为 6.75%,国债流动性强。2018 年 5 月,南非国内短期贷款净额减少了 158.33 亿兰特。包括赎回、回购交易和转换在内的国内长期贷款净额增加了 128.13 亿兰特。政府的现金余额增加了 18.78 亿~2284.38 亿兰特。南非储备银行账户,冲销和外币存款达到 2017.16 亿兰特。商业银行的现金余额达到 267.22 亿兰特,政府的现金余额减少了 3.184 亿~235.8 亿兰特。南非政府于 5 月 15 日发放了两只新债券,包括 14 亿美元 12 年期和 6 亿美元 30 年期两种。12 年期票面利率 5.875%,高出 10 年期美国国债证券 280.5 个基点。30 年期债券票面利率 6.300%,高出美国国债证券 310.1 个基点。①

在南非 2018 年的财政预算计划中,响应 2017 年中期预算政策声明中提出的收入不足问题,宣布高等教育和培训免费。2018~2019 年,新的税收措施增加了 360 亿兰特税收,主要是通过实行更高的增值税率和对个人所得税税率进行低于通货膨胀率的调整来实现的。

2015 年以后,全球三大评级机构不断降低南非主权债务评级。由于祖马政府在 2017 年出现执政危机,市场对南非经济形势的预期更加悲观。惠誉、标普对南非的本币债务评级分别降为 "BB" 和 "BB +" 以及 "稳定展望";穆迪将南非的本币债务评级降为 "Baa3",并且为 "负面展望"。

2017 年底,深受商界欢迎的西里尔·拉马福萨(Cyril Ramaphosa)接替祖马成为非国大主席,为市场注入了一剂强心针。非国大主席选举结果一出,

---

① 南非财政部:http://www.treasury.gov.za/。

兰特对美元的汇率应声反弹，至 2017 年末共上涨 7%，一跃成为表现最好的新兴市场货币。不过，拉马福萨当选对经济的刺激没有持续太久。南非经济在 2018 年第一季度出现了波动，季度环比萎缩了 2%。农业、矿业和制造业不景气是经济放缓的主要原因，电力、建筑和贸易行业也出现了负增长。通货膨胀率在 2018 年 3 月达到 3.8%，为 7 年来最低点，4 月又跃升至 4.5%。上涨的主要原因是产品类别的价格上涨，这些产品如酒精、燃料和含糖饮料会吸引特定的税收。不过到了第二季度，南非经济季度环比增长 2.5%，结束连续两个季度负增长的局面，摆脱了衰退。第二季度经济增长主要得益于多数产业表现良好，特别是农业、金融业和矿产业。其中，农业增长势头最为强劲，农业产出增长 33.6%。

南非经济存在经济结构单一、高失业率与高通胀率并存、公共部门成本过高等结构性问题，这些问题迟迟无法解决，为南非经济的长期增长带来负面影响。

二 南非社会发展情况

（一）社会不满引发政坛动荡

经济停滞导致政局不稳，公众对祖马政府执政能力的怀疑导致非国大 2016 年地方选举遭到挫败。非国大执政以来，在此前四次地方选举中均保持 60% 左右的得票率。然而在 2016 年第五次南非地方选举中，非国大不仅总得票率为 54%，创下历史新低，并且在行政首都比勒陀利亚、立法首都开普敦、经济中心约翰内斯堡、曼德拉湾等大城市不敌反对党民主联盟，非国大首次同时失去以上城市的绝对多数席位。

2017 年 3 月，祖马突然对内阁进行改组，在不到一周的时间里两次撤换财政部部长，引发市场对南非经济形势的担忧，非国大的盟友南非工会大会和南非共产党对祖马的执政能力表示不满，公开要求祖马辞职。同年 8 月，南非议会举行第八次针对总统祖马的弹劾，祖马以 198 票对 177 票过关，但其中有 30 余名非国大和南非共议员投票反对祖马。10 月，祖马再次改组内阁，主要目的是撤换高等教育和培训部部长、南非共产党总书记恩兹曼德（Blade Nzimande），三方同盟濒临破裂边缘，并再次引发南非金融市场动荡。

随着南非政坛持续动荡，此前保持沉默的非国大副主席、南非副总统拉马福萨走到台前，成为结束祖马时代的不二人选。2017 年 12 月的非国大主席竞选出现了拉马福萨与德拉米尼·祖马两位旗鼓相当的竞争者。前者得到南非工会大会、南非共、全国矿工联合会以及北开普省、东开普省、豪登省等地方党部的力挺。后者的支持者为妇女联盟、青年联盟以及夸祖鲁 - 纳塔尔、林波波省、普马兰加省等地方党部。最终，拉马福萨仅以 179 票的微弱差距胜出，当选为新一任非国大主席。与此同时，本次选举的结果成为压倒祖马政府的最后一根稻草。①

按照宪法规定，祖马的任期应到 2019 年结束。拉马福萨当选非国大主席不久，东开普省地方党部就开始着手提前结束祖马总统任期的动议。2018 年 2 月 7 ~ 11 日，非国大主席兼南非副总统拉马福萨连续五天与祖马围绕权力交接进行协商，不过祖马拒绝辞去总统职务。12 日，拉马福萨召开非国大执委会紧急会议，讨论祖马去留问题。经过长达 13 个小时的马拉松讨论，非国大执委会最终以祖马深陷腐败丑闻不宜继续担任总统为由，通过召回祖马的决定。德拉米尼·祖马、非国大妇女联盟、夸祖鲁 - 纳塔尔地方党部等祖马的铁杆支持者表示接受非国大执委会的决定。

召回决定发出以后，祖马仍以"介绍拉马福萨给外国首脑"为由，请求非国大执委会再宽限三个月，使其能够在参加非盟峰会、主持金砖国家峰会和南部非洲发展共同体会议后离开总统府。祖马的请求并没有得到非国大执委会的同意，原本属于祖马阵营的非国大总书记马加舒尔（Ace Magashule）表示，如果祖马拒绝辞职，非国大将予以"处理"。关于处理的具体方式，舆论普遍认为非国大很可能投票支持在野党经济自由斗士（EFF）提出的第九次针对祖马的总统弹劾案，弹劾案将在 2 月 22 日进行投票。由于占据议会 62% 席位的非国大力保，祖马得以在过去八次弹劾中平安无事。此次非国大也加入弹劾祖马的行列，祖马几无逆转的可能。为了避免因 22 号的议会弹劾而下台，祖马被迫于 14 日晚在行政首都比勒陀利亚发表辞职讲话，正式宣告祖马时代的

---

① 沈陈：《拉马福萨能"重建"非国大吗》，《世界知识》2018 年第 2 期，第 42 ~ 43 页。

终结。

值得注意的是，新政府班子是党内各派妥协平衡的产物。尽管祖马已经辞职，但祖马留下的班底依然存在。来自祖马阵营的马布扎（David Mabuza）、马加舒尔（Ace Magashule）、杰西·杜阿尔特（Jessie Duarte）分别当选党的副主席、总书记和全国主席。在拉马福萨公布的首任内阁名单中，倾向拉马福萨的非国大全国主席曼塔谢担任矿业部长，南非共总书记恩齐曼迪担任运输部长。曾被祖马解除职务的戈尔丹（Pravin Gordhan）、内内（Nhlanhla Nene）、哈内科姆（Derek Hanekom）分别担任公共企业部长、财政部部长、旅游部长，德拉米尼·祖马担任总统府部长，原属于祖马阵营的非国大副主席马布扎出任南非副总统。从新内阁的组成可以发现，拉马福萨注意不同势力间的平衡，优先考虑维护党内团结。

由于拉马福萨的党内威望有限，政策实施时常受到掣肘。召回祖马与当年召回姆贝基①性质不同。召回姆贝基的理由是利用总统职权蓄意破坏祖马接班，带有明显的权力斗争色彩，而姆贝基本身并没有触犯国法。相反，祖马在被召回以前就已丑闻缠身，面临多项司法调查，因此非国大以涉嫌贪腐不适合担任总统为由召回祖马。德拉米尼·祖马等人支持召回是由于祖马贪腐问题，不能说明非国大执委会完全听命于拉马福萨。值得注意的是，拉马福萨继承的是祖马剩余的一年任期，属于过渡总统。拉马福萨曾考虑提前举行大选，但遭到领导层其他成员的反对。反对理由是在现阶段举行大选很可能使非国大丧失目前占据议会 60% 席位的优势，因此要求拉马福萨向选民展示提振经济和打击腐败的能力后，再参与全国大选。在地方，拉马福萨提议非国大地方党部换届选举推迟到全国大选以后举行，目的是避免因新的非国大地方领导上台，打破现有党内的脆弱平衡。不过该提议遭到夸祖鲁－纳塔尔省、豪登省、自由州、林波波省等多数地方党部的激烈反对。

总之，拉马福萨的当选并不代表其在非国大的个人胜利，而是诸多反对祖

---

① 2008 年 9 月 20 日，非国大执委会召开会议，会后发表将姆贝基从总统位置上召回的声明，改派副总统莫特兰蒂继任总统。21 日，姆贝基发表电视讲话，宣布接受非国大执委会的决定，立即辞去总统职务。

马势力的一次集体胜利，拉马福萨与统御全局相差甚远。因此，至少在拉马福萨赢得下次总统大选之前，新政府都将处于相对弱势的地位。

（二）土地仍是困扰南非社会的核心问题

拉马福萨在总统就职演讲中提出将振兴经济和推动激进改革作为新政府的工作方向，其中激进改革是经济长期增长的根本动力。激进改革的核心是土地，也就是将白人占有的土地无偿分配给黑人。新政府将土地作为工作重点不仅为了巩固黑人对非国大的支持，从长期来看，土地再分配将改变生产关系，把作为雇工的黑人变成土地的主人，有助于调动黑人的劳动积极性，减少贫富分化，为经济发展注入持续动力。

早在 20 世纪 50 年代的《自由宪章》中，非国大便提出"耕者有其田"，主张重新分配土地给无地、少地的黑人。曼德拉出狱以前，非国大仍坚持非市场方式的土地革命路线。然而，为了安抚南非白人和外国投资者，实现政权和平转移，非国大决定放弃激进革命路线，实行"两步走"战略：第一步，先完成结束种族隔离统治的民族革命，出台一系列加强经济平等的举措，有限调整产权归属；第二步，完成产权国有化的社会革命，但社会革命没有提出具体的时间表。按照"两步走"战略，非国大的执政纲领《重建与发展计划》删去了土地革命的主张，并在其 1994 年赢得大选后予以实施和巩固。

1994 年执政以后，非国大的土地政策主要涉及以下几个方面。第一，土地回归。即追回种族隔离时期（1913 年颁布《土著人土地法》以来）被白人政府强行剥夺的土地。非国大政府于 1994 年颁布《土地回归权利法》，成立 5 人组成的"土地回归权利委员会"，用以帮助索回 1913 年 6 月 13 日以来被强行剥夺的土地。第二，土地再分配。即通过分配国有土地或政府购买白人农田的方式进行再分配。政府购买应坚持"愿买愿卖"（the willing buyer-willing seller）原则，按照市场价格赎买。1994 年制订的《重建和发展计划》曾计划 5 年内将 30%（约 2500 万公顷）的白人农田分配给 80 万无地、少地的黑人。第三，土地所有权转移。包括经过土地回归和再分配后的产权确认。

非国大在执政前后的土地政策实际包含三种路径。一是政治路径，用非市场方式实现国有化，然后由国家分配土地。二是经济路径，国家按市场价格或协定价格赎买私人土地，然后予以分配。三是法律路径，国家、集体或个人依照法律，要求获得合法的土地权益。当前，非国大的土地政策是用法律、经济路径取代政治路径，但这种策略似乎并不成功。

从法律路径看，新南非涉及土地的法律并不利于土地再分配。1996 年宪法第一章第 25 条规定：除非依据普遍适用的法律，为了公共利益的目的，并给予赔偿之外，任何人的财产不可侵犯。由于《土地回归权利法》规定土地权利的追溯只能到 1913 年，这意味着此前两百多年在"无主土地"上的殖民扩张受到法律保护。即便是 1913 年以后的土地，由于烦琐的法律程序、高昂的诉讼费用，再加上时间久远、举证困难，给黑人的权利声索带来极大困难。2009 年起，关于城市土地的回归诉讼已经解决，未解决的诉讼全部为农村土地。未解决的农村土地诉讼多因所在地有森林或矿产，目前的土地拥有者往往以私有产权不可侵犯为由拒绝归还。

从经济路径看，所有权转移仅是土地政策成本的一部分。在很长一段时间里，非国大的土地政策聚焦于所有权转移，忽略了农民获得土地以后的资本投入、技术援助。2010 年曾一度有 90% 的再分配土地没有转化为农业用地，造成约 30 多万农场工人失业，使改革起到适得其反的作用。南非政府 2010 年后加强了机械、灌溉、化肥等方面的后续支持，又使得本就吃紧的财政预算更加捉襟见肘。在预算紧张的情况下，《重建与发展计划》完成 30% 土地再分配的期限被一再拖延到 2025 年。

"土地回归权利委员会"成立前三年，共收到 22404 份诉讼。但直到 1996 年 10 月，才确定第一份合法诉讼。截至 1997 年 12 月，仅有 18 起诉讼得到解决。① 加之白人农场主团体以宪法保护私人财产为由强烈抵制，土地回归进展步履维艰。在现有法律和经济路径难以突破的情况下，通过政治路径修改宪法和无偿征收成为唯一可行的选择。

1996 年宪法第一章第 25 条规定中所谓的公共利益，是指国家对土地改革的承诺，以及对平等获取南非所有自然资源而进行的改革。② 也就是说，政府

① 艾周昌、舒运国、沐涛、张忠祥：《南非现代化研究》，华东师范大学出版社，2000，第271 页。
② 杨立华：《新南非十年：多元一体国家的建设》，《西亚非洲》2004 年第 4 期，第 41~48 页。

可以为了"公共利益"征收私人财产，同时给予赔偿。主张政治路径解决土地问题的人认为，"耕者有其田"、自然资源全民共享等理念属于公共利益，但困难在于南非政府无力按照市场价格进行征收，因此只有无偿征收这条道路可走。

非国大党内并非所有人都能接受"两步走"战略，因此也就分裂出所谓"务实派"和"激进派"。曼德拉执政时期，非常注意让务实派和激进派保持平衡，非国大的政策可以视为"一体两翼"：一方面，接受务实派意见，保护白人的私有产权；另一方面，满足激进派要求，制订涉及领域广泛的福利计划。值得注意的是，"两步走"战略的第二步并没有具体的时间表，导致安抚激进派的难度随着时间推移越来越大。

在 2017 年非国大全国代表大会上，激进派与务实派代表发生激烈碰撞。激进派观点主要来自东开普省、夸祖鲁－纳塔尔省、马普马拉加省等"土地渴望"（land hunger）的地区，该观点宣称曼德拉曾许诺"耕者有其田"，现在承诺已不能拖延下去，提出用激进的手段重新分配财富，立即实行没有赔偿的土地征收。务实派以西开普省为代表，表达对土地征收可能带来经济灾难的担忧，要求尽可能使用宪法规定的征地手段，然后再考虑采用激进手段。为了安抚党内激进派和黑人农民，拉马福萨综合党内外各派观点后提出了折中的方式，即在不影响农业生产和经济发展的基础上，南非政府有权对土地进行无偿征收。

2018 年 2 月 27 日，在拉马福萨领导的非国大支持下，议会以 241 票赞成、83 票反对，通过经济自由斗士党提出的赋予总统无偿征用土地权力的修宪法案。鉴于 21 世纪初津巴布韦的无偿征地不仅造成国内农产品生产瘫痪，还带来国际经济制裁，拉马福萨反复强调，土地征收的前提是不影响农场正常运转和国家粮食安全，主张用对话而非暴力、法制而非强制、民主而非迫害的方式来解决矛盾。尽管如此，征地议案的通过仍然刺激了部分地区出现抢地行为，米德兰、马波罗、赫曼努斯等地发生黑人农民袭击白人农场事件。

南非土地政策是赢得广大贫穷黑人选票、巩固非国大执政地位的关键，因此拉马福萨宣称将推动激进改革，包括无偿重新分配土地，加快纠正因种族隔离造成的土地占有不公。不过，津巴布韦土地改革的历史表明，激进的再分配可能造成资本恐慌性外逃，最终对经济产生灾难性影响。因此，过于激进的改革不利于社会团结，拉马福萨肯定心知肚明。从中长期来看，必须真正做到土地征收与经济发展的结合，这既是解决当前社会矛盾的必然选择，也是非国大和拉马福萨政府执政的基础。

三　政府更迭后的南非南南合作新动向

非国大本身是一个代表南非各阶层利益的混合体，自执掌政权那天起，党内务实派与激进派的争斗便从未停止。务实派的代表人物姆贝基被召回后，其支持者脱离非国大，另组人民大会党。祖马政府推进土地革命速度缓慢，引起激进派的代表人物马勒马不满，致使后者组建经济自由斗士党。作为务实派的拉马福萨提出土地无偿征收的主张，在政策上同时照顾党内两派，目的是避免非国大再次出现分裂。

鉴于拉马福萨现阶段在党内和国内政治中采取混合政策，其外交政策也将趋于谨慎，主要调整祖马时期的某些有争议的做法，以实用主义取代选边站队。具体来说，后祖马时代的南非将更注重非洲区域合作、金砖国家合作、南南合作的经济价值，而不是南非在其中的政治引领地位。同时改善与欧美国家的关系，吸引包括西方资本在内的国际资本进入南非市场。

（一）争取中等强国的诉求力不从心

姆贝基、祖马担任总统期间，意图成为"领导性的新兴中等强国"（leading emerging middle power），主要表现在引领非洲地区合作议程和南南合作方面。[1] 2001 年，南非与尼日利亚、阿尔及利亚共同提出"非洲发展新伙伴计划"（NEPAD），旨在解决非洲面临的贫困、边缘化等问题，这是第一个由非洲国家自主制定的规划本地区政治、经济和社会发展目标的蓝图。2010 年 12 月，南非正式成为金砖国家成员，南非意图成为新兴经济体和发展中国家利益代言

---

[1]　沈陈：《南非外交转型及对中南关系的影响》，《复旦国际关系评论》2016 年第 2 期，第 113～129 页。

人的诉求得到满足，此举也被视为祖马政府取得的主要外交成就。2008 年，南非力推的南部非洲发展共同体（SADC）、东非共同体（EAC）、东南非共同市场（COMESA）三方整合，成立一个涵盖 26 个国家、超过 5 亿人口、产值达到 1 万亿美元的单一自贸区，即非洲大陆自由贸易区（AfCFTA）。2015 年，在南非举行的非盟峰会进一步提出建立覆盖整个非洲的大陆自由贸易区，该协议在 2018 年 3 月达成。

不过，南非获得非洲区域合作和南南合作的领导地位，与其说基于自身实力，倒不如说是地缘政治作用的结果。严格意义上说，南非并不属于金砖国家最初的考虑范畴，无论是版图、人口还是经济规模，在未来 30 ~ 50 年内，南非都无法与中国、印度等金砖国家相提并论。南非之所以能够进入金砖国家、G20 和基础四国的行列，更多是政治因素，"金砖国家之父"吉姆·奥尼尔曾明言南非以非洲地区代表的名义而得以加入。[1] 学界普遍认为南非的外交目标已明显超过了其自身能力，南非正处于比自己高的重量级擂台上打拳击。[2] 即使是乐观者也提醒南非在展现外交影响的同时，必须处理好低经济增长、持续性贫困和就业机会缺乏的问题。[3]

（二）非洲领导地位受到挑战

在非洲，南非的地区领导力和代表性逐渐受到质疑。2014 年，尼日利亚的国民生产总值跃居非洲首位，南非引以为豪的经济龙头地位彻底动摇。在安全领域，南非领导人的确周旋于大大小小的地区紧张局势中，促进和平的贡献值得肯定。不过，南非派出维和部队的数量却屡遭诟病，不仅远远落后于尼日利亚、埃塞俄比亚、加纳等地区大国，甚至少于塞内加尔等中小国家，令人怀疑"它是否有意愿肩负起地区大国和安理会常任理事国所应有地区和大陆的

① 《"金砖之父"：南非不属于这一阵营》，FT 中文网，2010 年 12 月 30 日，http：//www. ftchinese. com/story/001036272。
② Deon Geldenbuys, *The Diplomacy of Isolation*, Johannesburg: Macmillan, 1984；Chris Landsberg, *The Quiet Diplomacy of Liberation*, Johannesburg：Jacana, 2004.
③ Chris Alden and Maxi Schoeman. "South Africa in the Company of Giants：the Search for Leadership in a Transforming Global Order," *International Affairs*, 2013, 89, p. 128.

责任"。① 增加非洲的代表权是联合国安理会改革的重要组成部分，虽然南非是非洲"增常"的热门候选，但尼日利亚、埃及、埃塞俄比亚、加纳、肯尼亚等国也有占据一席之地的理由，很难说南非就一定能够充当非洲的"代表者"。

（三）经济利益成为主要追求

首先，在实力不断衰退的背景下，南非更多将经济利益作为外交的首要诉求，与新兴经济发生贸易摩擦的概率增大。从贸易结构看，南非出口主要依赖矿产品、贱金属、珠宝贵金属等资源类产品，从中国等国的进口则是机械设备、纺织品等制成品，这是由资源禀赋决定的互补性贸易。但南非方面不希望只处于原料提供者的地位，特别是来自中国、印度等新兴国家的廉价制成品对本土工业构成巨大挑战，自然会引起南非国内关于就业和去工业化形势的担忧。由于国际资源能源价格持续不振，南非的贸易形势趋于恶化，对中国等新兴经济体的贸易赤字可能进一步扩大，双方出现贸易摩擦的风险大增。

其次，南非对待与发展中国家合作的问题可能走向保守。南非过去力推的大陆自贸区已经达成协议，但拉马福萨却以原则上同意但缺少必要的国内法律程序为由推迟签署，其谨慎的外交与姆贝基、祖马时期的积极领导形成鲜明对比。在祖马时期，南非曾将核能列入金砖合作的优先考虑要素，计划在 2020 年修建 4～6 座核电站。不过，该项目引发西方核电输出国和南非国内部分政治势力的不满，拉马福萨政府预计将重新评估甚至放弃核电项目计划。

再次，拉马福萨政府与西方国家的关系会有明显改善。白人统治的南非长期是西方阵营的一员，非国大执政以后，以非洲地区合作与南南合作为支柱的南非自主外交引起西方国家的不满。例如南非在担任非常任理事国期间，多次对西方国家提出的人权提案投弃权票甚至反对票，使西方国家担心南非发生

---

① Maxi Schoeman, "South Africa as an Emerging Middle Power: 1994 - 2003," in Jonh Daniel, Adam Habib and Roger Southall, eds, *State of the Nation: South Africa 2003 - 2004*. Pretoria: HSRC Press, 2004, p. 360.

"立场上的倒退"。① 2014 年 9 月，南非政府第三次拒绝达赖的签证申请，导致英国首相卡梅伦拒绝会见访英的南非总统祖马，此举是西方国家对南非施压的最直接体现。② 由于拉马福萨政治立场上的务实态度，以及他本人在担任公职以前与国际资本的密切联系，西方舆论普遍期待南非将在后祖马时代实现与西方关系的反弹。③ 正因如此，拉马福萨在 2018 年 4 月出席英联邦首脑会议期间，获得英国的高规格接待，与祖马时期的冷淡大相径庭。

当然，拉马福萨不可能完全拥抱西方。在意识形态上，非国大及其盟友南非共和南非工会大会是新自由主义的排斥者，姆贝基曾因为过于接近西方价值观而下野，政治地位远弱于姆贝基的拉马福萨更不敢在靠近西方的道路上走得太远。在国内政治上，纳入宪法修正案的土地征收已是箭在弦上，由于南非白人地主与欧美国家有千丝万缕的联系，新政府很难在推动土地征收的同时，继续维持与西方的蜜月关系。

最后，从现实角度来说，中国、印度等新兴经济体早已成为南非主要的经贸合作伙伴，南非实现经济增长离不开金砖国家的有力支持。在拉马福萨治下，南非与金砖国家的务实合作关系将继续得到巩固与加强。

参考文献

《祖马突然取消对英国正式访问 不满遭卡梅伦冷落》，《环球时报》2014 年 10 月 27 日，http：//world. people. com. cn/n/2014/1027/c1002 – 25912467. html。

《"金砖之父"：南非不属于这一阵营》，FT 中文网，2010 年 12 月 30 日，http：//www. ftchinese. com/story/001036272。

艾周昌、舒运国、沐涛、张忠祥：《南非现代化研究》，华东师范大学出版社，

---

① 笔者访问南非期间，参加奥地利驻南非大使组织的研讨会，奥地利大使在会上对南非外交的"偏向中国"（Drift to China）表示忧虑。
② 《祖马突然取消对英国正式访问 不满遭卡梅伦冷落》，《环球时报》2014 年 10 月 27 日，http：//world. people. com. cn/n/2014/1027/c1002 – 25912467. html。
③ John Campbell, Renewing U. S. -South Africa Relations Under President Ramaphosa, Council on Foreign Relations, February 21, 2018, https：//www. cfr. org/blog/renewing – us – south – africa – relations – under – president – ramaphosa.

2000。

沈陈:《拉马福萨能重建非国大吗》,《世界知识》2018 年第 2 期。

沈陈:《南非外交转型及对中南关系的影响》,《复旦国际关系评论》2016 年第 2 期。

杨立华:《新南非十年:多元一体国家的建设》,《西亚非洲》2004 年第 4 期。

王洪一:《南非经济恢复增长但仍面临困难》,《中国投资》2017 年第 18 期。

Chris Aldenand Maxi Schoeman. "South Africa in the Company of Giants: the Search for Leadership in a Transforming Global Order," *International Affairs*, 2013, 89.

Deon Geldenbuys, *The Diplomacy of Isolation*, Johannesburg: Macmillan, 1984; Chris Landsberg, *The Quiet Diplomacy of Liberation*, Johannesburg: Jacana, 2004.

John Campbell, Renewing U. S. -South Africa Relations Under President Ramaphosa, Council on Foreign Relations, February 21, 2018, https://www.cfr.org/blog/renewing – us – south – africa – relations – under – president – ramaphosa.

Maxi Schoeman, "South Africa as an Emerging Middle Power: 1994 – 2003," in Jonh Daniel, Adam Habib and Roger Southall, eds, *State of the Nation: South Africa 2003 – 2004.* Pretoria: HSRC Press, 2004.

专题报告

Special Reports

B.7

国际合作体系新变化及南南合作新使命

周瑾艳*

摘　要： 国际合作体系正在发生深刻变革，援助主体正从美国和欧洲等传统援助国扩大到新兴经济体等多元主体共同参与，国际合作的主要形式正由以北方援助南方发展为主、南南合作为补充，转变为南南合作与南北合作并驾齐驱，南南合作的理念和经验甚至引领国际发展合作。新南南合作面临从南方视角构建自身发展知识和经验、促进南南国家之间平行经验的转移，以及协调南南合作与南北合作关系的挑战。在逆全球化的背景下，创新南南合作的模式，为全球治理提供更多公共产品，为全球性的问题提供新的思路和解决方案，积极塑造国际合作体系成为南南合作的新使命。

* 周瑾艳，中国社会科学院西亚非洲研究所，助理研究员，研究领域：南南合作、三方合作、中非关系。

关键词：　南南合作　南北合作　机制创新

当今世界处于合作与冲突的十字路口，在美欧等国逆全球化的力量暗流涌动，而以中国为代表的新兴经济体则在国际发展合作体系中发挥日益重要的作用，成为与形成中的反全球化逆流进行对抗的主要力量。南南合作历经沉浮，终于重回世界舞台。新南南合作在机制创设、理念和路径方面皆引领国际合作体系。但南南合作也面临从南方视角出发理解和构建南方发展知识和经验，协调南北关系以整合国际合作体系，以及通过创新南南合作模式提供更多国际公共产品和塑造国际体系等新挑战和新使命。

一　国际合作体系的新变化

进入 21 世纪以来，全球形势发生了重大转变，其中最显著的变化是中国、印度、巴西等新兴经济体的崛起，西方已经难以像过去一样主导世界。当前的国际体系正处于由美国独大的单极世界向多元主体参与的全球治理体系的转型中，没有南方国家的合作，重大的国际治理挑战将无法应对。

（一）国际体系处于全球化与"去全球化"的十字路口

随着英国决定脱欧、特朗普推崇"美国至上"，以及欧盟不少国家民粹主义政治势力暗流涌动，国际体系遭遇前所未有的挑战，并呈现全球化与"去全球化"两股不同的力量。历史上，英国曾经是全球化浪潮的先驱，美国曾是二战后自由贸易体系的主导者，现在却走向孤立主义和保护主义，新兴经济体则成为与该股逆流对抗的主要力量。

一方面，美、英等全球化的主要推动和领导力量成为全球化的主要反对力量，民族主义、保守主义在美欧盛行，美国对于全球治理体系在过去几十年形成的规则置若罔闻，全球经济和政治正面临"去全球化"或"逆全球化"倾向的冲击。西方国家由于国内不平等的加剧、高福利社会的成本增加等原因造成了民众对就业和经济的焦虑。传统援助体系中的主导力量——西方国家普遍面临国内民粹主义的挑战，自由贸易、全球化、移民甚至多边主义等西方曾经倡导的理念却成为西方民众反对的对象。因此，欧美各国在政治经济领域的保护主义、孤立主义和民粹主义此起彼伏。

另一方面，巴西、俄罗斯、印度、中国、南非、东盟国家和墨西哥等则在全球政治经济体系中发挥巨大影响力，成为全球治理的重要力量，与正在形成的反全球化的逆流进行不断对抗。以中国为代表的新兴经济体成为推动全球化的新力量。作为协调国际体系旧力量和新力量的平台，G20 一直积极协调各国政策，反对保护主义。在 2016 年 9 月杭州 G20 峰会上，各国领导人一致重申，反对任何形式的贸易和投资保护主义，决心实现承诺，减少及不采取新的贸易保护主义措施，支持世贸组织、联合国贸发会议和经合组织监督。2017 年上海合作组织第一次接纳南亚国家印度和巴基斯坦，改变了上合组织传统上由中国、俄罗斯及中亚四国组成的格局。在 2018 年上合组织青岛峰会上，中国作为东道国推动"新型国际关系""人类命运共同体"等理念融入"上海精神"。2018 年 7 月在南非约翰内斯堡举行的金砖领导人会晤则以"金砖国家在非洲：在第四次工业革命中共谋包容增长和共同繁荣"为主题，承接了 2017 年厦门领导人会晤的"金砖 +"实践，并重申南方国家反对贸易保护主义，支持多边主义和全球治理。

（二）国际合作体系深刻变革

国际发展合作体系是国际体系的一部分，随着国际体系的变迁，国际发展合作也随之发生了深刻的变革。国际体系在应对全球挑战方面存在的缺陷和挑战也反映在国际合作方面，例如国际合作行为体的增多以及发展合作体系的碎片化和缺乏协调。

1. 传统南北合作的作用下降已成共识

近年来关于传统国际合作体系，即传统援助国主导的南 - 北合作有效性的讨论非常激烈，援助式微已成共识。例如威廉·伊斯特利在《白人的负担》中认为援助本身是问题的一部分，而不是穷国问题的解决方法。[①] 赞比亚女经济学家丹比萨·莫约在《援助的死亡》一书中更尖锐地批评援助，认为对援

---

① William Easterly, *The White Man's Burden: Why the West's Efforts to Aid the Rest Have Done so Much Ill and so Little Good*. NY: Penguin, 2006.

助的依赖导致非洲陷入贫困、腐败、市场扭曲的怪圈。她直言"对大部分发展中国家来说，援助国过去是，未来仍将是政治、经济和人道主义灾难"。她认为"非洲需要的是贸易和投资"。①

2. 国际发展合作资金来源多元化

官方发展援助（ODA）在国际发展合作的资金来源中所占的比例进一步下降。2014 年，经合组织发展援助委员会（DAC）非成员国提供的援助金额合计约 320 亿美元，仅占全球发展援助总额的 17%。除了援助，经合组织发展援助委员会非成员国还通过发展援助之外的方式和机制参与发展中国家的发展建设。自 2015 年以来，发展资金中来自官方发展援助的部分越来越少，更多资金来自新兴经济体的发展银行、主权财富基金和其他官方资金（OOF），以及类似其他官方资金的贷款和投资。

3. 国际发展合作主体多样化

南南合作中的新兴经济体和"OECD-DAC 非成员国"成为国际合作体系中举足轻重的角色。此外，非国家行为体，包括私人基金会、私营部门、民间组织等也成为国际发展合作的伙伴，发展合作伙伴的多元化一方面推动了更多的发展资源，另一方面也带来了体系碎片化和缺乏协调的挑战。

（三）南南合作引领国际合作范式

随着南南合作的不断深入，南方各国的整体实力不断增加，尤其是中国的快速发展带动南南合作的逐步升级，南南合作的国际地位也在不断提升。2015 年 9 月，《南南合作圆桌会共同主席新闻公报》指出："过去几十年以来，发展中国家积极探索符合本国国情的发展道路，取得了举世瞩目的成就。发展中国家在国际事务中发挥着日益重要的作用，改变了全球政治经济版图，促进了全球经济治理变革，推动了经济全球化进程。"

1. 南南合作引领国际合作理念

南南合作影响和引领国际合作概念和范式的例证之一是"发展合作"的概念变化。国际上对"传统援助"和"国际合作"的定义并没有达成共识。

---

① Moyo Dambisa, *Dead Aid: Why Aid is Not Working and How There is a Better Way for Africa*. London: Allen Lane, 2010.

在 DAC 国家主导的传统国际合作体系中，发展援助一般以官方发展援助（ODA）来定义，但是在发展合作体系中发挥日益重要作用的新兴经济体并不赞同 ODA 的定义。

经合组织发展援助委员会决定引入"官方对可持续发展的总支持"（Total Official Support for Sustainable Development，TOSSD）这一更广泛的新概念，无疑是受到中国等新兴经济体结合援助、贸易和投资做法的影响。联合国第三次发展筹资问题国际会议形成的《亚的斯亚贝巴行动议程》表示："我们将进行开放、包容和透明的讨论，探讨官方发展援助衡量的现代化和'官方对可持续发展的总支持'的提议，我们申明任何此类措施不会削弱已经做出的承诺。"① 新兴经济体拓展了开发性金融的定义，促使更多公共资金和私营企业做出更大的贡献。

2. 南南合作引领国际合作路径

国际合作体系最显著的变化是南南合作不再只是传统国际合作体系的重要补充，更逐渐在理念和路径上引领国际合作。传统的国际合作体系以北方援助南方为主导，其理论和经验基础都是以发达国家为导向，主要的援助工具是无偿援助和低息贷款。随着南北合作的传统援助地位下降，南南合作以发展为目的结合经济、贸易与援助的路径在事实上受到传统援助国的追捧，传统援助国纷纷加大对非洲的投资。

需要指出的是，南南合作对国际合作的引领更多体现在理念和路径上，在发展资金来源上则仍应坚持南北合作在国际发展合作中的主渠道地位。新兴经济体应鼓励发达国家兑现官方发展援助承诺，特别是将国民总收入的 0.7% 用于官方发展援助，其中用于支援最不发达国家的官方发展援助应占其国民总收入的 0.15% ~ 0.2%。发展伙伴应至少将官方发展援助的一半提供给最不发达国家。

二 国际合作体系下的南南合作变迁

南南合作开始于 20 世纪 50 年代，从万隆会议（1955 年）、不结盟运动

---

① "Measuring Total Official Support for Sustainable Development，" https：//www.oecd.org/dac/financing – sustainable – development/Addis% 20flyer% 20 – % 20TOSSD. pdf.

（1961 年）、七十七国集团（1964 年），到如今联合国框架下的合作，南南合作在过去的 60 多年历经沉浮，现在又重新焕发新的动力，甚至重回世界中心舞台。传统的"穷帮穷"的南南合作是作为南北合作的补充存在，但随着国际合作体系的变迁，南南合作的概念、地位和作用都发生了实质的改变。"新南南合作"不再只是传统援助的补充，而是国际合作体系中与南北合作同样重要的力量，并且在理念和路径上引领国际发展合作。

（一）以政治意识形态推动的传统南南合作

20 世纪 50 年代的南南合作的基础是政治意识形态，旨在挑战北方国家主导的政治和经济体系。万隆会议广泛讨论了反帝反殖民主义、促进世界和平与团结等问题，第一次提出了亚非发展中国家经济合作构想，建议与会国在互利和互相尊重国家主权的基础上实行经济合作。会议还提出了发展中国家在资金和技术方面合作的建议，为发展中国家的互助合作开辟了道路。万隆会议还首次提出了处理国际关系的十项原则：①尊重基本人权、尊重《联合国宪章》的宗旨和原则；②尊重一切国家的主权和领土完整；③承认一切种族的平等、承认一切大小国家的平等；④不干预或干涉他国内政；⑤尊重每一国家按照《联合国宪章》单独地或集体地进行自卫的权利；⑥不使用集体防御的安排来为任何一个大国的特殊利益服务；任何国家不对其他国家施加压力；⑦不以侵略行为或侵略威胁，或使用武力来侵犯任何国家的领土完整或政治独立；⑧按照《联合国宪章》，通过谈判、调停、仲裁或司法解决等和平方法，以及有关方面自己选择的任何其他和平方法，来解决一切国际争端；⑨促进相互的利益和合作；⑩尊重正义和国际义务。

万隆会议时期的南南合作的联系纽带主要是共同的殖民主义经历和政治意识形态。这一时期的南南合作将反对殖民主义、争取民族独立自主、消除贫穷和经济发展作为自己的目标，挑战日益加深的全球不平等，同时减轻第三世界对全球北方的经济和政治依赖。万隆会议主要体现了南南合作的政治层面。传统的南南合作以交钥匙工程、成套项目、修建基础设施、派遣医疗队为主。例如中国援建的坦赞铁路，全长 1860 公里，历时六年（1970~1976）建成，是中国援非最具有标志性意义的工程，也是中国最大的援外成套项目之一。中国帮助修建坦赞铁路完全出于政治的考虑，并没有经济上的利益考量。南北援助始于二战以后，从 50 年代开始，北方国家开始向发展中国家提供附加政治条件的官方发展援助，受援国必须实行"华盛顿共识"推行的经济政策，比如私有化、资本账户开放等。

（二）传统南南合作的变迁

虽然先后出现了万隆会议、七十七国集团、联合国贸发会议等南南合作的阵地，但是由于国际发展合作话语一直受西方主导，南南合作在其后的 30 多年中几度被搁置，进展缓慢，直到以中国为首的南方国家崛起，南南合作又有了新的发展机遇。①

万隆会议体现了南南合作的政治层面，而七十七国集团的主要目标则是建立国际经济新秩序（NIEO）。南南合作在 20 世纪 60 年代主要的成就是推动了普惠制的实行。1964 年 3 月的联合国贸发会议首届会议开启了南方国家和北方国家集团之间的正式对话，在此次会议上，七十七国集团率先提出倡议，要求发达国家给予发展中国家的贸易在最惠国待遇基础上更加优惠的关税待遇。在七十七国集团的不懈努力下，终于使得关贸总协定做了修改，在原有基础上增加了专门处理发展中国家问题的"贸易与发展"部分，并规定"发达缔约方对发展中缔约方所做出的减少或撤除关税和其他壁垒的承诺，不希望得到互惠"，这为普惠制的实施奠定了基础，局部改进了不公平不合理的原有体制。

然而到了 20 世纪 80 年代，第三世界的债务危机和新自由主义的兴起使得南南合作的努力黯然失色。在 1992 年卡塔赫纳举行的联合国贸发会议首脑会议上，贸发会议放弃了要求国际专利制度进行调整，以适应全球南方的发展需要的努力。② 此后，联合国贸发会议作为抵制布雷顿森林机构支配地位的反霸权组织和南北对话的协调机构的作用日益下降，南南合作的光辉也逐渐黯淡。

（三）"新南南合作"的兴起

进入 21 世纪后，以金砖国家为代表的新兴经济体的综合实力不断攀升，

---

① 李小云、肖瑾：《新南南合作的兴起：中国作为路径》，《华中农业大学学报》（社会科学版）2017 年第 5 期，第 1 页。

② Kevin Gray & Barry K. , "Gills (2016) South-South Cooperation and the Rise of the Global South," *Third World Quarterly*, 37：4，557 – 574.

在经济和外交领域取得巨大进步的同时，更多承担起了推广南南合作的历史使命。新南南合作应运而生，全世界再次掀起对南南合作的关注。与传统的南南合作相比，新型南南合作的不同之处体现在南方国家的实力发生分化，南南合作的地位和作用更加重要。

1. 南方国家集团内部发生实力分化

南南合作中的部分南方国家通过独立自主的发展战略迅速崛起，成为掌握一定政治和经济资源的国家，这与南南合作诞生之初，"南方国家都很穷"的状况存在巨大差异。这也动摇了传统援助建立的基础。传统援助是建立在"南北议程"基础上的一种工具，即富裕的工业国家必须帮助贫困的南方国家减贫。但随着部分南方国家的崛起，援助国与受援国的分类和地位发生了变化。中国、巴西、印度等成为既是援助国，又是受援国的"双重身份国"。而贫困国家数量也大幅减少，全世界2/3的国家成为"中等收入国家"。南方国家因政治经济地位带来的分化一方面丰富了南南合作的资源，另一方面为南南合作带来了主体多元性和复杂性的挑战。

2. 南南合作在发展筹资中的地位提升

中国等新兴经济体的地位上升使得南南合作的重要性重新受到重视，南南合作的地位和作用更加重要。从合作的金额和规模来看，南南合作成为南北合作的重要补充。联合国第三次发展筹资问题国际会议《亚的斯亚贝巴行动议程》明确支持南南合作："南南合作是国际发展合作的重要组成部分，是南北合作的补充，而不是替代。我们认同南南合作日益提升的重要性、其不同的历史和特点，并强调南南合作应被视为南方人民和国家基于共同经历和目标团结一致的表达。它应继续以尊重国家主权、国家自主权和独立、平等、不附加条件、互不干涉内政和互利的原则为指导。"以金砖国家为例，2017年金砖国家经济总量占全球比重从12%上升到23%，贸易比重从11%上升到16%，对外投资比重从7%上升到12%，对世界经济增长的贡献率超过50%，成为国际合作的中坚力量。①

3. 南南合作的理念与经验引领国际发展合作

从合作的理念路径和发展经验的转移来看，南南合作不只是南北合作的重

---

① 《把南南合作推向高度》，http：//paper. people. com. cn/rmrb/html/2017 –09/09/nw. D110000 renmrb_ 20170909_ 2 –03. htm。

要补充，还成为国际发展合作体系中与南北合作同样重要的力量。南北合作的发展理念历经四次关于援助有效性的高级别论坛（HLF）：罗马（2003）、巴黎（2005）、阿克拉（2008）和釜山（2011），实现了从"援助有效性"到"发展有效性"的转变。发展是南方国家的最终目标，援助只是发展的一部分成为南北国家的共识。中国等新兴经济体在非洲以援助促进贸易和投资的做法曾经遭到北方国家的批评，而如今中国经验在非洲的成功获得了北方国家的认同，为南方国家的发展提供了独特的发展经验。世界银行2014年的一项研究公开承认，"资源换基础设施"的方式更为有效，在推进发展影响力方面遥遥领先南北传统方式很多年。

三　南南合作的新挑战和新使命

与南北合作相比，新南南合作有自身的独特优势，但也面临从南方视角构建自身发展知识和经验、促进南南国家之间平行经验的转移，以及协调南南合作与南北合作关系的挑战。如何创新南南合作的模式，为全球治理提供更多公共产品，为全球性的问题提供新的思路和解决方案，积极塑造国际合作体系成为南南合作的新使命。

（一）新南南合作的优势

与传统的南南合作主要局限于经贸和技术合作不同，新南南合作的领域不仅包括经济合作，还包括关于区域治理、国家治理等发展知识和经验之间的广泛交流，凸显了南南合作通过发展中国家共同努力应对发展的挑战的新思路。

1. 横向平等的伙伴关系有利于相互学习

南南国家之间的相互学习分享往往比从北方国家对南方国家的单向知识传授更有效。与南北合作自上而下的知识传授路径不同，南南合作为发展中国家创设了一种横向、平行的发展伙伴关系模式。南南合作之间的知识和经验的分享不是预设在某一国的经验比另一国更加先进的前提下，而是认为发展中国家应通过相互学习与合作寻求创新解决发展问题的方法。同时，南南技术合作倾向于将能力发展作为一个过程而不是"产品"，把能力发展作为相互学习的工具嵌入其中。

2. 相似的历史和共同的挑战有利于发展思路的互鉴

由于具有相似的历史背景并面临共同的发展挑战，南南国家之间的发展理念和思路更有借鉴意义。新兴经济体都曾有过摆脱贫困实现经济崛起的经历，积累了大量的减贫和发展经验。尽管由于历史经验、发展基础和国情不同，发展经验无法直接复制，但中国等新兴经济体的发展思路值得南方国家借鉴。以深圳为例，在改革开放之初，也曾有人担心深圳特区会不会变成殖民地、发展市场经济会不会导致资本主义复辟，但深圳的改革者们敢于打破固化思维，摸着石头过河，最终成就辉煌。① 除了经济特区、工业园区等具体的经验互鉴，中国解放思想、自主探索符合自身国情的发展道路的思路更值得其他发展中国家借鉴。

3. 南南国家之间的产能合作、技术合作和经验交流更有适应性

首先，以产能合作为例，随着中国自身产业结构的调整，可以将劳动密集型产业等中国不再具有比较优势的产业转移承接到其他发展中国家。其次，中国拥有性价比高的中端产品、生产线和装备产能，比发达国家的高端产品更符合发展中国家需求。最后，中国改革开放以来积累了多年从发达国家承接国际产能转移的经验，在与其他南方国家进行产能合作和技术转移的同时能够传递中国的产能合作经验、城镇化经验和工业化经验，并帮助南方合作伙伴创造就业、增强能力建设，提升工业产能并促进增长。

（二）南南合作的新挑战

2015 年，联合国发展峰会通过了具有历史意义和变革性的 2015 年后发展议程，实现可持续发展目标成为南南合作与南北合作共同的目标。在国际合作体系深刻变革的大背景下，南南合作面临新的挑战，关键是从南方国家视角理解和构建南方国家发展知识和经验，推动南南国家之间平行经验的转移和发展战略的对接，以及克服国家发展合作体系的碎片化缺陷。

1. 从南方国家视角理解和构建南方国家发展经验

南南合作面临从南方国家视角理解和构建南方国家发展经验的挑战。由于

---

① 参见李智彪研究员在 2018 年 4 月 14 日于电子科技大学举行的"中国改革开放 40 周年与非洲发展"论坛上的发言。

国际合作体系过去由西方主导，发展的知识和经验也多由西方构造。南方国家对自身的发展经验或不够重视，或不够理解，或囿于西方的知识框架来理解和建构自身的发展现实和经验。新南南合作除了在技术、基础设施等领域继续合作外，更要加大发展经验的互鉴，其中最重要的一步是跳出西方的概念、框架，理解和总结自身的发展经验。

以中国为例，中国国际发展知识中心的成立就是为了更好地研究和交流中国发展经验，与各国分享发展经验，贡献中国智慧。2017年3月，中国政府批准国务院发展研究中心设立中国国际发展知识中心，这是根据2015年9月习近平主席在联合国发展峰会上的承诺设立的："中国将设立国际发展知识中心，同各国一道研究和交流适合各自国情的发展理论和发展实践。"① 这表明中国等南方国家试图突破西方话语框架，从自身出发研究和总结发展经验。

2. 促进南南国家之间平行经验的转移和发展战略的对接

总结南方国家自身的成功经验和教训，是为了促进发展经验的传播和转移。林毅夫认为，中国从改革开放前的极端贫穷发展成为如今的中等偏上收入国家，这种成功经验与必然规律是利用了比较优势因势利导，成功对接了国际产业的转移，这种经验将给南方国家带来高速增长的窗口机遇期，也将为南南合作提供新的思路。②

南南合作中的新兴经济体如何将自身的经验和知识通过互相学习的方式嵌入南方不发达国家，使其接纳中国的发展经验是南南合作面临的新挑战、新使命。以中国的农村发展经验为例，非洲农村的技术、理念和管理方法与中国农村的发展经验是相异的③，如何对接南南国家之间的发展经验和战略成为新南南合作面临的挑战。

3. 协调南南合作与南北合作的关系，整合国际合作体系

新南南合作应努力克服国际发展政策的碎片化缺陷。现存的国际合作体系行为体包括全球性、区域性及双边的国际发展组织，还包括民间机构。传统援

---

① 《习近平在联合国发展峰会上的讲话》，http://www.xinhuanet.com/world/2015-09/27/c_1116687809.htm。
② 林毅夫：《中国经济崛起与南南合作》，《第一财经日报》2016年9月19日。
③ 雷雯、王伊欢、李小云：《制造"同意"：非洲如何接纳中国农村的发展经验？——某中坦援助项目的发展人类学观察》，《广西民族研究》2017年第3期，第91页。

助国与新兴经济体也各有自身利益和合作议程，事务协调非常困难。南南合作应借助 G20 等平台助推国际合作事务的协调，为国际合作体系的机制建设做出开创性的贡献。

南南合作与南北合作不是对立冲突的关系，新南南合作也不再只是南北合作的补充。南南合作与南北合作成为国际发展合作体系中并驾齐驱的力量。尽管西方多国出现去全球化的迹象，但全球化的趋势不可逆转，当今世界正处于相互依赖的时期。一方面，南方国家之间的相互依赖性增强，南南合作的重要性上升；另一方面，南方国家与北方国家之间的相互依赖性也增强了。如何正确处理南南与南北之间关系，应对可能存在的冲突是南南合作需要应对的新挑战。

（三）南南合作的新使命

南南合作的关键是以南方国家发展为最终目标，通过创新南南合作的模式，积极创建更具代表性、包容性、开放性和公正性的国际合作体系，以可持续发展为核心的共同体。

1. 通过机制创新为国际发展合作和全球治理提供更多公共产品

新南南合作应超越双边的南南合作，扩展到多边的南南合作，不仅要满足双边南南合作中的伙伴国利益，还要提供全球公共产品，为全球性的问题提供新的思路和解决方案。南南合作在过去提供资金、技术的基础上，还应积极主导创建新的国际机制。例如中国的"一带一路"倡议就是遵循国际规则的公共产品，已成为当今世界最大的国际合作平台。南方国家在继续推动国际货币基金组织、世界银行等美国为主导的国际机构改革的同时，还应进行更多机制创新，为国际发展合作提供更多南方国家主导和参与的平台。亚投行、新开发银行、丝路基金等国际公共产品的创设均是以中国为首的南方国家在现有国际合作体系之外的重要创新。

2. 积极参与塑造日益多极化的国际体系，为国际合作体系提供新理念和新动力

新兴经济体正从国际合作体系的边缘者、参与者，向倡议者、主导者转变。当前全球新兴经济体和发展中国家对世界经济增长的贡献已经超过80%，却迟迟没有在世界关键机构当中获得适当的代表权与决策权。[①] 新兴经济体日

---

① 程诚：《亚投行"圈粉"的 3 个秘笈》，《人民日报》（海外版），2017 年 6 月 21 日。

益意识到，仅仅融入国际合作体系是不够的，还应积极塑造日益多极化的国际体系，增加南方国家在国际合作体系中的代表性和发言权，使国际规则更加公平、合理、公正。"一带一路"倡议的目标之一就是打破西方主导的国际合作体系，将广大的南方国家联系起来，使南方国家成为国际发展合作中的重要主体。

3. 促进南方国家和北方国家之间的相互学习，完善南方国家自身的发展路径

随着全球化的发展，南方和北方国家之间相互依赖的程度空前加深，成为你中有我、我中有你的命运共同体。打破北方国家主导的国际合作体系并不意味着南北关系的对立和冲突，事实上新南南发展合作是一种知识性分享，其使命之一是通过互相学习实现协调一致的发展政策体系。

对南方国家自身来说，自身实现可持续发展的路径也需完善。以中国为例，李克强总理在 2018 年两会期间发布的《政府工作报告》中指出，中国需打好"精准扶贫""推进污染防治"等"三打攻坚战"。中国政府借此向世界传达信息：中国自身的贫困问题尚未完全解决，中国必须首先解决自身的贫困问题，才有更大力量为全球发展做出贡献。[①]

四　南南合作的中国方案

作为新南南合作与国际合作理念和路径的引领者，中国不但为其他发展中国家提供资金援助，而且在国际机制创新、发展经验和理念的平行转移方面贡献了中国方案。

2017 年 9 月，中国国家主席习近平在厦门国际会议中心主持新兴市场国家与发展中国家对话时承诺中国将在南南合作援助基金项下提供 5 亿美元的援助，帮助其他发展中国家应对饥荒、难民、气候变化、公共卫生等挑战；中方还将利用国际发展知识中心、南南合作与发展学院等平台，同各国加强发展经验交流和能力建设合作，并在未来一年为其他发展中国家提供 4 万个来华培训名额。为推动国际发展合作，中方利用南南合作援助基金、中国—联合国和平

---

① 庞中英：《未来 5 年是中国"强起来"的华丽时段，"强起来"的中国对世界意味着什么?》，《华夏时报》2018 年 3 月 6 日。

与发展基金、气候变化南南合作基金等机制，积极助力其他发展中国家落实可持续发展议程。

（一）在全球层面，中国通过机制建设提供全球公共产品

中国一直以建设性的态度参与全球机制建设，提供了亚投行、新开发银行、"一带一路"倡议等一系列全球治理和南南合作的公共产品。更重要的是，中国倡议的新国际机制不主张霸权，倾向于照顾弱势国家的利益，较多考虑南方国家的发展。以 G20 为例，作为 G20 创始成员和 2016 年主席国，中国认为"二十国集团不仅属于各成员，更属于全世界"①，推动 G20 成为全球治理的重要平台。中国也借助 G20 平台积极提供南南合作的中国方案，2016 年杭州峰会开创了多个"第一次"：第一次把发展问题置于全球宏观政策框架的突出位置，第一次制订并落实联合国《2030 年可持续发展议程》行动计划，第一次将支持非洲工业化写入了 G20 公报。而过去的 G20 峰会大多讨论北方国家关心的议题，而南方国家及其关心的发展、基础设施建设议题则被边缘化。

（二）在国家层面，中国提供资金支持、硬件建设和发展经验借鉴

中国与南方国家进行双边合作时坚持平等互利、尊重国家主权和自主权、建立平等伙伴关系、不附加条件的原则，充分尊重非洲国家的自主发展意愿和能力。以东非国家埃塞俄比亚为例，中国与埃塞俄比亚合作彰显了低收入国家与新兴经济体的南南合作如何带来双赢的效果。埃塞俄比亚的领导人借鉴东亚"发展型国家"的理念，成功地利用南南合作服务于自身的政策目标和国家利益。中国与埃塞俄比亚的合作主要集中在基础设施建设、制造业和农工业。除了资金方面的支持外，中国还通过参与埃塞俄比亚经济特区和工业园区的建造和运营，将技能和经验转移到埃塞俄比亚。同时，中国与埃塞俄比亚的合作并不是排他的，中国欢迎埃塞俄比亚合作伙伴多元化。埃塞俄比亚既吸引了中国、印度、巴西等新兴经济体，也聚集了几乎所有的北方援助国。北方国家大

---

① 《习近平在二十国集团工商峰会开幕式上的主旨演讲》，2016 年 9 月 3 日，http://www.xinhuanet.com/world/2016 – 09/03/c_ 1119506256.htm。

多致力于国家治理、营商环境等的提升，而新兴经济体则侧重基础设施建设和经贸投资，但南南合作与南北合作并不是冲突的关系。中国修建的亚吉铁路使得亚的斯亚贝巴与吉布提之间的运输时间将从 1 周缩短到 10 多个小时，极大地提高了物流效率，推动埃塞俄比亚的工业化战略，并与铁路沿线工业园和经济走廊的建设相互助力。此外，中国公司也大量参与西方援助项目的招投标，成为西方发电项目、公路建设和电信业务的承包商。基础设施建设的提高有助于埃塞俄比亚整体营商环境的提高，北方合作国家也将从中受益。

（三）在理念层面，中国倡导新型国际关系和全球治理观

在理念层面，中共十九大报告明确提出共商、共建、共享的全球治理观。中国支持发达国家和发展中国家都实现发展，特别是脆弱国家实现发展。这表明中国坚持世界各国不分大小或强弱，平等参与全球治理，力图打破冷战之后霸权主导下的国际体系的决心。

中国方案为南南合作升级提供了新理念、新模式和新动力，引领南南合作实现新跨越。在 2015 年南南合作圆桌会议上习近平就新时期南南合作提出了四个建议：一要致力于探索多元发展道路；二要致力于促进各国发展战略对接；三要致力于实现务实发展成效；四要致力于完善全球发展架构。如今中国正在一一践行这些建议，为南南合作提供示范。

在国际体系深刻变革的今天，南南合作应在逆全球化的背景下超越狭隘的国家利益，通过构建命运共同体充分利用每个南方国家的比较优势，找到利益结合点，达到多赢的解决方案。南南合作的新使命是帮助发展中国家应对发展挑战，提供最具针对性和借鉴意义的解决方案。

B.8
南南合作与全球治理体系变革

刘 超 张广兵*

摘 要: 几十年来,南南合作在经济、技术、信息、人力资源等领域取得丰硕成果,极大地促进了发展中国家经济社会发展和国际政治经济秩序变革。在全球治理体系变革大背景下,南南合作面临诸多新旧问题,也呈现若干新趋势。加强南南合作对于推进全球治理体系变革具有重要意义。为顺应和促进全球治理体系变革,应从丰富南南合作内容、强化南南合作制度性、将南南合作与各国发展战略对接和优化南南合作与南北合作关系等多方面入手,加强南南合作。

关键词: 南南合作 全球治理体系变革 新趋势

南南合作即广大发展中国家间的经济技术合作,是广大发展中国家基于共同的历史遭遇和独立后面临的共同任务而开展的旨在联合自强、促进各国经济社会发展的合作。其主要内容包括发展中国家间的技术合作和经济合作,并致力于加强基础设施建设、能源与环境、中小企业发展、人才资源开发、健康教育等产业领域的交流合作。几十年来,南南合作取得丰硕成果,有力地促进了发展中国家的经济社会发展,深刻地影响了国际政治经济格局和全球治理。当前,全球治理面临各种全球问题的重大考验,世界多极化、经济全球化在曲折中前行,地缘政治热点此起彼伏,恐怖主义、武装冲突的

---

* 刘超,博士,湘潭大学公共管理学院副教授、硕士生导师,研究领域:国际公共管理比较研究;张广兵,湘潭大学公共管理学院行政管理专业2016级硕士研究生,研究领域:国际公共管理比较研究。

阴霾挥之不去。单边主义、保护主义愈演愈烈，多边主义和多边贸易体制受到严重冲击。要合作还是要对立，要开放还是要封闭，要互利共赢还是要以邻为壑，国际社会再次来到何去何从的十字路口。全球治理体系的走向，关乎各国特别是新兴市场和发展中国家发展空间，关乎全世界繁荣稳定。在此背景下，全球治理体系变革如箭在弦上，势在必行，加强南南合作更显其重大而深远的意义。

一 南南合作的基本情况

南南合作自 1955 年万隆会议以来，为发展中国家的经济技术合作提供了强有力的保障，几十年来，发展中国家通过南南合作在经济、科技信息以及人力资源等方面取得显著成就，有力推动了世界以及人类的进步。但在经济全球化的新时期，传统南南合作的局限性日益凸显，面对新时期的要求，南南合作也出现了一些新趋势，值得高度关注。

（一）经济合作

南南合作中各国经济的合作与协调有力地推动了世界经济和合作国家经济的发展，并使各国间经济联系加强、经济依赖程度加深。在经济全球化的浪潮中，各国经济的合作保障了自身的同时，也形成了经济一体化、区域化的格局。

1955 年万隆会议，关于南南合作取得重大共识，亚洲和非洲的发展中国家在会议上明确了南南合作的目的。2015 年，亚非国家领导人又一次齐聚万隆，并围绕"加强南南合作，促进世界和平繁荣"主题，在经济全球化的背景下，应对共同挑战，聚焦各国繁荣、团结和稳定。在此基础上，2018 年 7 月 25～27 日，以"金砖国家在非洲：在第四次工业革命中共谋包容增长和共同繁荣"为主题的金砖国家领导人第十次会晤在南非约翰内斯堡举行。在南南合作议程设置上突出了金砖国家与非洲国家之间的合作，代表广大发展中国家发出改革、合作、发展的时代强音。自 1955 年至 2018 年，南南合作在各方面取得了巨大成功。

有学者指出"在过去 30 多年，全球化带来了很多好处，其中两项是绝大多数国家以及它们的国民个人在多方面都取得了明显的发展，第二个比较明显的成就是各个国家之间的关联达到了前所未有的紧密状态"。① 在经济全球化的背景下，南南合作的经济领域取得巨大成功。独立以来，发展中国家进行了各种形式的经济合作。主要表现在以下方面。

1. 贸易交易额发展迅速

近年来，发展中国家的出口额发展迅速。2018 年 7 月 30 日，世界贸易组织发布《2018 年世界贸易统计报告》，报告显示，2017 年，全球商品贸易量增长 4.7%，为 6 年来最高；商品贸易额增长 11%。除中东以外，所有地区商品贸易量都出现增长，其中亚洲贸易量增幅最大（8.1%）。工业制成品占所有商品出口的 70%，化工产品、办公用品和通信产品及汽车产品占制成品出口的 44%。排名前三的商品贸易国分别是中国、美国和德国，三国商品出口总额约为 5.3 万亿美元，占全球总出口的 30%。欧盟仍是最具活力的自由贸易区，占全球出口的 1/3；欧盟和北美合计占全球制成品出口的 48%。

2. 发展中国家间投资不断增长

以中国为例，2016 年度中国发布的对外直接投资统计公报显示当年中国对外直接投资流量创下 1961.5 亿美元的历史新高，同比增长 34.7%，在全球占比达到 13.5%。投资存量的八成以上（84.2%）分布在发展中经济体，在发达经济体的存量占比为 14.1%，另有 1.7% 的存量在转型经济体。另外，印度、巴西等新兴经济体对其他发展中国家的投资也呈现快速增长态势。②

（二）科技、信息等领域合作

1. 科技合作

发展中国家拥有不同的发展经验和专门技能，也存在类似的需求和问题。北方虽拥有技术优势，但不一定对南方都适合。尽管发展中国家不可能在科技

---

① 李海楠：《深化南南合作 共促包容性发展——首届"南南人权论坛"顺利举行，通过〈北京宣言〉》，2017 年 12 月 11 日，http://www.cet.com.cn/ycpd/sdyd/1987474.shtml。

② 商务部：《2016 年度中国对外直接投资统计公报》，2017 年 9 月 30 日，http://fec.mofcom.gov.cn/article/tjsj/tjgb/201709/20170902653690.shtml。

方面取得与发达国家同等的地位，但也有其优势，在解决南方大多数国家面临的最紧迫问题，如贫困、粮食、能源和水资源短缺、通信能力不足，运输系统不完备、由环境恶化引起的健康问题、热带疾病蔓延等，南南科技合作大有可为。一些大的发展中国家，如阿根廷、巴西、中国、印度、墨西哥、南非和韩国，与其他发展中国家相比，科学相对发达，进行南南合作已经有了较好的基础。以中国为例，2014 年，中国、丹麦、加纳、赞比亚与联合国开发计划署在北京签署可再生能源技术转移协议，这是中国和非洲之间的首批三边南南合作项目之一，标志着南南合作在新能源领域取得了里程碑式的进展。2015 年，由中国和联合国共同举办的南南合作会议中，习近平主席提出未来 5 年中国将向发展中国家提供"6 个 100"项目支持，包括 100 个减贫项目，100 个农业合作项目，100 个促贸援助项目，100 个生态保护和应对气候变化项目，100 所医院和诊所，100 所学校和职业培训中心。未来 5 年，中国将向发展中国家提供 12 万个来华培训和 15 万个奖学金名额，为发展中国家培养 50 万名职业技术人员。中国将设立南南合作与发展学院，并向世界卫生组织提供 200 万美元的现汇援助。① 2015 年，中国和纳米比亚签署南南合作第二阶段协议，中国政府于 2015～2017 年向纳派出 15 名专家，在水稻、园艺和畜牧等领域提供技术援助，为纳提高农业生产能力及粮食安全水平发挥了积极作用。2017 年 5 月，中国南车集团株洲电力机车有限公司在马来西亚霹雳州投资 13100 万美元成立合资企业马来西亚铁路交通分公司，生产具有中国标准、中国技术的各类型轨道交通机车和电力机车并且集中投放东南亚市场。

2. 信息合作

当前，信息和通信技术高速发展，在持续成为经济增长主导力量的同时，正日益发挥推动社会发展、保障国家安全和提高人民生活水平的重要作用。总部位于日内瓦的国际电信联盟 2015 年 5 月发布报告称，全球信息通信技术覆盖率在过去 15 年中提升显著，但发达国家与发展中国家，尤其是与最不发达国家之间的数字鸿沟仍然存在。在移动宽带覆盖率最高的欧美地区，每百名居民中约有 78 个有效移动宽带用户，而非洲的这一移动宽带覆盖率仍低于

---

① 习近平：《谋共同永续发展 做合作共赢伙伴》，2015 年 9 月 26 日，http：//politics. people. com. cn/n/2015/0927/c1001-27639743. html。

20%。2018 年 1 月 24 日发布的最新报告显示，到 2017 年底，最不发达国家的移动电话用户增加到约 7 亿，渗透率达到 70%。与此同时，最不发达国家移动网络覆盖了 80% 以上的人口。目前信息通信技术领域的南南合作发展良好，中国在双边援助方面也做得有声有色，很有成果。2013 年，以"通信信息技术、创新、文化及可持续城市化发展"为主题的南南合作可持续发展高级论坛中提出应将信息和通信技术在内的科技创新放在重要地位，会议将"建立国家创新体系"特别是信息通信技术创新体系列为今后的发展议程目标。2015 年，联合国发展峰会提出信息通信技术的重要性，进一步深化了包括南南合作中各国在信息通信技术方面的合作。2017 年，联合国可持续发展目标高级论坛提出"信息通信技术促进发展"的观点，确保人人都享有互联网服务；通过信息通信技术在农业、生物等领域实现创新和变革；以人为本，在危机时期对需要的群体提供支持；对信息技术发展不平衡所带来的差距保持警惕以及创建新的创新伙伴关系等。这些都为南方国家在信息技术领域的合作提供了新的借鉴。

（三）人力资源合作

人力资源合作也是南南合作的重要组成部分。以中国为例，2011 年，在第二届中国－阿拉伯国家经贸论坛中提出加强能力建设，促进人力资源和技术交流合作。中方将进一步加强对阿人力资源开发合作，为阿方培养 1000 名各类人才。同时，中方还将继续鼓励中国在阿企业，更加注重属地化经营，转让技术、培训人员、增加当地就业，提高阿方自主发展能力。此外，阿拉伯国家与中国西部地区地理气候条件相似，双方还可在农林牧等领域加强合作，促进经验和技术的交流。截止到 2018 年，中国承办了中非合作论坛框架下的非洲国家劳动社会保障官员培训；举办了十四届中国—东盟高层研讨会，内容涉及社会保障、职业培训、人力资源开发等；与国际劳工组织合作举办了中国就业论坛和亚洲就业论坛。中国与东盟的人力资源合作成果显著，中国为东盟国家培训了数千经贸、金融、农业生物等多个领域的专业人才，随着"一带一路"建设的推进，中国与东盟的人力资源合作也将逐步深化。2018 年 11 月 6 日，中华人民共和国人力资源和社会保障部与国际劳工组织正式签署《2019～2020 年促进南南合作协议》，用于与国际劳工组织共同实施面向老挝、柬埔寨和缅甸等亚洲国家的"南南合作"国际技术合作项目，进一步推进了"一带一路"倡议及南南合作的开展。

二　全球治理体系变革视野中南南合作存在的主要问题

20世纪50年代形成并发展起来的南南合作，首创发展中国家间的合作模式。在彼时为南方国家的政治独立和经济发展做出了贡献。但作为特定历史时期的产物，它存在明显的局限性。

（一）南南合作在内容上的局限

1. 合作的政治色彩浓厚

受两极对抗的冷战格局影响，20世纪60年代至90年代初期，南南合作虽以技术、经济合作为主，但带有鲜明的政治或意识形态色彩。政治和意识形态考量、领导人的意志等构成了南南合作最重要的出发点和动力，决定了合作的内容、周期和目标等。与此相对应，合作中的经济因素常常遭到轻视，一些合作项目不重视实际效益，不以市场为导向，甚至违背经济规律，造成合作稳定性和延续性的不足。如今，冷战早已结束，但是面临霸权主义、强权政治的威胁，南南合作的政治色彩仍然较为浓厚。

2. 合作的层次较低

南南合作是南方国家为摆脱贫穷落后状况而做出的一种政治经济选择。但是一般而言，南方国家普遍产业单一，科技水平较低。它们之间的合作内容以实用的技术互易、物资援助及资金贷赠款为主。经济、技术合作的领域多集中在农牧业、轻工业。在贸易合作上，一些南方国家甚至进行货货互易。尽管这些合作为提升南方国家政治的独立自主、改善社会经济状况做出了一定贡献，但是鉴于合作的方式和层次，它无法成为改变南方国家落后社会状况和单一粗放经济结构的有力杠杆，甚至从某种程度上说，这种低层次的经贸和技术合作强化了一些南方国家落后、单一、粗放的经济发展路径。

（二）冲突动乱与贸易保护主义仍是急需解决的问题

1. 冲突动乱

冷战结束后，美欧一些学者鼓吹霸权稳定论，期望依靠一种由大国主导的国际体制来维持世界和平。受此思想影响，美欧等西方国家热衷于干涉他国内政，扶植亲西方势力，推动"颜色革命"和政权更迭以维护和扩展自身利益。这种做法被称为"新干涉主义"。进入 21 世纪以来，中东地区长期动荡不安，巴以持续冲突、美国入侵伊拉克、叙利亚内战、"伊斯兰国"极端势力崛起，这些冲突动乱绝大部分是因为大国干涉，"新干涉主义"给世界和平造成威胁。除了霸权主义和强权政治导致的战争与冲突之外，因领土、宗教、种族等问题引起的地区冲突和跨国争端也是此起彼伏，祸患不停。朝鲜与美韩之间的矛盾，以及彼此间根深蒂固的敌对和互不信任，不仅影响到自身的安全，也对整个东北亚地区的和平与稳定造成了严重威胁。朝鲜核武器试验和美韩部署"萨德"，令地区紧张态势呈螺旋状上升。这些都对南南合作的发展有很大的阻碍。

2. 贸易保护主义

国际贸易中的保护主义一直是世界经济和贸易领域的热点与难点。长期以来，一些发展中国家将贸易保护政策作为应对贸易自由化冲击，保护民族弱小产业，发展国家经济的重要手段。这些措施符合 WTO 的相关规定，具有一定的合理性。但是，近年事情却发生了一些变化。一些发展中国家在处理与其他发展中国家贸易关系时也频频动用贸易保护，恶化了南南合作的经济基础；作为世界第一大经济体的美国日益成为世界自由贸易体系的破坏者。美国特朗普上台以来，在对外贸易领域奉行"美国优先"理念，大搞单边主义、保护主义和霸凌主义，对中国、欧盟、日本、印度、伊朗、俄罗斯、土耳其、墨西哥和非洲一些国家挥舞关税大棒，发起旷日持久的贸易摩擦。在经济全球化的时代，企图依靠贸易保护主义而自保，不仅是无知和短视之举，而且严重损害了正常的国际贸易关系和秩序，损害了包括美国人民在内的全世界的共同利益，也对南南合作与经济全球化的发展产生不利影响。

三　全球治理体系变革背景下南南合作的新趋势及重大意义

在经济全球化过程中，面对冲突、战争、环境污染、贸易纠纷、金融危机、恐怖主义等全球性问题，单一的民族国家已难以应对，需要建立国际机制、国际规则等来解决这些难题。然而，当前的全球治理体制已无法有效完成这一使命，推进全球治理体制变革成为大势所趋。在此背景下，南南合作呈现一些新趋势，并越来越显示出其对全球治理体系变革的重大意义。

（一）南南合作的新趋势

1. "南南合作"意识形态消退

南南合作在国际政治中的意识形态明显消退，在如今的南南合作中，"南"与"北"的区分淡化，"南"与"北"的对抗性减小。中国社会科学院国际研究学部主任张蕴岭表示，当年"南南合作"的提出是为了通过加强合作，改变南部国家在国际经济格局中所处的不利地位，强调的是"南""北"的对抗性，而现在"南"与"北"已经去意识形态化，不复当年的语境了。[1]"南南合作"的目的是增强发展中国家的经济合作，提升自身的经济实力，当反帝反殖反霸的意识形态消退，缺乏共同意识形态基础和共同奋斗目标的发展中国家很难成为一个具有重要话语权的整体。

2. 新兴经济体正成为"世界经济稳定的来源"

进入 21 世纪以来，亚洲和非洲成为全球经济增速最快的两个地区。经济全球化是现今世界的发展大趋势，受发达国家经济危机和主权债务危机的影响，西方国家经济增速缓慢。新兴国家经济得益于外部环境的改善，经济得到飞速发展。英国《经济学家》将新兴经济体分成两个梯队：第一梯队为中国、巴西、印度、俄罗斯、南非，即"金砖国家"；第二梯队包括墨西哥、韩国、波兰、土耳其、埃及等"新钻"国家。根据 IMF 公布的数据，2007 年发达经济体经济仅增长 2.7%，新兴市场和发展中经济体经济增长 8%。而截止到 2017 年，新兴市场和发展中国家经济增长率为 4.6%，高于 2015 年和 2016 年 4.3%的增速。其中，亚洲新兴市场和发展中国家 2017 年的经济增速为 6.5%，独联体为 2.1%，西亚北非为 2.2%，撒哈拉以南国家为 2.6%。与之相比，发达经济体的经济增速预计为 2.2%，全球经济增速为 3.6%。新兴经济体的增速依然领先于全球经济总体增速，超过发达经济体增速的 2 倍。IMF 首席经济学家莫里斯·奥伯斯费尔德在分析上调全球经济增速的原因时，承认新兴市场和发展中经济体在其中"发挥了相对较大的作用"。

3. 南南合作逐渐从经济技术合作拓展到政治、社会、文化等领域

近年来，在深化经济信息技术领域的合作基础上，政治、社会、文化等领

---

[1] 胡维佳：《新南南合作的喜忧：深层次的矛盾将逐渐浮上水面》，2012 年 2 月 13 日，http://finance.sina.com.cn/world/qtdq/20120213/105111364757.shtml。

域的合作也逐渐成为南南合作的重要领域。南南合作国家希望建立一个非霸权、权力分散、政治稳定、文化多元、社会和谐共存的国际社会。在政治上，协商合作，反霸权、相互依存、独立自主是广大发展中国家共同的政经秩序观。在当今全球化格局趋势下，南南合作从早期的解放运动，到迄今的争取独立自主、强调自身国家主权的立场，更加需要发挥南南合作的作用，南南合作在政治领域的重要性日益凸显。在文化上，加强文化交流合作，培养新型国际人才，是南南合作中各国的共识。在其他领域，旅游、经贸，各国共同的科研项目、建设项目等也在逐渐增多。这些都是南南合作在新时期表现出来的特点。

（二）南南合作对全球治理体系变革的意义

《南南合作圆桌会共同主席新闻公报》指出："过去几十年以来，发展中国家积极探索符合本国国情的发展道路，取得了举世瞩目的成就。发展中国家在国际事务中发挥着日益重要的作用，改变了全球政治经济版图，促进了全球经济治理变革，推动了经济全球化进程。"发展中国家通过各方面的经济技术信息合作，通过平等协商、合作对话等形式，面对新时期的全球性问题和挑战，加快推进制定具有约束力的国际规则，推动全球治理体系变革，维护正常的国际秩序。

1. 有利于推动国际秩序更加公正合理

近年来，南南合作国家主张改变不公正、不合理的国际政治经济旧秩序，是建立国际政治经济新秩序的倡导者。南南合作国家作为一个整体快速兴起，国际格局的多极化不仅对原有的国际秩序是一种挑战，国际秩序甚至存在重构的可能。未来的国际新秩序的建立是国际格局中各种力量需要进行反复博弈、层层递进的磋商、相互角逐和广泛协商的过程。在面对共同威胁时，当各种力量的利益发生冲突时，基于共同利益的妥协是达成共识的重要基础。代表不同力量的主权国家、国家集团和各个组织共同参与和共同塑造的国际政治经济新秩序才能更加公正与合理。各国间通过南南合作联系和影响日益加深，逐渐成为一个具有重要话语权的整体，在国际舞台上，南南合作的各国成为世界格局中不可忽视的一部分，发达国家越来越重视与发展中国家进行对话，就一些全球性议题交换意见。如今，美国陷入孤立主义、单边主义和贸易保护主义泥潭，欧洲和日本经济复苏进程缓慢，欧洲还面临严重的内部团结、难民等问题。传统的西方大国缺乏足够的政治共识和经济资源来主导和推动国际经济议程。南南合作国家应充分抓住机遇，在原本由西方大国主导的国际经济治理舞台上寻求以平等身份进行南北对话。

2. 有利于构建以合作共赢为核心的新型国际关系

南南合作有利于构建以合作共赢为核心的新型国际关系。北京师范大学新兴市场研究院院长兼发展研究院院长胡必亮表示，如果新型南南合作得到进一步发展，整个发展中国家的经济实力提高后，国际话语权就会增强，全球体系中的国际关系就会出现新的变化，全球格局也会呈现更均衡、更充分的发展。[①] 合作共赢，强调的是奉行双赢、多赢、共赢的新理念，扔掉我赢你输、赢者通吃的旧思维，不能把世界长期发展建立在一批国家越来越富裕而另一批国家却长期贫穷落后的基础之上。世界各国无论大小，都要在追求本国利益时兼顾他国合理关切，把本国利益同各国共同利益结合起来，努力扩大各方共同利益的汇合点，增进人类共同利益。在谋求自身发展的同时，积极促进其他各国共同发展，让各国和各国人民共同享受发展成果。

3. 有利于推进全球治理改革

南南合作中新兴国家的崛起不同于以往任何一种国际格局转换的新兴力量参与模式。美国的政治评论家法里德·扎卡利亚认为"这是继美国在 20 世纪崛起之后现代世界历史上的第三次权力大转移"。[②] 一方面，通过南南合作，发展中国家的崛起必将改变国际格局的结构样式，导致国际权力的分配更加均衡，推动世界格局中新的治理机制与规则的形成；另一方面，发展中国家开始积极参与改革不合理的国际金融秩序，扩大了在国际金融与经济领域中的发言权，改变了过去西方国家垄断国际金融与经济事务的局面。总之，当前国际经济力量对比发生了重大变化，发达国家经济增长衰退，南南合作中各国尤其以金砖国家的经济发展迅猛，在全球政治经济治理体系中的话语权提升，对继续推进全球治理改革具有重要作用。

---

① 《推动新型南南合作　实现世界更好发展》，2018 年 2 月 5 日，http：//mini. eastday. com/mobile/180205223422785. html#。

② Fareed Zakaria，"The Rise of the Rest," *Newsweek*，May 12，2008.

四 完善南南合作，推动全球治理体系变革

自 2008 年全球金融危机以来，世界政治经济社会发展环境出现重大变化。在经济上全球经济增长动能不足，经济治理滞后，发展失衡，西方主要国家至今尚未走出金融危机阴影。在政治上，霸权主义、强权政治仍然是世界和平和发展的最大威胁，极端主义、恐怖主义和分裂主义势力日益猖獗，民粹主义思想盛行，逆全球化思潮甚嚣尘上；在社会发展上，环境生态危机、能源危机、国际公共卫生危机等日益严重。全球治理环境的变化促成了作为指导各国和其他行为者的规则、规范和制度总和的全球治理体系，正在发生复杂而又深刻的变化。完善南南合作，是推动全球治理体系变革的重要内容。

（一）丰富南南合作内容

如前所述，虽然当前南南合作有向政治、文化、社会领域合作的发展趋势，但经济技术领域的合作仍然是南南合作的主战场。这方面的合作对于加强南方国家之间联系，促进各国经济技术发展，实现联合自强具有重要的意义。但是在国际治理体系和治理格局面临严峻挑战的今天，要使全球治理体系向着有利于广大发展中国家的方向发展，单纯的经济技术合作已经难以有所作为。发展中国家要增强在全球治理体系变革中的话语权和影响力，就必须致力于丰富合作内容，大力发展政治、社会、文化、生态环境等多领域合作，打造发展中国家的命运共同体、利益共同体和责任共同体，形成在全球治理各领域的南方立场和南方声音。

1. 加强政治合作

当前，受历史和现实多方面因素的影响，一些发展中国家矛盾突出甚至呈现尖锐化态势，一些发展中国家对邻国发展持戒备心理，缺乏基本的战略互信。这成为影响发展中国家合作进一步深入的政治因素。因此，在双边层面，要加强发展中国家间的政治合作，在关系到彼此核心重大利益的问题上相互尊重、平等协商，坚决摒弃冷战思维和强权政治，坚持用协商对话的方式解决彼此间的争议问题，走"对话而不对抗、结伴而不结盟"的国与国交往新路。同时还要加强发展中国家在联合国等多边场合的合作，加强各国间立场、观点

的沟通，协调各国行动，在联合国、世贸组织、G20 峰会等多边场合，发出发展中国家协调一致的声音，最大限度维护发展中国家利益。尤其是在当前世界范围内百年未有之大变局，发展中国家应围绕如何加强团结合作，维护自身发展空间，推动世界繁荣稳定，发出坚定维护多边主义的响亮声音。

2. 加强安全合作

当今世界，传统安全问题依旧突出，恐怖主义、气候变化等非传统安全问题也愈演愈烈，全球安全治理成为全球治理体系变革的重要内容。发展中国家经济社会发展水平低、国家实力相对较弱、生态脆弱社会贫困等问题相对明显，各类安全问题高发频发。加强发展中国家安全合作，提高发展中国家在全球安全领域的话语权，是改善发展中国家安全状况，优化全球治理体系的必然要求。为此，首先要完善安全合作平台。在继续利用金砖国家、亚信会议、非洲联盟、南美洲国家联盟等区域合作联盟的基础上，探讨建立世界性发展中国家安全合作机制或平台的可能性。在此之前，要鼓励多边和双边的安全合作平台建设。加强发展中国家在全球安全治理领域的话语权和影响力。其次，要丰富合作内容。应根据世界和地区及国家安全形势发展，在巩固传统领域安全合作的同时，拓展在反对三股势力、应对气候变化、应对能源危机、应对信息安全等领域的发展中国家相互支持与合作。

3. 加强社会文化合作

"国之交在于民相亲，民相亲在于心相通。"① 发展中国家社会文化合作是发展南南合作，实现发展中国家命运共同体、世界命运共同体建设的基础性工程。应加强发展中国家间的社会文化交流，相互举办富有特色的国家文化年、旅游年等活动，促进各国人民相互沟通和了解。应加强发展中国家在教育、医疗卫生、文化保护等方面的合作，相对发达的国家要在平等互利、合作共赢的基础上，对相对落后的国家提供力所能及的援助，帮助其发展自身的教育、医疗卫生和文化事业，同时拓展双方交流和沟通。应加强发展中国家在联合国教科文组织、世界卫生组织等多边社会文化机构的合作，为发展中国家合作与经济社会发展创造良好的国际环境。

---

① 习近平：《携手推进"一带一路"建设——在"一带一路"国际合作高峰论坛开幕式上的演讲》，2017 年 5 月 14 日，http://news.cctv.com/2017/05/14/ARTItSXe69X0e7BXQbRkU5xq170514.shtml。

（二）强化南南合作的规范性和制度性

中国国家主席习近平在印度尼西亚召开的亚非会议纪念大会上就曾明确指出："加强南南合作，需要加强机制建设，要发挥好不结盟运动、七十七国集团等机制的作用，建设好亚洲相互协作与信任措施会议、金砖国家等平台，推动发展中国家区域组织开展对话交流，探讨南南合作新架构。"[①] 习近平主席的讲话为新时期发展南南合作，提升南南合作在国际治理体系变革中的地位和作用指明了方向。加强南南合作的制度性建设需要从两个层面努力。

1. 强化南南合作多边机制影响力

当前南南合作多边机制呈现蓬勃发展态势。不结盟运动和七十七国集团两大南南合作国际组织在推动世界范围内发展中国家合作方面成绩显著，西非国家经济共同体、拉美和加勒比国家共同体、海湾合作委员会、南亚区域合作联盟等发展中国家区域性经济组织在推动区域经济技术合作方面成就突出。广大发展中国家联合自强，开展制度化南南合作的趋势日益凸显。但是也要看到，不论是世界性南南合作多边机制还是区域性南南合作多边机制都面临国际影响力不足的重大问题。为此，首先，应加强发展中国家之间的战略沟通，在国际贸易、金融合作、人权问题、发展问题、安理会改革等重大国际问题上，形成广大发展中国家及其多边机制的一致立场。其次，要积极探索新的南南合作多边机制，强化核心发展中国家的合作。在这方面，金砖国家可以作为典型代表。金砖国家是近年来崛起的新兴市场国家，通过每年一次的金砖国家峰会协调立场，代表广大发展中国家在全球治理领域发声，并通过金砖国家峰会、金砖国家新开发银行等机制对全球治理产生切实影响。

2. 发展南南合作双边机制

近年来中国、印度等新兴市场国家经济迅猛发展，各国综合国力和国际影响力迅速提升，成为世界治理格局中的重要力量。加强这些新兴市场国家同其他发展中国家的双边合作，是实现南南合作制度化的重要内容。长期以来，中国发展同非洲国家的交流合作，在教育、医疗、基础设施建设等方面取得丰硕

---

① 习近平：《弘扬万隆精神　推进合作共赢》，2015 年 4 月 22 日，http：//www. xinhuanet. com/politics/2015－04/22/c_ 1115057390. htm。

成果，有力地帮助了非洲国家摆脱贫穷落后的局面。印度也广泛拓展与非洲和印度洋地区发展中国家的联系，在投资、贸易、安全等领域开展深入合作，取得一定成果。今后南南合作双边机制应重点从以下几方面着力：首先，实现合作领域的转型升级，从重点以基础设施建设合作转向金融、教育、文化卫生等领域，提升落后国家的自我发展能力。其次，实现合作方式的转型升级，从主要由政府间合作，转向政府、企业、社会组织等多元主体的整体性合作。最后，实现合作格局的转型升级，从各国间无序或竞争性合作，转向协同、协调合作，防止陷入"零和博弈"和"囚徒困境"。

（三）将南南合作与各国发展战略对接

2015 年在印度尼西亚召开的万隆会议 60 周年纪念会议和亚非峰会主题"加强南南合作，促进世界和平繁荣"，会议通过了呼吁携手消除贫困，通过发展中国家互相帮助的"南南合作"加强经济合作的文件。当前，各大发展中国家或集团都纷纷出台了自身发展战略，将南南合作与各国发展战略对接，是促进南南合作，推动全球治理变革的重要途径。

作为最大的发展中国家，2013 年以来，中国提出并大力推进"一带一路"倡议，取得丰硕成果。"一带一路"建设强调以开放、包容性合作机制与沿线国家对接，从而形成制度化的南南合作网络。[①] 习近平主席多次指出"'一带一路'建设不是要替代现有地区合作机制和倡议，而是要在已有基础上，推动沿线国家实现发展战略相互对接、优势互补"。[②] 中国外交部长王毅也指出："'一带一路'不是中方一家的独奏曲，而是各方共同参与的交响乐。在中国推进'一带一路'进程中，中国将坚持共商、共建、共享原则，坚持平等协商，尊重沿线各国的自主选择，注重照顾各方的舒适度，与各国战略相互对接。"在"一带一路"建设中，中国独特的发展模式和经验，可以为广大发展中国家所借鉴，中国在基础设施建设、机器装备生产、轻工业生产等方面的优势可以与沿线国家充足的劳动力和丰富的自然资源相契合。可见，南南合作与

---

① 孙靓莹、邱昌情：《"一带一路"建设背景下的南南合作：路径与前景》，《广西社会科学》2016 年第 2 期，第 135 ~ 139 页。

② 习近平：《迈向命运共同体　开创亚洲新未来——在博鳌亚洲论坛 2015 年年会上的主旨演讲》，2015 年 3 月 28 日，http：//www.xinhuanet.com/politics/2015 – 03/28/c_ 1114794507. htm。

"一带一路"倡议相容相契，实现南南合作与"一带一路"倡议对接，是推动南南合作向更广范围、更深层次发展的重要举措。

在这个过程中，广大发展中国家特别是一些发展中大国应摒弃对抗意识、狭隘的国家安全意识，在实现国家发展战略对接过程中做出表率，通过平等对话消除分歧，增进战略互信，实现合作共赢。其他发展中国家也应秉承合作共赢的基本理念，排除不正当干扰，与相关各方开展正常合作。

（四）优化南南合作与南北合作的关系

南南合作诞生于压迫与反压迫、奴役与反奴役的南北关系模式中。几十年来，南南合作取得了显著的成果。但是在共建人类命运共同体，促进全球治理体系变革的背景下，发展南南合作应超越高度意识形态化的南北对立性思维，在促进广大发展中国家内部合作的同时，也应积极拓展南北合作，积极与发达国家一道参与国际政治经济治理体系改革，增强国际关系格局中发展中国家的话语权和影响力。

1. 应积极参与 G20 等多边国际政治经济对话平台

G20 平台由西方 7 国集团和其他重要经济体成员组成，宗旨是推动已工业化的发达国家和新兴市场国家之间就实质性问题进行开放及有建设性的讨论和研究，以寻求合作并促进国际金融稳定和经济的持续增长。2017 年 G20 杭州峰会邀请亚洲、南美、非洲等地区的发展中国家代表参加，为发展中国家提供了展示自己风采、发出自己声音的舞台，也为实现南北合作、加强其他发展中国家与 G20 中发展中国家沟通提供了重要平台。

2. 要加强发展中国家国际组织与发达国家的协商对话

发展中国家国际组织代表发展中国家利益，协调发展中国家立场，发展其与发达国家的协商对话具有比单个发展中国家与发达国家直接对话更好的效能。在对话中，应坚持相互尊重、平等相待，推动发达国家切实履行官方发展援助承诺，在不附加政治条件的基础上，加大对发展中国家的支持力度，建立更加平等均衡的新型全球发展伙伴关系，缩小南北差距。

3. 发挥中国、印度、俄罗斯等发展中大国"沟通南北""协调东西"的作用

中国、印度、俄罗斯等国经济社会发展水平较高、综合国力较强，在国际上有重要影响。这些国家应充分发挥自身"沟通南北""协调东西"的作用，

在国际交往中代表发展中国家利益和要求，充当发展中国家与发达国家沟通的桥梁，推动南北合作制度化发展，改善广大发展中国家在南北合作中的地位，增强发展中国家与发达国家的对话能力。

参考文献

陈旸：《"一带一路"框架下的南南合作》，《清华金融评论》2017 年第 8 期。

胡维佳等：《新南南合作的喜忧：深层次的矛盾将逐渐浮上水面》，http://finance. sina. com. cn/world/qtdq/20120213/105111364757. shtml，2012 年 2 月 13 日。

金玲：《"一带一路"：中国的马歇尔计划?》，《国际问题研究》2015 年第 1 期。

李树林：《习主席南南合作新政改变中国影响世界》，《管理观察》2015 年第 27 期。

李荣林主编《中国南南合作发展报告》，五洲传播出版社，2016。

南南合作金融中心：《迈向 2030：南南合作在全球发展体系中的角色变化》，社会科学文献出版社，2018。

孙靓莹、邱昌情：《"一带一路"背景下的南南合作：背景与前景》，《广西社会科学》2016 年第 2 期。

王跃生：《世界经济"双循环"、"新南南合作"与"一带一路"建设》，《新视野》2015 年第 6 期。

徐秀军：《金砖国家与全球治理模式创新》，《当代世界》2015 年第 11 期。

袁勇：《推动新型南南合作 塑造世界美好未来》，《经济日报》2018 年 2 月 9 日。

B.9
金砖国家在推动南南合作中的
角色和地位

郑代良*

摘　要： 本文基于南南合作与金砖国家的发展历程追溯，论述了金砖
国家是推动南南合作的示范引领者、改革创新者和强力"造
血"者，阐述了因政治身份独特、经济实力强大、国际影响
力凸显等因素，金砖国家在推动南南合作中具有不可替代的
重要地位；同时还进一步分析了金砖国家在参与全球治理和
推进南南合作中须正视与面对的困境并有针对性提出加强务
实合作的基本方向和改革举措。

关键词： 金砖国家　南南合作　全球治理　平等互利

南南合作是 20 世纪五六十年代发展中国家联合自强的伟大创举，而金砖
国家作为 21 世纪以来新兴经济体的代表、新兴市场国家与发展中国家合作的
国际新平台，金砖国家应在全球治理中发挥更大的作用、承担更大的责任，应
担负和确立起新兴市场国家和发展中国家维护、扩大发展利益的时代角色和历
史地位，推进南南合作的实质性向前迈进和开辟南南合作的新途径新模式。

一　南南合作与金砖国家的发展历程追溯

万隆会议作为南南合作的源头，有力地推动了不结盟运动的形成和七十七

---

* 郑代良，华中科技大学管理学博士，怀化学院法学与公共管理学院副教授、副院长，武陵山
片区公共治理研究所所长，研究领域：智库理论与实践；区域公共治理理论等。

国集团的成立，也开启了南南合作的曲折发展历程；21 世纪后新兴经济体和发展中国家的群体性崛起改变了国际社会发展的格局，而作为新兴市场国家的领头羊——中国、印度、俄罗斯、巴西等国家团结互助，共谋发展，共同开创的金砖机制进一步促进南南合作的新发展。

（一）南南合作：时代背景与曲折发展

20 世纪四五十年代国际经济秩序是 1944 年布雷顿森林会议（Bretton Woods Conference）上通过的世界贸易和货币体系综合协定的范围运行，但此综合协定有利于富有和强大的"工业国家"，而不利于贫穷弱小的"发展中国家"，比如关税及贸易总协定的有关条款执行结果被认为有损于发展中国家的利益；在商品出口市场上，分散而缺乏组织的发展中国家处于十分脆弱的地位而利益受到损害。20 世纪五六十年代，许多亚非拉国家都"开始意识到自己在这个力量和财富对比悬殊的世界中的脆弱地位。这种脆弱地位，不仅使它们有受到新形式控制的危险，而且剥夺了它们发展的平等机会。当越来越多的国家意识到这种脆弱地位时，它们便开始走到一起，探索以集体的努力来增强自己力量的可能性"。①

1955 年 4 月，29 个亚非国家和地区的政府代表团在印度尼西亚万隆召开亚非会议，该会议第一次提出了在互利和互相尊重主权的基础上开展发展中国家之间的经济合作，同时确定了发展中国家合作的"磋商"原则，这为发展中国家的互助合作开辟了道路，也成为日后争取国际经济新秩序的先导。因此万隆会议即万隆精神是南南合作②的源头。1961 年 9 月不结盟首脑会议在南斯拉夫首都贝尔格莱德举行，不结盟运动正式形成，该运动奉行独立、自主和非集团的宗旨和原则，并提出了在政治独立的同时应谋求经济自主的主张。在该时代背景下，为探讨发展中国家在世界贸易中所面临的处境，1964 年 3 月召开了第一届联合国贸易和发展大会，在这次会议上，长期遭受帝国主义、殖民主义压迫、剥削和掠夺的发展中国家联合起来，就消除发展中国家同发达国家

---

① 〔孟加拉国〕卡迈勒·侯赛因：《南南合作：八十年代的战略》，载宦乡主编《南南合作勃兴》，经济科学出版社，1984，第 169~170 页。

② 由于世界上的发展中国家（developing country）绝大部分都处于南半球和北半球的南部，自 20 世纪 60 年代以来，这些国家为摆脱发达国家（developed country）的控制，维护其切身利益和发展民族经济，秉持平等互助的原则开展新型的经济合作关系，后来统称"南南合作"。

的差距、加速自身经济发展等问题签署了《七十七国联合宣言》，标志着七十七国集团的成立，也标志着整体性南南合作的开始。

经过近十年的斗争，在 1974 年召开的联合国大会第六届特别会议上，通过了七十七国集团起草的《建立新的国际经济秩序宣言》和《建立新的国际经济秩序的行动纲领》，以及《各国的经济权利和义务宪章》。与此同时，七十七国集团通过了一系列具有重大政治经济意义的文件，如《阿尔及尔宪章》（1967 年）、《利马宣言》（1971 年）、《马尼拉宣言》（1976 年）、《阿鲁沙宣言》（1979 年）等，这些纲领性文件都强调发展中国家要加强经济和技术合作，以联合行动抵制发达国家的剥削与掠夺，同时了确定了南南合作的领域、内容、方式与指导原则。因此，不结盟运动和七十七国集团为"南南合作"打下了坚实的组织基础，并推动了南北对话的发展。1982 年首届南南合作会议在印度新德里召开，1983 年、1989 年先后在北京和吉隆坡召开南南合作会议，这三次会议是南南合作的重要里程碑，南南合作的实质，是面对不平等的南北经济关系，实行联合自强，共同发展。

虽然 20 世纪 70 年代在贸易、资金援助、技术、区域合作等方面南南合作出现了繁荣景象，但 20 世纪 80 年代初至 90 年代中期，南南合作陷入了低潮。《对南方的挑战：南方委员会的报告》（The Challenge to the South: The Report of the South Commission）认为，对南方大多数国家来说，20 世纪 80 年代已被视为发展方面"失去了的十年"；其原因是复杂的，包括当时国际贸易环境趋于不利，南方国家收支普遍恶化；南南合作机制中，执行机构效率低下、资金短缺等因素，致使其合作计划或方案未得到有效执行，挫伤了南方国家合作的积极性；在军事冲突和经济危机前，南南合作在各国优先考虑的事项中的地位及重要性也随之降低等，"可能的情况是，在缺乏有效措施的情况下，多数南方国家的停滞和倒退会贯穿 90 年代，因此，'失去的十年'很可能会延伸下去"。[①]

（二）金砖国家：应运而生与时代责任

进入 21 世纪后，国际社会发展的大格局发生重大变化即新兴经济体和发

---

① 南方委员会：《对南方的挑战：南方委员会的报告》，张小安等译，中国对外翻译出版公司，1991，第 19 页。

展中国家的群体性崛起，比如中国、巴西、印度等，这些新兴市场国家的发展正深刻地重塑国际政治经济秩序。2001 年，在经历 "9·11" 事件后，美国高盛集团首席经济学家吉姆·奥尼尔逐渐意识到，许多国家的人不满意以美国为中心的世界（既包括政治方面，也包括经济方面），于是他在 2001 年 11 月发表了题为《世界需要更好的经济之砖》（*The World Needs Better Economic BRICs*）文章，首次提出 "金砖四国"① 的概念。2003 年 10 月高盛集团发表了一份全球经济报告即《与金砖四国一起梦想：展望 2050 年》（*Dreaming With BRICs: The Path to 2050*），该报告预测，到 2050 年世界经济格局将会经历剧烈洗牌，全球新的六大经济体将变为中国、美国、印度、日本、巴西、俄罗斯。从而中国、印度、俄罗斯和巴西作为新兴市场国家的领头羊受到世界关注，"金砖四国" 概念也开始 "走俏"。

经俄罗斯倡议，金砖四国于 2006 年 9 月在第 61 届联合国大会期间举行了首次外长会晤，以后每年依例举行。2009 年 6 月金砖四国领导人在俄罗斯叶卡捷琳堡举行首次会晤，此次会晤标志着 "金砖四国" 正式成为一个官方意义的合作组织；在协商一致的基础上，2010 年 12 月金砖四国正式吸收南非加入机制，亚、欧、非、南美各大洲新兴经济体的代表组成的 "金砖国家" 也从经济学概念发展成了新的国际合作平台，切实维护了发展中国家在国际上的利益，推进了金砖国家在经济技术领域、金融领域、国际贸易等方面的合作，加强金砖国家在国际形势、减贫、环保等重大全球性和地区性问题上的协调立场，更好地建设一个公平、平衡的国际政治经济新秩序，推动世界向更加均衡、更加合理的方向发展。

"10 年前，金砖合作兴起于世界格局深刻调整变革之际，引起国际社会高度关注。历经国际金融危机等重大挑战的考验，金砖国家探索出了一条新兴市场国家和发展中国家团结合作、互利共赢的新路子。"② 金砖国家的这条新路

---

① "金砖四国" 即巴西（Brazil）、俄罗斯（Russia）、印度（India）和中国（China），四国的英文名称首位字母组合起来后（BRIC），发音恰好类似英语中的 "砖块"（bricks）。2010 年 12 月南非（South Africa）加入，"金砖四国" 变成了 "金砖五国"，其英文名称也变了 "BRICS"，后统称为 "金砖国家"。

② 习近平：《在金砖国家领导人厦门会晤记者会上的讲话》，《人民日报》2017 年 9 月 6 日第 002 版。

子是遵循开放透明、团结互助、深化合作、共谋发展原则和"开放、包容、合作、共赢"的金砖精神，致力于构建更紧密、更全面、更牢固的伙伴关系。与此同时，"南南合作是发展中国家联合自强的伟大创举，是平等互信、互利共赢、团结互助的合作，帮助我们开辟出一条崭新的发展繁荣之路"。[①] "金砖机制的建立与联合国南南合作的初衷异曲同工，都是基于发展中国家共同发展的一种愿望，是互利共赢的合作方式，而扩大这一合作基础，推动南南合作，更有利于金砖机制实现带动世界发展的目标。"[②] 因此金砖机制是南南合作的重要进展，金砖国家是促进南南合作的重要平台，同时金砖国家作为发展中国家和新兴市场国家的佼佼者和领头羊，作为新兴经济体合作的典范，必将在推动南南合作中发挥更大的时代作用、承担更大的历史责任。

二　金砖国家在推动南南合作中的角色定位

中国、南非、印度、巴西都是南南合作的主要国家，俄罗斯在国际舞台上也是依循南南合作原则推动国际合作的，因此以领导人会晤为引领，以安全事务高级代表会议、外长会晤等部长会议为支撑，在多层次、多领域、多方位开展务实合作的金砖机制与南南合作是一脉相承的。金砖机制已成为新兴市场和发展中国家团结合作、维护共同利益的重要平台，金砖国家必将在推动南南合作和全球治理中承担重要使命、担负时代角色。

（一）金砖国家：南南合作的示范引领者

基于20世纪80年代南南合作"失去的十年"和20世纪90年代南南合作呈现的合作内容多样化和合作伙伴多元化趋势，中国、巴西、俄罗斯、印度和南非五国秉承南南合作的平等、互利之宗旨展开务实合作，它们分别作为东亚、南美洲、原苏联加盟共和国、南亚和非洲最大的经济体，不管在经济、政治方面还是在国际事务方面都具有举足轻重的影响力和领导力；"金砖国家的

---

① 习近平：《习近平在南南合作圆桌会上发表讲话》，《光明日报》2015年09月28日，第01版。
② 李欣莹、杨舟：《专访：期待金砖机制推动南南合作与世界发展——访联合国南南合作办公室副主任王晓军》2017年9月2日，新华网，http：//www.xinhuanet.com/world/2017-09/02/c_1121592665.htm。

国土方面占世界领土的 26.46%，在世界银行的投票权占 13.24%，人口占世界总人口 42.58%，在国际货币基金组织的份额占 14.91%；最近十年，金砖五国 GDP 之和在全球的比重，从 12% 上升至 23%；国际贸易总量比重，从 11% 上升至 16%；对外投资比重从 7% 上升至 12%；吸引外资升至 16%，对世界经济增长的贡献率已达 50%"①；另外国际货币基金组织（IMF）2016 年 1 月宣布 IMF 2010 年份额和治理改革方案已正式生效，中国正式成为 IMF 第三大股东，仅次于美国和日本，由此金砖国家的中国、巴西、印度和俄罗斯四国跻身 IMF 股东行列前十名②，这意味着发展中国家的代表性和话语权有了较大的提升。

2017 年 9 月 3～5 日金砖领导人第九次会晤通过的《金砖国家领导人厦门宣言》③ 中声明"坚持平等团结，坚持开放包容，建设开放型世界经济，深化同新兴市场和发展中国家的合作"；"致力于同其他新兴市场和发展中国家建立广泛的伙伴关系"；"将努力提高金砖国家及新兴市场和发展中国家在全球经济治理中的发言权和代表性，推动建设开放、包容、均衡的经济全球化"；2018 年 7 月 25～27 日金砖国家领导人第十次会晤通过的《金砖国家领导人第十次会晤约翰内斯堡宣言》④ 明确要"建立金砖国家新工业革命伙伴关系"，表明在新工业革命形势下金砖国家将进一步加强合作，共同应对当前世界经济面临的风险，进而实现包容性增长。所以不管是从国土面积、人口数量、经济实力和世界经济增长贡献率，还是从发展理念、规则制定、治理能力和全球感召力等方面，金砖国家都是推动南南合作的务实发展示范引领者。

（二）金砖国家：南南合作的改革创新者

"在新一轮全球增长面前，惟改革者进，惟创新者强，惟改革创新者胜。"⑤ 金

---

① 袁源：《"金砖+"之魅》，《国际金融报》2017 年 09 月 04 日，第 01～02 版。
② 刘劼、高攀：《中国正式成为国际货币基金组织第三大股东》2016 年 01 月 28 日，新华网，http://www.xinhuanet.com/fortune/2016-01/28/c_ 1117924308.htm。
③ 《金砖国家领导人厦门宣言》，中国厦门，2017 年 9 月 4 日，新华网，http://www.xinhuanet.com/world/2017-09/04/c_ 1121603652.htm。
④ 《金砖国家领导人第十次会晤约翰内斯堡宣言》，《人民日报》2018 年 07 月 27 日，第 03 版。
⑤ 习近平：《谋求持久发展 共筑亚太梦想——在亚太经合组织工商领导人峰会开幕式上的演讲》2014 年 11 月 9 日，人民网，http://politics.people.com.cn/n/2014/1110/c1024-26000531.html。

砖国家十多年来通过合作模式、制度设计和机制创新等方式不断开辟南南合作的新模式和推动南南合作立体升级。一是金砖国家新开发银行（New Development Bank）2012 年首次提出设想，2015 年正式开业。它是金砖国家间合作成立的第一个实体机构，也是 1991 年欧洲复兴银行成立以来首次由金砖国家自主创设的一个崭新的开发性多边金融机构，其议事规则和决策机制完全由其成员国自主商议决定，比现行国际金融机构的规则更加符合新兴市场和发展中国家的利益，有助于提高新兴市场和发展中国家的利益。"无论是平分股权的治理机构，还是稳健的银行业运营原则，这些创新的制度设计都反映了自万隆会议以来发展中国家所一直强调的在互利和互相尊重国家主权的基础上实行经济合作的政策主张。"① 另外，第一个分支机构金砖银行非洲区域中心于 2017 年 8 月正式启动，"非洲区域中心的启动是一个历史性时刻，它代表了金砖国家对于非洲大陆发展的坚定承诺"。② 总之，"金砖银行的宗旨是对成员国和其他发展中国家提供基础设施和项目建设融资，并以此开辟南南合作新模式"。③

二是"金砖+"模式。"深化南南合作，打造'金砖+'的合作模式，建立广泛的发展伙伴关系，打造开放多元的发展伙伴网络，携手走出一条创新、协调、绿色、开放、共享的可持续发展之路，为促进世界经济增长、实现各国共同发展注入更多正能量。"④ "金砖+"创新性理念的"+"主要体现在两个层面：一是参与合作的成员，包括对话伙伴，始终在"+"；二是金砖合作机制本身的演化与拓展，致力于打造经济、政治、人文并重的合作新格局。⑤中国把"金砖+"理念引入了厦门会晤，首次邀请埃及、几内亚、墨西哥、塔吉克斯坦、泰国 5 个新兴市场和发展中国家领导人出席，共商新兴市场和发展中国家合作大计。所以"金砖+"模式是一种全新的合作理念，为进一步

---

① 朱杰进：《万隆精神、新南南合作与金砖发展银行》，《国际关系研究》2015 年第 2 期，第 26 页。
② 钟声：《金砖脚步，开拓南南合作新前景》，《人民日报》2017 年 8 月 18 日，第 003 版。
③ 徐明棋：《金砖国家开发银行开辟南南合作新模式》，《文汇报》2014 年 7 月 17 日，第 05 版。
④ 习近平：《在金砖国家领导人厦门会晤记者会上的讲话》，《人民日报》2017 年 9 月 6 日，第 02 版。
⑤ 吴兆礼：《"金砖+"合作模式契合金砖精神》，中青在线，2017 年 9 月 4 日，http：//theory. cyol. com/content/2017 - 09/04/content_ 16469143. htm。

推动南南合作提供了新的方案，它必将有力地促进发展中国家的互利合作和联通互动，进而形成新兴市场和发展中国家共谋发展新局面。另外，在合作领域不断实践创新，比如金砖国家应急储备安排就具有里程碑意义，它是新兴市场和发展中国家应对共同的全球挑战、突破地域限制创建集体金融安全网的重大尝试；金砖机制建设取得新进展，包括外长正式会晤机制和常驻联合国代表定期磋商等新的机制，还包括电子口岸示范网络、图书馆联盟等新合作平台的建立，都将推动南南合作迈向新高度。

（三）金砖国家：南南合作的强力"造血"者

"数十年来南南合作经验教训表明，发展中国家和地区要想实现经济社会发展的凤愿，关键在于形成自主造血机能，而非依赖外部输血。"[①] 近十几年来金砖国家通过基础设施互联互通、金融合作、能力建设、人才资源培训、技术合作、科技创新等方式，与新兴市场和发展中国家加强发展经验交流和分享实用科学技术，增强发展中国家经济文化社会发展和民生改善的造血功能。

金砖银行非洲区域中心的成立，是发展中国家实现自主金融创新的有效尝试，这样的自主"造血"金融合作模式加速了包括非洲地区在内的发展中国家能源、运输、供水以及其他生产部门基础设施投资的贷款，当然也包括亚洲基础设施投资银行的积极贡献，这都有利于帮助发展中国家实现一体化、工业化和基础设施建设的可持续性发展及提升自主发展能力，从而完全改变发达国家使用制度化的官方"输血"发展援助而与发展中国家间形成的单向依赖关系。中国提出共建"一带一路"倡议，它与《2030年可持续发展议程》高度契合，得到金砖国家及其他发展中国家的热烈响应，推进了基础设施互联互通、产能合作、科技创新等领域的合作，新兴市场和发展中国家的自主发展能力和"造血"功能得到增强。同时中国在推进南南合作和增强发展中国家的自主"造血"能力方面不断探索创新并做出积极贡献，比如"未来5年内，中方将向拉美和加勒比国家提供6000个政府奖学金名额、6000个赴华培训名额以及400个在职硕士名额，邀请1000名拉美和加

---

① 梅新育：《打造南南合作立体升级版》，《人民日报》（海外版）2014年7月23日，第01版。

勒比国家政党领导人赴华访问交流，2015 年启动'未来之桥'中拉青年领导人千人培训计划"①，这些计划都已启动并着手落实。2017 年 9 月中国在新兴市场国家与发展中国家对话会上也宣布，"中方还将利用国际发展知识中心、南南合作与发展学院等平台，同各国加强发展经验交流和能力建设合作，并在未来 1 年为其他发展中国家提供 4 万个来华培训名额"。②

所以，金砖国家"筑巢引凤""授人以渔"坚定支持新兴市场和发展中国家致力于基础设施建设、人力资源开发和治理发展能力提升，帮助其打破长期制约发展的瓶颈，增强自身的整体"造血功能"，进而促进共同发展，是推动南南合作强有力的"造血"者。

三 金砖国家在推动南南合作中的时代地位

"金砖国家在许多重大国际和地区问题上共同发声、贡献力量，致力于推动世界经济增长、完善全球经济治理、推动国际关系民主化，成为国际关系中的重要力量和国际体系的积极建设者。"③ 21 世纪以来，以金砖国家为代表的新兴经济体群体性崛起，已成为世界上一支举足轻重的重要力量，它在推动南南合作中有不可取代的重要地位。

（一）金砖国家：南南合作中的政治身份独特

万隆会议揭开了发展中国家团结合作、争取国家独立和主权、谋求经济发展和社会进步、推动建立国际政治经济新秩序的历史新篇章，而在中国、印度、缅甸共同倡导的和平共处五项原则基础上形成的万隆精神，是南南合作的萌芽，也为南南合作提供了合作原则的基础；印度、南斯拉夫和埃及共同倡议

---

① 陈贽、钱彤、孟娜：《习近平出席中国—拉美和加勒比国家领导人会晤并发表主旨讲话》，新华网，2014 年 7 月 18 日，http：//www. xinhuanet. com/world/2014－07/18/＞_ 11116879 37. htm。

② 习近平：《深化互利合作 促进共同发展——在新兴市场国家与发展中国家对话会上的发言》，新华网，2017 年 9 月 5 日，http：//www. xinhuanet. com/world/2017－09/05/c_ 1121 608786. htm。

③ 习近平：《新起点 新愿景 新动力——在金砖国家领导人第六次会晤上的讲话》，新华网，2014 年 7 月 15 日，http：//www. xinhuanet. com/world/2014－07/16/c_ 1111643475. htm。

并促进了不结盟运动的形成；同时印度、巴西、南非又是七十七国集团的重要成员国之一并有力促进南南合作的实现与推进；因而，从南南合作的源起和发展来看，中国、印度是南南合作的主要倡议者、领导者和推动者，巴西、南非则是南南合作的重要成员国。特别值得一提的是，目前中国、俄罗斯是联合国安理会常任理事国，以及金砖国家还是世界贸易组织、国际货币基金组织、世界银行等重要国际贸易金融机构成员之一；另外，目前中国是世界第一人口大国、全球第二大经济体，印度是世界第二人口大国、全球第七大经济体，俄罗斯是世界上面积最大的国家且综合军事实力居世界第二，巴西是南美洲最大的国家和最大经济体，南非也是非洲第二大经济体，等等，所以金砖国家从人口数量、国土面积、经济总量、军事实力和国际地位方面来看，在世界上都具有举足轻重的国际影响力，南南合作中如果没有金砖国家的参与和推动，其进展是根本无法想象的，故金砖国家在推动南南合作中具有不可替代的独特政治地位。

（二）金砖国家：南南合作中的经济实力强大

毋庸置疑，南南合作是基于平等互利的原则，发展中国家间展开经济合作和技术合作等的一种联合自强行动，其核心是促进经济发展和维护自身民族利益，因此推动南南合作绝对离不开具有较强发展活力、成长最快和实力强大的新兴经济体。近几年新兴市场国家和发展中国家"对世界经济增长的贡献率稳居高位，2016 年达到 80%，是当之无愧的主引擎"。[1] 根据世界银行统计数据，2016 年全球各国 GDP 排名，中国全球排第二位，亚洲排第一位；印度全球排第七位，亚洲排第三位；巴西全球排第九位，美洲排第二位；俄罗斯全球排第十二位，亚洲排第五位；南非全球排第三十八位，非洲排第三位。2006 ~ 2016 年金砖国家经济总量在世界经济中的比重从 12% 上升到 23%，对世界经济增长的贡献率近 50%，成为拉动世界经济增长的重要引擎。2000 ~ 2017 年，金砖国家的中国、印度两国 GDP 平均增长率表现"抢眼"，分别为 9.2% 和 7.1%，远高于世界平均水平（3.8%）[2]；虽然近几年来因俄罗斯、巴西、南

---

① 习近平：《深化互利合作 促进共同发展——在新兴市场国家与发展中国家对话会上的发言》2017 年 9 月 5 日，新华网，http：//www.xinhuanet.com/world/2017 – 09/05/c_ 1121608786.htm。

② 张兵：《中国：从发展引领到合作引领》，载林跃勤、周文主编《金砖国家发展报告（2017）》，社会科学文献出版社，2017，第 91 ~ 92 页。

非等金砖三国经济增速放缓，甚至一度出现衰退，但目前已出现好转迹象，经济结构调整不断完善，经济逐步走出衰退，金砖国家在务实合作中将继续成为引领世界经济和推进南南合作的"火车头"。

（三）金砖国家：南南合作中的国际影响凸显

金砖国家的国际影响力主要体现在两方面：一是在国际大宗商品市场，金砖国家构成国际大宗商品贸易的重要供给方和需求方。比如中国原油对外依存度 2016 年已经接近 65%，石油天然气消费量世界第一；俄罗斯是国际原油和天然气的供给大国；巴西是国际铁矿石、原油、大豆的供给大国；南非也是全球铁矿石、煤炭、贵金属的重要供给方，同时也是非洲最大的原油进口国；印度一方面是铁矿石和铬矿石出口大国，同时又是原油、天然气的进口大国，原油进口依存度超过 80%，这都说明金砖国家能显著影响国际大宗商品市场价格。二是在国际金融市场上，金砖国家外汇储备庞大，中国"储备资产规模仍位列全球第一"[1]；特别是 2013 年南非峰会提出的"金砖国家外汇储池"已经启动，这将会改变世界金融货币格局，有利于金砖国家促进国际金融体系改革、减少过度依赖西方主导的金融机构，也有利于金砖国家自贸区的顺利推动。因此金砖国家在全球经济舞台上具有很强的影响力，它在推进南南合作过程中将发挥稳定金融市场和增强市场抗风险能力的重大作用。

21 世纪以来金砖国家在促进新兴市场和发展中国家间合作、促进全球治理完善和世界经济增长、促进国际政治经济新秩序的建设等方面做出了突出贡献。正如俄罗斯外长拉夫罗夫所强调的，"金砖国家机制下的领导人峰会、部长级会晤及科技、文化、体育界的民间论坛等吸引媒体和专家的密切关注，所制定的相关决议的影响往往超出金砖国家内部范围，投射到不同的国际政治、经济事务平台，促进形成更加公正民主的多极化世界体系，是国际事务中加强多边和集体合作的典范"。[2]

---

[1] 国家外汇管理局：《国家外汇管理局新闻发言人就 2017 年四季度及全年国际收支和国际投资头寸状况答记者问》，2018 年 3 月 29 日，http：//www.safe.gov.cn/safe/2018/0329/8755.html。

[2] 魏良磊：《俄罗斯外长：金砖国家机制国际影响力与日俱增》，新华网，2018 年 3 月 5 日，http：//www.xinhuanet.com/world/2018-03/05/c_1122491188.htm。

四　金砖国家在推进南南合作中的困境及展望

综上所述，金砖国家在推进南南合作中担负了重要的历史角色、承担了重要的时代地位，但是金砖国家在推进南南合作中还须正视与面对复杂的国际环境、自身内外部的不协调因素和不和谐的声音，全力务实合作，不断改革创新，才能真正回击和粉碎对"金砖"怀疑与质疑的声音，包括"金砖失色、褪色论""金砖失和论""中国独大论"等。

（一）金砖国家：困境与反思

金砖国家须正视和突破的困境与瓶颈主要体现在四个方面：一是其固有的利益矛盾和结构性差异。金砖国家因政治制度、战略选择、社会体系、文化传统及国际地位的显著差异，其利益诉求不尽相同，其内在的矛盾也难以在短时间内消除，比如中国与俄罗斯间的贸易壁垒；中国与印度的边界领土争端；中印巴三角关系的不平衡发展等，都影响其合作的进程与实效；二是面临方式转变和结构调整的双重压力。金砖国家普遍面临经济增长方式转型和调整经济结构的巨大挑战。在全球经济发展增长动力不足、保护主义抬头背景下，包括金砖国家在内的新兴经济体和发展中国家都遭遇了外需萎缩、内需低迷的现实困境，从而自身经济发展放缓，甚至有一定程度的衰退，金砖国家能否抱团发展，相互协调立场就有了较大挑战；三是合作机制的柔性有余刚性不足。金砖国家只是新兴市场和发展中国家间一个对话的重要平台，金砖国家领导人会晤只强化了共同立场，并没有形成一定的刚性约束力，立场大于行动；同时金砖合作机制本身存在"代表性、广泛性及稳定性不够，严肃性和执行力亟待加强，自觉性和能动性不强"[①] 等问题，因此，金砖国家必须加快和强化合作机制的制度化建设进程。四是亟须提升大宗商品定价权。金砖国家目前在国际上的影响力和未来的发展潜力，使其在世界大宗商品交易中占有举足轻重的地位。然而，

---

① 林跃勤：《金砖国家合作机制完善与合作成效提升》，载林跃勤、周文主编《金砖国家发展报告（2017）》，社会科学文献出版社，2017，第14～17页。

金砖国家在大宗商品交易价格上的定价权方面却显得与其供需地位严重不匹配，基本上只能被动接受国际市场的价格。

（二）金砖国家：举措与展望

为进一步有效地推动南南合作，解决自身面临的困境和瓶颈，金砖国家应从以下五个方面不断努力。

1. 进一步强化政治互信和政治共识

政治互信和政治共识是金砖国家间合作的基础，否则其合作必然是水中月镜中花。因此金砖国家不仅要加强经济合作，还需要加强政治互信，参与和引领全球治理中强调一个声音一个立场，真正抱团发展，在推动南南合作的同时秉持开放包容、合作共赢的金砖精神，全面深化金砖伙伴关系，开启金砖合作第二个"金色十年"。

2. 进一步推动打造"金砖＋"模式

在贸易保护主义抬头的复杂背景下，金砖国家应扩大金砖"朋友圈"，建立更加广泛的金砖合作伙伴关系，为世界经济一体化进程注入新的动力，为所有新兴市场和发展中国家加入全球一体化提供国际合作平台。

3. 进一步推进"一带一路"共建

金砖国家机制对接"一带一路"建设是大势所趋，开放、包容、合作、共赢的金砖精神，与"一带一路"共商、共建、共享的建设理念不谋而合；同时应充分发挥亚投行和新开发银行的互补作用，全力推进南南合作。

4. 进一步加强贸易一体化进程

金砖国家在推进金砖机制和南南合作的同时，应在各自区域内发挥示范带头作用，推进区域一体化发展；同时推动金砖国家相互间大宗商品价格协调机制建设。

5. 进一步发挥中国示范引领作用

正如联合国秘书长古特雷斯所言，"中国作为常任理事国和最大的发展中国家，在联合国和国际事务中作用关键、贡献突出"[1]，所以不管在金砖机制

---

① 古特雷斯：《中国在国际事务中作用关键贡献突出》，《人民日报》2017 年 9 月 28 日，第 02 版。

的制度化建设中，还是在推进南南合作中，中国应基于自身发展经验提出治理方案，发挥示范引领作用，真正展现一种大国的责任、使命与担当。

总之，"新兴市场国家和发展中国家代表着世界发展的未来"①，金砖国家在推进南南合作、促进国际发展合作、落实可持续发展议程中肩负着不可推卸的历史责任和使命担当。

参考文献

蔡春林、刘畅、黄学军：《金砖国家在世界经济中的地位和作用》，《经济社会体制比较》2013 年第 1 期。

宦乡主编《南南合作勃兴——北京南南会议：发展战略、谈判及合作讨论会文集 (1983)》，经济科学出版社，1984。

〔瑞士〕吉尔伯·李斯特：《发展的迷思：一个西方信仰的历史》，陆象淦译，社会科学文献出版社，2011。

林跃勤、周文主编《金砖国家发展报告 (2017)：机制完善与成效提升》，社会科学文献出版社，2017。

南方委员会：《对南方的挑战：南方委员会的报告》，张小安等译，中国对外翻译出版公司，1991。

习近平：《在金砖国家领导人厦门会晤记者会上的讲话》，《人民日报》2017 年 9 月 6 日。

徐国庆：《南非加入"金砖国家"合作机制探析》，《西亚非洲》2011 年第 8 期。

徐秀军：《金砖国家研究：理论与议题》，中国社会科学出版，2016。

CfM. Castells, "Four Asian Tigers with a Dragon Head: A Comparative Analysis of the State, Economy and Society in the Asian Pacific Rim," in R. P. Appelbaum and J. Henderson, *State and Detelopment in the Asian Pacific Rim*, California: Sage Publications, 1992, pp. 33 – 70.

Gregory T. Chin, "The BRICS-Led Development Bank: Purpose and Politics beyond the G20," *Global Policy*, Vol. 5, No. 3, September2014, pp. 366 – 373.

Pamela A. Jordan, "A Bridge Between the Global North and Africa? Putin's Russia, and

---

① 习近平：《深化互利合作　促进共同发展——在新兴市场国家与发展中国家对话会上的发言》2017 年 9 月 5 日，新华网，http://www.xinhuanet.com/world/2017 – 09/05/c_ 11216 08786. htm。

G8 Development Commitments," *African Studies Quarterly*, Vo. 11, Issue 4, Summer 2010, pp. 88 – 115.

Yu Hsing, "The Stock Market and Macroeconomic Variables in a BRICS Country and Policy Implications," *International Journal of Economics and Financial Issues*, Vol. 1, No. 1, 2011, pp. 12 – 18.

B.10
金砖国家推动南南合作的复合路径

朱天祥　王宇航*

摘　要： 作为新兴市场国家和发展中国家群体性崛起的典型代表，
金砖国家经由三大路径推动新时期的南南合作，具有重大
的现实意义。首先，扩大和深化金砖五国相互之间的实质
性合作是核心路径，它将在国内国际两大层面和政治经济
两大领域为南南合作奠定坚实的内核基础；其次，创新和
拓展金砖国家与其他新兴市场国家和发展中国家的对话与
合作是扩展路径，它将通过"金砖＋"对话机制为南南合
作构筑更加广泛的伙伴关系网络；最后，引领和改善南方
国家与北方国家之间的政治对话与经济合作是延伸路径，
它将致力于构建南北命运共同体，从而为南南合作提供更
加良好的外部环境。上述三大路径既相对独立，又相互关
联，有利于金砖国家推动形成有效、有序、有利的南南合
作新局面。

关键词： 金砖国家　南南合作　核心路径　扩展路径　延伸路径

联合国南南合作办公室（United Nations Office for South-South Cooperation）
将南南合作界定为，南方国家在政治、经济、社会、文化、环境和技术领域的
广泛合作框架。在此框架内，发展中国家通过共同努力分享知识、技能、专业

---

* 朱天祥，博士，副教授，四川外国语大学金砖国家研究院对外关系研究所所长，研究领域：
金砖国家政治安全合作、金砖国家人文交流；王宇航，四川外国语大学比较制度学专业硕士
研究生。

和资源以实现其发展目标。① 尽管各方对南南合作的具体表述有所不同，然而就其本质而言，它指的就是发展中国家相互之间开展的一种国际协作。通过这种协作，发展中国家一方面致力于实现各自国内事务的相互尊重与合作共赢，另一方面则旨在推动相关国际事务的公平正义与公正合理。如果将1955年召开的万隆会议看作当代南南合作的开端，那么南南合作也已经走过了60余年的发展历程。但实事求是地讲，过去的南南合作确有成绩，但直至今日仍旧任重而道远。尤其是近年来，某些发达国家在国际经济领域推行保护主义，在国际政治领域奉行单边主义，从而给发展中国家的主权、安全和发展利益带来了更加严峻的挑战。从某种意义上讲，已有的南南合作之所以成效有限，就是因为缺乏有实力、有影响的核心团队和引领力量。也正是在此意义上，作为新兴市场国家和发展中国家群体性崛起的典型代表，金砖国家在推动南南合作方面具有不可估量的重大意义和重要作用。

一 金砖国家推动南南合作的核心路径

金砖国家推动南南合作的核心路径在于：持续有效地扩大和深化金砖五国相互之间的实质性合作。"金砖机制是南南合作的典范，也是促进南南合作的重要平台。"② 就此而言，金砖国家在第二个十年的合作目标及其实施成效将在很大程度上影响新时期南南合作的整体表现。2018年7月25～27日，金砖国家领导人第十次会晤在南非约翰内斯堡举行。在本次"具有里程碑意义"的峰会上，领导人"详细讨论了如何进一步巩固金砖合作"。会后发布的《金砖国家领导人第十次会晤约翰内斯堡宣言》明确指出，金砖国家"将继续致力于深化金砖战略伙伴关系，推动和平和更加公平的国际秩序，实现可持续发展和包容增长，巩固经济、政治安全和人文交流'三轮驱动'的合作格局，

① United Nations Office for South-South Cooperation, "About South-South and Triangular Cooperation," https：//www. unsouthsouth. org/about/about-sstc/, March 27. 2018.
② 栾建章：《金砖机制是南南合作的典范和重要平台》，新华网，2017年6月11日，http：//www. xinhuanet. com/world/2017 – 06/11/c_ 129630107. htm。

造福五国人民"。① 具体而言,南南合作框架下的金砖国家自身合作将主要致力于国内和国际两个层面分别实现经济和政治两大领域的利益诉求。

(一)推动和依靠新工业革命,促进金砖五国互利共赢的经济增长

"经济合作是金砖合作最重要、成果最丰富的领域。"② 历次峰会都对经济务实合作给予了高度重视,而2018年约翰内斯堡会晤也将主题聚焦于包容增长和共同繁荣。但与此前有所不同的是,本次会晤凸显了第四次工业革命的重要性,并提出建立金砖国家新工业革命伙伴关系。《金砖国家领导人第十次会晤约翰内斯堡宣言》指出,"新工业革命伙伴关系旨在深化金砖国家在数字化、工业化、创新、包容、投资等领域合作,最大程度把握第四次工业革命带来的机遇,应对相关挑战",同时这种关系还"将发挥五国各自比较优势,促进经济增长和转型,增强可持续工业生产能力"。③ 为此,金砖国家将首先成立由五国工业部门及有关部门代表组成的咨询小组,并制订伙伴关系任务大纲和工作计划。此外,还将建立金砖国家科技园、技术企业孵化器和中小企业网络,作为落实上述伙伴关系的积极步骤。这是金砖国家经济伙伴战略确立和实施以来所面临的新机遇和新挑战。正如习近平主席所言,在新工业革命伙伴关系框架下,"加强宏观经济政策协调,促进创新和工业化合作,联手加快经济新旧动能转换和转型升级"④,将成为下一阶段金砖国家开展经济务实合作的主要方向。

(二)倡议和维护基本原则,保障金砖五国自主包容的政治发展

约翰内斯堡会晤期间,金砖国家领导人重申"秉承互尊互谅、主权平等、民主包容的原则,继续深化金砖合作"。这一原则在金砖国家对中东地区持续冲突和紧张局势的关切中得到了充分体现。领导人"坚信在任何冲突中都不应非法使用武

① 《金砖国家领导人第十次会晤约翰内斯堡宣言》,中华人民共和国外交部,2018年7月27日,http://www.fmprc.gov.cn/web/zyxw/t1580647.shtml。
② 习近平:《顺应时代潮流 实现共同发展——在金砖国家工商论坛上的讲话》,新华网,2018年7月26日,http://www.xinhuanet.com/world/2018-07/26/c_1123177214.htm。
③ 《金砖国家领导人第十次会晤约翰内斯堡宣言》,中华人民共和国外交部,2018年7月27日,http://www.fmprc.gov.cn/web/zyxw/t1580647.shtml。
④ 习近平:《顺应时代潮流 实现共同发展——在金砖国家工商论坛上的讲话》,新华网,2018年7月26日,http://www.xinhuanet.com/world/2018-07/26/c_1123177214.htm。

力或进行外部干预。只有通过广泛包容的，充分尊重地区各国家的独立、领土完整和主权的民族对话，才能实现持久和平"。与此同时，领导人还一致认为，"每个国家的公民都享有追求公民、政治、经济、社会和文化权利及各项基本自由的合法愿望"。① 而在 2017 年的《金砖国家领导人厦门宣言》中，金砖国家也曾就促进和保护人权与基本自由的问题，多次重申平等相待和相互尊重的原则，"同意继续以公平、平等的方式对待包括发展权在内的各类人权，承认其相同地位及同等重要性"，尤其是"需要以非选择性、非政治性和建设性方式促进、保障及实现各国人权，避免双重标准"。尽管以上案例并未直接涉及金砖国家，然而它却为金砖五国各自的政治自主和相互的政治包容提供了发展的基础和有益的借鉴。

（三）支持和改革多边体制，追求公正合理的全球经济治理

金砖国家向来支持完善全球经济治理，"推动建设开放、包容、均衡的经济全球化，以促进新兴市场和发展中国家发展，为解决南北发展失衡、促进世界经济增长提供强劲动力"。② 在约翰内斯堡会晤上，一方面，鉴于美国特朗普政府在全球范围内推行的贸易保护主义给多边贸易体制带来的前所未有的挑战，金砖国家特意强调了"建设开放型世界经济的重要性"，重申"以世界贸易组织为代表、以规则为基础、透明、非歧视、开放、包容的多边贸易体制的核心地位"，并表示"将尽一切努力加强多边贸易体制"，同时"呼吁所有成员遵守世贸组织规则，信守在多边贸易体制中的承诺"；另一方面，金砖国家支持构建以国际货币基金组织为中心的全球金融安全网。但为了保证其资源充足且份额合理，金砖国家"重申致力于推动国际货币基金组织于 2019 年春会、不迟于 2019 年年会前完成第 15 轮份额总检查，包括形成一个新的份额公式"。与此同时，金砖国家还强调"国际货币基金组织治理改革亦应增强包括撒哈拉以南非洲国家在内的最贫困成员的发言权和代表性"。③

---

① 《金砖国家领导人厦门宣言》，中华人民共和国外交部，2017 年 9 月 4 日，http：//www. fmprc. gov. cn/web/ziliao_ 674904/1179_ 674909/t1489831. shtml。
② 《金砖国家领导人厦门宣言》，中华人民共和国外交部，2017 年 9 月 4 日，http：//www. fmprc. gov. cn/web/ziliao_ 674904/1179_ 674909/t1489831. shtml。
③ 《金砖国家领导人第十次会晤约翰内斯堡宣言》，中华人民共和国外交部，2018 年 7 月 27 日，http：//www. fmprc. gov. cn/web/zyxw/t1580647. shtml。

（四）主张和捍卫联合国核心地位，推动公平正义的国际政治新秩序

《金砖国家领导人第十次会晤约翰内斯堡宣言》在序言部分即提出，金砖国家"将携手加强多边主义和国际关系法治化，推动国际秩序更加公平、公正、平等、民主、更具代表性"。其中，金砖国家特别强调对联合国及其宪章宗旨和原则的支持。总体而言，金砖国家承认联合国承担维护国际和平与安全的职责，"重申《联合国宪章》所规定的普遍集体安全体系的中心地位"，"反对任何在《联合国宪章》框架之外采取单边主义措施的行为"，尤其强调了"联合国维和行动对维护国际和平与安全的重要作用"。具体来讲，一方面在解决诸如国际和地区冲突等传统安全争端问题上，金砖国家尤为强调遵守联合国相关决议，接受联合国政治斡旋，反对违背《联合国宪章》和安理会权威；另一方面在应对诸如恐怖主义、网络安全等非传统安全议题上，金砖国家则支持联合国协调成立一个全球反恐联盟，并"强调打击恐怖主义必须依据包括《联合国宪章》、国际难民法和人道主义法在内的国际法，尊重人权和基本自由"。此外，金砖国家还主张在联合国主导下制定负责任国家行为规则、准则和原则，从而确保对信息和通信技术的安全使用。[1]

当然，金砖国家推动自身南南合作的前景可期并不意味着总是会一帆风顺。事实上，金砖国家开展经济务实合作尚面临产业结构趋同，外部依赖明显，政策协调不畅等诸多问题；金砖国家开展政治安全对话还有待于首先将各种根本原则和基本主张落实到金砖国家身上，尤其是要致力于解决好某些金砖成员之间长期存在的安全困境和政治互信问题；金砖国家开展全球治理合作也必须处理好绝对收益和相对收益以及外部利诱分化等各种不确定因素。对此，金砖国家一方面要正视上述普遍存在于南南合作中的传统现象，要保持南南合作的战略信心和战略定力；另一方面则要充分利用新时期的各种有利条件，不断创新金砖国家合作的内涵与外延，从而为推动更大范围的南南合作奠定坚实的基础。

---

[1] 《金砖国家领导人第十次会晤约翰内斯堡宣言》，中华人民共和国外交部，2018 年 7 月 27 日，http://www.fmprc.gov.cn/web/zyxw/t1580647.shtml。

二 金砖国家推动南南合作的扩展路径

金砖国家推动南南合作的扩展路径在于：创新和拓展金砖国家与其他新兴市场国家和发展中国家的对话与合作。金砖国家不仅属于新兴市场国家和发展中国家这一群体，而且更是"新兴市场国家和发展中国家的领头羊"。[1] 金砖国家与其他新兴市场国家和发展中国家的对话与合作，一方面可以为金砖国家自身的南南合作增添强大的后劲，另一方面也能够为更大范围的南南合作注入新的动力。早在2011年的三亚峰会上，金砖国家就已经明确表示，金砖合作是"包容的、非对抗性的"。金砖国家"愿加强同其他国家，特别是新兴国家和发展中国家，以及有关国际、区域性组织的联系与合作"。[2] 基于从德班峰会到厦门峰会的系列实践，金砖国家探索出了一条与其他新兴市场国家和发展中国家加强南南合作的新路子，并在厦门峰会上正式提出了"金砖+"的概念。2018年7月27日，金砖国家领导人在约翰内斯堡延续了之前的做法，照常举办了"金砖+"领导人对话会，得到了所有与会领导人的一致称赞和大力支持。习近平主席在讲话中也特别强调，金砖国家、新兴市场国家和发展中国家要"以'金砖+'合作为契机，建设开放包容、合作共赢的伙伴关系，打造深化南南合作的平台"。[3]

目前，虽然"金砖+"的基本做法已经确定，但"金砖+"的内涵和外延还处于不断的探索和调整之中。总的来讲，由"金砖+"机制推动金砖国家与其他新兴市场国家和发展中国家的对话与合作尚须注意以下几个问题。

（一）"金砖+"应首先注重受邀国家的地区属性

2013年，金砖国家领导人在南非德班同非洲国家领导人举行了对话会，

[1] 《习近平出席金砖国家领导人非正式会晤》，新华网，2016年9月4日，http://www.xinhuanet.com/world/2016-09/04/c_1119507779.htm。
[2] 《金砖国家领导人第三次会晤〈三亚宣言〉》，中华人民共和国外交部，2011年4月14日，http://www.fmprc.gov.cn/web/ziliao_674904/1179_674909/t815159.shtml。
[3] 《习近平出席"金砖+"领导人对话会》，中华人民共和国外交部，2018年7月27日，http://www.fmprc.gov.cn/web/zyxw/t1580933.shtml。

揭开了金砖国家与新兴市场国家和发展中国家对话的序幕。从 2014 年到 2016 年，金砖国家又先后在巴西福塔莱萨、俄罗斯乌法、印度果阿与受邀伙伴举行了对话会。值得注意的是，综观上述对话会的受邀者情况，一个显而易见的事实就是特定金砖国家希望借此增强和巩固其在特定地区的主导权和领导力。为此，南非率先开启了金砖国家与非洲诸国的制度化联系，巴西随后推动了金砖国家与南美各国的互动，俄罗斯紧接着在金砖国家与欧亚经济联盟和上海合作组织之间搭起了桥梁，而印度则为了孤立和对抗巴基斯坦，更倾向于将受邀对象圈定为环孟加拉湾多领域经济技术合作组织而非南亚区域合作联盟的成员国。① 坦率地讲，这是金砖各国作为地区大国的政治抱负，也是金砖各国对参与金砖合作的战略期待之一。因此，尽管 2018 年在南非约翰内斯堡举行的"金砖 +"领导人对话会邀请了非洲大陆以外的国家参与，然而非洲国家无论在数量上还是重要性上都占据了更加突出的位置。可以预见，2019 年在巴西举办的下一次对话会仍然会以南美或拉美国家为主。

（二）"金砖 +"须综合考量受邀国家的全球影响

2017 年，中国轮值主办金砖国家领导人厦门会晤，并在总结过去 4 次金砖国家与新兴市场国家和发展中国家对话会成功经验的基础上，创造性地提出了"金砖 +"的概念。正如习近平主席在约翰内斯堡峰会上所言，"金砖 +"合作理念的要义就是要"在不断强化五国团结协作内核，提升金砖向心力、凝聚力的同时，持续扩大金砖'朋友圈'，同广大新兴市场国家和发展中国家实现共同发展繁荣"。② 也正是在此意义上，厦门峰会期间举办的新兴市场国家与发展中国家对话会开始尝试跳出特定地区的限制，将受邀对话伙伴确定为埃及、几内亚、墨西哥、塔吉克斯坦和泰国。这种不以周边国家为主，而是在"全球范围内邀请具有地域特色代表性大国"的创新做法③，被认为是"凸显

---

① 林民旺：《印巴加入上合组织，内部分歧如何弥合考验中国外交》，盘古智库，2017 年 6 月 9 日，http：//www. pangoal. cn/news_ x. php? id =3137&pid =10。

② 习近平：《让美好愿景变为现实——在金砖国家领导人约翰内斯堡会晤大范围会议上的讲话》，新华网，2018 年 7 月 26 日，http：//www. xinhuanet. com/mrdx/2018 – 07/27/c_ 137352048. htm。

③ 《"金砖 +"模式如何扩大朋友圈?》凤凰资讯网，2017 年 9 月 1 日，http：//news. ifeng. com/a/20170901/51837842_ 0. shtml。

了金砖国家不仅仅属于金砖五国，而且还属于广大发展中国家，这既符合国际社会的期待，也是中国的责任所在"①，同时还是中国"全球视野"的重要体现。② 2018 年，南非主办的"金砖 +"领导人对话会将上述创新做法继续发扬光大。除非洲国家领导人外，受邀的对话国还包括阿根廷、牙买加、土耳其、印度尼西亚、埃及等。而这些第二梯队的新兴市场国家和有代表性的发展中国家所具备的潜在影响将有利于"在联合国、二十国集团等框架内拓展'金砖 +'合作，扩大新兴市场国家和发展中国家共同利益和发展空间，推动构建广泛伙伴关系，为世界和平与发展作出更大贡献"。③

（三）"金砖 +"可充分利用受邀伙伴的组织效应

金砖国家在三亚峰会上首次表态愿意同其他伙伴加强联系与开展合作，这些伙伴不仅涉及主权国家，而且也包含国际和区域性组织。事实上，金砖国家在举办"金砖 +"对话时也多次强调过区域一体化和特定区域组织在协同推进南南合作过程中的重要作用。以在约翰内斯堡举办的"金砖 +"领导人对话会为例，除国家领导人外，非洲区域组织的负责人也应邀出席了会议。不仅如此，受邀与会的牙买加其实还是加勒比国家共同体的轮值主席国，土耳其也是伊斯兰合作组织的轮值主席国。而阿根廷所属的南方共同市场，印度尼西亚所在的东南亚国家联盟则都是具有代表性的区域组织。从这个意义上讲，邀请这些国家与会的重要考量之一即在于进一步加强金砖国家与全球主要区域组织的联系与对话。而通过特定区域组织所开展的金砖国家与新兴市场国家和发展中国家的整体对话，将使得南南合作的受益面更广，也更有助于其他新兴市场国家和发展中国家通过自力更生实现集群发展。与此同时，对于金砖国家来讲，其他新兴市场国家和发展中国家在区域一体化框架下更能集聚和显示规模经济效应，而且也有利于规避或减少多元化主权和多样性政策所带来的政治和

---

① 阮宗泽：《期待"金砖 +"大放异彩》，中国共产党新闻网，2017 年 8 月 5 日，http：//cpc. people. com. cn/n1/2017/0805/c64387 - 29451408. html。

② 外媒：《中国为金砖国家机制作重大贡献　金砖峰会扩容展现全球视野》，参考消息网，2017 年 9 月 4 日，http：//www. cankaoxiaoxi. com/china/20170904/2227716. shtml。

③ 习近平：《让美好愿景变为现实——在金砖国家领导人约翰内斯堡会晤大范围会议上的讲话》，新华网，2018 年 7 月 26 日，http：//www. xinhuanet. com/mrdx/2018 - 07/27/c _ 137352048. htm。

经济成本。另外，约翰内斯堡峰会邀请作为七十七国集团轮值主席的埃及参与"金砖＋"对话，也表明了金砖国家坚定推动南南合作的政治意愿。当然，未来的"金砖＋"对话会还可邀请更多的全球性国际组织相关负责人与会，从而进一步拓展"金砖＋"助力南南合作的渠道与平台。

（四）"金砖＋"须稳步推进与受邀伙伴的对话与合作

虽然每次"金砖＋"对话会的主题都有所侧重，但是发展议题却一直是各方关注的核心和焦点。例如，2013 年的对话主题是基础设施领域的合作。2014 年的对话主题是包容性增长的可持续解决方案。2015 年的对话主题是提高人民福祉。2016 年的对话主题是充满机遇的伙伴关系。2017 年的对话主题是深化互利合作，促进共同发展。这既是南南合作的根本任务和基本目标，又在很大程度上取决于新兴市场国家和发展中国家的实力基础和现实诉求。就其他新兴市场国家而言，它们的实力有所增长且同样日益成为发展中国家崛起的又一个群体，但其整体实力和发展前景仍不及金砖国家。因此，作为发展中国家的第二梯队，这些新兴市场国家还需要与作为第一梯队的金砖国家开展更多互利共赢的经贸投资活动，以此进一步提升其综合国力，巩固其进军"一线国家"的资本。而作为第三梯队的其他发展中国家尤其是那些最不发达国家，更是面临解决国内民众基本生存的发展重任。因此，"金砖＋"对话切忌盲目求全、图快、谋大，而应当首先致力于充分释放互补优势和协同效应，实现自身创新、联动、包容发展，然后以此为基础推动全球经济治理改革，提高新兴市场国家和发展中国家的代表性和发言权，最后才是依托自身实力和影响共同构建新型国际关系。①

三 金砖国家推动南南合作的延伸路径

金砖国家推动南南合作的延伸路径在于：引领和改善南方国家与北方国家之间的政治对话与经济合作。2015 年，金砖国家领导人在乌法峰会期间共同

---

① 《习近平出席"金砖＋"领导人对话会》，中华人民共和国外交部，2018 年 7 月 27 日，http：//www.fmprc.gov.cn/web/zyxw/t1580933.shtml。

承诺将进一步支持和强化南南合作，并首提"南南合作是南北合作的补充而不是替代，南北合作仍是国际合作的主渠道"。[①] 2018 年，习近平主席在"金砖 +"领导人对话会上再次指出，应"坚持南北合作为主渠道、南南合作为补充的国际发展合作格局"。[②] 这表明金砖国家在推动南南合作的问题上并不天然地排斥南北合作。而事实上金砖国家在某些重要议程上还需要北方国家的大力支持与全面合作。

（一）义利并举敦促发达国家履行国际义务

早在 2009 年金砖四国领导人举行首次会晤时，金砖国家就指出，在帮助最贫困国家应对金融危机引发的消极影响，确保千年发展目标顺利实现方面，"发达国家应兑现官方发展援助占其国民总收入 0.7% 的承诺，进一步向发展中国家增加援助、减免债务、开放市场和转让技术"。[③] 2018 年，金砖国家领导人在约翰内斯堡重申致力于全面落实《2030 年可持续发展议程》时，又"敦促发达国家按时足额履行官方发展援助承诺，为发展中国家提供更多发展资源"。而具体到气候变化问题，金砖国家也"敦促发达国家向发展中国家提供资金、技术和能力建设支持，增强发展中国家减缓和适应气候变化的能力"。[④] 然而，仅仅从道义上要求发达国家实现其政治承诺被历史证明是不太现实的，从道义层面对其不负责任的行为进行谴责也是无关紧要的。但这并不意味着国际道义可有可无，关键在于它是否能够与利益结合起来发挥相应的作用。在此问题上，金砖国家既要占领道义制高点，又要通过实际行动加大对发展中国家的援助力度，并运用南南合作的实例和收益驱动发达国家进一步落实对发展中国家的援助义务。

---

① 《金砖国家领导人第七次会晤乌法宣言》，中华人民共和国外交部，2015 年 7 月 17 日，https：//www.fmprc. gov. cn/web/ziliao_ 674904/zt_ 674979/ywzt_ 675099/2015nzt/xzxcxjzsg15_ 674983/zxxx_ 674985/t1282065. shtml。

② 《习近平出席"金砖 +"领导人对话会》，中华人民共和国外交部，2018 年 7 月 27 日，http：//www. fmprc. gov. cn/web/zyxw/t1580933. shtml。

③ 《2009 年"金砖四国"领导人叶卡捷琳堡会晤联合声明》，2009 年 6 月 16 日，https：//www. brics2017. org/gyjzgj/ljldrhwcgwj/201701/t20170114_ 1108. html。

④ 《金砖国家领导人第十次会晤约翰内斯堡宣言》，中华人民共和国外交部，2018 年 7 月 27 日，http：//www. fmprc. gov. cn/web/zyxw/t1580647. shtml。

（二）共商共建寻求南北利益共享

金砖国家在朝着南南合作的国际经济愿景加强自身努力的同时，也同样看重北方国家在该进程中不可或缺的重要角色。由美国次贷危机引发的全球金融风暴是金砖国家领导人首次会晤的国际大背景。应对金融危机所带来的负面影响自然成为金砖国家领导人首次会晤的核心议题。在此问题上，金砖国家一开始就强调二十国集团"在应对金融危机方面发挥了中心作用"①，继而"欢迎二十国集团被确定为国际经济协调与合作的主要平台"②，并支持该机制"在全球经济治理中发挥更大作用"③，同时相信这一南北合作架构"将促进经济强劲、可持续、平衡和包容性增长，并为完善全球经济治理、增强发展中国家的作用作出贡献"。④ 很明显，全球化时代的南北共生共存是金砖国家的一贯共识。《金砖国家领导人第十次会晤约翰内斯堡宣言》在谈及世界经济增长前景时也清醒地认识到，"主要发达经济体宏观经济政策措施的外溢效应导致新兴市场经济体经济和金融市场波动，并对其增长前景产生负面影响"。对此，金砖国家"呼吁主要发达经济体和新兴市场经济体继续在二十国集团、金融稳定理事会和其他机制下保持政策对话和协调，应对潜在风险"。⑤ 在此过程中，金砖国家有必要承认和支持发达经济体在特定议题领域的重要作用，同时要注意以建设性的姿态和实质性的行动为南北双方共同面临的问题贡献南方国家的智慧和方案，进而为构建南北利益和命运共同体营造良好的氛围，提供有力的保障。

（三）有理有节回应南北矛盾

实事求是地讲，南方国家与北方国家之间的利益冲突既具有长期性，又具

---

① 《2009 年"金砖四国"领导人叶卡捷琳堡会晤联合声明》，2009 年 6 月 16 日，https：//www. brics2017. org/gyjzgj/ljldrhwcgwj/201701/t20170114_ 1108. html。
② 《金砖国家领导人第十次会晤约翰内斯堡宣言》，中华人民共和国外交部，2018 年 7 月 27日，http：//www. fmprc. gov. cn/web/zyxw/t1580647. shtml。
③ 《金砖国家领导人第三次会晤〈三亚宣言〉》，中华人民共和国外交部，2011 年 4 月 14 日，http：//www. fmprc. gov. cn/web/ziliao_ 674904/1179_ 674909/t815159. shtml。
④ 《金砖国家领导人第八次会晤果阿宣言》，中华人民共和国外交部，2016 年 10 月 17 日，http：//www. fmprc. gov. cn/web/zyxw/t1406098. shtml。
⑤ 《金砖国家领导人第十次会晤约翰内斯堡宣言》，中华人民共和国外交部，2018 年 7 月 27日，http：//www. fmprc. gov. cn/web/zyxw/t1580647. shtml。

有结构性。一方所得即是对方所失的零和博弈思维仍然广泛存在。例如，金砖国家多次重申致力于推动国际货币基金组织的份额总检查以及世界银行的股权审议，以期完成两大机构在份额和投票权方面做出有利于新兴市场国家和发展中国家的调整。然而，国际货币基金组织份额和治理结构改革的缓慢进展日益引发了金砖国家的"关切"，而美国迟迟未能批准本已同意的改革方案则直接导致了金砖国家的"失望"。[①] 因此，金砖国家在2012年就已经开始"探讨了建立一个新的开发银行的可能性，以为金砖国家和其他发展中国家基础设施和可持续发展项目筹集资金"，并最终推动了金砖国家新开发银行和应急储备安排的落地。在某种意义上，金砖国家的上述举动实际上也是被"逼"出来的，是对发达国家固守既得利益所做出的理性回应。但与此同时，金砖国家并未就此走向现行国际秩序的对立面。相反，金砖国家多次强调新开发银行是对现有多边和区域金融机构的补充而非替代。《金砖国家领导人第十次会晤约翰内斯堡宣言》也明确提出，"鼓励应急储备安排同国际货币基金组织开展合作"。[②] 这种"斗而不破"的策略恰恰应当成为金砖国家推动南南合作，引领南北合作必须遵循的一项基本原则。另外，金砖国家还应看到，发达国家集团并非铁板一块。在诸如气候变化和贸易自由化等问题上，部分发达国家与发展中国家还是拥有相当大的共同利益的。因此，金砖国家要善于利用当下发达国家集团内部的分歧与矛盾，加强同有利于南南合作愿景实现的北方国家开展国际协作，共同推动世界经济增长、国际贸易自由化、全球金融稳定以及全方位的可持续发展。

四 结语

2018年是金砖国家领导人会晤10周年。正如习近平主席所言，"短短10年光景，金砖合作从一个经济概念成长为具有重要影响力的国际合作机制，展现出勃勃生机和光明前景"。但未来10年也是"金砖国家发展处于关键阶段、

---

① 《金砖国家领导人第七次会晤乌法宣言》，https：//www.brics2017.org/gyjzgj/ljldrhwcgwj/201701/t20170114_1101.html，2015年7月9日。
② 《金砖国家领导人第十次会晤约翰内斯堡宣言》，中华人民共和国外交部，2018年7月27日，http：//www.fmprc.gov.cn/web/zyxw/t1580647.shtml。

面临重大机遇和挑战的 10 年"。① 而金砖国家能否开创金砖合作第二个"金色十年"又将直接关系到整个南南合作的发展态势。因此,为了给南南合作奠定一个坚实的内核基础,金砖国家除了需要继续加强国际国内两个层面的政治经济合作外,还有必要高度重视人文交流和民心相通对促进金砖国家合作的战略意义。然而,金砖合作并不完全等同于南南合作。南南合作既要依靠金砖国家,同时又要超越金砖国家。为此,金砖国家必须借助"金砖 +"对话让更多的新兴市场国家和发展中国家以及相关的全球和区域组织参与其中,努力构建广泛的南南伙伴关系,进而形成维护南南共同利益,促进南南共同发展的强大动力。当然,在一个日益高度相互依赖的全球化时代,以金砖合作为引领,以"金砖 +"机制为平台的南南合作并不能独善其身。金砖国家在着眼于南南合作的同时,还应当注重同发达国家的良性互动,并致力于推动构建南北命运共同体,从而为南南合作营造适宜的外部环境并提供有力的外部支持。上述三大路径各有侧重,依次递进,相互支撑。只要它们能够做到各自有序运作,整体良性循环,那么金砖国家所推动的新型南南合作的美好前景就是可以且值得期待的。

参考文献

丁工:《以"金砖 +"平台推进全球伙伴关系建设》,《教学与研究》2018 年第 4 期。

王磊:《金砖国家合作与全球治理体系变革:路径及其实践》,《广东社会科学》2017 年第 6 期。

王灵桂:《金砖国家:为推动全球化而努力——国外智库论中国与世界(之三)》,社会科学文献出版社,2018。

王文、刘英:《金砖国家:新全球化的发动机》,新世界出版社,2017。

杨逢珉、张永安:《经济全球化背景下的南北关系》,上海人民出版社,2011。

张贵洪主编《联合国与南南合作》,时事出版社,2016。

朱杰进:《万隆精神、新南南合作与金砖发展银行》,《国际关系研究》2015 年第 2

---

① 《习近平出席纪念金砖国家领导人会晤 10 周年非正式会议》,http://www.fmprc.gov.cn/web/zyxw/t1580911.shtml,2018 年 7 月 27 日。

期。

Deepak Nayyar, "BRICS, Developing Countries and Global Governance," *Third World Quarterly*, Volume 37, 2016.

Kevin Gray, Barry K. Gills, "South-South Cooperation and the Rise of the Global South," *Third World Quarterly*, Volume 37, 2016.

Ray Kiely, The BRICS, US'Decline' and Global Transformations, Palgrave Macmillan, 2015.

Stephen Kingah, Cintia Quiliconi, *Global and Regional Leadership of BRICS Countries*, Switzerland: Springer International Publishing, 2016.

Thomas Muhr, "Beyond 'BRICs': ten theses on South-South cooperation in the Twenty-first Century," *Third World Quarterly*, Volume 37, 2016.

B . 11
从"金砖 + "机制看南南合作模式创新

摘 要: 受不合理国际政治经济制度的制约,20 世纪后半叶兴起的南
南合作并未给南方国家带来预期的发展。自新千年以来,以
金砖五国为代表的新兴经济体的迅速发展冲击了既有的国际
政治经济格局。作为新时期南南合作的典范,金砖合作机制
的成果与影响力在近十年不断发展。而"金砖 + "机制的创
立进一步提升了金砖合作向南方国家的开放性,为将金砖合
作打造成新时期最具代表性的南南合作平台提供了理念和制
度的支持。

关键词: "金砖 + " 新南南合作 创新

南南合作是发展中国家间协同发展、自力更生的关键手段,也是发展中国
家融入全球治理体系的重要途径。从依附论的视角来看,即便实现了政治上的
独立,南方国家仍然无法摆脱对北方国家的依附,尤其是经济上的依附。[①] 北
方国家与南方国家在经济全球化的进程中构建了一种"中心—边缘"结构:
处于中心的北方国家与边缘地区的南方国家之间的关系并不对等,而是前者剥
削后者和后者依附于前者。因此,如何摆脱"中心—边缘"结构的束缚而谋
求发展,是发展中国家在发展过程中普遍面临的问题。在 20 世纪后半叶,南
方国家选择了立足自身的南南合作路径来促进发展,但事实证明这一方式并未

---

* 田旭,中国社会科学院世界经济与政治研究所助理研究员,研究领域:国际政治经济学、
民主理论。
① 尽管依附论在学界存在争议,但是其不失为一种理解南北关系的最具代表性的观点。

给南方国家带来预期的发展，一些国家的发展在 20 世纪后期甚至出现了衰退和停滞，"中心—边缘"结构有固化的迹象。自新千年以来，以金砖国家为代表的一批新兴经济体的集体迅速崛起冲击了既有的世界经济格局，为改革不合理的全球治理框架，提升南方国家的发言权和代表性提供了机遇。在这一背景下，金砖国家依托"金砖＋"模式不断拓展与其他南方国家和组织之间的对话与合作，推动发展新型南南合作模式与南北对话，为改变南方国家的依附地位提供了一种现实的可能。特别是在当前全球贸易保护主义愈演愈烈的大背景下，增进南南合作有助于南方国家共同应对全球经济环境的偶然性与不确定性，为自身发展增添新助力。

一　南南合作：发展与制约

南南合作的初衷在于以独立自主、团结互助的发展方式来缩小南北差距。虽然有过短暂的繁荣，但南南合作在很长的一段时间内并没有带动发展中国家实现预期的发展。其原因既有南北对话的冲击，也有南方国家内部在合作中出现的问题。

（一）南南合作的发展进程

20 世纪五六十年代是南南合作的起步阶段。[①] 1955 年 4 月召开的第一次亚非会议（暨万隆会议）被广泛认为是南南合作的开端。进入 60 年代后，随着南南合作影响力的扩大以及越来越多的被殖民国家实现政治上的独立，南南合作得到迅速发展。1961 年的不结盟运动可以看作万隆精神的延续和发展。[②] 1964 年首届联合国贸易和发展会议上成立的七十七国集团成为驱动南南合作的引擎。不结盟运动和七十七国集团一起商定了合作的领域、内容、方式与指导原则，为南南合作奠定了制度上的基础。

20 世纪 70 年代是南南合作的成熟和分化阶段，南南合作在广度和深度上

[①]　关于南南合作发展阶段的划分，参见任晓《万隆会议后的南南合作》，《世界知识》2015 年第 10 期。

[②]　关于不结盟运动的详细论述，参见高志平《三十年来中国对不结盟运动的研究》，《世界历史》2012 第 1 期，第 126 ~ 137 页。

都得到了极大进展。1974 年第六届特别联大通过的《建立新的国际经济秩序宣言》和《行动纲领》，以及 1979 年发布的《北方和南方：争取生存的纲领》（勃兰特报告）均呼吁国际社会关注不平等的国际经济秩序，提出以南北对话的方式来解决存在的问题，建立国际经济新制度。然而，南方国家在区域层面的合作逐渐显示出差异化。且受到冷战意识形态和安全需求的影响，部分南方国家的政治立场开始分化，分别倒向美国或苏联阵营，不结盟运动开始被边缘化。

南南合作在八九十年代处于停滞阶段，尤其是 80 年代被认为是"失去的十年"。部分南方国家从自身迫切需要出发，再次与发达国家进行"依附式"合作。它们在不得已接受来自国际货币基金组织和世界银行贷款的同时，也接受了来自国际金融机构的附加条件。20 世纪后半叶出现的南南合作已不再是发展中国家的主要战略选择。[1]

（二）南南合作的制约因素

回顾 20 世纪南南合作的发展进程可以发现，其缘起、发展与停滞既无法摆脱国际政治大环境的影响，又受到南方阵营内部的种种制约。

从全球层面来看：一方面，冷战是南南合作产生的国际背景和成因之一。随着冷战的结束，南南合作的意识形态基础发生了巨大变化，不结盟运动的重心明确转向经济发展。另一方面，北方国家的干预阻碍了南南合作的深入发展。发达国家在向南方国家提供它们所急需的贷款和援助的同时往往附加政治条件，使得发展中国家部分丧失了发展的自主性，内部凝聚力降低。且跨国公司的出现也进一步巩固了南北之间的"中心—边缘"结构，加深了南方国家对北方的依附。

从南方国家内部来看：首先，南方国家脆弱的经济基础决定了它们之间的合作无法实现预期发展。自身产业趋同以及对北方国家资金、技术和消费市场的依赖使得南南经贸合作脆弱性较大。其次，缺乏区域大国的推动使得南方国家在合作过程中往往面临协调成本大，政策执行不力等问题。部分区域性大国（如中国和巴西）缺席不结盟运动等主要的南南合作平台，降低了南南合作的代表性。最后，发展速度的分化导致南南合作区域内部和区域间的不平衡，造

---

[1] 以金砖国家合作为代表的新时期的南南合作将在第二部分进行分析。

成南方国家内部的"中心—边缘"结构，进而降低了部分国家参与合作的意愿。

综上所述，受制于国际政治局势、北方国家干预、缺乏大国参与、孱弱的南方经济，以及南方国家之间的矛盾等因素，南南合作收效甚微。南方国家的联合并未能帮助它们在二战后实现预想中的发展，进而未能改变不公正的国际经济秩序。

二　新时期的南南合作：背景、突破与创新

自新千年以来，以金砖国家为代表的一批新兴经济体的集体崛起冲击了既有的世界经济格局。新兴经济体迅速的经济增长使其在世界经济总量中的占比不断上升。自金融危机以来，以金砖国家为代表的新兴经济体对世界经济增量的贡献更是远超发达国家。这一改变为推进全球治理改革，提升南方国家的发言权和代表性提供了机遇。[①]

（一）新时期南南合作的现实背景：新兴国家的崛起

随着全球化的加速以及制造业重心由北向南转移，国际政治经济格局自20世纪末起发生了重大变化，南方国家内部也呈现新的分化。部分新兴市场国家受益于经济全球化而取得了迅速的经济增长，其中以中国、印度和巴西等大国的经济实力增长最具代表性。在此期间，俄罗斯受惠于石油价格的走高而同样在经济上实现了强劲复苏。[②] 在此背景下，传统北方国家逐渐认识到发展中大国迅速的经济增长给国际经济格局带来的冲击，并有意发展与它们的对话与合作。如2003年的八国集团峰会上，东道国法国邀请包括中国、巴西、印度、墨西哥和印度等在内的发展中国家，举行了南北领导人非正式对话会议。

---

① 关于金砖合作如何推进不合理的全球经济治理秩序的探索，参见徐秀军《制度非中性与金砖国家合作》，《世界经济与政治》2013年第6期，第77~96页。

② 虽然俄罗斯在严格意义上并不属于传统概念中的南方国家，但出于俄罗斯在当前与其他发展中大国共同的诉求——即改革不合理的世界经济秩序、提升发展中国家在全球治理中的代表性和话语权这一目的——可将俄罗斯视作一个新兴国家，并将包含俄罗斯在内的金砖国家合作视作南南合作实践。

此后的八国集团峰会大多延续了这一模式，为发达国家与新兴市场国家之间的合作做了铺垫。南北对话呈现新动力与新趋势。

2008 年金融危机爆发后，世界各国经济均受到不同程度的影响。相较于经济缓慢复苏的北方发达国家，以中国和印度为代表的新兴国家快速企稳回升，为拉动全球经济增长做出了贡献，同样也导致全球经济版图产生了巨大变化。在此期间，二十国集团取代八国集团成为国际经济合作与协调的首要全球性论坛，表明了部分南方国家已进入全球治理的中心地带，有望从被动地接受全球经济制度转向主动对其施加影响。然而，新兴国家经济实力的提升并未从根本上改变它们在国际经贸合作中的不利地位，南方国家在全球治理机制，特别是全球经济治理机制中的代表性和话语权与他们的经济实力很不匹配。基于此，关于改革全球经济治理体、构建国际经济新秩序的诉求继 20 世纪 70 年代后被再一次视作南北对话的核心议题。① 顺应时势，由中国、俄罗斯、印度、巴西和南非等五大发展中大国组成的金砖国家合作机制成了后金融危机时代最具代表性且最有影响力的南南合作平台之一。

（二）新时期南南合作的突破：从金砖五国到"金砖+"机制

经过十年的不断探索与发展，金砖国家合作在理念、议题、机制等方面取得了实质性的进展。五个发展中大国间的合作不仅对跨区域的南南合作模式进行了有效探索，金砖国家还将不结盟理念升级为全方位的伙伴关系。金砖国家结伴不结盟的新关系超越了冷战思维和你输我赢的零和博弈，践行了"开放、包容、合作、共赢"的新理念。虽然目前的金砖国家合作机制只包含五个成员国，但其成效与影响力并不局限于五国内部。在构建金砖五国全方位伙伴关系的过程中，他们同样注重挖掘和拓展与其他南方国家及南南合作平台之间的合作潜力。与此同时，随着金砖国家合作机制国际影响力的不断提升，越来越多的新兴国家表达了参与金砖合作机制的意愿，"金砖+"概念

---

① 例如，2003 年成立的印度巴西南非对话论坛（IBSA）就旨在协调新兴经济体在全球政治经济问题上的立场以及促进相互间经贸往来。在金砖合作成立之前，IBSA 可以看作南方崛起国努力提升自身在国际体系中的影响力和话语权的一个初步探索。然而，经济体量偏小导致了 IBSA 的影响力较为有限。

应运而生。①

总体而言，当前对于"金砖+"概念的解释有狭义和广义两类。从狭义的视角来看，"金砖+"的主要模式为金砖国家同外围国家的主题对话会，如2017年金砖国家领导人厦门会晤期间所举办的5+5"新兴市场国家与发展中国家对话会"，2018年约翰内斯堡峰会期间举办的"金砖国家在非洲：在第四次工业革命中共谋包容增长和共同繁荣"，及之前在年度峰会期间举行的数次外围对话。然而，这一解读仅聚焦于合作对话的形式，未能较为直观地解释金砖国家扩大朋友圈的原则、动力和目标。从广义的视角来看，"金砖+"可被视作金砖国家合作中所取得各类增量（即各类成果）的总结与概括，如合作议题的增长、合作成果的增多、合作伙伴的增加、合作制度的增强、影响范围的扩大以及代表性的增进等。但由于目前金砖合作成果主要集中在创始五国而辐射有限，因而无法突出金砖合作对非成员的影响。鉴于广义和狭义解释的不足，本文尝试从金砖五国建立"金砖+"机制的动机入手，来对"金砖+"做一个较为全面的概括。

自2009年首次在叶卡捷琳堡举办金砖国家领导人会晤以来，"提高新兴市场和发展中国家在国际金融机构中的发言权和代表性"这一诉求就贯串金砖国家合作的始终。作为五个发展中大国，金砖国家在现行全球经济治理体制之中常因受制于不合理且时滞性的权力分配规则，无法获得与它们经济实力相匹配的权力，因而常常面临集体性失语的困境。基于此，这五国希望以金砖合作为基础，通过制度创新来提升金砖机制对南方国家利益与诉求的代表力度，以促进新兴市场与发展中国家在全球治理机构中提升代表性与发言权。"金砖+"这一创新包含两个层面的尝试：一是创新对话机制，以外围对话会的方式来广结伙伴，把握发展进度，扩大金砖合作代表性；二是创建核心制度，通过建立新开发银行这一全球性开发性金融机构，弥补金砖合作制度化不足的缺陷，以促进金砖合作惠及其他发展中国家，并为金砖未来可能的扩员做铺垫。

从外围对话会的形式来看，当前的"金砖+"实践已发展出两条路径，

---

① 对于金砖合作宗旨及"金砖+"概念的论述，参见徐秀军《解码"金砖合作"》，《世界知识》2017年第17期，第14~23页；江时学《金砖国家合作：宗旨、成效及机制》，《国际关系研究》2015年第3期。

用以扩大金砖机制的代表性（见表1）。一是以地理位置为考量，邀请东道国区域合作伙伴。如2013～2016年举行的金砖国家领导人会晤均探讨了金砖国家与东道国所在区域之间的战略对接与合作。这一路径有利于加深金砖国家与特定区域的政经合作，但缺陷在于辐射范围有限，往往无法及时回应其他区域的诉求。另一个则是以发展程度为基准，向东道国所处区域之外的其他南方伙伴开放。如2017年厦门峰会上举办的新兴市场国家与发展中国家对话会就是对这一方案的具体实践。此路径突破了地域限制，将金砖伙伴关系拓展到全球南方。2018年的约翰内斯堡峰会更是将这两个路径合二为一，邀请众多非洲国家以及阿根廷（二十国集团轮值主席国）、牙买加（即将就任加勒比共同体主席国）和土耳其（伊斯兰合作组织轮值主席国）以及国际组织代表参加外围对话。①

表1　2013～2018年"金砖+"对话模式概览

时间、地点	路径	外围国家	对话主题
2013年南非德班	地理位置	非洲国家：安哥拉、刚果共和国、埃及、几内亚、科特迪瓦、塞内加尔、乍得等15国	金砖国家与非洲：致力于发展、一体化和工业化的伙伴关系
2014年巴西福塔莱萨		拉美国家：苏里南、阿根廷、玻利维亚、哥伦比亚、智利、厄瓜多尔、巴拉圭、秘鲁等11国	包容性增长的可持续解决方案
2015年俄罗斯乌法		欧亚经济联盟成员国、上海合作组织成员国及观察员国国家：亚美尼亚、阿富汗、白俄罗斯、伊朗、哈萨克斯坦、蒙古、巴基斯坦、塔吉克斯坦、乌兹别克斯坦等国	提高人民福祉，共商新兴市场国家和发展中国家团结合作
2016年印度果阿		环孟加拉湾多领域经济技术合作组织：孟加拉国、不丹、印度、缅甸、尼泊尔、斯里兰卡和泰国	金砖国家同"环孟加拉湾多领域经济技术合作倡议"成员国：充满机遇的伙伴关系

---

① 此次南非约翰内斯堡峰会计划以"金砖国家在非洲：向实现非洲愿景前进"和"'金砖+'：确保可持续和包容性增长以促进全球南方繁荣"这两个主题分别于2018年7月27日上午与下午组织"金砖+"分论坛讨论。经过多方磋商，主办方最终将两个分论坛合二为一，并延续大会主题"金砖国家在非洲：在第四次工业革命中共谋包容增长和共同繁荣"，组织金砖五国，非洲国家和新兴市场与发展中国家的二十余位代表共聚一堂，展望以金砖国家为代表的新兴经济体与非洲国家之间的合作。

续表

时间、地点	路径	外围国家	对话主题
2017 年中国厦门	发展程度	新兴市场和发展中国家代表：埃及、几内亚、墨西哥、塔吉克斯坦、泰国等 5 国	深化互利合作，促进共同发展
2018 年南非约翰内斯堡	地理位置＋发展程度	埃塞俄比亚、卢旺达、塞内加尔以及其他所有南部非洲发展共同体国家；阿根廷、土耳其和牙买加（新兴市场和发展中国家代表）；非洲区域组织与金砖银行代表	金砖国家在非洲：在第四次工业革命中共谋包容增长和共同繁荣

资料来源：作者自制。

从创建合作制度来看，金砖国家新开发银行于 2015 年正式宣布开业，成为世界银行之外的一个重要区域性多边开发机构之一。新开发银行的创新之处在于其成员国和受惠国身份的开放性。其宗旨在于"为金砖国家以及其他新兴市场和发展中国家的基础设施建设、可持续发展项目筹措资金……深化金砖国家间合作，作为全球发展领域的多边和区域性金融机构的补充，为实现强劲、可持续和平衡增长的共同目标作出贡献。"① 在运营两年后，新开发银行建成了第一个区域办公室，即非洲区域中心，将在未来拓展同非洲其他国家的业务。据新开发银行《2017 年至 2021 年五年战略规划》，非洲区域中心的成立是其未来五年发展战略的一个重要支点，新开发银行将面向全球吸收新成员，并计划于 2021 年前吸收不同大小、不同发展水平的成员加入该行，将业务范围拓展至全球。② 新开发银行是金砖合作目前最为重要也是制度化程度最高的机构，而其成员资格较之金砖国家具有更大的开放性。一国可以通过加入新开发银行获得与金砖五国进行长期制度化合作的机会，为金砖扩容做好准备。作为"金砖＋"的另一个载体，新开发银行有望在未来成为对接金砖国家和其他南方国家的重要桥梁。

---

① 金砖国家领导人第六次会晤《福塔莱萨宣言》，https：//brics2017.org/hywj/ldrhwwj/201701/t20170125_1351.html，最后访问日期：2018 年 4 月 15 日。

② 李志伟：《金砖合作，点亮非洲未来》，《人民日报》2017 年 8 月 20 日，第 03 版。

（三）从"金砖 +"看新时期南南合作机制创新

金砖国家合作机制的国际影响力不断提升，与"金砖 +"概念中蕴含的扩大参与广度、促进包容发展、推进平等协商及落实互惠共赢等四个方面内涵取得的进展密切相关。这些成就提升了金砖合作机制作为新时期南南合作的代表性平台的开放性、包容性、公平性和互惠性。"金砖 +"实践深化了"开放、包容、合作、共赢"的金砖合作精神，并为新时期的南南合作指明了方向。

首先，"金砖 +"机制提升了金砖合作的开放性。"金砖 +"是一个以创始五国为基础，并向其他南方国家和区域辐射的机制。这一机制不仅克服了以往南南合作缺乏大国参与的困境①，还拓展了南方国家的参与广度和合作范围，有利于其发展成一个开放的南南合作平台。自 2013 年金砖国家与非洲国家举行对话会起，金砖国家的对话伙伴已包含非洲、拉美、欧亚、南亚、东亚等地区广大发展中国家及区域性组织，在地理意义上提升了金砖机制的代表性。2017 年对话会则明确以新兴市场国家为目标，意图推进金砖国家与其他新兴经济体的互惠共赢，加速南方国家的发展。由于这一主题呼应了金砖国家开展务实合作的基调，因此有望成为今后"金砖 +"外围对话的主要模式。此外，作为"金砖 +"的实践之一，金砖国家新开发银行的成员资格同样向全球开放。因此，相较于 20 世纪的南南合作，"金砖 +"机制既凝聚了发展中大国的力量，又注重发展南方国家和区域组织之间的跨区域合作，拓展了南南合作的参与度和开放性，更提升了金砖机制对于南方国家的代表性。

其次，"金砖 +"机制增强了金砖合作的包容性。金砖合作不断拓展与其他南方国家和区域组织之间的伙伴关系，其目的不仅在于将更多的行为体纳入金砖合作机制，更在于从南南合作的视角出发，推动南方国家的多速发展②，实现共同繁荣。鉴于南方国家在发展阶段、政治体制、社会制度、经济发展模

---

① 论及大国，特别是发展中大国应在推进全球治理改革中的角色与责任，参见林跃勤《全球治理创新与新兴大国责任》，《南京社会科学》2016 年第 10 期，第 1～10 页。

② "多速发展"观念受"多速欧洲"的启发，意指客观地认识到发展中国家内部的发展差距，包容性地看待发展中国家选择的发展模式，并提倡高速发展的南方国家向欠发达国家和地区分享发展经验。

式以及文化传统等方面存在的巨大差异，金砖国家在拓展朋友圈的过程中并未因此将一些国家和区域排除在外，而是选择寻找最大公约数，尊重各自差别。特别是在发展"金砖+"模式的过程中，金砖国家明确表示不将自身成员国的发展模式强加于他国，而是选择与不同国家和地区进行对话，了解它们所处的具体发展阶段和面临的主要问题，尝试通过对接发展战略，并在可能的情况下提供资金、技术、市场和人才等方面的支持，将金砖国家合作的经验与成果惠及其他南方国家，使它们实现更好的发展。从这一视角看，"金砖+"是对南南合作"求同存异"理念在新时期的实践。在"金砖+"模式下，向发展中国家提供不附加任何政治条件的援助将可能成为今后南南财金合作的指导性原则，"南南发展银行"同样可期。

再次，"金砖+"机制巩固了金砖合作的公平性。随着年度峰会、新开发银行以及应急外汇储备等安排的确立，金砖国家合作机制逐渐从缺乏正式宪章及常设秘书处等办事机构的非制度性安排向制度化演进。暂且不论制度化的程度是否会制约金砖合作的灵活性和实效性，金砖国家在股权分配的过程中选择了五国平等协商和权力分享，而非根据经济实力加权的原则来对股权进行分配。[①] 尽管在成员国中，中国的经济实力最为突出，国内生产总值远超其他四国的总和。[②] 以金砖国家新开发银行分配股权和投票权为例，新开发银行法定资本为1000亿美元，初始认缴资本500亿美元分别由五国各出资100亿美元，而非按照经济实力大小分配股权。从这一案例可以看出，金砖五国（尤其是中国）在推进平等合作上所做出的努力。并且在具体的安排上，比如总部选址和管理人选方面也同样照顾各成员国的需求，尽量平等地体现每个国家的重要性。[③]

[①] 世界银行和国际货币基金组织是按照经济实力分配股权和投票权的典型国际组织。

[②] 根据世界银行统计数据，按照美元现价，在决定建立新开发银行的2013～2014年，中国的国内生产总值约为其他四国总和的1.5倍。到了2016年，中国的国内生产总值约为11.2万亿美元，约为其他四国总和的2倍。

[③] 对于平等划分投票权的制度架构，部分学者认为可能将影响决策效率。如潘庆中等认为，"平等投票权决定了金砖国家开发银行的决策模式依然是外交式而非组织式。外交式决策模式的效率要低于组织式的决策模式，因为前者主要基于事中的外交博弈，而后者主要基于既定章程中对主导者权利的事先确认"。参见潘庆中、李稻葵、冯明《"新开发银行"新在何处——金砖国家开发银行成立的背景、意义与挑战》，《国际经济评论》2015年第2期，第146页。

虽然这一平等协商的理念还有待时间检验，但这无疑打消了部分对金砖国家发展不均衡以及批评中国主导金砖合作的疑虑，同时也为新时期的大国合作以及南南合作提供了样本。金砖国家在制度化的过程中选择平等协商，传递了不以经济体量决定政治权利大小的理念，为国际关系民主化提供了一个新选项。

最后，"金砖+"机制巩固了金砖合作的互惠性。互利共赢是金砖五国务实合作取得累累硕果的基础，也是开展新时期的南南合作的指导性原则。"金砖+"的互惠性既体现在挖掘合作伙伴的发展潜力，又体现在对欠发达地区援助机制的落实。一方面，"金砖+"的外围对话机制为金砖国家和更多国家和地区之间互惠合作创造了机会。如"金砖国家与非洲：致力于发展、一体化和工业化的伙伴关系"、"实现包容性增长的可持续解决方案"、"金砖国家同'环孟加拉湾多领域经济技术合作倡议'成员国：充满机遇的伙伴关系"以及"深化互利合作，促进共同发展"等主题对话会都揭示了金砖国家试图挖掘与外围国家或地区的合作潜力，实现互惠共赢的愿景。另一方面，新开发银行非洲区域中心的成立落实了对非援助的渠道。该中心于2017年8月在南非约翰内斯堡成立，是新开发银行的第一个区域办公室，旨在助力南非乃至整个非洲地区在工业化、基础设施以及能源等方面的发展。这标志着金砖国家希望推动非洲国家乃至全球南方的可持续发展和基础设施建设，体现了金砖合作立足自身，广惠伙伴的担当。① 总之，"金砖+"强调了金砖国家在开展南南合作中应注重寻找相互之间的契合与互补之处，充分发挥各方优势，实现共同繁荣。

整体而言，依托外围对话会和创建新开发银行这两个主要机制，"金砖+"不仅将金砖合作"开放、包容、合作、共赢"的精神拓展到南南合作的过程中，更为新时期的南南合作平台构建提供了一种灵活务实、兼容并包的发展模式。在提升金砖国家合作机制在南方国家影响力的同时，也向区域和全球治理组织展现了金砖国家解决全球性问题的能力，并为提升南方国家在全球治理中的发言权和代表性做了铺垫。可以说，"金砖+"是金砖合作机制发展

---

① 尽管新开发银行的第一批获批项目仅针对五个创始成员国，但是根据《成立新开发银行的协议》，其他新兴市场国家和发展中国家有望在未来加入这一机构，并从新开发银行获得贷款。《成立新开发银行的协议》见 http://www.mof.gov.cn/mofhome/guojisi/pindaoliebiao/dhjz/gjjrzz/xkfyh/201703/t20170321_2561864.html，最后访问日期：2018年4月15日。

成为新时期有代表性的南南合作平台，甚至是全球治理平台的必由路径。如习近平主席所言："一花不是春，孤雁难成行。"要"深化务实合作，发挥互补优势"。"要利用好金砖国家、七十七国集团等机制，在更大范围、更广领域开展南南合作，携手应对各种全球性挑战，培育联动发展链条，实现联合自强。"①

三　从南南合作到南北合作：小结与展望

　　值得注意的是，20世纪南南合作的经验告诉我们，尽管南北之间存在"中心—边缘"的依附结构，但南南合作与南北对话之间并不矛盾。新兴经济体的迅速发展离不开全球化进程。虽然当前各种形式的保护主义、单边主义和孤立主义日益盛行，但是经济全球化的大趋势仍然没有发生明显逆转，资本、人口以及技术等要素在全球层面流通仍在加强。在这个复合相互依赖的背景下，新兴经济体的发展无法脱离当前的国际政治经济制度以及发达国家广阔的市场。因此，金砖合作不应以南南合作为最终目标，而是希望通过南南合作来发展南方国家之间的互利互信，以期在南北对话的过程中更好地代表南方国家的利益和诉求，并最终迈向人类命运共同体。如在2015年金砖国家领导人第七次会晤的《乌法宣言》中，金砖国家明确承诺："将进一步强化并支持南南合作，强调南南合作是南北合作的补充而不是替代，南北合作仍是国际合作的主渠道。"② 因此，新时期的南南合作的重点不仅要凝聚南方共识，还应促进南北沟通与南北政治经济机制更广泛的对接，为推进全球治理体系变革创造机会。以金砖国家新开发银行为例，目前而言，新开发银行的规模较小且影响力较低，仅可能对现存国际体系起到补充而非替代的作用。因此可加强其同世界银行、亚洲开发银行和亚洲基础设施投资银行等多边开发机构之间的联系，以及学习其他区域性财金合作，如清迈倡议多边化等得以成功发展的经验。这不仅对新开发银行的业务能力提升有所助益，还可以借助合作的渠道来呼吁全球治理体系变革，使国际经济秩序更符合全球经济格局。此外，金砖合作还应重

---

① 习近平：《深化互利合作　促进共同发展——在新兴市场国家与发展中国家对话会上的发言》，《人民日报》2017年09月06日03版。

② 金砖国家领导人第七次会晤《乌法宣言》，https：//brics2017.org/hywj/ldrhwwj/201701/t20170125_1352.html，最后访问时间：2018年4月15日。

视在其他新兴全球治理平台，如在二十国集团中积极发挥作用，并与集团中的其他新兴国家构建紧密的合作伙伴关系，以发出南方国家代表的集体和声，推动全球经济秩序变革。

总而言之，作为一个有影响力的南南合作平台，金砖合作通过"金砖+"机制不断地扩大了非成员国参与的广度、促进了南方国家的包容发展、践行了平等协商的合作原则及初步落实了互惠共赢的整体目标。在此过程中，金砖国家也在渐进合作中发展为一个正式机构与非正式制度共存、注重务实性与灵活性的机制。尽管这些理念的持续性和效率还需要时间去检验，但是其展现出新时代南南合作不同于以往南南合作的特征和动能使我们有理由相信，一个以金砖国家为核心的开放包容的南南合作平台将更为积极地应对当前的贸易保护主义和孤立主义，更为主动地致力于推动全球治理变革。通过南南合作与南北对话的双轨发展，南方国家有望摆脱依附地位而实现真正的发展。

参考文献

高志平：《三十年来中国对不结盟运动的研究》，《世界历史》2012 年第 1 期。

江时学：《金砖国家合作：宗旨、成效及机制》，《国际关系研究》2015 年第 3 期。

林跃勤：《全球治理创新与新兴大国责任》，《南京社会科学》2016 年第 10 期。

潘庆中、李稻葵、冯明：《"新开发银行"新在何处——金砖国家开发银行成立的背景、意义与挑战》，《国际经济评论》2015 年第 2 期。

任晓：《万隆会议后的南南合作》，《世界知识》2015 年第 10 期。

习近平：《深化互利合作　促进共同发展——在新兴市场国家与发展中国家对话会上的发言》，《人民日报》2017 年 9 月 6 日。

徐秀军：《解码"金砖合作"》，《世界知识》2017 年第 17 期。

徐秀军：《制度非中性与金砖国家合作》，《世界经济与政治》2013 年第 6 期。

B.12
试析金砖国家命运共同体的构建

卢　静*

摘　要： 金砖国家是当今世界一个具有重大国际影响力的新兴大国群体。构建金砖国家命运共同体无论是对建设人类命运共同体还是对推动金砖可持续合作而言，均具有重要的实践价值和历史意义。事实上，金砖国家在十余年的合作中已经发展成为一个利益共同体，合作进程中建立的伙伴关系、形成的金砖精神，为构建命运共同体奠定了基础。同时，金砖国家面临的内外形势变化为构建命运共同体提供了条件。金砖国家命运共同体在内涵上主要包括四个方面：建立平等相待、互商互谅的伙伴关系，谋求开放创新、合作共赢的发展前景，形成互信互助、共建共享的安全格局，促进和而不同、兼收并蓄的文明交流，形成共商共建共享的全球治理格局。构建金砖国家命运共同体需要在坚持整体性、主权、包容民主和责任共担等原则基础上，主要通过创新和完善合作制度来进行。

关键词： 金砖国家　命运共同体　金砖可持续合作

人类命运共同体是以习近平同志为核心的党中央顺应时代潮流而提出的一项构建世界新秩序的中国理念。它也成为中国在新的历史条件下走出一条中国特色大国外交之路的核心指导思想。构建人类命运共同体作为人类理想社会的

---
* 卢静，外交学院国际关系研究所教授，研究领域：全球治理和中国外交；项目来源：本文为国家社科基金一般项目《金砖国家可持续合作的动力研究》（项目批准号 15BGJ048）部分成果。

美好愿景，虽然在当前"国家利益高于一切"为指导原则的主权民族国家体系中注定是一项艰苦曲折的长期性任务，但绝不是一种不切实际的空想和乌托邦，而是人类社会发展的一种必然要求，也存在一定的现实基础。正如习近平指出的，"构建人类命运共同体是一个美好的目标，也是一个需要一代又一代人接力跑才能实现的目标。中国愿同广大成员国、国际组织和机构一道，共同推进构建人类命运共同体的伟大进程"。[1] 所以，构建人类命运共同体，需要我们从具备一定条件的国际合作伙伴、群体、组织或区域开始，与国际社会一道脚踏实地持续努力。

金砖国家是当今世界具有重要影响力的五个区域性新兴大国合作平台。构建金砖国家命运共同体无论是对建设人类命运共同体还是对推动金砖国家可持续合作，均具有重要的实践价值和历史意义。金砖合作启动十余年来取得了令世界瞩目的成绩，金砖国家事实上已经成了一个利益共同体，并且五国在合作进程中建立起的伙伴关系、形成的金砖精神，不但成为不同文明间交流互鉴的典范，而且为构建金砖国家命运共同体奠定了规范性基础。金砖国家面临的内外形势变化也为构建命运共同体提供了条件。金砖国家在新的历史发展阶段，以命运共同体目标愿景为指引，不断开创新的发展前景。正如中国国家主席习近平在 2017 年金砖厦门峰会召开前夕强调指出的："金砖国家是利益和命运共同体"，"我们要发扬合作共赢的金砖精神，秉持共商、共建、共享理念，继续高举发展大旗，坚定遵循多边主义原则和国际关系基本准则。只要大家心往一处想、劲往一处使，金砖合作一定会更加枝繁叶茂，迎来第二个金色的 10年"。[2]

一 构建金砖国家命运共同体的实践意义

构建金砖国家命运共同体意义重大。一方面，无论是对整个世界还是金砖国家的未来发展它都将产生积极作用；另一方面，它也是中国特色大国外交的

---

① 习近平：《共同构建人类命运共同体——在联合国日内瓦总部的演讲》，《人民日报》2017年 1 月 20 日。

② 《习近平集体会见金砖国家外长会晤外方代表团团长》，《人民日报》2017 年 6 月 20 日。

重要体现和实践舞台，对中国外交也产生积极意义。

首先，构建金砖国家命运共同体是建设人类命运共同体的重要组成部分。人类命运共同体作为一个超越了民族国家和意识形态的"全球观"，表达出中国追求和平发展的强烈愿望，也体现了中国与各国合作共赢的理念。① 同时，它也反映出在新的历史条件下中国引领世界秩序发展走向、勇担历史责任的担当意识。当今"这个世界，各国相互联系、相互依存的程度空前加深，人类生活在同一个地球村里，生活在历史和现实交汇的同一个时空里，越来越成为你中有我、我中有你的命运共同体"，这种形势要求世界各国"同舟共济，权责共担，增进人类共同利益"。② 因此，构建人类命运共同体是一种历史的必然选择。2015 年 9 月，习近平主席在联合国成立 70 周年系列峰会上全面阐述了人类命运共同体的内涵，即"建立平等相待、互商互谅的伙伴关系"，"营造公道正义、共建共享的安全格局"，"谋求开放创新、包容互惠的发展前景"，"促进和而不同、兼收并蓄的文明交流"，"构筑尊崇自然、绿色发展的生态体系"。③ 建设人类命运共同体的伟大目标，需要中国与国际社会一道努力，脚踏实地、由点到面地逐步建设。金砖国家作为一个新兴大国群体，是推动构建人类命运共同体和世界新秩序的关键性力量。金砖国家命运共同体作为人类命运共同体的一个重要组成部分，其建设对推动人类命运共同体和塑造新的世界秩序将产生十分积极的意义。

其次，构建金砖国家命运共同体对人类命运共同体建设将产生突出的实践价值和示范意义。金砖国家是由来自世界不同地区的五个新兴大国组成的，其内部存在突出的异质性和竞争性。这使得金砖国家自诞生以来，其发展前景一直不被国际社会看好。不少西方人士认为，金砖国家不过是"四个截然不同的市场"（disparate quartet）、一个"杂牌军"（motley crew）或一个"临时团组"（odd grouping），金砖国家是一个有缺陷的概念，其内部巨大差异性使其

---

① 《为世界许诺一个更好的未来——论迈向人类命运共同体》，《人民日报》2015 年 5 月 18 日。

② 《习近平对世界如是说》，人民网，2015 年 11 月 23 日，http：//theory. people. com. cn/n/2015/1123/c40531 - 27843728 - 3. html。

③ 习近平：《携手构建合作共赢新伙伴　同心打造人类命运共同体——在第七十届联合国大会一般性辩论时的讲话》，《人民日报》2015 年 9 月 29 日。

无法形成一个协调体①，是一直"在寻求黏合剂的金砖"。②然而，金砖合作十余年来取得的进展和成绩显然使政治制度和意识形态有差异、内部竞争明显，并存在潜在冲突的金砖五国，成为超越异质性和竞争性而致力于有效合作的典范。而在人类命运共同体建设中，难点之一就是如何使国际社会中利益多元、文化多样、发展不一的各行为体实现和平共处、合作共赢、和谐共生，而金砖国家命运共同体建设不仅对此将产生积极的示范意义，而且有助于增强人们对建设人类命运共同体的信心。

再次，构建金砖国家命运共同体也是金砖国家长期可持续合作的动力来源。金砖国家通过十余年合作已经结成了一个日益紧密的利益共同体。作为一个集体，金砖国家的国际影响力已得到大幅提升。然而，利益是一个具有高度主观性和动态变化性的概念，以利益为纽带的国际关系是脆弱的，以利益为目标的国际合作也面临持久性难题。在新的形势下，金砖合作需要寻找一个更具稳定性和可持续性的目标支持。当今世界正处于大发展大变革大调整时期，形势发展呼唤新的全球价值共识。国际体系和国际格局的大调整大变革为金砖国家参与国际事务提供了历史性机遇，而全球性相互依赖不断加深的历史大趋势和全球性挑战日益严峻的政治现实，使得构建人类命运共同体不仅成为可能而且也是一种必要。金砖国家以命运共同体为价值理念和目标引领，将提升金砖合作的层次，为推动金砖国家可持续合作提供源源不断的动力。

最后，构建金砖国家命运共同体也是中国特色大国外交的实践舞台和重要体现。人类命运共同体是崛起的中国在新的历史条件下引领世界秩序构建的新探索，也是中国特色大国外交的核心指导理念。人类命运共同体建设需要具体的实践舞台。近年来，中国积极从周边国家、中非、中拉、中阿等有基础和条件的国家和地区开始着手打造不同类型的命运共同体，并取得了积极成效。金砖国家作为覆盖地域更广、成员更加多元化、国际影响力更大的群体，如能朝着命运共同体的方向发展，无疑将彰显中国外交的国际影响，也必将对中国外交产生积极意义。

---

① Oliver Stuenkel, *The BRICS And the Future of Global Order*, Lexington Books, 2015, Introduction, p. x.

② Paul Gillespie, "BRICS Highlight Skewed Nature," *Irish Times*, March 31, 2012.

二 构建金砖国家命运共同体的现实基础和条件

金砖国家十余年的合作已经使其成了一个利益共同体,并且五国在合作进程中逐渐建立起了一种相互尊重、平等相待的战略伙伴关系,形成了独特的开放、包容、合作、共赢的金砖精神,成为不同文明间交流互鉴的典范。金砖合作进程中取得的这些成就为构建金砖国家命运共同体奠定了较为坚实的基础。

2006 年,金砖四国为了共同利益走到了一起,正式启动合作进程。2009年,四国为共度国际金融危机开启了制度化合作。十余年合作不但密切了金砖国家相互间的关系,并拉紧了利益链,而且使共同利益不断扩展。一方面,金砖国家在金融、货币、经贸和国际发展等经济领域利益纽带日益密切;另一方面,在反恐、网络安全、气候变化、粮食安全等一系列非传统安全领域,金砖国家的共同安全利益不断增多。同时,金砖国家间密切的机制性战略交流和沟通也使得各自的政治安全利益交叉重叠面扩展,安全共同体意识得以增强。此外,人文交流的扩大和机制化也不断夯实着金砖合作的民意基础。

金砖国家坚持主权平等的合作原则,通过领导人峰会引领下的多层次、各领域的网络化合作机制,对于共同关注的话题进行共商共议,对于共同面临的问题坚持合作解决,对于涉及一国核心利益的任何问题,其他四国尽量做到战略上给予支持,尤其要提到的是,2013 年俄罗斯因乌克兰危机而面临西方世界的孤立和抵制,是金砖国家的战略支持和合作使得俄罗斯摆脱了外交上的孤立。因此,从上述方面看,金砖国家间事实上已经建立起了一种相互尊重、平等相待的战略伙伴关系。而这正是构建金砖国家命运共同体的政治基础。

金砖国家作为五个地区性新兴大国,同时也代表了五种极具特色的政治和社会文明。在十余年合作过程中,五国基本做到了从战略高度出发处理相互间关系。坚持以求同存异原则来对待内部差异,寻求一致性和共同点;通过密切沟通和交流来增进相互间认知和理解,从而培育战略互信;秉持合作共赢理念,在追求自身发展和个体利益的同时也兼顾他国的发展诉求和整体利益,从而形成了以开放、包容、合作、共赢为核心特征的金砖精神。金砖精神是构建命运共同体的价值理念基础。

如今，内外环境的变化使金砖合作站在了一个新的历史起点上，新起点意味着新使命，新使命呼唤新任务。构建金砖国家命运共同体就是新形势下金砖国家的新使命和新任务。同时，内外形势的发展也为金砖国家构建命运共同体提供了条件。

第一，金砖合作的国际环境已经发生重大改变。虽然国际金融危机逐渐远去，但是危机造成的深远影响不断显现，世界政治经济形势呈现高度的不确定性。在世界经济面临增长曲折、结构性改革压力加大的情况下，国际社会的反全球化和逆全球化风潮涌动，观念冲突和对立、政治分化和对抗、社会不稳定因素增加，这一切使得国际社会处于一个发展的十字路口。此种形势迫切要求一种新的价值理念的引导，构建命运共同体是金砖国家顺应形势要求的新的历史使命。

第二，金砖国家与外部世界的关系也已经发生了深刻变化。危机时期出现的新兴国家与发达国家携手共渡的情形不再，发达国家由于担心以金砖国家为代表的新兴国家可能挑战其长期拥有的在国际体系和世界秩序中的主导地位，而明显加大了对后者的制约，金砖国家的发展面临更加不利的外部环境。与外部世界关系的变化要求金砖国家寻求自身与外部世界关系的最大公约数，从而实现更高目标、更大范围和更广领域的国际合作。由此，构建金砖国家命运共同体成为一种必然要求。

第三，金砖国家自身发展也进入了一个新的历史阶段。随着综合实力和国际影响力的持续增长，金砖国家已经从诞生时期的国际金融危机的应对者发展成为现在的国际新秩序的积极塑造者，金砖合作机制如今在国际体系变革和世界秩序发展走向中发挥着十分重要的影响，这也标志着金砖合作进入了一个新的发展阶段。在新的发展阶段，金砖国家面临新目标和新任务，构建命运共同体就是金砖国家当前所处的发展阶段的一种要求。

因此，国际形势的发展、金砖国家与外部世界的关系，以及金砖国家自身发展阶段的要求等，是金砖国家构建命运共同体的重要条件。

三　金砖国家命运共同体的主要内涵

金砖国家命运共同体在内涵上主要包括建立平等相待、互商互谅的伙伴关系，谋求开放创新、合作共赢的发展前景，形成互信互助、共建共享的安全格局，促进和而不同、兼收并蓄的文明交流，构建共商共建共享的治理格局。

建立平等相待、互商互谅的伙伴关系，是金砖国家命运共同体的政治内涵。伙伴关系是不同于传统的以实力为基础的具有明确敌友关系特征的一种新型国际关系模式。王毅部长将伙伴关系的鲜明特征总结为四个方面：一是寻求和平合作；二是坚持平等相待；三是倡导开放包容；四是强调共赢共享。[①] 金砖国家在合作进程中始终致力于以共赢而非零和的理念处理国与国的交往，注重寻求各国共同利益的汇合点；主张各国平等参与国际事务，尊重各国主权、独立和领土完整，尊重彼此的核心利益和重大关切，尊重各国人民自主选择社会制度和发展道路；努力在交流互鉴中取长补短，在求同存异中共同前进；通过合作做大利益的蛋糕，共同分享成功的果实，实现共同的发展繁荣。这使得金砖国家事实上已经建立起了一种平等相待、互商互谅的伙伴关系。

谋求开放创新、合作共赢的发展前景，是金砖国家命运共同体的经济内涵。共同的发展利益使金砖国家开启了正式合作，如今作为新兴大国和发展中国家，金砖国家仍然面临谋求发展的首要共同任务。回顾过去十多年的合作，金砖国家在合作共赢理念指导下加强经济合作，而经济合作也成为金砖合作中最重要、成果最丰富的领域。这为金砖国家各领域合作奠定了物质基础。当今世界面临新一轮的科技革命和产业变革大潮，金砖国家的发展面临新的机遇。在此形势下，中国政府倡议要坚持创新引领，把握发展机遇。为此，要加大创新投入，着力培育新的经济增长点，实现新旧动能转换；全力推进结构性改革，消除一切不利于创新的体制机制障碍，充分激发创新潜能和市场活力；树立全球视野，深化国际创新交流合作，发挥各自比较优势和资源禀赋，让科技进步惠及更多国家和人民。[②] 积极谋求开放创新、合作共赢的发展前景，是金砖国家命运共同体的经济内涵。

---

① 王毅：《中国提倡的伙伴关系具有四个鲜明特征》，外交部网站，2017 年 3 月 20 日，http://www.fmprc.gov.cn/web/wjbzhd/t1447081.shtml。
② 习近平：《顺应时代潮流 实现共同发展——在金砖国家工商论坛上的讲话》，《人民日报》2018 年 7 月 26 日。

创建互信互助、共建共享的安全格局，是金砖国家命运共同体的安全内涵。当今世界，虽然和平、发展、合作是时代潮流，但世界仍然面临严峻的安全威胁，国际和地区热点问题频发，一系列非传统安全问题不断显现并日益严峻。没有一个和平稳定的安全局势，任何国际合作都难以顺利开展，金砖合作也是如此。尤其是金砖国家内部突出的异质性和竞争性，以及潜在的冲突性，使得建立和平稳定的国际安全秩序更加有必要。事实上，金砖合作伊始就包含了安全合作的内涵，十余年来金砖国家通过领导人会晤为引领的各层次沟通和交流，不断凝聚战略共识、增进战略互信，并在重大安全问题上相互协助，同时在共同关注的一系列非传统安全议题上加强合作，努力创建一种互信互助、共建共享的安全格局，为命运共同体建设提供安全保障。

促进和而不同、兼收并蓄的文明交流，是构建金砖国家命运共同体的文化内涵。人类社会自古以来就形成了一个多元文明共存的世界，不同文明在寻求自身发展和促进人类社会的发展进步方面均做出了各自贡献，而且也正是多元文明的共存才使得世界更加丰富多彩。金砖国家是当今世界多元文明共存的典型体现，五个新兴大国在政治文明、社会文化、历史传统等方面内部差异性巨大，但加强合作的战略共识使得金砖国家实现了不同文明在平等交往中相互了解，并形成了一种跨文化共识，这不仅为加强金砖合作而且也为破解当前国际社会中的文明对抗和冲突、世界秩序之争提供了方案。同时，不同文明间的对话和交流也使得各自文明得到了丰富和再造，从而对各自的发展起到了积极促进作用。

共商共建共享的全球治理格局，是金砖国家命运共同体的重要平台。加强全球治理是全球化世界的必然选择，也是金砖合作的重要内容。金砖国家随着实力和地位的提升，已经成为国际治理体系的重要组成部分，在一系列全球性问题的解决中是不可或缺的成员。全球治理在本质上要求各行为体平等参与、共同协商、合作解决全球性问题，同时也共同享受全球治理的成果。而金砖合作中建立起的平等相待、互商互谅的伙伴关系，为金砖国家形成共商共建共享的治理格局奠定了政治基础。金砖国家通过积极参与全球治理，既有助于提升参与全球事务的能力和影响力并增强国际合法性，也有利于进一步凝聚共识、扩展利益范围和加强国际协调和合作，对金砖国家命运共同体建设起到积极的推动作用。

四 构建金砖国家命运共同体的基本原则

从命运共同体的宗旨和目标,以及金砖国家发展的现实状况来看,构建金砖国家命运共同体需要坚持以下四个基本原则,即整体性原则、主权原则、包容民主原则和责任共担原则。

第一,坚持整体性原则。整体性观念认为,世界上各种事物、过程是一个由各要素组成的合乎规律的有机整体,这些整体的性质与规律只存在于组成各要素的相互联系和相互作用之中。因此,整体性原则主张,把认识对象始终作为有机联系的整体,从对象本身所固有的各个方面、各种联系上进行考察,从而综合地、立体地、系统地掌握对象的整体性质。① 当今世界,全球化已经使人类社会成了一个你中有我、我中有你、一荣俱荣、一损俱损的整体,尤其是在面临资源能源短缺、生态环境恶化、恐怖主义和跨国犯罪增多等各种既相互交织又互为因果的全球性挑战面前,世界整体性特征更加突出,这就需要人们从世界的整体利益而非民族国家的占优利益出发来认识世界,并以此作为构建世界新秩序理念的出发点和归宿。金砖国家不但是利益共同体而且事实上也是命运共同体,在严峻的全球性挑战面前金砖国家命运与共,并且在改变不公正不合理的国际政治经济旧秩序方面金砖国家也是命运相连。所以,构建金砖国家命运共同体首先要坚持整体性原则,树立整体意识的核心价值取向。

第二,坚持主权原则。金砖国家命运共同体的建设,不是追求一个具备超主权性质的组织机构,而是在主权原则基础上的合作。因为只有坚持主权原则,才能保证弱势群体的利益和诉求,才能激发所有参与者的热情,保障各方的平等参与,才能使各方恪守相互尊重、平等相待的行为准则。在当今国际政治现实中和金砖国家发展的现实阶段,建设金砖国家命运共同体必须坚持主权原则。事实上,国家主权和命运共同体不是一种相互对立、相互排斥的关系,而是相互承认、相互包容的关系。一方面,共同体权力来自主权国家的赋予,靠主权国家来维护,没有国家主权也就谈不上共同体权力;另一方面,共同体为主权国家提供了能够更加充分发展的良好环境,共同体是国家的一种理想生

---

① 吕国忱:《科学认识整体性原则的历史考察》,《浙江学刊》1986 年第 5 期,第 115 页。

活状态，共同体的存在保障了国家主权能更好地服务于国内人民，从而促进国家福利。

第三，坚持包容民主原则。包容既是一种人生态度和境界，也是处理国家间关系的一种原则。开放包容是当今全球化和多元化世界的必然要求，它体现了当今世界的一种主权、正义、民主的政治价值观。而民主既是一种价值，也是管理公共事务的一项制度，还是保护个体自由的一系列原则和行为方式。民主在当今世界存在多种形式，尤其是西方民主价值理念、制度设计和实践运作历时长、运用广，但目前也面临种种困境和挑战，其中一个重要挑战是如何体现公正性和代表性的问题。基于开放包容基础上的民主则是一个解决之道。金砖国家在主权原则基础上尊重彼此的发展道路和模式，相互照顾关切，通过凡事共同商量的协商民主来解决共同面临的问题，有助于共同建设一个和平、合作、和谐的命运共同体。

第四，坚持责任共担原则，携手共建一个更加美好的世界。参与全球治理是一个获取权利和承担责任的统一进程，但更多地意味着要承担提供全球公共产品的国际责任。金砖国家参与全球治理在提升自身国际地位和全球影响力的同时，也要求必须承担提供国际社会需要的公共产品的责任。而承担国际责任事实上也是任何一个国家应尽的义务。虽然现代国家诞生于本国人民的赋权，为本国人民服务是其应尽的责任，也是其存在的根本理由和合法性来源，但是国家也存在于国际社会，也必须承担国际责任，以维护良好的国际环境。金砖国家在参与全球治理、建设金砖国家命运共同体过程中，要坚持责任共担原则，通过共商共建共享的治理格局，携手共建一个更加美好的世界。

五 构建金砖国家命运共同体的实践路径

构建金砖国家命运共同体关键靠制度建设。虽然金砖国家已经建立了日益完善和务实的合作制度网络，但建设命运共同体也面临内外形势变化带来的一系列新挑战。新形势下，要强化金砖国家命运共同体意识，推动共同体建设，需要通过不断创新和完善合作制度来进行。在合作制度建设过程中，要充分发挥实践主体的能动性和创造性，积极进行制度创新。根据金砖合作十年的积累和制度建设的成果与经验，未来的制度创新和完善要着重做好以下几方面的工作。

首先，继续推动金砖经济合作制度的实心化。经济合作一直是金砖合作的主线，该领域的丰厚收获既给五国及其人民带来了实实在在的好处，也惠及世界并扩大了金砖国家的国际影响力。所以，切实推进经济合作制度的务实发展，有助于筑牢金砖合作的根基。2017 年金砖国家厦门峰会在完善金砖国家经济合作制度方面做出了积极探索。峰会期间不但召开了金砖合作进程中迄今规模最大、规格高、范围广的一次金砖国家工商论坛，广泛听取包括发达国家工商界人士在内的更广范围的声音，而且在峰会前还举行了金砖国家财长和央行行长、知识产权局长、能源部长、农业部长、经贸部长等系列部长级会议，推动了《金砖国家经济伙伴战略》的全面落实和金砖国家宏观政策协调和发展战略对接。同时，金砖国家新开发银行和应急储备安排，作为金砖合作制度的实体化成果，是金砖经济金融合作制度实心化的重要标识，在实践运行中需要不断创新决策机制和利益分配机制，从而使其运行更顺畅、成果更丰富。

其次，推动金砖合作架构的均衡协调发展。金砖国家自启动合作进程伊始，伴随着经济领域的合作，也一直存在政治安全领域的合作，金砖国家也深刻认识到，只有增进战略互信才能实现更好的合作。早在 2014 年金砖国家福塔莱萨峰会期间，习近平主席就提出，金砖国家既要做世界经济稳定之锚，也要做国际和平之盾，要把自身发展同世界和平稳定结合起来，做世界和平的维护者、全球安全的促进者、国际安全秩序的建设者。在经济和政治安全合作机制建设中，实现人文交流制度化，有助于夯实金砖合作的民意基础。当今世界，经济全球化和社会信息化已经将人与人的交流、心灵与心灵的交流视为国家之间关系不可或缺的部分。推动金砖五国人民的交往和相互了解，增强彼此的信任和情谊，将为金砖合作注入绵绵不绝的动力。金砖国家自厦门峰会开始把人文交流互鉴作为金砖合作的第三个轮子，实现了金砖合作机制的政治、经济、人文"三轮驱动"模式。但是，人文交流机制化建设才刚刚开始，五国间的民心相通还需要不断努力，同时政治安全领域的合作机制也面临战略互信不足和危机管控措施缺乏等问题，要使金砖合作架构更加均衡，需要政治、经济、人文等领域的制度协调配合、相互促进，也需要更多的非国家行为体深入参与金砖合作进程，改变金砖合作主要依靠各国政府主导的局面。只有把来自各领域的社会各界的组织、机构甚至个人共同汇成一股合作洪流，才可能使金砖合作趋势不可逆转并动力十足。

再次，实现金砖合作制度的网络化发展。金砖国家虽然只包括五国却是新兴经济体和发展中国家的代表，金砖合作也致力于打造成当今世界最有影响力的南南合作平台。所以，通过制度建设构建更大范围的利益共同体和关系网络，是金砖合作制度建设的发展方向。经济全球化使得金砖国家经济与世界经济实现了高度交融。世界银行的一项统计显示，金砖国家增长速度每下降1个百分点，在接下来的两年中全球经济增速就会放缓0.4个百分点，非金砖国家的其他新兴市场经济体下降0.8个百分点，边境市场经济体下降1.5个百分点。① 与此同时，共同应对日益严峻的全球性挑战，也扩大了金砖国家与世界各国、各地区的利益交汇。因此，金砖国家可以通过加强制度网络化建设来扩展和深化与外部世界的利益交汇点，构建更广泛的利益共同体和关系网络。"金砖＋"模式是金砖国家打造南南合作新平台的重要制度创新。金砖国家通过加强与世界上更广范围的新兴经济体和发展中国家的对话，扩大在发展中世界的"朋友圈"。一方面使金砖国家可以与更大外部市场的对接，这有助于探索更加灵活多样的合作模式，挖掘更大的合作动力和潜力；另一方面也更有利于金砖国家在全球事务上代表广大发展中国家发声，增强金砖国家在发展中国家的感召力和影响力。此外，金砖国家也要加强与发达国家的对话与合作。这是因为，其一，金砖各国已经与发达国家形成了一种高度相互依存的局面，甚至这种依存程度大大高于发展中国家之间；其二，金砖国家长期以来一直被不少西方人士视为"霸权转移过程中美国霸权的首要挑战者"和"西方制定的世界秩序的长期潜在威胁"，虽然其中的原因复杂多样，但西方国家视金砖国家为对立的"他者"的形象对金砖国家积极参与国际事务和全球治理带来了十分不利的影响。所以，金砖国家除了利用G20平台和联合国系统的各类国际合作平台加强与发达国家对话与交流外，还可以进一步创新"金砖＋"模式，或者探索一种新制度来加强南北对话与合作。

最后，强化合作制度的执行力。执行力是衡量一项制度是否有效的重要方面。虽然务实型合作的金砖国家不是碌碌无为的清谈馆，但由于金砖合作制度

---

① 拉朱·汇德姆、M.阿伊汉·高斯、弗朗西斯卡·L.奥恩佐格：《金砖国家经济增长放缓及其溢出效应》，《新金融》2017年第2期，第33页。

的法治化程度不高，也必然影响到其执行力的问题，因此还需要强化制度的执行力。影响制度执行力的因素很多，包括制度设计的合理性、制度的公平性等。根据金砖合作制度的实际情况，制度的设计是由五国平等协商制定出来，但制度的落实和执行很大程度上受制于五国的国内政治和国家治理情况，而金砖合作奉行的主权原则使得制度的执行更多依靠各国的自觉行为。在此情况下，强化金砖合作制度的执行力，就是要在不断增强金砖国家的共同身份认同的基础上，有效联通国际制度与国内制度、全球治理与国家治理，使双方相互促进、协同发展。此外，制度的可操作性也是影响执行力的重要因素，制度在设计阶段要进行充分的调研和论证，保证制度的可操作性。而加强对制度执行的监督也有助于增强其执行力，所以探索适合的监督方式方法或形成监督体制，也是很有必要的。

B.13
国际能源合作体系中的南南合作

冯晓琦　万军*

摘　要： 能源是南南合作的重要领域。国际能源市场供求格局近年来发生了很大的变化，对发展中国家在能源领域的合作产生了深远的影响。发展中国家通过双边或者多边机制，搭建了一系列能源合作国际平台，在确保能源安全、开发和利用清洁能源等领域展开了广泛的合作，促进了全球能源治理机制的不断完善。近年来，能源领域的南南合作取得了很大的进展，但也存在一些问题和挑战。中国作为世界上最大的发展中国家，在新型南南合作中的重要性日益凸显，在推动发展中国家间的能源合作方面发挥积极作用。

关键词： 南南合作　全球能源治理　金砖国家

南南合作是 20 世纪五六十年代以来发展中国家之间开展的以减少对发达国家依赖为目的的互助性经济合作。近年来，随着新兴经济体的群体性崛起，发展中国家之间"互通有无"式的合作逐渐发展为以"互利共赢"为目标的经贸合作。能源是南南合作的重要领域。随着世界能源格局的调整，发展中国家间的能源合作日益紧密、形式更加多样，全球能源治理机制也因此不断得到完善。中国作为最大的发展中国家，在推动能源领域的南南合作方面发挥越来越大的作用。

* 冯晓琦，对外经济贸易大学金融学院，副教授，主要研究领域：风险投资、宏观经济。万军，中国社会科学院世界经济与政治研究所，副研究员，主要研究领域：产业经济、世界经济。

一 世界能源格局的变化及其对发展中国家的影响

随着美国的页岩气革命和中国、印度等新兴经济体的快速增长，以及国际社会对低碳经济关注度的日益提高，国际能源市场供求格局发生了很大的变化，对发展中国家的能源供给和需求，以及在能源领域的合作产生了深远的影响。

（一）能源供给过剩严重冲击了油气生产国

近年来，全球能源供给继续走向多中心化。美国的能源供求格局和能源安全态势发生了很大变化。在美国前总统奥巴马的第一个任期内，勘探开采技术的进步使美国的非常规油气开采出现了重大突破，出现了"页岩气革命"，使美国由天然气进口国一跃成为全球最大的天然气生产国。同时，美国以伴生气凝析油为主的非常规石油产量也迅速增加，使美国也成为重要的石油生产国。根据美国能源信息署提供的数据，美国的原油产量自 2007 年以来逐年大幅攀升，2017 年日均产量已达 9367 千桶，当年世界石油生产大国俄罗斯和沙特阿拉伯的产量分别为 10580 千桶和 10134 千桶，美国的石油产量已经非常接近这两个石油大国（见图 1）。美国从全球最大的石油天然气消费国和进口国摇身一变，成为世界油气市场上的重要供给者。美国在国际油气市场上的身份变化，极大地冲击了全球油气市场。花旗银行认为，美国在 2020 年有可能成为世界最大的天然气和石油生产国，如果将加拿大的油砂和墨西哥深海石油供应潜力也考虑进来，北美地区将可能成为"新中东"，这将极大地改变全球能源市场的供给结构。

全球金融危机以来，世界经济长期在底部徘徊。主要工业国和新兴大国都不同程度地出现了经济增长乏力，导致全球油气需求不足。而随着美国加入油气供给国的行列，全球油气市场上出现了供求失衡。从 2014 年下半年开始，美联储货币政策的调整造成了美元指数持续攀高，导致国际大宗商品价格暴跌。全球油气市场失衡本来已经对油价构成了上行压力，再加上国际金融市场的巨大动荡，近年来石油价格出现暴跌，从每桶上百美元最低跌至每桶 26 美元左右。石油供给过剩和油价大幅回落给石油生产国造成了巨大的冲击。尽

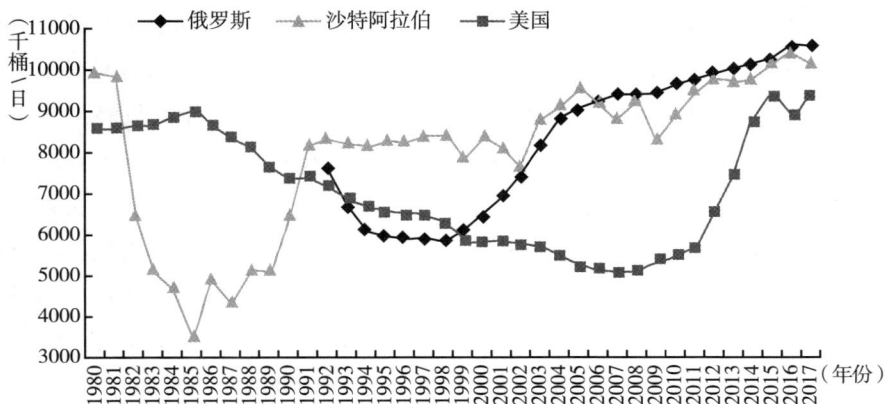

图1　1980～2017年俄罗斯、沙特和美国的原油日产量变化

资料来源：美国能源信息署，https：//www.eia.gov/beta/international/。

管从2016年开始，国际油价开始止跌回升，目前国际油价基本徘徊在每桶70美元左右。但美国总统特朗普在"美国优先"理念的驱使下，在国际贸易领域积极推动贸易保护主义，不断制造与其他主要经济体之间的贸易摩擦，尤其是发起了针对中国的对华贸易战，不仅严重影响了中美之间经贸关系的持续发展，而且对本来就复苏乏力的世界经济造成了新的冲击。在美国与主要经济体之间贸易摩擦愈演愈烈的背景下，2018年4月以来，美元指数也出现了一波强劲的反弹。美元的走强使得新兴经济体的货币出现明显走弱，巴西雷亚尔、南非兰特、阿根廷比索和土耳其里拉等货币相对美元都出现了大幅贬值，对这些国家的对外贸易和经济稳定造成了重创。经济增长速度的放缓必然会导致新兴经济体能源需求的减少，在一定程度上制约全球油气市场需求的增长。世界的油气资源储量虽然非常丰富，但是空间分布很不平衡，油气生产国大多是发展中国家，非OECD国家的石油和天然气资源的全球占比分别在76%和88%以上。市场困境使得这些油气生产国的经济收入锐减，进而导致政府财政收入减少、国际收支失衡和本国货币贬值，经济增长陷入停滞。面对这种局面，油气生产国迫切需要寻求国际能源合作，以使本国经济尽快摆脱困境。

（二）发展中国家成为推动能源需求增长的主要动力

在全球能源供给侧发生重大变化的同时，国际能源市场的需求格局也在发生变化。西方发达国家的油气消费增长非常缓慢，新兴市场国家日益成为国际油气市场的主要需求方，全球能源需求东移趋势日益明显。发达国家正在积极推动能源结构转型。2014年美国白宫曾经发布了《全方位能源战略：通往经济可持续增长之路》报告。报告主要包括三个主要内容：促进经济增长和创造就业、保障能源安全和支持低碳技术与清洁能源。"全方位"能源战略通过推动环境友好型的石油和天然气生产，鼓励太阳能、风能等可再生能源以及核能的建设，并支持在以煤炭和天然气为燃料的火力发电厂推行碳捕捉、利用和收集的项目，从而提升能源效率，减少能源需求。特朗普的能源政策与奥巴马时期有显著的不同，更加强调发展化石能源而不是新能源，但其目的不是大幅提升油气在国内能源消费中的比重，而是更好地促进石油天然气产品的生产和出口，以巩固页岩气革命以来美国在油气生产领域形成的新竞争优势。欧盟发布的"欧洲2020战略"确定了2020年要实现的低碳经济发展目标，届时能源消耗要比1990年减少20%。尽管发展中国家也在不同程度地推进能源转型，但随着发展中国家工业化水平的不断提升，它们的能源需求还在持续增长。中国和印度是经济增长较快的南方国家的代表。国际能源署曾经预测，2010～2035年，新增煤炭需求的近100%、新增石油需求的95%、新增核能需求的65%、新增天然气需求的35%左右都将来自中国和印度。随着越来越多的发展中国家希望通过承接国际产业转移来推动本国的工业化进程，广大发展中国家的能源需求还会增长。发展中国家正在成为全球能源需求增长的主要推动者。

（三）日益严格的减排标准推动了发展中国家新能源的使用

近年来，工业化过程中碳排放所导致的温室效应引起了国际社会的广泛关注。2015年底在巴黎召开的联合国气候变化大会上，《联合国气候变化框架公约》的197个缔约方经过长时间的讨论，最终达成了《巴黎协定》，这是继《京都议定书》以来第二份具有约束力的国际协定。《巴黎协定》明确了全球共同应对气候变暖的长期目标：把全球平均气温升幅控制在工业化前水平以上2℃之内，并努力将气温升幅限制在工业化前水平以上1.5℃之内。《巴黎协定》确定了2020年后全球合作应对气候变化行动和进程的方向与目标，发达国家和发展中国家将按照不同的国情体现平等以及共同但有区别的责任和各自的原则，自行确定各国在减排方面的自主贡献。按照《巴黎协定》的安排，要想实现将全球气温上升控制在2℃以内的目标，发达国家应当继续带头，努力实现绝对减排目标。发达国家应当向发展中国家缔约方提供资金资助和技术支持。发展中国家应当继续加强减排努力，根据不同的国情，逐渐实现绝对减排或限排目标。

尽管目前化石能源仍然是发展中国家使用的主要能源，但在《巴黎协定》的约束下，发展中国家为了更好地履行共同而有区别的责任，都在积极推广新能源的使用。目前人类社会的能源消费结构是以消耗煤炭、石油、天然气等化石能源为主，在全球共同应对气候变暖的背景下，现行能源结构在未来将逐渐发生改变。作为既可再生又清洁的能源，太阳能利用有很大的发展前景。近年来，随着各国的政策鼓励和技术进步的推动，各国的光伏产业发展很快，光伏太阳能在能源结构中的地位不断提升。21世纪可再生能源政策网络提供的数据显示，2017年全球新增发电装机容量中有70%来自可再生能源，较2016年的63%又有了大幅提升。可再生能源增长最快的领域是光伏发电。以光伏太阳能为代表的新能源因其低碳和环保而受到越来越多的发展中国家的重视。不少发展中国家日照资源丰富，拥有发展光伏太阳能得天独厚的优势，光伏发展前景非常广阔。2017年全球光伏装机容量较2016年增加了29%，全球累计光伏装机容量已达402GW。未来光伏市场仍有巨大的发展空间。随着技术进步和政府激励政策的发展，太阳能发电的增长速度在不断加快，装机容量和组件成本之间形成了良性循环，累计装机容量每增加一倍，组件成本将下降24%，促使发电成本进一步降低，也使得光伏发电更具成本竞争力。中国已成为全球光伏装机容量最大的国家，印度近年来光伏装机规模增加很快，2011年光伏装机容量仅为0.5GW，2016年就增加到9.1GW，5年时间增加了17倍。印度在2014年、2015年和2016年新增装机增速分别为45%、59%和78%，2017年印度的累计装机容量已达18.3GW，在全球排名第六。目前巴西的光伏太阳能装机容量也突破了1GW，跻身全球前30名之列。发展中国家的需求将推动全球新能源市场持续扩大。

（四）发展中国家推广节能减排技术需要资金和技术援助

对于广大发展中国家来说，要在保持经济快速增长的同时实现温室气体减排的目标，不仅需要顺应国际能源格局的新变化，从宏观层面调整产业结构和能源结构，也应当从企业层面上推动实现能源与可持续发展技术的研发和应用。国际能源署和工业生产力研究所（IIP）联合发布的《工业能源管理行动计划——节能创造价值》报告指出，推广节能技术，不仅能够显著减少能源使用量，还能降低温室气体排放，并有利于提高企业的生产效益。从欧洲国家的经验来看，节能技术的推广应用较分散的能源管理活动，在提升能源节约的绩效、实现企业业绩目标以及其他政策目标等方面效果更加明显。通过大力研发清洁能源技术和节能减排技术，并利用市场机制实现新技术的应用和扩散，使新技术逐渐渗透到能源勘探、开发、加工、转换、输送的每一个应用领域，利用科学技术发展的无限潜力来改善发展中国家所面临的资源和环境约束。节能减排新技术在发展中国家有广阔的应用前景，但由于技术能力欠缺和市场推广资金的不足，能源与可持续发展技术在发展中国家还没有获得广泛的应用，迫切需要获得外部的资金和技术援助。

二　全球能源供求新格局下南南合作的现状

发展中国家在能源领域面临共同的问题和挑战，全球能源结构的新变化也促使它们加强在能源领域的国际合作，以促进互利共赢。近年来，发展中国家通过双边或者多边机制，搭建了一系列能源合作国际平台，在确保能源安全、稳定能源市场、开发和利用清洁能源、能源与气候变化、能源效率与可持续发展等领域开展了广泛的合作，促进了全球能源治理机制的不断完善。

（一）能源安全领域的南南合作

对于任何一个国家来说，能源都是经济发展中不可缺少的动力来源。能源的安全稳定供应是经济正常运行的先决条件。按照国际能源署的定义，所谓能源安全就是以进口国可以承受的价格不间断地提供能源。要想实现这一目标，就要确保能源市场的有序运行、能源供求基本平衡和能源价格的平稳有序。20世纪 60 年代以来，在发展中国家的参与和推动下，全球范围内已经建立了不少以能源安全为主要关注点的国际组织，为能源供给者、需求者或者供求双方的沟通和协调提供了平台和机制。影响较大的包括石油输出国组织（OPEC）、国际能源论坛、国际能源署、国际能源宪章组织、二十国集团（G20），上海合作组织、亚太经合组织、金砖国家等区域合作组织也设立了与能源安全相关的对话机制，不仅有效地保障了全球能源市场秩序的基本稳定，也在一定程度上促进了相关领域的南南合作，使发展中国家能够通过针对不同领域、不同层次、不同区域的合作平台和对话机制，与其他发展中国家之间开展能源领域的合作。

除了全球性或者区域性的多边能源合作机制以外，发展中国家之间的双边能源合作也很活跃。双边合作更能契合两国的利益，它在促进国家之间能源合作方面发挥着积极的作用。中俄之间在能源安全领域的合作堪称双边合作的范例。中俄之间在资源禀赋和产业结构方面存在较大的差异，中国工业基础雄厚而油气资源比较缺乏，必须确保油气来源的稳定，俄罗斯油气储量丰富而民用工业基础薄弱，也需要开发稳定的能源市场，双方在能源领域有较强的互补性，这为中俄的能源合作奠定了良好的基础。早在 2012 年 10 月底，普京在俄罗斯总统能源委员会会议上就曾明确指出，基于对美国的页岩气革命、欧洲的能源转型以及亚洲经济发展的考量，俄罗斯应当高度重视对亚太地区的天然气出口。这表明，能源东进方案已经成为俄罗斯的一个地缘政治决策。按照《2035 年前俄罗斯能源战略草案》的设想，亚太市场在俄罗斯能源出口中的重要性将不断提升，届时向亚太地区的能源出口量占俄罗斯总出口份额的比重将提高到至少 28%，其中，原油、天然气以及石油和石化产品占比将分别增至32%、31% 和 23%。近年来，俄罗斯已经逐步加大了对亚太地区的能源出口。而乌克兰危机导致的西方国家对俄经济制裁促使俄罗斯的油气出口重心进一步转向亚太地区，加强与中国的能源合作是俄罗斯能源地缘战略的重中之重。经过多年的谈判，中国与俄罗斯签署了《俄罗斯通过东线管道向中国供应天然气的框架协议》，这一合同价值 4000 亿美元，这标志着中国同俄罗斯在能源合作方面又迈进了一步。目前中俄之间已经建立了东线和西线两大油气运输通道，更大范围的油气合作还在进一步有序推进。

（二）新能源与可持续发展领域的南南合作

自人类社会进入工业文明时代以来，煤炭和石油等不可再生的、高碳排放的化石能源一直是各国能源消费的主体。建立在化石能源基础之上的传统经济发展方式对全球气候变化和人类社会可持续发展产生了严重的影响，也使得各国不约而同地向绿色低碳的经济发展方式转型，以共同应对气候变化带来的挑战。为了在未来的低碳经济竞争中占据领先地位，近年来美国、欧盟、日本等发达经济体相继投入巨资，引导创新要素向清洁能源领域集聚，推动了新能源产业的迅速发展。发达经济体推动新能源产业发展的动因，固然有通过产业发展拉动本国经济走出全球金融危机的泥潭，并在未来的全球产业竞争中夺得先机的需要，在很大程度上也是出于发展低碳经济、推动经济与自然和谐发展，实现工业文明向生态文明跃进的长远考虑。在发达经济体的推动下，发展中国家在新能源和节能环保领域的投资也在不断增长，逐步调整能源结构，大幅增加对节能、环保和减排的政策支持力度，推动节能环保、新能源和低碳技术等领域科技创新与发展，大力发展清洁能源，不断优化能源结构，改善本国人民生活的生态环境，促进社会经济可持续发展。大力发展清洁能源，努力改善生态环境、实现绿色低碳发展已成为发展中国家可持续发展的共同指向。

近年来新兴经济体在可再生能源领域的合作非常活跃。随着新兴经济体的崛起，新能源与可持续发展领域的南南合作也表现出新的特征。新兴经济体通常是指通过市场导向的改革和对外开放实现了经济快速增长的发展中国家和地区。由中国、俄罗斯、巴西、印度、南非组成的"金砖国家"是新兴经济体的代表。近年来，随着持续的国际资本流入和迅速的经济增长，新兴经济体的整体实力明显增强，在全球能源治理中也扮演着越来越重要的角色，在国际经济合作和其他经济事务中发挥着日益重要的作用。2018年7月底，在南非约翰内斯堡举行了金砖国家领导人第十次会晤，会后发表的宣言强调，"我们致力于加强金砖国家能源合作，尤其是向环境可持续型能源体系转型，以支持全球可持续发展议程，平衡的经济增长，以及人民的经济社会整体福利。我们将继续努力实现能源普遍可及、能源安全、能源可负担，减少污染，保护环境。我们重申，包括可再生能源和低碳能源在内的能源供应多元化、能源和能源基础设施投资、能源产业和市场发展以及金砖国家间主要能源可及性合作，将继续是五国能源安全的主要支撑"。这表明，能源合作，尤其是在清洁能源和可再生能源领域的合作，正成为以金砖国家为代表的新兴经济体的重点合作领域。

与其他发展中国家相比，新兴经济体的经济实力更强、技术水平更高，因而也更有能力为发展中国家的能源转型提供资金和技术的援助，这有助于加快发展中国家清洁能源使用和节能减排技术推广的步伐。中国已成为全球最大的光伏产品生产国，能够生产多晶硅、硅片、电池片和电池组件等光伏产业链上的主要产品，可谓光伏产业的"世界工厂"。中国在光伏产业等可再生能源领域处于世界领先地位，2015 年中国向发展中国家投资 8 个可再生能源项目，总额达 200 亿美元，占全球总量的 1/3；2016 年中国可再生能源海外布局 11 个项目，投资总金额达 320 亿美元，同比增长 60%，深化了与相关发展中国家在新能源领域的合作。

三　能源领域南南合作面临的问题与挑战

近年来，能源领域的南南合作取得了很大的进展，但也存在一些问题和挑战。

（一）处在能源供求两端的发展中国家之间存在利益冲突，难以推动彼此深入合作

在国际石油和天然气市场上，能源供给国和消费国之间的地位并不平等，由于供给国的油气资源分布相对集中，容易形成垄断地位，而需求国的空间位置比较分散，对油气需求规模也因国别而异，因而不容易形成集中议价能力。在油气领域的供需谈判中需求方常常处在被动位置。对于能源消费国来说，实现进口渠道多元化是保障能源安全和提高能源市场话语权的重要选择。近年来随着中国企业"走出去"，中国石油公司通过投资、收购等方式，在拓展海外权益油方面取得了长足的进展，但掌握的国际油气资源仍显不足。来自中东的油气在中国能源进口中的占比一直偏高，目前约一半的原油进口来自中东，这在一定程度上强化了中东石油输出国在与中国谈判中的优势地位，对中国利用需求优势去争取价格优惠产生了不利影响，导致中国不得不长期接受"亚洲溢价"。供需双方的利益冲突会影响发展中国家间在能源领域的深入合作。

（二）能源领域的南南合作容易受到地缘政治因素的影响

油气资源一直被各国视为战略性物资，这使得能源领域形成了有别于其他市场的特点，容易受到地缘政治因素的影响和大国干预，从而对能源领域的南

南合作造成不利影响。特朗普就任美国总统以来，奉行单边主义的外交政策，不断退出各种国际组织和国际条约，对业已形成的全球治理体系造成很大冲击。尤其是美国宣布退出伊朗核协定，准备重新恢复对伊朗的经济制裁，并威胁将制裁与伊朗开展经贸活动的国家和企业，这必然会对伊朗的石油出口和其他发展中国家与伊朗之间的能源合作产生极为不利的影响。近年来，能源领域面临的非传统安全问题也很突出。中东、西非等地区是世界上油气资源最丰富的地区，同时也是民族问题、宗教问题比较复杂的区域，西方大国的政治干预和极端组织的猖獗活动，导致这个地区的油气开采面临诸多不确定性，投资者因畏惧承担过多的风险，而导致油气领域的南南合作难以落实。

（三）能源开发和环境保护之间的冲突也会制约南南合作

近年来，发展中国家之间在合作开发大型能源项目的过程中，因能源项目与公共利益相冲突，使得一些经济效益较好、对环境的影响也在可接受范围内的能源项目被迫搁浅。一些发展中国家的能源资源比较丰富，如果民众对环境保护也非常重视，非政府组织在环保问题上也有很强的话语权，就会迫使政府在环境保护的立法和执法方面都采取严格措施。如果发展中国家之间在推进能源合作时，更多地考虑经济效益，对社会效益考虑不充分，就容易陷入被动，不仅会影响南南合作的深入开展，甚至可能导致项目停滞。

四　中国在深化能源领域南南合作中的积极作用

随着新兴经济体的群体性崛起，南南合作也进入了新的发展阶段，发展中国家之间基于互利互惠的原则，建立起更加深入的经济合作关系。中国作为世界上最大的发展中国家，在新型南南合作中的重要性日益凸显。能源是新型南南合作的重要领域，中国在推动发展中国家间的能源合作方面能够发挥积极的作用。

（一）中国经济增长能够为国际能源市场提供稳定的需求

全球金融危机以来，世界经济仍然在低位徘徊，使国际能源市场需求乏力，而美国货币政策的溢出效应经常会导致大宗商品市场的剧烈波动，破坏能源供求双方的稳定预期，对国际能源市场秩序的稳定造成不利影响。维护能源安全已成为发展中国家在能源合作中的共同心声。中国是国际油气市场上举足轻重的消费者和供给者。中国是全球第二大原油消费国，2017 年中国石油表观消费量为 6.1 亿吨。中国自 1993 年成为石油净进口国以来，石油进口量逐年增长，2017 年原油进口突破 4 亿吨，原油进口量超过美国，第一次成为世界最大原油进口国。2017 年中国原油对外依存度已经高达 67.4%。近年来中国的天然气消费和进口增长也很快。2017 年天然气表观消费量为 2352 亿立方米，全年进口增长约 30%，尤其是 LNG（液化天然气）进口量较 2016 年增长 1244 万吨，增幅高达 46%，首次超过韩国，成为仅次于日本的全球第二大 LNG 进口国。目前中国天然气对外依存度已达到 39%。尽管中国经济的增长有所放缓，但中国经济的高质量发展仍在拉动能源消费的增长，据中国海关总署发布的最新数据，2018 年 7 月中国原油进口增速为 3.68%，低于 2017 年同期的进口增速，但 2018 年 1~7 月中国进口原油的累计数量仍然高达 2.61 亿吨，中国需求已成为国际能源市场的重要影响因素。

（二）中国的能源转型经验和新能源技术能够惠及发展中国家

经过改革开放四十多年的发展，中国已形成了煤炭、电力、石油、天然气、新能源、可再生能源全面发展的能源供给体系，技术装备水平明显提高。为了应对能源需求压力巨大、能源供给制约较多、能源生产和消费对生态环境损害严重等挑战，中国积极推动能源生产和消费方式变革，提高能源绿色、低碳、智能发展水平，走出一条清洁、高效、安全、可持续的能源发展之路。中国推动能源转型的战略布局已经非常明确，即在综合考虑价格、环保、发电量、技术进步等诸多因素的基础上，制定并实施适应中国未来经济发展和生态文明建设的合理战略。在推动能源转型的过程中，中国大力发展清洁能源，使之成为能源供应系统的有效补充。中国的新能源产业因此获得了长足的进步，生产能力和技术水平都位居世界前列。以光伏为例，中国已成为全球最大的光伏产品生产国。中国能够生产光伏产业链上的全部产品，包括产业链上游的多晶硅和硅片，以及产业链中下游的电池片和电池组件，并且产量均居全球第一，中国生产的多晶硅、硅片、电池片和电池组件的产量占据全球半壁江山，中国可谓光伏产业的世界工厂。技术进步和装机规模的扩大又推动了产品成本的持续下降，中国技术领先企业的多晶硅生产成本已经下降到 6 万元/吨，电池组件的生产成本降至 2 元/瓦以下，光伏发电系统投资成本降至 5 元/瓦左右，资源较好地区的度电成本已经降至 0.5 ~ 0.7 元/千瓦时。成本快速下降使得在未来三年左右实现平价上网成为可能。近年来中国光伏产业与发展中国家间的经贸合作日益加深，正在不断推动发展中国家在光伏领域的合作，促进这些国家的新能源开发和利用，以更好地实现能源转型。

（三）中国正在积极推动全球能源治理机制的完善

经过几十年的发展，全球能源领域已经形成了由石油输出国组织、国际能源署、国际能源宪章组织、国际能源论坛、G20 等所构成的多层次能源治理平台和机制。中国与这些机构之间已经建立了不同程度的合作关系，密切往来沟通，在全球能源治理领域发挥积极的作用。在应对全球金融危机的过程中，G20 已经发展成为最重要的全球经济治理平台，中国通过 G20 平台，对包括能源安全、发展清洁能源在内的重要问题开展广泛交流，通过二十国彼此间的讨论和磋商，寻求国际合作，促进经济持续稳定发展。G20 在《巴黎协定》最终生效方面起到了非常积极的推动作用。中国在推动《巴黎协定》最终生效方面发挥了表率作用。尽管特朗普执政以来对美国的气候政策进行了重大调整，已经宣布退出《巴黎协定》。但由于中国、欧盟等主要经济体和广大发展中国家的支持，《巴黎协定》仍将在缓解全球气候变化方面发挥重要的作用。随着中国经济规模的不断扩大和国际地位的不断提高，中国还将利用各种多边和双边机制，在全球能源治理领域发挥与自身国际地位相符合的更大作用。

（四）通过国际产能合作助力发展中国家的经济发展

中国正在推动实施"一带一路"倡议，能源是中国与沿线国家之间开展经贸合作的重要领域。中国与中亚、非洲、拉丁美洲等地区的发展中国家在积极发展能源合作时，非常重视对接它们以工业化为核心的经济发展规划，如哈萨克斯坦的"光明大道"计划，吉尔吉斯斯坦的《2013 ~ 2017 年稳定发展战略》；塔吉克斯坦的《塔吉克斯坦共和国至 2030 年国家发展战略》；乌兹别克斯坦的《2015 ~ 2019 年乌兹别克斯坦生产本地化纲要》，中国与这些国家以能源合作为抓手，通过更大范围内的国际产能合作实现工业化发展。

参考文献

《〈中国油气产业发展分析与展望报告蓝皮书〉发布》，国家石油和化工网，2018 年 3 月 26 日，http：//www. cpcia. org. cn/html/13/20183/169053. html。

《"一带一路"绿色能源合作前景何在》，中国新能源网，2017 年 7 月 19 日，http：//www. china-nengyuan. com/news/111599. html。

《金砖国家领导人第十次会晤约翰内斯堡宣言》（全文），新华网，2018 年 7 月 27 日，http：//www. xinhuanet. com/2018 - 07/27/c_ 1123182948. htm。

工业与信息化部：《2017 年我国光伏产业运行情况》，2018 年 1 月 23 日，http：// www. miit. gov. cn/n1146290/n4388791/c6031974/content. html。

刘明明、李佳奕：《构建公平合理的国际能源治理体系：中国的视角》，《国际经济合作》2016 年第 9 期。

戚凯：《全球能源安全治理：风险挑战、国际合作与中国角色》，《国际论坛》2017 年第 4 期。

孙靓莹、邱昌情：《"一带一路"建设背景下的南南合作：路径与前景》，《广西社会科学》2016 年第 2 期。

孙文：《2017 年全球液化天然气市场回顾与展望》，《国际石油经济》2018 年第 4 期。

Citi GPS（Global Perspectives and Solutions），"Energy 2020，North America，the New Middle East？" 20，March 2012. https：//www. citivelocity. com/citigps/ReportSeries. action? recordId = 6.

IEA，"World Energy Outlook 2012，" 23 November 2012. https：//webstore. iea. org/ world - energy - outlook - 2012 - 2.

REN21（the Renewable Energy Policy Network for the 21st Century），Renewables 2018，Global Status Report，2018. http：//www. ren21. net/status - of - renewables/global - status - report/.

B.14
金砖合作对全球贫困治理的带动与示范作用

涂志明*

摘　要：　贫困问题作为可持续发展的重要组成部分，日益成为全球治理的关注对象。冷战结束后，随着全球化的日益深入，贫困问题不仅没有解决，反而呈现地区不平衡、资源依附性强以及与冲突相关联等新的特征。金砖国家则以其集体行动、自身经济发展和双边或多边合作的方式，在全球贫困治理中发挥积极作用。展望未来，金砖国家间合作推动全球贫困治理的改善将围绕这几个方面，即以主权国家为主体的多层治理体系、平等与公平的发展型伙伴关系以及长期稳定的制度框架。

关键词：　国际贫困　全球治理　金砖国家　规范性

贫困问题作为可持续发展的重要组成部分，日益成为全球治理的关注对象。冷战结束后，随着全球化的日益深入，贫困问题不仅没有解决，反而呈现地区不平衡、资源依附性强以及与冲突相关等新的特征。当前全球贫困治理主要在贫困衡量标准、贫困治理规范以及国家能力三个方面存在问题，这些问题随着发达国家与发展中国家经济差距的加大，而变得愈加明显。

当前，处于非洲和南亚等边远地带的贫困人口还没有受到全球化的积极影响或惠及。对他们而言，真正的风险是处于全球化的边缘。而这些地区的

---

* 涂志明，江西师范大学马克思主义学院，讲师，研究领域：俄罗斯外交、欧美俄三边关系。

贫困治理通常与所谓的"全球南方"中的"穷国"相关。全球化既给这些国家创造了史无前例的新机遇，也让它们存在被边缘化的风险。如果"穷国"能够加入全球经济当中，并获得现代知识和技术，就能实现全球贫困的迅速削减。

随着金砖国家合作机制出现在国际政治经济领域中，原有的西方发达国家主导国际事务的局面开始被打破，金砖国家逐步谋求在政治经济事务中发挥更大的作用，并在全球贫困问题上发挥至关重要的影响。由金砖国家间的合作所带动起来的"新型南南合作"也开始推动国际机制的发展与完善，并在全球贫困问题治理上扮演关键角色。

一　当前全球贫困发展的现状

随着冷战结束后全球化的深入发展，不仅全球经济高度相互依赖，还出现了国家间经济发展高度不平衡的现象，国家间的财富和收入差异呈现扩大趋势。不仅欠发达国家的贫困问题日益严重，而且发达国家也出现了不同程度的贫困问题，贫富差距扩大化趋势较为明显。导致贫富差距扩大的原因不仅有国家自身经济发展及其结构层面的问题，还包括 2008 年以来全球金融危机的深刻影响。

（一）全球贫困率仍然偏高

根据世界银行的报告文件，全球目前仍有 10 亿人口处于极端贫困之中，有 7 亿人生活在 1.90 美元/天的国际贫困标准线下，极端贫困现象仍然非常严峻。其中大部分集中在撒哈拉以南非洲和南亚地区。同时，时任世界银行行长金墉（Jim Yong Kim）指出，随着全球经济增长的下行压力加大，以及大部分贫困人口仍生活在脆弱且充斥着冲突的国家之中，消除极端贫困仍然是个雄心勃勃的目标。过去 10 年，亚太地区、南亚和撒哈拉以南非洲占据了全球贫困人口的95%。当然，这一情况也随着全球化进程的拓展而不断变化。1990 年，东亚地区居住着一半的全球贫困人口，另有15%生活在撒哈拉以南非洲。到 2015 年，这一情况发生了新的变化。撒哈拉以南非洲的贫困人口占据了全球的一半，而12%的贫困人口则生活在东亚。同时，根据世界银行的地区预测数据，东亚和太平洋地区的贫困人口从 2012 年的 7.2% 下降到 2015 年的 4.1%，拉美和加勒比地区的贫困人口从 2012 年的 6.2% 下降到 5.6%，南亚则从 18.8% 下降到 13.5%，撒哈拉以南非洲从 2012 年的 42.6% 下降到 35.2%。

同时，根据联合国 2018 年的《世界社会状况报告综述》，全球失业率仍呈现增长态势，由此带来的贫困问题将严重阻碍发展中国家的发展。报告指出，全球失业人数失业的平均持续期还会增加。尽管国际社会在减贫方面取得了一定成绩，但仍有一半的发展中国家的劳动者处于贫困（低于 2 美元/天）或接近贫困状态（2～4 美元/天）。目前，全球贫困人口差距最高的当数中亚和东欧，其中中亚和东欧的贫困差距城市为 76.5%，乡村为 65.4%。其次是西亚和北非，城市为 53.1%，乡村为 33.7%。

（二）非传统安全问题以及大国干预对全球贫困构成阻碍

由其他非传统安全问题衍生的贫困现象也日益受到国际社会的关注。2001 年 "9·11" 事件发生以后，随着美国在欧亚大陆进行反恐战略部署，国际社会对非传统安全问题的关注度愈高，各国逐渐意识到贫困问题已成为恐怖主义产生的根源之一，从而推动发达国家在关注自身政治经济发展的过程中，也要处理好贫困地区的发展问题，为自身的外部安全与稳定创造必要条件。而且在全球热点地区，冲突不仅源于地区内的民族和宗教矛盾，还源自外部大国对地区内部事务的干涉，可以说，冲突与贫困成为两个相互推动的因素。贫困为冲突的爆发埋下了伏笔，而冲突与战乱则进一步加剧了贫困。同时，值得关注的是，贫困还往往出现在自然资源较为丰富的国家。根据世界银行的数据，2011 年，生活在依托自然资源发展的国家和饱受冲突困扰的国家之中的贫困人口占比达到 50%，其中在那些依靠木材、咖啡、石油出口达 30% 的自然资源型国家，贫困现象更为普遍；约 12% 的全球贫困人口居住在世行认定的脆弱型和饱受冲突影响的国家。

近年来，主要大国对地区事务干预力度加强，使得包括欧亚大陆在内的许多地区产生严重的社会动荡，由此产生的大批难民无法获得有效援助，处于极端贫困状态中，这反过来又导致平民对政府产生强烈的不满情绪，引发更为激烈的社会冲突。以中东、北非为例，内忧外患导致这些地区的国家贫困加剧，严重的社会动荡和武装冲突，再加上外部大国的介入，共同影响了整个地区的安全与稳定。2015年饱受地区战乱和贫穷困扰的北非与中东难民不断涌入欧洲，造成了史无前例的难民危机。而这一问题的导火线恰恰来自叙利亚及其周边地区持续动荡的安全局势。这些来自周边地区的难民大部分是由生存环境严峻、生活成本增加、就业和求学机会缺乏以及国际援助的缺失等情况导致的。此外，联合国难民署还指出，70%居住在黎巴嫩的叙利亚难民生活在黎巴嫩的贫困线以下（3.84美元/天），90%的存在严重的负债情况。这些由难民危机和贫困问题产生的地区安全问题不但给地区内发展构成障碍，同样还对欧盟地区产生外溢效应，加剧了主要国家在解决周边问题层面上的分歧。

由此可以看出，当前国际贫困问题存在的特点除了社会两极分化、收入分配不均衡、社会经济和教育、健康环境不足之外，还体现在以下几个方面：一是地区不平衡性，即贫困问题较严重的地区集中在撒哈拉以南非洲。尽管21世纪以来，随着世界经济的发展和新兴经济体的崛起，全球贫困率有所下降，但地区政治经济发展不平衡的态势决定了各地减贫的进程也具有不平衡性。二是贫困的资源依附性特征。即大部分贫困人口都处于资源较为丰富的地区，单一的经济结构和财富分配的不均衡导致了资源丰富的国家往往存在更为严重的贫富分化现象。三是贫困与地区冲突的关联性。这包括两个层面，一方面，地区内部严重的民族、宗教和社会矛盾所导致的冲突对贫困问题的影响；另一方面，具有丰富资源的地区存在严重冲突，不仅是由地区内部矛盾所致，很大程度上还在于地区外部大国的干涉。

二 金砖国家在全球贫困治理中的表现

从现有文献来看，绝大部分研究贫困的资料都将焦点集中于跨国分析或单个的案例分析，而对金砖国家合作机制整体推动贫困治理的经验性分析则非常少。作为崛起中的国家，尽管各自从对外援助的接受国变为净援助国的转折点不同，但金砖国家对全球发展的前景有重要意义，同时还在推动经济发展和低收入国家与发展中国家的贫困治理方面发挥关键作用。

金砖国家长期以来在全球范围内占据解决贫困问题的重要位置。尽管在过去十年，中国和印度在实现减少半数以上极端贫困人口的目标方面做出了贡献，但在发达国家和其他欠发达国家内，贫困与不平等等问题的解决仍然需要国际社会实现政策与贫困治理思维方式的交流与互动。例如，巴西的贫困削减直接与处理不平等问题挂钩。而印度与南非也面临不平等加剧的情况。在南非，除非不平等问题能够得到及时处理，否则有近 100 万以上人口将在 2020年滑向极端贫困。

根据联合国经济发展委员会对拉美与加勒比地区的调查，处理贫困与不平等问题方面主要包括两项任务：一方面，取消特权并建立所有人的平等权利，另一方面，通过让全社会所有成员都能够有效行使权利的方式实现资源的分配。按照该观点，牛津饥荒救济委员会（Oxford Committee for Famine Relief，Oxfam）认为，重要的是，金砖国家的投资活动等行为应直接令社会更加公平且变得更具有责任感。金砖国家新开发银行必须全面关注平等与再分配，使财富、机会和资产能够得到公平分配。

那么，金砖国家对全球贫困问题的治理表现在哪些方面？

（一）以集体行动推动全球贫困问题的治理

针对削减贫困的问题，早在 2009 年第一次金砖国家峰会上，各国就同意将食品安全作为会议的议程之一，并承诺向发展中国家提供财政与技术援助，以解决营养不良和贫困问题。这表明金砖国家开始将发展问题列入问题议程当中。2011 年在三亚峰会后发布的联合宣言中，金砖国家承诺针对所有中低收入国家的共同目标，必须打击贫困，实现千年发展目标。宣言强调，"增长和发展是解决贫困和实现千年发展目标的关键。消除极端贫困与饥饿是人类道德、社会、政治与经济上的迫切要求，也是当今世界，尤其是非洲和其他最不发达国家中，面临的最大全球挑战。金砖国家呼吁国际社会积极实施……并在2015 年根据计划实现千年发展目标"。同时，金砖国家领导人在峰会上还指出，"食物与能源商品价格的过度波动成为全球食品安全和经济复苏的重要威胁。他们呼吁全球采取措施增加生产，对发展中国家加大资金与技术投入"。同年，联合国人类住区规划署（UN Human Settlements Programme）指出，"很多基础设施项目并没有对穷人产生积极效应，反而是产生了负面影响，包括环境破坏"。包括世界银行也承认，非穷人家庭比穷人家庭要更受益于公共基础设施建设。在该情况下，金砖国家必须将注意力集中于对贫困和不平等等问题具有影响的项目上。

2014 年 7 月，在第六次金砖国家峰会上，金砖国家共同斥资 1000 亿美元建立新开发银行（New Development Bank，NDB），尽管新开发银行是推动金砖国家经济发展而建立的机构，但是却有效促进了金砖国家内部的贫困治理，从而产生了一定的示范效果，并带动其他发展中经济体和欠发达国家采取联合的方式实现贫困问题的治理。需要注意的是，金砖国家的新开发银行是针对新的融资领域，尽管诸如世界银行和亚洲开发银行等多数开发银行在很大程度上致力于解决全球和地区贫困问题，但这严重限制了基础设施的建设。相反，新开发银行则更多致力于满足发展中国家进行基础设施建设的融资需求。以往的南方国家与北方国家间合作会有不少附加的政治条件，这一定程度上限制了穷国贫困状况的改善，不利于贫困问题的治理。而新开发银行采取市场导向型的方式为欠发达国家提供贷款，并在没有附加条件的前提下提供创新性的贷款机制，以此帮助穷国实现贫困局面的改善。

2015 年 12 月，金砖国家首次召开国际发展合作会议，并在此次会议上发布《乌法宣言》，该宣言承诺"加强伙伴关系以推动国际发展合作，并在国际发展合作方面通过对话、合作和经验交流实现互动"。

2018 年 7 月，金砖国家在南非约翰内斯堡峰会上重申了对全球治理的承诺，并在《金砖国家领导人第十次会晤约翰内斯堡宣言》中明确表示支持联合国《2030 年可持续发展议程》，愿意为可持续发展目标（SDGs）的实现做出努力。同时，金砖国家会在经济、社会和环境三个领域内为推动到 2030 年最终消除贫困做出贡献。而且，金砖国家还呼吁发达国家能够履行其官方发展援助的承诺，及时为发展中国家的发展提供资源援助。

综观金砖国家全球贫困治理层面的举措，金砖国家有三个主要的议程安排：共同合作推动千年发展目标（MDGs）的实现；在非洲发展新伙伴关系计划（the New Partnership for Africa's Development，NEPAD）的框架内推动非洲基础设施的发展和工业化；调动资源支持金砖国家和其他新兴经济体、发展中国家国内的基础设施建设与可持续发展。

一方面，针对联合国解决全球贫困问题的千年发展目标，自金砖国家领导人首次会议以来，在历届峰会宣言中都曾表示要通过实施发展政策并提供社会保障，进而对穷国进行财政支持，以实现千年发展目标。金砖国家反复强调以千年发展目标作为其对发展议程的承诺，而且自 2011 年以来在所有宣言中，金砖国家不断重申千年发展目标与联合国在确保包容性、平等与可持续性全球增长中的作用。2015 年 9 月在举行第 70 届联合国大会之际，各国共同回顾了千年发展目标的进展，并通过了 2015 年后发展议程，金砖国家领导人则表达了关于发展议程的意愿，即"推动国际发展，并通过对话、合作，与金砖国家在互利合作中交流国际发展经验"。

另一方面，金砖国家通过支持非洲国家的基础设施建设，践行对全球贫困治理的承诺。在 2011 年金砖峰会后发布的《三亚宣言》中，金砖国家首次集体承诺在非洲发展新伙伴关系计划（NEPAD）框架中，支持非洲基础设施发展及其工业化。此后，在 2012 年的新德里峰会、2013 年的德班峰会上，该承诺再次得到重申。

（二）以自身的经济发展作为全球贫困治理的主要动力

正如 2014 年金砖国家福塔莱萨峰会所指出的：金砖国家会继续致力于全球经济增长和减少贫困的工作。我们的经济增长与社会包容政策有助于稳定全球经济，并创造就业、减少贫困与不平等，以及有助于实现千年发展目标。

的确，金砖国家自身经济发展带来的影响对全球经济和发展中国家来说非常重要。在学者诺德（Naude）等人看来，金砖国家在经济与社会结构变化以及消除贫困方面取得了重要进步。金砖国家的经济发展事实上为穷国和发展中国家带来的一大启示在于，全球价值链（Global Value Chains，GVCs）为新兴经济体提供了新的机遇，因为它们能够在价值链中找到获得发展优势的位置。而且削减贫困的基本前提条件是经济增长模式和结构性变迁，因为这能够推动生产性就业并提高贫困人口的收入。以中国为例，《中国农村扶贫开发纲要（2001～2010 年）》正式提出产业化扶贫的概念，即在区域产业发展的基础上的扶贫模式。这种产业扶贫强调对贫困人口的目标瞄准，一是发展特色产业，每个贫困地区建设一批贫困人口参与度高的特色产业基地；二是促进产业融合，将贫困农户引入农业全产业链，以价值链增值收益提高贫困户收入；三是扶持新型经营主体，通过财税政策鼓励新型经营主体与贫困户建立稳定带动关系，向贫困户提供全产业链服务。

　　尽管结构性转型在影响削减贫困方面对各金砖国家是不同的，但在巴西、俄罗斯和印度，结构性变迁确实带来了贫困率的降低。这几个国家贫困人口的减少虽然并不完全归于工业化或制造业，可是，制造业在削减贫困人口中的确产生了一定作用。其中俄罗斯在战略上，建立能够制定投资高效政策的工作部门，发展大众化教育体系，提高职业技能。在俄罗斯的产业结构中，吸纳就业较多的产业部门是开采业。而在巴西的产业结构中提炼业占 GDP 增长率的5%，其次是农业与畜牧业（3.6%）、服务业（3%）和公共事业（2.9%），而这些产业中，就业比重最大的则是服务业，约占 62.1%。印度的产业结构中，服务业占 GDP 的比重约 21.59%，其中公共事业、金融与保险、开采业呈上升态势，农业则呈现下降趋势。南非的产业结构中，石油、橡胶与塑料（23.59%）、钢铁业（22.1%）、食品业（19.51%）比重较高，在吸纳就业的领域中食品业位居前列。可以说，产业结构的转型使得服务业比重的增加在消除贫困的过程中发挥着重要的作用。

　　此外，还必须强调的是，金砖国家政府的支持和推动在消除贫困中也起到了重要作用。以中国和巴西为例，中国根据具体国情，不仅在《国家八七扶贫攻坚计划》中提出转移就业扶贫、组织贫困地区劳动力外出务工的政策，通过财政补助的方式改善贫困地区教育环境、加大对贫困地区的社会保障力度等方式，充分解决贫困问题。2014 年 1 月，中国政府提出"精准扶贫"的理念，进一步动员全社会力量参与扶贫工作。巴西政府则在政府推动的发展主义（developmentalism）引导下，突出强调社会的包容性，在卢拉政府统治下，政府在发展型国家的思想中调和增长、减少贫困与社会包容之间关系。

　　总之，金砖国家经济发展的案例表明，实现工业化、产生高质量的就业岗位、提供生产力而造就的结构性转型，将会推动降低整个国家的贫困率。趋向高生产力行业的结构化转型提高了工资，也因而产生了削减贫困人口的效应。

（三）各自通过双边或多边渠道推动全球贫困问题的治理

　　在联合国可持续发展目标（UN Sustainable Development Goals，SDGs）的框架下，中国出资 20 亿美元建立南南基金以及南南合作研究所，并在北京大学成立了关于非洲国家经济转型的新结构经济学研究中心（Centre for New Structural Economics）。2014 年，中国政府发布《中国的对外援助（2014）》白皮书，白皮书明确指出，中国政府在南南合作的框架下向其他发展中国家提供援助，支持和帮助发展中国家特别是最不发达国家减少贫困、改善民生。中国的援助重点主要是帮助受援国建设社会公共设施与民生项目。从中国援助的地区分布来看，2010~2012 年，中国共向 121 个国家提供了援助，其中亚洲地区 30 国，非洲地区 51 国，大洋洲地区 9 国，拉美和加勒比地区 19 国，欧洲地区 12 国。此外，中国还向非洲联盟等区域组织提供了援助。同时，中国还注重在区域合作层面加强与受援国的集体磋商，利用中非合作论坛、中国—东盟领导人会议等区域合作机制和平台，多次宣布一揽子援助举措，积极回应各地区的发展需要。2010~2012 年，中国向联合国开发计划署，世界粮食计划署，联合国粮食及农业组织，联合国教育、科学及文化组织，世界卫生组织等国际机构累计捐款约 17.6 亿元人民币，支持其他发展中国家在减贫、粮食安全、贸易发展、危机预防与重建、人口发展、妇幼保健、疾病防控、教育、环境保护等领域的发展。根据中国对外援助司官网的消息，2017 年 2 月，中国商务部与联合国难民署等国际机构签署援助协议，积极落实人道主义援助承诺。2018 年 2 月，中国政府又向巴布亚新几内亚提供紧急人道主义援助。

印度则将发展援助（Development Assistance，DA）视为保持经济增长、提高收入与改善就业并削减贫困的手段。对印度而言，发展援助是加强在南亚地区战略利益的手段，毕竟印度在该地区有重要的经济与商业利益。同时，作为依靠能源推动经济发展的国家，印度需要通过发展援助确保国内能源安全。而且印度历届政府试图将发展援助视为在国际治理体系中提高地位的方式。从印度的援助重点来看，其对象主要集中在不丹、孟加拉国、尼泊尔以及斯里兰卡、缅甸、马尔代夫和阿富汗。目前，印度已经投入了 2 亿美元到非洲发展新伙伴关系计划（NEPAD）当中，并通过泛非 E-Network 项目（Pan-African E-Network Project）和 TEAM-9 倡议（TEAM-9 Initiative）推动技术合作。

南非贫困治理和发展援助中的对外政策具有明显的以非洲为中心的特征。负责南非对外政策与发展援助的部门主要是国际关系与合作部（Department of

International Relations and Cooperation，DIRCO）。2011 年 DIRCO 发布了白皮书《建设更好的世界：人性化外交》（*Building a Better World*：*The Diplomacy of Ubuntu*）。白皮书明确承诺南非将在非盟发挥主要作用。就 2011~2014 年战略规划而言，DIRCO 承诺对刚果、苏丹和科摩罗给予发展援助，并继续支持南部非洲发展共同体（Southern African Development Community，SADC）的工作。可以说，南非的发展援助的政策焦点是地区安全和稳定，这对非洲经济社会发展具有重要影响。

同样作为新兴经济体，俄罗斯参与全球贫困治理则是立足于邻近的欧亚国家。俄罗斯的官方发展援助从 2004 年的 1 亿美元增加到 2010 年的 4.72 亿美元，其中发展援助的 50% 都集中于邻近国家，另一个地区重点就是撒哈拉以南非洲。同时，食品安全与健康是俄罗斯援助的关键领域。和其他金砖国家不同的是，俄罗斯的对外援助遵循的是发展援助委员会（Development Assistance Committee，DAC）的传统角色，俄罗斯的发展战略指导理念就是经合组织（OECD）的发展合作原则，其财政大部分援助都是通过诸如欧亚经济共同体、世界银行以及联合国等机构实施，在俄罗斯看来，发展援助政策应该在千年发展目标、国家外交概念以及国家安全概念之间寻求"合理平衡"。

巴西针对全球贫困治理所呈现的政策方式分为两个方面。一方面是将巴西自身的发展经验推广至其他地区，实现经济发展和贫困治理；另一方面是参与国际合作。如前所述，巴西在 2000 年实施的国家发展主义的引导下，把本国经济发展实现减贫的经验推广到其他地区，诸如"巴西的解决方式适用每个非洲问题"或者"巴西解决方法适合发展中国家"的信条出现在巴西的外交观念中，而践行这一信条的地区首先就是拉丁美洲地区。2004 年，卢拉政府发起了全球对抗饥饿与贫困行动（Global Action against Hunger and Poverty），并将国内的零饥饿计划推广到其他拉丁美洲国家。同时，在联合国维和行动中，巴西使用技术合作的方式为欠发达国家提供公共产品。

2018 年巴西政府决定采取神经科学理论，以亲情般的方式削减贫困人口，大量受过培训的社会工作人员被派往巴西各贫困地区，深入约 300000 户贫困家庭，了解贫困的具体原因，通过情感上的沟通与交流，推动贫困家庭建立认知发展（cognitive growth）的前提，进而为如何解决贫困打下基础。①

总之，不管是金砖国家通过集体的方式，还是通过双边或多边渠道参与全球贫困治理，都会对欠发达国家的经济增长与发展、债务可持续性（Debt sustainability）构成重要影响。尤其是在金融危机后，金砖国家对欠发达国家贫困问题的影响更加重要。

三　金砖国家在南南合作的框架下对全球贫困治理的启示

不管是作为一种哲理思想、理论，还是具体解决问题的实践，关于全球治理对诸多问题的解决方案始终处于不断的争论之中，因为真正实现对贫困的全球治理要受到国内外的政治、经济与社会、文化等众多因素的制约，包括国际机构的结构性缺陷在内。

从金砖国家自身的发展经验来看，削减贫困的确可以通过推动经济增长的方式或者减少不平等的方式实现。但巴西、中国等金砖国家的案例也带来关于两个问题的思考。其一，集中于经济发展实现增长一定能实现平等或贫困治理吗？其二，能否确保一个具有包容性的全球性市场支持南方穷国的脱贫，抑或当下的全球治理规则是否有助于全球贫困治理？尽管如此，上述问题的存在并不会阻碍金砖国家在全球贫困治理中的政策，金砖国家自身的脱贫经验依然是南南合作谋求全球贫困治理的有益借鉴。

（一）国家间的权利与地位不平等决定了未来全球贫困治理应立足于主体间的关系

深陷贫困泥潭的欠发达国家本身就处于边缘/半边缘的国际格局中，这些国家不乏优越的地理环境和丰厚的自然资源，但是不均衡的国际分工体系、大

---

① Jenny Anderson, June, Brazil's Audacious Plan to Fight Poverty Using Neuroscience and Parents' Love, June 29, 2018, https：//qz.com/1298387/brazils – wildly – ambitious – incredibly – precarious – program – to – visit – every – poor – mother – and – change – their – childrens – destiny/.

国间的地缘政治博弈，强化了弱国的边缘化现象，削弱了发展中国家改善自身状况的话语权。同时，西方发达国家对贫困治理进程的目的、发展模式、优先解决的问题等领域始终占据主导地位，在全球治理结构的金字塔中处于顶端，并且对国际机构的发展有关键影响。

所以，金砖国家作为南南合作的典范在这一问题上对全球贫困治理具有积极意义。众所周知，南南发展合作的一大基本前提是，南方国家有共同的身份，它们都具有共同的殖民经历，在后殖民时期又处于经济结构以及技术滞后、发展不均衡的局面。基于此，金砖国家在国家主体间合作层面反复强调一个基本原则问题，即一国应具有保护主权、反对干涉，选择自身发展道路的权利。金砖国家在与欠发达国家合作时并未制定关于决策的"先决条件"。金砖国家认为，每个国家应该对其政治与经济选择负责，并且，不应该在贫困治理问题上制定民主规则或人权条件。可以说，以金砖国家为代表的新型南南合作在全球贫困治理问题上必须围绕"互利原则"而建立。

（二）以国家为主体的多重权威并存是贫困治理的总体趋势

尽管在超国家层面上，主权国家不再是唯一行为体，但是全球贫困因地域、资源、经济发展等各种因素的不同具有很大的差异，这些差异决定了全球贫困的解决主要依托每一个国家自身的政策发展，只有主权国家才能在贫困问题上发表意见，而且通过与国际机构互动达成的相关协议和制度框架也必须由政府及其部门付诸实施。同时，随着相互依赖的增强，国家在进入世界市场、参与国际竞争的过程中越来越担心主权遭到渗透，发达国家在高喊市场边界开放之时，又在本国竖起欠发达国家难以企及的壁垒，更关键的是，在贫困领域原本就处于被动地位的穷国，还不得不接受发达国家及其掌握的国际机构所提出的政策条件，这就强化了穷国的排斥心理。因此，国家依旧是贫困治理的主角，未来全球贫困的治理是在尊重国家主权及其问题特殊性的基础上，伴随国际机构的制度创新和组织创新，实现全球治理所要达到的目标。

因而，由金砖国家间互动所带动的南南合作应更多强调平等与公平的发展型伙伴关系，金砖国家合作参与全球贫困治理的方式恰恰说明，以国家为主体基础上的制度权威对贫困问题的解决确实能发挥很大作用。在一定程度上，金砖国家新开发银行提供了机遇，为南南国家间的经济与金融合作奠定了坚固基础，从而减少了国家间的不平等，并为全球南方国家间的资源管理与流动铺平了道路。事实上，金砖国家新开发银行的成立给南南合作的重要启示在于，能够形成倒逼机制，南南国家间的密切合作将促使由发达国家主导的全球机构的改革，推动国际制度的创新，减轻南方国家对全球性机构的依赖，从而为地区发展、削减贫困以及基础设施建设起到重要作用。

（三）全球贫困治理的未来趋势将聚焦在制度框架的长期构建方面

从长远的角度来看，一项成功的制度不但可以保证参与者沟通渠道与信息的畅通，还使政府的运作可以更加透明，为贫困人口提供安全保障免受经济动荡、腐败、犯罪和暴力的威胁，并确保机会均等和市场的契约化。责任与透明度为善治提供了强有力的激励，它们都是运转良好的机构和公共部门的基本要求。

此外，对国际机构的援助还需要注意的是，在实施援助政策的过程中，时常把受援国及其制度机构看作预先设定的目标，这就容易导致政策的实施不一定会出现预想中的效果，只有内外机构对问题进程及其制度方向达成一致，才能确保所支持的项目实现协调。对此，金砖国家在这一方面显然起到了积极作用。在金砖国家看来，帮助受援国应该基于"需求驱动型合作"（demand-driven cooperation）。来自伙伴国的需求应该事先得到评估，并建立在受援国需求的基础上。金砖国家反对那种援助者"驱动型议程"（donor-driven agendas）和"供应驱动型议程安排"（supply-driven priorities），相反，应该尊重伙伴国的需求。

参考文献

蔡春林：《金砖四国经贸合作机制研究》，中国财经经济出版社，2009。

〔美〕迈克尔·爱德华兹：《积极的未来》，朱宁译，江西人民出版社，2006。

汪三贵、殷浩栋、王瑜：《中国扶贫开发的实践、挑战与政策展望》，《华南师范大学学报》（社会科学版）2017 年第 4 期。

朱杰进主编《金砖国家与全球经济治理》，上海人民出版社，2016。

Deve, The Role of BRICS in the Developing World, Policy Department DG External Policies, European Parliament's Committee on Development, April 2012.

Ing Gu, Alex Shankland, Anuradha Chenoy, The BRICS in International Development, Palgrave Macmillan UK , 2016.

Marcio Cruz, James Foster, Bryce Quillin and Philip Schellekens, "Ending Extreme Poverty and Sharing Prosperity: Progress and Policies," World Bank Group, October 2015.

The BRICS Development Bank, Why the world's Newest Global Bank Must Adopt a Pro-poor Agenda, Oxfam Policy Brief, 11 JULY 2014.

United Nations, 2018 Report on the World Social Situation.

Wim Naude, Adam Szirmai, Nobuya Haraguchi, *Structural Change and Industrial Development in the BRICS*, Oxford University Press , 2015.

B.15
南南合作与全球金融治理变革

徐 超 于品显*

摘　要： 2008 年全球金融危机之后，以"华盛顿共识"为代表的自
由资本主义模式广受诟病。广大的发展中国家在对危机的
反思中，进一步认识到南南合作对促进自身的发展和推动
全球治理有重要作用。作为全球治理的一部分，传统的全
球金融治理模式过于脆弱且呈现碎片化的特点，难以防止
区域和全球金融危机的爆发，这引起了广大南方国家的不
满。近年来，国际社会推动了一系列的机构和制度改革，
全球金融体系有了更强的包容性，但是依然不能满足南方
国家的期待和要求。南方国家特别是金砖国家在推动全球
金融治理改革方面也进行了一系列尝试并取得阶段性成果。
南方国家参与全球金融治理的一个重要目标是推动南南合
作，如何推动南南合作、促进南方国家发展是南方国家面
临的共同挑战。

关键词： 南南合作　全球金融治理　金砖国家　金融危机

　　第二次世界大战之后形成的以布雷顿森林体系的"双子"——世界银行
和国际货币基金组织（IMF）为核心的国际货币金融体系，存在民主赤字、偏
袒发达国家利益、不能充分反映发展中国家利益，以及无法适应国际关系格局

* 徐超，法学博士，经济学博士后，中国社会科学院信息情报研究院助理研究员，研究领域：
金融法、全球金融治理及国际法；于品显，武汉大学中国边界与海洋研究院博士，研究领域：
金融法和国际金融法。

已发生结构性变化等问题。长久以来，广大的发展中国家寄希望于通过全球金融治理体系改革促进自身的发展，但是取得成效有限。2008 年全球金融危机发生后，国际社会采取多种措施改革全球货币和金融体系，促进制度和机构改革，使其更加稳健和包容。但令人遗憾的是，改革不仅进展缓慢，而且随着对全球金融崩溃的恐惧逐渐减弱，改革势头也正在减缓，尤其是美国特朗普政府推行"新孤立主义"等外交策略，加剧全球金融治理变革的难度。与此同时，一些新机构如二十国集团（G20）、金融稳定理事会（FSB）由于缺乏足够的工作人员、财政资源和制裁权力，甚至有陷入停滞的趋势。这与全球金融治理变革的实际需求不匹配。正因如此，南方国家在遵循现有全球金融治理框架结构时，不得不抱团取暖，集思广益，推动全球金融治理向更加公平公正、合作共赢方向发展。实践中，包括中国在内的广大发展中国家（南方国家）在遵循现有的金融治理体系的基础上，通过双边、多边等方式，建立新的金融机构、货币互换安排等推动全球金融治理变革，促进自身发展。因此，从一定程度上来讲，南南合作作为一股推进全球金融治理变革的新兴力量正在发挥日益重要的作用。

一　全球金融治理的界定

全球金融治理与全球健康、食物、环境、能源、气候治理一样，是全球治理的一个分支。若要准确界定全球金融治理，首先需要了解全球治理的定义。全球治理委员会（CGG）把全球治理定义为：治理是个人和机构（既包括公共机构也包括私有机构）管理其事务方法的总和。它是一个连续的过程，通过它，冲突或者多样化的利益得以调和，合作得以继续。它既包括通过正式机构和机制授权的执行规则，也包括个人和机构或达成一致或认为其利益得到了维护的非正式安排。[1] 这一定义远非完美[2]，Overbeek 指出其存在三个问题：

---

① CGG, *Our Global Neighborhood*, Oxford: Oxford University Press, 1995, p. 2.

② Henk Overbeek, "Global Governance, Class, Hegemony: a Historical Materialist Perspective," in Alice D. Ba and Matthew J. Hoffmann, eds. *Contending Perspectives on Global Governance: Coherence, Contestation, and World Order*, London and New York: Routledge, 2005, pp. 39 – 56.

缺乏分析或者理论意义、去政治化的倾向和非历史性。就在这一定义出现的同一年，Finkelstein 把全球治理简单定义为："没有主权权力的治理，规范跨越国家边界关系"，并且认为，"我们需要的是一种概念化，可以让我们渗透和理解政府——就像在没有政府参与的国家中所发生的事件"。① 赞同这一定义的许多学者，比如 Makinda 和 O'Brien② 等人认为：国家在管理全球事务中能力不足，在缺乏全球政府情况下，其他的非国家行为主体如国际组织、非政府组织和跨国公司应当参与到推动全球治理当中去。除了上述两种早期全球治理定义外，后来还出现界定全球治理定义的多种方式，大致可分为四类。

第一种是把全球治理作为一种观察现象或者政治进程。③ 这种观点认为，全球治理是指各种不同的现象，包括全球社会运动、市民社会、国家规制能力的变迁、国际组织的活动、公共－私人网络、跨国规则制定和建立私人机构等。④ Rosenau 经常被引用的定义，来源于下述观点，特别是从人类活动和社会现象的角度得出的观点。他说："全球治理被认为包括人类活动各层次规则的体系，从家庭到国际组织，只不过后者追求的目标是通过对跨国活动的控制来实现的。"⑤ 还有一些学者认为，全球治理作为一个政治概念，表述的愿景是社会应当如何解决经济全球化和政府权威丧失造成的最为紧迫的全球问题。⑥

第二种方法是把全球治理的定义分为宏观、中观和微观三个层面。宏观层面的全球治理重点关注整体现象的理论基础，微观层面的全球治理强调对不同机构的实证研究以解决具体的治理挑战。而介于两者之间的中观全球治理研

① Lawrence S. Finkelstein, "What is Global Governance?" *Global Governance* 1, (1995), p. 369.
② Samuel M. Makinda, "International Society and Global Governance," SAGE Publication 36 (3), (2001), pp. 334 – 337; Robert O'Brien etal., *Contesting Global Governance: Multilateral Economic Institutions and Global Social Movements*, Cambridge: Cambridge University Press, 2000.
③ Klaus Dingwerth and Philipp Pattberg, "Global Governance as a Perspective on World Politics," pp. 185 – 203.
④ Klaus Dingwerth and Philipp Pattberg, "Global Governance as a Perspective on World Politics," pp. 185 – 203.
⑤ James N. Rosenau, "Governance in the Twenty-first Century," *Global Governance* 1 (1), (1995), p. 13.
⑥ Klaus Dingwerth and Philipp Pattberg, "Global Governance as a Perspective on World Politics," p. 193.

究，重点关注全球治理架构，指"在世界政治领域有效或者积极活动的公共和私有机构在内的整个体系，包括组织、机制以及其他形式的原则、规范、条例和做出决定的程序"。①

第三种方法是把全球治理理解为国际性程序、碎片化程序或者冲突规制机制的全球化。② 国际化程序和全球化程序不可避免地造成世界性政治事件如国际安全和环境恶化等，形势更加复杂，因此需要政策制定方面的协调和协作。就此来讲，全球治理可以简单地认为是国家之间的政策协调。碎片化程序意味着由不可协调的利益摩擦和全球化过程导致的边缘化和冲突加剧。这种观点认为，全球治理强调在全世界范围内调解日益增加的冲突。冲突规制机制与碎片化程序紧密相连，但是前者更加关注全球行为主体，比如国际私有和公共组织发起的适当的干预程序。

第四种方法是对"全球"和"治理"分别定义。一般来讲，对"全球"的理解可以分为两个层面。一是"全球"指行为主体的内容和范围，包括国家/非国家、北方/南方、高收入国家/低收入国家、本土/国际、公共/私人行为主体。③ 根据这种观点，Overbeek 把"全球"界定为"星球维度"、"世界"和"全球扩张"（global-spanning）三个层面。二是"全球"意味着综合。因此，全球治理是指"综合现象活动的另一种表达"。④ 关于"治理"，Walters清楚地描述了其四个方面的特征。⑤ 第一，治理涉及把政治研究的分析焦点从"机构"转向规则的"程序"。治理的实质是无须诉诸政府的权威和制裁的治理机制。⑥ 第二，治理强调"自我组织的网络"。治理是关于管理网络的方法，

① Klaus Dingwerth and Philipp Pattberg, "Global Governance as a Perspective on World Politics," p. 193.

② Dieter Senghaas, "Global governance: How Could it be Conceived?" *Security Dialogue* 24 (3), (1993), pp. 247 – 256.

③ Jim Whitman, "Global Dynamics and the Limits of Global Governance," *Global Society* 17 (3), (2003), pp. 253 – 272.

④ Henk Overbeek, "Global Governance, Class, Hegemony: A Historical Materialist Perspectives," p. 39.

⑤ William Walters "Some Critical Notes on 'Governance'," *Studies in Political Economy* 73, (2004), pp. 27 – 46.

⑥ Gerry Stoker, "Governance as Theory: Five Propositions," *International Social Science Journal* 50 (155), (1998), pp. 187 – 195.

后者被认为具有自制和实质性的特点。第三，是对社会变革的特别叙述。第四，是国家主权的削弱和权威的减弱。

综上所述，全球治理在本质上是一套机制和网络，其基本功能在于政策和利益协调及跨国问题的解决。在总结全球治理概念和内涵的基础上，我们认为，全球金融治理体系的基本内容包括：形成全球货币间基本关系的国际货币体系、国际金融体系的决策机制和执行机制。其核心是国际货币体系，关键货币国在国际金融交易中天然具有优势，也决定了其在国际金融体系决策机制和执行机制中的优势地位。[①] 全球金融治理有两层含义：一是制定一系列相关政策以确保金融体系的完整和适当功能的发挥，政策的范围包括银行资本的公共规制和监管、杠杆流动性和风险管理、控制道德风险和进行客户保护；二是其他类似的政策，包括国际流动性配置、外部不平衡的调整、汇率和资本流动机制、全球和双边监管安排、危机管理和处置工具等。全球金融体系具有三个组成部分：私有部门机构、国内监管机构和国家之间进行协调与合作的国际金融机构。

二　南南合作与全球金融治理变革之关系的演变

目前，全球经济和金融体系面临的重要挑战是：美国等西方大国迄今未能限制其货币和经济政策对其他国家及全球经济和金融稳定造成的负面影响，而这种影响已被金融全球化进一步放大。全球金融治理发展表明，期望国际社会共同行动采取更多措施，为全球货币和金融稳定做出共同贡献并非易事，这是因为向国际社会提供全球金融治理公共产品，需要来自所有系统性相关经济体，尤其是美国等西方大国的共同努力，但在美国特朗普政府积极推行"新孤立主义"和国际货币金融体系多极化加剧的国际背景下，国际社会共同行动变得更加困难。正因为如此，南方国家在遵循现有全球金融治理框架结构时，不得不抱团取暖，集思广益，推动全球金融治理向着更加公平公正、合作共赢方向发展。

1. 2008 年金融危机之前，南南合作参与全球金融治理成效乏善可陈。南

---

① 徐超：《新开发银行与全球金融治理体系改革》，《国外理论动态》2016 年第 11 期，第 105~114 页。

南合作是发展中国家谋求发展和实现经济多元化的重要平台，也是实现民族解放、政治、经济独立的一项政治议程。自 1955 年万隆会议后的 60 多年里，广大发展中国家一直试图摆脱对北方国家的依赖和殖民时代的遗迹，并通过集体行动在世界事务中获得影响力和话语权。如果说万隆精神和不结盟运动是南方国家在政治维度上合作的话，七十七国集团提出的建立国际经济新秩序（NIEO）则是南方国家经济合作的初步尝试。NIEO 强调对自然资源的主权和重点产业国有化的权利，解决结构性的不平等交换问题，促使发展中国家和发达国家建立公正和公平的经济关系。这些要求是为了解决战后国际新秩序中殖民主义的遗留问题，并为后殖民主义国家提供足够的空间，制定符合自己国情的发展道路。自 20 世纪 80 年代开始，南南合作进入低潮，构建国际新秩序的许多计划被搁浅或根本得不到落实。主要原因如下：一是第三世界国家陷入债务危机，这削弱了南方国家构建国际经济新秩序的物质基础，而且成为西方国家诟病国际新秩序的借口。二是随着新自由主义的兴起，"南南合作"这一术语和概念，在政治上被认为是不可接受的。发展中国家的共同行动依旧被认为是一种威胁，并且七十七国集团要求召开联合国南南合作会议一再受到阻碍。三是世界银行、IMF、区域性开发银行不愿意支持涉及两个或两个以上发展中国家的南南合作项目，导致南南合作资金极度匮乏。四是全球化尤其 WTO 建立之后，国际上基本听不到构建国际经济新秩序的声音了。一度作为反对布雷顿森林体系霸权急先锋的联合国贸易和发展会议，也调整了工作重点，转而成为南北对话的协调者、组织者。

2. 2008 年金融危机之后，南南合作正成为推动全球金融治理变革的重要力量。本轮全球金融危机后，南南合作有加速复兴趋势，历史再次把南南合作推向世界政治和经济舞台的中心，成为推动全球金融治理变革的重要力量。主要原因如下：

一是南方国家经济规模显著提升，这为南南合作及参加全球金融治理提供了物质基础。近年来，南方国家，特别是金砖国家在经济和外交上取得的一系列成就，成为新一轮推动南南合作的重要力量。

二是南方国家积极参与全球化进程和推进国内改革，不仅提高它们自身国家经济治理能力，而且积累参与全球经济治理。一方面，目前，从北方到南方，生产和制造业的产业链发生了重大变化，南方国家成为国际产业链不可或缺的组成部分，这改变了世界的经济格局；另一方面，自 20 世纪 80 年代以来，生产的全球化大大加快，贸易和金融流通主要是系统解决北方资本在全球政治经济中潜在的结构性问题，包括增长、生产率和赢利能力。同时，全球化趋势也增强了南方经济增长和工业化的潜力，以及延续南南合作、放松殖民时代所施加的限制和超越战后政治和经济地理界线的可能性。

三是包括金砖国家在内的南方国家关于全球金融治理的认知发生了变化。例如，在阐释造成 2008 年全球金融危机爆发的原因时，与以往不同的是，包括中国在内的南方国家不再轻信国际机构和西方国家政府和学者的片面解释，而是对 2008 年全球金融危机有自己的理解和看法。中国认为，一是对本轮金融危机的理解应当考虑现有的全球货币和金融体系固有的脆弱性，部分国家的货币当局既不能忽视本国货币的国际职能而单纯考虑国内目标，又无法同时兼顾国内外的不同目标。既可能因抑制本国通胀的需要而无法充分满足全球经济不断增长的需求，也可能因过分刺激国内需求而导致全球流动性泛滥。二是在理论上，特里芬难题仍然存在，即储备货币发行国无法在为世界提供流动性的同时确保币值的稳定，因而可以考虑创造一种与主权国家脱钩并能保持币值长期稳定的国际储备货币，从而避免主权信用货币作为储备货币的内在缺陷，这是国际货币体系改革的理想目标。三是国际社会特别是国际货币基金组织至少应当承认并正视现行体制所造成的风险，对其不断监测、评估并及时预警。印度认为，全球化和资本账户开放为新兴经济体带来了巨大的利益，但应当避免无条件的国际金融赤字或者剧烈改变国际金融机构的使命和运营程序。然而，金融全球化增加了经济的脆弱性，甚至对于那些宏观经济基础较好的国家也是如此。因此，在全球化的世界中保持金融稳定需要在国内和国际两个层面构建强健的金融架构。发达国家不够灵活的汇率机制以及宽松的货币政策再加上对危险性金融创新的宽松监管，是导致危机的主要因素。其他新兴经济体（巴西和南非）更加关注全球金融危机对自身经济的影响，并且对其金融体系和宏观经济政策的稳健有信心。巴西当局对发达国家宏观经济政策提出了尖锐的批评，把信贷助推的消费增长看作全球金融混乱的主要原因。南非的代表对发达国家不尽如人意的金融监管对贫穷国家的影响表示深刻的担忧等。

四是南南合作参与全球化的基本理念已初步形成，为其参与全球金融治理变革提供了方向和指引。2008 年全球金融危机之前的全球化政策的基本理念，是以"新自由主义经济全球化"意识形态为指引，体现了对物质进步的过度信仰，通过金融过度创新和现代科学技术的应用，推动能够创造无限增长的生产和消费。但这种全球化发展模式既创造了国际社会的虚假繁荣，又留下了难以治理的恐怖主义、金融危机、气候和环境问题等，这严重制约国际社会的可持续性发展。因此，包括金砖国家在内的广大发展中国家期待更加公平合理且具有包容性的全球化，并致力于推动建设相互尊重、公平正义、合作共赢的新型国际关系，力争建设一个持久和平、普遍安全、共同繁荣、开放包容、清洁美丽的世界。南南合作参与全球化基本理念的形成为其参与全球金融治理变革提供了方向和指引。

三　南方国家参与全球金融治理的实践

亚洲金融危机期间，东南亚国家接受 IMF 援助的遭遇导致了两个方面的变化。一方面，许多国家（不限于亚洲）开始通过积累外汇储备来增加自我保险，以免与 IMF 打交道；另一方面，IMF 在金融危机期间给亚洲借款国附加的借款条件，激起它们的不满和创建替代 IMF 的区域金融组织的愿望。2008年全球金融危机进一步促使亚洲国家思考建立去中心化、多元化和多样化的金融组织。有学者认为，亚洲金融危机和 2008 年全球金融危机都加快了全球金融治理体系的变革进程，使得区域性、次区域性机构和多边安排在促进金融稳定和包容方面能够发挥更大的作用。金融危机发生之初，Joseph E. Stiglitz（2009）等发布的报告中，呼吁通过一系列自下而上的安排建立新的全球货币体系。① 下面将重点介绍金融危机期间出现的双边、区域和多边倡议。这些倡议均表明金融危机促成了多边金融架构的变革。

（一）区域和多边倡议

东南亚金融危机唤起了发展中国家对区域金融组织的兴趣，建立亚洲货币

---

① Joseph E. Stiglitz, Amartya Sen, and Jean-Paul Fitoussi, "Report by the Commission on the Measurement of Economic Performance and Social Progress," 2009. Commission on the Measurement of Economic Performance and Social Progress (CMEPSP). www. stiglitz – sen – fitoussi. fr/documents/rapport_ anglais. pdf.

基金的提议开始浮现，最终东盟与中国、日本、韩国（"10+3"）的中央银行建立双边互换安排。这一安排，即"清迈倡议"（CMIM），是一种区域货币储备池。金融危机期间，成员国可以通过它相互借贷。2008 年金融危机促使清迈倡议成员在与 IMF 关系方面进行了更加长远的治理问题协调。2012 年 5 月做出如下决定：CMIM 储备资金翻倍，增加到 2400 亿美元；减少与 IMF 的联系。这为拓宽和深化区域金融流动性安排铺平了道路，尽管成员国之间还存在政治和历史的阻碍因素。

就发展中国家来看，拉丁美洲的金融体系拥有较多的区域或者次区域机构。其中一个倡议便是拉丁美洲储备基金组织（FLAR）。与清迈倡议一样，FLAR 是区域储备资金安排。2008 年金融危机期间，FLAR 为遭受重创的国家提供金融支持的资本化和模式化的做法进一步得到扩展。FLAR 于 1978 年成立，位于哥伦比亚，主要服务于安第斯地区。其成员包括玻利维亚、哥伦比亚、哥斯达黎加、厄瓜多尔、秘鲁、乌拉圭和委内瑞拉。资本总额为 23 亿美元，按照出资比例向成员的中央银行提供信贷支持。2008 年金融危机之前，FLAR 向成员国的贷款数额占 IMF 提供的贷款数额较大比例：从 1978 年至 2003 年，提供的贷款为 49 亿美元，占 IMF 向这些国家贷款额的 60%。[1] 值得一提的是，FLAR 在 2008 年金融危机期间也向成员国提供了贷款。从 2008 年到 2011 年，FLAR 提供了 4.8 亿美元贷款。[2] 而在此期间，IMF 则没有向成员国提供贷款，尽管其在 2009 年向哥伦比亚提供了大额的灵活授信安排（104 亿美元）。[3]

安第斯开发公司（CAF）是另外一家拉丁美洲金融机构，在金融危机期间发挥了更加积极和重要的作用。CAF 成立于 1968 年，是一家多边的区域性开发银行，主要致力于提供中长期贷款。就贷款规模来看，CAF 是拉丁美洲最具

---

[1] Gregory T. Chin, 2010. "Remaking the Architecture: The Emerging Powers, Self-Insuringand Regional Insulation." *International Affairs 86* (3): 693 – 715.

[2] Ocampo, José Antonio, Stephany Griffith-Jones, Akbar Noman, Ariane Ortiz, Juliana Vallejo, and Judith Tyson, "The Great Recession and the Developing World," in *Development Cooperation in Times of Crisis*, edited by José Antonio Alonso and José Antonio Ocampo, 17 – 81. New York: Columbia University Press, 2012.

[3] Ocampo, José Antonio and Joseph E. Stiglitz. 2011. "From the G – 20 to a Global Economic Coordination Council." *Journal of Globalization and Development* (2): Article 9.

活力的多边开发银行。许多拉丁美洲国家和一些加勒比国家都是 CAF 的成员。安第斯国家得到了 CAF 项目融资贷款的绝大多数份额——2007 年占贷款总额的 69%。自 2001 年以来，CAF 就是安第斯国家多边项目融资的主要贷款来源机构——提供了 55% 以上的多边融资。CAF 的贷款自 2000 年以来一直稳步增长，在全球出现衰退的时间里也在保持增长。2010 年，CAF 批准的贷款为 105 亿美元，相比 2009 年的贷款批准额增加了 15%。

巴西和阿根廷已经重新启动《互惠支付与信贷协议》（Agreements on Reciprocal Payments and Credits of ALADI，CPCR），这是由拉丁美洲一体化协会（Latin American Integration Association）13 家中央银行组建的双边信贷贸易机制。CPCR 于 1966 年开始运营，然而其在 20 世纪八九十年代区域贸易融资中发挥的作用非常有限。在 2008 年金融危机中，该协议焕发新的生机。2009 年 4 月，CPCR 进行的担保支付金额从 1.2 亿美元增长到 1.5 亿美元。但是，2010 年 CPCR 在跨区域贸易中起到的作用依然很小，仅覆盖 5% 的跨区域贸易额，约 50 亿美元的跨区域交易是通过这一机制进行的。

值得注意的是，拉丁美洲还有两个新的倡议——南方银行（BDS）和美洲玻利瓦尔联盟（ALBA）。BDS 是由委内瑞拉总统查韦斯创立的，总部位于委内瑞拉。BDS 成立于 2007 年，南方共同市场（MERCOSUR）贸易联盟的四个成员国（阿根廷、巴西、巴拉圭和乌拉圭）以及南美国家联盟（玻利维亚、厄瓜多尔和委内瑞拉）就该银行运营的必要细节达成协议后，于 2009 年正式开始运营。根据协议，阿根廷、巴西和委内瑞拉各向该银行注资 20 亿美元，乌拉圭和厄瓜多尔各出资 4 亿美元，玻利维亚和巴拉圭出资 2 亿美元。时任厄瓜多尔新金融架构总统委员会主席 Pedro Páez 认为，BDS 是新金融架构的主要组成部分，包括在区域事务中更多的合作，可以增加本币使用。尽管 BDS 的愿景宏大，但是自 2009 年正式营业以来，它的主要业务范围仅限于为本区域提供项目融资——为农业、健康、基础设施等项目提供长期贷款。最后贷款人融资还不在其业务范围内。

美洲玻璃瓦尔联盟（ALBA）是一个以拉丁美洲和加勒比地区政治、经济、社会一体化为宗旨的地区性合作组织，ALBA 是区域性倡议，旨在用新的、非市场的结构组织促进拉丁美洲的合作和社会公平，创建一个综合性的贸易和货币区。货币区内的结算用本地货币以及新创造的苏克雷（Sucre）货币

（厄瓜多尔货币）。苏克雷现在仅仅是一种记账单位，在特定商品的交易中有限使用，比如委内瑞拉出口到古巴和厄瓜多尔的大米。2011 年，用苏克雷清算的贸易交易金额为 1.987 亿美元。① 在 2012 年 2 月举行的 ALBA 第 11 届峰会上，成员国承诺把货币储备的 1% 分给 ALBA 银行（该银行于 2008 年 1 月建立）以创建储备基金。

阿拉伯货币基金组织（AMF）是海湾国家的中央银行家创立的，于 1978 年开始营业。如今，它拥有 22 个成员，实缴资本约 28 亿美元。AMF 从成员国的中央银行和货币机构吸收存款，承担开发性金融和金融稳定的职责。从成立至 2009 年末，该机构向 22 个成员国提供了 146 笔贷款，总金额达到 56 亿美元，其中约有 3/4 用以支持国际收支平衡。2009 年，AMF 为遭受危机重创的国家引入了新的短期贷款机制。该机制在 2009 年提供 5 笔贷款共计 4.7 亿美元。②

（二）区域开发银行

2008 年金融危机之前，亚洲开发银行（ADB）在本区域的贷款已经超过世界银行，美洲开发银行（IADB）和拉丁美洲储备基金组织（FLAR）在南美洲提供的危机相关融资已经超过 IMF，危机加剧了这一趋势。③ ADB、IADB 和非洲开发银行（AfDB）在本区域应对危机的速度和提供贷款的规模都已经超过 IMF 和世界银行，并且还引入了一些新的临时融资计划和逆周期贷款机制以支持发展中国家和低收入国家。2009 年 4 月，G20 决定把原来对 IMF 做出的部分融资承诺转移至区域性开发机构，以促进这些机构的运营。2009 年 4 月，印度尼西亚建议把 IMF 的新融资移交给 ADB。④ 在 G20 的支持下，ADB

① Ocampo, José Antonio, Stephany Griffith-Jones, Akbar Noman, Ariane Ortiz, JulianaVallejo, and Judith Tyson, "The Great Recession and the Developing World," in *Development Cooperation in Times of Crisis*, edited by José Antonio Alonso and JoséAntonio Ocampo, 17 – 81. New York: Columbia University Press, 2012.
② Arab Monetary Fund (AMF), *Arab Monetary Fund Annual Report 2010*. Abu Dhabi: ArMF, 2010.
③ Ngaire Woods, "Global Governance after the Financial Crisis: A New Multilateralism or the Last Gasp of the Great Powers?" *Global Policy* 1 No. 1 (2010): 51 –63.
④ Gregory T. Chin, "Remaking the Architecture: The Emerging Powers, Self-Insuring and Regional Insulation," *International Affairs* 86 No. 3 (2010): 693 –715.

引进了逆周期工具，为受到危机影响的亚洲国家提供 30 亿美元的贷款。ADB 总共批准了 88 亿美元的贷款，通过一系列项目支持本区域的发展。① 2008 ~ 2009 年，ADB 的支付增长了 33%。② 发展中国家的其他开发银行也紧随 ADB 之后，把承诺给予 IMF 的新资金拿出一部分，设立新的区域性贷款机制，向本区域提供逆周期贷款。美洲开发银行（IADB）设立了 60 亿美元的快速支付紧急基金以支持成员国政府逆周期干预的努力。它的承诺贷款也在 2009 年增加了 38%，支付项目相较 2008 年增加了 60%。非洲开发银行（AfDB）于 2009 年设立了 15 亿美元的紧急流动性资金。2008 ~ 2009 年，AfDB 的贷款承诺增加了 137%。

（三）双边应对机制

2008 年金融危机催生了一些双边合作机制，在 IMF 贷款框架之外提供多元化的金融支持。危机之初，俄罗斯对一些邻国提供了少许贷款。自 2008 年 9 月始，美联储已经开始与 14 个国家的中央银行进行互换安排（建立在与墨西哥、加拿大长期互换协议基础上），包括一些东南亚国家和拉丁美洲国家。欧盟向多个欧洲边缘经济体提供了大量的备用安排资金。中国也在金融危机期间签署了多个双边融资倡议，例如，从 2009 年至 2010 年，中国国家开发银行和中国进出口银行至少向发展中国家政府和公司提供了 1100 亿美元的贷款，这一数字超出了世界银行向发展中国家从 2008 年中到 2010 年中的贷款总额。

中国也签署了一系列三年期的货币互换安排，允许一些贸易伙伴持续获得人民币，以便可以继续以人民币而非美元进行进口支付，同时确保中国企业可以用贸易伙伴的货币支付。截至 2017 年，中国已经与 36 个国家签署双边货币互换交易安排，金额超过 3.3 万亿元人民币。这些双边互换协议没有起到直接挑战国际货币基金组织（或美元）的作用，因为这些国家的中央银行不能用

---

① Asian Development Bank (ADB), ADB Annual Report. Manila: Asian Development Bank, 2009.

② Ocampo, José Antonio, Stephany Griffith-Jones, Akbar Noman, Ariane Ortiz, JulianaVallejo, and Judith Tyson, "The Great Recession and the Developing World," in *Development Cooperation in Times of Crisis*, edited by José Antonio Alonso and JoséAntonio Ocampo, 17 – 81. New York: Columbia University Press, 2012.

人民币干预外汇市场，也不能对来自第三国的进口商品支付或对外国银行或外国债券持有人支付，人民币仍然不可自由兑换。[①]

巴西国家开发银行（BNDES）是一个联邦机构，负责向巴西公司提供长期融资并协调私人银行的行动以支持陷入困境的公司。根据 2012 年年报，BNDES 资产总额达到 7155 亿雷亚尔（约合 3240 亿美元），2013 年其贷款规模为 1904 亿雷亚尔（约合 862 亿美元），这让 IADB、世界银行和拉丁美洲所有其他国家的贷款机构都黯然失色。全球经济危机期间，在向巴西企业提供贷款方面，BNDES 一直非常活跃。自危机以来，BNDES 已经向该地区的国家贷款大约 150 亿美元。BNDES 也向该区域以外的国家提供了贷款，它为加勒比和非洲国家提供了越来越多的资金。从 2008 年到 2010 年第一季度，BNDES 向发展中国家的贷款规模达到了 15 亿美元。BNDES 的新贷款规模现在已经远远超过世界银行。BNDES 也同时开始与多边和区域开发银行合作。世界银行已与BNDES 形成合作伙伴关系，合作安排新的融资方案，其中包括巴西 40 亿美元的新贷款和巴西、IADB 和 BNDES 合作的三方贷款。BNDES 与中国、印度、俄罗斯和南非的开发银行行长签署了一份《融资合作协议》，以作为与金砖国家持续接触的一部分。[②]

（四）金砖国家新开发银行的成立为重构全球金融秩序提供新范式[③]

新开发银行和应急储备安排的设立是金砖国家改变全球金融治理的最新成果。金砖国家新开发银行（NDB）的概念是在 2012 年首次提出。2014 年 7 月在巴西福塔莱萨（Fortaleza）第六次金砖国家领导人正式签署协议，发表《福塔莱萨宣言》，宣布成立金砖国家新开发银行、设立金砖国家应急储备安排。2015 年 7 月 21 日，新开发银行在上海正式开业。新

---

① Barry Eichengreen, "Dollar Dilemma: The World's Top Currency Faces Competition," *Foreign Affairs* 88 No. 5 (2009): 53 – 68.

② Brazilian Development Bank (BNDES), "BNDES Signs Agreement with BRICS Development Banks," http://www.bndes.gov.br/SiteBNDES/bndes/bndes_en/Institucional/Press/Noticias/2011/20110414_BNDES_BRICS.html.

③ 徐超:《新开发银行与全球金融治理体系改革》,《国外理论动态》2016 年第 11 期, 第 105 ~ 114 页。

开发银行是在没有西方发达国家参与背景下成立的，其诉求、目标和宗旨具有开拓性、发展性、互惠性等创新之处。新开发银行运行模式可以为重建国际金融规则提供一种新范式。其主要创新如下：①强调主权平等，赋予创始成员国平等出资、轮流担任行长的权力和机会，这种设计破除了传统国际金融组织首席负责人均来自西方国家等诸多弊端，符合国际关系民主化发展趋势。②主要为金砖国家或其他发展中国家基础设施建设提供贷款，力推国际社会互联互通发展与完善，从而便利国家之间人员交流、商业交易等跨境活动。③贷款标准依循商业交易模式，不像国际货币基金组织、世界银行或其他地区开发银行，附加严格的政治条件。Dreher（2009）认为，IMF 附条件项目的负面效应大于项目接受国所获得收益。更为重要的是，IMF 附条件项目不仅在短期内影响经济增长，而且从长远角度考量，也没有任何补偿措施。反观金砖国家金融合作，其基本理念是注重互利互惠而不附加政治条件，其运行机制建立在南南合作基础上。④积极推行金砖国家本币使用范围，适度削弱美元束缚。全球经济格局正在发生前所未见的变化，依赖美元主导的传统国际金融治理体系已经不合时宜，效用递减趋势还将加速。国际货币体系改革在未来 5～10 年将以美元霸权削弱、国际货币多元化为主要特征。金砖银行成员国倡导并积极使用本币支付、结算和货币互换，将有助于逐步减弱美元束缚。⑤金砖银行的设立，无意也不可能挑战或代替世界银行和国际货币基金的国际地位。它不仅是现有全球金融治理体系必要、有益的补充，而且将与世界银行和国际货币基金之间形成良性竞争。正如《新开发银行协议》第 2 条规定："新开发银行旨在为金砖国家、新兴经济体、发展中国家的基础设施和可持续发展项目盘活资源，以补充既有多边和区域金融机构为全球增长和发展所做的努力。"

新开发银行作为一种由发展中国家发起设立，独特的、跨洲的地缘金融合作模式，尽管其诸多创新效果尚需实践检验，但金砖国家依循开放、包容、共赢、合作的精神理念，无疑将推动全球金融治理体系的改革与完善，其本身就是一种创新和发展，将产生一定的示范效应，受到国际社会和其他国家重视。正因为此，新开发银行可以为重构全球金融秩序提供另一种选择。

四 关于推动南南合作在全球金融治理中发挥
更重要作用的对策建议

（一）充足的金融资源是南南合作的必要条件

缺乏充足和可持续的融资，包括缺乏创业、开发性融资和资本投资，一直是南南合作最薄弱的环节之一。无论是举行会议、机构建设、联合项目投资、基础设施建设，还是转移支付安排、特殊目的基金或者组建南方银行，都没有足够的资金。一些非营利或不能产生短期回报的项目，尤其缺乏资金。这样一来，很多好的想法几十年都得不到落实，只能停留在书面上。有一些南南合作项目已经落实，比如南方电视台（TeleSUR）和南方银行（Bancosur），推动了拉丁美洲社会的进步和民生改善。但是，还有很大一部分项目资金得不到落实。如果想把南方的集体自力更生愿望转化为现实的话，需要坚定政治决心，持续进行充分的融资和投资。

（二）加强金砖国家与广大南方国家的合作

南南合作是被西方媒体和学术界长期忽视的话题。但是，金砖国家的崛起重新燃起了其对这一问题的关注。如果把金砖五国纳入南南合作的版图，除了可以获得更多的政治优势外，还有助于解决金砖国家成员在南方国家开展合作的身份问题，避免西方媒体和分析人士趁机指责中国搞新殖民主义和资源掠夺。金砖国家新开发银行和应急储备安排成立之后，金砖国家可以通过这一新的平台，推动全球金融治理结构的改革，加快南南合作机制化进程。① 具体来说，新开发银行在时机成熟的时候，可以适当扩容，让更多的南方国家成员加入进来，使之成为全球南方国家金融合作的平台，为南方国家经济和社会发展提供更多的金融和资金支持。南方国家的领导人需要以适当的方式共同发声，

---

① Oliver Stuenkel（2013），Institutionalizing South-south Cooperation：Towards A New Paradigm，Background Research Paper United Nations High-level Panel on the Post – 2015Development Agenda，http：//ri. fgv. br/sites/default/files/publicacoes/Institutionalizing – South – South – Cooperation – Towards – a – New – Paradigm. pdf.

扩大南南合作的目标和全球愿景。通过加强金砖国家与南方国家的合作、加强全球南方国家的合作，增强政治、经济、金融和科技实力以建立国际新秩序。

（三）建立南南合作委员会

南方委员会（South Commission）是一个南南合作的委员会，建立的初衷是服务南南合作。但是，其成立之后，服务的范围却包罗甚广，涵盖北方和南方国家关系以及国内发展问题。南南合作发展势头在20世纪90年代开始减弱，南北方发展合作和国际经济秩序改革方面也以失败告终。现在有必要建立南南合作委员会，作为南南合作的组织机构，通过集体发声，影响未来世界秩序的塑造。

（四）设立专门处理南南合作的联合国组织

有的学者主张，将南南合作的重任授权或者委托给联合国贸易和发展会议，使该组织能够在发展合作和全球经济政策领域恢复积极、有益和中心的作用。但是，贸发会的主要职能在于贸易领域，无法完全顾及南南合作的其他一些领域，比如货币和金融、知识产权、技术转让、跨国公司及其他经济问题。因此有必要在联合国设立一个新的组织，专门致力于南南合作议题，积极促进南南合作。通过这一组织，南方国家可以在多边外交和联合国系统中发挥重要作用，并以这种方式影响整个国际发展议程和全球系统问题的应对。

B.16
金砖国家技术创新政策比较研究

李凡 李菲*

摘 要： 金砖国家未来可持续发展必须依靠技术创新政策的制度安排。通过构建金砖国家技术创新政策目标、工具和执行的三维比较研究框架，对金砖国家政策设计进行全面比较，即从空间上横向对金砖国家已有的技术创新政策布局进行比较，以及沿时间轴纵向比较金砖国家不同时间段和全阶段的技术创新政策差异，探寻金砖国家技术创新政策演进的规律和差异。基于分析结果从政策目标、政策工具和政策执行三个维度提出科学构建中国技术创新政策体系建议：①打造任务导向型政策目标的中国特色竞争范式，追求知识横向水平扩散；②统筹设计供给导向型政策工具，合理布局环境导向型政策工具，大力推进需求导向型政策工具；③加强技术创新政策执行的持续性，保障技术创新政策的执行效力。

关键词： 技术创新政策 比较研究 金砖国家

一 引言

当今和未来时期，技术创新是经济发展的重要推手。开放经济下，发达国家为了遏制发展中国家经济快速发展的势头，在技术贸易壁垒高筑的同时开始

---

* 李凡，北京第二外国语学院国际商学院教授，研究领域：技术创新管理；李菲，北京第二外国语学院国际商学院硕士研究生，研究领域：技术创新管理。

借鉴中国等发展中国家技术创新政策的经验。这些已经和正在发生的深刻变化，倒逼中国必须主动构建、科学设计技术创新政策的制度体系才能实现未来的可持续发展。

技术创新政策在理论上可行，但在现实中受制于以下几个方面：第一，发达国家技术创新政策设计需要考虑其特有的背景，这些背景因素与发展中国家存在本质上的不同[1]；不同的技术和制度环境即使面对类似的激励措施也会有不同的反应，这就使得复制政策变得无效[2]；第二，中国等发展中国家由于资源短缺，在技术创新政策设计中必须重点针对仅存在于发展中国家的问题，或者虽然在发达国家有解决方案，但相关方案不适用于发展中国家的问题。综上所述，选择与其他发展中国家的技术创新政策进行比较，对于未来科学构建我国的技术创新政策体系具有重大的理论和现实意义。

金砖国家均把技术创新作为国家核心战略之一。2014年3月，首届金砖国家科技和创新部长级会议上，五国部长均表示，金砖国家将大力加强未来的科技合作，在科技创新战略和政策方面加强交流，未来各国技术创新势必会在交融中从更高的起点发展。

金砖国家的经济增长较为迅速，但技术创新对经济增长的贡献率较低。进入21世纪以来，金砖国家GDP平均增长速度超过5.5%，远高于发达国家2.2%的水平，在全球经济格局中占据越来越重要的位置。然而，金砖国家科技进步贡献率仅为30%，与美国等发达国家的80%存在一定差距。2018年7月，世界知识产权组织发布了《2018年全球创新指数报告》，以80项创新指标对世界126个经济体的技术创新能力进行了综合排名，金砖国家中创新指数排名最高的中国也仅排在第17位。

金砖国家未来可持续发展必须依靠技术创新政策的制度安排。金融危机让人们意识到，市场本身的力量不足以引导经济长期稳定的增长，积极有效的公共政策不可或缺[3]，金砖国家迫切需要通过技术创新政策的扶持建

---

① Klochikhin E. A. , "Russias Innovation Policy: Stubborn Path-dependencies and New Approaches," *Research Policy*, Vol. 41, No. 9, Spring 2012, pp. 1620 – 1630.

② Kooiman J. , *Modern Governance*, *New Government-Society Interactions*, London: Sage, 1993.

③ Stiglitz J. , *The Price of Inequality*: *How Today's Divided Society Endangers Our Future*, New York: W. W. Norton & Company, 2012.

立新的动态比较优势。但是，有关发展中国家的技术创新政策科学设计的讨论还是一个比较新的现象①，没有特别多的经验可以追溯。与此同时，发展中国家的制度框架往往比较脆弱，如果不系统地制定和颁布政策，政策效果将会大打折扣。② 因此，借鉴其他金砖国家技术创新政策经验，科学构建我国未来技术创新政策体系，探索发展中国家技术赶超之路，是我国建设创新型国家，实现创造大国的战略抉择，也是新时期我国转变经济发展方式的客观要求和核心任务。

二 金砖国家技术创新政策数据库

金砖国家的技术创新政策主要通过各国多个部门的官方网站搜集获得，此外项目组成员也查阅了与金砖国家相关的书籍、报刊、论文、统计报告、新闻报道和公开采访等，共搜集了颁布于 1990～2017 年与技术创新相关的政策文本 755 条，建立了金砖国家技术创新政策数据库。

中国的技术创新政策共 371 条，政策来源于全国人民代表大会、国务院、科技部、商务部、财政部、国家发展和改革委员会、国家税务总局、海关总署、工业和信息化部以及中国科学院等 49 个部门。俄罗斯的技术创新政策共 103 条，政策来源于俄罗斯人民代表大会、俄罗斯联邦政府、教育和科学部、能源部、经济发展部、信息技术和通信部、财政部以及工业和贸易部等 15 个部门。印度的技术创新政策共 106 条，政策来源于印度议会、印度联邦政府、科技部、财政部、农业部、商业与工业部、工业政策和促进部和信息技术部等 15 个部门。巴西的技术创新政策共 91 条，政策来源于巴西议会、巴西联邦政府、科技创新部、发展工业和外贸部、矿业能源部和财政部等 18 个部门。南非的技术创新政策共 84 条，来源于南非政府、科技部、财政部、贸易工业部、能源部、矿产资源部和科技部等 7 个部门。政策按时间分布统计情况见表 1。

---

① Karo E. , Kattel R. , "Should Open Innovation Change Innovation Policy Thinking in Catching-up Economies Considerations for Policy Analyses," *Innovation: The European Journal of Social Science Research*, Vol. 24, No. 1 – 2, Spring 2011, pp. 173 – 198.

② Arnold E. , "Evaluating Research and Innovation Policy: A Systems World Needs Systems Evaluation," *Science and Public Policy*, Vol. 13, No. 1, Spring 2004, pp. 3 – 17.

表1　1990～2017年金砖国家技术创新政策文本统计

单位：条

年份	中国	俄罗斯	印度	巴西	南非	年份	中国	俄罗斯	印度	巴西	南非
1990	2	1	1	1	1	2005	17	4	8	3	3
1991	6	1	1	2	1	2006	30	5	9	6	1
1992	9	5	1	2	1	2007	40	6	8	7	4
1993	7	5	1	2	2	2008	10	5	7	3	7
1994	8	1	1	2	3	2009	24	3	1	2	1
1995	9	3	1	2	1	2010	31	7	5	1	6
1996	14	1	1	2	2	2011	8	5	7	5	6
1997	13	1	1	2	3	2012	6	10	16	4	9
1998	15	1	1	3	1	2013	8	9	4	1	1
1999	14	1	1	1	3	2014	7	3	1	3	3
2000	17	1	3	6	1	2015	9	7	6	4	4
2001	14	1	2	3	1	2016	7	5	4	2	4
2002	14	4	3	9	5	2017	8	6	5	3	3
2003	13	1	4	8	5	合计	371	103	106	91	84
2004	11	1	3	2	2						

资料来源：作者根据搜集的政策文本统计数据自制。

三　金砖国家技术创新政策基本描述

以时间为线索整理金砖国家技术创新政策，根据五个国家政策演进过程中的"根政策"进行分段，"根政策"是指对该国技术创新发展具有重要阶段性影响的纲领性政策。

将所搜集的金砖国家技术创新政策，划分为1990～1999年、2000～2005年、2006～2009年以及2010～2017年四个阶段，从"政策目标—政策工具—政策执行"三个维度进行简单的政策统计与描述。

（一）技术创新政策目标维度

1. 任务导向型政策目标

巴西和中国较其他国家更多地强调以增加知识为主的任务导向型目标，见图1。巴西以"任务导向型"为目标的政策占比在4个分阶段均位于金砖国家之首，第二阶段最高，为68.8%。而中国以"任务导向型"为目标的政策占比除在第一阶段略低于南非外，在第二、四阶段均仅次于巴西，甚至在第三阶段高于巴西，达到51.2%。

2. 扩散导向型政策目标

俄罗斯和印度更多地强调以传播知识为主的扩散导向型目标的实现，见图2。俄罗斯和印度以"扩散导向型"为目标的政策占比除在第二阶段略低于中国和南非外，在其他分阶段均高于其他金砖国家。其中，俄罗斯扩散导向型目标政策占比在第一、三阶段最高，分别为76.8%和66.9%，而在第四阶段印度的扩散导向型目标政策占比最高，为62.8%。

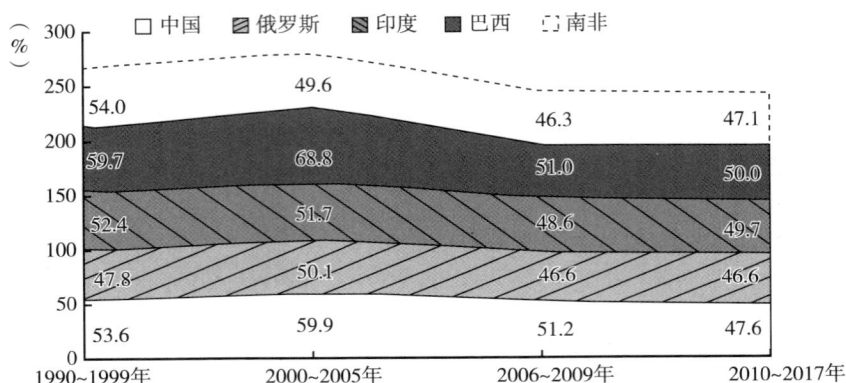

图1 金砖国家分阶段技术创新政策任务导向型政策目标分布

资料来源：作者自制。

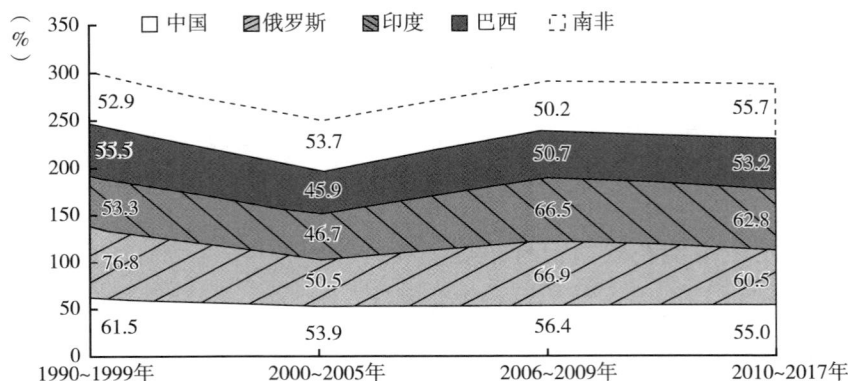

图2 金砖国家分阶段技术创新政策扩散导向型政策目标分布

资料来源：作者自制。

（二）技术创新政策工具维度

1. 供给导向型政策工具

供给导向型政策工具是金砖国家使用最多的政策工具，如图3、图4、图5和图6所示，各金砖国家供给导向型政策工具占比在各个分阶段均较高。值得注意的是，中国使用供给导向型政策工具占比在各个阶段均高于其他金砖国家，第一阶段的占比甚至达到71.43%。另外，印度对供给导向型政策工具的使用增长迅速，其占比从第一阶段的55.10%的增长到第四阶段的64.80%。

2. 环境导向型政策工具

金砖国家较多使用环境导向型政策工具，其中俄罗斯使用该类型政策工具最多，四个分阶段的政策占比均在45%以上，但巴西对该类型工具的使用明显较少，除在第三阶段的政策占比达到31.87%以外，其他三个分阶段的平均占比不足22%（见图3、图4、图5和图6）。

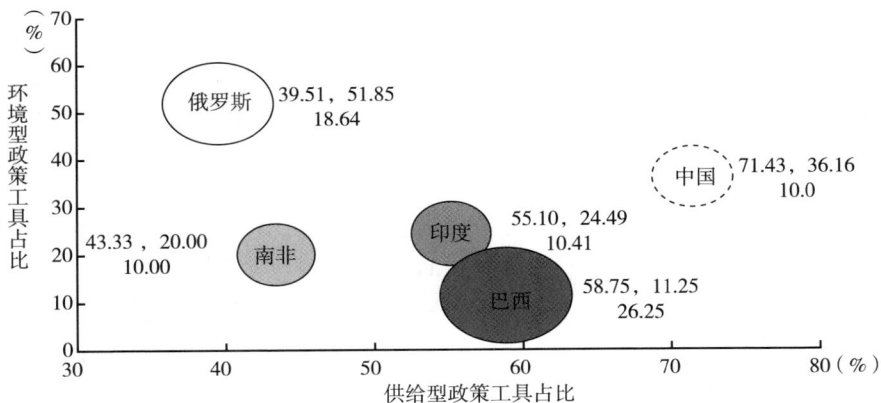

图3 金砖国家第一阶段技术创新政策工具分布

注：气泡面积表示需求导向型政策工具占比。
资料来源：作者自制。

3. 需求导向型政策工具

金砖国家较少使用需求导向型政策工具，如图3、图4、图5和图6所示，除巴西在第一、四阶段该类型政策工具的占比高于环境导向型政策工具外，其

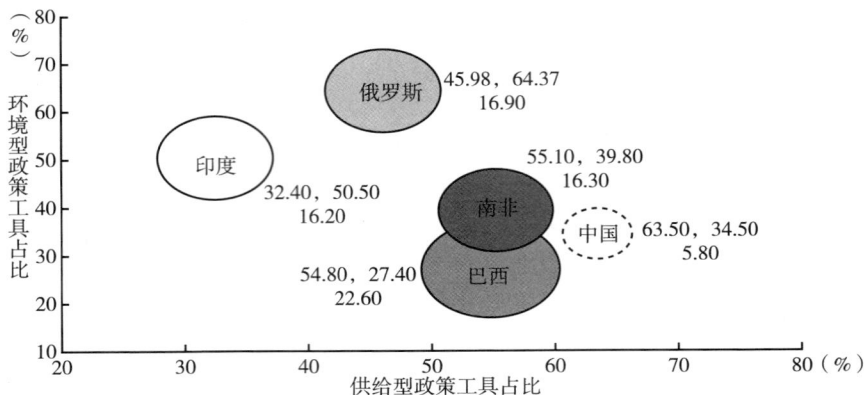

图4　金砖国家第二阶段技术创新政策工具分布

注：气泡面积表示需求导向型政策工具占比。

资料来源：作者自制。

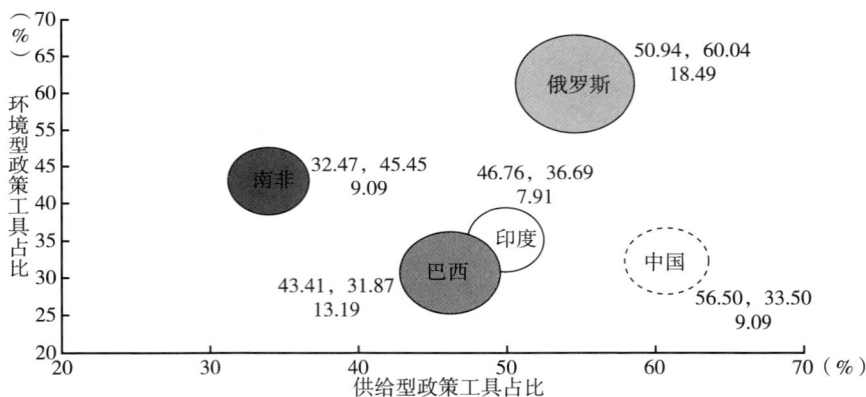

图5　金砖国家第三阶段技术创新政策工具分布

注：气泡面积表示需求导向型政策工具占比。

资料来源：作者自制。

他金砖国家需求导向型政策工具的占比在四个分阶段均低于供给和环境导向型
工具。金砖国家中，巴西对需求导向型政策工具的使用在第一、二、四阶段均
多于其他金砖国家，该三个阶段的平均政策占比达 29.10%；中国对该类型政

策工具的使用最少，四个阶段平均占比仅为 10.30%，值得注意的是，在第三阶段以后，中国对需求导向型政策工具的使用增长迅速，第四阶段达到 16.33%，高于印度和南非。

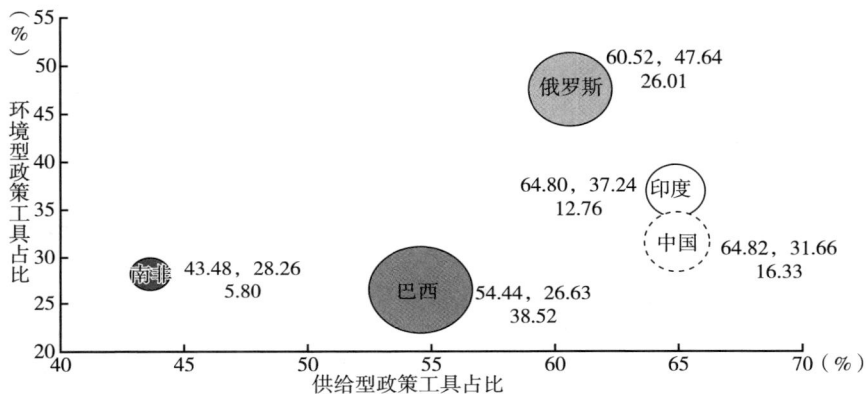

图 6 金砖国家第四阶段技术创新政策工具分布

注：气泡面积表示需求导向型政策工具占比。
资料来源：作者自制。

（三）技术创新政策执行维度

1. 政策颁布机构

如图 7 所示，金砖国家技术创新政策多由中央机构颁布，除南非在第四阶段下降到 41.3% 外，金砖国家由中央机构颁布的政策占比均在 60% 以上，由部委机构颁布政策相对较少。其中，俄罗斯由中央机构颁布的政策最多，四个分阶段的政策占比均居金砖国家之首。

2. 政策颁布形式

如图 8 所示，金砖国家中，南非法律形式的政策占比在四个分阶段均最高，而中国占比最低，四个分阶段均不足 20%。另外，与图 7 结合来看，南非由中央机构颁布政策占比随时间变化趋势与其法律形式政策占比的变化趋势基本吻合，表明南非的法律形式的技术创新政策基本上由中央机构颁布。

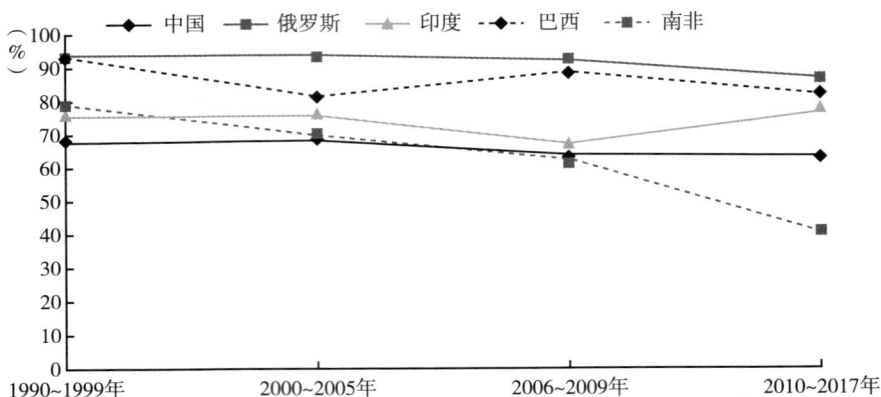

图7　金砖国家分阶段中央机构颁布政策占比

资料来源：作者自制。

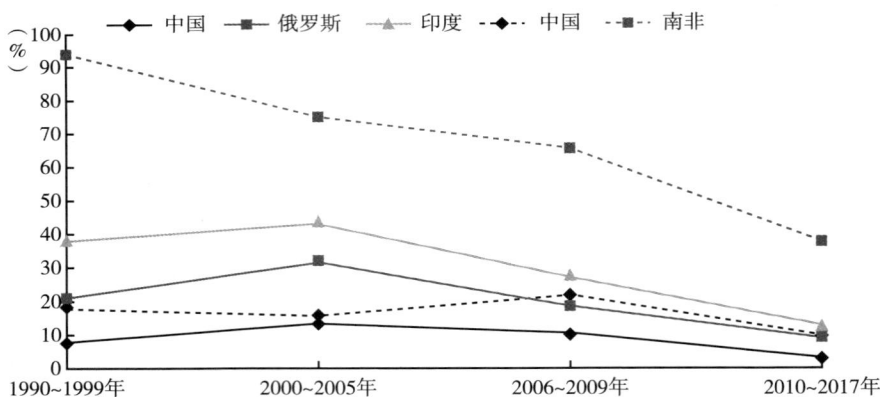

图8　金砖国家分阶段法律形式政策占比

资料来源：作者自制。

四　政策时间演进比较研究

为科学比较、定量描述金砖国家技术创新政策演进差异，通过对政策变量赋值，采用二元 logistic 回归分析方法，分别从四个分阶段和全阶段进行中俄、中印、中巴和中南技术创新政策时间演进比较研究。

（一）政策测度与赋值

将中国与俄罗斯（或印度、巴西、南非）的技术创新政策置于同一个数据库之中，对于每一个数据库，针对国家变量、时间变量以及 20 个政策变量进行赋值，具体步骤如下：

1. 确定国家变量

设定国家变量为 C，俄罗斯（或印度、巴西、南非）与中国分别赋值为 1 和 2。

2. 确定时间变量

针对四个阶段"1990～1999 年、2000～2005 年、2006～2009 年、2010～2017 年"设置时间虚拟变量 T_1、T_2、T_3 和 T_4，若某政策样本具有效力的年份处在 T_n 阶段下，则在相应时间变量下赋值 1，否则为 0。

3. 构建 $C \cdot Tn$ 变量

将国家变量依次与时间变量相乘，得到 4 个能够同时反映国家差异与时间变化的变量 $C \cdot T_n$，即 $C \cdot T_1$、$C \cdot T_2$、$C \cdot T_3$ 和 $C \cdot T_4$。

4. 确定政策变量

从政策颁布机构、支持形式、完善技术创新制度环境手段、满足创新产品需求手段、支持创新活动类型以及政策出台形式 6 个角度选取 20 个变量描述技术创新政策。

5. 政策变量赋值

金砖国家技术创新政策目标、工具和执行下的 20 个变量均为虚拟变量，赋值的基本原则是若某政策具有某种政策目标、使用了某种政策工具、具有某种政策执行特征，则在相应变量下赋值为 1，否则为 0。

金砖国家技术创新政策时间演进比较政策变量情况详见表 2。

表 2　金砖国家技术创新政策时间演进比较政策变量说明

政策维度	变量名称	变量描述	变量类型
政策目标	技术开发	基于研究、实际经验和外部引进技术，开发新技术、新产品、新工艺等	虚拟变量
	技术引进	通过贸易或经济技术合作引进境外先进适用技术	虚拟变量
	技术出口	通过贸易或经济技术合作向境外出口技术	虚拟变量
	消化吸收	获取外部先进技术后，学习该技术包含的知识信息，将之用于生产和服务活动	虚拟变量
	科技成果转化	实现科技成果的应用和推广、工艺化、产品化、商业化和产业化等	虚拟变量

续表

政策维度	变量名称	变量描述	变量类型
政策工具	对中小（微）型企业的技术支持	政府对中小（微）型企业提供财政、税收、金融、技术辅导与咨询、基础设施建设等支持	虚拟变量
	财政支持	政府资金投入、政府提供补贴和折旧支持等	虚拟变量
	基础设施建设	提供与技术创新相关领域的公共基础设施与设备	虚拟变量
	人力资源培养	建立和完善人才教育与培训体系，实现人才的国际流动，通过提供薪酬、福利、奖金吸引和奖励人才	虚拟变量
	金融支持	拓宽融资渠道，提供贷款优惠、保险以及风险控制	虚拟变量
	税收优惠	给予免税、减税、加速折旧、贴息等优惠	虚拟变量
	行政支持	放宽审批、配额、许可证等限制，简化行政程序，为技术创新活动制定相关规则、计划，划定相关责任和义务，对技术创新活动进行组织、控制与监督等	虚拟变量
	知识产权保护	立法保护科技成果的发明者或拥有者对科技成果在一定期限内的占有权和使用权，包括版权和工业产权	虚拟变量
	政府采购	国家机关或组织使用财政性资金优先购买货物、工程或服务	虚拟变量
	国际合作	提供国际合作机会和平台	虚拟变量
政策执行	一级机构	最高立法机构是否参与	虚拟变量
	二级机构	国务院及其各部委是否参与	虚拟变量
	三级机构	国务院直属特设机构或委员会是否参与	虚拟变量
	四级机构	局级行政机构是否参与	虚拟变量

资料来源：作者自制。

（二）政策比较

使用二元 logistic 回归分析方法对中俄、中印、中巴和中南的技术创新政策做分阶段和全阶段对比分析，根据回归结果对中俄、中印、中巴和中南四个阶段以及全阶段的技术创新政策分别进行了比较，结论如表3所示。

表3 金砖国家技术创新政策演进比较总结

变量类型	政策维度	变量名称	全阶段特点	阶段性变化
政策目标	任务导向型	技术开发	巴西最为显著	—
		技术引进	中国最为显著	第四阶段起巴西与中国差异不显著
	扩散导向型	技术出口	印度和巴西较为显著	第三阶段起南非与中国差异不显著
		消化吸收	俄罗斯较为显著	第二阶段起印度与中国差异不显著
		科技成果转化	南非最为显著	第二阶段起中国与南非差异不显著
政策工具	供给导向型	对中小(微)型企业的技术支持	巴西和印度较为显著	第四阶段起中国与巴西差异不显著
		财政支持	俄罗斯和中国较为显著	第四阶段起巴西显著多于中国
		基础设施建设	俄罗斯和巴西较为显著	第四阶段起印度显著多于中国
		金融支持	中国和俄罗斯较为显著	—
		税收优惠	中国和俄罗斯较为显著	第二阶段起印度与中国差异不显著;第三阶段起南非与中国差异不显著
		人力资源培养	中国最为显著	第三阶段起俄罗斯显著多于中国
	环境导向型	行政支持	中国最为显著	第四阶段起巴西与中国差异不显著
		知识产权保护	南非、俄罗斯和印度显著	—
	需求导向型	政府采购	俄罗斯和印度较为显著	第二阶段起中国与印度差异不显著
		国际合作	俄罗斯最为显著	第三阶段起印度与中国差异不显著
政策执行	中央机构	一级机构	俄罗斯最为显著	—
		二级机构	中国和印度较为显著	第四阶段起南非显著多于中国
	部委机构	三级机构	俄罗斯最为显著	—
		四级机构	中国最为显著	—
政策形式	法律形式		其他四国均比中国显著	—

资料来源:作者自制。

五 金砖国家技术创新政策比较结果

（一）技术创新政策目标维度

金砖国家的政策目标从总体上来说，更多地分布在强调知识增加为主的任务导向型目标中，而在传播知识为主的扩散导向型目标中占比相对较低。具体说来：

1. 任务导向型政策目标

（1）技术开发

金砖国家中，巴西最为重视对技术开发目标的引导。

（2）技术引进

中国比其他金砖国家更注重对技术引进目标的引导。另外，从第四阶段起巴西的技术创新政策也开始重视技术引进的引导。

2. 扩散导向型政策目标

（1）技术出口

印度和巴西均比中国显著强调技术出口目标的实现。同时，南非从第三阶段开始逐渐重视技术出口目标的引导，在第三、第四阶段与中国该目标的政策数量不存在显著差异。

（2）消化吸收

俄罗斯在各阶段及全阶段均比中国更注重消化吸收目标的引导。此外，印度从第二阶段开始非常强调对该类政策目标的鼓励，与中国该目标的政策数量不存在显著差异。

（3）科技成果转化

金砖国家中，南非最强调科技成果转化目标。

（二）技术创新政策工具维度

金砖国家的政策工具从总体上来说，更多使用供给导向型和环境导向型政策工具，而需求导向型政策工具使用较少。具体说来：

1. 供给导向型政策工具

（1）对中小（微）型企业的技术支持

巴西和印度更多运用该工具鼓励技术创新的实现。近年来，中国逐渐加大对中小（微）型企业的技术支持力度，从第四阶段起该工具的使用数量占比与巴西相比没有显著差异。

（2）财政支持

俄罗斯和中国较其他金砖国家更显著使用财政支持工具。另外，从第四阶段起，巴西也开始增加该工具的使用，该工具的使用数量占比显著多于中国。

（3）基础设施建设

俄罗斯和巴西均比中国显著使用基础设施建设工具。印度从第四阶段开始逐渐增加该工具的使用，该工具的使用数量占比显著多于中国。

（4）金融支持

中国和俄罗斯比其他金砖国家重视对金融支持工具的使用。

（5）税收优惠

中国和俄罗斯较其他金砖国家更显著使用税收优惠工具。印度和南非逐渐加强对该工具的使用，分别从第二阶段和第三阶段开始使用该工具的数量占比与中国不存在显著差异。

（6）人力资源培养

金砖国家中，中国最为重视人力资源培养工具的使用，但俄罗斯在第三阶段后加强对该工具的重视程度，开始显著多于中国。

2. 环境导向型政策工具

（1）行政支持

中国比其他金砖国家更显著使用行政支持工具。巴西从第四阶段起增加对该工具的使用，与中国相比使用该工具的数量占比不存在显著差异。

（2）知识产权保护

金砖国家中，南非最强调通过使用知识产权保护工具改善技术创新环境。与此同时，俄罗斯和印度也比中国更多地使用了知识产权保护工具。

3. 需求导向型政策工具

（1）政府采购

俄罗斯和印度均比中国显著使用政府采购工具，值得注意的是，中国从第二阶段起增加使用该工具，与印度的差异不显著。

（2）国际合作

俄罗斯最显著使用国际合作工具，值得注意的是，印度从第三阶段开始增加使用该工具，与中国的差异不显著。

（三）技术创新政策执行维度

1. 政策颁布机构级别

中国的政策更多的由四级机构颁布。与中国相比，其他金砖国家的政策颁布机构级别较高，如俄罗斯一级机构的政策颁布数量占比显著高于中国。

2. 政策颁布形式

中国的政策多以"办法""意见""通知"的形式出现，而巴西、俄罗斯、印度和南非的技术创新政策以"法律"形式出现的比例显著高于中国。

六　中国技术创新政策体系构建建议

（一）政策目标

1. 打造政策目标定位的中国特色竞争范式

从金砖国家的比较分析可以看出，中国有相当部分的技术创新政策属于鼓励知识增加的任务导向型。但无论是在技术引进还是技术开发的政策引导中，都存在相当程度的目标"碎片化"，缺乏足够的特色，应在未来着力打造中国特色竞争范式。

首先，在政策目标制定中体现"超竞争"意识。在技术创新的国际化背景下，国际竞争日趋激烈，发展中国家要想实现经济赶超，仅有竞争意识是不够的，还必须包括"超竞争"，即政府制定的技术创新政策应从通用的宏观技术政策转向专注于国家中观经济专业化的更具有特殊性的中观导向政策，才能使该国在某一特定的方面强过竞争对手。

其次，利用技术预见科学制定技术开发战略。技术预见活动可以在组织、行业、地区和国家的水平上应用，可以有效助力实现技术开发的专业化、特色化和集聚化。第一，建立技术预见模型，预测中国优先发展技术领域内的关键问题；第二，强化技术预见与创新体系的联系，探讨未来机遇并设置科学和创新活动的投资项目优先级，有助于集中优势资源实现国家战略领域的重点突破，突出中国的技术特色；第三，在技术预见中寻求国际化和本土化的平衡点。技术预见中既要考虑创新体系全球化带来的变化，也要充分考虑技术的适应性，特别是候选技术的未来市场潜力和可行性。

最后，权衡知识增加的成本和收益，优化技术引进结构。长期以来中国多依靠技术引进实现知识增加，而技术领先国对核心技术的引进封锁大大增加了中国的技术引进成本，甚至超过了自主研发所需要的基本投入。在全球化的创新网络里，中国应基于技术预见，综合权衡知识增加的成本和收益，以实现最佳的经济回报和社会利益为出发点制定技术引进战略，辅助自主开发，打造中国技术创新的集聚化特色。

2. 追求知识横向水平扩散将是中国未来技术创新政策目标的引导方向

由技术引进带来的知识增加只为中国实现对发达国家的技术赶超目标提供了可能性，而无法真正提升中国的技术创新能力，推动知识的水平扩散应当成为中国未来技术创新政策目标的设计方向。

首先，总体规划技术出口政策。第一，采用出口退税、行政支持等手段助力技术出口结构升级。技术出口对中国经济增长的贡献不在于出口数量的多少，而在于出口结构的升级。中国当前的技术出口在产业层面、企业层面和地区层面均具有一定程度的不平衡特征，应使用出口退税、补贴、简化行政审批程序等手段将技术出口优惠政策向增长空间较大的第三产业倾斜、向本土创新企业倾斜，实现技术出口结构的升级。第二，立法规范技术出口环境。知识产权保护的不足、贸易合同签订的疏漏等问题容易造成技术出口效益低下，中国的技术出口政策在关注技术贸易价格、技术交付方式等前端环节的同时，也应重视对出口技术知识产权的保护、核心技术的保密工作、未来的使用和传播等后端环节，提升技术出口效益、规范技术出口环境。

其次，全方位设计消化吸收政策。第一，在技术引进规划环节，中国的技术创新政策设计应强调技术引进与技术吸收政策目标之间的协同性，不能片面地针对技术引进活动进行规制，譬如在拟定技术引进计划书或可行性报告时，应规定同时拟定相应的消化吸收计划书。第二，在技术引进实施环节，应设计配套政策鼓励引进相关技术人才，以帮助完成国内的消化吸收活动。第三，在消化吸收环节，使用贴息或者低息贷款的政策手段对承担重大消化吸收技术任务的企业进行融资支持，立法规定消化吸收投入或消化吸收风险的补贴投入占科技总投入的固定比重下限。第四，在消化吸收后续环节，针对企业消化吸收后生产的产品出现成本高、利润低的情况，可通过计提企业员工福利基金或对相关产品减免税款的手段加以补偿。对于消化吸收成果，要立法保护其知识产权，或设立奖项给予评比和奖励。

最后，以企业为中心制定科技成果转化政策。一方面，维护以企业为主体的科技成果转化促进联盟。当前，中国已建立起由科技部牵头的科技成果转化促进联盟，应以此为依托，进一步引导企业树立参与意识、主体意识，主动搭建以企业为中心的科技成果转化平台。另一方面，完善以企业为主体的科技成果转化激励机制与服务体系。未来的科技成果转化政策应紧扣企业实际需求，不断完善围绕企业建立的科技成果转化激励机制和服务体系。在企业内部通过科技成果入股、科技成果转化产品的知识产权保护、设立科技成果转化风险基金等手段调动科技成果转化积极性，在企业外部扩大技术市场规模、建立健全技术市场体制、设立信息服务和专家咨询服务中介机构、探索基于互联网的科技成果转化市场渠道等。

（二）政策工具

1. 统筹设计供给导向型政策工具

首先，多角度打造针对中小（微）型企业的技术支持工具。第一，尝试新型支持工具，开发中小（微）企业技术创新供需平衡卡。供需平衡卡可以对中小企业技术创新活动过程中各类生产资料的供给与需求进行动态观测，以便政策制定部门了解中小企业的真正所需。第二，借鉴发达国家的做法，推广使用创新券。具体实践中，政府可以向企业等研发机构发放创新券，研发机构用创新券向研发人员购买研发服务，研发人员持创新券到政府财政部门兑现。

其次，细化人力资源培养工具的使用。虽然从技术创新政策时间演进比较结果来看，中国较为重视对人才的培养，但对人才培养的鼓励多隐含在综合性技术创新政策当中，缺乏专门针对技术创新教育的政策或法律。通过金砖国家技术创新政策演进比较结果可知，印度在人力资源培养工具的使用方面十分细致，制定了《国家信息与通信教育政策》（2012）等专门的产业教育政策。中国应借鉴印度经验，颁布专门的技术创新教育政策或法律，为教育机构提供与技术创新相关的基础设施，立法规范技术创新教育管理。

2. 合理布局环境导向型政策工具

建立健全法制化知识产权保护工具。由发达国家主导的全球知识产权制度虽然增加了发展中国家在技术赶超过程中的难度，但适度的知识产权保护会维护个人、企业的智力成果，调动技术创新主体的研发积极性，从而提高国家技术创新能力。金砖国家中，南非知识产权保护的政策制定起步较早，1916年就颁布了《专利、设计、商标和著作权法》，至今已建立起以《著作权法》、《专利法》、《设计法》和《商标法》为主体的较为完善的法律体系。当前南非对知识产权保护的政策设计已十分细致，如为保护由公共出资支持研发的知识产权，颁布《公共出资支持的研发知识产权保护法案》（2008）等。中国在未来可以借鉴南非经验，建立并不断完善知识产权保护政策体系，细化知识产权保护对象，加强对技术创新主体智力成果的保护力度，激发创新主体的创新积极性。

3. 大力推进需求导向型政策工具

经济的快速发展与市场化改革的深入使得技术创新的发展动力越来越从"供给"转向"需求"，我国技术创新政策工具使用应从"供给"导向为主逐渐过渡为"需求"导向。作为供给导向型政策工具的重要补充，需求导向型的政策工具已经成为世界各国用以提高技术创新竞争力的主要政策工具。中国当前拥有巨大的市场需求，应从以下两个方面进一步扩大需求导向型政策工具的使用。

首先，深入挖掘政府采购工具。第一，借鉴俄罗斯做法，深化已有政府采购工具。俄罗斯颁布的一系列政府采购政策中，强调通过该工具的使用调动企业技术创新积极性，重视对技术创新产品与服务的政府采购，如规定中小企业优先进入政府采购市场，并综合知识产权、环境保护等法规，逐步引导消费者对技术创新产品和服务的需求。第二，吸取发达国家经验，尝试新型政府采购工具。英国实施的"可持续采购行动"计划中采用了一种新型政策采购方式，即远期约定采购。远期约定采购一方面可以减少政府财政资金风险，将资金更大限度地应用到技术创新领域；另一方面可以减少企业创新风险，一旦该企业提交的创新解决方案被纳入政府采购名单之中，企业就只需要针对解决方案进行研发投资，而无须冒"投资研发却找不到买家"的风险，从而实现国家技术创新与企业创收的"双赢"局面。

其次，主动利用国际合作政策工具。在技术创新国际化背景下，国与国之间的相关性越来越强，生产过程和外包的模块化改变了各国的技术经济范式。金砖国家技术创新政策演进比较结果显示，俄罗斯在鼓励企业国际合作方面表现突出，其技术创新政策整体上强调"国际领先"和"与国家优先发展领域"相适应，如批准一批具有世界领先水平的科研学校和企业进入国家研究中心参与国际科技合作。在未来，中国可以借鉴俄罗斯国际合作方面的做法，在吸引外商直接投资以及鼓励国外企业来华设立研发中心时明确重点领域和技术，主动、有选择地开展国际合作。

4. 积极关注技术标准制定工具

前已述及，由于技术标准制定与其他政策变量之间的相关性较低，故在金砖国家技术创新政策三维比较框架中，技术标准制定工具变量未被提取。然而，在"技术专利化－专利标准化－标准垄断化"的全球技术许可战略中，谁掌握了标准的制定权，谁的技术成为主导标准，谁就掌握了市场的主动权。新的全球科技革命对发展中国家的技术标准制定提出了战略性要求，包括中国在内的金砖国家对技术标准制定政策工具的使用却普遍较少。未来中国的技术创新政策设计应借鉴欧盟、美国、日本等发达经济体的做法，制定"技术标准战略"，有选择地制定一批技术水平高、对国家核心利益影响重大的技术标准；改革标准化工作管理体制，建立以企业为主体、以市场化为原则的技术标准制定模式，培养技术标准化人才；与知识产权保护形成合力，积极参与国际标准化活动。

5. 灵活运用政策工具组合

技术创新政策工具与政策目标耦合是未来技术创新政策设计的趋势之一。由于在解决创新系统的具体问题过程中，政策工具经常以组合的方式出现，因此技术创新政策工具的设计已经进入了系统化阶段。未来应该尝试针对具体政策目标，开发新的政策工具，组合运用各种政策工具，技术创新政策工具设计应从"单一"向"组合"发展转变，促进技术创新政策目标的实现。

（三）政策执行

1. 加强技术创新政策执行的持续性

研究显示，其他金砖国家技术创新政策颁布机构级别普遍高于中国，且多以法律形式为主。相比之下，中国的技术创新政策出现最多的形式为"办法"、"意见"和"通知"，这些类型的政策占比达到 69.1%。良好的政策延续性是保障市场的公平性、稳定性和透明度的先决条件。当前，中国的技术创新政策存在一定程度的朝令夕改现象，这不仅容易造成技术创新资源的浪费，影响技术创新进程，还容易降低国家政策的公信力和权威性。中国应尽可能提高高级别技术创新政策颁布机构的政策占比、制定完备和长久的技术创新政策，保障其延续性。中国技术创新政策执行应实现从"短效"到"长期"的转变。

2. 保障技术创新政策的执行效力

仔细分析中国技术创新政策的颁布机构，存在大量的政策同时由多个部门共同颁布的现象。例如《关于支持中小企业技术创新的若干政策》（2007），该政策由国家发展和改革委员会、教育部、科技部、财政部、人事部、人民银行、海关总署、国家税务总局、银监会、国家统计局、国家知识产权局、中科院共 12 个部门联合颁布。政出多门，不利于技术创新政策执行效率的提高；技术创新政策颁布机构的冗杂可能会造成管理过程中的权责不明，各机构的管理职能分散。为加强政策执行效力，中国的各政策颁布机构应明确权责分配，有的放矢，避免政策执行过程中的冲突和内耗。

参考文献

王黎萤、陈劲、杨幽红：《技术标准战略、知识产权战略与技术创新协同发展关系研究》，《中国软科学》2004 年第 12 期，第 24~27 页。

Arnold E., "Evaluating Research and Innovation Policy: A Systems World Needs Systems Evaluation," *Science and Public Policy*, Vol. 13, No. 1, Spring 2004.

Deere C., *The Implementation Game. The TRIPS Agreement and the Global Politics of Intellectual Property Reform in Developing Countries*, Oxford: Oxford University Press, 2009.

Edquist C., Zabala-Iturriagagoitia J. M., "Public Procurement for Innovation as Mission-oriented Innovation Policy," *Research Policy*, Vol. 41, No. 10, Spring 2012.

Jacobs D., "Innovation Policies within the Framework of Internationalization," *Research Policy*, Vol. 27, No. 7, Spring 1998.

Karo E., Kattel R., "Should Open Innovation Change Innovation Policy Thinking in

Catching-up Economies Considerations for Policy Analyses," *Innovation: The European Journal of Social Science Research*, Vol. 24, No. 1 – 2, Spring 2011.

Klochikhin E. A., "Russias Innovation Policy: Stubborn Path-dependencies and New Approaches," *Research Policy*, Vol. 41, No. 9, Spring 2012.

Kooiman J., *Modern Governance*, *New Government-Society Interactions*, London: Sage, 1993.

Perez C., *Technological Revolutions and Financial Capital: the Dynamics of Bubbles and Golden Ages*, Cheltenham: Edward Elgar, 2002.

Pissarides F., "Is Lack Offunds the Main Obstacle to Growth?" *Journal of Business Venturing*, Vol. 14, No. 5 – 6, Spring 1999.

Reichman J. H., "Intellectual Property in the Twenty-first Century: Will the Developing Countries Lead or Follow?" *Houston Law Review*, No. 46, Spring 2009.

Smits R., Kuhlmann S., "The Rise of Systemic Instruments in Innovation Policy," *Int. J. Foresight Innov. Policy*, No. 1, Spring 2004.

Stiglitz J., *The Price of Inequality: How Today's Divided Society Endangers Our Future*, New York: W. W. Norton & Company, 2012.

Vecchiato R., Roveda C., "Foresight for Public Procurement and Regional Innovation Policy: The Case of Lombardy," *Research Policy*, Vol. 43, No. 2, Spring 2014.

B.17
全球农业南南合作和中国的参与

唐丽霞　李琳一　李小云*

摘　要： 随着新兴国家的崛起，全球南南合作从政治领域扩展到了经济、社会、文化等领域，以分享发展经验和平等互利区别于传统的南南合作。农业一直是南南合作的重点领域，全球农业南南合作也从双边合作主导转向三边合作日益增多，在这一背景下，中国一直秉承南南合作基本原则，尤其是在农业领域，中国成为各种农业南南合作模式的主要参与者、引领者和贡献者。

关键词： 南南合作　农业南南合作　中国参与

一　全球南南合作的发展：从传统南南合作到新型南南合作

传统南南合作起源于二战后亚非国家在反对殖民主义过程中的相互支持，合作的主要形式为 1961 年成立的不结盟运动和 1964 年成立的七十七国集团，其合作目标都是实现政治独立和经济自立，但是由于当时大部分南方国家都处于工业化之前，经济发展水平低，经济结构比较单一，因此，南方国家之间很难开展真正有深度的经济合作，合作主体以政府为主，合作内容以政治合作为

* 唐丽霞，中国农业大学人文与发展学院教授，研究领域：中非农业合作；李琳一，中国国际扶贫中心副处长，研究领域：中非减贫合作；李小云，中国农业大学人文与发展学院教授，研究领域：国际发展合作。

主，合作的经济效果不明显①；这种形势到了 20 世纪 70 年代有所改善，联合
国大会采纳了不结盟运动和七十七国集团所倡导建立国际经济新秩序的提法，
成立了联合国贸易和发展会议（UNCTAD）来帮助发展中国家制定贸易政策，
促进其参与全球贸易，同时还成立了联合国科学技术发展基金组织
（UNFSTD）来帮助发展中国家进行技术合作。从 1973 年到 1977 年，联合国大
会采取各种措施来支持发展中国家之间的技术交流。1978 年，联合国发展中
国家技术合作大会在阿根廷首都布宜诺斯艾利斯举行，此次大会通过了《促
进和实施发展中国家间技术合作的布宜诺斯艾利斯行动计划》（BAPA），该计
划制订了促进发展中国家技术合作和分享的综合性概念和行动框架，一共 38
条建议，其中就包括国际机构和发达国家应该提供包括财政资源在内的各种资
源来支持发展中国家之间的技术合作和分享，改善当前发展中国家南南合作的
政策环境等建议，该行动计划被视为南南合作发展的里程碑。

　　虽然联合国从 40 年前就开始推动南南合作，但是由于国际发展合作的话
语权一直掌握在发达国家手中，发展中国家整体经济发展程度一直处于较低水
平，IMF 数据显示，20 世纪 80 年代发展中国家的经济总量仅占世界经济总量
的 8%，一直到 2003 年，中国经济总量仍然仅占到全球的 1.64%，金砖五国
经济总量也只占到世界经济总量的 9.1%，新兴 11 国也仅占到 15%，南南合
作缺乏经济支撑，BAPA 计划提出后 30 年中几度被搁置，进展缓慢。直到以
中国为首的南方国家崛起，2010 年中国一跃成为全球第二大经济体，经济总
量占到了 5.93%，而到了 2017 年，中国经济总量占比达到 17%，对世界经济
增长的贡献率则达到了 30%，金砖国家经济总量占比达到 23%，对世界经济
增长的贡献率则达到了 50%。② 与此同时，随着中国、印度、南非、巴西等新
兴经济体的发展，南方国家内部出现了较为明显的分化，一些国家进入了低等
高收入国家和中等收入国家行列，成为全球最有影响力的国家，一些国家仍然
还在低收入国家行列，属于全球最不发达国家，经济社会发展程度差距的不断
扩大，使得南方国家之间的差异性从政治制度和社会文化层面扩大到了经济层

---

① 王跃生、马相东：《全球经济"双循环"与"新南南合作"》，《国际经济评论》2014 年第 2
期，第 61~80 页。

② 万喆：《金砖合作为世界注入更多正能量》，《经济日报》2018 年 7 月 25 日。

面，南南合作有了新的发展契机。这个时期的南南合作已经超出了传统南南合作的政治合作为主的范畴，南方国家开始真正拥有了自己的成功发展经验，诸如发展优先、基础设施先导、农业发展和工业化、人口的流动与减贫等，孕育了新的发展知识要素，以中国为代表的南方国家正在为全球发展提供新的发展资源，南方国家间的贸易、投资和发展援助都达到了新的高度。[①]

2012 年，联合国大会通过了"南南合作专门单元"正式更名为"联合国南南合作办公室"这一决议，该办公室专门负责协调全球南南合作和三方合作事务，南南合作开始成为全球发展合作的重要组成部分，南南合作的定义也扩展为"南方发展中国家之间政治、经济、社会、文化、环境和技术领域合作的一个广泛的框架。涉及两个或多个发展中国家，可以以双边的、区域的、次区域的或跨区域的合作为基础。发展中国家通过共享知识、技能、专家和资源以实现其发展目标"。南南合作的基本精神是发展中国家的自主发展；南南合作的指导原则是"尊重国家主权、国家所有权与独立，平等与无条件，不干涉内政，互惠互利"。虽然此时南南合作延续了独立自主、平等互惠的早期万隆会议精神，但深度和广度已经有了根本性的扩展，从政治领域扩展到了经济、文化、技术、环境，甚至安全等各个领域；发达国家也开始承认南南合作的地位，对南北合作发挥协调和引导作用的经合组织（OECD）于 2008 年成立了南南合作任务工作组，包括英国、德国、美国等在内的很多发达国家，包括国际劳工组织、联合国教科文组织、联合国粮农组织等多边机构也真正响应联合国大会的倡议，开始制定各自的三方合作战略，通过提供资金、培训和管理技术等形式支持南南合作。南南合作的主体也从早期的政府为主扩展到了政府间组织、智库、非政府组织和私人部门等不同的主体，合作机制也不再局限于不结盟运动和七十七国集团，中国发起的上海合作组织、金砖国家机制、1 + N 机制（中非合作论坛、中拉合作论坛、中阿合作论坛、中国—太平洋岛国经济发展合作论坛）等为新兴经济体大国如何更好地推动南南合作贡献了可借鉴的合作机制。因此，为了有别于早期的南南合作，很多学者将当前的南南合作称之为新型南南合作。联合国南南合作办公室开始在全球范围内搜集和整理南南合作的典型

---

① 李小云、肖瑾：《新南南合作的兴起：中国作为路径》，《华中农业大学学报》（社会科学版）2017 年第 5 期，第 1~11 页。

案例，这些案例涉及可持续发展框架的 17 个目标，由此可见，新型南南合作正在丰富国际拓展合作的内涵和外延，开始和南北合作相互补充。

二　全球农业南南合作的最新进展

农业一直是国际发展合作的重点领域，根据 OECD-DAC 的统计数据，2005 年以来，全球农业发展援助的总量开始呈现快速增长趋势，2015 年全球农业援助达到了 103.09 亿美元，占全球援助总量的 5.26% 左右；在南南合作领域，农业合作更是重点，尤其由于在南方国家中，农业发展水平虽然差异很大，但仍然具有一定的相似性，如小农为主体的农业生产体系、农业现代化和机械化程度有限以及农业人口众多等，农业技术和发展经验的可借鉴性和分享性比较强，同时，农业发展不足也是当前很多最不发达国家面临的主要发展障碍之一，而南方国家中的新兴经济体的转型成功也在很大程度上归功于农业的快速发展，如中国、印度、泰国等。从目前全球农业南南合作来看，其主要形式有三种，第一种是南方国家之间的双边合作，第二种是南方国家之间合作向其他国家提供农业支持，第三种是三方合作，由传统的发达援助体，包括发达国家和国际多边机构和新兴经济体开展三方合作。

南方国家中不断出现的新兴经济体也逐渐成为发展合作的资金提供国，如印度、巴西、泰国、土耳其等，这些年都加大了对外援助的力度，农业是比较重要的领域。以巴西为例，从 2012 年到 2014 年，巴西在全球 55 个国家实施了 163 个农业合作项目，其中在非洲 23 个国家实施了 68 个农业合作项目，在中美洲和拉丁美洲 27 个国家实施了 89 个项目，在亚太地区 4 个国家实施了 6 个项目。印度对外援助虽然以电力、铁路建设以及工程建设等基础设施为主，但是其投向农业领域也是比较多的，以优惠贷款为例，从 2000 年到 2010 年，有 8% 的优惠贷款投向了农业和灌溉，3% 的投向了农村电力建设和改善，9% 的投向了糖料生产和加工等。[1] 南方国家之间也开始展开合作，共同向其他国

---

[1] 唐丽霞、李小云：《援助的历史叙事：对非农业援助的路径逻辑》，载李小云、唐丽霞、陆继霞等著《新发展的示范：中国援非农业技术示范中心的微观叙事》，社会科学文献出版社，2017。

家提供农业南南合作，其中比较典型的是印度、巴西和南非三国在 2003 年开始建立的 IBSA 对话论坛，该论坛于 2006 年 8 月签署了一项农业合作三方备忘录，主要内容包括农业研究和能力建设、农业贸易（包括卫生和植物检疫问题）、农村发展及治理贫困及其他相关领域的合作。在随后的历次论坛对话会上，农业都被视为重点合作领域，2010 年 4 月 15 日在巴西利亚举行的第四次 IBSA 峰会上还发布了一份题为《印度、巴西和南非农业合作的未来》的报告，该论坛机制建立了 "IBSA 减少贫困和饥饿基金"，每年至少注资 100 万美元来开展农业南南合作项目，先后在几内亚比绍、佛得角、海地、柬埔寨等国家实施了农业合作项目。此外，印度也通过 "印非合作峰会" 机制向非洲国家提供农业合作支持。

三方合作是目前全球农业南南合作最为普遍的一种形式，其主要模式有 "发达国家 + 新兴国家 + 欠发达国家" 和 "国际机构 + 新兴国家 + 欠发达国家" 两种，不过近年来随着私营部门和其他相关主体的日益崛起，不少发达国家和国际机构也开始扩展三方合作主体的范围，与私营部门、科研机构以及非政府机构的合作也在日益增强。

发达国家中，诸如英国、德国、日本等国都非常重视和新兴经济体之间开展三方合作。以德国为例，德国比较重视和全球发展合作伙伴之间的合作，德国将国家分为不同的类型，第一种类型是以 G7 为主的发达国家，和这些国家主要是共同发起一些援助行动，尤其是在这些国家倡导的《巴黎宣言》和《釜山宣言》的框架下制定本国的发展援助政策。第二种类型是全球合作伙伴，这些国家主要是新兴经济体，主要包括巴西、中国、印度、墨西哥、印度尼西亚、南非等，这些国家也是德国开展三方合作的主要国家，目前德国已经和墨西哥、印度、南非等国家开展了三方发展合作的尝试。① 目前德国和中国建立了可持续发展中心，正在探寻德国 – 中国 – 非洲国家农业合作的路径。日本也非常重视和其他国家开展三方合作来促进发展中国家的农业发展，先后与 12 个国家签署了合作伙伴计划，包括新加坡、泰国、埃及、突尼斯、智利、巴西、阿根廷、菲律宾、摩洛哥、墨

---

① 唐丽霞、武晋：《德国农业援助：战略、机构设置和途径》，《德国研究》2016 年第 2 期，第 103 ~ 115 页。

西哥、印尼和约旦。英国也非常重视和其他国家的三方合作，比如和中国曾于2011～2017年实施了中国－英国－马拉维淡水养殖项目和中国－英国－乌干达木薯项目。

新兴经济体中，巴西非常重视和发达国家开展三方合作，先后与七个发达国家——日本、德国、意大利、法国、西班牙、英国和加拿大建立了伙伴关系，协助实施在发展中国家的联合行动。与这些发达国家的三边合作在拉丁美洲、加勒比地区和非洲的发展中国家支持31个合作项目，这些国家包括：安哥拉、玻利维亚、喀麦隆、哥斯达黎加、萨尔瓦多、加蓬、危地马拉、海地、莫桑比克、巴拉圭、秘鲁、肯尼亚、圣多美和普林西比、乌拉圭。巴西也和国际组织合作开展对非农业援助，包括联合国粮农组织（FAO）、世界粮食计划署（WFP）、联合国人口基金会（UNFPA）。与FAO和WFP合作的项目支持美洲和非洲的项目，这些国家包括：玻利维亚、哥伦比亚、萨尔瓦多、危地马拉、牙买加、尼加拉瓜、巴拉圭、秘鲁、加纳、肯尼亚、津巴布韦、象牙海岸和卢旺达。[①] 巴西于2011年与WFP建立卓越中心，充分利用WFP平台优势和巴西的农业技术知识帮助发展中国家加强在学校供餐、营养和食品安全等领域的能力建设，帮助政府制定和完善国家方案，促进各国政府粮食安全的可持续健康发展。目前，联合国粮农组织的总干事来自巴西，因此近几年，巴西也开始加强了和联合国粮农组织的合作。

多边机构中，世界银行、联合国开发计划署以及联合国粮农组织、国际农发基金和世界粮食计划署都在积极推进南南合作和三方合作，尤其是联合国粮农组织在这个方面的投入非常多。1994年，联合国粮农组织提出了旨在提高低收入国家和粮食不足国家粮食安全和提高这些国家人民营养水平的"粮食安全特别行动计划"，1996年，该计划得到了世界粮食首脑会议的认可，FAO开始在全球范围内筹集资金用于实施该行动计划，南南合作是实现粮食安全特别行动计划的主要途径。在该框架下，联合国粮农组织通过筹集资金，并进行相应的管理，由农业发展水平较高的发展中国家派遣专家和技术人员到最不发达国家，对其提供技术援助，直接指导当

---

① 黄梅波、谢琪：《巴西的对外援助及其管理体系》，《国际经济合作》2011年第12期，第21～26页。

地农民进行农业生产，从而提高受援助国家的农业水平。2012 年，联合国粮农组织进行调整，将南南合作和三方合作行动框架服务的战略调整为服务粮农的五个战略目标和区域倡议，在更大范围内进行资源动员，合作对象从以国家主体为主扩展到国家、私营部门、社会组织和学术研究机构。迄今为止，在南南合作和三方合作行动框架下，FAO 已经至少和 21 个提供方案国家、21 个三方合作国家、31 个私人部门、28 个社会组织和 44 个研究机构建立了合作关系，向全球 80 多个国家提供农业援助。中国是联合国粮农组织南南合作和三方合作的主要贡献国家。世界粮食计划署近年来也日益加强了南南合作方面的行动，其南南合作资金使用量从之前不到 30% 增长到现在的 60% 左右。

三 中国参与全球农业南南合作的途径

中国一直非常重视参与全球农业南南合作，在 20 世纪 60 年代最初的几年，中国就开始向马里、几内亚等国派遣少量的农业专家指导种植水稻、甘蔗和茶叶[1]；从 1967 年起，中国在非洲的坦桑尼亚、刚果（布）、毛里塔尼亚、几内亚和马里等国援建了水稻、甘蔗、茶叶和烟草等农场和试验站；20 世纪 70 年代以后，中国大陆开始接替台湾的农耕队，从 1971 年到 1974 年，中国先后向塞拉利昂等 12 个国家派出了 632 名农业技术人员，建立了 49 个农业生产点[2]，到 1980 年，中国大陆一共在 18 个非洲国家接替台湾农耕队。[3] 20 世纪 60～80 年代初，中国在非洲兴建了 87 个农业项目，16 个水利项目[4]，向大多数非洲国家提供了农业援助，包括农业技术试验站、推广站和农场等[5]，2000 年以来，农业合作开始逐渐成为合作的重要领域，在联合国多次高级别发

---

[1] 蒋华杰：《农技援非（1971～1983）：中国援非模式与成效的个案研究》，《外交评论》2013 年第 1 期，第 30～49 页。

[2] 蒋华杰：《农技援非（1971～1983）：中国援非模式与成效的个案研究》，《外交评论》2013 年第 1 期，第 30～49 页。

[3] 蔡玲明：《我国对非洲的农业援助》，《国际经济合作》1992 年第 2 期，第 43～44 页。

[4] 唐晓阳：《中国对非洲农业援助形式的演变及其效果》，《世界经济与政治》2013 年第 5 期，第 55～69 页。

[5] 王晨燕：《对非洲农业援助形式新探索》，《国际经济合作》2008 年第 4 期，第 35～38 页。

展筹资会议上，中国政府都表示要支持发展中国家农业的发展，2015 年，在联合国南南合作圆桌会议上，中国政府提出未来 5 年将向发展中国家提供"6 个 100"项目支持，其中也就包括 100 个农业合作项目。从当前中国参与全球农业南南合作的总体情况来看，根据合作渠道，可以将其分为四种方式，第一种是通过双边途径直接向发展中国家提供农业援助；第二种是通过三边合作向发展中国家提供农业援助，通过和其他援助主体合作提供农业援助；第三种是通过"1 + N"模式，主要有中非合作论坛机制、中拉合作机制以及澜湄合作机制等；第四种是通过中国主导建立合作基金模式来开展农业援助和合作，如中国建立的南南合作援助资金、丝路基金。

（一）通过双边途径和其他发展中国家分享农业发展经验

通过双边途径向发展中国家提供农业援助是中国参与全球农业合作最主要的途径，其主要区域在非洲。无论是早期的援建农场、试验站，派遣农业技术专家，还是现在的在非洲建立农业技术示范中心、提供农业物资援助和粮食援助、派遣高级别农业技术组和高级农业专家以及开展农业援外培训等。目前中国已在 19 个非洲国家援建 20 个农业技术示范中心，集中展示中国先进农业品种技术，搭建多双边技术合作平台，探索市场化商业化可持续运营。向 37 个非洲国家派遣农业技术、职业教育、高级顾问等 71 个援外专家组，共计 724人次，传授农事管理经验，指导当地农民提高农业综合生产能力。[①] 2006 年以来，中国相关部门为非洲国家共举办农业培训 337 期，其中来华培训 332期，海外培训 5 期，共培训 6260 名农业管理官员、技术人员、农业从业人员。培训内容涉及农业经济、规划、管理、生产技术等，为提高非洲国家农业水平发挥积极作用。双边途径向发展中国家提供农业援助虽然方式各异，但其主旨都是将中国的农业技术转移到发展中国家，希望通过示范、专家指导和培训等各种方式将适宜中国并且的确创造了中国农业发展奇迹的农业技术介绍到发展中国家，希望其他国家能够使用中国的农业技术从而提高农业生产水平，促进粮食安全目标的实现。中国通过双边途径提供农业援助的重点区域是非洲国家，以中国在非洲援建的农业技术示范中心

---

① 韩长赋：《推动中非农业再上新台阶》，《农民日报》2018 年 9 月 1 日，第 1 版。

为例，中国尤其重视向最不发达国家提供农业援助，从援建国家来看，其总体经济发展能力较低，有 16 个是重债穷国，有 10 个是粮食持续危机国家。[①]

（二）通过三边合作向发展中国家提供农业援助

在农业三方合作中，中国最早参与的是联合国粮农组织的农业南南合作，在 2008 年之前，中国以方案提供国的身份参与"粮食安全特别计划"，到 2010 年，中国共签署了 10 份合作协议，累计派出技术专家 1000 多名，派出人员最多、执行时间最长、产生影响最大的中国 - 尼日利亚"南南合作"一期项目被 FAO 誉为全球"南南合作"的样板。2008 年，中国政府决定向 FAO 捐赠 3000 万美元设立南南合作信托基金。2015 年，中国政府继续承诺向 FAO 提供 5000 万美元，以支持中国 - 联合国粮农组织南南合作，改善粮食安全，促进发展中国家的农业可持续发展。在南南合作信托基金的支持下，截至 2017 年底，共实施了 12 个国别项目，包括刚果（金）、埃塞俄比亚、利比里亚、马拉维、马里、蒙古（一期和二期）、纳米比亚、塞内加尔、塞拉利昂和乌干达（一期和二期），派遣了 300 多名中国专家和技术员。中国专家和技术员为当地农民和技术人员开展实地示范和培训，同时组织了 50 多个来华能力建设培训团组，包括高级官员和专家在内 500 余人在项目支持下访问了中国。

近年来，中国政府扩大了三方合作的主体，根据合作对象的主体特征，当前中国合作的主体主要有三种类型：①和西方发达国家开展三方合作，如中国 - 美国 - 东帝汶农业三方合作、中国 - 英国 - 马拉维农业三方合作、中国 - 英国 - 乌干达农业三方合作以及正在规划设计的中国 - 德国 - 非洲国家的农业三方合作；目前越来越多的西方发达国家表达了和中国开展三方合作的意愿，如新西兰、意大利等。②和私营部门的三方合作，如中国商务部、莫桑比克农业部、盖茨基金会三方合作、中国、盖茨基金会、赞比亚农业三方合作等。③和多边机构的三方合作，如中国和世界银行一起在埃塞俄比亚、塞内加尔和

---

① 唐丽霞、李小云：《援助的历史叙事：对非农业援助的路径逻辑》，载李小云、唐丽霞、陆继霞等著《新发展的示范：中国援非农业技术示范中心的微观叙事》，社会科学文献出版社，2017。

莫桑比克开展的农业合作，和世界粮食计划署于 2017 年成立卓越中心来开展农业南南合作知识分享等活动，于 2018 年 2 月向国际农发基金提供了 1000 万美元的资金共同发起南南合作支持计划。由于三方合作的一方主体是有丰富的发展援助管理和实践经验并且在东道国有代表处或者管理机构设置的传统发达援助体，三方合作的基本特点是中国提供可以为其他发展中国家借鉴的农业生产技术和经验，传统发达援助体提供协调、管理或者资金等。

（三）通过 "1 + N" 模式和发展中国家开展农业合作

从 2000 年中非合作论坛开始，中国开始重视通过区域合作来开展农业合作，后来中国相继启动了中国—拉共体论坛、澜湄合作等多个 "1 + N" 多边合作机制。在这些 "1 + N" 合作机制中，中非农业合作方式更多以农业援助为主，辅之以必要的农业投资和贸易，合作领域主要为粮食作物，更多关注小农，合作目标多以促进粮食安全为主；中拉农业合作方式以交流合作为主，合作领域以现代农业为主，更关注规模农业，合作目标是促进相互学习和交流；澜湄合作以交流和农业投资为主，关注跨境农业发展问题，以区域农业发展为目标。需要指出的是，"1 + N" 合作项目仍然是以双边渠道为主，但不同于双边援助的是，通过这样的合作机制可以更有利于在区域内采取共同的农业行动，形成区域性的品牌农业合作计划。从三个合作机制的内容来看，中非合作论坛机制是中国提供农业援助的主要平台，这也符合中国农业援助主要区域为非洲的事实。从中非合作论坛建立之初，农业一直都是合作的主要领域，从第三次论坛开始，每一次论坛有关农业合作的内容都在逐年增加，合作方式不断多样化，合作领域不断延伸，合作主体也在不断扩展。2018 年中非合作论坛峰会上，在新的三年行动计划中，中国政府再次表示中非农业合作是重点，将要从产业发展、技术扩散、人才培养、扩大农产品进口和贸易等方面推进非洲农业的发展。

（四）通过建立合作基金模式参与农业合作

近年来，中国越来越多地开始倡导或支持设立各种开发性基金用于支持发展中国家的发展，如 2007 年开始运营的 100 亿美元的中非发展基金，2014 年设立的 400 亿美元的丝路基金，2016 年设立的 100 亿美元的中拉产能合作投资基金等，这些基金通过支持企业投资来促进区域的经济社会发展，从各个基金投资领域来看，农业都是非常重要的。以中非发展基金为例，其在坦桑尼亚参与投资的剑麻农场，雇用当地长期工 700 多人，临时工 300 多人，不仅促进坦桑尼亚剑麻产业的发展，还为当地人提供了稳定的就业机会；其在马拉维、莫桑比克等国参与投资的中非棉业发展有限公司，通过"公司＋农户"的订单农业模式，为当地小农提供棉花种植投入以及收购棉花，促进棉农收入的增加。中国也开始设立援助型基金，2015 年在联合国南南合作圆桌会议上，中国政府承诺捐资 20 亿美元设立南南合作援助基金，支持发展中国家落实《2030 年可持续发展议程》，2017 年，中国政府再次决定向南南合作援助基金增资 10 亿美元，目前南南合作援助基金总额达到 30 亿美元，该基金已经执行了多个紧急人道主义援助项目，还正在征集南南合作项目申报书，联合国粮农组织、一些发展中国家的农业部都向基金提交了项目概念书。

四　中国参与全球农业南南合作的发展前景

中国一直秉持在南南合作框架下开展国际合作，其发布的系列文件，如对非政策文件、中非经贸合作白皮书以及中国的对外援助白皮书等都坚持中国为全球最大的发展中国家，仍然坚持在南南合作框架下开展国际合作。2015 年 9 月 26 日，中国国家主席习近平在纽约联合国总部出席并主持由中国和联合国共同举办的南南合作圆桌会议，他在讲话中再次强调："南南合作是团结互助的合作。我们通过不结盟运动、七十七国集团等机制保持沟通和协调，维护国际公平正义，捍卫正当权益，成为维护世界和平、促进共同发展的重要力量。我们照顾最不发达国家、内陆国家、小岛屿发展中国家特殊需求，向他们提供援助，帮助他们提高自身发展能力。"[1] 随即，中国宣布捐资 20 亿美元建立南南合作援助基金，拓展了中国参与全球南南合作的方式和机制。这样的定位，使得中国在已经长期被西方支配的发展合作体系中能够找到自己的政策空间，同时也让发展中国家对中国能否提供一种全新的合作模式充满了期待。[2] 从当

---

[1] 《习近平出席并主持南南合作圆桌会》，新华网，2015 年 9 月 27 日，http：//www. xinhuanet. com/world/2015－09/27/c_ 1116688861. htm。

[2] Sven Grimm, " China-Africa Cooperation: promises, practice and prospects," *Journal of Contemporary China*, 23 (2014): 993－1011.

前参与全球南南合作的方式来看，中国无疑已经成为全球南南合作新模式的贡献者，在未来，中国应该更加注重在南南合作机制上的创新。目前中国倡导的南南合作模式仍然以政府主体为主，而私人部门、非政府机构以及其他社会部门的参与还不足，合作的主体也仍然以其他南方国家的政府部门为主，对其非常活跃的私营部门和非政府部门则并没有更多考虑。

中国对南南合作的贡献表现在两个层面：一方面，是资金的贡献，虽然与很多发达国家相比，中国提供的发展合作资金规模还十分有限，但是在南方国家中，中国的资金贡献非常突出；另一方面，中国对于南南合作最重要的贡献在于能够提供一个可供选择的，与西方传统发达国家不一样的发展方案，越来越多的发展中国家已经认识到这一点。非洲国家也开始将目光转向中国，推行"向东看"战略，如津巴布韦和肯尼亚政府分别在 2005 年和 2007 年公开宣布要"向东看"，认为"中国的经验更具参考价值"，要学习中国经济发展模式；坦桑尼亚前总统基奎特认为"中国今天成功的发展模式是非洲在未来实现腾飞的样板"，在南南合作框架下，非洲可以从中国学习农村改革、港口管理、汇率管理、吸引海外投资、粮食安全、冲突管理等经验，从而促进非洲经济的发展；尤其是在农业领域，马丁·拉瓦雷指出中国农业发展经验中对非洲有用的两点，即对小农户农业生产力增长的市场激励和公共支持，以及各级政府的强力领导和有力公共管理。而非洲农业发展综合计划合作平台（CAADP）就将技术进步纳入非洲农业发展的重要位置，肯尼亚现任副总统曾提出，非洲广袤的土地和丰富的资源与中国的农业技术之间形成一种互补的优势，相信只要两者结合就能产生良好的协同效应，实现双赢。再比如非洲农业技术基金会（African Agricultural Technology Foundation）已经开始监测评估中国农业技术与非洲小农生产之间的相关性。[①] 中国也坚信自己的发展经验对其他国家有借鉴意义，可以进行平行经验的转移，尤其是在农业领域，无论是双边合作、多边合作、三方合作还是"1 + N"的机制合作等，其共同点都是以中国的农业技术经验输出为主要特征，但是在这一过程中，由于中国和其他发展中国家的发展差距已经产生，到底哪些中国经验才是适合发展中国家学习和

---

① 唐丽霞、李小云：《援助的历史叙事：对非农业援助的路径逻辑》，载李小云、唐丽霞、陆继霞等著《新发展的示范：中国援非农业技术示范中心的微观叙事》，社会科学文献出版社，2017。

借鉴的，哪些发展教训和代价是其他发展中国家应该避免的，这些都是中国倡导的
新型南南合作应该要考虑的。

参考文献

蔡玲明：《我国对非洲的农业援助》，《国际经济合作》1992 年第 2 期。

韩长赋：《推动中非农业合作再上新台阶》，《农民日报》2018 年 9 月 1 日。

蒋华杰：《农技援非（1971～1983）：中国援非模式与成效的个案研究》，《外交评论》2013 年第 1 期。

李小云、肖瑾：《新南南合作的兴起：中国作为路径》，《华中农业大学学报》（社会科学版）2017 年第 5 期。

唐丽霞、李小云：《印度的对外援助评述》，《南亚研究季刊》2013 年第 3 期。

唐丽霞、武晋：《德国农业援助：战略、机构设置和途径》，《德国研究》2016 年第 2 期。

唐丽霞、李小云：《援助的历史叙事：对非农业援助的路径逻辑》，载李小云、唐丽霞、陆继霞等著《新发展的示范：中国援非农业技术示范中心的微观叙事》，社会科学文献出版社，2017。

唐晓阳：《中国对非洲农业援助形式的演变及其效果》，《世界经济与政治》2013 年第 5 期。

王晨燕：《对非洲农业援助新形式的探索》，《国际经济合作》2008 年第 4 期。

王跃生、马相东：《全球经济"双循环"与"新南南合作"》，《国际经济评论》2014 年第 2 期。

万喆：《金砖合作为世界注入更多正能量》，《经济日报》2018 年 7 月 25 日。

Sven Grimm, "China-Africa Cooperation: promises, practice and prospects," *Journal of Contemporary China*, 23 (2014).

B.18
发挥智库对金砖合作的支撑与引领作用

徐路　李刚*

摘　要： 金砖国家的发展离不开智库的智力支持，智库是金砖合作机制建设的贡献者，同时金砖国家合作深化给金砖国家智库带来了新的契机和发展需求。文章梳理了金砖国家合作机制的背景与历史，着重分析了金砖国家智库领域的合作现状，各国相关智库发展情况，并结合智库交流与合作情况对智库支持金砖合作提出了践行"金砖+"模式，扩展智库对话合作平台；优化成果，深化智库成果分享；健全信息获取渠道，全方位参与公共决策；增强协同创新，提升社会智库共治能力等四条建议。

关键词： 金砖合作　智库交流合作　智库作用　金砖+　优化成果

　　近年来，金砖国家的崛起以及合作机制的形成受到国际社会的广泛关注。金砖国家经济总量占全球的 23% 左右，已成为全球经济的主力军，并以经济合作为引领，在政治、人文等方面不断深化合作，对世界经济和全球治理发挥日益重要的作用。"金砖合作，智库先行"，金砖国家的发展和合作机制的形成都离不开智库的智力支持，金砖国家智库已逐步形成多层次、多类型、多功能的现代网络，将为金砖国家提升合作水平贡献更多的智慧。

---

* 徐路，南京大学信息管理学院博士研究生，南京图书馆副研究馆员，高级工程师，研究领域：智库理论与实务、图书情报与档案管理；李刚，南京大学，教授，研究领域：智库理论与实务、图书情报与档案管理。

一 金砖合作背景梳理与历史回顾

"金砖国家"（BRICS）是由"金砖四国"（BRIC）一词发展而来，分别是指中国、俄罗斯、印度和巴西，南非加入以后，更名为"金砖五国"。为了增进共同的经济利益及国际影响力，金砖各成员国逐步在经济、科教、文化、智库等领域建立了合作机制。

（一）经济领域

经过九年发展，金砖国家已经建立了多个经济合作机制，彼此之间相辅相成，构成了金砖国家经济合作机制体系。

1. 领导人和经贸部长定期会晤机制

从 2009 年到 2018 年，金砖国家各成员国共举行了十次领导人会晤，形成了金砖国家领导人定期会晤机制，在各项合作机制中起到带头和总揽全局作用。经贸部长定期会晤机制一般在国家领导人会晤的前一天举行，是为了满足各成员国进行定期商谈需求而设立的。国家领导人和经贸部长定期会晤机制站在政策的高度引领金砖国家经济合作的发展，落实制定纲领性框架，不仅推动了金砖国家经济合作的进程，同时还指明了发展方向。

2. 金砖国家新开发银行

2012 年，第四次领导人会晤探讨了成立金砖国家新开发银行的可能性；2013 年，《德班宣言》同意设立金砖国家新开发银行。2014 年 7 月，第六次领导人会晤，五国签署协议成立金砖国家新开发银行，为金砖国家以及其他发展中国家的基础设施建设及可持续发展项目筹集资金，缓解它们融资困难的状况，其中主要涉及太阳能、风能等可持续能源领域，同时也为全球经济增长提供动力。

3. 金砖国家工商理事会

金砖国家工商理事会是在习近平主席亲自关怀与指导下开展金砖合作的重要机制之一，2013 年成立，由 25 名成员（每国 5 名）组成，他们来自工业和服务业的不同领域。各国代表签署了《金砖国家工商理事会成立宣言》，旨在加强和促进五个金砖国家工商界经济、贸易、商务和投资联系，确保金砖国家工商界与政府间的定期对话，突破阻碍金砖国家加强经济、贸易和投资联系的瓶颈，并提出解决方案。

4. 金砖国家外汇应急储备基金

2012年墨西哥洛斯卡沃斯二十国集团峰会期间，金砖国家领导人对建立应急储备安排的计划进行了磋商。2013年德班会晤上，各国领导人讨论并同意建立金砖国家外汇应急储备基金。2014年签署《关于建立金砖国家应急储备安排的条约》。该基金"初始规模达1000亿美元，其中中国拟出资410亿美元，巴西、印度和俄罗斯各拟出资180亿美元，南非拟出资50亿美元"。承诺在有关金砖国家出现国际收支困难时，该基金可用作国际货币基金组织的替补融资平台，对促进金砖国家和全球的金融稳定发挥重要作用。

5. 金砖国家银行合作机制

2010年4月《"金砖四国"银行合作机制备忘录》签订，金砖国家银行合作机制正式成立。2011年三亚峰会上，南非加入，共同签署了《金砖国家银行合作机制金融合作框架协议》，商定稳步扩大本币结算和贷款的业务规模，积极开展项目合作，积极开展资本市场合作，进一步促进成员在经济金融形势以及项目融资方面的信息交流四方面开展深入合作。

（二）科技、教育和文化合作领域

科技领域，2015年签署《金砖国家政府间科技创新合作谅解备忘录》，同年发表《莫斯科宣言》。2017年《厦门宣言》强调各国需要利用自身现有的平台、机构和基金等方式来促进科技创新方面的投资以及跨境投资，支持落实《金砖国家创新合作行动计划（2017~2020）》。

教育领域，2015年金砖国家大学联盟以及金砖国家网络大学成立，同年五位大学校长共同发表《北京宣言》，五国教育部长同发表《巴西利亚教育宣言》。并且在2017年《金砖国家领导人厦门宣言》中，明确表示对金砖国家网络大学以及金砖国家大学联盟所开展研究以及教育合作的肯定与赞赏，下一步行动计划将积极推动关于教育和智库合作，包括提供奖学金、组织夏令营等。

文化领域，2015年签署《金砖国家政府间文化合作协定》，并达成金砖国家人文交流合作协议，规定从 2015 年起，金砖国家工会论坛、金砖国家旅游研讨会、金砖国家青年论坛和金砖国家电影节等专题活动将成为今后五国合作交流的常态化发展渠道。

二　金砖合作中的智库交流与合作

习近平主席 2016 年在"丝路国际论坛"发表演讲时指出，推进"一带一路"建设，要"智力先行，强化智库的支撑引领作用"，金砖合作又何尝不是如此。智库合作是金砖国家合作的重要机制，各国均有高水平智库，智库间交流合作活跃，初步形成了金砖国家智库长效对话合作平台，对推动金砖国家合作起到了重要作用。

（一）金砖峰会中的智库交流与合作

智力资源是一个国家、一个民族最宝贵的资源。智库是智力资源的集中体现，是现代治理体系的重要组成部分，智库在许多重大决策与国际事务中发挥了智慧和力量。金砖合作也离不开智库的参与，与金砖国家领导人峰会配套的智库交流与合作有两种：一是智库论坛（学术论坛），一般在金砖国家峰会召开之前举行，由举办领导人会晤的国家主办，各国智库相关成员参会，讨论金砖合作未来发展路径，深化金砖合作机制，形成"智库论坛对金砖国家领导人会晤的建议"；二是金砖国家智库理事会会议，随着金砖国家合作的不断加深，根据《德班宣言》，2013 年 3 月五国智库牵头单位在峰会期间成立了"金砖国家智库理事会"（BRICS Think Tanks Council，BTTC），2014 年以来每年在金砖峰会前召开理事会会议。此外，智库还积极参加金砖国家治国理政研讨会，"使智库合作之声成为金砖合作的美好和声"。"智库合作在金砖国家合作中扮演着越来越重要的角色，在促进政策沟通、推动思想创新、有效引导舆论、加深彼此友谊等方面发挥着越来越重要的作用"，得到金砖峰会的高度肯定，历次金砖国家领导人会晤宣言都多次提及智库，充分肯定智库论坛的意义，鼓励智库理事会提供支持、开展活动，2018 年《金砖国家领导人第十次会晤约翰内斯堡宣言》除了肯定智库论坛和智库理事会会议的价值之外，还称赞第二届金砖国家治国理政研讨会邀请智库参与。

（二）金砖合作中的中国智库作用

在金砖国家合作中中国智库一直尽力成为"二轨外交"的轨道、公共外交的平台，为中国的外交政策与战略制定提供智力服务，积极发挥自身的思想支持、政策参与等作用。

金砖国家智库合作中方理事会是金砖国家智库理事会的中方牵头单位，于2017年1月11日成立，主要负责并参与金砖国家合作框架下的学术和智库对话交流与合作。目前，中方理事会拥有88名理事，90家理事单位，其中既有官方智库，也有民间智库。研究方向覆盖了政治安全、贸易金融、教育文化、医药卫生、网络科技等金砖国家合作涉及的主要领域。中方理事会是一种开放的工作机制和平台，在搭建合作交流平台方面具有得天独厚的优势，拥有"万寿论坛"这一重磅平台，除了主办与厦门峰会配套的学术论坛之外，两年多的时间内还主办了十余场金砖合作相关研讨会（具体开展情况见表1）；其创造思想、服务决策、帮助沟通的作用也都不容小视，2017年发布"智库话金砖系列丛书"，涵盖经贸、金融、人文、全球治理、金砖合作机制五个方面，增进民众对金砖合作的了解，为金砖会晤提供智力支持；还发表《共谋合作发展　共创美好未来——金砖国家政党、智库和民间社会组织论坛实录》，起到了政府和公众沟通的桥梁作用。2017年，《金砖国家领导人厦门宣言》第66条提出设立"金砖国家研究与交流基金"。该基金的筹建和运作由中方理事会负责，主要服务国内智库参与金砖国家智库合作，推动金砖国家学界交流。

中方理事会自成立以来，主动响应金砖国家领导人达成的"金砖＋"共识，不仅同金砖各国智库开展联合研究与学术交流，而且致力于同其他新兴市场国家和发展中国家智库交流合作，把参与和促进新型南南合作作为工作的主要方向和重要内容。

表1　金砖国家智库合作中方理事会研讨活动概况

时间	名称	主题
2017年1月11日	金砖国家智库合作中方理事会成立会议暨万寿论坛	金砖国家务实合作：突破与路径；金砖国家合作与全球治理
2017年3月22日	金砖国家智库研讨会	深化金融合作　共促金砖发展
2017年5月16日	金砖国家智库研讨会	金砖国家产业合作与全球价值链建设

续表

时间	名称	主题
2017 年 5 月 23 日	金砖国家智库研讨会	金砖国家网络经济与网络安全
2017 年 6 月 10 ~ 12 日	金砖国家政党、智库和民间社会组织论坛	共谋合作发展,共创美好未来
2018 年 1 月 31 日	金砖国家智库合作中方理事会2018 年年会暨第 15 届万寿论坛	凝聚中国智慧,开辟金砖合作光明未来;新时代的中国与新型南南合作
2018 年 4 月 23 日	2018 金砖国家智库国际研讨会暨第 16 届万寿论坛	金砖国家开放创新与包容性发展
2018 年 5 月 6 ~ 7 日	2018 金砖国家智库国际研讨会暨第 17 届万寿论坛	深化金砖伙伴关系促进新型国际发展合作
2018 年 6 月 2 日	2018 金砖国家智库国际研讨会暨第 20 届万寿论坛	新型南南合作框架下的中非合作
2018 年 6 月 9 日	2018 金砖国家智库国际研讨会暨第 21 届万寿论坛	金砖国家人文交流——政府引导与民间互动
2018 年 6 月 23 日	2018 金砖国家智库国际研讨会暨第 22 届万寿论坛	全球经济治理格局中金砖国务实合作
2018 年 9 月 21 ~ 22 日	2018 金砖国家智库国际研讨会暨第 23 届万寿论坛	金砖国家新工业革命伙伴关系与科技创新
2018 年 11 月 1 ~ 2 日	2018 金砖国家智库国际研讨会暨第 25 届万寿论坛	推动金砖国家传统医药合作,共建人类健康共同体
2018 年 11 月 18 日	2018 年金砖国家智库国际研讨会、第 26 届万寿论坛暨第 6 届新兴经济体智库圆桌会议	金砖命运共同体建设与改革创新
2018 年 12 月 29 日	中方理事会年会暨首届万寿国际形势研讨会	新时代的中国与世界

(三)金砖合作中的其他国家智库

其他金砖国家智库对金砖合作的关注和重视并不比中国智库少,下面以金砖国家智库合作中其他四国的智库牵头单位为例对其他国家智库在金砖合作中的活动和作用做简单介绍。

1. 印度观察家研究基金会

印度观察家研究基金会(Observer Research Foundation,ORF),金砖国家

智库理事会的印度牵头智库，主办了第四届和第八届金砖国家学术论坛。因其半官方性质，除了发布成果、专题研讨、专家讲座等间接手段，ORF 可以直接向印度政府提供研究成果，辅助决策，在经济改革、国家战略与安全事务方面有较大影响力。ORF 有大量关于金砖峰会、金砖国家、金砖合作的研究成果，以"brics"作为关键词在 ORF 官网搜索，共有 77 篇题名包含"brics"的研究报告（Research），此外还有数十篇跟金砖国家相关的研究报告、专家观点。ORF 还有多名专家从事中国及印中关系研究，定期出版发行《中国周刊》《中国军事观察》《南海观察》等期刊。

2. 南非国家人文社会科学研究所

南非国家人文社会科学研究所（National Institute for the Humanities and Social Sciences，NIHSS），金砖国家智库理事会的南非牵头智库，2013 年成立，研究重点是高等教育和培训等相关领域，虽然其本身研究重点并不在金砖合作机制，但它是南非金砖国家智库（South African BRICS Think Tank，SABTT）的永久主持人。SABTT 全权负责金砖智库交流与合作相关事宜，2018 年主办了第十届金砖国家学术论坛。SABTT 致力于搭建思想交流平台，构想非洲地区发展战略，为金砖国家长期战略提供信息；并设有独立网站，专门整理汇编金砖国家智库、金砖合作、智库交流等相关资料，提供最新的金砖合作信息和研究成果，充分利用网络平台让全世界了解南非金砖智库现状。

3. 巴西应用经济研究所

巴西应用经济研究所（Instituto de Pesquisa Econômica Aplicada，IPEA），是金砖国家智库理事会的巴西牵头智库，主办了第六届金砖国家学术论坛。以"brics"为关键词在巴西应用经济研究所官网共搜索到 221 条信息，直接相关的研究有数十篇，多集中在金融贸易领域，在全球治理的大环境中研究金砖合作机制，以及巴西该如何通过金砖合作发展自身经济。IPEA 专家经常参与并活跃在其他金砖国家组织的智库活动，IPEA 也积极与他国智库开展合作，如和河北省社会科学院开展合作等。

4. 俄罗斯金砖国家研究国家委员会

俄罗斯金砖国家研究国家委员会（Национальный комитет по исследованию БРИКС，НКИ БРИКС），2011 年为了落实金砖国家《三亚宣言》成立，对金砖国家智库相关活动进行协调，收集、分析并定期发布金砖研究报告。官网设有金砖国家（"О БРИКС"）板块，介绍金砖合作的历史、金砖峰会、新闻事件、数据材料和研究报告，以"БРИКС"作为关键词，在官网搜索到上百条信息。

（四）小结

"开放、包容、合作、共赢"是金砖合作精神，也是金砖国家智库活动的精神指导，智库在金砖合作中的活动始终坚持以"共商合作大计、共建合作平台、共享合作成果"为活动宗旨，在创造思想价值、提供决策咨询、搭建交流平台三方面发挥重要作用。

一是合作交流，形成共识，影响决策。主要是参与金砖国家学术论坛和智库理事会会议，交流研究成果，并达成共识，向领导人峰会提交建议报告，以及参加金砖国家治国理政研讨会集体发声，不少建议得到采纳和落实，如金砖新开发银行。

二是创造思想，多渠道发声，引导舆论。各国智库结合本国国情，探索存在问题，总结经验教训，探究合作机制，提出建议。金融、经贸、全球治理、多边关系以及本国发展是各国智库共同的主题，通过出版书籍、发布报告、媒体受访等多种形式传播思想，有助于澄清金砖合作概念，促进政府和公众沟通，营造舆论氛围。

三是搭建平台，共享成果，战略对接。各国智库均积极搭建对话交流平台，如万寿论坛暨金砖国家智库国际研讨会、金砖国家经济智库论坛等，聚集各国智库，共享研究成果，加深彼此了解，开展"二轨外交"。通过智库渠道进行金砖合作的政策沟通和战略对接，对政府间正式谈判与合作起到先导、预热和缓冲作用。

三　建议

智库作为国家的智囊团，对金砖国家发展及合作机制的建设起到至关重要的作用。如何让智库得到更加稳定高效的发展，是未来金砖国家需要积极探索的问题。

（一）"金砖＋"模式，扩展智库对话合作平台

习近平主席曾言，金砖国家应该扩大金砖国家合作的辐射和受益范围，推动"金砖＋"合作模式。不局限于五国，与其他新兴经济体和发展中国家建立更广泛的发展伙伴关系。智库领域也要践行"金砖＋"模式，拓宽朋友圈，扩展合作内容，协同创新，搭建新的对话合作平台。

1. 扩大金砖朋友圈，加强与非金砖国家智库交流

2017 年金砖厦门峰会期间，中国作为主席国邀请墨西哥、埃及等五个非金砖国家领导人参加对话会，2018 年约翰内斯堡峰会期间，金砖国家领导人同非洲国家以及新兴市场国家和发展中国家领导人进行第二次"金砖＋"对话会。金砖国家智库论坛实践证明，关注金砖国家的其他发达国家、发展中国家的声音、观点，可以使论坛交流更加全面客观。金砖国家智库论坛等交流活动也可以邀请非金砖国家智库参与，尤其是新兴市场国家和发展中国家，建立更加广泛的智库合作关系。

2. 拓宽交流内容，充分对接"一带一路"建设

不少智库、专家都提出金砖机制和"一带一路"倡议的总体方向一致、精神理念相通、参与国重合。很多智库同时将二者作为研究重点，不少智库交流活动也将二者合并。智库交流可以将金砖合作机制和"一带一路"建设、南南合作等主题结合，为发展中国家命运共同体的构建贡献智慧。

3. 拓展合作形式，搭建论坛之外的交流平台

目前智库交流合作主要通过智库论坛、研讨会等方式，可以进一步挖掘其他合作方式，如学习中非智库"10＋10"合作伙伴计划、中非联合研究交流计划，拓展合作交流形式，深入点对点结对合作，共同设立课题、出版著作等，建立更加包容、开放、稳定的合作关系，更好地发挥智库在金砖合作中的作用。

（二）优化成果，深化智库成果分享

目前智库的主要成果类型包括报告、论文、简报、专报、图书专著、新闻报道等形式，不同智库关注的领域各有侧重，很多成果都是针对某一时期热点问题，总体而言智库成果呈碎片化、个性化，议题分散，需要更加系统、连

贯、聚焦，形成品牌效力，以增强影响力。

1. 提高智库成果系统性和连续性

在知名出版社出版系列学术著作及连续性年度报告是智库影响各成员国公共政策的重要方式，如金砖国家智库合作中方理事会整合成员单位成果，发布了"智库话金砖系列丛书"，金砖国家经济智库连续发布年度报告，都有较强的社会影响力，为政府决策提供了智力支持。智库都要更加重视成果的系统性和连续性，形成规模效应，进而提升知名度和影响力。

2. 提升分享平台聚焦度和品牌力

除了金砖国家智库论坛和智库理事会会议，各国还有很多其他智库研讨会和论坛，大多结合某一热点举办，主题分散，不具有连续性，并不利于智库成果分享。可以定期举办交流会、研讨会，聚焦特定主题，塑造个性化品牌，如中联部直属智库始终结合"万寿论坛"品牌举办智库研讨会，金砖国家经济智库论坛聚焦经济每年举办一次，打造特色品牌。

3. 强化智库成果传播力和影响力

很多智库将在世界上发出本国声音、展示本国形象作为智库的重要目标，但因为各自语言不同，除了论坛集中交流外，成果国际影响力比较有限。可以借鉴人大重阳四种语言出版《金砖国家：新全球化的发动机》经验，使用其他语言发布、出版研究成果，提升智库成果的传播效力和影响力，有助于金砖国家之间更深入了解彼此，更好地分享各自成果。

（三）健全信息获取渠道，全方位参与公共决策

顺畅的信息交流渠道、宽松的政治文化氛围是金砖国家智库发展不可缺少的基础因素。政府要及时有效共享数据信息，并积极促进智库与民众和社会组织之间的合作，形成更全面客观的决策建议。

1. 信息公开，搭建数据与信息共享平台

数据与信息是一个智库赖以生存的条件，同时也是金砖国家进行科学研究分析国情政策的重要前提。《金砖国家智库合作谅解备忘录》也明确提出共享研究成果。以政府为主导，搭建信息数据共享平台，可以为金砖国家智库的研究提供保障，保证信息及时、全面，确保研究成果的实用性与科学性，同时应该将原始数据一并公布。

2. 打通渠道，推进和完善决策咨询制度

金砖各国政府应以信息公开为突破口，推进和完善决策咨询制度，实现政府决策的透明化、科学化、民主化，为智库的生存发展提供更为广阔的社会市场空间，努力打通金砖国家智库思想和信息纵横向联系沟通渠道，构建交流和共享的网络平台。

3. 多方参与，搭建多元参与的交流平台

金砖各国来自不同大陆，分属不同文明，经历不同历史，拥有不同国情，难免出现意见分歧，甚至利益冲突，积极的沟通交流才能保证公共决策顺利进行。虽然各国政府拥有丰富的政策资源和直接对话渠道，但智库、社会组织和公众的研究更具活力、更加多元，能够聚集各方观点，因此，搭建一个由各类组织参与的平台尤为重要。

（四）增强协同创新，提升社会智库共治能力

无论是政府智库还是社会智库，都有自身的优势和擅长领域，同样也有各自的不足与局限。所以彼此之间信息资源及人才的互动交流就尤为重要，扬长避短，朝着共同的目标协作，才能得出创新的决策思路和政策方案。

1. 发挥社会智库优势，集众智建言献策

社会智库相对独立，作为第三方机构存在，决策建议更加公正、科学，利用社会智库，就是汇集大众智慧。同时，社会智库还是政府与民众之间的传话筒，增强沟通，让民众更好地理解政府所做决策的目的与意义。

2. 提供充足资金支持，保障智库独立性

经济独立是智库保证自身独立性与专业性的前提，金砖国家可以借鉴美国、日本等支持智库的政策，建立智库发展基金，政府直接对社会智库财政拨款，对与智库合作的研究项目进行补贴与经费支持；或间接通过企业来对社会智库进行资金上的帮助，例如减免企业或个人的税收等。

3. 优化政府决策程序，不同智库协同创新

强化政府决策程序正规化、制度化，接纳更多的社会智库，使其在决策建议中拥有更多的发言权，让它们融入一个国家乃至全球范围的治理体制中去，发挥它们的优势以弥补政府智库的不足，弥补政府智库可能忽略的盲点，两者协同创新，互助互利，从而全面提升公共决策的质量。

参考文献

李力：《中国民间智库影响政府决策研究》，硕士学位论文，天津师范大学，2016。

廖书庭：《金砖国家的经济合作机制研究》，硕士学位论文，湖南师范大学，2014。

骆嘉：《金砖国家智库发展状况及前景》，硕士学位论文，《中国社会科学报》2017年第2期。

人民网－中国共产党新闻网：《金砖国家智库合作中方理事会：为世界贡献"中国智慧"》，2018年3月27日，http：//cpc. people. com. cn/n1/2017/0112/c164113 - 2901 7749. html。

人民网－中国共产党新闻网：《习近平谈建设新型智库：改革发展任务越重越需要智力支持》，2018年3月27日，http：//cpc. people. com. cn/xuexi/n/2015/0121/c385475 - 26422432. html。

王海成：《我国社会智库参与公共政策制定的路径研究》，《世纪桥》2017年第7期。

王洪涛：《金砖国家第四次智库会议侧记》，《当代世界》2012年第4期。

王辉：《"金砖+"可与"一带一路"携手发展》，《理论参考》2017年第9期。

新华社：中共中央办公厅、国务院办公厅印发《关于加强中国特色新型智库建设的意见》，2018年3月27日，http：//www. gov. cn/xinwen/2015 - 01/20/content _ 280 7126. htm。

徐秀军等：《中国与金砖国家金融合作机制研究》，中国社会科学出版社，2016。

杨良敏：《加强政策沟通和战略对接，智库作用不可替代》，《中国发展观察》2017年第Z2期。

张镱及、索不觚：《推动新时期智库合作 助力中国"金砖年"》，《当代世界》2017年第2期。

赵明昊：《下一个十年，能否力保不失金色？——试析金砖国家如何增强发展的韧性》，2018年3月27日，http：//www. cccws. org. cn/Detail. aspx? newsId = 3565&TId = 93。

郑讴：《印度观察家研究基金会：评估他国政策促成新研究》，http：//funds. hexun. com/2013 - 12 - 20/160775549. html。

Smith Erin Conway, "South Africa to be a BRIC," *Global Post*, January 2011.

НКИ，БРИКС. ИсторияБРИКС. http：//www. nkibrics. ru/pages/history - brics. 2018 - 08 - 08.

IPEA, Towards a Long-term Strategy for BRICS: A Proposal by the BRICS Think Tanks

Council. http：//www. en. ipea. gov. br/portal/index. php? option ＝ com ＿ content&view ＝ article&id ＝ 26590. 2018 ‐ 03 ‐ 27.

ORF. https：//www. orfonline. org/. 2018 ‐ 08 ‐ 08.

SABTT，About SABTT. http：//sabtt. org. za/south ‐ african ‐ brics ‐ think ‐ tank ‐ sabtt/about ‐ sabtt/. 2018 ‐ 08 ‐ 08.

University of Pennsylvania Scholarly Commons，2016Global Go to Think Tank Index Report. http：//repository. upenn. edu/cgi/viewcontent. cgi? article ＝ 1011& context ＝ think ＿ tanks. 2018 ‐ 03 ‐ 27.

B.19
"一带一路"倡议及其对深化金砖合作的影响与作用

蔡春林 陈 雨*

摘 要: "一带一路"倡议是一种制度设计、一种精神、一种思想、一种经济发展模式与动力的推进,为沿线国家发展策略对接、基础设施互联互通、产业优势互补及实现包容性发展提供了新思路,是当今世界崭新的互利合作平台。"一带一路"倡议也有利于金砖国家塑造创新发展、联动增长、利益融合的世界经济,坚持开放型世界经济,树立利益共同体、命运共同体和责任共同体意识,建设利益共享的价值链体系,培育惠及金砖各国的全球大市场,实现金砖共赢的发展。金砖国家携手"一带一路"可从产能合作、经贸规则、政治安全、人文交流、环境保护等方面深化合作,实现"一带一路"与金砖合作的对接发展。

关键词: "一带一路"倡议 金砖合作 中国

"一带一路"是中国首倡,但不是中国一家的"独奏曲",而是沿线各国共同参与的"交响乐",是沿线各国共同受益的重要国际公共产品,金砖国家也不例外。"一带一路"倡议提出5年多来,实现了从理念转化为行动、从愿

---

* 蔡春林,广东工业大学经贸学院教授,金砖国家研究中心主任,对外经济贸易大学博士生导师,研究领域:国际贸易与国际问题;陈雨,对外经济贸易大学 WTO 研究院博士,研究领域:世界贸易组织和国际贸易。

景转变为现实，初步形成以亚欧大陆为中心，辐射世界各大洲、贯串地球各大洋的互利合作网络。共建"一带一路"为沿线国家优势互补、互联互通、包容发展提供新思路，全力构建国际合作新平台，也为深化金砖国家之间的合作创造新的机遇。

一　"一带一路"倡议引领开放包容的国际经济合作

20 世纪 90 年代初以来，世界经济呈现少有的持久增长与繁荣，世界贸易与投资规模超越了历史上任何时期，资金、技术、人员以及信息的流动日渐频繁而广泛，这也就是世界经济史无前例的"黄金三十年"。然而，随着 2007 年由美国次债危机引发全球性金融危机的爆发，再加上英国"脱欧"、美国特朗普政府上台等事件，民粹主义、孤立主义与保护主义的思潮暗流涌动，"逆全球化""反全球化"的浪潮相互交织，经济全球化步伐受阻，遭遇前所未有的困境。全球化既有世界经济增长均衡性困境，也有财富分配公平性困境，而"一带一路"倡议既能改进全球化发展的不平衡不充分，又为改革财富分配的不公平提供了"中国方案"。

（一）"一带一路"促使贸易投资便利化

共建"一带一路"能够促使全球生产要素的整合，确保建设中所需资源诸如基础设施、能源供给以及贸易投资便利化措施得到充分保障。"一带一路"作为对接沿线国家发展战略的一个整体平台，在该平台下的很多经营活动，具有区域间或区域性公共产品属性，"一带一路"沿线国家或地区也就逐渐形成了区域间或区域性公共产品供应和需求的新格局。基础设施互联互通，使货物、服务、人员、技术的流动和运输成本大为降低，使参与贸易和投资的沿线国家能够享受到交通便利等基础设施改善带来的好处。"一带一路"倡议不仅仅促使贸易投资便利化，给沿线国家的贸易和投资带来实实在在的好处，也能使那些与"一带一路"沿线国家保持经贸联系的国家享受到基础设施改善、运输成本下降带来的经济利益。共建"一带一路"的外溢效应是将世界分割的市场逐渐变成一个统一的大市场，实现全球经济、世界贸易和国际金融领域的"天下大同"。

（二）"一带一路"发挥国际产业和技术优势互补，实现产业融合互补发展

由于在技术、人才、资金、基础设施等领域缺乏应有竞争力，新兴市场国家和发展中国家处于世界产业分工的边缘地带。所以，假如片面强调经济全球化的公平和效率，不具竞争优势的新兴市场国家和发展中国家在全球化中分工与产出、销售与收益等方面越发处于不利地位，社会财富越发集中于经济发达国家和为数不多的富人阶层手中。共建"一带一路"正是通过国际直接投资与沿线国家产能对接合作，推动中国部分劳动密集型产业和资本密集型产业"走出去"，契合沿线国家不同发展阶段需求，与沿线国家或地区一起共同塑造产业链、价值链分布，嵌入式推进沿线国家承接全球新一轮的产业分工转移，使"一带一路"沿线国家加强其在全球产业链中的主动作为和融入程度，进而整体提升"一带一路"沿线国家的工业化和现代化水平。

鉴于运输成本较低，海洋运输一直是国际货物贸易的首选。然而，随着人工智能和互联网技术突飞猛进，国际产业结构迅速做出调整，产品的定制化、轻型化、包裹化、标准化趋势愈来愈明显，而且单个商品的价值提升，运输成本不再作为首要考量因素。在数字经济和人工智能时代，陆路运输可能会成为首选，并与海上、航空、陆海联运、陆空联运等运输方式联动发展。共建"一带一路"强调基础设施互联互通，正是契合国际贸易新业态新趋势的发展，并以大量基础设施建设推动贸易和投资，进一步刺激内需，促使经济可持续发展，从而实现全球范围内产业优势互补，相得益彰，融合发展。有目共睹，完善的基础设施是中国经济取得成功的法宝之一。共建"一带一路"将世界上迫切联通、能够联通的基础设施予以联通，推动包括中国在内的全球产业优势互补，实现全球范围内产业的融合发展，为世界经济与贸易新一轮发展提供公共产品。

（三）"一带一路"助推世界经济步入新一轮发展轨道

"一带一路"虽然是一个涉及面非常广泛的系统性工程，但是先做什么，后做什么，思路非常清晰。其最大亮点就是"政策沟通"，主张共商共建共享，需要在实践中不断摸索，不断加强与沿线国家的交流、沟通与学习。在

"一带一路"初步完成全球布局之后，需要做实重点项目，特别是与沿线重要国家、重要城市、重点港口进行重点合作项目，做出标杆性项目，以起到合作的示范及引领作用，并不断积累成功合作经验，使之成为可操作的、可复制的样板，推动共建"一带一路"从以双边层面的线性合作为主到区域层面的立体合作模式的转型升级。共建"一带一路"以基础设施合作为优先合作领域，大规模的基础设施建设为相关产业、贸易及投资带来了庞大的需求，稳定了"一带一路"沿线国家的增长预期，同时也增强了相关国家的政策信誉。共建"一带一路"整体计划投资额数十万亿美元，大量的国际直接投资拉动的不仅是"一带一路"沿线国家或地区的经济增长，而且可以给国际投资者一种世界经济前景稳定向好的心理预期，并形成良性互动效应，进一步增强投资者信心，带动其他经济领域的投资和贸易。一旦形成稳定的预期，各种投资主体承担风险的能力就会增强，商业信誉会得到提升，资本投资的动力也在增强，融资的能力同时得到提升，融资的规模也随之扩大，从而进一步刺激经济发展，把整个世界经济带入新一轮发展轨道。

（四）"一带一路"开启国际经济"嵌入式"治理新模式

20 世纪 50 年代以来，国际经济治理的领导角色一直由西方发达国家担任，关贸总协定（世贸组织）、国际货币基金组织、世界银行等确实在相当一段时间内促进了经济全球化的发展。不过，随着 2008 年国际金融危机的爆发，特别是特朗普政府的上台，美国所关注的重心不在国外，而是转向国内，其参与全球经济治理的意愿大不如前。在这种背景下，需要其他大国或者新兴大国担当起继续推进经济全球化进程、推进新型经济全球化释放积极潜能的责任。共建"一带一路"正体现了中国对新型国际合作以及构建全球治理新模式的积极贡献，彰显中国的大国担当和负责任大国形象。做实"一带一路"倡议，是在全球范围内推行"嵌入式"治理模式的一种尝试，也就是在不改变既有的全球治理架构和经济利益格局前提下，将"一带一路"倡议"嵌入"既有的双、多边经济治理平台，借用既有的双、多边经济治理机制的平台优势顺势助力"一带一路"国际合作落地。联合国贸易与发展会议、世界银行、国际货币基金组织、世界贸易组织、亚洲开发银行等机构将从"一带一路"国际合作中获得实质性的功能提升并扩大影响力。

二 "一带一路"倡议对深化金砖合作的影响

"一带一路"倡议是一个开放的平台，不仅惠及沿线经济体，也惠及全世界尤其是广大发展中国家。"一带一路"倡议是一种制度设计、一种精神、一种思想、一种经济发展模式与动力的推进，用合作创新模式共建"一带一路"，以点带面，从线到片，逐步形成区域大合作，实现经济持续健康发展，为世界经济带来更多正能量。金砖国家携手"一带一路"倡议立足当下放眼未来，努力塑造创新、活力、联动、包容的世界经济，坚定维护多边贸易体制和开放型世界经济，树立利益共同体、命运共同体和责任共同体意识，在建设中前进，在发展中完善，在合作中成长。金砖合作携手"一带一路"倡议建设金砖国家利益共享的全球价值链，培育惠及金砖国家的全球大市场，实现金砖国家互利共赢、普惠发展。

（一）"一带一路"倡议推动金砖国家改变国际贸易投资利益分配的理念认知

2008 年金融危机的冲击导致全球经济持续十年放缓，部分经济体的贸易理念认知出现偏差，国际贸易规则体系面临严峻挑战，迫切需要矫正和修复。在逆全球化潮流涌动、贸易保护主义重新兴起的大背景下，"一带一路"倡议担负起引领新一轮经济全球化进程的重任，为经济全球化注入新的动能，引领全球贸易规则朝着更加公平和包容的方向发展。金砖国家合作的基本定位旨在推动当前的全球治理体系进行"包容式改进"，而非对抗发达国家或推翻现有全球治理体系。"一带一路"倡议推动金砖国家及"一带一路"沿线国家贸易理念认知升级，正确看待全球贸易业态及利益格局新变化，同时激活全球贸易增长动能，避免经济全球化进程停滞，以产业和技术国际合作推动包容性贸易和投资能力建设。

（二）"一带一路"倡议强化金砖国家推动新型全球化的决心和诚意

"一带一路"国际合作是以均衡、包容和可持续发展为主要特点的新一轮全球化的载体。新一轮全球化的主要推动力是技术、知识、资本、制度和规则,中国携手金砖国家在引领新一轮经济全球化过程中推动全球平衡发展、联通发展和包容发展方面发挥着重要作用。2017 年首届"一带一路"国际合作高峰论坛可以说是新一轮经济全球化的起点,向世界传递中国关于经济全球化的新理念,积极主张各国共商、共建、共享新一轮全球化发展利益,通过创新驱动发展,推进各国经济全方位良性互动,缓解世界发展不协调、不充分现象,使人类平等享有经济发展带来的红利,推动各国尽快落实联合国《2030年可持续发展议程》。金砖国家在经济、金融、国际发展和环保等多个领域展开合作,代表发展中家在国际上的利益,推动世界向更加均衡、更加合理的方向发展。"一带一路"倡议使金砖国家获得了全球道义制高点,使全球深刻认识到可持续发展问题依然十分严重,金砖国家需要"一带一路"倡议这个载体,并与世界各国协同推动形成合力,共同打造人类命运共同体的光明前景。

(三)"一带一路"倡议为金砖国家携手解决全球发展问题提供根本出路

"一带一路"倡议以发展为导向,将国际社会引入关注发展、共谋发展的轨道,让全球树立"发展是硬道理也是解决全球问题的根本出路"的理念。目前,全球仍然有 7 亿人生活在极端贫困、疾病甚至战争死亡威胁之中,2016年全球饥饿人口数量超过 8 亿人。饥饿与贫困是当今世界最大的问题,最大的安全隐患。金砖五国都是区域性大国,应携手"一带一路"倡议,将全球大国引入关注发展的轨道上来,促使各区域具有地缘战略影响力的国家能够集中资源推动当地发展,而不是将注意力和资源投入竞争、仇恨、战争之中,为金砖国家及全球普通民众带来实实在在的福祉,践行携手共建更加美好世界的理念,推进开放、包容、普惠、均衡、共赢的新型经济全球化,争创人类共生共荣的天下一体生态系统,共同推动世界各经济体的发展与繁荣,共同消除世界上依然存在的贫穷落后,共同为地球上依然处于极度贫困状态的孩子们能够衣食无忧而努力奋斗,让世界经济发展成果真正惠及地球每个角落,让人类真正享有富足安康。

金砖国家合作机制的不断增强不仅是因为彼此的经济互补性以及类似的经济问题,也与治理理念、对西方的整体态度以及对经济治理理念方面的类似诉求有关。实践证明，中国与俄罗斯、巴西、南非等金砖国家政策沟通协调适宜、措施得当，"一带一路"倡议已经成为进一步巩固各自区域合作机制和团结沿线国家的新平台。金砖国家积极推进"一带一路"倡议跨区域对接欧亚经济联盟倡议、南亚区域合作联盟、非洲联盟、孟加拉湾多部门经济技术合作计划、跨印度洋海上航路和文化景观计划等区域合作机制，支持成员各方经济发展战略有机结合、相互补充和增进，更好地融入世界经济体系。

三 "一带一路"倡议对深化金砖合作的作用

金砖国家在建设过程中采取创新、开放、绿色、协调的发展思维，与现有双边、多边和区域合作机制相互融合，相互促进，共同发展。金砖国家发扬合作共赢的金砖精神，高举发展大旗，坚定遵循多边主义原则和国际关系基本准则，致力于利益和命运共同体建设。"一带一路"倡议是构建全球人类命运体的基础平台，金砖国家携手"一带一路"可从产能合作、经贸规则、政治安全、人文交流、环境保护等方面深化合作。

（一）"一带一路"倡议有利于深化金砖国家产能合作

发挥金砖国家企业在"一带一路"国际合作中的积极作用，重点推进"一带一路"沿线金砖国家产能合作区、产业合作园区的建设，扩大与提升金砖国家相互投资规模与层次，实现共享共赢发展。完善金砖国家与"一带一路"沿线国家的服务贸易合作框架，推动建立金砖国家与"一带一路"沿线国家电子商务联盟，以网络经济、数字经济手段缩短金砖国家与"一带一路"沿线国家的空间距离，实现跨境电商、数字经济一体化发展，造福更多的金砖国家与"一带一路"沿线国家人民。

"一带一路"建设为全球企业带来新的发展机遇，可以提升企业品牌形象和影响力。金砖国家及"一带一路"沿线各国应鼓励企业配备优质资源和力量对相关问题开展研究和筹划，鼓励企业全面参与"一带一路"建设，并且要明确政策支持意图，拿出切实可行的鼓励政策，为企业参与提供有利的政策环境。沿线各国通过共同建设将"一带一路"打造成企业新一轮对外发展与合作的战略机遇，让各参与企业认识到共建"一带一路"是企业自身品牌形象推广的对外展示窗口和重要时间节点，是企业提升国际影响力的重要战略举措。

（二）"一带一路"倡议有利于深化金砖国家贸易投资合作

贸易投资合作引领机制创新是应对金砖国家经济增速放缓，逐步化解结构性矛盾，激活经济发展动能，促进国际影响力持续提升的战略选择。金砖国家合作机制创立十多年来，贸易和投资关系运行良好，但也存在结构性矛盾和诸多不确定性因素，迫切需要加快金砖国家贸易及投资合作创新进程。深化贸易与投资合作，需要金砖国家与"一带一路"沿线国家积极响应并达成共识，搭建具体的实施框架。在总体协调制度下，短期内重点解决边境管理制度问题，如个别国家政局不稳、投资贸易法律体系不够健全等。腐败和动荡都影响货物通行，影响贸易和投资效率。可采取"全流程一体化"通关制度，实行统一的货物和旅游报关签证制度。只要是"一带一路"沿线经济体，在此线路上经过的货物，均可以采取"一次通关，全程放行"的方式，大大提高贸易、投资及旅游便利化。

（三）"一带一路"倡议有利于深化金砖国家政治与安全合作

"一带一路"国际合作主要是经济行为，但与政治和安全密切相关，在已投入巨额资金的情况下，虽市场化运行良好但很难对当地政治和安全纠葛无动于衷。大规模投资引来的金融资产需要与当地的政治稳定、制度改革和安全保障结合，项目方可落地、生根、开花、结果。在"一带一路"建设具体项目推进过程中，力主避免让投资主体、金融机构或相关企业承担过多的社会压力，更不能让投资主体陷入难以预测的政治和安全纠葛并为此付出沉重代价。要建立健全协商机制，积极通过政策沟通及双边、多边、区域协调的方式，创造稳定的可预期的政治和安全环境。"一带一路"建设中的政治、经济、外交、军事等战略利益关系相互交织，比较复杂。在政治与安全上求同存异、求同化异是关键，发展战略对接协调发展是核心。

金砖国家经过十年合作建立的政府互信和工作层面的默契，是非常珍贵的战略财富。目前，中国与俄罗斯、巴西、南非之间的经济发展战略对接相对融洽，三国都支持并积极参与"一带一路"倡议。印度未参加中国举办的2017

年"一带一路"国际合作高峰论坛,但中印区域发展战略对接已经成为金砖国家机制建设的重中之重,也是金砖国家命运共同体构建的核心内容。因为印度已经加入亚洲基础设施投资银行等"一带一路"融资机制,与中国、孟加拉国、缅甸共同建设孟中印缅经济走廊,事实上已经一只脚踏进了"一带一路"倡议的门槛。当务之急,中印各相关政府部门应该在金砖国家框架内,积极就这一问题开展战略对话,释疑解惑,相互理解并认可彼此的发展计划,形成合力,共同推进。

(四)"一带一路"倡议有利于深化金砖国家人文交流

人文交流是中国外交政策的重要组成部分,是"一带一路"建设的社会根基,也是金砖国家合作的三大支柱之一。开展人文交流,既是"一带一路"沿线国家对历史文化遗产的重视和继承,更是新时代中国与世界经济发展的客观要求。人文合作有助于夯实金砖国家携手"一带一路"倡议构建人类命运共同体的民意基础,是开展产业与贸易合作的前提和基础。自古以来只有民相亲才有国相交,只有心相通才能民相亲。沟通从心开始,而打动人心最重要的媒介不外乎情感和文化的认同。"一带一路"倡议与金砖国家人文交流具有内在的一致性,超越了以意识形态划界的传统思维,走出了文化相互尊重与包容、共同进步与繁荣的崭新之路,为构建金砖国家利益共同体、命运共同体和责任共同体打造坚实的社会基础。

(五)"一带一路"倡议有利于树立金砖国家生态环境安全观

在"一带一路"国际合作中始终遵循绿色发展理念,实施双边、多边环保合作项目,确保共同生态环境安全。"一带一路"倡议建设不是留下累累伤痕的生态环境,而是共同营造和谐宜居的人类家园。建设山清水秀、清洁美丽的"一带一路"倡议既是时代要求也是所有参与者的历史责任。金砖国家企业投资"一带一路"沿线应该坚持人与自然共生共存的理念,像对待自己的生命一样对待周围的生态环境,对自然要心存敬畏,始终坚守尊重自然、顺应自然、保护自然的生态环境安全观,不仅要共同保护原生态的地球家园,而且要致力于携手共建清洁美丽的地球新家园。

四 "一带一路"倡议与金砖合作的对接路径

当今世界不再是弱肉强食、实力至上，而是共生共荣、天下一体，进入了合作共赢的新时代，必须摒弃零和博弈的传统思维。虽然"一带一路"倡议引发了个别国家的猜疑，但是要以共赢思维解决分歧，更多的从经济、金融、贸易、投资层面解决问题，以实际行动开发一些大型基础设施建设项目，使沿线相关国家或地区看到实实在在的利益，搁置政治、外交、军事、安全甚至领土争端，配备必要的人力、物力和政策资源为"一带一路"倡议项目实施提供便利，必定能实现互利共赢、共同发展。金砖国家合作机制具备了与"一带一路"国际合作对接的现实条件和实施路径。

（一）推进"一带一路"倡议与金砖国家贸易和发展战略对接

中国、俄罗斯和印度既在"丝绸之路经济带"上，又在"21 世纪海上丝绸之路"上，而巴西和南非又是"一带一路"的自然延伸区，如此一来，金砖国家完全融入"一带一路"国际合作。"一带一路"倡议已经成为进一步巩固金砖国家合作机制并加强与"一带一路"沿线国家合作的重要战略新平台。金砖国家的经济发展模式和资源存在互补性。俄罗斯、巴西是能源大国，也是天然气主要出口国，中国、印度是能源需求大国，各国各有所需、各有优势。另外，金砖五国的经济结构、产业结构也不尽相同，其发展阶段也不同。"一带一路"倡议提出以后，金砖国家积极参与，纷纷加入亚投行，内部贸易量呈现明显上升态势，已经得到实实在在的利益。

金砖国家与"一带一路"沿线国家之间的贸易，如果以互补性为主，应通过强化各方产业优势来巩固和加强贸易互补性；如果互补性和竞争性均较明显，要保持并拓展贸易互补的产业优势并减少双方贸易竞争性而形成贸易互补性的主导地位；如果以竞争为主，要通过整合区域产业发展的方式开展产业内贸易的互补合作。金砖国家合作携手"一带一路"国际合作将为"一带一路"沿线国家产业结构调整与升级、促进投资与贸易、实现产能合作提供广阔平台。

（二）推进"一带一路"倡议与金砖国家金融领域的对接与合作

据中国"一带一路"网预测，在未来十年内中国与"一带一路"沿线国家年均贸易增长率在 10%～20%，其中蕴含着巨大的贸易融资需求，而金砖国家凭借新开发银行的优势参与"一带一路"金融合作，是金砖国家携手"一带一路"的绝好良机。借助"一带一路"沿线国家资源优势，积极运营产业基金、创投基金及保险资金等推动金砖国家资产证券化，并更多利用直接融资渠道为"一带一路"国际合作服务。同时，金砖国家携手"一带一路"发挥同是成员的亚投行作用及丝路基金作用，建立切实可行的投融资机制，整合"一带一路"沿线国家的相关金融资源，以外汇储备资金、对外援助资金和产业基金为杠杆，撬动全球其他资金参与共建"一带一路"，探索建立实力、权利、义务与责任相匹配，利益共享、风险共担的金融支持方案。

（三）推进"一带一路"倡议与金砖国家全球经济治理改革对接

"一带一路"倡议的基本原则是共商、共享、共建，坚持政府搭台、企业唱戏、市场运作、互利共赢。与以新自由主义价值观为基础的你输我赢、赢者通吃的贸易零和博弈论不同，"一带一路"倡议在和平共处五项原则基础上，遵循经济规律、市场规律和国际经贸规则，充分依靠中国与有关国家既有的双、多边机制，借助既有的、行之有效的国际合作平台，发挥市场在资源配置中的决定性作用和各类企业在"一带一路"建设中的主体地位，同时有效发挥政府的协调与监管优势。金砖国家提倡全球各地区和经济发展程度不同的国家开展互利共赢的经济合作，主张以对话而非对抗方式对国际体系中不合时宜之处逐步进行公正合理的改革。"一带一路"倡议与金砖国家在全球经济治理改革上诉求是一致的，实现两者对接，有助于打造嵌入式全球经济治理新模式，形成"一带一路"国际合作与金砖国家合作互济的新型南南合作典范。

（四）推进"一带一路"倡议和金砖国家人文交流与合作对接

人文交流是增强各民族相互包容与理解，消除各民族、宗教隔阂与误解最有力的武器，也是相关国家安全稳定与经济繁荣的社会根基。"一带一路"倡议 5 年多来，中国中央及地方两级政府通过向相关国家提供政府奖学金名额等方式，鼓励国际文教交流。各类人文交流与合作项目为民众的友好交往和国家间的进一步文明交流、互鉴、融合带来了便利和机遇。经过十多年的合作与发展，金砖国家在科技、教育、文化、卫生、妇女、青年等方面建立了广泛的合作机制，为金砖国家的人文交流搭建了良好的平台。但与此同时，金砖国家人文交流方面仍存在人员专业性、参与广泛性、理解一致性等不足。因此，凝聚合作共识，培养金砖合作人才是金砖国家人文交流的当务之急。此外，金砖国家应利用好"一带一路"倡议这个合作平台，加强中央和地方政府、民间社团、智库、媒体方面的协调与配合，促进金砖国家人文交流与合作和"一带一路"倡议相对接，塑造金砖国家人文合作可持续的动力源泉。

"一带一路"倡议与金砖国家合作机制都是顺应世界发展大势，在对世界形势准确把握的前提下做出的大胆且审慎的决策，两大合作平台从提出到实践始终不忘初心，充分考虑和尊重各国的发展现实，切实以促进各国共同发展为目标，以基础设施互联互通为抓手，开展务实合作，积极推动与各国进行发展战略对接，创新高效合作新模式，并且拥有完善的融资结构为金砖国家合作机制和"一带一路"国际合作保驾护航。"一带一路"倡议与金砖国家合作机制是互济关系，相得益彰，另外，"一带一路"倡议能够促使金砖国家合作机制向纵深发展。

参考文献

蔡春林、陈雨：《"一带一路"倡议的世界意义》，光明网－理论频道，2018 年 5 月 21 日，http：//share. gmw. cn/theory/2018－05/21/content_ 28896300. htm。

蔡春林、刘美香：《金砖国家贸易投资合作现状和机制创新方向》，《亚太经济》2017 年第 3 期。

蔡春林：《"一带一路"：属于世界的倡议，构建人类命运共同体的平台》，光明网－理论频道，2018 年 4 月 10 日，http：//share. gmw. cn/theory/2018－04/10/content_ 28275194. htm。

蔡春林：《新兴经济体参与新丝绸之路建设的策略研究》，《国际贸易》2014 年第 5 期。

陈健、龚晓莺：《习近平外交思想在金砖国家合作机制与"一带一路"倡议对接中的体现》，《南亚研究》2018 年第 4 期。

樊勇明：《全球治理新格局中的金砖合作》，《国际展望》2014 年第 4 期。

黄河：《公共产品视角下的"一带一路"》，《世界经济与政治》2015 年第 6 期。

黄薇：《金砖国家合作：基础、动力与进展》，《国际经贸探索》2014 年第 12 期。

李稻葵、徐翔：《全球治理视野的金砖国家合作机制》，《改革》2015 年第 10 期。

林民旺：《印度对"一带一路"的认知及中国的政策选择》，《世界经济与政治》2015 年第 5 期。

林跃勤：《合作机制理论与金砖国家完善合作机制研究》，《亚太经济》2017 年第 3 期。

刘佳骏：《"一带一路"倡议下金砖国家产能合作展望》，《国际经济合作》2017 年第 11 期。

屠新泉、蒋婕媛：《金砖国家合作与"一带一路"倡议的协同发展机制研究》，《社会科学文摘》2017 年第 9 期。

徐超、于品显：《金砖国家机制与"一带一路"倡议合作研究》，《亚太经济》2017 年第 6 期。

朱杰进：《金砖国家合作机制的转型》，《国际观察》2014 年第 3 期。

B.20
中国在金砖国家投资的法律风险及对策

邓瑞平　刘　苇*

摘　要： 国家鼓励国内剩余资本和过剩优势产业向金砖他国投资，既是经济要素国际流动的必然趋势，也是提高我国对外话语权的重要途径。但金砖他国因国情不同导致其政体及其法律体制、法律制度的差异性，使我国在其境内的投资会面临包括法律风险在内的诸多风险。本文探讨了我国在金砖他国直接投资面临的国内法和国际法风险及其主要表现，提出了国家层面较系统、多元化的法律预防和救济措施。

关键词： 金砖国家　中国对外直接投资　法律风险　应对措施

金砖国家已经开启了合作的第二个金色十年。深化金砖伙伴关系、提高金砖在世界重要领域的影响力，既是中国的殷切期望，又是金砖各国的共识，既是加快推进"一带一路"建设的重要组成部分，又是加强金砖各国和金砖整体世界地位的必然要求。

随着我国对外经济的资源和人口红利降低、迎来资本红利时代，国家鼓励国内剩余资本和过剩优势产业向金砖他国投资，既是经济要素国际流动的必然趋势，也是提高我国对外话语权的重要途径。但必须客观看到，金砖国家由于

---

* 邓瑞平，法学博士，西南大学法学院教授、西南大学—西南政法大学金砖国家法律研究院院长，研究领域：国际经济法；刘苇，法学博士，西南大学法学院讲师，西南大学—西南政法大学金砖国家法律研究院行政与学术主管，研究领域：国际经济法。项目来源：中共中央对外联络部 2018 年度项目"我在金砖国家投资方面的法律风险与对策"。

历史、政治、经济、文化、民族心理和法律传统不同，在政体、法律体制及制度上存在差异性，导致我国在对金砖其他国家投资时会面临包括法律[①]风险在内的诸多种类的风险。如何预防和降低我国在金砖他国投资方面的各种风险，是国内学界和实务界面临的重要研究课题。

本文旨在探讨我国在金砖他国直接投资面临的法律风险种类及其主要表现，提出国家层面较系统、多元化的应对措施。

一 我国对金砖他国直接投资发展及其面临风险的基本态势

自 2009 年金砖国家领导人首次会晤以来，我国对金砖他国直接投资流量、存量绝对数值大量增加。根据商务部、国家统计局和国家外汇管理局统计，截至 2016 年底，我国对金砖他国直接投资已逾 255 亿美元，占我国当年对外直接投资存量的 1.7%，其中在俄罗斯投资存量占比达 0.9%。对比金砖国家初创之时，2014 年比 2009 年均有所增长，但 2016 年的占比不及 2014 年。2016 年，对俄罗斯、南非的直接投资量显著增加，对巴西、印度的直接投资量明显减少。2009 年、2014 年和 2016 年的统计数据见表 1。

表 1 我国在金砖他国不同阶段直接投资流量与存量统计

单位：亿美元，%

	2009 年				2014 年				2016 年			
	投资流量	占年投资总流量比	投资存量	占年投资总存量比	投资流量	占年投资总流量比	投资存量	占年投资总存量比	投资流量	占年投资总流量比	投资存量	占年投资总存量比
巴 西	1.16	0.20	3.60	0.10	7.30	0.50	28.30	0.30	1.20	0.06	29.60	0.20
俄罗斯	3.48	0.60	22.20	0.90	6.34	0.50	86.90	0.90	12.90	0.60	129.70	0.90
印 度	-0.25	0.05	2.20	0.08	3.10	0.20	34.00	0.30	0.90	0.04	65.00	0.20
南 非	0.40	0.07	23.00	0.90	0.42	0.03	59.50	0.60	8.40	0.40	65.00	0.40

资料来源：商务部、国家统计局和国家外汇管理局《2009 年度中国对外直接投资统计公报》、《2014 年度中国对外直接投资统计公报》、《2016 年度中国对外直接投资统计公报》。

---

① 在本文中，法律指东道国已经生效或即将生效的中央或省（州、邦或联邦主体）级法律、法令、法规、条例、规则、规章、政策、行政决定、行政措施及其修正、废止；东道国缔结或参与的国际条约及其修正议定书；东道国已生效的司法判决。

尽管这种态势的形成原因多种多样，但与这些国家存在的外国投资风险有直接关系，包括投资者及其投资企业的经营风险和这些国家的国家风险。洞察我国投资金砖他国的风险，特别是其国家风险，对我国合理引导向其投资至关重要。

总体上，我国在金砖他国投资的国家风险可以分为政治、经济、法律、民族、文化、安全等风险。政治风险因其独有的特性，在较大程度上直接导致或形成经济风险、法律风险和其他风险，是我国对金砖他国投资面临的最大、较难预测的风险。政治风险包括战乱险、征收险、政府违约险、投资及收益转移险、营业中断险等，和近年来较突出的商业性风险与政治风险有一定交叉的公共安全风险。公共安全风险通常指东道国领土争端、民族种族矛盾、宗教矛盾、社会矛盾引起政局动荡、社会秩序混乱、极端主义或动乱骚乱不断，可能使投资者、投资企业和员工因战争、动乱、绑架、恐怖袭击等事件遭受经济损失或人员伤亡的风险。法律风险是指投资者及其投资因东道国法律的原因可能遭受处罚、制裁或损失的风险。

近年来发生的以下事件充分表明了我国在其他金砖国家的投资中存在上述风险，特别是安全风险和法律风险：中印长期存在的边境纠纷、民族心理矛盾导致印度对中国投资的特殊限制①；华商在南非经常遭受抢劫②和骚乱③；2009

---

① 例如《印度电信政策开倒车　限制中国电信企业不明智》，21世纪经济报道，2012年08月30日，http：//tech.sina.com.cn/t/2012-08-30/02237562097.shtml，最后访问日期：2018年5月2日；《外交部回应"印度政府限制中国公司对印电力投资"》，中国青年网，2017年05月26日，http：//news.cbg.cn/gndjj/2017/0526/7975327.shtml，最后访问日期：2018年5月2日；《中印双方边境对峙僵持不下，印度对中国企业限制加强》，EEFOCUS网，2017年8月28日，http：//www.eefocus.com/communication/390933，最后访问日期：2018年5月2日。

② 例如《南非华人超市遭多名持枪匪徒抢劫　警方介入调查》，中国新闻网，2015年07月15日，http：//finance.ifeng.com/a/20150715/13841344_0.shtml，最后访问日期：2018年5月2日；《南非5名华人遭持枪匪徒抢劫　汽车被抢走》，中国新闻网，2015年07月16日，最后访问日期：2018年5月3日；《南非上半年116起农场主被袭事件　南非华人农场主现状堪忧》，网易新闻，2015年7月5日，http：//news.163.com/15/0705/16/ATPALRAB00014AED.html，最后访问日期：2018年5月3日。

③ 例如《南非平息排外骚乱　6家华人店铺被抢损失严重》，网易新闻，2008年5月30日，http：//news.163.com/08/0530/04/4D5PN6HB0001121M.html#，2018年5月3日访问；《南非局部地区爆发骚乱事件　中领馆吁注意防范风险》，中国新闻网，2018年4月25日，http：//www.chinanews.com/hr/2018-25/8499452.shtml，最后访问日期：2018年5月3日。

年 7 月莫斯科关闭最大华商市场①；2010 年 8 月巴西发布限制外国人购买和租用农村土地的总统令。②

二 我国在金砖他国投资面临的法律风险种类与主要表现

金砖他国的法律风险的分类，与国际投资法中的法律风险分类相同。在国际投资法中，法律风险按不同标准可分为不同种类。以下为常见的几种分类。

按对外投资及其活动的不同阶段，可以分为投资准入、投资营运和投资终止的法律风险。投资准入法律风险，指因东道国法律对外资准入的禁止、限制可能导致外资不被获准进入的风险。投资营运法律风险，指投资者的投资企业或项目在营运阶段因东道国法律禁止或限制性要求可能遭受经营失败或损失的风险。投资终止法律风险，指投资企业或项目因自身或外在原因需要终止但东道国法律限制终止，或禁止或限制投资者将其投资本金及收益及时、有效转移出东道国而可能遭受损失的风险。

按东道国国内法整体状态，可分为以下法律风险：无外资法或外资法不健全的风险，法规规章与立法冲突的风险，新法与旧法冲突的风险，地方性法律与中央法律冲突的风险，同一领域或事项之特别法与一般法冲突的风险。这些法律风险的基本特点是，对外国投资者及其投资缺乏有效国内法保护甚至歧视外国投资。

按东道国法律风险产生的基本法律渊源，可以分为国内法风险和国际法风险。国内法风险，指因东道国国内法禁止或限制性要求可能导致投资不能

① 例如赵汉臣、柳玉鹏《俄罗斯关闭最大华商市场将致 10 万人失业》，大众网·财经，2009 年 7 月 13 日，http：//finance. dzwww. com/jiaodian/zxbb/200907/t20090713_ 4903990. html，最后访问日期：2018 年 5 月 2 日；《莫斯科又关大市场 俄高官称中国城威胁国家安全》，金融界网，2009 年 8 月 4 日，http：//finance. jrj. com. cn/2009/08/0408325687224. shtml，最后访问日期：2018 年 5 月 2 日。

② 《巴西联邦共和国总顾问及总律师第 01/2008 - RVJ 号意见》（即关于限制外国人购买和租赁农村土地的法律意见，经联邦共和国总统 2010 年 8 月 19 日批准、8 月 23 日在政府公报上公布）。

准入、准入后不能持续正常营运、投资终止后资本和收益不能汇出的风险。国际法风险，通常指外国投资者及其投资因东道国不遵守其缔结的国际条约和国际习惯法导致东道国不能提供及时、充分、有效保护而可能遭受损失的风险。

综观金砖其他四国，均不同程度存在上述种类的法律风险。以下重点阐述金砖其他四国国内法和国际法的风险。

（一）国内法风险

这些国家国内法风险的基本形态有宏观性和微观性法律风险。

1. 宏观性法律风险

综合金砖他国国内法宏观层次的法律风险，主要体现在以下几方面。

（1）外国投资法律体系不健全、法律制度不完善

金砖他国均属于新兴经济体，因各种内在和外在原因，在外国投资法律体系和具体法律制度表达经济诉求方面，相对落后。

在巴西，除了《1962 年外国资本法》[1] 及其修正、外汇管理法、外国股东公司法、特定领域外国投资管理法等外，其他方面适用有关普遍性立法或法规规章，未形成以外国投资基本立法为统领的、其他法律为有机组成部分的较完善的外国投资法律体系。

在南非，2015 年以前几乎没有外国投资方面的专门立法，《2015 年投资保护法》统一适用国内和外国投资，虽然对外国投资有一些原则性规定，但需要援引相关国内法和国际投资条约，可操作性较差，缺乏较完善的、系统性的外国投资法律体系和相应的具体法律制度。

在印度，也没有通常意义上的《外国投资法》立法。对外国投资，除适用《1999 年外汇管理法》及依此制定和修正的《外汇管理（外国人转让股票）规章》等，历次《外国直接投资政策汇编》[2] 和一些具体领域的外国投资

---

[1] 1962 年 9 月 3 号第 4.131 号关于外国资本的法律。

[2] 例如印度工商部工业政策与促进司（Department of Industrial Policy and Promotion, Ministry of Commerce and Industry, Government of India）：《外国直接投资政策汇编》（Consolidated FDI Policy）2015 年版（自 2015 年 5 月 12 日生效）、2016 年版（自 2016 年 6 月 7 日生效）、2017 年版（自 2017 年 8 月 28 日生效）。

规则、规章，还适用其他普遍性法律，如适用《1951 年工业（发展与规制）法》及其修订，《1956 年公司法》及其修订，2013 年《公司法》及其修订，《1991 年工业分类法》及其修订等。①

（2）法律冲突现象较严重

该方面具体表现为法规规章与立法、地方法律与中央法律、新法与旧法、同一领域或事项的特别法与一般法的冲突。

这些国家因国家组成结构和政治体制不同导致其法律体制机制不同。中央立法机构和中央政府及其主管部门、省级立法机构和政府享有经济立法权和行政立法权，导致外国投资法规规章与立法、地方法律与中央法律、新法与旧法、某领域特别法与一般法之间存在不同程度的冲突。加上当前这四国特别强调东道国对外国投资的管制权，不断加强对外国投资管制，出现了一定程度的投资保护主义，导致上述冲突进一步加深。

以俄罗斯为例。俄罗斯为总统制的联邦国家，实行联邦和联邦各主体分权管理的体制机制，其联邦主体有权制定规范外国投资的法律，会存在地方性法律与中央法律相冲突。且俄罗斯政府部门各自为政，不同部门制定的规章会出现相互矛盾的情况，有时会出现其与总统令、总统令与联邦立法相冲突的现象。例如，1999 年《俄罗斯联邦外国投资法》② 规定，只有联邦法律可以对外国投资活动进行限制，但根据俄罗斯联邦 1993 年总统令《关于完善外国投资工作》规定，俄联邦法律和俄联邦总统令均可以对俄境内外国投资者的活动规定限制性措施。

（3）法律修订频繁导致法律有不稳定的风险

这些国家的法律稳定性相对于发达国家和我国有较大差距。这些国家因对外政策和其他政策变化快且大，导致法律修订频繁，在一定时期内，其法律缺

---

① 印度涉及外国投资所适用的立法、规则、政策情况，可查询印度工商部工业政策与促进司官方网站 http：//dipp. nic. in/policies - rules - and - acts/rules。

② 即俄罗斯联邦 1999 年 7 月 9 日《关于外国投资的联邦法律》的第 N 160 - FZ 号联邦法，经 2002 年 3 月 21 日第 N 31 - FZ 号联邦法、2002 年 7 月 15 日第 N 117 - FZ 号联邦法、2003 年 12 月 8 日第 N 169 - FZ 号联邦法、2003 年 12 月 8 日第 N 169 - FZ 号联邦法、2005 年 7 月 22 日第 N 117 - FZ 号联邦法、2006 年 6 月 3 日第 N 75 - FZ 号联邦法、2007 年 6 月 26 日第 N 118 - FZ 号联邦法、2008 年 4 月 29 日第 N 58 - FZ 号联邦法、2011 年 7 月 19 日第 N 248 - FZ 号联邦法修正，参见联合国贸易与发展会议官方网站 http：//investmentpolicyhub. unctad. org。

乏相对稳定性。对外国直接投资，其准入由外国投资方面专门或特别法律规制，但进入东道国后的营运活动受到方方面面的法律约束，其法律的修改，对外资运营牵一发而动全身。

仍以俄罗斯为例。2009 年，中国企业在俄罗斯阿穆尔州投资木材加工产业，并受到鼓励政策的支持，但是后来由于俄罗斯地方官员提出中国企业盗伐林木问题，当地政府制定了禁止向境外出口木材的政策，导致中国企业在当地的投资量下降。又如，《俄罗斯联邦民法典》自 2013 年 8 月 1 日生效以来，经历了 6 次主要修订[①]；《信息、信息技术和信息保护法》自 2006 年 8 月 9 日生效以来有 20 余次修订。[②] 再如，《俄罗斯联邦外国投资法》自 1999 年 7 月 9 日颁布至 2011 年 12 月，修订了 10 次。[③] 其他国内法频繁修订情况，可参见世界知识产权组织（WIPO）官方网站[④]和 GARANT 网站。[⑤]

巴西涉及知识产权的国内法修订情况，可参见 WIPO 官方网站。[⑥] 印度和南非国内法修订情况可见其中央政府官方网站[⑦]和 WIPO 官方网站。[⑧]

（4）缺乏对外国投资较系统法律保护

以南非《2015 年投资保护法》为例。其对外国投资限制或控制较多，无特别保护或较系统的实质性保护。例如：第 7 节规定，本法不为外国投资者或将来外国投资者在本国境内设立投资创设权利；第 8 节规定，在相同情况下，给予外国投资者及其投资的待遇不得低于南非投资者的待遇，但"相同情况"是指经考虑外国投资的所有条件后对该项投资实体内容全

---

① Civil Code of the Russian Federation (Parts One to Four), http：//www. wipo. int/wipolex/en/details. jsp？id＝17636，last visited on 6 May 2018.

② Federal Law No. 149 – FZ of July 27，2006，on Information，Information Technologies and Protection of Information (as Amended up to Federal Law No. 327 – FZ of November 25，2017)，http：//www. wipo. int/wipolex /en/details. jsp？id＝17761，last visited on 6 May 2018.

③ 田文静、杨理：《〈俄罗斯限制外资程序法〉简介》，道客巴巴，2013 年 10 月 29 日，http：//www. doc88. com/p－9899788861280. html，最后访问日期：2018 年 6 月 26 日。

④ http：//www. wipo. int/wipolex/en/profile. jsp？code＝RU.

⑤ http：//english. garant. ru/.

⑥ http：//www. wipo. int/wipolex/en/profile. jsp？code＝BR.

⑦ http：//lawmin. gov. in/acts – rules；https：//indiacode. nic. in/；http：//www. gov. za/.

⑧ http：//www. wipo. int/wipolex/en/profile. jsp？code＝IN；http：//www. wipo. int/wipolex/en/profile. jsp？code＝ZA.

面审查的要求；第 9 节规定，根据国际习惯法的最低标准和受可获得的资源、能力的约束，给予外国投资者及其投资的财产实际安全水平，与其通常可能给予国内投资者的相同；第 10 节和第 11 节仅原则性规定了投资者的宪法权利和投资资金汇回权①；第 15 节规定了双边条约情况下过渡期的原则性保护。②

（5）某些领域的外国投资法开历史倒车

在巴西，前述 2010 年 8 月总统令，在联邦中央行政权力范围内恢复实施已经废止的 1971 年《关于限制和禁止外国人购买和租用农村土地的法律》（1971 年第 5.709 号法律）。

在印度，近年来为加强行使东道国主权和对外国投资的规制权，民族保护主义开始逐渐盛行，对外资已经开放了的一些领域不再开放，或对限制性开放领域更加严格限制甚至不开放。

2. 微观性法律风险

这四国微观性法律风险主要体现在以下几方面。

（1）外资准入法律中存在诸多限制性或歧视性措施，甚至对中国专门歧视

以印度为例。印度《外国直接投资政策汇编》（2017 年版）列举了允许外国直接投资的行业，规定了外资设立各类企业的持股上限和审批途径。但印度过去和现在常常以国家安全为由，不允许来自包括中国在内的一些周边国家的投资项目使用自动审批渠道。例如：印度政府近年来对华为和中兴等中国企业在印度的一些投资项目均以保护国家安全为由拒绝。印度对中国等发展中国家外资审批有以下两项特殊限制。其一，《2016 年外汇管理（在印度设立分支机构、联络处、项目处或其他业务场所）规章》③ 第 5 节规定，没有得到储备银行的预先批准，巴基斯坦、孟加拉国、斯里兰卡、

① 第 10 节规定：投资者依照《宪法》第 25 节对财产享有权利；第 11 节规定：受税收和其他可适用的立法的约束，外国投资者在投资方面可以将资金汇回本国。

② 该节规定：根据双边投资条约作出的现存投资将继续受到该条约中规定的期限和条款的保护；在双边投资条约下的现存投资在条约规定的期限内将继续受到保护；在双边条约终止后、在本法公布前作出的任何投资，将受南非普通法律支配。

③ Section 5, Foreign Exchange Management (Establishment in India of a Branch Office or a Liaison Office or a Project Office or Any Other Place of Business) Regulations, 2016.

阿富汗、伊朗和中国等国家或地区的公民不得在印度设立分支机构、联络办事处或工程办公机构或者其他无论以什么名义的业务场所。其二，《2000 年外汇管理（在印度取得及转让不动产）规章》① 第 7 节规定，中国公民不得在印度取得和转让不动产，只能租用不动产且不能超过 5 年。从上述规定可以看出，印度对中国投资在准入阶段不仅未给予最惠国待遇，甚至专门歧视中国投资者。

（2）对外国投资企业的劳工和环境保护要求高

南非有对黑人的特殊保护，巴西有对企业员工的特别保护。四国都有对生态环境的特别要求。这类法定要求构成了事实上的外国投资措施壁垒。

以俄罗斯为例。俄罗斯将环境保护作为一项重要的国家战略。与中国环境保护法相比，俄罗斯环境保护法规定的环保标准较高，且非常重视保护自然资源。俄罗斯环境保护的基本法为《俄罗斯联邦环境法》和《俄罗斯联邦生态评估法》。还制定了《生态鉴定法》、《生态安全法》、《生态保险法》、《生态文化法》、《核损害民事责任法》、《原子能利用法》、《保障汽车运输生态安全法》和《土壤法》等环境保护与管理方面的法律。俄罗斯联邦国家权力机关、俄罗斯联邦各主体国家权力机关、地方自治机关均可制定环境保护专项规划。可见，俄罗斯环境保护法律较为全面、复杂。与此匹配的是严格的外国投资环境保护监管制度和严格的排污限额规定。由于中国对俄罗斯投资大多集中于基础设施建设和资源密集型产业，有些中小企业的环境保护方面的投入较少，资源利用率低，极易产生环境问题。在俄罗斯繁杂的环境保护法律下，若因环境问题缴纳巨额费用，甚者造成投资活动搁浅以至终止，中国投资者将会遭受巨大损失。

（3）企业社会责任和反腐败的法定要求的法律风险

外国投资企业的社会责任和反商业贿赂等反腐败责任是晚近世界各国法律和有关国际法中的新要求。四国国内法均有此类要求。

企业社会责任的基本内容有：外国投资者及其投资活动应当促进当地社会

---

① Section 7, Foreign Exchange Management (Acquisition and Transfer of Immovable Property in India) Regulations, 2000.

经济发展，服务所在地社区，参与有关社会活动等。反腐败责任的基本内容有：外国投资者及其投资企业必须遵守反腐败法的要求，不得对本国任何官员行贿或变相行贿。①

上述社会责任和反腐败要求在一定程度上增加了我国投资者的相应法律风险。

（4）投资营运各环节存在具体法律制度与政策的变化

投资企业营运环节中存在工商、税务、进出口、外汇、海关、国家安全、反垄断等具体法律的变化风险。金砖其他四国均为新兴经济体，其经济发展速度较快，经济政策和相关法律处于持续更新和发展进程中。外国投资企业营运的法律不断变化，在金砖其他四国均属常态。投资者及其投资企业因此承受法律不稳定的风险，无法对自己的经营行为及其结果做出较准确的预期评价。

（5）对外国投资规定了烦琐的法定程序

四国均存在此种情形。除对一般投资领域和投资事项有较烦琐的法定程序外，还对涉及重要领域或事项的投资设置更烦琐的程序。

以印度为例。印度中央政府对政府审批制定了一些指导方针，做了一些原则性规定，但缺乏具体规则，审批机关实际掌握了极大的自由裁量权，导致整个审批没有一个标准流程，也没有统一的条件和要求，产生的结果是，类似的项目有的被批准，有的被以不同理由拒绝。印度的审批程序和审批结果还缺乏透明度。

再以俄罗斯为例。2008年《俄罗斯联邦关于对保障国防和国家安全具有

---

① 巴西反腐机构包括联邦检察院、联邦审计法院、国会调查委员会和联邦警察局；规制的法律包括《政府行为不当法案》（1992）、公务人员财产申报制度、政府财务信息披露制度及采购和招投标制度等。印度反腐机构包括中央监察委员会、公共申诉理事会、行政改革和公共投诉、其他中央和地方各政府部门内部专设的投诉机关；规制的法律包括《防止腐败法》（1988）、《反洗钱法》（2002）、《中央文官行为准则》和《全印文官行为准则》等。南非反腐机构包括由数名部长级官员组成的反贪委员会和依《宪法》设立的独立反腐机构"公共保护者"；规制的法律包括《反腐败法》（1992）、《预防腐败法》（2002）、《预防和打击腐败活动法》（2004）。俄罗斯自2001年起采取了一系列反腐行动，于2006年签署了《联合国反腐败公约》，制定了《俄罗斯联邦国家反腐纲要》（2008）、《反腐败法》（2008），并将反腐纳入国家战略和工作计划，如《反腐败国家战略》（2010）和《2010～2011年国家反腐计划》（2010）。

战略意义的经济实体实施外国投资的程序的联邦法》对外国投资规定了严格、烦琐的程序。①

（6）用尽外国投资争端解决国内法律途径或阻止利用国际法途径

四国有关国内法规定，投资者与东道国政府间的投资争端需用尽当地救济措施，对国内解决途径无果或对解决结果不服后，才能通过国际法途径解决。用尽当地救济这一强制性要求，可能导致外国投资者不能通过国际法途径解决，或对国际途径解决付出巨大代价。

南非《2015 年投资保护法》强调国内法院或仲裁庭解决，基本排斥国际法途径解决。其第 13 节第 1 至 2 分节规定了由主管部门主持调解及其调解基本程序和期限，第 4 分节规定了可由主管法院、独立法庭或法定机构解决，第 5 分节规定了经本国政府同意才可以在本国与投资国之间进行国际仲裁。②

综合巴西目前的情况，其受传统卡尔沃主义影响，也坚持国内途径解决，反对外交保护和通过国际机构解决私人与国家间的投资争端。

（二）国际法风险

这四国的国际法风险主要表现为以下两大方面的条约法风险。当然，

---

① 该法的中译文参见王道《外国投资者对保障俄罗斯国防和国家安全具有战略意义的商业公司投资程序法》，《俄罗斯中亚东欧市场》2008 年第 11 期，第 32 ~ 39 页；该法规定的程序简介可参见田文静、杨理《〈俄罗斯限制外资程序法〉介绍》，豆丁网，2013 年 10 月 29 日，http：//www. doc88. com/p － 9899788861280. html，最后访问日期：2018 年 6 月 26 日；王佳慧《〈俄罗斯战略外资法〉内容、变化及实施效果》，《俄罗斯学刊》2014 年第 4 期，第 16 ~ 24 页。

② 该节第 1 分节规定：因政府采取行动影响到外国投资者投资而产生争端的投资者，可以在意识到该争端的 6 个月内请求贸易工业部通过任命调解者促成解决此争端。第 2 分节第 a 和 c 项规定：贸易工业部必须保持有高道德品质的合格调解者名单，这些调解者具有法律、贸易、工业或金融领域的公认能力并依赖于履行独立裁判和愿意且能够担任调解者；若贸易工业部为争端的当事方，双方当事人可以共同请求高等法院一分支机构的首席法官任命一名调解者。第 4 分节规定：受可适用的立法的约束，不阻止投资者在意识到第 1 分节中提到的争端时向共和国境内任何有管辖权的法院、独立法庭或法定机构寻求解决与投资相关的争端。第 5 分节规定：在本法涵盖的投资方面，受用尽国内救济的约束，政府可以同意国际仲裁；对请求国际仲裁的考量受本法第 5 节规定的行政程序的约束；此种仲裁将在共和国和合格投资者母国之间进行。

也可能存在四国违反国际社会普遍接受的国际习惯法的风险，在此不予以探讨。

1. 双边投资条约的风险

（1）无双投资条约保障的风险

1994 年 4 月中国政府与巴西联邦政府签署了双边投资协定，但是该协定和巴西政府对外签署的其他双边投资保护协定一样，尚未得到巴西议会批准。① 目前两国与投资相关的生效条约为两国政府于 2006 年签署的《关于加强基础设施领域工程建设合作的协定》。中国在巴西的投资得不到双边投资条约机制的保护和救济。

（2）双边投资条约到期未续签的风险

例如中国政府与南非政府于 1997 年 12 月 30 日签署、于 1998 年 4 月 1 日生效的双边投资协定有效期限将至②，从目前南非与其他国家签署的双边投资条约未生效情况看③，我国与之再续期或续签的可能性较小。南非《2015 年投资保护法》事实上已经对该类协定中的重要条款，例如国际仲裁条款，进行了实质性改变。中国未来投资者可能无法依双边投资协定对在南非投资的有关争议提交国际仲裁。

又如中国政府与印度政府于 2006 年 11 月 21 日签署，于 2007 年 8 月 1 生

---

① 巴西签署但未生效的双边投资协定详细情况参见联合国贸易与发展会议官方网站，http：//investmentpolicyhub. unctad. org/IIA/CountryBits/27#iiaInnerMenu。

② 该协定第 12 条规定：1. 本协定……有效期为 10 年；2. 如果缔约任何一方未在第 1 款规定的有效期期满前 1 年书面通知缔约另一方终止本协定，本协定继续有效；3. 本协定第一个 10 年有效期满后，缔约任何一方均可以随时终止本协定，但是至少应当提前 1 年书面通知缔约另一方；4. 本协定第 1 条至第 11 条的规定对本协定终止前进行的投资，继续适用 10 年；5. 本协议可由缔约双方之间商定的协议加以修改，任何此类修改应于双方间交换照会后生效。参见商务部官方网站，http：//tfs. mofcom. gov. cn/article/Nocategory/201111/20111107819474. shtml。第 84 项未注明续签或重签，参见联合国贸易与发展会议官方网站，http：//investmentpolicyhub. unctad. org/IIA/CountryBits/195#iiaInnerMenu。第 8 项未做任何注明，可以断定，本协定目前仍然有效。根据上述规定，计算出该协定第二个 10 年有效期至 2018 年 7 月 31 日。

③ 南非签署的双边投资协定的生效、终止和未生效的具体情况，可见 http：//investmentpolicyhub. unctad. org/IIA/CountryBits/195#iiaInnerMenu，最后访问日期：2018 年 5 月 30 日。

效的双边投资条约已在 2017 年 7 月 31 日到期，已被单方宣布终止。① 即使重签，中国可能会以印度 2015 年双边投资条约范本为基础，但该范本许多实体性条款和一些程序性条款与我国主张投资自由化、便利化的基本原则相冲突，双方立场差距较大，难以达成我国比较满意的新协定。

（3）双边投资条约落后于时代发展的缺陷性条款风险

如中国政府与俄罗斯政府于 2006 年 11 月 9 日签署、2009 年 5 月 1 日生效的双边投资协定是调整我国在俄罗斯投资的重要国际法文件，但其中一些重要条款有缺陷。其中有投资者定义条款②和国民待遇条款。③ 投资者定义条款排除了我国投资者在第三国的投资企业在俄罗斯的投资。国民待遇条款明确包含了给予国民待遇的限定性条件，即"在不损害其法律法规的前提下"，使投资自由化程度降低，受俄罗斯国内法影响较大。

（4）双边投资条约"历史倒车条款"的风险

例如印度 2015 年双边投资条约范本中的开历史倒车条款主要有：在投资待遇上只一般性地赋予国民待遇、无最惠国待遇条款、投资定义上采取实际营运的企业标准、强化东道国对外国投资的管制等。④ 若我国让步，以印度该范本的基本立场，与印度重签双边投资协定，会给我国在印度投资的保护带来"历史倒车条款"的风险。

---

① 其第 16 条规定：（1）本协定有效期限为 10 年，期满后除非缔约一方书面通知经验缔约另一方终止本协定，该有效自动延长 10 年，并依此顺延。（2）即使根据本条第（1）款终止了本协定，对本协定终止日之前所做出的投资，本协定应自协定终止之日起继续适用 15 年。根据商务部条法司官方网站仍载有该协定可以推断，本协定继续适用于终止日之前的投资。但根据联合国贸易与发展会议官方网站注明"单方宣布终止"断定，本协定因期限届满已经终止。中华人民共和国商务部官方网站，http://tfs. mofcom. gov. cn/article/Nocategory/201111/20111107819474. shtml，第 70 项，最后访问日期：2018 年 5 月 31 日；联合国贸易与发展会议官方网站，http://investmentpolicyhub. unctad. org/IIA/CountryBits/96#iiaInnerMenu，第 12 项。
② 该协定第 1 条第 2 款第（2）项规定：法律实体包括根据缔约任何一方的法律设立或组建且住所在该缔约一方境内的公司、社团、合伙及其他组织。
③ 该协定第 3 条第 2 款规定：在不损害其法律法规的前提下，缔约一方应给予缔约另一方投资者的投资及与投资有关活动的待遇不低于其给予本国投资者的投资及与投资有关活动的待遇。
④ 印度 2015 年 BIT 范本英文本可参见联合国贸易与发展会议官方网站，http://investmentpolicyhub. unctad. org/IIA/CountryIris/96#iiaInnerMenu；其中译本可参见邓瑞平主编《金砖国家法律报告》第 1 卷，厦门大学出版社，2017，第 559~584 页。

（5）双边投资条约 ISDS 条款中国际仲裁庭裁决上诉机制的风险

例如印度 2015 年双边投资条约范本中的 ISDS（投资者—国家争端解决）国际仲裁裁决上诉或复审机制①，会导致终局性仲裁裁决不具有实质意义上的终局性，增加了我国投资者国际仲裁庭裁决不能及时有效执行的风险。

2. 普遍性投资条约下的风险

（1）1985 年《多边投资担保机构公约》下的风险

在我国所有的对外直接投资项目中，没有 1 个项目获得多边投资担保机构（MIGA）的担保，遑论在金砖他国的直接投资获得该担保。可以预测，我国投资者在金砖他国的直接投资项目较难获得 MIGA 的担保。②

（2）1965 年《解决国家与他国国民间投资争端公约》下的风险

在该公约下，解决投资争端国际中心（ICSID）的管辖权来源于投资者与东道国政府的共同书面同意。即使金砖他国均为该公约的成员国，但其政府与我国投资者达不成共同书面仲裁协议或条款，ICSID 对我国投资者与其他金砖国家之间的投资争端无管辖权，该公约下的仲裁制度对我国投资者系一纸空文。本公约下的国际仲裁管辖权需依赖相关的双边投资条约直接赋予。否则，我国投资者无法通过 ICSID 解决相关争端。

（3）WTO 有关投资协定下的风险

例如 GATS、TRIMs 协定存在许多例外情形，这些协定对均是 WTO 成员的四国有效，这四国有权采取此等协定规定的例外性投资措施，增加了我国在这四国投资 WTO 框架下的法律风险。

---

① 第 29 条"上诉便利"规定：缔约双方经协议或在完成各自执行本条约的程序后，可以建立一种制度性机制，创设一个上诉组织或类似机制审查仲裁庭按本章宣告的裁决，可以设计该上诉组织或类似机制对本条约中条款的解释提供一致性。在创设此类机制中，缔约双方可考虑下列事项和其他事项：（a）上诉组织或类似机制的性质和组成；（b）该类上诉组织审查的范围和标准；（c）上诉组织程序的透明性；（d）上诉组织或类似机制作出决定的效力；（e）上诉组织或类似机制的审查与按本条约第 20.1 条可被选择的仲裁规则的关系；（f）上诉组织或类似机制的审查与执行仲裁裁决的现存国内法和国际法的关系。

② 截至 2017 年 12 月 1 日，中国金融机构投资者成功利用 MIGA 担保的项目仅 4 个，有 2 个对外投资项目正在申请程序中。此数据基于 MIGA 官网信息统计，见 https：//www. miga. org/Pages/Projects，最后访问日期：2018 年 6 月 10 日。

三 国家层面的对策

基于以上对四国主要法律风险的分析，拟就国家层面提出较系统的、多元化的应对措施。在国家制定和实施的对策措施中，宜坚持预防为主、救济为辅且两者紧密结合的原则。

（一）防范性对策

此类对策措施可分专门性和普遍适用性两类。专门性，指特别针对这四国的法律风险所采取的预防措施。普遍适用性，指将我国应对全球对外投资法律风险的措施具体适用于这四国。

1. 专门性预防措施

（1）专门组织编制发布和适时更新金砖四国国别投资法律风险指南

可以由商务部和外交部的主管机构（如条法司等）组织有关研究机构分别编制、发布和及时更新在这四国投资的法律风险指南，直接为我国投资者以及在这些国家的投资企业提供投资决策和预防法律风险的官方依据。[①]

（2）尽快倡导建立和运行金砖国家法律官方译本交换与公布机制

在本机制下需要明确以下主要事项：本机制的含义，法律的范围，官方译本的语种，法律文本的翻译与官方认证，提供、接受、公布官方译本的统一机构，有关费用的承担者。[②] 此项措施能充分促进我国相关主管机构、投资者、投资企业及时深入了解和掌握金砖他国法律及其变化，以使我国相关管理机构针对有关国家的相关法律风险制定国家层面的防范措施和投资者采取合同性和非合同性预防措施。

（3）健全我国驻金砖各国大使馆当地法律风险预警体制机制

尽快健全我国驻金砖各国大使馆履行法律事务的职能。其中重要职能之一

[①] 也可以采取类似于商务部国际贸易经济合作研究院、中国驻外大使馆经济商务参赞处、商务部对外投资和经济合作司"对外投资合作国别（地区）指南"模式，分别编制"对外投资合作国别（地区）法律风险指南"（巴西、俄罗斯、印度和南非）。

[②] 邓瑞平、刘苇于2018年2月1日在金砖国家智库合作中方理事会2018年万寿论坛第二分论坛"深化金砖国家合作创新举措"上，提出了建立本机制的必要性、可行性和基本内容。

是，及时掌握、了解和提供驻在国新法律的主要内容，对其可能引起的风险及时在当地和国内发出预警，促使投资者和在各国的投资企业采取相应的应对措施。[①]

（4）中央主管机构或其授权的特定民间团体组织强化国别投资法律风险的培训

可以由司法部律师主管机构或其授权全国律师协会，或商务部法律主管机构或其授权的对外投资商会或类似民间团体，负责组织对投资者和相关法务人员开展以金砖国别法律风险及其防范、救济为内容的专门培训工作。

（5）建构与金砖他国家新型双边投资条约

A. 构建新型双边投资条约的基本原则

构建与金砖他国的新型双边投资条约首要目的是促进中国经济发展，维护我国对外投资利益，需要注重国内法和国际法的衔接，并将金砖他国的发展纳入我国的战略性考量。具体言之，宜遵循的基本原则有尊重金砖他国经济主权、投资自由化、保护当地生态环境、尊重并保护劳工、投资者及其投资活动承担当地社会责任和保护投资者权益的原则。

B. 建构主要新型条款

宜建构以下主要新型条款：东道国义务条款，包括有关定义、待遇标准、充分的保护与安全、保护伞、一般例外与安全例外等；投资者义务条款，包括投资者遵守东道国法律、依法纳税、遵守劳动者的人权和保护环境、承担社会责任和反腐败等；投资国权利义务条款，包括投资出境管制、外交保护、发生政治风险与处理争端的外交联络、代位权等；投资者—国家争端解决（ISDS）条款，包括行使国际仲裁的前提条件、国际仲裁庭管辖的具体范围、仲裁庭的组成、仲裁程序规则、裁决作出、仲裁费用、裁决的效力与执行等条款；国家间投资争端解决条款，包括争端的范围、国际仲裁庭的管辖范围、仲裁庭的组成、仲裁程序、仲裁的作出及效力等条款。

---

① 根据商务部《对外投资合作境外安全风险预警和信息通报制度》（2010 年 8 月 26 日印发）规定，法律风险应属于境外安全风险中的"境外发生的可能对我对外投资合作造成危害或形成潜在威胁的其他各类风险"。由此，商务部建立了法律风险预警制度，但该预警中的法律风险预警需进一步明确和完善。

（6）尽快启动论证、商谈金砖国家间相互促进和保护投资协定

尽管其他四国因其自身和外在原因，对金砖五国投资协定的谈判、签署有不同的利益考量而可能持不积极甚至抵触心理，但金砖国家作为新兴经济体松散性国家集团和世界发展中国家各种集团的重要代表，此协定对金砖各国和金砖整体均具有重要性和可能性。若我国倡议，其他各国本着尊重主权、求同存异、公平互利、共同发展原则，启动论证、商谈此类协定，对各国并不是一件非常艰难的事。若有的国家对此回避或不愿意，则中国可以倡议论证、商谈三方或四方协定。

2. 普遍适用性预防措施

（1）健全我国对外投资法律体系

A. 加快对外投资中央立法工作

为健全我国对外投资法律体系，首先需加快国家对外投资立法工作。可选择的立法模式有：

a. 制定《对外援助法》

在此立法模式的框架下，建立较完善的对外投资管理、促进和保护法律规范体系，包括投资准出许可、投资方式、海外企业营运、投资与收益回流、投资促进措施、投资保护措施、投资者与海外企业的法律责任、有关国家机构和对外投资民间团体的责任。

b. 制定《对外投资法》

在此立法模式的框架下，建立较完善的上述 a 中的法律规范体系。

c. 制定《对外投资保险法》

在此立法模式中，专门建立较完善的对外投资国家保证法律体制和机制。具体内容见以下（2）的阐述。

B. 加快制定配套的对外投资行政法规规章，健全对外投资行政法律规范体系

在上述任何一种立法模式中，均须制定配套的促进、管理和保护对外投资的国务院行政法规和国务院相关行政主管部门规章，从行政法规和部门规章层面健全我国对外投资中央行政法律规范体系和相应法律制度。

（2）重点建立健全我国对外投资保险法律制度

对外投资保险制度是资本输出国政府对本国对外投资者在国外可能遇到的

政治风险，提供保证或保险，投资者向本国对外投资保险机构投保后，在发生承保风险导致其损失时，由该保险机构予以补偿的制度。中国宜尽量通过保险法律制度和机制，转移对外投资法律风险损失，为对外投资提供保险法律保障。中国投资者可以利用的保险有中国对外投资保险、商业保险和 MIGA 公约下的保险。

以下简要阐述我国对外投资政府保证法律制度的建设步骤。

A. 完善中国出口信用保险公司现行对外投资保险制度

主要的完善措施是，适当扩大中国出口信用保险公司（以下简称"中国信保"）对外投资保险承保的风险范围，将"非归责任于投资者或投资企业的原因的法律风险"纳入承保范围。

B. 建立中国对外投资保险法律制度

a. 以行政法规形式明确对外投资保险制度的国家保险性质

以此为中国对外投资所面临的包括法律风险在内的非商业性风险提供保障，维护国家对外投资利益和对外投资者的合法权益。

b. 以行政法规形式将国有资本对外投资及其利益强制纳入该保险

从现阶段和今后相当长的时期看，我国占主导地位的对外投资者是国有大中型企业和有国有股份的国内混合企业，中国对外投资保险机构对其提供包括法律风险在内的非商业风险保险，是对国家直接资产及其利益提供保险。

c. 加快《对外投资保险法》或其相关法律的立法工作

中国目前有一些规范调整对外投资保险和海外风险法律保障①，但其未改变中国对外投资保险法律制度尚未真正建立的现状。这种状况与我国对外大规

---

① 例如 2001 年 5 月《国务院关于组建中国出口信用保险公司的通知》和经国务院批准的作为该附件的《中国出口信用保险公司章程》，不是严格意义上的法规，其规范位阶较低。又如：国家发改委、商务部、财政部、科技部等先后发布的《关于申请办理出口信用保险若干规定的通知》《关于利用出口信用保险积极促进企业外贸出口的通知》《关于进一步推动出口信用保险业务开展有关问题的通知》《关于利用出口信用保险实施科技兴贸战略的通知》《关于实行出口信用保险专项优惠措施支持个体私营等非公有制企业开拓国际市场的通知》《关于建立境外投资重点项目风险保障法律机制有关问题的通知》等，属于特定事项的规章，缺乏系统性的法律风险应对规范。再如最高人民法院 2013 年 5 月《关于审理出口信用保险合同纠纷案件适用相关法律问题的批复》仅明确了人民法院在审理出口信用保险合同纠纷时的法律适用问题，不涉及国家层面的法律风险应对措施。

模投资面临的大量风险不相适应。

国家宜以中央立法方式规制对外投资政府保险行为，构建投资者与国家权利义务配置合理、体系与结构科学严谨、用语精确、运行机制良好的法律规范体系。只有如此，才能既对保险机构的审查批准权限予以科学规制，又使中国投资者对投资保险能够合理预期，促进中国对外投资保险制度在法治轨道上良性运作。

鉴于对外投资保险与普通商业保险的性质不同、运行机制差异大，不宜通过修订《保险法》方式按商业保险提供对外投资保险；又鉴于我国中央立法工作的体制机制，在短期内不可能制定《对外投资法》或《对外投资保险法》，目前和未来较短时期内，较可行的途径和方法是国务院制定《对外投资保险（保证）条例》。从长远看，国家亟须全国人大专门制定《对外投资保险法》（或在《对外投资法》或其他名称的立法中单设"对外投资保险"章），从立法层次上解决建立中国对外投资保险法律制度之立法位阶较低的问题。

（3）促使投资者充分利用 MIGA 公约担保制度

MIGA 公约是目前世界上唯一为在发展中国家的外国投资提供非商业性风险（含安全风险）担保（保险）的普遍性国际公约，其主要特点是，作为东道国的发展中国家在一定程度上自我限制本国在外国投资担保问题上的主权、发展中国家成员既是东道国又是 MIGA 股东，发达成员国敦促本国投资者更加尊重东道国（发展中国家）的政治主权和经济主权。鉴于金砖国家投资属于 MIGA 机构允许投保的范围，国家需进一步采取有效措施，促使投资者充分利用 MIGA 提供的保险和中国保险机构充分利用 MIGA 提供的共保和分保，在 MIGA 公约体制机制下为我国在金砖他国的投资者的非商业性法律风险提供充分保障。

A. 加大对投资者利用 MIGA 担保的支持力度

鉴于中国投资者不熟悉、不善于利用 MIGA 担保制度的现状，中国政府应加大对中国投资者向 MIGA 投保的支持力度和服务引导力度，主要措施有：a. 在 MIGA 公约和《MIGA 业务规则》基础上，制定配套的国内法律规则或指导规则，加大对中国投资者利用 MIGA 保险的支持力度，使投资者的投保尽可能符合 MIGA 的担保条件；b. 尽快确定中国投资者利用 MIGA 保险的主管服务部门或机构，制定中国投资者利用 MIGA 保险的操作规程，加大实际操作层面的引导力度，为中国投资者利用 MIGA 保险提供操作性保障。

B. 健全中国保险机构与 MIGA 合作的制度和机制

目前 MIGA 主要追求的是，其宗旨的实现和对其他各类国际投资保险机构的补缺与带动作用，共同促进投资资本流向发展中国家。[①] MIGA 为实施目标，注重发展与其他各类投资保险机构的业务合作。中国宜在该目标下，建立健全中国保险机构（主要为中国信保）与 MIGA 合作的制度和机制，加强与 MIGA 在分保、共保方面的合作，既促进 MIGA 对中国投资的承保，又提高中国保险机构对外投资保险业务能力。

（4）健全行使外交保护权的国际法和国内法依据

根据国际习惯法，国家责任的两个基本构成要素是加害行为可归责于国家、国家违反有效的国际义务。我国宜在有关国际组织起草国家责任和外交保护法律文件过程中，在坚持公司国籍国和股东国籍国原则的前提下，在国籍认定标准的规则上，提出有利于维护中国投资利益的提案，以健全行使外交保护的国际法依据。

例如在公司国籍国认定标准的规则上，中国宜采取成立地国享有第一位权利，在成立地国未能实施外交保护时由经济控制人国籍国享有第二位权利。与此相适应，在国内法依据上，须修订《公司法》第 192 条，即增加一款为第二款：依照外国法律在中国境外设立的中国国籍自然人或法人拥有经济控制权的公司，为中国国籍的公司。

再如在股东国籍国认定标准的规则上，中国宜采取：对损害，一国未能在合理期限内对按公司国籍国法终止的公司提供外交保护的，该股东国籍国有权行使外交保护；若股东所属公司具有损害国籍且该国要求公司在其境内经营，股东在其公司不存在情形下失去通过公司获得救济的，股东国籍国有权行使外交保护。

---

① 徐崇利：《多边投资担保机构的比较优势及新世纪的发展战略》，《华东政法学院学报》2002 年第 3 期，第 50 页。

（二）救济性对策

我国在金砖他国的投资发生法律风险事件后，宜针对不同情形，分别或共同采取以下救济性措施。

（1）中国保险机构及时赔付保险并行使代位求偿权

中国官方对外投资保险机构（主要是中国信保）在投资者因承保风险遭受损失而提出索赔时，快速启动理赔程序，对符合赔付条件的投资者及时赔偿，取得投资者的代位求偿权，并依据我国与东道国的投资条约代位求偿权条款或我国国内法的相应规定，向东道国行使索赔权。

（2）要求投资者迅速行使国内法或双边投资条约中投资者—国家间的争端解决权

若第（1）项措施在法律上不可行或遇有法律困难，国家宜尽快要求投资者迅速依据东道国国内法或我国与东道国间双边投资条约 ISDS 条款，向东道国行使东道国国内法下的争端解决权或条约法的争端解决权。

（3）及时行使外交保护权

对符合前述我国行使外交保护权国际法和国内法依据的投资者及其投资，国家宜及时启动外交保护，向东道国行使外交保护权。

（4）在特定情形下停止对外投资或撤资

在此措施下，国家需尽快规定我国要求企业或个人停止向特定东道国投资或撤资的具体情形，以及撤资的善后工作。

（5）采取有效手段支持投资者通过争端解决机构向东道国行使索赔权

国家可以采取诸如提供索赔法律成本优惠、适度提供索赔工作经费、提供高水平国际专业律师和国际专业财经顾问、提供专业翻译、制定投资者境外或国际索赔指南、索赔地使领馆提供索赔工作便利之类的措施，大力支持投资者通过东道国或第三国或国际组织的争端解决机构索赔。

（6）依据东道国国内法和双边投资条约行使国家间投资争端解决权

在条件具备的情况下，我国还可以根据东道国国内法规定或中国与东道国签署的双边投资条约国家—国家争端解决条款，行使投资国投资争端解决权。东道国国内法有如南非《2015 年投资保护法》第 13 节第 5 分节规定，"此种［国际］仲裁将在南非共和国和合格投资者母国之间进行"。双边投资条约国家—国家争端解决条款有如中国－南非投资协定第 8 条、中国－俄罗斯投资协定第 8 条。[①]

（7）在 WTO 争端解决机构中行使投资国的争端解决权

鉴于金砖各国均是 WTO 成员，WTO 争端解决机制是目前世界上最成功、最有效的国际普遍性争端解决机制，是我国行使 WTO 框架下与投资措施有关的争端解决权的重要途径，若东道国国内法争端解决机制不畅或不服其解决结果，且无双边投资条约下的解决路径、争议的投资措施属于 WTO 规制范畴，中国可以向 WTO 争端解决机构对东道国投诉，通过该机制最终解决国家之间的投资争端。

四　结语

本文简要分析了我国对金砖其他四国直接投资基本态势及其主要成因，探讨了我国应对这四国外国投资方面的主要法律风险类型及其表现，提出了预防性和救济性应对措施。这些对策措施具有一定的综合性和专门性，可以根据不同法律风险情形单独或组合使用。本文中提出的应对措施，属于尝试性或探索性意见，定会存在不周延或论证粗浅等问题，我们将在以后的研究中不断深化和完善。

参考文献

巴西：《巴西联邦共和国总顾问及总律师第 01/2008 - RVJ 号意见》（关于限制外国人购买和租赁农村土地的法律意见，经联邦共和国总统 2010 年 8 月 19 日批准、8 月 23 日公布）。

---

① 这两条的规定总体相同，主要内容为：缔约双方因本协定的解释或者适用所产生的争端，应当尽可能通过外交途径协商解决；若不能在 6 个月内协商解决，根据缔约任何一方的要求，可以将争端提交专设仲裁庭仲裁；仲裁庭按规定程序和规定条件由三名仲裁员组成；仲裁庭应当自行制定仲裁规则并依据本协定的规定和缔约双方均承认的国际法原则作出裁决；仲裁庭的裁决以多数票作出，裁决为终局决定，对缔约双方具有约束力，并应缔约任何一方的请求，应当说明其作出裁决的理由。

俄罗斯：1999 年 7 月 9 日第 N 160 - FZ 号联邦法（《关于外国投资的联邦法律》）。

南非：《2015 年投资保护法》（Protection of Investment Act, 2015）。

商务部：《对外投资合作境外安全风险预警和信息通报制度》（2010 年 8 月 26 日印发）。

商务部、国家统计局和国家外汇管理局：《2009 年度中国对外直接投资统计公报》。

商务部、国家统计局和国家外汇管理局：《2014 年度中国对外直接投资统计公报》。

商务部、国家统计局和国家外汇管理局：《2016 年度中国对外直接投资统计公报》。

田文静、杨理：《〈俄罗斯限制外资程序法〉简介》，道客巴巴，2013 年 10 月 29 日。

王佳慧：《〈俄罗斯战略外资法〉内容、变化及实施效果》，《俄罗斯学刊》2014 年第 4 期。

王遒：《外国投资者对保障俄罗斯国防和国家安全具有战略意义的商业公司投资程序法》，《俄罗斯中亚东欧市场》2008 年第 11 期。

徐崇利：《多边投资担保机构的比较优势及新世纪的发展战略》，《华东政法学院学报》2002 年第 3 期。

印度：《印度双边投资条约 2015 年范本》（2015 Model Text for the Indian Bilateral Investment Treaty，2015 年 12 月 16 日经印度总理内阁批准并公布）。

印度储备银行外汇部中央办公室：《2000 年外汇管理（在印度取得及转让不动产）规章》[Foreign Exchange Management（Acquisition and Transfer of Immovable Property in India）Regulations, 2000]。

印度储备银行外汇部中央办公室：《2016 年外汇管理（在印度设立分支机构、联络处、项目处或其他业务场所）规章》[Foreign Exchange Management（Establishment in India of a Branch Office or a Liaison Office or a Project Office or Any Other Place of Business）Regulations, 2016]。

《中华人民共和国政府和俄罗斯联邦政府促进和相互保护投资的协定》（2006 年 11 月 9 日签署、2009 年 5 月 1 日生效）。

《中华人民共和国政府和南非共和国政府相互促进和保护投资的协定》（1997 年 12 月 30 日签署、1998 年 4 月 1 日生效）。

《中华人民共和国政府和印度共和国政府促进和保护投资的协定》（2006 年 11 月 21 日签署、2007 年 8 月 1 日生效，2017 年 7 月 31 日终止）。

B.21
金砖国家国际金融公共产品供给研究

周 帅[*]

摘 要： 金砖国家金融合作的实质是国际金融公共产品的供给。在国际金融公共产品供给框架下，从国际金融稳定与国际金融效率出发，对金砖国家新开发银行和金砖国家应急储备安排的建设进行分析，并就其未来发展和包容性的提升提出了具体建议。此外，也对新时期金融科技发展背景下，金砖国家国际金融合作的新机遇进行了展望。

关键词： 金砖国家 国际金融公共产品 金融科技

近年来全球金融治理体系改革成为国际合作领域的重要议题，其背后重要动因是以金砖国家为代表的新兴经济体实力迅速增长与其在当前全球金融治理体系中地位的错配。金砖国家强调推动包容性发展，建立包容有序的国际金融体系。全球金融治理的实质是国际金融公共产品的供给，值此金砖国家合作第二个"金色十年"开启之时，本报告将在国际金融公共产品这一视角下为金砖国家国际金融合作提供建设性建议，此外也会进一步探讨在金融科技发展之下金砖国家合作的新机遇。

一 金砖国家国际金融公共产品供给框架

（一）国际金融稳定与国际金融效率：最终阶段国际金融公共产品

国际金融稳定和国际金融效率是最终阶段国际金融公共产品，它们是全球

---

* 周帅，辽宁大学转型国家经济政治研究中心助理研究员，研究领域：国际和比较政治经济学，全球金融治理。

金融治理的目标，也应是金砖国家金融合作的最终目的。具体来说，两者具有完全的非排他性与非竞争性，相辅相成，没有国际金融稳定也就不可能有国际金融效率，同样没有国际金融效率，国际金融稳定也就失去了价值。

其中，国际金融稳定是指能够有效调节国际收支失衡、稳定国际汇率体系、提供国际流动性支持。国际金融效率，一方面是指促进国际贸易、投资发展与国际交易支付便利；另一方面是指以较低的中介成本实现国际资金资源的优化配置，使需求国获得稀缺的资金以促进本国的经济发展，当然也可用以弥补自身的流动性不足，不过这里的效率只考虑前者，而将后者纳入国际金融稳定来考虑，也就是说，国际金融效率主要是考虑经济发展问题。这里的效率又可分为两点，一是在吸收和配置国际资金资源过程中是否有效率，二是指在实现国际资金配置后对一国经济发展的影响是否有效率，即引导资金进入的项目是否有效促进了该国经济发展。

最终阶段国际金融公共产品一般通过中间阶段国际金融公共产品的供给来获得，目前金砖国家通过金砖国家新开发银行、应急储备基金、双边货币互换与直接交易等增量方式来维护国际金融稳定与效率，此外，金砖国家也积极合作推动存量中间阶段国际金融公共产品的改革，如推动 IMF、世界银行改革等。

（二）国际金融公共产品的包容性三角结构

我们可以借鉴英吉·考尔等提出的"公共性的三角结构"来考察国际金融公共产品的包容性，这种多角度的考察也揭示出公共产品的非中性。① 如图 1 所示，处于三角形顶端的是消费的公共性，即我们常说的非排他性，但仅从这一点并不足以完全准确地判断一种商品的公共性，如一国国内的金融稳定需要该国中央银行保有足够的储备，但代价颇高，而该国贫困农民虽然也可以从中获益，但他们的收益要远远小于富裕阶层，并且他们并没有将金融稳定摆在重要位置，农产品补贴政策可能对他们来说更为重要，所以说虽然该种商品具有消费的公共性（非排他性），但收益分配却并不具有相应的公共性。处于三角形底边两角的分别是决策制定中的公共性和收益分配中的公共性，前者是指在决策中有关各方是否都享有相应发言权，具体来说就是产品收益与成本所覆

---

① Inge Kaul, Isabelle Grunberg, and Stern M., *Global Public Goods*, Oxford University Press, 1999.

盖的国家是否都能够参与到决策制定过程中来，这有助于政策在政治、经济和技术方面的可行性，而且往往一种国际公共产品会涉及对一国内部政策和规则的干涉，如果之前在决策制定中各方都享有发言权，那么这种干涉便具备相应的合法性。同时，这种公共性也指在产品的划分、产量、存在形式及收益分配等具体问题的决策中是否遵守了一般等价原则。后者较好理解，收益分配的公共性是指有关各方获得收益程度的公平性，是否实现了收益在各方之间的平均分配。当然，在使用这一"公共性的三角结构"来考察国际公共产品的公共性时，明确指标、确立可靠的测量方法都至关重要。从以上可以看出，判断一种公共产品的包容性时不能简单地看其在消费上是否具有非排他性，因为一种公共产品可能会使某些群体受益，同时使某些群体受损，或者使不同群体受益或受损程度不同，国际公共产品具有非中性，所以需要结合决策制定过程和收益分配来考察该种产品的包容性。

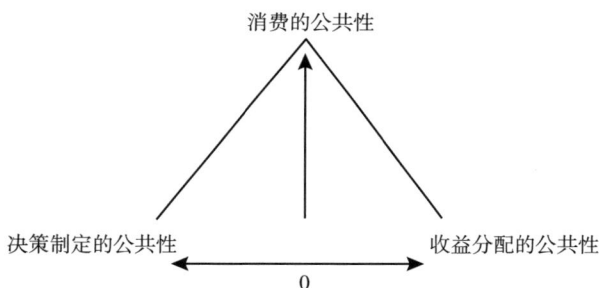

图1　公共性的三角结构

二　金砖国家新开发银行的建设

（一）助力国际金融效率

新开发银行的宗旨是为金砖国家及其他新兴经济体和发展中国家的基础设施建设和可持续发展项目动员资源，作为现有多边和区域金融机构的补充，促进全球增长与发展。该宗旨揭示了新开发银行提供的最终阶段国际金融公共产品为国际金融效率，并且明确了国际金融效率的两方面，即配置资金资源和促进经济增长与发展。那么作为中间阶段国际金融公共产品，新开发银行应该如何在吸收、配置国际资金资源和促进各国经济发展方面提高效率呢？

1. 提升吸收和配置国际资金资源的效率

自 2015 年 7 月正式成立以来，新开发银行已批准 21 个项目，贷款总额超过 51 亿美元。当前新开发银行的资金来源主要是金砖国家初始注入的资本金，而发展中国家的基础设施需求远超现有任何多边开发银行的投资能力。据估计，全球对基础设施投资的需求每年约为 3.7 万亿美元，其中新兴市场国家每年的基础设施投资需求达 1.8 万亿~2.3 万亿美元，而所有多边开发银行的年度项目审批总额约为 1100 亿美元，仅为当前基础设施需求的 3%。如此巨大的资金缺口使新开发银行与现有多边开发银行呈互补关系，并且扩大资金来源以弥补资金缺口是新开发银行所面对的重要课题。那么该如何提高吸收和配置国际资金资源的效率呢？

最为重要的是，新开发银行须争取获得国际最高信用评级，这样才能充分利用国际金融市场资本。多边开发银行最重要的资金来源就是通过发行债券融资，高信用评级可提高市场认可度，使债券更容易发行，并且利率较低有利于降低融资成本。一般认为，评级较高的银行规模较大、发债量多、发债成本低。所以对于新开发银行来说，获得较高的信用评级对其可持续运营有重要的意义。[1]

目前在国际三大评级机构标普、惠誉和穆迪中，惠誉率先在 2018 年 8 月 3 日发布了对新开发银行的评级，授予新开发银行的长期发行人违约评级为"AA +"（仅次于信用度最高的 AAA 级），展望稳定，短期发行人违约评级为"F1 +"（最高评级）。预计标普和穆迪也将陆续发布对新开发银行的评级。这一较高评级有助于新开发银行以具有吸引力的利率获得国际金融市场资本。

那么，未来应该如何保持并进一步提高新开发银行的国际信用评级呢？此次惠誉给予的评级虽然不是最高级别，但在新开发银行成员国主权信用评级均低于 AAA 级的情况下，已是令人满意的结果，事实上巴西长期主权信用评级为 BB - 、中国为 A + 、印度为 BBB - 、俄罗斯为 BBB - 、南非为 BB + ，也均

---

[1] 高蓓、郑联盛、张明：《亚投行如何获得 AAA 评级——基于超主权信用评级方法的分析》，《国际金融研究》2016 年第 2 期，第 26 ~ 35 页。

未达到新开发银行所获评级，所以未来要保持或进一步提高国际信用评级也并非易事。我们应从以下几方面着手：

第一，保障实收资本，金砖五国要切实履行出资承诺，亦可适当引入新成员以增加实收资本。资本充足率是超主权评级的基石，而资本金和收入等是资本形成的重要来源，是构成资本充足率的重要因素。新开发银行的注册资本是1000亿美元，认缴资本为500亿美元，其中实收资本为100亿美元，实收资本对认缴资本的比例比较高（20%），截至2018年5月，已收到41亿美元出资额，这是惠誉认为新开发银行资本水平为"极佳"的重要因素，这也是新开发银行获得较高评级的基础。单就实收资本来说，新开发银行的100亿美元规模已高于亚洲开发银行、非洲开发银行、美洲开发银行等大多数拥有几十年历史的地区多边发展银行，这能保障新开发银行良好的融资前景，有资金实力保障后续业务开展。所以为维持较高的信用评级，金砖五国需切实履行出资承诺。此外，也可引入合适的新成员，以便进一步扩大实收资本规模，目前新开发银行只有五个成员国，扩员潜力较大，实收资本规模有望进一步扩大，这将有利于信用评级的上调。

第二，多元化贷款流向国，改善集中度风险"高"的问题。目前新开发银行的所有贷款项目均投入金砖五国之中，虽然五国商业环境较好，有中等信用质量和政治风险，有助于在业务环境这一方面提高评级，但是贷款项目过于集中在五国也带来了集中度风险"高"的问题，这被惠誉认为是新开发银行的主要评级弱点。向非成员新兴市场国家和发展中国家提供贷款是改善办法之一，不过这一方面存在程序限制，如新开发银行协议第19条规定，向非成员国提供贷款须经董事会或理事会的特别多数通过，再加上金砖五国自身对基础设施融资需求较大，所以成员国必然更希望新开发银行将有限的资金投入自身的建设之中。为此，中国应对其他成员国晓之以理，推动新开发银行向非成员国家提供贷款。此外，与其他机构进行风险敞口互换也是解决方式之一，据悉新开发银行正在考虑参与一项风险敞口交换协议，以将其对主权借款人的大额信用风险敞口与其他机构的风险敞口进行互换，从而改善其集中度指标。虽然新开发银行对风险敞口交换协议潜在的参与将显著改善其集中度风险，但惠誉仍预计，直至2027年该行五家最大借款人占该行银行业务总风险敞口的比例将超过60%。

第三，引入合适的借款成员国和非借款成员国，但不能为扩员而扩员。如上所述，扩员虽然可增加实收资本规模和改善集中度"高"的问题，但是需谨慎甄选扩展对象，单纯地追求扩员有可能造成集体行动的困境，使决策更为复杂，不利于金砖五国的深入合作。同时，新开发银行贷款项目的落实依赖客户国本身的国家体系，虽然有利于项目效率的提高，但是如果新成员国家治理水平较弱，则会使项目的社会效益降低，甚至招致批评，也会在业务环境等方面威胁国际信用评级的提高。目前可尝试邀请英国、德国等与中国关系较好、信用评级较高的发达国家加入，以改善股东结构，也可邀请埃及、尼日利亚、阿根廷、越南、巴基斯坦等发展水平相对较高的国家作为借款成员国加入。

第四，弱化区域办公室权力，坚持中心化发展。非洲区域办公室于2017年在南非约翰内斯堡正式成立，美洲区域办公室也有望于2019年在巴西建立，这有助于新开发银行更好地筹备在非洲和美洲的投资项目，不过就其本质来说，目前这可能更多的是为平衡金砖五国权力分配的需要。南非曾经以"去中心化"是所有多边开发银行的发展趋势为由，积极建议非洲区域办公室尽可能获得更多资金和决策方面的自主权，但未获其他成员同意。在新开发银行成立初期，"去中心化"并不利于其发展，只会使资金等资源更为分散，这并不利于保障项目质量，削弱可持续运营能力，不利于信用评级的提高。但是，如果美洲区域办公室成立，或者其他区域办公室也相继成立，那么"去中心化"发展的推动力就会增大很多，因为事实上各国都想增强自身的影响力，之前只有南非所以应者寥寥，但是当多个区域中心存在时，更多的国家就都有动力推动"去中心化"发展了，这会不可避免地削弱我国的影响力，所以我们要提前有所准备，在成立初期要坚持中心化发展，待"去中心化"时机成熟后，我国应依靠制度设计来保障自身在"去中心化"后的利益。

除在国际市场上吸收资本外，新开发银行可继续加强金砖国家本币债券的发行，目前新开发银行已在中国境内获得最高信用评级，并首次发行了30亿元规模的绿色债券。可将此种本币债券发行扩展至其他金砖国家，相较于获得最高国际信用评级，金砖国家内部的 AAA 评级更易获得，并且通过本币筹资可以避免货币错配带来的风险损失。

　　此外，也可以积极筹划建立金砖国家金融公司，进行完全市场化的运营。在金砖银行运营稳定之后，我们可以借鉴世界银行旗下国际金融公司的运作经验，建立金砖国家金融公司，进行市场化运营。其一，有利于获取市场利润，提高新开发银行的赢利能力，这有助于可持续发展和信用评级的提升。虽然新开发银行可以选择较高经济收益的项目进行贷款发放以提升赢利空间，但是作为多边开发性金融机构，新开发银行本质上不能以赢利作为最高目标，而通过建立金砖金融公司，与银行相对分离，这样就可以名正言顺地进行以赢利为目标的市场化运作了，世界银行旗下的国际金融公司便是以市场价格进行收费的。其二，同样可更好地为私营部门融资，通过将私营部门的业务剥离到金砖国家金融公司，在银行和金融公司之间建立起防火墙，这样就将高风险业务约束在金融公司之内了，并能够确保新开发银行自身的稳健运营，这也符合全球金融监管改革方向。其三，有利于更方便的多元化资金来源，通过 PPP 模式吸引私人资本。PPP 简单来说是指在公共服务领域，政府应用竞争性方式选择具有投资、运营管理能力的社会资本，双方按照平等协商原则订立合同，由社会资本提供公共服务，政府依据公共服务绩效评价结果向社会资本支付对价。作为一种创新型基础设施提供机制，能够提升效率、降低风险，是一种市场化竞争的方式，而金砖金融公司的市场化运营，可以使它灵活地参股到各类市场化的私营金融机构当中，因此也就能够更为方便地推动 PPP 运作了。

　　2. 提升促进各国经济发展的效率

　　新开发银行的宗旨告诉我们它的贷款主要是投向基础设施建设和可持续发展项目，从目前已有大量文献来看，基础设施的完善可以显著促进经济增长和消除收入不平等，而基础设施不足则会成为经济增长的主要障碍。当一国的经济发展从以第一产业为主逐渐向第二产业为主直至第三产业为主转变的过程中，其所需要的基础设施投资也会逐渐上升。从现实来看，新兴市场经济体大多资源丰富，但基础设施落后，这势必会影响其经济的持续增长。金砖五国大多处于经济和社会结构转型时期，部分国家的城镇化进度迅速，对道路、交通、医疗、供水和垃圾处理等领域的投资有巨大的需求。所以，当前新开发银行对金砖五国的贷款项目是非常有利于各国经济发展的，不过，未来新开发银行在扩大贷款对象国时，需要切实对对象国经济情况有深入的了解，理解其需求，如在与非洲国家进行业务往来时，需要对该地区状况有一个清晰的认识，撒哈拉以南非洲是低收入国家最为密集的地区，有39个国家属于世界银行软贷款窗口国际开发协会成员国，对非优惠贷款的吸收能力有限，而新开发银行主要提供准市场化的硬贷款，这就与非洲很多发展中国家的需求并不匹配，所以如果要对类似情况的国家展开大规模贷款业务的话，我们需要为其制定专门的发展条款，或者利用其他双边或多边援助作为补贴，通过多种合作方式满足这些国家的需求，进而更好地促进这些国家的经济增长。[①]

（二）新开发银行包容性的提升

本部分尝试从"公共性的三角结构"角度来为金砖国家新开发银行包容性的提升提供建议。

首先，在消费的公共性上。虽然新开发银行的协定规定其宗旨是为金砖国家和金砖国家之外的新兴经济体和发展中国家提供贷款，但到目前为止所有贷款均投向金砖国家。也就是说，虽然在名义上金砖国家新开发银行具有消费的公共性，但是在实际运营中还不具备消费的公共性，具有典型的俱乐部产品排他性特征，当然也许投入运营时间不长是造成这种情况的原因。为改善当前新开发银行只在名义上具有消费公共性的现实，需要在未来运营中将贷款范围扩展至金砖五国之外，正如其宗旨所述为更广大的新兴经济体和发展中国家提供贷款，削弱新开发银行的排他性特征。这就需要我们放宽新开发银行协议第19条规定——向非成员国提供贷款须经董事会或理事会的特别多数通过。

其次，在决策制定的公共性上。达到决策制定方面的公共性需要受益国和成本承担国均参与决策制定过程，新开发银行协定中宗旨的服务对象为金砖国家及其他新兴经济体和发展中国家，显然当前在决策过程中只有金砖五国而没有其他新兴经济体的参与，这会影响贷款投向，政策在政治、经济和技术方面的可行性等。为提升新开发银行在决策制定上的包容性，需要使决策制定机制同时覆盖尽可能多的受益国和成本承担，也就是说，要积极邀请其他新兴经

[①] 查晓刚、叶玉：《金砖银行的发展及其对非洲的影响》，《国际经济合作》2017年第8期，第27~30页。

济体和发展中国家加入，以便改善当前贷款投向，未来政策在政治、经济和技术方面的可行性等情况。

最后，酌情修改放宽新开发银行协定第二章第 8 条中对投票权的限制性规定，适当放松创始国对委托 - 代理型国际金融组织的控制。新开发银行作为委托 - 代理型国际金融组织，一般实现对此类组织控制的最好时期是初创时期，创始国通过对国际金融组织的初始设计以维护自身利益偏好，实现对该组织的控制，而后加入者因没有参与初始设计过程，则很难保证该组织不偏离其利益偏好，因此如何保障后加入者利益也是维护决策制定公共性需要考虑的。而在新开发银行协定第二章第 8 条股份的认购中规定创始成员国的投票权占总投票权的比例不能低于 55%，任何一个非创始成员国的投票权占总投票权的比例不能超过 7%，显然这也不利于维护后来者的利益。新开发银行决策制定上的包容性也体现在其机制弹性上，即能跟随国际经济政治格局变迁而相应调整，有效反映成员国间实力的消长，鼓励和维护后加入国家的利益，而要做到这点就需要创始成员国再酌情修改放宽新开发银行协定第二章第 8 条中对投票权的限制性规定，这样才能切实维护后加入国家的利益偏好，同时在面对国家间发展不平衡规律必然带来各国实力的此消彼长时，这种机制弹性则能在未来避免类似当前 IMF 和世行因新兴经济体实力与地位不符而带来的纷争。

三 金砖国家应急储备安排的发展

（一）优化应急储备安排，切实补充国际金融安全网

作为金砖国家为维护国际金融稳定方面的国际金融公共产品，金砖国家应急储备安排同新开发银行一同建立，不过两者相互独立，同样它是对现有全球金融安全网的一种补充而非替代。在考虑到各国发展阶段、GDP 水平、外汇储备规模等基本国情因素后，各国协商一致，确定金砖应急储备安排初始承诺互换规模为 1000 亿美元，其中中国承诺出资 410 亿美元，巴西、俄罗斯、印度各 180 亿美元，南非 50 亿美元。其包括流动性工具和预防性工具，借款金额与 IMF 挂钩比例为 70%。金砖应急储备安排治理结构包括理事会和常务委员会，应急储备安排采用双层治理与决策机制：由部长级理事会以共识决定战

略性问题，由常务委员会以共识或简单多数票决定可操作性问题。其中，互换申请及展期申请按简单多数票决策审批。各成员国投票权与承诺出资额挂钩，除设立 5% 基本投票权平均分给金砖五国外，剩余 95% 的投票权按承诺出资额成比例分配。中国承诺出资最多，因而综合计算后投票权也最高，具体来说我国投票权为 39.95%，巴西、俄罗斯、印度各为 18.1%，南非为 5.75%。

根据协定，我们可以看出应急储备安排并不是一个国际组织，而是一个互换资金为承诺制、由各国央行"自我管理"的外汇储备库，在合作初期这种模式有利于合作的达成，能够节约运行成本，并且向外界传达金砖国家间互相支持各国金融稳定的态度。不过，虽然 1000 亿美元的资金规模能够应对一般性的金融冲击，但是考虑到应急储备资金由各国央行管理及与 IMF 挂钩比例，这会对危机时期的筹资带来不确定性或者时滞性，从长期来看，这种安排模式象征意义更大，如果要真正起到补充全球金融安全网的功能则需要更进一步发展完善。

目前有两种完善方式：第一种是将应急储备安排的维护国际金融稳定功能嵌入专注于发展功能的新开发银行之中，这种方式是借鉴欧亚发展银行的欧亚稳定和发展基金，其采取资本金实缴模式，通过金融贷款、投资贷款以及为社会部门政府计划项目提供融资等工具以帮助成员国应对全球金融危机。[①] 这种模式有以下几个好处，其一，节约运行成本，对于金砖国家及世界经济的监察是发放贷款和危机救助不可缺少的关键环节，两者设于同一组织可节约成本。其二，应急储备基金可通过新开发银行以适当的资产组合或置换方式进行保值增值。不过笔者认为这种方式也会导致一些问题，如两个功能集中于一个机构，将增加部门间的协调、管理成本，同时也易造成资金筹集和运用上的竞争性，这都不利于两个功能的共同发挥，另外在经济监测方面两部门也各有侧重，故不能完全使用相同的信息决策，因此，也很难实质性降低机构成本。

鉴于此，我们更推荐第二种优化发展方式，建立金砖国家货币基金。即短期内先着手加强新兴经济体宏观经济风险监管机制合作，对新兴经济体经济金融风险进行监测，在此基础上进一步将借款比例与 IMF 脱钩，进而在中长期

---

① 汤凌霄、欧阳峣、黄泽先：《国际最后贷款人视角下金砖国家应急储备安排的运行模式分析》，《财政研究》2016 年第 9 期，第 106~113 页。

适时设置常设秘书处，推动金砖国家货币基金组织的成立。具体来说，应急储备安排分为流动性工具和预防性工具，所以这就对金砖国家经济监测机制提出了要求，不仅要在危机时期根据宏观经济分析提出救援方案，也要在非危机时期监测和评估各成员国宏观经济状况以及金融市场运行情况，并且发布年度和季度报告，同时一套危机预警机制也是必需的。也就是说，金砖国家需要建立一个独立的经济监测机构，以负责监督和分析金砖国家宏观经济，进行早期危机预警，督促救援方案及其他决策的执行。在实施经济监测的过程中，除信息交换外，可进一步采取同级评议方式，即成员国之间系统性的检查和评估，其目的是帮助被评议国改善其政策决策。之后再与 IMF 脱钩，降低道德风险。最后将金砖国家独立的经济监测机构与应急储备安排合并，使之形成一个金砖国家货币基金。

（二）金砖国家应急储备安排包容性的提升

与新开发银行不同，金砖国家应急储备安排是典型的俱乐部产品，只服务于成员国，所以若单从其他国家加入的角度来看其具有良好的包容性，能保障后来者在消费、决策制定和收益分配方面的利益，但其仍然具有明显的排他性特征。提升这种俱乐部产品包容性的方式是吸纳更多的新兴经济体和发展中国家，不过随着俱乐部成员的增多，俱乐部产品的竞争性会增大，这就需要在吸收新成员时对新成员国的经济规模、金融风险、借款额和出资额等做综合考虑。

四　金融科技发展下金砖国家合作的新机遇

2016 年金融稳定理事会（FSB）首次发布了关于金融科技的专题报告，其中对"金融科技"进行了初步定义，即金融科技（Fintech）是指技术带来的金融创新，它能创造新的业务模式、应用、流程或产品，从而对金融市场、金融机构或金融服务的提供方式造成重大影响。2017 年金融稳定理事会在其关于金融科技对金融稳定性的报告（Financial Stability Implications from Fintech）中也提示了金融科技广泛应用所带来的问题，未来在全球层面需要：金融机构以及非传统合作伙伴（如负责信息技术安全和传统安全的机构）全球范围内进行更大的协调，关注跨境法律问题和监管安排，研究数字货币替代配置对国家金融体系和全球货币体系的影响等。[①]

金砖国家有较大的金融科技需求基础。统计数据显示，2016年金砖国家网民数合计超过14.6亿，占全球网民的42.7%；网络零售交易额8761亿美元，占全球网络零售总额的47%；跨境网络零售交易额920亿美元，占全球跨境网络零售总额的23%。预计到2022年，金砖国家网络零售总额将增加至30061亿美元，占全球网络零售总额的比例上升到59%。根据安永《2017年金融科技采纳率指数》调查报告，全球金融科技采纳率的均值是33%，但在中国、印度、墨西哥、巴西和南非五个新兴市场，金融科技采纳率平均为46%，大幅高于全球平均水平。而这五个新兴市场中，有四个为金砖国家。由此，在新的金融全球化背景下，金砖国家金融合作也存在新的机遇，也有望在金融科技发展背景下引领未来的国际金融公共产品供给。金砖国家可在如下方面展开合作。

第一，尝试利用区块链技术建立金砖国家跨境支付结算系统，有利于削弱美国金融霸权。在当前国际货币体系下，美元是跨境支付和结算的主导货币，在美国控制下的环球同业银行金融电信协会（SWIFT）和纽约清算所银行同业支付系统（CHIPS）是美元结算的必经通道，美国金融霸权享有的金融制裁能力就依赖这两个系统。区块链技术则有可能改变当前国际货币结算体系的"中心-外围"模式，因为它的本质上是一个去中心化的巨大分布式账本数据库，具有去中心化、去中介化、加密安全性等特征，所以金砖国家应积极建立区块链合作平台，鼓励金融机构、金融科技公司与政府合作，争取尽早建立基于区块链技术的金砖国家跨境支付系统。[②]

第二，金砖国家应该通过合作共同建立行业标准，引领区块链国际监管新规则。当前，国际区块链应用还处在发展的初级阶段，面临一系列的技术与路径抉择，存在监管合规以及应用领域等多种不确定性，并且去中心化的区块链网络处于一个国际化网络之中，国家间展开国际监管合作不可避免。在金砖国

---

① Financial Stability Board（FSB）："Financial Stability Implications from Fintech," 27 June 2017.

② 刘东民、肖立晟、陆婷：《金砖国家金融合作路径》，《中国金融》2017第15期，第84~86页。

家间展开区块链技术合作，有助于未来金砖国家在参与相关国际规则谈判过程中发挥更大的影响力。金砖国家之间可积极通过监管机构协商，建立行业监管及相应的技术标准，联合制定游戏规则，进而占据主动。

第三，金砖国家共同合作探索监管科技（regtech）。金融科技的发展使得传统监管难以适应新情况，所以未来依靠大数据、云计算、人工智能、区块链等技术的监管科技将越发重要，金砖国家在金融科技发展方面有许多共同的特点，所以在监管科技合作方面也将存在很多共同需求，这不仅有利于金砖国家自身发展，也有利于引领全球金融治理的变革。如可共同探索和借鉴英国金融行为监管局的"监管沙盒"机制经验，结合金砖国家实际，将人工智能等新技术融入金融监管体制之中，从而使"监管沙盒"机制进一步升级，并且逐步构建起完整的沙盒体系以及金融科技与"监管沙盒"的相互适应机制，以便更好地鼓励金砖国家金融科技创新。①

参考文献

查晓刚、叶玉：《金砖银行的发展及其对非洲的影响》，《国际经济合作》2017 年第 8 期。

高蓓、郑联盛、张明：《亚投行如何获得 AAA 评级——基于超主权信用评级方法的分析》，《国际金融研究》2016 年第 2 期。

黄梅波、陈娜：《金砖国家新开发银行的基础设施融资职能及其发展理念》，《广东社会科学》2017 年第 6 期。

廖岷：《全球金融科技监管的现状与未来走向》，《新金融》2016 年第 10 期。

刘东民、肖立晟、陆婷：《金砖国家金融合作路径》，《中国金融》2017 第 15 期。

汤凌霄、欧阳峣、黄泽先：《国际最后贷款人视角下金砖国家应急储备安排的运行模式分析》，《财政研究》2016 年第 9 期。

汤凌霄：《从国际货币体系视角看金砖国家金融合作》，《中国社会科学报》2017 年 11 月 15 日。

杨东：《监管科技：金融科技的监管挑战与维度建构》，《中国社会科学》2018 年第

---

① 杨东：《监管科技：金融科技的监管挑战与维度建构》，《中国社会科学》2018 年第 5 期，第 69~91 + 205~206 页。

5 期。

Arner D. W. , Barberis J. N. , and Buckley R. P. , *FinTech*, *RegTech and the Reconceptualization of Financial Regulation*, Social Science Electronic Publishing, 2016.

Financial Stability Board（FSB）："Financial Stability Implications from Fintech," 27 June2017.

Inge Kaul, Isabelle Grunberg, and Stern M. , *Global Public Goods*, Oxford University Press, 1999.

B.22
金砖国家人文交流风险与障碍

谌华侨　朱天祥　张　庆　等*

摘　要： 作为金砖国家合作的第三支柱，人文交流日益受到各界关注。在实施过程中，人文交流对强化金砖国家合作和夯实民意基础的支持力度不够，在主客观条件、实施过程、成效和评估机制方面尚存在一定的风险。为了克服障碍，金砖国家人文交流需要弥合现实鸿沟，克服自我中心，实现多元联动，强化品牌意识，健全评估体系。金砖国家需要继续探索人文交流的有效方式，不断深化务实合作。

关键词： 金砖国家　人文交流风险障碍　解决路径

一　金砖国家人文交流风险与障碍概述

2017 年，《金砖国家领导人厦门宣言》提出，将人文交流打造成为金砖国家合作的第三支柱，并以此巩固金砖国家伙伴关系的民意基础。在此背景下，2017 年和 2018 年的金砖人文交流明显提速。金砖国家在体育、青年、电影、文化、教育和旅游等领域开展交流与合作所取得的稳步进展也

* 谌华侨，四川外国语大学重庆非通用语学院副教授，金砖国家研究院经贸投资研究所所长，研究领域：中国与巴西关系、金砖国家；朱天祥，四川外国语大学国际关系学院副教授，金砖国家研究院对外关系研究所所长，研究领域：金砖国家人文交流与政治安全合作、地区间主义和地区间外交；张庆，四川外国语大学国际关系学院副教授，金砖国家研究院人文交流研究所所长，研究领域：拉美政治、中拉关系、金砖国家；蒲公英，四川外国语大学俄语系副教授，研究领域：俄罗斯外交、金砖国家；刘梦茹，四川外国语大学西葡语系讲师，研究领域：葡萄牙语语言、跨文化交流、葡语国家国别研究。

在《金砖国家领导人第十次会晤约翰内斯堡宣言》中得到了五国的肯定和赞赏。

为了进一步深化人文交流合作，金砖国家一方面需要从广度和深度上持续扩大人文交流合作的内涵与外延，从而为人文交流合作提供源源不断的动力；另一方面则需要以辩证的思维和超前的眼界全面探寻人文交流合作的风险与障碍，进而为人文交流合作提供坚强有力的保障。

所谓风险是指金砖国家人文交流合作的效果与目标之间的不确定性，尤其是特定的人文交流合作项目或活动不仅不能为民心相通提供有效的支撑，而且还有可能形成民心相悖的负面效应。所谓障碍是指导致金砖国家人文交流合作面临各种风险的消极因素。这些因素可能在特定领域内独立存在，也可能在不同领域同时存在，只不过呈现不同的形态而已。

因此，本文从金砖国家人文交流合作面临的现实或潜在风险出发，反推诱发各种风险的障碍因素，以破解相关障碍为抓手，着眼于减少或化解金砖国家人文交流合作的重大风险，从而助推人文交流真正发挥其正向功能，为打造金砖国家第二个金色十年添砖加瓦。

总体而言，金砖国家人文交流合作的风险主要包括以下两大方面：一是人文交流合作的"量差"，即特定的人文交流合作虽然产生了正向的支持效应，但是其支持力度却远远不能满足金砖国家寄予第三支柱的厚望。二是人文交流合作的"质差"，即特定的人文交流合作不仅没有便利民意基础的扩大，反而带来了民众之间更深的误解与隔阂。尽管"量差"与"质差"性质不同，但它们带来的后果对金砖国家人文交流，进而对金砖国家全方位合作的影响都有必要引起金砖国家的高度重视。

对此，我们认为，从人文交流合作的主体与过程出发，金砖国家人文交流合作主要存在以下障碍：其一，客观条件主要涉及人文交流合作的天时、地利与人和等方面的障碍；其二，主观条件主要涉及金砖各国的身份定位、价值诉求、利益考量等方面的障碍；其三，实施过程主要涉及参与主体、合作领域、交流层次、参与情况等方面的障碍；其四，实施成效主要涉及时效性、显示度、外溢性等方面的障碍；其五，评估机制主要涉及机制缺失以及机制建构等方面的障碍。

虽然上述种种障碍分别归于某一个特定环节，但无法忽略的是，上述每一个环节都是一个有机整体。这不仅意味着某一环节的障碍可能会引发其他环节的多米诺骨牌效应，而且也意味着某一障碍的解决可能会助推其他环节的自我革新。因此，在分析障碍和提出方案的过程中，要特别注意个体与整体的内在关联，力求突出问题的全面性和对策的系统性。

二　金砖国家人文交流面临的主要问题

从近几年金砖国家所开展的人文交流活动来看，金砖五国因所处的区域位置、历史进程和现实条件的差异，其人文交流活动在主客观条件、实施过程和成效以及评估机制方面尚存在一定的风险。如果不及时处理这些风险，有可能对金砖国家人文交流带来障碍，甚至影响金砖国家其他领域的合作进程。

（一）从客观条件来看，金砖国家人文交流存在地理距离相隔甚远和语言不通的障碍

金砖国家合作发展所面对的客观事实是，位于南美洲的巴西、非洲的南非与横跨欧亚的俄罗斯、亚洲的印度和中国——之间相距甚远，在办理签证环节耗费大量的时间和精力，甚至会因各国签证材料要求不同而准备不齐全遭到拒签。"签证难"常常令游客、留学生、科研技术人员在选择时"望而却步"。这在一定程度上阻碍了金砖国家之间的人员流动，进而影响金砖国家在旅游、科技、文化和教育领域的合作交流。

除了地理距离带来的不便之外，金砖国家各自不同的官方语言——葡萄牙语、俄语、英语和汉语——也为人文交流带来了巨大障碍。[①] 金砖国家在媒体共享、文化传播、日常交流等方面很大程度上仍然依赖本国语言，而各国掌握

---

① 巴西以葡萄牙语作为官方语言，但巴西的葡萄牙语与欧洲的葡萄牙语大有区别，主要是受到印第安语和非洲方言的影响；而流利掌握英语的巴西人不足总人口的 3%（http：//richardsedu. com/3 - motivos - pelos - quais - os - brasileiros - nao - falam - ingles - fluentemente/）。俄罗斯以俄语作为官方语言，英语在日常生活中的使用率不高。印度的官方语言是印地语，被 30% 的人口使用，保留英语作为"第二附加官方语言"，也是全国通用语言，主要在政商领域使用。汉语是中国的官方语言，但除了回、满两个民族之外，其他少数民族都使用本民族的语言。南非的官方语言则达 11 种之多。

他国语言的人才相对有限，掌握他国语言且致力于金砖国家研究的人员更是寥若晨星。不同的官方语言不仅在政治、经济、文化、教育等领域的交流产生障碍，更阻碍了金砖国家民众之间的交流互动。

（二）从主观条件来看，金砖国家人文交流存在本位主义、刻板印象、主场与客场观念和交流动力与能力不均的障碍

金砖五国皆为所在地区具有重大影响力的国家，对国家自身的物质文化与精神文化具有一定自信，甚至具有文化优越感。因此，在金砖国家的人文交流中，五国在不同程度上较为注重本国的优势与特色文化，较容易形成以自我为中心的交流模式，从而出现本位主义风险，影响金砖国家之间的包容互鉴。

由于历史原因，金砖国家相互之间在已有的认知与交往中已形成一定的刻板印象，部分刻板印象的存在会阻碍金砖国家内部人文交流的有效开展，这种现象在金砖国家普通民众中较为常见，而这对金砖国家人文交流的整体成效则会产生消极影响。

金砖国家实行轮值主席国机制，人文交流轮流在不同的金砖国家进行，这种模式在金砖国家内部暗植了一种人文交流主场与客场的观念。人文交流活动的主办方必然从活动议程设置到呈现方式都彰显本国特色，从而影响金砖国家人文交流活动参与方的重视度与参与度。

尽管当前金砖国家对人文交流的重要性与必要性已达成共识，但由于金砖国家的国情文化、历史进程、发展阶段以及加入金砖的战略目标差异，且人文交流需要大量的财力、人力以及社会资源的支持，因此，金砖国家对人文交流的重视程度与支持力度不尽相同，这将会影响金砖国家人文交流的顺利推进。

（三）从实施过程来看，金砖国家人文交流存在政治引导色彩较浓、领域碎片化、交往层次浅、参与度低的障碍

从金砖国家既有的人文交流项目来看，诸多活动均是在政府的引导和支持之下发展起来，政治色彩较为浓厚，国家意识明显。从项目实施的动力来看，政府参与有余，市场动力不足，个体动机不强。由此可见，金砖国家人文交流活动还有待进一步调动更多主体的积极性，共同参与到活动中来。

金砖五国存在不同的地理区位，拥有不同的历史进程，具有不同的资源禀赋，面临不同的现实挑战，各个国家基于本国的特性与优势，力主优先推动的人文交流领域和项目有所差异，这种差异化的人文交流目标极易导致人文交流活动在不同层次的多个领域同时展开，呈现碎片化的态势。

人文交流因为项目属性的缘故，大多是在某一特定的时间举行，在时间上具有非持续性的特点。更为重要的是，金砖国家的人文交流项目大多是年度性活动，持续时间短。囿于时间，人文交流活动在实施过程中难免流于一般性接触和了解，难以实现深入交流，从而出现人文交流层次浅的问题。

现有的人文交流项目仍然较多地政府在引导，并调动相关机构和资源，政府在人文交流过程中扮演主要角色。因为涵盖的领域广泛，人文交流项目的目标人群较为分散，非目标人群的关注度有限，从而导致了金砖国家人文交流活动的参与度不高。

（四）从实施成效来看，金砖国家人文交流存在时效性差、显示度不足和外溢性不明显的障碍

一方面，从量的角度来讲，金砖国家人文交流中的传统元素远多于现代元素。人文交流不应局限于过去的辉煌，更要直面当前的困难，从而对现在和未来的金砖合作与发展产生积极的共鸣和稳定的期待。另一方面，从质的角度来讲，金砖国家人文交流还有待充分挖掘传统文化的深度，客观看待其中的历史局限性因素，并对此进行筛选，做到与时俱进。

截至目前，对于什么是人文交流，哪些领域属于人文交流尚无定论。不仅如此，特定领域的人文交流活动也存在一时兴起、无缜密与系统的思考和设计的现象。虽然在科技、教育、文化、卫生、体育、青年、妇女、智库、地方、媒体等各大领域都存在不同程度的人文交流活动，但各个领域的品牌活动尚未出现。

作为金砖国家合作的第三支柱，人文交流理应与经贸财金合作及政治安全对话相辅相成，充分发挥其黏合剂和催化剂作用，推动和促进金砖国家的全方位合作。但事实上，已有的人文交流与另外两大支柱的关联性并不强。人文交流更多的只是在小范围内进行。诚然，这与人文交流自身的特殊属性及其作用发挥机制密切相关，人文交流成熟并外溢到经贸与政治安全领域尚待时日。

（五）从过程评估来看，金砖国家人文交流存在评估机制缺失的障碍

我国对外交往存在的一个突出问题是缺乏衡量交流活动效果的科学评估体系，这在学界已经达成了共识。[①] 在与他国开展的人文交流活动中，我们更加热衷活动的外在形式，对交流的具体成效和问题知之甚少。究其原因，一是因为人文交流的测评带有较强的主观性，因此很难测量人文交流的成效。二是政策评估和反思缺乏事实基础和具体依据。三是不少人文交流活动的影响是渐进性的，很难在短期内评估其益处。[②] 上述原因最终导致我国目前尚未形成一套科学的人文交流评估机制。

如图 1 所示，从过程管理的角度来看，评估体系对于人文交流活动的意义极其重大，它是人文交流活动事后评估的重要方式与手段，是提高人文交流活动水平不可或缺的环节。健全的评估体系有利于发现人文交流活动中存在的不足，为后续活动提出改进意见，提高金砖国家人文交流活动的水平与成效，同时，还有利于提炼不同领域人文交流活动的成熟经验。有鉴于此，从改进人文交流形式，提高人文交流活动的质量来看，金砖国家亟须形成一整套行之有效、操作性强的科学评估体系，以监控人文交流活动过程，确保交流质量和效果。

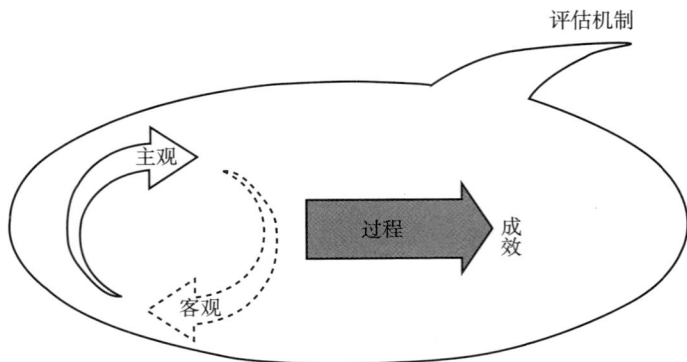

图 1　金砖国家人文交流风险与障碍示意

[①] 陶坚、林宏宇主编《中国崛起与国际体系》，世界知识出版社，2012，第 47 页。

[②] 《海外侨情观察》编委会编《海外侨情观察 2014～2015》，暨南大学出版社，2015，第 33 页。

三 完善金砖国家人文交流合作的路径

（一）在客观上弥合现实鸿沟

要跨越客观障碍，实现金砖国家多层次多领域之间有效的人文交流，可从以下几个方面采取务实措施，为构建"民心相通"的大楼夯实基础，为金砖国家的共同发展提供"加速度"。

1.实行多重有效的签证便利化措施

可以考虑在金砖国家之间推广旅游、科研、教育电子签证，或简化办理签证的各项证明文件和手续，或增设金砖国家签证办理机构以专司负责签证手续的办理，抑或在条件成熟的情况下，实行金砖国家旅游、科研和教育签证相互认可制度，避免向不同国家重复递交材料申请同类签证，解决金砖国家之间地理位置相距甚远，签证手续烦琐而造成人员往来不便的问题。这些签证便利化举措不仅有利于促进金砖国家之间的旅游领域的人员往来，也为科研领域的技术共享和合作助力，同时也为金砖国家高校之间开展交流合作铺平道路。

2.开发金砖国家语言互译智能产品

五国可设立金砖国家应用语言研究中心，吸纳精通葡萄牙语、俄语、英语和汉语的人才加入，与人工智能企业共同研发金砖国家语言互译智能化产品，推出质优价廉的金砖国家语言互译终端，并在民众中推广普及，以解决金砖国家民众在人文交流过程中的语言障碍问题，加强民众之间的直接沟通。当前，人工智能领域蓬勃发展，不同类型的语言互译智能化产品不断涌现。科技革命的浪潮势不可当，科学前沿技术为人文交流的跨越式发展带来了历史机遇。金砖国家人文交流可以及时借鉴最新智能化成果，及时研发金砖国家专属的语言互译智能化产品，通过智能化推动金砖国家的人文交流，实现科技与人文的融合。

（二）在主观上克服自我中心

为了克服既有人文交流活动在主观上的障碍，金砖国家应该在五国共性需求机制、"金砖共性"、人文交流"金砖＋"模式和金砖国家人文交流基金方面有所建树，以推动金砖人文交流活动。

1. 强化金砖国家在人文交流共性需求领域的机制设置

当前金砖国家人文交流机制具有基本内容和形式固定化与轮值主席国自主创新化相结合的特点，这种自主创新化在丰富并细化金砖国家人文交流内容的同时，也带来了本位主义的风险。为此，金砖国家应进一步强化五国人文交流共性需求领域的机制发展。当前，金砖国家人文交流的固定机制都聚焦在五国重视与优先发展的卫生、教育与科技等领域。[①] 金砖国家可以量化以上领域人文交流在每年人文交流总量中所占的比例，在此基础之上，允许轮值主席国自主探索人文交流内容和形式的创新，形成"总量控制，渐进创新"的人文交流自主创新原则，从而避免因为轮值主席国过度以自我为中心而影响金砖国家人文交流的整体成效。

2. 强调金砖国家人文交流理念贯彻与模式创新中的"金砖共性"

为了削弱金砖国家相互之间刻板印象对金砖人文交流的消极影响，在人文交流的开展过程中，金砖五国应自觉贯彻"金砖共性"，强化文明平等、互学互鉴的根本理念，并努力以该理念指导交流实践。在设置以我为主的人文交流主题时，也兼顾其他金砖国家的相似需求，进行换位思考，并以积极的姿态参加各类金砖人文交流活动，真正做到人文交流的平等与对等；在各国内部进行金砖国家人文交流宣传时，也应强调突出金砖精神，在普通民众中努力树立金砖意识。同时，金砖国家在人文交流过程中还应紧密围绕金砖主题进行交流模式的创新，五国自觉合力，共同参与打造具有金砖特色的人文交流品牌项目与新锐项目，共同提升金砖五国在人文交流中的参与感与获得感。

3. 借助"金砖＋"扩大金砖国家人文交流的朋友圈

在金砖国家轮值主席国机制已固定的背景下，金砖国家要想打破人文交流合作中的主场与客场观念可以借助厦门峰会后正在发展的"金砖＋"模式，让金砖国家人文交流合作活动走出五国国界，以世界其他新兴市场国家与发展中国家，乃至其他国家和多边组织为更广阔的平台，积极探索人文交流合作领域的"金砖＋"发展模式。在"金砖＋"朋友圈扩大金砖人文交流合作影响

---

① 蒲公英：《金砖国家人文交流合作机制分析》，《俄罗斯东欧中亚研究》2017 年第 4 期，第 56 页。

的同时，也为金砖五国提供平等、对等参与人文交流的平台，从而有利于五个国家握手成拳，在人文交流领域形成合力，让金砖国家的人文交流告别"一家搭台，五家唱戏"的局面，真正实现"金砖搭台，大家唱戏"。

4. 设立金砖国家人文交流基金

在条件成熟的情况下，设立金砖国家人文交流基金来推动金砖人文交流活动。金砖国家人文交流基金可以吸纳来自主权国家、企业、智库和国际组织等多方面的资金赞助，以最大限度为不同类型的金砖人文交流活动提供资助。为有效发挥人文交流基金的引领作用，可以设立金砖国家人文交流基金会，通过对资助领域和申请对象的引导，有效推进人文交流合作的进程。当前，可以优先考虑设立科研基金和教育基金，以资助科研人员和留学生，加强金砖国家在科研、教育领域的合作交流。待条件更为成熟时，可以考虑设立其他方面的专项基金，以资助金砖国家不同领域的人文交流活动。

（三）在实施过程中促进多元联动

为了有效推动人文交流活动，克服实施过程中的障碍，金砖五国应在人文交流动力、规划、方式和平台上采取新举措，实施新手段，力争新作为。

1. 形成"政府搭台，市场唱戏，名人引领、大众参与"的人文交流动力机制

为了从源头上解决人文交流的动力问题，在继续发挥政府引导人文交流的同时，更多发动市场力量来承办相关活动，鼓励相关领域的典型人物参与其中，以吸引更多的普通民众参与进来，形成"政府搭台，市场唱戏，名人引领、大众参与"的人文交流动力机制，确保人文交流持续不断地进行。根据领域细分，在体育领域，可以将体育主管部门、行业协会、俱乐部和知名运动员纳入其中；在教育领域，将教育主管部门、科研机构、高校、教育服务企业、知名教学和研究人员、学生涵盖其中；在医药行业，可以将卫生主管部门、医院、医药企业、知名医生、患者及其家属包含在内。通过这样的尝试，更好地发挥政府的引导作用，让更多的主体参与其中，提升各方面的参与积极性。其他领域也可依此思路进行，不断开创人文交流的新境界。

2. 制订金砖国家人文交流规划

为了克服不同人文交流领域的活动形式和内容彼此分离而造成的碎片化问

题，金砖国家可以根据"兼顾国家特色，活动互为支撑，稳步有效推进"的原则，依据各国现实情况，尽早共同制订《金砖国家人文交流五年规划》。规划将以金砖国家领导人峰会为时间节点，据此拟订《金砖国家人文交流五年目标计划》和《金砖国家年度人文交流计划清单》。《金砖国家人文交流五年目标计划》为金砖国家五年内的人文交流活动设定总体目标，整体规划金砖国家人文交流活动，并将相关目标分解到年度计划清单，确保每年逐步实施。《金砖国家人文交流年度计划清单》将整体设计不同年份教育、科技、卫生、地方、媒体、青年等不同领域的人文交流活动，形成协同发展态势。这样的设计有助于将金砖国家人文交流的总体成效与峰会轮值主席国人文交流的特色结合起来，形成清晰的金砖国家人文交流路线图，统领下一阶段的人文交流具体事宜。

3. 形成多种措施并举的人文交流方式

为了解决金砖国家人文交流层次浅的问题，可以通过"展示—研讨—赛事—体验"等多种方式来深入推进相关活动。展示包括不同类型的人文交流领域所举行的展览和表演活动；研讨包括不同类型的人文交流领域所举办的会议和专题讨论活动；赛事包括不同类型的人文交流领域所举办的各种比赛和竞赛活动；体验是指不同类型的人文交流活动中普通百姓可以参与其中的内容或环节，以便亲自体验相关活动。不同的人文交流活动可以根据不同的活动内容和形式，设计包含"展示—研讨—赛事—体验"等多个环节的内容，从而丰富金砖国家人文交流的形式，提高相关主体对人文交流活动的认识和感悟，深化金砖国家人文交流层次的目的。

4. 开发智能化交流平台

为了解决金砖国家人文交流活动参与度低的问题，可以考虑以智能化的方式吸引更多人参与到人文交流活动中来。随着智能手机在金砖国家的普及，可以开发多语版的"金砖国家人文交流手机客户端"，以吸引更多人参与人文交流活动：活动主办方既可以主动推送活动资讯和资源；也可以组织在线有奖竞猜，提高民众参与积极性；还可以进行线上线下互动，及时听取民众的意见和建议。通过智能化的方式拓展人文交流活动的领域，丰富人文交流形式，通过更为便捷的方式吸引更多民众参与金砖国家人文交流活动。

（四）在实施成效上树立品牌意识

为了有效增强人文交流效果，克服实施成效上存在的问题，金砖国家应该在实施主体、协调机制和工作方式方面采取新的思路和举措，打造金砖品牌活动。

1. 组建金砖国家联合人文工作组

该工作组由金砖五国各自负责文化事务的领导人出面协调，文化事务职能部门负责组织实施，邀请各国在人文领域具有重大影响的专家学者以及文化领域的专业从业人员，共同对金砖各国的人文资源进行全方位梳理，并根据金砖精神的总体要求，整理出能够体现金砖五国共同价值和精神追求的人文资源，并邀请五国不同文化战线的专业人士，成立专门事务小组，集体编撰"金砖国家人文大观"书籍，共同制作"金砖国家人文透视"电视节目，联合举办"金砖国家人文展"等，并通过"金砖国家人文信息平台"向大众推介这些金砖国家人文活动。上述活动内容涵盖的时间范围可大体分为古代和现代两大阶段，既要致力于挖掘和展示优秀传统文化，又要充分体现现代文化的继承性和发展性，以实现古今结合的目的。

2. 尽快运作金砖国家文化理事会

金砖国家文化理事会应当成为金砖国家人文交流的协调机构和主要平台。首先，理事会在机构设置上应体现对人文交流这一概念的权威解读，要广泛听取社会各界的意见和建议，争取将涉及人文交流的内容全面纳入统一的运作和协调体系；其次，理事会在职能设计上应包括对各个人文领域的顶层设计，要通过诸如设立人文交流基金或专题项目的方式鼓励和支持各领域规划和推出各自的品牌活动。这些品牌活动一要突出自己的特色，要有较为明显的品牌边界，不能与其他领域的品牌活动交叉或重复。二要争取相互之间协同配合，共同发挥人文交流的综合效应。最后，需要注意的是，任何一项活动尤其是像人文交流这样的亲民活动要想形成品牌，就必须做到沉下去，接地气，打造普通民众喜闻乐见的作品。与此同时，理事会还要利用好媒体，尤其是新媒体渠道，对特定品牌活动进行集中和跟踪报道，要通过系列节目的方式做好活动的宣传工作。

3. 鼓励综合性的智库建议

金砖国家智库尤其是涉及金砖国家人文交流的智库，有必要在就人文交流提供政策建议时，充分考虑人文交流对政治经济合作的战略意义。一方面可以从金砖国家政治经济合作的现状，特别是合作困境出发，从人文角度对其进行分析和解读，争取提出有价值的政策建议；另一方面则可以从金砖国家政治经济合作的未来出发，对人文交流之于政治经济合作的远景进行规划，从而确保金砖国家合作三根支柱的平衡运转。为此，金砖国家智库理事会可专门设立研究金砖国家人文交流的机构或小组，而每年的金砖国家学术论坛则应将关注和研讨金砖国家人文交流制度化。另外，为了保证上述交叉研究的可行性，相关智库应配备不同学科和专业背景的专家学者成立研究团队，以充分利用各自的学科专业优势，对人文交流及其与政治经济合作的关系进行综合分析和深度研判，进而为人文交流推动金砖国家整体合作做出相应的贡献。

（五）在评估机制上健全制度体系

立足于改进人文交流活动形式，提升交流成效，金砖国家可以借鉴其他领域评估机制的最新成果，在构建涵盖评估目标、内容、机构、指标和体系等内容的人文交流评估机制上有所建树，以改进交流形式，提高交流效果。①

1. 明确评估目标

为保障金砖国家人文交流顺利有效地进行，评估机制须以"和谐、包容、发展"为总目标。为此，应积极统筹协调相关力量进行系统整体研究和分类专门研究，制定好内容、方法、短期、中期和长期规划目标，最终形成具有金砖国家人文交流的系列评估目标，为金砖国家人文交流评估机制确定基本方向。

2. 确定评估内容

金砖国家人文交流机制由于其领域和项目相对分散，不同国别的机制建设又各有区别。总结归纳评估内容、明确评估领域，是开展人文交流机制绩效评估工作的重点。评估内容应该包括以下几个方面：一是人文交流活动的历史和现状，特别是取得的成绩和存在的问题；二是人文交流活动的未来规划，即今

---

① 徐亮：《中国周边国家文化外交南亚卷》，世界知识出版社，2015，第318页。

后开展的方向；三是外部民众对人文交流项目的接受程度和反馈意见。①

3. 设立评估机构

金砖国家现有的宣传、传播和评估机构大都立足于本国利益，使人文交流服务于自己的外交、政治和经济需要，具有比较明显的国别导向特征。在此基础上，应该依据各金砖国家自身特色成立专业、独立的评估机构，再以各国已有国际人文交流评估机构为基础，通过平等协商，成立金砖国家统一协调评估机构，以科学全面的监控、调查、分析人文交流推进程度，促进世界不同文化之间平等交流。

4. 设定评估指标

评价人文交流的效果具有较强的主观性与不确定性，这无疑提升了评估工作的难度。但这并不表明人文交流是完全飘忽不定、捉摸不透的。根据人文交流的显性特征，可以将评估指标设定为人文交流机构的数量、国际学生数量、他国语言课程数量以及外文出版物的翻译量和发行量等。②

5. 构建评估体系

在明确评估目标和内容的基础上，应适时根据人文交流的发展情况进行评估，有针对性地根据人文交流的阶段性目标和计划制定合理可行的绩效评估体系，定期对人文交流的成效进行评估和调研，以配合国家的总体发展战略和外交布局。③ 为此，要完成以下两项工作。

第一，建立人文交流风险测评体系。由于金砖国家各国政治生态迥异，经济水平不一，地缘政治复杂，社会与文化机制不同，客观上为成员国之间的交流孕育了潜在的风险因素。应进一步规范多边合作机制，分享合作信息与机遇，在实践中摸索建立人文交流风险评估体系。

第二，建立人文交流的跟踪监测机制。建立跟踪监测制度有利于金砖国家之间的人文交流趋向更为科学合理、高效有序的发展态势；有利于有效控制他国文化在本国的传播，学习领会其先进精神，摒弃规避其负面因素；有利于对症下药，改善本国文化对外传播的策略与方式。

---

① 陈岳、李义虎、刘清才主编《21世纪中国特色大国外交角色定位与外交理论和实践创新》，世界知识出版社，2016，第301页。
② 冯绍雷主编《上海合作组织发展报告（2013）》，上海人民出版社，2013，第456页。
③ 中华人民共和国文化部编《中国文化年鉴2014》，新华出版社，2014，第30页。

6.规范评估方法

我们应基于金砖国家人文交流机制建设的自身特性，采取定量与定性相结合的方式，定期对机制成果进行考核评价，及时发现人文交流机制构建中的问题，并进行修正。

四 结语

可以预见的是，金砖国家人文交流即将步入一个快速发展的新时期，而金砖国家对人文交流的期待也会随之大幅提升。但必须清醒地认识到，人文交流既是看似最简单的合作，也是实际上最难以在短期内看到成效的合作。对此，金砖国家应当要有充足的耐心，要从金砖国家合作的大局与全局着眼，以不断的人文积累，逐步提升交流的实效性，以渐进性实现成效性。同时需要看到的是，人文交流并不必然导向民心相通。如果在交流的主体上和实施的过程中不能及时发现并有效解决存在的各种障碍，那么金砖国家的合作就会出现各种风险。对此，金砖国家应当有足够的信心，要在长期探索中总结人文交流合作的金砖模式，进而为更大范围的人文交流合作提供有价值、有特色的金砖方案。

B.23
金砖国家在非洲工业化
进程中的角色及作用

于 佳*

摘　要： 非洲面临"去工业化"的挑战。本文从分析金砖五国在非
洲国家投资的历史、现状和特点入手，针对金砖国家在非
洲工业化进程中的作用提出量化可行的目标和落地路线图。
倡导建立金砖国家与非洲工业化协调机制，特别强调金砖
国家新开发银行的特殊角色以及与非洲发展银行的合作，
提议金砖国家结合自身的特点和发展经验，对口支持非洲
国家的工业化建设，催生非洲版新兴金砖国家，共同推动
《2030 年可持续发展议程》以及非洲《2063 年议程》的
实现。

关键词： 金砖国家　非洲工业化　可持续发展目标　新开发银行

一　非洲的"去工业化"现象及其应对

非洲大陆拥有丰富的自然资源，但是基础设施建设不足，工业化程度
落后，一些最基本的工业产品都需要进口。为改变这一状况，根据联合国
的决议，自 1989 年起每年的 11 月 20 日是"非洲工业化日"，推动非洲工

* 于佳，北京大学副研究员，北京大学新结构经济学研究院资深实务专家、国际发展合作部主
任，研究领域：全球治理和"一带一路"，中国企业"走出去"实证研究，工业园区诊断以
及制造业、能源和矿业的国际产能合作及全球影响等；项目来源：本文为金砖国家智库合作
中方理事会委托课题"金砖国家在非洲工业化进程中的角色及作用"项目成果。

业化进程。然而，世界银行统计，从 1990 年到 2010 年这 20 年间，非洲国家 GDP 中制造业增加值的比例从 12.8% 降至 9.9%（称为"去工业化"现象），到 2015 年略有回升至 10.4%；在南部非洲，其 GDP 中制造业附加值比例的下降幅度最大，从 1990 年的 16.7% 下降至 2015 年的 11.2%。相比之下，同期（1990～2015）亚洲国家 GDP 中制造业的比例从 16.5% 升至 25.5%。非洲的出口以初级产品为主，2014 年非洲的出口产品中有 62% 是初级产品，38% 为工业制成品（主要是原料加工品和低技术含量产品）。作为对比，2014 年亚洲出口中只有 22% 是初级产品，78% 是工业制成品。

（一）非洲发展银行制订"非洲工业化计划"

联合国《2030 年可持续发展议程》要求在全球范围内建设有风险抵御能力的基础设施、促进包容的可持续工业，并推动创新。2015 年非洲发展银行制定非洲工业化战略，目标是到 2025 年非洲的工业 GDP 翻一番。根据这一计划，在未来 10 年内非发行每年用于工业化的资金将达 35 亿美元，主要用于以下六个方面。

第一，推动行之有效的产业政策：以政策性贷款和预算支持以及技术援助帮助非洲国家政府设计产业政策，成立"政府与社会资本合作制"（Public Private Partership，PPP）机构，协调政府各部门职能，推动并监督 PPP 项目的实施。

第二，带动基础设施与工业项目的融资：非发行将逐步增加对工业项目的直接贷款，并争取撬动 1.5 倍的合作融资。

第三，支持非洲本土资本市场发展：在未来 10 年非发行将在非洲支持 20 个资本市场，并建立 2.5 亿美元规模的非洲本土债券资金市场（African Domestic Bond Fund）。

第四，推动企业发展：非发行将在未来 10 年内增加面对中小企业的转贷资金，每年可达 8 亿美元，并以技术援助赠款支持建立创新平台。

第五，推动战略合作伙伴关系：非发行将主办两年一届的非洲投资论坛，为非洲企业与国际投资者提供对接平台。

第六，打造有效的工业集群：根据各地的实际，在每一个非洲次区域

（北非、中部非洲、东非、西非、南部非洲）率先支持一项工业集群发展，目标是在非洲打造 35 个有竞争性的工业集群。

（二）金砖国家支持非洲国家工业化的潜力

在推动非洲工业化的进程中，正在完成自身工业化过程的金砖国家集团可以发挥关键的作用。金砖国家 GDP 与对外直接投资数据见表 1。

表 1　金砖国家 GDP 与对外直接投资数据

	GDP（亿美元）2017	人均 GDP（美元）2017	GDP 购买力平价（亿美元）2017	对外直接投资流量（亿美元）2016	对外直接投资存量（亿美元）2016
中　国	120146	8643	231591	1831.00	12809.75
印　度	26110	1982	94590	51.20	1441.34
巴　西	20550	9895	32403	－ 124.34	1724.41
俄罗斯	15275	10608	40078	272.72	3357.91
南　非	3493	6180	7656	33.82	1728.27

资料来源：IMF World Economic Outlook April 2018；UNCTAD Country Fact Sheets 2017。

金砖国家的五个成员中包括了非洲国家南非，而中国、俄罗斯、印度、巴西也与非洲国家有各自的历史渊源和日益密切的政治经济联系。如表 1 所示，金砖五国的经济实力各有千秋，以市场汇率计算的 2017 年 GDP 总和达到 18.5 万亿美元，接近当年美国的 GDP（19.4 万亿美元）；而以购买力平价计算的 GDP 总和高达 40.6 万亿美元，已经超过当年 G7 的 GDP（37.2 万亿美元）。国际货币基金组织 2016 年发布的一份报告指出，过去 10 年来金砖国家对世界经济增长的贡献超过 50%。近年来，金砖国家对外投资持续增长，2016 年对外投资额比 2015 年增长 21%；2016 年金砖国家投资存量达 2.1 万亿美元，占全球对外投资存量的 8%。对非洲而言，金砖国家已经成为最大的外资来源。

二　金砖国家对非洲国家的历史渊源与战略

（一）中国

中国支持非洲国家为争取民族独立和经济建设的历史悠久。从 1967 年开始，中国政府在自身经济极为困难的情况下提供 9.88 亿元人民币的无息贷款，修筑了东起坦桑尼亚首都达累斯萨拉姆，西至赞比亚的新卡比里姆博希，全长 1860 公里的铁路，至今仍然是中非友谊的见证。美国智库大西洋理事会（Atlantic Council）的《全球化世界中的权力和影响力》报告称，如今中国是在非洲最具影响力的国家，超过了美国、法国和南非。报告指出，1963 年至今，曾经主导非洲的法国其影响力从 37% 降至 8%，英国的影响力从 13% 降至 3%，美国从 13% 降至 10%，中国则从不到 1% 上升至 13%。

为了进一步加强中国与非洲国家在新形势下的友好合作，共同应对经济全球化挑战，中非合作论坛于 2000 年 10 月正式成立。面对非洲的"去工业化"挑战，习近平主席在 2015 年 12 月中非合作论坛约翰内斯堡峰会上提出中非"十大合作计划"，其中第一条就是工业化合作计划。中方将积极推进中非产业对接和产能合作，鼓励支持中国企业赴非洲投资兴业，合作新建或升级一批工业园区，向非洲国家派遣高级专家顾问。

（二）印度

冷战结束后，非洲在印度外交布局中的重要性一度下降，但随着国内外形势的变化，印度感到需要调整对非洲政策。非洲资源丰富、市场广阔，以及重要的地缘战略位置，使之成为印度开展合作的重要地区之一。具体合作主要通过下列两个途径实现：一是印度同非盟和非洲大部分地区组织建立切实可行的关系；二是印度将精力集中于选定的非洲国家，将其作为印度对非洲政策的支柱来扩展在非洲的关系网。

进入 21 世纪后，印度经济发展加快。为保障能源、原材料供应，开拓新市场，印度对非合作继续扩大。2002 年，印度政府启动"聚焦非洲"计划；2005～2008 年，印非双方召开 4 次经贸合作会议；2008 年 4 月，首届"印非论坛峰会"在新德里召开，会上发表《德里宣言》和《印非合作框架协议》，印非关系"全面开花"。《印非合作框架协议》提出了新时期印非合作的重点，包括经济合作（农业、贸易工业和投资、中小企业、金融、区域一体化）和基础设施、能源和环境合作。在 2017 年 5 月中国举办"一带一路"国际合作高峰论坛之后仅仅一周，印度就举办了非洲发展银行年会，54 个非洲国家和 27 个域外成员国将近 3000 名代表参加。

（三）俄罗斯

冷战时期，美、苏两个超级大国在非洲争夺地盘。苏联在非洲曾有 350 多家企业，建立了大批文化中心。苏联解体后，因疲于应对国内矛盾和世界格局变化带来的挑战，俄罗斯事实上实施了"退出非洲"的战略，俄罗斯媒体也极少关注非洲的政治经济发展。在 1993 年、2000 年、2008 年先后发表的《俄罗斯联邦对外政策构想》中，独联体始终居俄外交重点的第一位，非洲一直先于拉美而居第九位。但是，各阶段对非洲的战略发生明显变化。1993 年，俄罗斯曾对债务国施加压力，但 1999 年免除了最不发达国家 9.04 亿美元的债务，2000 年免除 5.72 亿美元，2008 年宣布免除非洲国家债务达 200 亿美元。

2011 年 12 月 16 日，首届俄罗斯-非洲实业论坛在亚的斯亚贝巴举行之际，俄《独立报》发表题为《俄罗斯正重返黑色大陆》的文章，称经过 20 年的停顿，俄罗斯在重启对非关系方面迈出了引人注目的一步。俄罗斯轻视非洲的时代已成为过去，俄罗斯也想分到一块非洲蛋糕。2006 年 3 月和 9 月，普京两次访问非洲，试图恢复俄罗斯同非洲的经贸关系，增强俄罗斯在非洲的影响力。国际专家认为俄非关系进展不利主要原因是俄罗斯对非洲大陆投资和经济机遇认识不足。特别是在经济领域，俄罗斯自身的制造业（特别是消费品）也存在空白，所以俄罗斯在非洲的经济参与度始终无法与中国相比。

（四）巴西

巴西在饮食、语言、音乐、宗教等方面受到非洲文化很大影响，与西非 5 个葡语国家（安哥拉、佛得角、几内亚比绍、莫桑比克、圣多美和普林西比）更有直接的历史渊源。目前，巴西是世界上仅次于尼日利亚的第二大非洲裔人数最多的国家。据 2010 年人口普查，全国 1.91 亿人口中有 50.7% 的人是非洲后裔。近年来，巴西将非洲作为大国崛起的重要跳板和战略侧翼，扩大在非洲政治影响力并争夺能源、资源、贸易和基建市场。卢拉政府 2003 年上台，在任 8 年间 11 次访非，足迹遍及 25 国，接待 40 多个国家的非洲领导人访巴。巴西还利用各种双边和多边平台有针对性密切对非关系，例如"非盟—南美国家峰会""巴西—南非—印度三国论坛""葡语国家共同体"等。正是在巴西的力推下，南非于2010年12月被接纳进入金砖合作机制。

（五）南非

南非是金砖五国中经济体量最小的国家，却是非洲大陆上最大的经济体，其GDP占到撒哈拉以南非洲国家的1/3，按照世界银行的标准属于中等收入的发展中国家，也是非洲经济最发达的国家之一。南非自然资源十分丰富，金融、法律体系比较完善，通信、交通、能源等基础设施良好。同时，矿业、制造业、农业和服务业均较发达，是国家经济四大发展支柱，深井采矿等技术居于世界领先地位。近年来南非政府重点实施"工业政策行动计划"和"基础设施发展计划"，旨在促进南非高附加值和劳动密集型制造业发展，改变经济增长过度依赖原材料和初级产品出口的现状，加快铁路、公路、水电、物流等基础设施建设。

三 金砖国家对非洲国家的战略与直接投资的现状

（一）中国

2016年，中国对非洲非金融类直接投资流量为33亿美元，同比增长14%，覆盖建筑业、租赁和商务服务业、采矿业、制造业、批发和零售业等领域。2016年，中国对非直接投资存量约占非洲吸引外国直接投资总额的39%，首次居投资来源国第一位。①

中国对非洲的投资是金砖五国中体量最大的，但是在中国整体对外投资中占的比例依然很小。截至2016年末，中国对亚洲投资最多，存量9094.5亿美元，占比67%，其次是拉丁美洲2071.5亿美元（占比15.3%）、欧洲872亿

---

① 《〈金融时报〉报告称2016年中国对非洲直接投资首次位列第一》，中华人民共和国商务部，http://www.mofcom.gov.cn/article/i/jyjl/k/201709/20170902641167.shtml.

美元（占比6.4%）、北美洲754.7亿美元（占比5.6%）、非洲398.8亿美元（占比2.9%）和大洋洲382.4亿美元（占比2.8%）。2016年底中国对外投资存量中，南非为60.01亿美元，排在第15位。

尤其值得指出的是，中国已成为南非最大的投资来源国，不仅覆盖矿业、农业、制造业、基础设施、能源等传统领域，也涉及金融、通信、海洋经济等领域，基本实现了领域全覆盖。在制造业领域，中国公司也日趋活跃。海信集团和中非发展基金共同投资3000万美元在开普敦市设立产业园，年产电视机和电冰箱各40万台；北汽南非汽车有限公司投资2.26亿美元在伊丽莎白港建立组装厂，年产量达5万辆，创造约2500个直接就业机会；中车公司与南非国有运输集团签订了价值约9亿美元总计232台的内燃机车订单，是我国轨道交通装备整车出口领域的最大单笔订单。与此同时，南非也是对华进行大量投资的唯一非洲国家。截至2016年底，南非在华实际投资约6.6亿美元，主要投资包括：南非最大的健康保险公司Discovery买下平安健康险20%的股份；世界第二大啤酒酿制商南非米勒持有中国华润雪花啤酒公司49%的股份；南非传媒集团Naspers收购腾讯45.6%的股份，目前仍持股33.93%。

（二）印度

2008~2016年，印度对外直接投资总额为2509亿美元，其中有526亿美元投向非洲国家，占同期印度对外投资的21%。2008年印度对非洲直接投资为32亿美元，到2016年增至49亿美元。

印度对非洲直接投资主要集中在与印度有历史和文化渊源的印度洋岛国毛里求斯（51%的人口信奉印度教）①，占印度对外直接投资总额的19%。2008~2016年，印度对毛里求斯投资总额达到476亿美元（占对非投资总额的90.4%）。值得注意的是，根据印度储备银行2017年的调查数据，毛里求斯是印度对外直接投资的第三大目的国（仅次于新加坡、荷兰）；而毛里求斯也是印度外国直接投资最大的来源地，占外资企业资产的21.8%，超过美国、

---

① 2014年5月印度总理莫迪就职时邀请毛里求斯总统参加就职典礼，毛里求斯是唯一受邀的非南亚国家。

新加坡、日本。由此可以看出，印度对毛里求斯投资的相当一部分又以"外资"的身份返回到印度，换取税收上的优惠。

印度在2008～2016年对毛里求斯以外的其他非洲国家直接投资总额仅为50亿美元，主要集中在六个国家［莫桑比克、埃及、利比亚、苏丹、科特迪瓦、刚果（布）］。这期间在非洲投资的印度企业有597家，但是其中前11家的体量就占到总投资额的80%。特别是印度石油和天然气公司（ONGC）的海外分支ONGC Videsh（OVL）在非洲格外活跃，2008～2016年在非洲投资达30.19亿美元，其次是古吉拉特邦石油公司（3.19亿美元）。印度对非投资中的制造业比例较小，主要集中在发展条件相对优越的突尼斯、肯尼亚、赞比亚、埃塞俄比亚和摩洛哥。

（三）俄罗斯

俄罗斯对非洲的对外直接投资整体来看，是金砖五国中最少的。2014年俄罗斯对非洲直接投资总额仅为1.288亿美元，其中北非（埃及、利比亚）为0.937亿美元，撒哈拉以南非洲（主要是南非）为0.351亿美元。

在非洲投资的俄罗斯企业主要是矿业和能源类企业，例如Norilsk Nickel公司在南非金矿以及博茨瓦纳镍矿的投资，Sintez公司在南非、纳米比亚、安哥拉等国对石油、钻石、铜等领域的投资，Lukoil公司在科特迪瓦和加纳的石油开采投资，Rusal公司在尼日利亚和几内亚对铝业的投资，Severstal公司在利比里亚的铁矿投资，Gasprom公司在阿尔及利亚的天然气投资，Alrosa公司在安哥拉、纳米比亚、刚果（金）对钻石采掘和水电的投资以及Rosatom公司在埃及的核电项目等。

（四）巴西

巴西对外投资历史上主要集中在拉丁美洲和加勒比海地区，对非洲国家直接投资在2006年仅为200万美元，但此后迅猛增长，2012年增至1.02亿美元。近年来巴西经济衰退，2016年整体上的对外投资严重缩水，但并没有削弱对非洲国家的投资力度，2016年投资总额为8.02亿美元，包括安哥拉（3.01亿美元，工程建筑）、塞舌尔（2.70亿美元，金融、科技服务）、南非（1.21 亿美元，汽车和摩托车配件维修）、莫桑比克（0.57 亿美元，工程建筑）、加纳（0.30 亿美元，工程建筑）和毛里求斯（0.23 亿美元，服务业）。

（五）南非

2015 年南非对外投资总额超过 57.4 亿美元，其中对非洲其他国家的投资总额为 50.95 亿美元，主要包括毛里求斯（14.76 亿美元）、斯威士兰（3.63 亿美元）、纳米比亚（3.57 亿美元）、博茨瓦纳（2.31 亿美元）、尼日利亚（1.32 亿美元）和莱索托（0.61 亿美元）等。2016 年南非对外投资额有所下降，为 33.8 亿美元。

（六）金砖国家新开发银行在非洲的业务和前景

从以上金砖五国在非洲的投资现状来看，投资领域主要是化石能源、矿业资源、制造业以及服务业，较少涉及可再生能源。金砖国家新开发银行自 2015 年成立以来，着重于绿色投资，即可再生能源领域的投资，在一定程度上可以弥补金砖国家在非洲直接投资的短板。2016 年 4 月金砖国家新开发银行批准了首个在南非的项目，向南非国家电力公司贷款 1.8 亿美元，支持可再生能源项目建设，这是迄今为止新开发银行在南非的唯一项目。

2017 年 8 月 17 日金砖国家新开发银行成立非洲区域中心，成为新开发银行的第一个分支机构。这一中心的成立将使金砖国家与非洲的合作更为紧密，有助于该行在非洲更好地推进项目和储备项目，成为银行面向非洲的窗口。时任南非总统祖马表示希望新开发银行助力非洲工业化的进程，"非洲面临的最大挑战是工业化水平严重不足，经济过于依赖大宗商品市场。非洲国家之间缺乏合适的基础设施互联互通，导致地区贸易不能实现利益最大化。由于社会基础设施缺乏，非洲大陆民众难以享受到医疗卫生、教育等基础服务，生活水平无法显著提高。鉴于这些挑战，非洲大陆对新开发银行有着巨大期待"。祖马总统表示希望非洲国家能够成为新开发银行首批扩员对象，并认为这是非洲及其发展的一个重要转折点。新开发银行应当同全球合作伙伴继续开展合作，通过对非洲经济融合、工业化、基础设施发展的投入，帮助非洲实现可持续发展，助力非洲实现《2063年议程》。

四 金砖国家在非洲直接投资的特点分析

（一）能源基础设施、矿业与服务业、制造业的关系

俄罗斯在非洲的投资主要集中于能源和矿产项目，而印度、巴西、南非的直接投资主要在服务业和制造业。关于中国在非洲投资的领域，美国智库布鲁金斯学会高级研究员杜大伟（David Dollar）的论文《为什么中国在非洲投资？来自企业层面的证据》（*Why is China investing in Africa? Evidence from the firm level*），与西方流行看法不同的是，"大部分的中国海外投资并不参与原材料和自然资源的项目，而是把重心放到了服务业"，"不管是非石油资源密集型国家，或是其他非洲国家，无论是否涉及原材料出口，中国大多数海外项目往往是在服务行业"。例如，在石油资源丰富的尼日利亚，大约2/3的项目实际上是在服务行业。近年来，中国在非洲的制造业投资开始加速，累计投资年增长在10%左右，2003~2014年，中国企业在非洲的新建项目中，制造业占了最大的比重。中国在非洲加大制造业投资，既扩大了当地的就业，也实现了向非洲地区的技术转移。

（二）大型国企与中小民营企业的关系

金砖国家特别是中国对非投资的国企、民企有明显不同的特点。以中国对非投资为例，中国国有企业从事的大多是大型基础建设项目和资源项目，例如2018年初投产的中广核铀业发展公司纳米比亚湖山铀矿项目，是迄今为止中国在非洲最大的单体实业投资项目。相比之下，中国中小型民营企业在非洲自然资源领域的投资相对较少，以服务业领域为主。近年来，中国中小型民营企业对非洲制造业也有相当数量的投资，这些投资遍布整个非洲大陆。

从投资企业数量来看，民营企业的数量要远远大于国有企业。根据麦肯锡公司对 8 个非洲国家的中国公司的深入调查，目前在非洲的中国公司已有 1 万多家，比原先估计的多 4 倍，其中约 90% 的公司是民营企业，这些公司规模不同，业务范围大多以小型项目为主，比如集中在埃塞俄比亚、尼日利亚、安哥拉、纳米比亚、莫桑比克等国的农业、渔业、矿业、制造业、加工业和服务业等产业。中国国有企业与民营企业在非洲的协调配合，可以创造出"＋制造业"或"制造业＋"的非洲投资新模式，这里的"＋"既可以代表制造业上游不可或缺的能源与原料供应，也可以延伸到下游为制造业增值的服务业。

（三）历史文化渊源与投资目的地国家选择的关系

除南非本身就是非洲国家以外，其他四个金砖国家都与非洲有相当密切的历史和文化渊源。中国多年以来一贯支持非洲解放运动和经济建设，与非洲国家有深厚的合作基础。巴西作为葡萄牙语系国家，与非洲的葡萄牙语国家如安哥拉、莫桑比克等不仅有相同的语言文化背景，同时这些国家也是巴西最主要的投资目的地国家。同样，印度与毛里求斯（印度裔人口比例超过50%）也有密切的文化联系，互为最主要的投资目的地国家。而苏联在安哥拉争取独立过程中提供了巨大援助，所以现在俄罗斯也把安哥拉作为重点的合作对象。

（四）双边贸易与直接投资的关系

2018 年 3 月 21 日在卢旺达首都基加利召开的非盟首脑特别会议上，44 个非洲国家签署协议成立非洲大陆自贸区。该协议已在 2019 年 4 月获得 22 个国家批准，并于 5 月 30 日正式生效。这是一个几乎覆盖非洲全部人口、经济总量达到 2 万亿美元的超级自贸区，将实现商品、服务以及人员的域内自由流动。这一举措将促使目前非洲四大次区域经济一体化组织，包括东南非共同市场、西非国家经济共同体、东非共同体和南部非洲发展共同体进行整合，极大促进非洲一体化进程，也为外商直接投资特别是来自金砖国家在制造业方面的投资创造了新的市场机遇。

（五）小结：金砖国家与非洲合作的现状与潜力

金砖国家与非洲合作的现状与潜力见表2。

表2　金砖国家与非洲合作的现状与潜力

	国际战略考量	经济利益与发展前景	金砖机制下合作潜力
中国	中国一贯长期支持非洲国家的独立运动和经济建设，与非洲国家有传统的友谊，相互尊重核心利益	非洲是中国重要的贸易伙伴和投资市场，也是产能合作的重要伙伴。中国对非投资在整体对外投资中占的比例不足5%，非洲工业化的进程将为中国的制造业投资创造新的市场机遇，发展潜力巨大。国企主导的资源、基础设施投资需要向制造业转型（"制造业＋"），与投资制造业、服务业的民企配合，创造当地就业改善民生	金砖机制下合作投资非洲有助于"一带一路"倡议在国际上的认知度，中国对制造业扩大投资将充分发挥中国投资的能源和基础设施项目的效益
印度	作为英联邦的成员国，印度与非洲英语国家有历史渊源。印度的"印度洋战略"直接涉及印度洋上的非洲岛国（如毛里求斯、塞舌尔）以及非洲大陆沿岸国家	印度目前在非洲最大投资目的地国主要是毛里求斯，以及在莫桑比克等国的石油资源开发。印度向非洲其他国家（特别是英联邦国家）在制造业领域投资的潜力很大，尚待开发	印度的"印度洋战略"可延伸至非洲，与中国的"一带一路"倡议对接。从资源开发的角度看，印度与中国、巴西、南非在非洲存在一定的市场竞争关系，需要建立协调机制，金砖国家新开发银行是一个理想的协调渠道。在制造业投资方面，非洲市场庞大，印度与其他金砖国家有各自的比较优势，合作潜力较大
巴西	非洲是巴西走出拉丁美洲成为"全球大国"的必由之路，与安哥拉、莫桑比克等非洲葡语国家有密切的政治文化联系，是经济合作的基础	非洲需要基础设施，而巴西有大量建筑公司和实力，非洲有丰富的石油和矿产资源，巴西矿冶开采和加工能力成熟。巴西向非洲其他国家（特别是葡萄牙语国家）制造业投资的潜力很大。非洲可以成为巴西重要资源进口和制造业出口市场，巴西投资目的地国家主要是安哥拉、塞舌尔和南非	从资源开发的角度看，巴西与中国、印度、南非在非洲存在一定的市场竞争关系，需要建立协调机制，金砖国家新开发银行是一个理想的协调渠道。巴西在可再生能源发展方面的经验和技术可以通过金砖国家新开发银行的业务向非洲传播，推动可再生能源的发展

	国际战略考量	经济利益与发展前景	金砖机制下合作潜力
俄罗斯	历史上支持非洲解放运动和经济建设;冷战结束后无明显战略利益,但也没有历史包袱(免除了非洲国家对苏联的历史债务);无成型合作机制。在金砖国家中唯一不是非洲开发银行成员的国家。恢复和扩大俄罗斯与非洲国家的经贸关系可促进俄企业对非洲的投资,抢占潜力巨大的非洲市场,进而增强俄罗斯在非洲的影响力,拓宽俄罗斯的国际战略空间	俄罗斯在非洲形象良好;俄罗斯的技术与非洲国家在初级产品的加工增值方面可以扩大合作。俄罗斯的核电技术在非洲也具有竞争性	金砖国家合作机制有利于俄罗斯全面重返非洲。虽然俄罗斯尚不是非洲开发银行成员,但是作为金砖新开发银行的成员国,俄罗斯进出口银行可与非洲开发银行、金砖国家新开发银行联合融资支持非洲工业化项目落地,推动俄罗斯部分产业走出去
南非	南非是非洲最大的经济体,其政治经济稳定对于其他非洲国家有举足轻重的作用。南非也是其他金砖国家在非洲直接投资的主要目的地国之一	南部非洲国家是南非最主要的贸易伙伴和投资市场	南非可作为其他金砖国家进入非洲市场的门户。金砖国家新开发银行在南非设有分支机构,可作为金砖与非洲合作机制的秘书处

五　政策建议:金砖国家在非洲工业化进程中的角色及作用

由表 2 可知,金砖国家在非洲有各自的战略考量和经济利益,在非洲的历史渊源和投资对象国偏好、投资领域各有不同,特别是在资源开发方面存在一定竞争关系。但是,金砖各国在支持非洲工业化方面应该可以达到高度共识。非洲工业化将为各国带来更多投资和市场机会,为初始产品增值,也是金砖国家产能向劳动力成本更低的非洲进行转移的一个选择。而非洲工业化的发展也将充分发挥能源和基础设施的作用,减少非洲国家因为基础设施建设而陷入债务陷阱的风险。

因此,金砖国家支持非洲工业化进程的议题已成共识,可创造多赢局面。

金砖国家在非洲工业化进程中将为金砖机制增添新的动力与活力，进一步增强金砖国家在国际经济治理中的地位。由于中国与非洲国家的关系基础深厚，在金砖国家对非洲合作中将起到发动机的作用。同时，也可以通过金砖机制，以多边促双边，进一步夯实中国与非洲的经贸往来，为"一带一路"非洲布局奠定更牢固的基础。

本报告建议中国引领金砖国家加强对非洲合作，推动金砖五国将"与非洲国家的合作并支持非洲工业化进程"列入金砖国家领导人会晤议程，邀请非洲国家元首和政府首脑与会，发表"金砖－非洲国家工业化合作宣言"，支持非洲国家实现联合国 2030 年可持续发展目标，特别是与工业化相关的议题，并助力实现非洲国家联盟《2063 年议程》。建议这一宣言主要包含以下五点内容：设立"金砖－非洲国家工业化合作协调机制"；设立"金砖－非洲国家工业化合作基金"；金砖国家"对口"支持非洲国家的工业化，催生非洲版新兴"金砖国家"；扩大并加强金砖国家新开发银行力量，率先在非洲国家吸收新的成员国；启动金砖－非洲国家自贸区谈判，扩大非洲工业品出口。上述建议的具体落实方案和内涵综述如下。

（一）金砖－非洲国家工业化合作协调机制

"金砖－非洲国家工业化合作协调机制"将包含以下职能。

第一，金砖国家要总结各自发展经验和模式，提升为有别于"华盛顿共识"的发展经济学理论，以指导整个非洲工业化发展。

第二，协调金砖国家对非投资，支持在非洲设立工业园区，根据各国资源禀赋支持制造业的发展，促进技术转移和能力建设。

第三，金砖国家共同承诺在非洲的投资遵循绿色标准，利用最新技术尤其在信息化领域和可再生能源领域，实现非洲工业化的跨越式发展。

（二）金砖－非洲国家工业化合作基金

建议由金砖国家新开发银行与非洲发展银行签署合作备忘录，负责管理和实施"金砖－非洲国家工业化合作基金"，具体包括以下职能。

第一，促进非洲国家工业化政策和能力建设，分享金砖国家工业化的实践和经验。

第二，重点支持工业园区建设，建立合理的监管、税收、劳动保护机制，推动金砖国家的国有企业和民营企业到非洲国家投资。

第三，帮助非洲国家的工业化产品出口到金砖国家以及其他国际市场。

从中、长期的角度来看，这一合作基金也可以作为成立"非洲投资银行"的基础。①

（三）建议金砖国家"对口"支持非洲国家的工业化，催生非洲版新兴"金砖国家"

"金砖 – 非洲国家合作机制"要尊重金砖各国与非洲国家的特殊历史文化联系，结合各自的优势和非洲国家发展的特点，鼓励金砖国家"对口"支持非洲国家的工业化。例如巴西结合自身优势优先支持同属葡语系的莫桑比克发展水电、生物质能源的发展，打造可再生能源发展的样板；俄罗斯支持其传统合作伙伴安哥拉、几内亚初始资源的加工增值；印度重点支持濒临印度洋的非洲岛屿国家如毛里求斯、马达加斯加的信息产业；中国支持非洲国家工业园区建设，在能源、矿业、交通基础设施的基础上，发展"制造业＋"，扩大非洲工业品出口国际市场。

在金砖国家"对口"支持非洲国家工业化的同时，也要创建更开放的市场，鼓励其他非洲国家以及其他地区的企业前来投资，催生非洲工业化的非洲版新兴"金砖国家"，为其他非洲国家的工业化树立标杆。

（四）扩大并加强金砖国家新开发银行的职能

建议金砖国家新开发银行着手扩大在非洲其他国家的贷款业务，特别是在非洲地区的新兴经济体（尼日利亚、埃及、埃塞俄比亚、加纳、肯尼亚等）以及金砖国家在非洲的传统合作伙伴国成为正式成员国（如莫桑比克、毛里求斯、塞舌尔、安哥拉等），支持非洲国家发展"制造业＋"项目（例如与能源、矿业相关的制造业项目），承诺对非贷款额不低于新开发银行贷款总额的

---

① 鲜为人知的是，早在 2009 年 2 月非盟就通过决议成立非洲投资银行，以推动非洲国家经济一体化和项目投资。该银行的总部确定位于利比亚的黎波里，由于此后利比亚局势急转直下，非洲投资银行也再没有任何进展。

50%。

金砖国家新开发银行在非洲国家开展业务将为未来新增会员国打下基础，建议在金砖国家新开发银行成立"金砖－非洲国家工业化合作协调机制"秘书处，主要职责包括：在非洲各国分享金砖国家的发展理念与最佳实践经验；为金砖国家提供非洲国家的市场数据和投资需求；协调金砖各国以及非洲发展银行在非洲的投资项目；为"金砖－非洲国家工业化合作协调机制"峰会撰写文件报告以及跟进落实"金砖－非洲国家工业化合作协调机制"峰会的行动计划。

（五）建议考虑启动金砖－非洲国家自贸区谈判，扩大非洲工业品出口

非洲大陆自贸区协议的签署和生效为金砖国家与非洲国家进一步扩大贸易奠定了基础，建议金砖国家考虑启动与非洲国家的自贸区谈判，对非洲国家出口到金砖国家的工业品实行零关税，也为金砖国家扩大对非洲的制造业投资增加新的动力，推进非洲工业化的进程。

参考文献

中商产业研究院：《中国对外投资报告》，2017。

中非工业合作发展论坛：《非洲工业化前景指数报告 2017》，2018。

African Development Bank, Industrialize Africa：Strategies, Policies, Institutions and Financing, November 2017.

Ana Garcia, "BRICS in Africa：More of the Same? A Comparative Study of Investment Treaties Between the BRICS and African Countries," *Instituto de Políticas Alternativas para o Cone Sul - PACS*, January 2016.

African Development Bank, African Statistical Yearbook 2017.

African Development Bank, African Economic Outlook 2018.

David Dollar, "Why is China Investing in Africa? Evidence from the Firm Level," *Brookings Report*, August 2015.

Kene Ezemenari, Esubalew Alehegn Tiruneh, Evelyn Wamboye, "Emerging Economies' versus Advanced Countries' Investment Impact in Africa," The World Bank Working Paper,

December 2016.

FDI Intelligence, The Africa Investment Report 2016.

FDI Intelligence, The Africa Investment Report 2017.

Malancha Chakrabarty, "Indian Investments in Africa: Scale, Trends, and Policy Recommendations," ORF Working Paper, May 2017.

UNCTAD, World Investment Report 2017.

B.24
金砖国家数字经济合作的
重要机遇与主要挑战

檀有志 等*

摘　要： 随着实体经济加速向以数字经济为重要内容的新经济转变，数字经济日益成为受全球关注的新经济、新业态、新动能。金砖国家作为新兴经济体更应把握机会在数字经济发展的大浪潮中建立自身优势并打造新型区域合作模式。本文旨在通过环境指数、基础设施就绪度指数、利用率指数、影响力指数的得分和排名情况对金砖国家数字经济发展状况进行系统分析，对金砖国家之间在数字经济合作领域的情况进行归纳梳理，并在此基础上指出金砖国家在数字经济合作领域面临的挑战，为推进金砖国家数字合作提出相应的对策建议。

关键词： 金砖国家　数字经济　金砖国家的合作

一　数字经济的基本内涵及其主要指标

（一）数字经济的基本内涵

"数字经济"的概念可以追溯到 20 世纪 90 年代美国经济学家唐·塔普斯

---

* 檀有志，对外经济贸易大学国际关系学院教授，国际政治经济学系主任兼外交学系主任，研究领域：公共外交、网络外交、网络空间全球治理；董青岭，对外经济贸易大学国际关系学院教授，大数据国际关系研究中心执行主任，研究领域：大数据科学与国际关系交叉研究；王海滨，对外经济贸易大学国际关系学院副教授，研究领域：当代日本外交、战后中日关系、全球治理问题；姜忠奇，对外经济贸易大学国际关系学院硕士研究生；周文丽，对外经济贸易大学国际关系学院硕士研究生。

科特的《数字经济》一书以及同一时期美国商务部发布的《浮现中的数字经济》报告。但随着网络通信技术的快速发展，如今的数字经济的概念与此前早已大不相同。根据二十国集团对数字经济概念的界定，数字经济是指："以使用数字化的知识和信息作为关键生产要素、以现代信息网络作为重要载体、以信息通信技术的有效使用作为效率提升和经济结构优化的重要推动力的一系列经济活动。"[1] 2017 年，中国互联网协会发布的《金砖国家数字经济研究报告》对数字经济的内涵做了进一步界定，并将数字经济的层次结构划分为基础部类和融合部类两大部类，前者强调"数字技术对经济的支撑作用，包括ICT 基础设施层和互联网经济活动层，具体包括硬件设备（如计算机、网络通信、集成电路、应用电子等），软件服务（如基础软件、应用软件以及信息系统集成等）等"。后者则主要体现"数字技术对经济的具体影响，包含面向产业链数据流转、业务服务的中介平台服务层和面向细分产业定制的应用服务层"。[2]

如今，"随着实体经济加速向以数字经济为重要内容的新经济转变，数字经济成为受全球关注的新经济、新业态、新动能，不仅是经济发展的新动能，同时也是社会发展的新动能，深刻改变着全球经济格局、利益格局和安全格局"。[3] 世界各国已经充分意识到数字经济在促进实体经济转型升级、促进创新创业、促进绿色发展等方面所能发挥的重要作用，同时也意识到数字经济的发展对于社会就业结构、社会治理模式等方面的重要影响。凡事预则立，不预则废。如何把握数字机遇以推动经济社会发展、如何发展数字经济以更好地服务大众、如何增强网络安全并推动互联网全球治理体系的变革等已经成为世界各国共同思考的问题。

（二）数字经济的主要指标

随着各国对数字经济的建设愈加重视，亟须一套完善的标准体系来衡量各

---

[1] 中国网信网：《二十国集团数字经济发展与合作倡议》，http：//www. cac. gov. cn/2016－09/29/c_ 1119648520. htm，最后访问日期：2017 年 4 月 20 日。

[2] 中国互联网协作金砖国家数字经济研究中心：《金砖国家数字经济研究报告》，《互联网天地》2017 年第 9 期，第 12 页。

[3] 中国互联网协会金砖国家数字经济研究中心：《金砖国家数字经济研究报告》，第 13 页。

国、各地区数字经济的发展水平。但是，国际社会对数字经济的指标选取和测算方法的确定还未取得共识。为了更全面地展示金砖国家数字经济发展的基本情况，本文选取世界经济论坛历年发布的《全球信息技术报告》中的网络就绪度概念及其相关数据、评分及世界排名作为分析金砖国家数字经济发展水平的基本依据，利用立法机构效率、最新技术可用度、移动网络信号覆盖率、固定宽带收费、高等教育入学率等五十余项三级指标来体现数字经济发展所需的政治与监督环境、商业与创新环境、基础设施建设等各种必要条件，进而通过环境指数、基础设施就绪度指数、应用指数、影响力指数的得分和排名情况分析金砖国家数字经济发展的总体水平。具体情况见表1。

表1　数字经济的主要考察指标

一级指标	二级指标	三级指标	指标说明
环境指数	政治与监督环境	立法机构效率	反映各国立法机构的立法效率
		网络信息领域相关法律	反映各国在网络信息领域内法律的完善程度
		司法独立	反映各国司法机构独立程度
		法律解决商业纠纷	反映各国法律解决公司纠纷的效率
		企业申请行政诉讼	反映各国企业申请行政诉讼的难易程度
		知识产权保护	反映各国知识产权保护程度
		软件盗版率	反映各国盗版软件情况
		解决商业纠纷所需程序	反映各国解决商业纠纷程序的烦琐程度
	商业与创新环境	解决商业纠纷所需时间	反映各国解决商业纠纷的效率
		最新技术可用度	反映各国技术转化与有效利用度
		风险资本可用度	反映各国创新环境适宜度
		总利润税率	反映各国税率水平
		创立企业所需时间	反映各国创建企业所需时间
		创立所经程序的数量	反映各国创建企业烦琐程度
		地方市场竞争	反映各国地方市场的竞争程度
		高等教育入学率	反映各国人才充裕度
		商科学校质量	反映各国商业人才充裕度
		政府购买先进技术产品	反映各国政府采购县级技术产品的程度

一级指标	二级指标	三级指标	指标说明
基础设施就绪度指数	基础设施建设	人均发电量	反映各国电力建设水平
		移动网络信号覆盖率	反映各国移动宽带建设水平
		互联网宽带下载速度	反映各国固定宽带建设水平
		每百万人安全服务器数量	反映各国网络安全水平
	负担能力（反映各国使用网络所花费的成本）	移动蜂窝收费	反映各国移动宽带资费水平
		固定宽带收费	反映各国固定宽带资费水平
		通信部门竞争程度	反映各国通信领域竞争程度
	社会充分利用网络信息技术的能力	教育体系的质量	反映各国人才满足社会需求的程度
		数学与科学教育质量	反映各国数学与科学教育水平
		中等教育入学率	反映各国中等教育发展水平
		成人识字率	反映各国国民素质水平
应用指数	个体应用	移动蜂窝电话订阅数/百人	反映各国移动电话普及情况
		互联网用户普及率	反映各国互联网普及情况
		家庭计算机普及率	反映各国互联网普及情况
		接入互联网的家庭数量	反映各国互联网普及情况
		固定宽带订阅数/百人	反映各国人民使用固定宽带情况
		移动宽带订阅数/百人	反映各国人民使用移动宽带情况
		虚拟社交网络	反映各国人民使用社交网络的广泛程度
	商业应用	企业采纳新科技情况	反映新科技在企业中的应用程度
		企业创新能力	反映各国企业的创新能力
		PCT申请数量/百万人	反映各国网络信息技术创新能力及水平
		ICT在商业交往中的应用	反映互联网在商业交往中的应用程度
		互联网在商业交易中的应用	反映互联网在商业交易中的应用程度
		企业员工培训程度	反映各国企业对员工的培训情况
	政府应用	政府对网络信息的重视	反映各国对网络信息事业发展的重视程度
		政府在线服务指数	反映各国政府在线服务水平
		政府发展网络信息技术	反映各国发展网信技术的政策有效程度

一级指标	二级指标	三级指标	指标说明
影响力指数	经济影响（反映网络信息技术对经济的影响程度）	网络信息技术对商业模式、商业服务和产品的影响	反映网络信息技术对商业发展的影响程度
		ICT专利申请数量/百万人	反映各国网络信息技术领域的创新能力和水平
		ICT影响商业组织模式	反映各国网络信息技术对商业组织模式创新的影响程度
		知识密集型劳动力就业情况	反映各国知识密集型劳动者的就业情况
	社会影响（反映网络信息技术对社会的影响程度）	ICT在基础服务中的应用	反映各国网络信息技术在基础服务领域的应用程度
		学校使用互联网水平	反映各国学校使用互联网学习的情况
		ICT的应用与政府效率	反映各国应用网络信息技术提升政府服务效率和质量情况
		网络参与	反映各国人民通过政府网站获取信息、参政议政情况

二 金砖国家数字经济发展总体态势

（一）金砖国家数字经济指标基本情况

"金砖国家"的概念最早由美国高盛公司首席经济师吉姆·奥尼尔在2001年发表的一份题为《世界需要更好的经济之砖》的报告中提出，用来特指新兴市场投资代表，具体包括巴西、俄罗斯、印度、中国四国。由于四个国家英文名称的首字母缩写与英语单词的砖（Brick）相似，因此被称为"金砖四国"。2010年，南非正式加入金砖国家的活动，"金砖四国"演变为"金砖五国"。经过近十年的发展，相关国家已经逐渐建立起年度定期会晤的峰会机制，彼此之间的交流日趋频繁、合作日益深化。

据统计，截至2016年底，世界总人口约74.33亿，其中互联网用户34.24

亿左右，占世界总人口的 46.1%。[1] 金砖国家的互联网用户数量占全球互联网用户总数量的 42.50%，且人数还在逐年增加。除南非外，其他金砖国家的互联网用户数量均排在世界前十，中、印、巴、俄四国分列世界互联网用户数量的第一、第二、第四和第六位。根据中国信息通信研究院发布的《G20 国家数字经济发展研究报告（2017）》，2016 年中国数字经济的规模已经达到 3.4 万亿美元，位居世界第二位。印度、巴西、俄罗斯的数字经济规模也均超过了1000 亿美元，分列第八、第九和第十三位。南非的数字经济规模则相对落后，只有 483 亿美元。[2] 总体来看，金砖国家的数字经济规模在国际上占有相当大的比重。详见表 2。

表 2 金砖国家互联网用户统计状况

用户数量排名	国家	互联网用户数量（人）	渗透率（%）	总人口（人）	互联网用户年增长率(%)（较2015年）	互联网用户年增长数(人)（较2015年）
1	中国	721434547	52.20	1382323332	2.20	15520515
2	印度	462124989	34.83	1326801576	30.50	108010242
4	巴西	139111185	66.38	209567920	5.10	6753879
6	俄罗斯	102258256	71.29	143439832	0.30	330067
25	南非	28580290	51.98	54978907	3.90	1078982
总计	金砖五国	1453509267	46.63	3117111567	8.40	131693685
	全球	3424971237	46.08	7432663275	7.50	238975082

资料来源：http://www.internetlivestats.com/internet-users-by-country/，最后访问日期：2018 年 4 月 18 日。

在世界经济论坛发布的《2016 年全球信息技术报告》中，通过对上述各项指标进行赋值，最终得出了世界范围内的 139 个国家在各项指标上的得分（低至高：1~7 分）及排名。从中我们选取金砖国家在各项指标上的得分及排名进行整理，见表 3。

---

[1] 资料来源：http://www.internetlivestats.com/internet-users/，最后访问日期：2018 年 4 月 18 日。
[2] 中国信息通信研究院：《G20 国家数字经济发展研究报告（2017）》，第 7 页。http://www.caict.ac.cn/kxyj/qwfb/bps/201712/t20171213_2225102.htm，最后访问日期：2018 年 4 月 20 日。

表 3　金砖国家各项指标得分情况

指标/国家	中国		巴西		印度		俄罗斯		南非	
	排名	分数	排名	分数	排名	分数	排名	分数	排名	分数
环境指数	83	3.85	118	3.41	99	3.69	67	4.01	33	4.66
就绪度指数	75	4.74	55	5.07	88	4.44	32	5.55	69	4.82
应用指数	51	4.15	57	4.04	103	3.25	40	4.45	75	3.80
影响力指数	39	4.23	79	3.54	73	3.62	41	4.14	93	3.35
综合(网络就绪度)	59	4.24	72	4.01	91	3.75	41	4.54	65	4.16

资料来源：世界经济论坛，《2016 年全球信息技术报告》，http：//reports. weforum. org/global -
information - technology - report - 2016/economies/#economy = ZAF，最后访问日期：2018 年 4 月 22 日。

从表 3 的数据可以发现，金砖国家网络就绪度指数的总体得分介于3.75 ～
4.54 分，平均分数为 4.14 分。其中，俄罗斯和中国在发展数字经济领域具有
一定优势，得分高于其他金砖国家。南非与巴西次之，其得分情况更接近金砖
国家的平均水平，印度则相对落后，处于金砖国家的末位。具体而言，金砖国
家在网络信息领域的发展情况具有以下特点。

第一，金砖国家在环境指数、就绪度指数、应用指数、影响力指数四
项一级指标上的得分并不均衡，个别指标差异较大。例如，南非在环境指
数的评估上位于国际上排第 33 名，得分为 4.66 分，但是巴西的环境指数
仅有 3.41 分，在国际上排第 118 名，远低于南非。事实上，南非因其产业
基础薄弱，其网络信息技术的发展更多地依靠投资驱动，为互联网发展营
造良好的外在环境也就格外重要。从应用指数来看，俄罗斯在金砖国家中
得分最高，在国际上排名第 40 位，但相比之下印度的应用指数只有 3.25
分，排在第 103 名，这意味着俄罗斯应用网络信息技术的整体水平高于印
度且二者存在较大差距。

第二，同一国家网信技术的发展在不同方面也有较大差距。比如从影响力
指数来看，中国得分位于金砖国家首位，网络技术对经济和社会的发展起到了
积极的促进作用，但相比之下的环境指数却在金砖国家中则处于中等水平，仍
需继续为互联网产业营造良好的发展环境；南非尽管环境指数很高，但不仅应
用指数低于除印度外的其他金砖国家，影响力指数也在金砖国家中得分最低。
这表明尽管南非拥有良好的发展环境，但是在应用网络信息技术以及将网络

信息技术转化为实际的经济和社会成果方面的情况并不尽如人意；巴西在就绪度指数方面表现较好，但是在营造良好的互联网发展环境、应用互联网技术促进经济社会发展方面还有很大的提升空间；俄罗斯各方面实力则相对均衡，均高于金砖国家平均水平，就绪度指数和应用指数两方面均位于金砖国家之首。如图1所示。

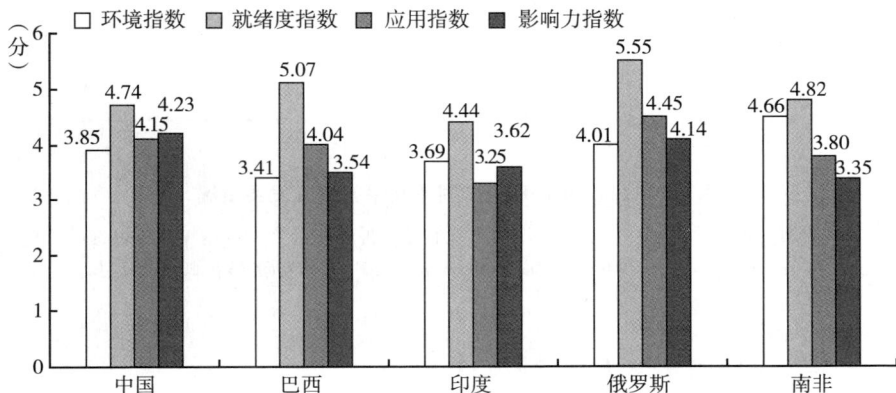

图1　金砖国家一级指标得分情况

资料来源：世界经济论坛，《2016年全球信息技术报告》，http：//reports. weforum. org/global – information – technology – report – 2016/economies/#economy = ZAF，最后访问日期：2018年4月22日。

第三，金砖国家网络就绪度指数近几年总体呈上升趋势，但彼此间差距仍在不断拉大。数据表明，除印度以外的其他金砖国家的网络就绪度指数总体上保持上升态势（见图2）。具体而言，俄罗斯的网络就绪度上升速度最快，2012年的得分为4.02分，到2016年上升至4.54分，提高了13%左右；南非的表现也同样引人注目。2012年时，南非的网络就绪度指数在金砖国家中得分最低，仅为3.87，但截止到2016年，南非的网络就绪度指数为4.16，超过了印度和巴西两国。与此同时，金砖国家的网络就绪度指数的差距也在不断拉大。2012年，金砖国家的网络就绪度指数得分最高与最低之间相差0.24分，但到2016年，得分扩大到了0.79分，翻了三倍多。这也反映出金砖国家在网络信息领域内的发展速度并不一致，而且彼此之间的差距仍在不断拉大。

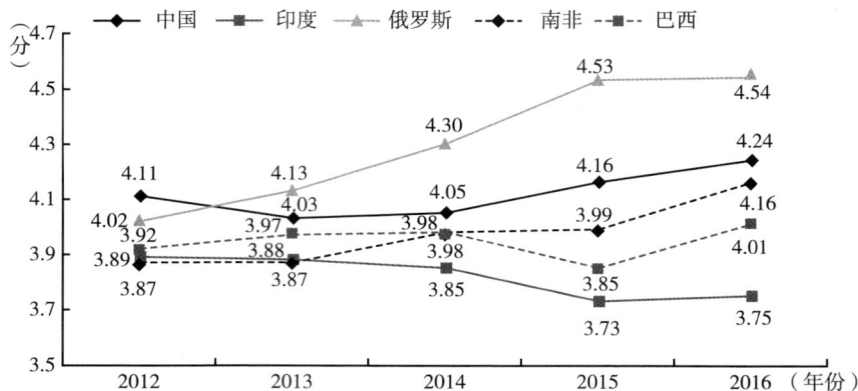

图2 2012~2016 年金砖国家网络就绪度发展情况

资料来源：世界经济论坛，《2016 年全球信息技术报告》，http：//reports. weforum. org/global - information - technology - report -2016/economies/#economy = ZAF，最后访问日期：2018 年 4 月 22 日。

（二）金砖国家数字经济指标分析

金砖国家二级指标得分情况见表4。

表4 金砖国家二级指标得分情况

指标/国家		中国		巴西		印度		俄罗斯		南非		平均
一级指标	二级指标	排名	得分	排名	得分	排名	得分	排名	得分	排名	得分	得分
环境指数	政治与监督环境	58	3.91	98	3.37	78	3.69	88	3.56	26	4.99	3.90
	商业与创新环境	104	3.80	124	3.44	110	3.70	57	4.46	65	4.33	3.95
基础设施就绪度指数	基础设施建设	90	3.27	58	4.52	114	2.61	52	4.66	44	4.88	3.99
	负担能力	63	5.52	26	6.16	8	6.60	10	6.56	74	5.20	6.01
	社会充分利用网络信息技术的能力	47	5.42	91	4.53	101	4.12	48	5.42	95	4.37	4.77
应用指数	个体应用	75	3.92	57	4.81	120	2.15	40	5.31	77	3.90	4.02
	商业应用	44	3.91	59	3.70	75	3.55	67	3.61	32	4.20	3.79
	政府应用	40	4.61	84	3.63	59	4.05	44	4.42	105	3.32	4.01
影响力指数	经济影响	37	3.76	75	3.15	80	3.12	38	3.73	57	3.40	3.43
	社会影响	41	4.71	77	3.94	69	4.12	45	4.56	112	3.30	4.13

1. 环境指数

数字经济的发展离不开良好的发展环境，既受制于政治和监督环境，也受到商业与创新环境的影响。对于数字经济的发展，中国政府始终坚持推行鼓励性政策，始终重视数字经济的发展，同时也在不断加强对互联网领域的监管力度。中国政治与监督环境在金砖国家中的排名仅次于南非，然而，安装软件的盗版率依然较高，尽管盗版率近几年大幅度下降，但2013年的数据显示当年的盗版率依然高达74%①，这在一定程度上对政治监督环境的改善产生了负面影响。与此同时，中国的商业与创新环境虽然在金砖国家中接近中等水平，但是在国际排名依然相对靠后，尤其是总利润率、创立企业程序烦琐程度以及创立企业所需时间方面较明显地制约了商业与创新环境的改善。不过，中国在政府采购高新技术产品、风险资本可用度方面已在国际社会中处于相对领先地位。②

俄罗斯对国家信息产业的发展十分重视，并通过一系列的国家政策推动互联网产业的发展。环境指数表明，俄罗斯拥有金砖国家中最佳的商业和创新环境，且继续呈现上升态势，这为俄罗斯数字经济的发展提供了充足的人才保障。但是俄罗斯在知识产权保护方面还需要继续加强。

巴西作为互联网大国，"在电信行业领域进行私有化改革，实行全面开放政策，通过法律保障网民权利，致力于形成开放、自由、平等、法治的互联网发展环境"。③ 但目前的数据表明，巴西无论是在政治与监督环境方面还是在商业与创新环境方面都落后于其他金砖国家。从政治与法律环境下的三级指标来看，立法机构的效率和法律解决商业纠纷的效率是巴西亟须提高和改善的地方。另外，巴西的总利润税率和创立企业所需时间在国际上也处于落后水平，这对巴西商业与创新环境的状况产生不利影响。

印度的互联网产业发展十分迅速，并始终坚持市场化的发展战略。目前，印度的政治与监督环境要好于商业与创新环境，但总体水平仍低于金砖国家的平均水平。值得注意的是，印度的环境指数虽然相对较低，但是其风险资本可用度在2013年后迅速提高，且保持高速发展的态势，这也意味着印度的创新

---

① 资料来源：世界经济论坛，《2016年全球信息技术报告》，http：//reports. weforum. org/global – information – technology – report – 2016/economies/#economy = ZAF，最后访问日期：2018年4月22日。

② 中国政府采购高新技术产品指数：第9名，4.3分；风险资本可用度指数：第16名，3.8分。

③ 张腾、张建光：《金砖国家数字经济的发展态势》，《中国信息界》2018年第1期，第94页。

环境适宜指数正在迅速改善。

由于南非的产业基础比较薄弱，南非选择通过营造良好的政治与监督环境和商业与创新环境来吸引投资，以此推动互联网产业的发展。数据表明，南非拥有金砖国家中最好的政治与监督环境，其商业与创新环境指数也仅次于俄罗斯，位于金砖国家中的第二位。

2. 基础设施就绪度指数

网络基础设施的建设是一国推动互联网产业发展、建设数字经济的必要条件。从金砖国家在基础设施建设方面的评估情况来看，金砖国家的网络基础设施建设水平存在较大差距。在金砖国家中，南非、俄罗斯和巴西网络基础设施建设较为完善，但印度相对落后于其他金砖国家。

具体而言，南非在移动电话普及率、互联网宽带速度方面具有优势，尤其是南非的互联网宽带速度在 2013 年后迅速提高。2016 年的数据显示，南非的互联网宽带速度达到 149.5KB/s，在国际上排第 18 位。① 俄罗斯也有良好的互联网基础设施基础，人均发电量、移动网络信号覆盖率、互联网宽带下载速度、每百万人安全服务器数量等在金砖国家中都处于相对较高的水平；巴西互联网基础设施建设的完善程度在金砖国家中仅次于南非和俄罗斯，但巴西的移动网络信号普及率已达到 100%，移动网络日益成为巴西网民的首要选择。据统计，巴西互联网用户平均每天 PC 端上网 3.9 小时，移动端 5.2 小时。而且，巴西的数字支付近年来逐渐向移动端发展，2015 年 58% 的用户通过移动端完成支付。② 尽管"宽带中国"战略和"提速降费"政策的实施推动中国互联网建设的迅速发展，但是网络基础设施建设的完善程度却低于金砖国家的平均水平。一方面，中国城乡之间、不同地域之间依然存在数字鸿沟；另一方面，中国每百万人安全服务器数量仅为 7，网络安全依然存在很大隐患。印度的互联网基础设施建设较为落后，无论是在人均发电量、移动网络信号覆盖率还是每百万人安全服务器数量方面，都逊于其他金砖国家。

---

① 资料来源：世界经济论坛，《2016 年全球信息技术报告》，http://reports.weforum.org/global-information-technology-report-2016/economies/#economy=ZAFj，最后访问日期：2018 年 4 月 21 日。

② 资料来源：《2017 美洲再发现：首届中国—巴西互联网大会》。

负担能力指数主要用来评估访问网络所需支付的成本，主要包括移动蜂窝收费、固定宽带收费以及通信部门竞争程度三个三级指标。印度由于其较低的移动网络和固定宽带的收费水平以及通信部门的高度竞争，导致印度拥有金砖国家中最高的负担能力指数，这说明在印度访问网络时所支付的成本要低于其他金砖国家，也是发展数字经济的有利条件。俄罗斯和巴西的负担能力指数仅次于印度，同样有较高的负担能力。中国和南非访问网络所需成本远高于其他金砖国家。对中国和南非而言，通信领域的低度竞争和固定宽带较高的收费水平是导致访问网络成本增加的主要原因。

社会充分利用网络信息技术的能力指数主要通过教育体系的质量、数学与科学教育质量、中等教育入学率以及成人识字率四个三级指标来评估社会有效利用网络通信技术的能力。在金砖国家中，中国和俄罗斯的能力指数居于前列，但其他三个金砖国家的能力指数则与中俄两国存在较大差距。印度由于其较低的成人识字率（72.1%）和中等教育入学率（68.9）成为金砖国家中能力指数最低的国家。

3. 应用指数

个体应用指数反映的是网络和信息通信技术在个体层面的普及和应用程度，其主要衡量标准是互联网用户普及率、家庭计算机普及率、虚拟社交网络的广泛使用度等七项三级指标。在金砖国家中，俄罗斯的个体应用水平最高，印度的个体应用水平远低于金砖国家的平均水准，评分仅为 2.15 分，在国际上排名第 120 位，表明网络和通信技术在印度的普及和渗透程度方面还有很大的提升空间。

在商业应用方面，南非和中国在金砖国家中居于前列。中国拥有一批具有国际竞争力的互联网企业，如百度、阿里巴巴和腾讯等，互联网在商业交易中的应用程度等方面整体上处于世界领先水平。值得注意的是，中国在网络信息领域的创新能力和创新水平也在不断提高。随着中国互联网产业近几年的迅速发展，每百万人的 PCT 申请数量也迅速提高，2008 年的 PCT 申请数量/百万人仅为 6.51，截止到 2016 年，中国 PCT 申请数量/百万人已达到 15.2，翻了一倍多。

政府对网络信息的重视程度、政府在线服务指数以及政府促进网信事业发展政策的成效主要由政府应用指数来综合体现。金砖国家在政府应用指数上呈现两极分化的趋势，其中，中国和俄罗斯在该方面的发展水平远高于其他金砖国家。尤其是中国在党的十八大以来，党和政府越来越重视网络领域的发展与安全，政府应用指数居于金砖国家前列。2016 年，俄罗斯公民电子政务服务使用水平已经达到了 51.3%。电子政务受理业务数量达到了 3.8 亿，通过电子政务平台进行的支付总额超过了 80 亿卢布（约 1.4 亿美元）。① 数据表明，南非在利用网络和信息技术方面缺乏明确的实施计划，且政府在推行政策以促进网络和信息技术发展方面的成效并不显著，直接导致南非的政府应用水平在金砖国家中处于末位。

4. 影响力指数

影响力指数主要用来衡量网络信息技术的发展所带来的广泛而深刻的经济影响和社会影响，而这种影响也会转化为国家和社会的竞争力，并进一步推进互联网产业的发展。影响力指数主要通过 ICT 专利申请数量、知识密集型劳动力就业情况、网络信息技术在基础服务中的应用程度等八项指标来体现。报告公布的数据表明，中国和俄罗斯互联网通信技术的快速发展对两国的经济和社会状况均产生了重要影响，各项指标排名领先于其他金砖国家。从全球的整体情况来看"ICT 申请的专利数量约占全部领域专利申请量的 40%，而中国 ICT 申请专利数量已经超过60%，在金砖国家处于领先地位"。② 相比之下，南非的经济影响指数虽然处于金砖国家的平均水平，但社会影响指数远低于其他金砖国家，尤其是学校使用互联网程度和网络信息技术用于提高政府服务效率方面仍有较大的提升空间。

（三）金砖国家开展数字经济合作的重要意义

随着数字经济作为经济发展新动能的作用日益凸显，金砖各国一方面深刻地影响到全球数字经济在促进实体经济转型升级、促进创新创业、促进绿色发展、促进包容性增长等方面所能发挥的重要作用；另一方面，金砖国家在数字经济领域开展合作也具有一定的必要性和迫切性，因此希望能够深化彼此在网络和信息领域内的政策交流合作以促进数字经济发展，进而取得在数字经济这

① 资料来源：《2016 年俄罗斯 ICT 产业发展新进展》（上），http：// world. chinadaily. com. cn/2017 - 05/26/content_ 29517360. htm，最后访问日期：2018 年 4 月 26 日。

② 张腾、张建光：《金砖国家数字经济的发展态势》，《中国信息界》2018 年第 1 期，第 93 页。

一新兴议题上的话语权和优先议程设置权。

首先，开展数字经济合作是金砖国家增强网络安全的需要。与金砖国家巨大的网民规模（见图3）和数字经济规模（见表5）以及高于世界水平的互联网渗透率相比，金砖国家维护网络安全的意识和能力还相对不足，网络安全面临很大隐患。中国网络空间研究院发布的《世界互联网发展报告2017·总论》对包括金砖国家在内的38个国家的网络安全情况进行了评估（1~10分）。金砖国家中得分最高的为俄罗斯，以7.88分位居第8名，印度、中国、巴西、南非则分别以6.83分、6.24分、5.93分、5.02分排在第19、23、25和33名。[1] 尤其在2013年斯诺登披露美国"棱镜"监控项目后，金砖国家的网络安全问题进一步暴露出来，开始更加重视并着手改善自身网络安全的整体情况。在这样的背景下，加强彼此之间在数字经济领域内的合作、加强网络安全成为金砖国家共同的利益诉求。

其次，金砖国家开展数字经济合作是推进国际网络空间治理体系发展的需要。与金砖国家庞大的互联网用户数量和发展迅速的互联网产业不相称的是其在国际网络空间治理体系中的实际权利。在现有的国际网络空间治理体系下，

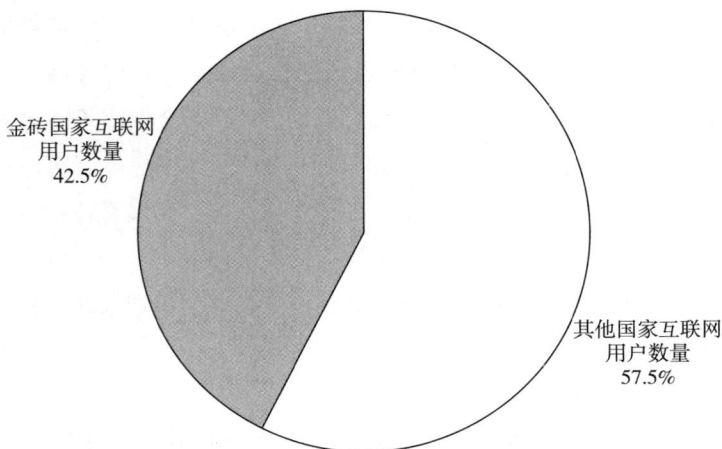

图3　金砖国家互联网用户统计

---

[1] 中国网络空间研究院：《世界互联网发展报告2017·总论》，2017年12月18日，第30~32页。http://www.cac.gov.cn/2017-12/18/c_1122128829.htm，最后访问日期：2018年4月26日。

表5　金砖国家数字经济规模统计情况

单位：亿美元

	中国	印度	巴西	俄罗斯	南非
数字经济规模	34009	4033	3754	2205	483
排名	2	8	9	13	16

资料来源：中国信息通信研究院，《G20 国家数字经济发展研究报告（2017 年）》，http://www.caict.ac.cn/kxyj/qwfb/bps/201712/t20171213_ 2225102.htm，最后访问日期：2018 年 4 月 20 日。

美国凭借自身的技术优势和强大的综合实力确立起网络霸权，但包括金砖国家在内的广大发展中国家在该体系中处于边缘地位，其利益难以得到充分体现。为此，借助现有的金砖国家机制，"通过协调立场和在原则、机构、方式等方面开展有效的合作，金砖国家将可能为推进全球网络空间中的'善治'作出重要贡献"。①

最后，金砖国家开展数字经济合作是推进数字经济发展的需要。数字经济在促进经济增长方面所能发挥的重要作用已经成为世界共识。2016 年的二十国集团峰会上与会各国专门探讨如何"利用数字机遇、应对挑战，促进数字经济推动经济实现包容性增长和发展的路径"②，并发布《二十国集团数字经济发展与合作倡议》。第三届金砖国家通信部长会议上，金砖各国也共同意识到彼此在数字经济、技术创新、产业融合发展、ICT 安全应用等诸多方面进行合作的必要性，并通过《第三届金砖国家通信部长会议宣言》。可以说，只有金砖国家彼此之间不断加强合作力度、提高合作意愿、拓展合作空间，才能更好地促进数字经济的发展并为本国经济社会的发展服务。

为此，金砖国家实施了一系列促进数字经济发展的政策措施并将该领域的合作纳入金砖机制的议事日程。

三　金砖国家数字经济合作的基本现状

金砖国家就"数字经济"领域的合作一直在进行。2012 年巴西就提

① 沈逸：《全球网络空间治理与金砖国家合作》，《国际观察》2014 年第 4 期，第 145 页。
② 《二十国集团数字经济发展与合作倡议》，2016 年 G20 峰会官网：http://www.g20chn.org/hywj/dncgwj/201609/t20160920_ 3474.html。

出来"金砖国家光缆"计划，建立金砖国家之间的网络互联互通道路。2013 年第五届金砖峰会上各国同意成立金砖发展银行和金砖智库委员会。在 2016 年印度举行的"数字金砖闭门会议"上签订的《德里政策建言》强调金砖国家在以下六个方面的合作：协调对外立场；对内规章制度的统一；电子商务合作的开展；互联网在医疗和教育领域的广泛应用；运用网络促进诸如语言、人群和性别的包容等社会问题的解决；维护网络安全，如用户权益的保障。同年，在第八届金砖峰会上，各国承诺加强 ICT 领域的技术、执法、科研、安全、反恐等各方面的合作及信息和经验共享；承诺致力于消除数字和技术鸿沟；重申联合国和各国政府在确保 ICT 的稳定和安全使用等方面的加强；强调继续加强金砖 ICT 合作工作组框架内的相关合作等。

金砖国家在数字经济相关的环境指数、基础设施就绪度指数、应用指数、影响力指数以及各项三级指标方面均存在一定差异，不过这也为金砖国家在不同领域相互借鉴、展开合作提供了必要条件。需要指出的是，金砖各国虽然支持彼此之间加强在数字领域的合作并提出了"数字金砖"的构想，但是，各国在发展数字经济的具体主张、参与合作的深度与广度等方面依然存在差异，"数字金砖"的构想也缺乏详细的实施措施。总体来看，金砖各国在国家层面展开数字经济合作的构想更多地体现在历年金砖峰会所达成的协议当中。具体见表6。

表6 2012～2017 年金砖国家的主要相关行动

时间	地点	主要活动	活动成果	主要相关行动及建议
2012	印度	第四届金砖峰会	《德里宣言》	提议成立金砖发展银行； 巴西总统提出"金砖国家光缆"(BRICS Cable)计划
2013	南非	第五届金砖峰会	《第五届金砖峰会宣言及行动计划》	同意成立金砖发展银行；成立金砖智库委员会(BRICS Think Tank Council)；强调互联网在全球经济、社会、文化发展中的作用,强调网络安全全球标准的重要性；提议建立负责科技事务的部长级及高层官员会晤机制

续表

时间	地点	主要活动	活动成果	主要相关行动及建议
2014	巴西	第六届金砖峰会	《福塔莱萨宣言》	强调 ICT 对于经济可持续发展和社会包容的重要意义;指出青年和中小企业在 ICT 创新和发展中的重要作用;强调国际规则对于和平、安全、开放的网络空间的重要性;强烈谴责大规模监控和数据收集;承诺共同打击网络犯罪,防止网络的武器化
2015	俄罗斯	第七届金砖峰会	《乌法宣言》	各国直接主管网络空间事务的部长级官员会晤首次举明确将 ICT 作为金砖合作的一个重要方面,并决定成立金砖 ICT 合作工作组;指出 ICT 对于缩小发展中国家与发达国家差距的意义;提议建立用户隐私和信息保护机制;支持网络治理的多边主义原则,主张重视联合国和各国政府的作用,支持互联网治理生态系统的演进;承诺共同应对网络犯罪及网络恐怖活动等网络安全威胁
2016	印度	数字金砖闭门会议	《德里政策建言》	强调金砖国家在以下六个方面的合作:协调对外立场;对内规章制度的统一;电子商务合作的开展;互联网在医疗和教育领域的广泛应用;运用网络促进诸如语言、人群和性别的包容等社会问题的解决;维护网络安全,如用户权益的保障
2016	印度	第八届金砖峰会	《果阿宣言》	承诺加强在 ICT 领域的技术、执法、科研、安全、反恐等各方面的合作及信息和经验共享;承诺致力于消除数字和技术鸿沟;重申《联合国宪章》以及领土完整、主权平等、尊重人权等国际法和国际准则的重要性;尽管不排斥相关利益收关方,但重申联合国和各国政府在确保 ICT 的稳定和安全使用等方面的作用;强调继续加强金砖 ICT 合作工作组框架内的相关合作
2017	中国	第九届金砖国家峰会	《金砖国家领导人厦门宣言》	利用数字经济为全球增长带来的机遇,并应对有关挑战;基于创新、伙伴、协同、灵活、开放和利于营商、注重信任和安全,保护消费者权益等原则,采取行动为数字经济繁荣和蓬勃发展创造条件,促进世界经济发展并惠及所有人。金砖国家将继续通过现有机制共同努力,在国际社会平等参与互联网管理的基础上,促进安全、开放、和平、合作使用信息通信技术

资料来源:蔡翠红:《"数字金砖"的机遇与挑战》,《国际观察》2017 年第 1 期,第 148 页。新华网:《金砖国家领导人厦门宣言》,http://www.xinhuanet.com/world/2017 – 09/04/c_1121603652.htm,最后访问日期:2018 年 4 月 23 日。

（一）中国

"谁掌握了互联网，谁就把握住了时代主动权。"[①] 中国长期以来都十分重视网络和信息技术的发展，并提出了建设网络强国的战略目标。习近平总书记在 2018 年 4 月 22 日举行的全国网络安全和信息化工作会议上指出，信息化为中华民族带来了千载难逢的机遇，我们必须敏锐抓住信息化发展的历史机遇。[②] 如今，我国网信事业已经取得了巨大的发展成就，线上交易、移动支付等新技术在社会上得到了广泛的引用，数字经济迅速发展，其规模已经"跃居全球第二位"。[③] 因此，中国在金砖国家数字经济合作的舞台上扮演着举足轻重的角色。

在当前的国际网络空间治理体系当中，发达国家在技术、资金、话语权等方面都居于主导地位，发展中国家在网络空间治理体系中所能发挥的作用十分有限。因此，在面对西方国家提出的网络空间治理的"多利益攸关方模式"时，中国和其他金砖国家一样，更加强调发展中国家在网络空间治理体系中的话语权，主张"多边参与、多方参与，发挥政府、国际组织、互联网企业、技术社群、民间机构、公民个人等各种主体作用"。[④] 同时，中国也积极主张金砖国家在网络领域开展合作。在 2015 年举行的首次金砖国家信息通信部长会议上，中国便提出加强在 5G 通信标准、物联网以及云技术等方面的合作。[⑤] 第九届金砖国家峰会上通过的《金砖国家领导人厦门宣言》同样指出，"注意到金砖国家信息通信技术合作工作组取得进展，认识到加强该领域合作的必要性"。[⑥]

---

① 人民日报评论员：《坚持网络强国战略思想》，《人民日报》2018 年 4 月 22 日，第 1 版。
② 央广网：《习近平总书记全国网信工作会议重要讲话引发业界热议》http：//china. cnr. cn/ yaowen/20180423/t20180423_ 524207974. shtml，最后访问日期：2018 年 4 月 23 日。
③ 人民日报评论员：《坚持网络强国战略思想》，《人民日报》2018 年 4 月 22 日，第 1 版。
④ 央广网：《习近平总书记全国网信工作会议重要讲话引发业界热议》，http：//china. cnr. cn/ yaowen/20180423/t20180423_ 524207974. shtml，最后访问日期：2018 年 4 月 23 日。
⑤ 蔡翠红：《"数字金砖"的机遇与挑战》，第 152 页。
⑥ 新华社：《金砖国家领导人厦门宣言》，http：//www. xinhuanet. com/world/2017 – 09/04/c_ 1121603652_ 2. htm，最后访问日期：2018 年 4 月 23 日。

（二）俄罗斯

俄罗斯作为名副其实的网络大国，同样在金砖国家数字经济合作领域中发挥着重要的影响力。为促进数字经济的发展，俄罗斯近年来提出了"2018 信息技术产业发展规划""2014～2020 年信息技术产业发展战略和 2025 年前景展望"等国家战略，并取得了一定的成效，其数字经济发展水平在金砖国家中也居于前列。

2017 年，俄罗斯已经初步制订数字经济发展计划，该计划涵盖调控、信息基础设施、研发、管理机制、人才与教育、信息安全、国家管理、智慧城市和数字卫生保健等九个方面的内容。在网络空间治理层面，俄罗斯对现有的以美国为首的西方发达国家所主导的互网络空间治理体系十分不满。6 月 23 日，普京总统在审议信息安全学说的安全会议上表示，当前俄罗斯的信息安全不容乐观，与俄罗斯的国际地位和社会要求不相适应，信息通信技术主要依赖于外国厂家，对国家战略信息缺乏全面的保障，必须发展本国的信息技术，改变这种被动局面。[1]

（三）印度

自 2012 年以来，印度的电信产业迅速发展，网络普及率大大提升。2015年 7 月，时任印度总理莫迪提出"数字印度"的国家战略并予以推行。为了不断缩小数字鸿沟，印度政府也做出了积极努力。在印度第十二个五年规划（2012～2017 年）中，印度电信产业发展规划要求为 13 亿人口提供通信服务，手机信号覆盖所有村庄，农村地区电话普及率达到 70%，宽带连接 1.75 亿人口，完成国家光纤网络工程，为国际移动通信增加 300 兆赫频率等。[2]

印度的数字和软件产业具有国际竞争力。"2015 年，印度 IT 产业收入高达 1470 亿美元，同比增长 13%，其中出口为 990 亿美元，占 67.3%，国内市场 480 亿美元，占 32.7%。"[3] 随着经济实力的快速发展，印度越来越希望能

---

[1] 朱峰、王丽、谭立新：《俄罗斯的自主可控网络空间安全体系》，《信息安全与通信保密》2014 年第 9 期，第 69 页。

[2] 中国互联网协会金砖国家数字经济研究中心：《金砖国家数字经济研究报告》，《互联网天地》2017 年第 9 期，第 24 页。

[3] 资料来源："Information Technology in India，"https：//en. wikipedia. org/wiki/ Information_technology_ in_ India，最后访问日期：2018 年 4 月 25 日。

够在金砖国家数字经济合作方面发挥主导性作用。不但首次提出了"数字金砖"的概念,还在德里举行金砖国家的"数字金砖闭门会议"。但是在国际网络空间治理方面,印度坚定地与美国站在一起,"因为印度希望本国公司的利益能够得到保障,并希望美国和印度政府分享网络安全威胁信息"①,该立场与其他金砖国家存在一定差异。

(四)巴西

在推进金砖国家在数字领域合作方面,巴西在其中扮演着积极的推动者角色。为了推动本国互联网产业和数字经济的发展,巴西政府出台了一系列政策和措施,比如,20 世纪 90 年代制订的"互联网社会规划""信息社会规划",2007 年将信息产业列入《促进增长计划》,2016 年出台"智慧巴西"政策以促进国家宽带的发展。

尤其在"棱镜门"事件出现后,巴西对于网络安全和信息化合作高度重视。2012 年,时任巴西总统罗塞夫首次提出"金砖国家光缆"计划,通过海底光纤电缆来连接各金砖国家,由此避免通过欧美光缆联系而带来的安全隐患。该计划"可以使金砖国家摆脱美国的全天候监控系统,确保信息不被拦截或窃听,同时还可节约 40% 的通信成本,推动技术共享,促进贸易和金融业务的开展"。② 巴西是全球互联网使用强度最高的国家之一,其电子商务市场是拉丁美洲最大的电子商务市场,2016 年电子商务零售收入约为 166 亿美元,网购用户规模达 6050 万。此外,巴西也积极主张推进国际网络空间治理"建章立制"的过程,反对美国等西方国家在网络领域的霸权行为。

(五)南非

南非为促进本国数字经济的发展也提出了一系列的政策和措施:为提高宽带发展水平于 2011 年提出"宽带战略三年计划",2014 年发布的《信息与通信技术(ICT)政策白皮书》涵盖了立法、政策、基础设施等多个层面,2015 年提出"Internet For All"计划以提高宽带普及率和宽带速度,以及为营造良

---

① 蔡翠红:《"数字金砖"的机遇与挑战》,第 151 页。
② 蔡翠红:《"数字金砖"的机遇与挑战》,第 149 页。

好的发展环境而提出的《制造业投资计划》《商业外包》计划，等等。①

南非在金砖国家数字经济合作领域中主要扮演追随者的角色。一方面，南非作为最后一个加入金砖机制的国家，其国家综合实力远逊于其他金砖四国，因而时常有质疑其金砖身份的声音；另一方面，南非对于信息合作以及国际互联网空间治理的态度并不积极。面对金砖国家在数字经济领域的合作，南非更加强调合作的均衡性。

四　金砖国家进行数字经济合作面临的挑战

尽管金砖国家都有意愿加强彼此之间在数字经济领域的合作，但是各国在具体的落实和运作过程中依然面临诸多挑战。

（一）金砖各国的互联网价值观存在差异

金砖各国各自的历史发展、政治制度以及利益诉求等方面的不同直接导致了各国的互联网价值观存在明显差异。中、俄两国是网络主权的坚定捍卫者，在2016年两国曾发表的《关于协作推进信息网络空间发展的联合声明》中就明确表示"共同倡导推动尊重各国网络主权，反对侵犯他国网络主权的行为"。② 但是印度则高调拥护"互联网自由"的价值观，并为其国内所谓的"互联网自由"而感到自豪。这两种相互对立的价值观以及由此而催生的不同的互联网政策显然不利于金砖国家在数字领域展开合作。巴西和南非虽然在数字领域合作的问题上十分积极，但是其互联网价值观却较为模糊。

（二）金砖各国的利益诉求存在差别

金砖国家在经济水平、政治制度、外交政策等方面不尽相同，导致各国对数字经济合作的参与意愿也存在差别。比如，俄罗斯作为网络大国，利用金砖国家平台实现自身在国际网络空间治理领域的诉求并抗衡美国的网络霸权是其

---

① 中国互联网协会金砖国家数字经济研究中心：《金砖国家数字经济研究报告》，第24页。

② 新华社：《中俄元首关于协作推进信息网络空间发展的联合声明》，http://www.chinanews.com/gj/2016/06 - 26/7917633.shtml，最后访问日期：2018年4月26日。

主要目的。但是印度在网络空间治理的问题上的主张则与美国相似，且印美在网络领域有一定的合作基础。南非更多的属于金砖数字经济合作领域内的"搭便车"者，对数字经济合作的参与度和积极程度相对有限。如何平衡各方利益成为金砖国家实现合作的重要问题。

（三）金砖各国希望自身能够主导数字经济合作进程

从目前情况来看，俄罗斯、印度、巴西都希望自身能够成为金砖国家数字经济合作进程中的主导者。俄罗斯积极倡导由各国主管网络事务的部长级官员参加的部长级会议、印度不但是"数字金砖"概念的首创者，还积极组织专门的"数字金砖闭门会议"，巴西则是"金砖国家光缆"计划的政治发起者。面对这一状况，金砖国家的数字经济合作应当由哪方主导、如何充分调动各方参与的积极性，也是影响金砖国家进行数字经济合作必须要解决的问题。

（四）数字鸿沟问题依然存在

根据联合国经社理事会的文件，数字鸿沟指由于信息和通信技术的全球发展和应用，造成或拉大国与国之间以及国家内部群体之间的差距。在世界银行发表的《2016年世界发展报告：数字红利》的报告指出，尽管互联网、移动电话和其他数字技术在发展中国家快速推广，预期中的数字红利，如更高的经济增长、更多就业机会以及更好的公共服务却没有如期而至。数字鸿沟的存在一方面表现在金砖国家之间，另一方面则体现在金砖国家内部不同地区之间。金砖国家虽然在网络信息技术领域发展较快，但彼此之间在不同的领域、发展的速度、总体的水平等方面依然存在一定的差距。比如，俄罗斯和印度在个体应用指数上的巨大差距在一定程度上反映的是二者之间存在数字素养使用层面的鸿沟。而在中国、印度国家内部，不同地区之间、城乡之间都存在数字鸿沟。

五　推进金砖国家在数字经济领域合作的策略建议

（一）加强金砖国家数字经济的互信合作

在现有的金砖国家领导人定期会晤机制的基础上，通过设置金砖国家数字经济议题、促进金砖国家学者之间对话交流、加强金砖国家企业之间的交往合作等方式来进一步提高数字经济合作的质量、扩展数字经济合作的领域。一方面可以增强金砖国家之间的了解和互信程度，另一方面能够减少各国因互联网价值观、利益诉求等方面的差异而带来的不利影响。金砖国家在数字经济领域进行合作交流时，要尽可能兼顾各个国家的重大利益关切，使合作交流成果符合各国的利益从而增进彼此的互信。加强金砖国家间在数字经济领域的互信合作，通过贸易投资带动经济增长，推进金砖框架内务实合作，优势互补，减少经济壁垒和技术壁垒，互利共赢，努力形成各利益攸关方携手共建、各领域平衡共进的发展新格局。

（二）针对数字经济具体问题领域探索务实有效的合作模式

金砖国家在数字经济合作领域存在互联网价值观、利益诉求等方面的诸多差异，因此金砖国家需要努力探索有效的合作模式，充分调动各方的积极性，实现数字经济合作在深度和广度上的跨越。金砖国家在数字经济方面均处于网络安全尚未构建完备阶段，当前安全威胁日益增多，高危漏洞数量有增无减，网络攻击愈演愈烈，大数据环境下的个人信息安全问题尤为突出。金砖国家是网络安全最大的受害者之一，目前受到的网络安全威胁可分为三类：一是信息基础薄弱；二是网络犯罪猖獗；三是面临网络恐怖主义的共同挑战。为此，金砖国家应积极探索应对网络安全威胁协作模式，推动各国网络安全执法合作，如可以成立相关部门应对金砖国家出现的网络安全威胁，还可以组建金砖国家网络安全中心，共同维护网络空间秩序。此外，金砖国家还应努力推动发展和平、安全、开放、值得信赖和合作的数字网络空间，维护全球网络空间安全以及网络数据的完整性、安全性、可靠性，切实推进网络空间全球治理。

（三）设立金砖国家数字经济的专门研究机构

随着数字经济的迅速发展及其重要性的不断提升，成立专门的金砖国家数字经济的研究机构对于促进金砖国家在数字经济领域的深度合作具有重要意义。专门的研究机构可以广泛吸收金砖各国的政府部门、知名高校、大型企业、科研机构内的研究人员的有益成果，提高对金砖国家数字经济发展状况的认知程度，加强数字经济相关的理论建设，有利于更好地彼此借鉴、相互学习，推动数字经济领域的深度合作，也能够为整个社会的数字经济发展与转型提供理论指导。同时，当前国际社会对数字经济的评估标准还没有形成共识，专门的研究机构可以综合各方面研究，努力构建国际社会认可的完善的数字经济评价体系，定期发布金砖国家数字经济的研究报告，提升金砖国家在数字经济领域这一新兴议题上的影响力。加强金砖国家在数字化领域专业知识和经验的分享，支持推进数字经济贸易、确保共享利益的能力建设，尤其是共同研究制定适应数字经济发展需要的国际贸易、投资、司法规则等，促进跨国数字经济健康发展。

（四）切实提升数字经济整体水平以弥合数字鸿沟

金砖国家的数字经济合作前景在根本上仍然是发展问题，想要跨越与发达国家之间以及发展中国家内部的数字鸿沟，就必须推动提高数字包容性，加快经济转型升级。金砖国家数字经济的发展离不开网络基础设施的建设和公民数字素养的提升，金砖国家在提升网络基础设施建设水平、提高互联网宽带覆盖率的同时，也要出台相关政策来提升民众的数字素养水平、提高民众利用网络信息的能力。当前金砖国家信息通信基础设施的发展仍然存在不太均衡的现象，要实现经济转型，通信基础设施的建设和能力的提升将会在信息技术以及新工业革命方面发挥重要的支撑和保障作用。为此，积极促进金砖国家间信息通信基础设施的共建共享，提升服务保障能力，推动互联网应用融合发展，促进数字化转型升级进一步促进数字经济与各行各业的融合发展，推动互联网和实体经济深度融合，尤其是制造业，加快传统产业数字化、智能化，助力存量经济转型升级；促进农业生产、运营、管理的数字化，以及农产品配送的网络化转型；推动金融、教育、医疗等产业与移动互联网、云计算、大数据进行深度融合，加速经济转型升级，助力供给侧结构性改革；促进利用信息通信技术改善教育、医疗和安全、环境保护、城市规划、卫生保健和其他公共服务，最终为新时期国民经济整体提升以及未来数字经济合作创设一个有利的生态环境。

B.25
金砖国家的数字经济合作：
现状、问题与前景

何　毅　荆文君　孙宝文*

摘　要：　金砖国家作为具有较高国际影响力的新兴市场国家，近年来积极探索在数字经济领域的合作。本文从基础设施、产业数字化、政策环境等方面，分析了金砖国家数字经济的合作现状、存在问题及发展前景。指出当前金砖国家在数字经济领域的合作还存在基础设施建设差异较大、跨境电商贸易壁垒仍待破解、网络安全技术不到位、国际政策不完善等问题。在此基础上，提出加强金砖国家互联互通的数字经济基础设施建设、促进金砖国家互利共赢的数字技术深入融合、推动金砖国家协作共享的数字网络安全发展、建立金砖国家和平友善的数字经济合作制度等发展前景。

关键词：　金砖国家　数字经济　合作现状　发展前景

数字经济不仅是经济发展的新动能，也是社会发展的重要驱动力，改变了全球经济格局、利益格局和安全格局。金砖国家属于新兴经济体，在数字经济基础设施、产业数字化、数字经济政策环境方面的市场空间及发展潜力巨大。

---

* 何毅，中央财经大学中国互联网经济研究院，研究领域：互联网经济、电子商务；荆文君，山西财经大学经济学院，研究领域：互联网经济；孙宝文，中央财经大学中国互联网经济研究院教授，院长，研究领域：互联网经济、电子商务。

金砖国家积极推进数字经济领域的交流与合作，从促进数字经济基础设施建设、消除数字经济领域的贸易壁垒、推动数字网络安全发展、建立数字经济合作制度等方面扩大各国利益汇合点，让金砖国家的人民共享数字经济发展带来的成果，为金砖国家经济发展创造新动力。

一 合作现状

（一）金砖国家数字经济基础设施

1. 金砖国家数字经济基础设施建设现状

数字经济的发展与成熟需要相应的基础设施保障，金砖五国积极完善数字经济基础设施建设，但各国建设、完善程度具有差异，如表1所示。

表1 金砖国家数字经济基础设施相关指标

指标	中国	俄罗斯	巴西	印度	南非
固定宽带普及率(%)	18.60	18.80	12.20	1.30	5.30
移动宽带普及率(%)	56.00	71.30	88.60	9.40	59.50
互联网普及率(%)	52.70	70.50	67.50	34.40	51.60
每百人移动电话拥有量(部/百人)	93.20	160.00	126.60	78.80	159.30
每百人固定电话拥有量(部/百人)	16.50	25.70	21.40	2.00	7.70
每百人家庭计算机拥有量(台/百人)	49.60	72.50	53.50	14.10	23.40

资料来源：张腾、张建光：《"金砖国家"数字经济的发展态势》，《中国信息界》2018年第1期，第91~94页，数据截至2017年11月。

如表1所示，中国、俄罗斯、巴西的数字经济基础设施建设较为完善。中国的固定宽带普及率方面优势明显，同时，在光缆通信设施、网络通信服务器制造等领域，已经形成具有全球竞争力的生产服务整体格局；俄罗斯在每百人移动电话拥有量、每百人固定电话拥有量、每百人家庭计算机拥有量、固定宽带普及率上情况较好；巴西在移动宽带普及率方面发展较好。

印度、南非相对落后。南非是高资费、低网速的发展中国家之一；印度的突出问题是发展不平衡——总体上看，其在计算机、通信和信息服务贸易进出口额占比上处于领先地位，但也存在显著矛盾，即网民日益增多带来数字经济高速发展的可能性与支撑互联网经济的陈旧基础设施之间的差距，一个典型的现象是智能手机在印度普及率极低，大多数网民仍在使用低端手机和低速移动网络。

可以看出，金砖国家数字基础设施建设情况差异较大，由此产生较为严重的数字鸿沟问题。根据各国数字经济基础设施发展的不同程度，中国在与其合作时也会采取不同的措施。

2. 金砖国家在基础设施方面的合作现状

中国注重与其他金砖国家在数字经济基础设施方面的优势互补。如印度具有软件制造业方面的优势，因此，中印在软件开发方面较早就有合作。中国华为、中兴等公司与印度在软件开发、数字支付、智能手机制造合作等方面效果显著。中国与俄罗斯为提高两国企业合作成功率，提升政府服务与监管能力，将建设中俄大数据基地，以利用网络平台优化资源要素配置，达到基于数据的科学决策。

中国积极帮助其他金砖国家建设数字经济基础设施。中国在网络基础设施、信息产业等方面已经具备为其他金砖国家升级数字经济领域基础设施的实力。对于基础设施建设尚不完善的南非，中国通信服务企业与南非电信运营商MTN建立合作关系，如华为与MTN携手搭建南非最高速1Gbps移动网络、中兴为MTN提供GPON解决方案等。中国与印度也进行了类似的合作，如在2017年，华为宣布和印度最大的电信服务商Bharti Airtel公司达成合作，将在班加罗尔搭建大规模天线，旨在提升频谱利用率、电信设备的覆盖度及用户体验。中国与巴西数字基础设施合作的范围更加广泛，包括基础电力、金融、流通等多个方面，中国国家电网、国家电投、中信农业基金等企业在巴西完成电站、码头等一系列总金额超过80亿美元的收并购。①

（二）金砖国家产业数字化

金砖五国在产业发展上优势互补：中国制造业发达，印度长于技术与服务

---

① 《中巴合作助力巴西经济复苏》，2018年3月，http：//world. people. com. cn/n1/2018/0330/ c1002 - 29897509. html。

业，巴西农业资源丰富，俄罗斯能源及矿业资源丰富，南非金融业相对成熟，将五国优势产业相连可形成完整的价值链，带动彼此就业，降低对发达经济体的依赖，提高对外部风险的防范能力以及生产率。

产业数字化是实现上述内容的重要途径，既包括电子商务，尤其是跨境电子商务的兴起及其对贸易的积极作用，也包括各国制造业、农业中高新技术的应用。

1. 各国产业数字化发展现状

中国数字经济发展在金砖国家中处于领先水平。根据腾讯研究院发布的《中国"互联网＋"指数报告（2018）》，2017 年全国数字经济体量为 26. 70 亿元，较 2016 年同期增长了 17. 24％，占 GDP 的 32. 28％。目前，中国数字经济规模位居全球第二，与实体经济深度融合，有力地促进了供给侧结构性改革。

俄罗斯对数字经济的发展热情高涨。俄罗斯政府网站日前发布公告称，总理梅德韦杰夫日前签署一项命令，要求从政府储备基金中拨款约 30 亿卢布（约合 3. 07 亿元人民币）用于发展数字经济。此外，俄罗斯政府特别关注数字医疗、物联网、数据区块链等领域的应用。

巴西是全球互联网使用强度最高的国家之一。巴西的互联网应用主要在电子商务、互联网社交和互联网搜索三个方面。巴西拥有拉丁美洲最大的电子商务市场，其网络游戏、音乐、视频广告的市场规模在发展中国家均排第二，仅次于中国。

印度本地电子商务产业快速发展。以 Flipkart、Snapdeal 等为代表的本土电商企业逐渐成熟，同时，数字经济对传统经济，尤其是服务业的影响显著，2014 年以来，已有 2. 9 亿个银行账户与网络身份识别平台 Aadhaar 关联[1]，几十亿美元资金通过这一互联网支付平台流动，印度央行也将推行统一的移动支付接口，电商平台的兴起创造了更多的就业岗位，GSMA 发布的《移动经济——2016 年印度》数据显示，移动运营商和移动生态系统为印度的近 220 万人提供了直接就业机会，并在其他受益于移动产业活动的行业和领域再间接

---

[1] 《依托数字经济的服务业未来将拉动印度经济发展》，2016 年 7 月，http：//www. mofcom. gov. cn/article/i/jyjl/j/201607/20160701368686. shtml。

支持 180 万个就业岗位。

南非的电子商务后发优势明显。自 2009 年以来，南非电子商务市场保持年均 30% 的增长速度。面对蓬勃发展的线上市场，南非各大零售商纷纷试水电子商务，内外贸兼顾。但是，南非在很多指标上还比较落后，如通信费用居高不下、基础设施薄弱、相关技术人才严重匮乏、电子商务市场规模依然较小、市场流通体系不健全等。

2. 各国产业数字化合作现状

数字经济托起了金砖国家新的双赢模式，在跨境电商、企业跨境合作等领域成绩突出，形成了全球经济增长新亮点。中国数字经济的快速发展对俄罗斯、印度、巴西产生了重要影响，为带动金砖国家数字经济繁荣做出积极贡献。

中俄两国跨境电商发展为中小企业成长创造机遇。2016 年阿里巴巴集团旗下的全球速卖通一举成为最受俄罗斯消费者欢迎的网络商店；同年 9 月，阿里巴巴与俄罗斯出口中心在天猫国际开设俄罗斯国家馆，中国消费者通过这一电子商务平台既可以买到食品、化妆品等日常俄罗斯畅销产品，还可以订购赴俄旅游服务。俄罗斯电子商务协会与俄罗斯邮局举行的俄罗斯电商市场调查显示，2016 年俄罗斯跨境贸易总额为 51 亿美元，其公民在中国网店大约消费 26 亿美元，中国的网店 2016 年占俄罗斯跨境在线贸易总额的 52%。

中巴两国在数字经济领域合作发展潜力巨大。巴西拥有庞大的市场需求。近年来，越来越多的中国互联网企业进入巴西，为两国经贸领域合作注入新活力的同时，也带去自身的资金、技术、管理等优势，使互联网更好地助力巴西经济社会发展，帮助当地分享数字经济发展红利。如百度公司在 2014 年收购巴西本土一家团购网站，带去创新的多领域经营模式和技术革新。美图公司进入巴西一年多的时间内收获 1600 万用户①，下载量在同类型应用中名列前茅。阿里巴巴旗下的速卖通在巴西单月访问量也超过亚马逊等其他在巴购物网站。中国滴滴出行公司收购了巴西 99 公司，除了资本层面合作外，滴滴还为后者提供技术、产品以及运营经验等。

---

① 《中国互联网企业扎根巴西》，2018 年 3 月，http：//world. people. com. cn/n1/2018/0316/c1002 - 29870671. html。

中印两国跨境电商贸易合作日趋紧密。从微观消费层面看，中印两国通过跨境电子商务更好地实现了商品交换，如在中国的电子商务平台上，印度手工艺品、香料已成为"爆款"产品。从产业层面看，中国的电子商务巨头开始对当地的电商投资，如 Paytm 是阿里巴巴投资的印度本土电商平台。目前 Paytm 电商平台已入驻了超过十万家品牌，其中不少来自中国市场。此外，阿里巴巴还注资了印度电商领军企业 Snapdeal、物流集团 XpressBees，以期形成类似国内购物、支付、配送三位一体的商业模式。

中国、南非两国贸易投资不断加强。一方面，中国已经成为南非最大的投资来源国，投资领域已经开始涉及电子、通信产品等。中资企业给南非发展带来了巨大经济红利：一是积极实施技术和技能转移，帮助南非培养技术人才，助推当地数字经济产业发展；二是创造就业机会，中国大中型企业已为当地创造了大量就业岗位，适当弥补了南非技术人才匮乏的现状。另一方面，南非也是对华进行大量投资的唯一非洲国家。截至 2016 年底，南非在华实际投资约 6.6 亿美元，其中包括南非传媒集团 Naspers 收购腾讯的部分股份。同时，中国与南非的合作也表现在完善当地的数字经济流通体系上，集中体现在物流、金融两方面的合作。如南非交通部长恩德贝莱在访华后表示，已将中国经验纳入《2050 国家交通总体规划》；2008 年，中国工商银行以 55 亿美元收购标准银行集团 20% 的股权，工行、建行、中行、国开行和中非发展基金已在南非开办业务或设立专门办事处。①

（三）金砖国家数字经济政策

1. 各国数字经济领域政策环境

近年来，金砖国家为加快各国数字经济发展，持续完善其政策环境。

中国不仅关注基础设施建设，同时强调数字经济要与传统经济融合，从而促进产业转型升级。近年来，中国大力实施网络强国战略、国家信息化发展战略、国家大数据战略、"互联网＋"行动计划等一系列重大战略和行动，着力促进数字经济进一步创新发展，数字经济呈现良好的发展态势。

---

① 《经济阴云笼罩下的南非看向中国》，2018 年 1 月 1 日，http：//finance. sina. com. cn/roll/2018 - 01 - 01/doc - ifyqcsft8820283. shtml。

俄罗斯同样重视数字经济发展，相关政策也已上升至国家战略层面。其陆续提出了《2018 信息技术产业发展规划》、《2014～2020 年信息技术产业发展战略》和《2025 年前景展望》等国家战略。2017 年，俄罗斯已经初步制订数字经济发展计划，该计划涵盖调控、信息基础设施、研发、管理机制、人才与教育、信息安全、国家管理、智慧城市和数字卫生保健等九个方面的内容。

巴西同样采取了一系列措施促进互联网和数字经济发展。20 世纪 90 年代，先后制订了"互联网社会规划"和"信息社会规划"；2007 年，将发展信息产业列入《促进增长计划》，大幅度降低针对信息产业的税收；2016 年，发布"智慧巴西"国家宽带发展计划，着力推进巴西数字基础设施建设。

印度自 2014 年起，相继推出了"数字印度""智慧城市""印度制造"等计划，拟建设全国性的宽带网络，到 2022 年建成"新印度"的宏伟目标。

南非政府近年来采取了一系列推动数字经济发展的政策和措施。如 2011 年南非提出"宽带战略三年"计划：三年投入 6000 多万美元，为宽带薄弱的农村提供互联网接入服务。2014 年通过了涵盖频谱、基础设施、教育、立法和政策等多个方面的《信息与通信技术（ICT）政策白皮书》；2015 年，提出"Internet For All"计划，从 2015 年到 2020 年，将争取实现 100% 的宽带普及率，并提高上网速率。

可以看出，巴西、印度、南非在数字经济政策上更多地倾向于数字基础设施的完善；中国、俄罗斯已经开始重视营造数字经济对经济、社会的积极影响。

2. 各国之间合作的政策导向

中国积极制定相关政策，增进与其他金砖国家的合作。为了应对全球经济增速低缓、复苏乏力的挑战，中国作为 2016 年二十国集团（G20）主席国，首次将数字经济列为 G20 创新增长蓝图中的一项重要议题，并在 2016 年 9 月举行的杭州峰会上，通过了《G20 数字经济发展与合作倡议》，这为金砖国家在数字经济领域的合作奠定了基础。金砖国家领导人峰会多次讨论网络建设和数字经济方面的问题。2016 年在印度举办的金砖峰会上首次提出数字金砖概念，这是金砖国家信息化或称在数字经济领域合作的初步构想。2017 年 5 月，金砖国家组织专门召开了金砖国家电子商务对话会，形成了《金砖国家电子商务合作倡议》，并在 8 月初落下帷幕的金砖国家贸易部长会议上得到批准。同年 7 月，由中国互联网协会和金砖国家工商理事会放松管制与投资支持小组联合主办的首次金砖国家数字经济研讨会在深圳召开。印度、南非、中国、俄罗斯的网络通信类行业协会、研究机构、电信运营商、互联网企业的多名专家、学者出席了研讨会。同年 9 月，金砖国家工商论坛在厦门举行，中国国家主席习近平出席了开幕式，并发表了主旨演讲。习近平主席指出，金砖国家经济的传统优势在发生变化，金砖国家需要把握新工业革命的机遇，以创新促增长、促转型、积极投身智能制造、互联网 + 、数字经济、共享经济等带来的创新发展浪潮，努力领风气之先，加快新旧动能转换。

金砖各国相继制定合作发展战略。在中俄总理第二十二次定期会晤中，习近平主席在会见梅德韦杰夫总理时特别指出，要将大数据、物联网、智慧城市等数字经济领域作为新的合作增长点，梅德韦杰夫也指出数字经济是中俄优先推动合作的领域；2016 年，李克强总理与印度总统慕克吉会见时指出，我们愿同印方深挖互利合作潜力，推动"中国制造 2025"同"印度制造""互联网 + ""数字印度"等战略对接，着力开展产能、铁路等合作，推进孟中印缅经济走廊等大项目建设，寻找务实合作新的增长点，促进两国贸易平衡发展；据商务部称，中国与巴西正在培育新的增长点，创新合作方式，加强服务贸易和电子商务等领域的合作。

上述政策导向表明了金砖国家之间在数字经济领域合作意向强烈。

二　存在的问题

（一）数字经济基础设施建设仍须加强

金砖国家固定宽带与移动宽带普及率较低。缩小宽带接入和使用差距是一项紧迫而复杂的任务，对发展数字经济至关重要。然而，金砖国家固定宽带普及率与移动宽带普及率都低于美国。[①] 2017 年金砖国家中固定宽带普及率较高

---

① 《中美两国固定和移动宽带网络发展对比》，2018 年 3 月 20 日，http：//baijiahao. baidu. com/s？ id = 1595418141861761660&wfr = spider&for = pc。

的是中国与俄罗斯，分别为 18.60%、18.80%，超过了巴西（12.20%）、印度（1.30%）和南非（5.30%）。移动宽带普及率巴西最高为 88.60%，依次排序是俄罗斯 71.30%、南非 59.50%、中国 56.00%、印度 9.40%。①

金砖国家网速远低于发达国家。根据 Akamai 提供的 2017 年全球宽带网速排名，来自全球 189 个国家和地区上榜，除俄罗斯网速为 11.59Mbps 排到世界的前 50 位外，其他四个国家的网速都远远落后于韩国、日本和美国等发达国家。中国、南非、巴西、印度的网速分别为 1.55Mbps、4.36Mbps、1.49Mbps、2.06Mbps，分别排第 134 位、第 80 位、第 138 位、第 119 位。②

金砖国家智能手机用户数量差异显著。欧洲和北美市场每人拥有一部或多部手机，市场已达到饱和，而金砖国家智能手机市场正处于替换时期，市场需求量较大。市场研究公司 Zenith 的报告显示，2017 年中国智能手机用户数量将位居全球第一，达到 13 亿。印度将会排在第二名，拥有 5.3 亿个智能手机用户。美国排在第三名只拥有 2.29 亿个智能手机用户，与中印两国差距较大。中印两国智能手机用户数远超其他三个金砖国家，俄罗斯、南非和巴西的智能手机用户数量均低于 1 亿人。③

（二）跨境电商贸易壁垒问题仍待破解

金砖国家跨境电商经贸合作规则滞后。金砖国家跨境电商存在市场监管及税收政策协作机制不完善，金融外汇结算及保险信息数据衔接困难等问题，制约了各国跨境电商贸易合作的进程。因此，为促进跨境电商经贸合作，金砖国家有必要在联合国、WTO 等国际组织框架下，探讨各方普遍接受的国际规则，建立互利共赢的发展模式，制定市场准入、数据流动、市场治理等方面的新规则。

金砖国家跨境电商物流承载力较弱。金砖国家跨境电商的物流承载力是影响国家之间跨境电商贸易进一步提升的关键。目前，中国已成为全球最大的网

---

① 张腾、张建光：《"金砖国家"数字经济的发展态势》，第 91~94 页。
② 《2017 年全球宽带网速排名：中国仅列第 134 位（附 189 国完整榜单）》，2017 年 11 月 29 日，https：//www.phb123.com/keji/hulianwang/20097.html。
③ 《2018 年智能手机渗透率将达 66% 中国用户破 13 亿印度美国随后》，2017 年 10 月 19 日，http：//m.sohu.com/a/198839264_114835。

络零售市场，拥有 4.7 亿网络购物用户，物流体系较为完善。俄罗斯是金砖五国中互联网普及率最高的国家，网络零售业务增长显著，但物流体系发展较弱，导致快件配送时间过长。顺丰速运的一份快件服务参考时效表显示，发往俄罗斯的包裹，单票重量 2 公斤以下的国际小包，到达俄罗斯的时间为 15 ~ 25 天。① 印度、巴西和南非在跨境网购物流体系建设方面也仍需增强。②

（三）网络安全与监控任务十分艰巨

金砖国家网络安全面临新挑战。金砖国家虽然在 2013 年成立了网络安全问题工作组，增强了金砖国家间的问题磋商。但近年来金砖国家整体的互联网发展水平参差不齐，网络安全风险日益突显、安全形势异常严峻，网络犯罪、黑客攻击、恐怖主义行为趋向多样化发展，网络战滋长蔓延、日益猖獗。同时当今世界的互联网发展形势以及竞争格局已经发生了一系列变化，金砖国家作为新兴经济体，各国所占据的国际竞争地位正在逐步上升，网络安全问题已成为各国搭建频密交流和凝聚共识的首选项。

金砖国家网络监控范围亟须扩大。随着大数据、云计算、人工智能的快速普及，金砖国家将面临网络安全、数据安全、个人信息保护等方面的新问题，金砖国家网络安全形势愈发严峻。在金砖国家协商一致通过的《金砖国家领导人厦门宣言》背景下，为推动建立公正合理的网络空间国际秩序，各国亟须扩大网络监控范围，促进网络监控发挥高效作用。

（四）国际政策建设任重道远

金砖国家税收政策需进一步完善。金砖国家税收政策的不断完善，有助于促进资源和要素的优化配置，提升金砖国家数字经济的发展空间。例如在中俄两国跨境贸易税收政策方面，俄罗斯没有明确相关政策，对跨境贸易这一巨大的交易市场收取关税，导致中国跨境电商对俄罗斯本土电商业务冲击影响较

---

① 中俄资讯网：《2017 年中俄电商贸易合作进一步加速》，2017 年 7 月 7 日，http：//www. chinaru. info/zhongejmyw/zhongemaoyi/48697. shtml。

② 中国新闻网：《金砖五国网络零售额占全球 47%》，2017 年 8 月 29 日，http：//www. chinanews. com/gn/2017/08 - 29/8317244. shtml。

大，迫于本地商家压力，俄罗斯政府一直想降低进口行邮税起征点，以缓解中国跨境电商对俄罗斯本土电商的冲击。

金砖国家网络安全政策议程尚未明确。2017 年 9 月金砖国家在厦门达成了全球网络空间治理的金砖方案①，但金砖国家之间没有形成统一的政策议程，缺乏深入掌握金砖国家网络安全的变化与特征，无法达成新形势下各国网络安全合作共识。例如印度为了推进国家网络安全的发展，在很大程度上希望与美国合作。但俄罗斯与巴西对印度采取的网络安全合作意向表示反对。

三　合作前景

（一）加强金砖国家互联互通的数字经济基础设施建设

金砖国家信息技术领域展开有效合作。数字经济的发展，高度依赖网络基础设施的通畅、安全与稳定。未来金砖国家应投入更多资源，加强在物联网、云计算、大数据、数据分析、纳米技术、人工智能、5G 及其创新应用等领域的联合研发和创新，提高网络性能，提升五国信息通信技术基础设施建设，改善互联网间互联互通的质量。

金砖国家间需要进一步深化合作、建立经验交流机制。例如，中国华为技术有限公司与巴西政府合作共建巴西 5G 项目，计划在 2017～2019 年为巴西培养 2 万名当地技术人才。同时巴西也希望进一步开放通信市场，与金砖国家开展通信技术合作，包括建设金砖国家间海底电缆等项目。②

金砖国家数据互通推进合作新机遇。数字经济时代，金砖国家要整合各国优势资源，加强网络基础设施建设，加大技术创新驱动，大力推进国家间数据互通，让五国都能充分享受经济发展的红利，为数字经济发展提供有力支持。金砖国家在实现数据互通的基础上，更需要把各国信息化、互联网形成的智慧城市、智慧教育、智慧医疗等解决方案进行共享，为金砖国家拓宽其

---

① 共建网络金砖：或是未来十年最可期待重大突破领域，2017 年 9 月 7 日，http：//finance. sina. com. cn/review/2017 - 09 - 07/doc - ifyktzim8570475. shtml。

② 《金砖国家通信技术领域发展迅猛》，2017 年 7 月 31 日，http：//www. sohu. com/a/1612765 92＿329771。

他领域的合作。

为了推进金砖国家数据的互通，在加强网络基础设施建设的基础上，将金砖国家的核心生产要素、优势资源整合起来，并运用信息化技术促进基础设施的高效运转，助推金砖国家充分享受经济发展的红利，为数字经济发展提供有力支撑。例如，基于印度软件人才和教育人才丰富的优势，中国浪潮与印度UPTEC 合资合作，通过与我国 42 所高校开展专业共建，将先进的软件人才培养体系引入中国高校。目前，双方针对云计算、大数据等网络技术方向，开展本科及研究生层次的人才联合培养，每年培养近 2000 人，为中国信息产业的发展奠定人才基础。[①]

（二）促进金砖国家互利共赢的数字技术深入融合

跨境电商促进金砖国家优势互补，实现贸易便利化。中国制造业发达，印度长于技术与服务业，巴西农业资源丰富，俄罗斯能源及矿业资源丰富，南非金融业相对成熟。金砖国家将通过跨境电子商务深入整合各国产业优势，形成完整的价值链，降低对发达经济体的依赖。金砖国家跨境电子商务推进了五国贸易对话与合作，逐渐消除贸易保护主义，建立开放、平等、互利、共赢的多边贸易体系，助推贸易规则便利化。

实现金砖国家之间贸易便利化是促进金砖各国贸易合作不断深化的重要条件。自 2008 年开始世界经济论坛每两年发布一次新的 ETI 指数（贸易促进指数），分析金砖国家 2012 年、2014 年、2016 年 3 个年度报告中的贸易促进指数后发现，中国和南非的贸易促进指数排名较为接近，分别排第55、65 位，印度、巴西及俄罗斯三国的指数排名在 85～110。[②] 所以，金砖国家需要加强贸易便利化合作，不断提升五国间贸易的便利化水平，促进金砖国家间贸易流量的正向发展，增进深化国与国间经贸合作往来，推动金砖国家贸易自由化进程。

数字技术带动金砖国家物流平台改造升级。要实现跨境电子商务的大力发

---

① 《共享数字互联互通的新机遇——来自 2017 年金砖国家工商论坛的观察》，2017 年 9 月 4 日，http://www.xinhuanet.com/world/2017 – 09/04/c_ 1121603481.htm。

② 《贸易便利化为"金砖"添成色》，2017 年 7 月 27 日，http://finance.sina.com.cn/roll/2017 – 07 –27/doc – ifyinwmp0124064.shtml。

展，与之配套的跨境电商物流起基础和支撑作用。随着大数据、云计算、虚拟现实、人工智能等数字技术对物流平台进行改造升级，整合物流平台信息与金砖五国快递公司的资源，实现物流数据无国界的通畅交流，打造多接口、多用户、跨地域、无时限的物流体系，加速提升物流快递效率和覆盖率。

我国社会物流总费用与 GDP 的比例常年徘徊在 18% 左右，比全球平均水平高 6.5 个百分点。北美地区物流业占 GDP 的总份额为 8.8%，欧洲 9.2%，亚太地区 12.8%，南美 12.3%。中国的社会物流总费用占 GDP 比重不仅高于美国、日本、德国等经济发达国家，而且跟经济发展水平基本相当的国家相比也偏高，如印度为 13%，巴西为 11.6%。[1] 未来，金砖国家间以推动智慧物流信息平台为基础和支点，将加速跨界融合物流技术、物流资源和物流人才，实现物流运输模式的不断创新和配送范围的不断扩大，更好地助力金砖国家数字经济发展。

（三）推动金砖国家协作共享的数字网络安全发展

金砖国家加强协作能力提高网络安全水平。2016 年 9 月，金砖国家安全事务高级代表会议提出深化网络安全合作的举措，包括分享打击网络犯罪的信息和经验，加强技术和执法部门合作，推动联合网络安全研发和能力建设。南非已与其他四个金砖国家就加强网络威胁防范能力展开合作，并积极参与其他国家的网络培训项目。[2]

金砖国家应充分利用现有资源与区域特征，尽快构建五国网络安全领域的合作机制，进一步提升各国网络安全水平。例如，互联网发展相对成熟的中国和俄罗斯，需要依靠市场力量与政策扶持，实现网络安全领域的合作共享。针对印度、巴西与南非互联网发展较为滞后的现状，要通过五国的相互协作，稳步推进这三个国家网络安全领域的发展。

金砖国家建立网络安全监控平台。在数字经济的浪潮中，网络商品交易和服务、消费者权益、个人信息保护、数据争议、网络侵权等方面产生了一些新

---

① 《物流的挠心事》，2017 年 8 月 23 日，http：//www. sohu. com/a/166618698_ 420478。
② 高望来：《金砖国家网络安全合作 - 进展与深化路径》，2017 年 10 月 14 日，http：// www. sohu. com/a/198208433_ 618422。

问题。金砖国家需要建立网络安全监控平台，有效地整合各国网络产品、个人信息等方面的数据，设立网络威胁观测和预警的反应机制，负责监控金砖国家的网络安全情况，及时发布预警报告，有效防范网络安全风险。

（四）建立金砖国家和平友善的数字经济合作制度

金砖国家加强税收合作机制建设。2013 年金砖国家税务局局长会议公报的签署，为金砖国家间的税收合作开启了新的旅程。2017 年金砖国家税务局局长会议，更将金砖税收领域合作首次上升到了制度层面。除了顶层设计，在基层税务系统里，各级税务人也在用自己的付出和服务，为金砖国家间的跨境投资者提供全方位的税收支持，为深化金砖合作贡献自己的"税收力量"。[1]

随着金砖国家跨境电商贸易的不断深入与拓宽，为加强各国税收合作机制建设，为新兴市场国家和发展中国家创造稳定、开放、包容、普惠的税收环境，五国将通过深化国际税收合作，构建更加公平、公正、开放的国际经济体系，推动国际税收秩序朝着更加公平合理的方向发展。[2]

金砖国家加大维护网络空间安全力度。由于互联网设备较低的安全性，信息越来越频繁地被劫持，用于实施大规模网络攻击。2016 年 12 月，俄罗斯十大银行中有五家遭到攻击，严重破坏了俄金融系统稳定。2017 年 2 月，超过 140 家美国、南美、欧洲和非洲的银行、通信企业和政府机构感染了一种几乎无法被检测到的极为复杂的无文件恶意程序。2017 年 6 月，阿联酋驻美大使电子邮件遭拦截截取，秘密外交信息遭到泄露。[3]

金砖国家数字经济的健康发展需要五国和平友善、相互协作、共同努力才能实现。因此，金砖国家必须重视网络安全建设，针对数字经济基础设施保护、网络安全信息共享等方面制定政策、法律和网络安全合作制度，大力构建

---

[1] 《金砖国家深化合作，税收发挥了怎样的作用？这些企业有话要说》，2017 年 09 月 05 日，http：//www. sohu. com/a/169750781_ 411866。

[2] 《深化金砖国家税收合作构建国际税收新秩序》，2017 年 8 月 4 日，http：//www. sohu. com/a/162200699_ 630337。

[3] 《2016～2017 年度全球网络空间安全综述》，2017 年 11 月 17 日，http：//www. sic. gov. cn/news/91/8627. htm。

各国全面、安全、诚信的数字网络空间，提高网络空间数据的完整性、安全性、可靠性，为五国和平友善的数字经济发展奠定坚实基础。

参考文献

张腾、张建光：《"金砖国家"数字经济的发展态势》，《中国信息界》2018 年第 1 期。

徐豪：《专题研讨 3：互联互通　中国经验让金砖国家更紧密》，《中国经济周刊》2017 年第 36 期。

张周平、余思敏：《金砖五国将建电商合作小组》，《计算机与网络》2017 年第 18 期。

B.26
金砖五国人文特点及对金砖
国家合作的影响

郭树勇　孙钦美　刘　玉等*

摘　要： 当前，逆全球化现象严重，金砖国家作为新兴市场国家和发展中国家的重要代表，成为全球经济治理的重要力量。金砖国家之间的经贸财金、政治安全、人文交流的合作升级对于共谋发展、坚持多边主义、维护全球公平正义至关重要。而以人文特点为突破口分析合作条件的得失利弊，更容易对金砖合作产生潜移默化、润物无声的推动作用，更有利于实现包容发展与求同存异。由于金砖国家在地理、历史、宗教、种族、人口等方面情况迥异，其人文特点也表现纷呈。本文试图厘清俄罗斯、印度、巴西、南非和中国金砖五国对金砖合作有益、有碍的人文特点与潜在影响因素，以期从人文领域按图索骥，找到深化金砖合作的高效方式。

关键词： 金砖合作　人文特点　求同存异　包容发展

---

* 郭树勇，上海外国语大学国际关系与公共事务学院院长，教授，上海外国语大学金砖研究中心主任，研究领域：建构主义、国际政治社会学、金砖国家研究；孙钦美，上海外国语大学国际关系与公共事务学院英语教师，研究领域：英语教学、教师专业发展、南非研究；刘玉，上海外国语大学国际关系与公共事务学院《国际观察》编辑部，编辑，研究领域：国际战略与中国外交；郑洁岚，上海外国语大学俄罗斯东欧中亚学院讲师，研究领域：俄罗斯问题研究；章雨桐，上海外国语大学东方语学院印地语讲师，研究领域：文学及区域国别研究；张维琪，上海外国语大学副教授，上海外国语大学巴西研究中心主任、西方语系葡萄牙语教研室副主任，研究领域：国别区域研究；高思畅，上海外国语大学国际文化交流学院讲师，博士，研究领域：二语习得、汉语教学；张瀚文，上海外国语大学国际关系与公共事务学院博士生，研究领域：国际政治社会学、中外人文交流。

一　金砖五国有益于金砖国家合作的人文特点

（一）俄罗斯有益于金砖国家合作的人文特点

1. 以天下为怀的"弥赛亚"意识

自公元 988 年基辅大公弗拉基米尔将拜占庭正教（东正教）确定为国教以来，在上千年的历史中，东正教与俄罗斯国家、俄罗斯民族紧密地联系在一起，对俄罗斯政治文化产生了深刻影响。俄罗斯教徒中流传着这样一个观点——罗马帝国和拜占庭帝国已崩溃，莫斯科是继罗马、君士坦丁堡之后的"第三罗马"，是新的基督教信仰的保护者，将永远屹立于世界。因此，俄罗斯民族是上帝优选的民族，将代表上帝履行"救世"使命。可以说，世界大国的目标和梦想深深根植于俄罗斯民族心中，是其孜孜不变的追求。无论是一代代沙皇大规模开疆拓土，还是列宁提出的"要将无产阶级革命传至欧洲"[1]的"世界革命"主张，都体现了俄罗斯民族对于获得国际政治影响力乃至主导权的努力。俄罗斯向来积极参与国际事务，而金砖国家合作机制作为新兴的、非西方的跨地区合作平台，更是承载了俄罗斯在全球层面对原有以美国主导的国际政治经济秩序加以调整乃至革新的深层次愿望。早在 2013 年，俄罗斯已制定了《俄罗斯联邦参加金砖国家的构想》，从政治、国际安全、金融、贸易、工业、能源、科技、卫生、文化、教育和青年交流等多个方面详尽阐述了俄罗斯对推动金砖合作发展的构想，并明确指出要为金砖框架下的各领域合作提供全面资源保障，这为俄罗斯积极参与、推动金砖合作提供了政策支撑。[2]

2. 坚韧不拔、共克时艰的民族精神

俄罗斯地处中、高纬度地区，冬季寒冷而漫长。严酷的自然环境造就了其不畏艰苦、坚韧不拔的民族精神。俄罗斯（沙皇俄国、苏联）曾凭借不屈不

---

[1] 《列宁全集》第 11 卷，人民出版社，1987。

[2] Концепция участия Российской Федерации в объединении БРИКС. Сайт Кремль. http：//static. kremlin. ru/media/events/files/41d452a8a232b2f6f8a5. pdf.

挠的顽强精神击退了来自拿破仑和希特勒的进攻。而这两笔浓墨重彩的历史也成为俄罗斯民族共克时艰的民族信心之源。乌克兰危机之后，西方向俄罗斯发起多轮经济制裁，国际油价持续下跌更是加剧了卢布的贬值。面对西方以胜利者姿态宣扬的"俄罗斯经济崩溃论"，俄罗斯实行进口替代战略，促进本国制造业发展；强化农业基础设施建设，促进农业和农村现代化。短短几年间，俄罗斯已跃居为世界上主要的粮食出口国。这股坚韧不拔的民族精神在国际合作中体现为，俄罗斯并不会因当前困境放弃或减少在国际合作尤其是金砖合作中的参与度。与之相反，俄罗斯会显著加强对金砖合作、上海合作组织等"非西方"多边外交平台的战略倚重，一方面将其作为展示大国地位和国际影响力的重要平台，另一方面可通过加强金砖贸易、金融合作等方式抵御西方经济制裁压力。

（二）印度有益于金砖国家合作的人文特点

1. 独立自强的民族意志

印度一直以独立自强的姿态站在国际社会中。尼赫鲁曾在印度独立时说"印度要做一个有声有色的大国"；在外交战略上，印度还提出了"不结盟政策"，表明印度不会依附任何西方大国。近十年，印度对国际事务表现得尤为积极，不仅加入了如上海合作组织、G20 等重要的国际合作机制，还努力谋求成为联合国安理会常任理事国之一。从印度想证明自己大国、强国角度来说，印度不仅会积极参与金砖合作，还将尽可能多地在金砖合作中体现国家能力与价值。

2. 多元且包容的文化传统

印度文化本身就有明显的多元性，此外，中世纪穆斯林民族的进犯给印度文化带来了伊斯兰色彩，充分体现印度民族对不同文化的强大包容性，而这种包容性又同金砖国家合作理念相契合，有利于印度在同其他国家合作时更融洽，能更深入地探寻文化交流与合作。

3. 热爱正义与和平的民族精神

印度古代文学中最重要的两部史诗《罗摩衍那》和《摩诃婆罗多》都强调正义，对正义行为的认同感是印度民族自古以来的秉性。在第十次金砖国家领导人会晤提到美国实施贸易保护是不正义行为时，印度与其他金砖国家站在一起，共同抵制。同时，印度也是一个热爱和平的国家，印度独立运动的领袖甘地所开创的"非暴力不合作"运动源自印度传统观念中对"不杀生"与"和平"的信仰。印度追求的和平不仅在国与国、人与人之间，还有人与自然的和谐相处。因此，在金砖合作中，印度对反恐、人文以及生态领域都有特别关注。

（三）巴西有益于金砖国家合作的人文特点

巴西仅有500多年历史。作家茨威格为读者塑造了一个充满希望的巴西，但视角不够全面。巴西原计划部长罗伯特·坎波斯（Roberto Campos）对文化根源做出深刻评价："我们的文化根源有以下三个：伊比利亚文化，它是一种特权文化；非洲文化，它是一种巫术文化；印第安文化，它是一种懒散文化。"[①]

首先，"种族大熔炉"的多元特点契合金砖国家合作精神。《金砖国家领导人厦门宣言》体现的包容性金砖精神与巴西多元文化特点完美契合。多元文化的并存，让巴西成为一个对种族、宗教较为宽容的国家，对异族文明的尊重和接受程度较高。作为由世界各地移民所建构的国家，巴西种族间可自由通婚，巴西混血人口占了总人口数的46.7%。因此，对于以尊重多样性为基础的金砖国家的包容性合作，巴西往往表现出赞同与支持态度。

其次，和平、反暴力传统有利于金砖国家开展安全合作。历年来，金砖国家安全合作围绕反对并谴责恐怖主义、反对单边战争、关注地区冲突等议题，为金砖国家树立起负责任、有担当的正面形象。巴西文化基因中好战成分不多，维护和平的宗旨已被载入现行宪法。巴西又是当代最为活跃的联合国维和行动参与国。这一特点有利于推进金砖国家在人道主义、反战、反恐等方面的合作，以更好维护世界和平与稳定。

最后，绿色文化的特点可推动金砖国家环境、气候治理等合作。环境问题、气候问题已成为全球治理的重点问题之一，要求全世界共同参与。

---

① Campos, Roberto de Oliveira, *Na virada do milênio*, Rio de Janeiro：Editora Topbooks, 1998, P. 110.

金砖国家都面临发展自身经济的重任，但不能以牺牲环境为代价。巴西绿色文化的形成与发展由来已久，其历史传承、荣誉感和民族意识，加上国际社会的影响，巴西极为重视环境保护，在环境立法、治理和技术方面大量创新，成绩斐然。巴西要想进一步提升其国际影响力，离不开金砖国家合作。

（四）南非有益于金砖国家合作的人文特点

1. 文化多元和包容性

因其殖民地历史，南非成为多民族、多种族、多语言、多宗教国家。在南非，"宗教与经济社会和政治关系纠缠在一起"。南非政局的变化与宗教界政治态度的转变密切相关。因此，"忽视宗教对南非事务的影响，将会是一个很大的错误"。此外，其文化的多样性以及和平诉求也使文化外交在南非成为可能。南非文化的多元性和包容性契合"互尊互谅、平等相待、团结互助、开放包容、互惠互利"的金砖精神，有助于金砖国家开展人文交流与合作。

3. "曼德拉精神"

在当代南非民族精神成长过程中，前总统曼德拉有独特贡献，我们将其从27年铁窗生涯中升华出的和平和反暴力精神称为"曼德拉精神"。以宽容包容、和解、和平为核心的曼德拉精神根植于南非，能跨越种族、宗教和国界限制。南非的种族冲突曾经最激烈、最血腥、最持久，也最骇人听闻。面对当时世界上唯一的种族隔离制度国家，曼德拉从黑人的长远利益考虑，对黑人人口优势和白人经济优势有深刻理解，充分认识到经济发展与社会稳定的关系。曼德拉精神为金砖国家安全合作、为金砖国家在联合国框架下充分尊重其决议、适时对人道危机表达关切有重要作用。

4. 有非洲特色的自豪感和大国梦

南非是世界矿产资源大国，是非洲最大金融中心、农业和体育大国，也是接待国际游客最多的非洲国家。作为非洲大陆经济最发达国家，南非不仅成为非洲外交和国际政治生活的领导者，还在努力谋求更多话语权。南非在国际事务中始终保持积极姿态，如南非为 G20 中唯一非洲国家，也是推动安理会常任理事国扩编改革的积极成员。南非举办世界杯很大程度上体现其大国梦夙愿，其有非洲特色的自豪感和大国梦有助于金砖合作。

（五）中国有益于金砖国家合作的人文特点

1. 包容开放、和而不同

子曰："君子和而不同"，强调人格上原则性与差异性的统一。这不仅是儒家理想人格的重要标准，也是中国社会心态与民族精神的写照。作为一个历史悠久的多民族国家，包括儒家文化和少数民族文化在内的中国文化是多样性与融合性的有机体。中国文化的包容性与开放性是中国文化历久弥新的体现，也有助于我们处理好新时期与各国文化和谐相处的问题。金砖各国国情、文化差异很大，金砖国家领导人第九次会晤通过的《金砖国家领导人厦门宣言》强调"我们尊重各自选择的发展道路，理解和支持彼此利益"。[①]与此同时，金砖国家的合作一直是开放式发展，自南非成为金砖第五国之后，中国又提出扩大金砖"朋友圈"的倡议，在 2017 年、2018 年峰会上，越来越多的国家参与"金砖＋"合作对话。随着金砖国家关系的不断深化以及金砖合作影响力的持续增强，金砖各国也在一同探索全球治理新空间，而包容开放、和而不同的中国智慧将始终是金砖合作重要的理论依据与文化依托。

3. 天人合一、尊重自然

习近平总书记阐释中国和平发展基因的"四观"包括："天人合一的宇宙观、协和万邦的国际观、和而不同的社会观、人心和善的道德观。"[②] 其中天人合一的思想在儒、释、道学说中均有体现，就是强调人类社会与自然世界之间的协调统一关系。作为新兴经济体代表的金砖国家，经济发展是各国面临的主要任务，然而要实现生态环保、永续长存的发展模式，就要借鉴"天人合一"的思想，以人与自然和谐相处为目的，注重调节经济发展中的各类关系，

---

① 《金砖国家领导人厦门宣言》，新华网，2017 年 9 月 24 日，http：//www. xinhuanet. com/world/2017 –09/04/c_ 1121603652. htm。

② 《习近平：在中国国际友好大会暨中国人民对外友好协会成立 60 周年纪念活动上的讲话》，新华网，2014 年 5 月 15 日，http：//www. xinhuanet. com/politics/2014 –05/15/c_ 1110712488. htm。

将可持续发展与本国发展战略有效对接，这也是落实联合国《2030 年可持续发展议程》的体现。①

二　金砖五国阻碍金砖国家合作的人文特点

（一）俄罗斯阻碍金砖国家合作的人文特点

1. 大国意识和崇尚强者的民族心态

尽管苏联已经解体，如今的俄罗斯综合国力也大不如前，然而无论是精英阶层还是普通国民，其心里依然有挥之不去的大国心态。每一版《俄罗斯外交政策构想》都明确指出"外交政策要确保俄罗斯作为联合国安理会常任理事国、世界大国的地位和利益"，充分体现了其"大国意识"。② 此外，俄罗斯民族的一大特点是崇尚强者。在与金砖国家开展合作的过程中，俄罗斯作为曾经的超级大国、两极格局中的一"极"、如今的联合国安理会常任理事国之一，不可避免地带有大国心态。因此相对来说，俄罗斯会更为重视世界第二大经济体、同为联合国安理会常任理事国的中国；会更为重视体量庞大、人口众多、发展势头较好的中国和印度，而忽视巴西、南非两国。这不可避免地将会给以平等互利为原则的金砖合作带来一些负面影响。

2. 剑走偏锋的激进主义和极端性

俄罗斯民族的一大特点是较为激进，爱走极端。俄罗斯思想家别尔嘉耶夫曾在《俄罗斯思想：十九世纪末二十世纪初俄罗斯思想的主要问题》中指出，"俄罗斯民族是最两极化的民族，它是对立面的融合。它可能使人神魂颠倒，也可能使人大失所望，从它那里永远可以期待意外事件的发生，它最能激起对

---

① UN General Assembly, Transforming Our World: the 2030 Agenda for Sustainable Development, 21 October 2015, A/RES/70/1.

② Концепция внешней политики Российской Федерации（утверждена Президентом Российской Федерации В. В. Путиным 30 ноября 2016 г.）. Сайт Министерства иностранных дел Российской Федерации. http://www.mid.ru/foreign_policy/news/-/asset_publisher/cKNonkJE02Bw/content/id/2542248.

其热烈的爱，也最能激起对其强烈的恨"。① 苏联解体这一历史事件印证了激进主义对俄罗斯国家命运的影响，俄罗斯并没有实施小步推进的"渐进式"改革，而是采用了"全盘西化"的方法，对经济实行"休克疗法"。在外交政策方面，从赫鲁晓夫一夜间撤回所有在华苏联专家，到叶利钦执政时期对西方"一边倒"的政策，都体现了"极端"这一特点。这种激进主义和极端性的特点不仅体现在外交政策和立场上，也充分体现在外交语言表达上。有别于我国含蓄、温和的外交语言风格，俄罗斯的外交语言干脆利落、立场鲜明，有时与西方针锋相对、激烈交锋，甚至会在公开场合毫不忌讳地阐明立场。这种激进的外交风格在某种程度上可以说是国际（金砖）合作的一大潜在负面因素。特别是俄罗斯对金砖合作寄予厚望，如无法达到其预期，或是在合作过程中各方意见发生分歧，可能会引发其较为激进的反应。

（二）印度阻碍金砖国家合作的人文特点

1. 文化利益多元而缺乏内在统一

长期以来印度被誉为"人种博物馆"、"宗教博物馆"和"语言博物馆"。文化多元从某种意义上来说也导致了政治上的多元，不同党派代表不同群体利益，各地政府又因地域文化的独特性而代表不同文化背景的人民的利益，因此，实施一条全国性的政策往往要经过多道文化利益关卡。文化利益的多极化极易导致印度国内在政策实施上出现步调不一致、行动力差、效益低下等问题。当金砖国家合作项目涉及其国内不同文化利益团体时，这一特点将减缓金砖国家共同发展进程。

2. 古板、不变通的行为模式

宗教性是印度的一大特点，一些宗教仪式从2000年前一直流传至今，这足以体现这个民族对宗教信仰的坚定程度，或者说古板、守旧程度。宗教文化也深深影响了印度人的思维方式，印度人在处事上过于较真、不善变通。在中印关系上，印度对待1962年中印边境事件和巴基斯坦克什米尔地区的态度影

---

① 〔俄〕尼·别尔嘉耶夫：《俄罗斯思想：十九世纪末至二十世纪初俄罗斯思想的主要问题》，雷永生、邱宇娟译，生活·读书·新知三联书店，1995。

响着金砖国家深化合作。

3. 处事方式上的惰性与"从容"

印度人骨子里的惰性，主要来源于自然气候与宗教信仰。印度大部分地区属于热带、亚热带气候，炎热使整个民族更为慵懒，习惯慢节奏。印度教在教义中规定，种姓（种姓直接决定了人的职业）不能通过自身努力改变，更加剧了人们的惰性。此外，印度人还有一种光说不做的"从容"。印度曾在果阿金砖峰会上对普及高质量教育的问题高调呼吁，之后的实际作为却微乎其微，目前印度仍存在大量未拿到教师资格证明的教师。无论是惰性还是"从容"，都会大大降低金砖合作效率，让金砖合作成为"一纸空文"，难以落实。

（三）巴西阻碍金砖国家合作的人文特点

首先，巴西的低效作风有碍金砖国家打击违法犯罪合作。面对日益严峻的全球安全挑战，加强金砖国家安全事务合作逐渐成为金砖国家参与全球治理的重要内容。而安全合作要求各方密切联系，对威胁、危机做出快速反应。而从整体上看，巴西自然条件优越，人们能轻易获取基本生活必需品，欠缺艰苦奋斗传统，表现在工作作风中，即为散漫、低效。这与金砖国家合作打击违法犯罪、应对全球安全威胁的要求是不相符的。

其次，巴西的消费主义文化有碍金砖国家金融投资合作。《金砖国家领导人第十次会晤约翰内斯堡宣言》为金砖国家投资合作指明了方向：基础设施、投资和国际发展援助项目是可持续经济发展与增长的基石。投资合作离不开大量资金的支持，而巴西的生活消费模式使资金难以实现有效积累，不仅削弱了巴西家庭的短期消费能力，而且减少了投资的可能，更难以从民间募集资金。

最后，巴西对法律的过度依赖有碍金砖国家基础设施合作。基础设施建设能带来乘数效应。公路运输是巴西当前最主要的物流方式，在那里开展铁路建设必然有助于商品货物的流通，还可以减少"巴西成本"。[①] 然而，巴西立法

---

① Custo Brasil，指一系列结构上的、官僚主义的、经济上的障碍，它们的存在使得在巴西的投资成本上涨。

重视劳工和土著居民利益，在他们过度仰仗法律维护利益的情况下，工程很难得到保障。

（四）南非阻碍金砖国家合作的人文特点

1. 惰性、低效工作作风

南非矿产资源丰富，自然条件优越，南非人民特别是儿童仍饱受饥饿与疾病之苦，归根于其骨子里的懒惰。官方数据显示南非目前有 1600 万人口依靠低收入保障生活，这在一定程度上减缓了国家经济增长。南非人在面对贫穷和人生坎坷时，往往诉诸宗教，认为获得乃上帝赐予，而未获得便是未赐予，因而安于现状。"上啃老、下啃小"局面使政府财政负担越来越重，也造成南非许多智库因经费不足而面临不可持续发展问题。这在一定程度上妨碍了金砖国家在基础设施方面的合作。

2. 弱政府主义

南非安全问题研究所普莱西斯在《治理不善比恐怖主义更具威胁》中指出非洲大陆的暴力、恐怖主义等犯罪行为成为人们关注的新议题。南非经济发展缓慢，治理赤字、武器滥用、政府独裁、管理不善等因素都成为滋生恐怖主义的温床；近几年这些问题非但没有得到很好的解决，甚至还有恶化之势。弱政府主义导致的资源分配不均给南非造成了严重的内部困扰，不利于其参与金砖合作。

（五）中国阻碍金砖国家合作的人文特点

1. 保守内敛、谨慎多虑

农耕文明主导的古代中国形成了相对封闭的地方社会，加之小农经济本身风险承担力较弱，上述因素不可避免地塑造了中国政府保守主义的传统倾向，如一味讲究规避风险、推崇经验而非理性、追求社会稳定、对新生事物较为疏离等。一方面，保守主义传统有利于维护社会稳定，另一方面，这也是中国在近代国际竞争中处于落后局面的重要原因。当今世界正值数百年未有之大变局，对金砖国家来说，这既是机遇，也是挑战。不仅是金砖国家自身的发展、产业结构的升级需要新智慧、新技术，金砖国家之间的合作也需要制度创新与实践创新。在这一历史进程中，我们需要突破保守内敛的民族心态，通过治理创新与制度创新来谋求自身的发展，推动国际秩序的结构性变革，实现金砖合作新的飞跃。

2. 重人情、好面子

好面子的观念来自中国的社群观念和集体意识，是一种希望得到他人认同的自我满足心理。面子文化可以概括为讲排场、重人情，一方面表现为铺张攀比，"面子消费"，造成社会资源的巨大浪费；另一方面体现为圈子文化、好人主义，为了面子维护小圈子的利益，对其中的不良行为不敢或者不愿批评。面子文化深入到中国人的社会心理与生活习惯之中。在金砖国家国际合作的具体实践中，各方难免会产生分歧，不能为了面子而无原则地追求一团和气，掩盖问题，应大力整治圈子文化和好人主义，构建良好的政治和外交生态，既要直言他过，也要闻过则喜，这样才能促进金砖合作有效健康长久的发展。

三　金砖五国对将来金砖国家合作可能产生影响的人文特点

（一）俄罗斯对将来金砖国家合作可能产生影响的人文特点

1. 权威主义的政治文化

纵观俄罗斯历史，无论是沙俄时期，还是此后的苏联及其解体后的俄罗斯时期，外交政策的制定都掌握在最高领导人手中。目前，除重大事项（如对外使用武力或签署重要国际条约）须经国家杜马批准外，总统可直接定夺一般国际事务和对外政策。所以俄罗斯的外交政策有鲜明的领导人特色，领导人的个性特点、情绪变化及其更替会极大影响外交决策活动，导致外交的不稳定性，影响国际（金砖）合作的开展。

2. 外交政策的摇摆性

俄罗斯社会发展道路选择问题长期以来是俄罗斯各界争论的焦点。外交上，"西方派"和"斯拉夫派"两大流派的争论对最高决策层一直有重要影响。对东西方的"左顾右盼"交替影响俄罗斯外交战略的选择，这就导致其外交政策摇摆不定。与欧洲历史、宗教上的同源，对欧洲先进政治经济制度和科学技术的向往，使俄罗斯在对外交往历史中有过深厚的欧洲情结，彼得一世、叶卡捷琳娜二世都曾致力于通过学习西方而赶超西方。叶利钦时期也奉行"亲西方"的外交政策。然而西方从未真正接纳俄罗斯，从未将其视为平等的一员。苏联解体后，俄罗斯依然是西方防范与打击的对象，如今俄罗斯又因乌克兰危机遭遇西方"围追堵截"式的制裁。到普京第一任期，俄罗斯开始奉行东西方兼顾的外交政策。当今，在战略上却更侧重发展与东方尤其是中国的关系。这种"摇摆"于东西间的特性始终贯串于俄罗斯外交中，给未来国际（金砖）合作带来了较大的不确定性。

（二）印度对将来金砖国家合作可能产生影响的人文特点

1. 文化底蕴深厚

印度是四大文明古国之一，有深厚的文化底蕴。印度在渴望强大的同时，将越来越注重文化推广和国际人文交流。莫迪执政以来，印度已开始不断推广瑜伽，宝莱坞也是其重推的文化产业。未来，印度将继续发挥优势，加强与其他国家的文化交流。印度还拥有丰富的旅游资源，且旅游业发展空间较大。作为一个拥有灿烂文化的国家，印度很可能在旅游产业上深化金砖合作。

2. 人口众多

印度作为一个世界人口第二且人口数量仍在持续增长的发展中国家，虽国内生产总值不断升高，但人均国内生产总值较低，贫富差距显著。另外，印度人民还存在思想保守、教育质量不高等问题。目前人口管理已被列入金砖国家合作范围，但如何在这一领域实施合作、如何在人工智能不断发展的时代提高人民就业率等已成为印度面临的严峻挑战，这一方面自然也会是其寻求合作的重要方向。

3. 崇尚西方民主价值观

印度被英国殖民统治了190多年，虽然英国在殖民统治期间对百姓的压迫遭到了民众的强烈抗议，但是它带来的议会民主制却深受印度人民的喜爱。印度不仅崇尚西方民主价值观，还自诩和西方国家同样是"民主"国家，尽管印度民主有些东施效颦。因而，印度在制定决策时往往会受到西方价值观影响，甚至在东西方观点不一致时会不自觉地倾向西方。"金砖"是非西方主导的合作组织，印度对西方民主价值观的偏向很可能使其在某些金砖合作领域被孤立，这将不利于金砖国家合作。

（三）巴西对将来金砖国家合作可能产生影响的人文特点

首先，巴西与非洲的文化联系可推进金砖国家对非援助。把非洲议程与国际发展援助相结合，是金砖国家落实联合国《2030 年可持续发展议程》，帮助非盟实现《2063 年议程》的重要举措。巴西黑种人与非洲存在血缘关系，非洲还有五个葡语国家，语言和文化沟通更为便捷。当前，巴西在南南合作框架下开展对非援助行动，通常以技术援助为主要手段，提供有效的扶贫模式，培育非洲国家"造血"功能，受到非洲国家积极评价。

其次，巴西的创新思维有利于金砖国家技术合作。在 2018 年约翰内斯堡峰会后，构建以人工智能、清洁能源等技术进步为特征的金砖国家新工业革命伙伴关系成为金砖合作的重要支撑。就创新能力来看，巴西不乏世界先进的发明创造：在飞机制造、清洁能源研发利用上，巴西走在了欧美发达国家前；与中国合作的中巴地球资源卫星项目（CBERS）堪称世界两大发展中国家高科技合作的范例。

最后，巴西对美国的亲疏感将对金砖内部团结产生影响。面对美国在世界政治、经济领域的任意妄为，《金砖国家领导人第十次会晤约翰内斯堡宣言》给予了回应，强调坚定支持多边主义和联合国在国际事务中的中心作用，支持多边贸易体制和世界贸易组织的中心作用。在巴西，一方面是美国因素的全面影响，另一方面美国在拉美欺凌弱小、肆意压迫的作为又引起巴西人民的反感。巴西对美国，是一种接近与疏离并存的心态。虽然一国对外战略不易做出重大转变，但对巴西是否会在美国推动下改变外交战略，进而影响金砖国家团结，金砖各方需要保持警惕。

（四）南非对将来金砖国家合作可能产生影响的人文特点

1. 终身学习意识和氛围

近年，南非国内形成了较为浓厚的终身学习氛围。国内社区扫盲运动持续十年，有近 400 万名成年人参加并完成课程。自 2016 年起，南非政府将汉语纳入国民教育体系，提出全面综合的教育国际化政策框架，积极推动开展金砖合作框架下的合作研究。此外，南非还积极参与"金砖大学联盟"和"金砖网络大学"建设，参与能源、计算机科学与信息安全、生态和气候变化、水资源和污染处理等领域的合作。

2. 南非主体文化的缺失

殖民统治造成南非传统文化和主体文化的缺失，不利于实现民族融合和社会团结，不利于新型政治文化的塑造，对南非的政治、经济和社会发展造成了多方面影响。南非成立后，至少有 80 万人选择移民到澳大利亚、新西兰、英国等地，大量人才、技术和资本外流，而今这一现象有愈演愈烈之势。

3. "万物源于自然"思想

非洲人民相信"万物源于自然"，也有使用草药治病的传统，因此更容易理解和信任中医。目前，南非约有 60% 的民众使用传统草药治病。当前，中国中医药企业积极开拓南非市场，为南非民众提高健康水平提供了新选择，有助于增进金砖国家"民心相通"。此外，如果能在非洲建立中医药的国际标准，或将有助于中医药面向全世界的发展。

（五）中国对将来金砖国家合作可能产生影响的人文特点

1. 宗教色彩不浓

与信仰基督教或伊斯兰教的各国相比，中国实行宗教信仰自由政策，政教分离。中国文化包容了多样化信仰，但没有一个主流的全民信仰，从这一点上看，中国在突破宗教限制以加强与他国合作上拥有天然优势。目前金砖国家中已有印度教、佛教、东正教、基督教等多种宗教，对宗教国家而言，一方面，宗教性组织是其国内举足轻重的政治力量，可左右国家事务；另一方面，宗教作为一种意识形态会深刻影响国家政治理念与行为方式。金砖国家应超越意识形态、价值观念与宗教文化差异，共同构建相互尊重、平等互利、合作共赢的新型国际原则。土耳其总统在 2018 年约翰内斯堡峰会上表达了加入金砖国家的意愿，意味着未来的金砖合作必须将伊斯兰教这一因素纳入考虑范围。

2. 官本位意识

官本位意识是高度集权的封建社会的产物，"官本位"是一种以官为本、以官为贵、以官为尊的价值观，表现为各种官僚主义现象。官本位意识可能会使中国在金砖合作中过度重视官方外交，而忽视民间外交。习近平总书记指出："人民友好是促进世界和平与发展的基础力量，是实现合作共赢的基本前提，相互信任、平等相待是开展合作、实现互利互惠的先决条件。"① 民间外交一直是新中国外交工作的一大特色。全球化的深入发展，使金砖各国不同企业、组织与个人间的交往日益频繁，民间外交发展空间将越来越大。不少企业在金砖各国布局已久，要注重发挥他们在当地各界建立的人脉关系，同时也应发挥华人华侨独特优势，加强与金砖国家华人华侨联系，增进民间友好关系，为官方外交打下基础。

---

① 《习近平：在中国国际友好大会暨中国人民对外友好协会成立 60 周年纪念活动上的讲话》，中国人民对外友好协会，2014 年 5 月 15 日，http：//www.cpaffc.org.cn/content/details25 – 65920.html。

B.27
深化金砖国家贸易合作的政策建议

蓝庆新　姜　峰*

摘　要：　金砖国家逐渐成为全球经济增长的重要贡献力量。在世界经济复苏基础不牢固，"逆全球化"思潮抬头，以美国为主要推动者的贸易保护主义措施频现，全球经贸的可持续发展受到严峻挑战的形势下，深化金砖贸易合作，求同存异，以更紧密的经贸关系为基础建立全方位金砖合作机制，发挥金砖国家合作示范效应，引领发展中国家共同发展，推动全球经济治理机制的变革显得尤为必要。当前金砖国家间贸易增长迅速，但也存在金砖国家间贸易不平衡、贸易结构垂直化、贸易保护主义倾向显现以及贸易合作机制不完善等矛盾。同时国际贸易保护主义频发、地缘政治与经济利益诉求不一、优势产品出口存在竞争、经济增长两极化等因素也制约着金砖国家贸易合作的深化。对此，应当采取如下政策：加强政治互信和国家战略对接，夯实合作共识；积极推进金砖国家贸易便利化合作，形成贸易优势互补；建立金砖国家贸易纠纷解决机制，提升贸易合作效率；创新与其他金砖国家贸易合作内容与方式；协调贸易结构，助推合作步伐；推动金砖国家绿色贸易合作，推动金砖国家绿色发展；打造以金砖国家为枢纽的双环流价值体系，强化贸易合作主动性；推动基础设施建设，挖掘内部需求；积极参与制定国际经贸规则，

---

* 蓝庆新，对外经济贸易大学国际经济贸易学院教授，金砖国家研究中心主任，研究领域：一带一路、金砖国家合作；姜峰，对外经济贸易大学国际经济研究院博士生，研究领域：一带一路、金砖国家合作。项目来源：本文为国家社科基金重大专项"推动绿色'一带一路'研究：理论、评价和战略"（项目编号18VDL010）部分成果。

维护共同贸易利益；搭建金砖智库交流平台，为深化经贸合作提供智力支持。

关键词： 金砖国家　贸易合作　政策建议

全球金融危机以来，中国、俄罗斯、印度和巴西等发展中国家率先实现经济恢复，进而推动全球经济复苏，逐渐成为全球经济增长的重要贡献力量。2009 年金砖国家国内生产总值占世界总量的 14.6%，商品贸易额占全球贸易额的 12.8%，按购买力平价计算对世界经济增长的贡献率已经超过 50%。[①]2010 年 12 月南非加入后，金砖国家合作机制的范围从欧洲、亚洲、拉丁美洲扩大到了非洲，进一步提高金砖国家的国际影响力。当前，世界经济复苏基础不牢固，"逆全球化"思潮抬头，以美国为主要推动者的贸易保护主义措施频现，发达国家对多边贸易体制的热情减弱，转而注重双边贸易协定，内顾倾向愈来愈重，经济全球化进程波折，全球经贸的可持续发展受到严峻挑战。在此形势下，深化金砖经贸合作，求同存异，以更紧密的经贸关系为基础建立全方位金砖合作机制，发挥金砖国家合作示范效应，引领发展中国家共同发展，推动全球经济治理机制的变革显得尤为必要。金砖国家是广大发展中国家的代表，是发展中国家和新兴市场国家团结起来参与全球经济的典范，自 2006 年合作机制建立以来，金砖合作不断走深走实，自身力量彰显，已成为多边贸易体制的积极参与者、坚定维护者和重要贡献者。2017 年，金砖国家国内生产总值占世界总量的 23.7%，人口占世界总人口的 41.2%，商品贸易总额占世界贸易总额的 16.8%，石油总产量占世界总产量的 25.6%；金砖五国对世界各国（地区）出口总额为 37373 亿美元，占世界出口总额的 16.24%，分别比美国、欧盟高 6.21 个百分点和 4.63 个百分点；金砖五国从世界各国（地区）进口总额为 35698 亿美元，占世界进口总额的 15.45%，分别比美国和欧盟高 2.48 个和 0.66 个百分点。[②] 金砖国家协调贸易利益，开展深层次经贸合作，

---

① 资料来源：世界银行。

② 资料来源：UN Comtrade 数据库。

将大幅带动各方贸易发展和经济增长，为世界经济的复苏发挥重大作用，维护并推动全球化进程。

一　金砖国家贸易合作现状

金融危机以来，金砖国家贸易合作不断加强，经贸关系日益紧密，为低迷的世界贸易增加了一抹亮色，但金砖贸易合作也面临一系列的矛盾与问题。

（一）金砖国家间贸易增长迅速

2008～2017 年，金砖五国间进出口贸易总额快速增长，出口贸易额从1933 亿美元增长到约 3000 亿美元，年均增长率为 6.80%，其中巴西、印度出口增长速度最高，年均增长速度分别为 8.74%、8.01%；进口贸易额从 1835亿美元增长到约 2200 亿美元，年均增长率额为 4.72%，其中中国、南非进口增长速度最高，年均增长速度分别为 6.15%、4.61%。同时，巴西对中国、印度的出口额增长较快，年均增长率分别为 11.27%、22.72%，俄罗斯对南非、中国的出口增长较快，年均增长率分别为 40%、8.43%，印度对南非、俄罗斯出口增长较快，年均增长率分别为 7.74%、7.27%，中国对南非、巴西进口增长较快，年均增长率分别为 18.37%、9.59%，南非对俄罗斯、印度进口增长较快，年均增长速度分别达 12.85%、7.46%。①

（二）金砖国家间存在贸易不平衡

在金砖五国内部贸易中，中国、巴西长期处于贸易顺差状态，顺差额日益扩大。2017 年，中国对其他金砖四国贸易顺差为 143 亿美元，比 2008 年增加61%（见表 1）；巴西对其他金砖四国贸易顺差为 138 亿美元，比 2016 年增加167%。与此相对，俄罗斯、印度、南非长期处于贸易逆差状态，2008～2017年，俄罗斯对巴西、印度、中国、南非的贸易逆差累计额达 1181 亿美元，年均贸易逆差为 118 亿美元，印度对其他金砖四国的贸易逆差累计额为 4531 亿美元，年均逆差 453 亿美元；南非对其他金砖四国的贸易逆差累计额为 565 亿

---

① 资料来源：UN Comtrade 数据库。

美元，年均贸易逆差为 63 亿美元。①

同时，中国与其他金砖国家之间近年来在进出口贸易增长方面呈现不协调性。中印之间，中国对印度的出口远大于从印度对中国的出口，并且近年来对印度出口增长之势明显，进口则在减少，贸易失衡比较严重；中巴之间，中俄之间、中南之间，从 2013 年以来进出口贸易呈下降趋势，如中国从南非的进口贸易，从 2013 年到 2017 年下降了一半左右。其他金砖四国之间近年来进出口贸易也出现下滑的态势。

表 1　2008～2017 年中国与其他金砖国家进出口贸易状况

单位：亿美元

出口国—进口国	2008	2009	2010	2011	2012	2013	2014	2015	2016	2017
中——印	316	297	409	505	477	484	542	582	584	681
中——巴	188	141	245	319	334	359	349	274	220	290
中——俄	331	175	296	389	441	496	527	348	373	429
中——南	86	74	108	134	153	168	157	159	128	148
印——中	203	137	209	234	188	170	164	134	118	163
巴——中	299	283	381	526	523	543	517	442	457	586
俄——中	238	212	259	404	442	397	416	333	322	412
南——中	92	87	149	321	447	484	446	302	225	244

资料来源：《2009～2018 金砖国家联合统计手册》。

贸易长期不平衡将会加剧金砖国家之间的贸易矛盾，促使逆差国贸易保护主义抬头。贸易增长的不均衡性以及内部贸易呈现的下滑态势，导致金砖国家内部出现了一些不和谐的"声音"，即中国与其他金砖国家竞争关系大于合作关系，中国出口贸易利益挤占了金砖其他成员国的出口利益。

（三）中国与其他金砖国家呈现一定程度的垂直型贸易结构

2011～2017 年，巴西、俄罗斯、印度、南非从金砖国家进口的主要产品

---

① 资料来源：《2009～2018 金砖国家联合统计手册》、UN Comtrade 数据库。

均为电动机械、电信设备、通用机械、办公设备和自动数据处理设备、金属制品、有机化学品、服装、钢铁等,占本国从金砖国家进口总额的一半以上,而上述大部分产品来源于中国;中国从金砖国家进口的主要产品为金属矿石、石油及相关材料、油籽和油质水果、有色金属、非金属矿物制品等,占中国从金砖国家进口总额的 76.75%①,这些产品也是巴西、俄罗斯、印度、南非出口的主要产品。这一现象使五国贸易结构逐渐垂直化。尽管这是由金砖国家的比较优势决定的,但是在国际上尤其在其他金砖国家内部,存在"中国与其他金砖国家贸易分工不合理"的杂音。

(四)对华贸易摩擦频发

近年来,中国与巴西、印度、南非的贸易摩擦日益增多,主要涉及科技含量低的商品,其中以贸易救济调查为主,2014～2017 年,印度对中国发起了 49 起反倾销调查、7 起保障措施、5 起反规避调查、1 起反补贴调查、2 起反倾销税;巴西对中国发起了 19 起反倾销调查、13 起反倾销税、1 起反规避调查;南非对中国发起了 3 起反倾销调查、3 起保障措施。② 这一方面是因为西方发达国家推迟承认中国是市场经济国家;另一方面,随着产品竞争优势强化及出口市场多元化政策推行,中国产品不仅在传统出口市场占据优势,而且在其他金砖国家市场中也拥有一席之地,冲击当地市场经济,引发利益团体不满。

(五)贸易合作机制尚未完善

2013 年,金砖五国签署《金砖国家贸易投资合作框架》,旨在加强五国间贸易投资联系,推动包容性可持续发展;2014 年,五国通过《金砖国家贸易投资便利化行动计划》,为成员国提供行动建议清单;2015 年,五国通过《金砖国家电子商务合作框架》;2016 年,五国签署《金砖国家知识产权合作机制工作职责》,提升了互联互通和贸易便利化水平;2017 年,五国批准《金砖国家服务贸易合作路线图》《金砖国家电子商务合作倡议》《金砖国

---

① 资料来源:UN Comtrade 数据库。
② 资料来源:由中华人民共和国商务部贸易救济调查局资料整理所得。

家知识产权合作指导原则》，推动多边贸易体制，反对贸易保护主义。但是，金砖国家贸易合作机制还局限于会晤、商谈及其合作意向和宣言表述，缺乏具有法律约束力的规范文件、处理日常事务的常设机构、信息交换机制以及激励机制，导致当前金砖贸易合作机制权威性、约束性、严肃性不足，且该机制基本是政府主导，企业、团体、民间等主体参与度不高。同时，俄罗斯、印度对与中国加强自由贸易缺乏信心，如印度早在 2004 年就有与中国签订《双边自由贸易协定》的意向，但十多年来一直未能落实，俄罗斯则提出以欧亚经济联盟作为集体与中国谈判。这些都极大地影响了金砖国家贸易合作机制建设。

二 制约金砖国家间贸易合作深化的因素

从金砖国家间贸易合作的现状，我们可以看到，尽管金砖国家间贸易发展较快，但仍存在许多问题，需要调整贸易关系，深化贸易合作。但在深化贸易合作中存在如下制约因素。

（一）贸易保护主义频发会影响金砖国家的贸易政策

全球经济持续复苏的基础仍不牢靠，贸易保护主义愈演愈烈，国际金融危机爆发十年来，各国出台的贸易保护措施不下 3000 项，除了配额、禁令和关税壁垒等传统贸易保护措施外，本地化要求、政府补贴、政府采购优先权、紧急贸易救济、出口鼓励政策等新型贸易保护手段层出不穷，致使全球贸易增长放缓。尤其是美国自特朗普上台以来，大力推行"美国优先"原则，助力"逆全球化"浪潮，在对外经济政策方面表现出严重的保护主义、单边主义、本土主义、实用主义甚至冒险主义倾向，使得全球市场陷入不安与困窘，也容易导致金砖国家因担心自身产业受损和利益流失而转向贸易保护；美国近期也在不断挑起与中国的贸易冲突，给中国带来较大的不利影响，这在一定程度上也会促使其他金砖国家发生贸易政策转向，引发"羊群效应"，即由于担心中国产品在美国市场受阻后会涌向自己国家，而采取相应的对华贸易保护政策。近年来，印度、巴西对华贸易保护措施呈现增长之势。

（二）地缘政治因素一定程度上制约金砖国家经贸合作

发达国家对金砖国家合作的干扰和分化无处不在，美国对南美洲有较强的传统影响力，作为南美大国，巴西的经贸政策易受到美国影响；美日的"印太"战略也在不断拉拢印度制约中国；欧盟是南非最大的区域贸易伙伴、投资方及援助方，对南非经贸有一定影响力。在金砖国家内部，各国在发展阶段上较为相似，都有各自的国际发展战略，如中国"一带一路"倡议、印度的"季节计划"、俄罗斯的"欧亚经济联盟"、巴西的"投资伙伴计划"和"前进计划"，南非的"非洲发展新伙伴计划"，各国的国际发展战略有交叉、有重叠，如果不能有效衔接，势必带来经贸竞争；且印度在领土问题、印巴关系方面均与中国存在竞争，俄罗斯在中亚与远东地区也存在对中国的防范心理。这些问题在一定程度上向金砖国家形成更紧密的经贸关系提出了挑战。

（三）金砖国家各自经济利益诉求不一

目前，印度、中国在全球价值链中处于相对低端的制造环节，而巴西、俄罗斯、南非则处于低端农产品和资源产品生产、出口环节，因此，巴西为克服经济结构相对单一的弊端，急需加快工业化进程，实现经济结构转型升级；俄罗斯则需要削弱对化石能源出口的过度依赖，寻求新的经济增长点；印度的首要目标在于尽快提升城市化、工业化水平，充分发挥劳动力资源，解放国内消费需求；中国则致力于在扩大总需求的同时加强供给侧结构性改革；南非急需创造更多就业岗位，降低人口失业率，完善经济体系。金砖五国利益诉求各不相同，为贸易合作共赢增加了难度。

（四）金砖国家在优势产品出口方面存在竞争

金砖五国具备出口竞争优势的产品重叠较多，存在一定的出口竞争，压缩了五国贸易合作空间。巴西与印度、南非出口优势产品结构最为相似，各有12个相同的优势产品，占巴西总优势产品的50.00%；俄罗斯与南非出口产品结构亦较为相似，有12个相同的优势产品，占俄罗斯总出口优势产品的60.00%；而中国与印度出口优势产品结构相似度最高，有9个相同的优势产品，占中国总出口优势产品的 54.55%。① 金砖国家出口优势存在诸多相似点，因此相互间竞争较大，这将阻碍金砖国家贸易合作可持续发展。

（五）金砖国家经济增长两极化

2013～2018 年，在全球经济增速趋缓的背景下，金砖国家经济增长呈现鲜明的两极分化，印度和中国保持中高速增长，而巴西、俄罗斯、南非的经济增速长期处于低位。2018 年，印度、中国的经济增速分别为 7.30%、6.60%，巴西、俄罗斯、南非的经济增速分别为 1.10%、2.30%、0.70%，中国与南非经济增速相差 5.9 个百分点。② 同时，国际货币基金组织预测，2018～2023年，巴西、俄罗斯、南非的经济增速将分别维持在 2.30%、1.60%、1.70%，印度、中国的经济增速将分别维持在 7.80% 和 6.20%，金砖国家经济增速的持续分化加大了五国之间宏观经济政策的协调难度，市场规模的巨大差异也使中国与其他金砖国家的贸易合作呈现不对称的依赖关系。

三 深化金砖国家贸易合作的重要意义

金砖国家合作是发展中大国合作的典范，进一步挖掘金砖国家贸易合作潜力，推动自由贸易和投资便利，抵制"逆全球化"思潮和贸易保护主义，深化贸易合作关系有利于引领发展中国家共同发展、推动全球化进程，引领世界经贸发展，维护国际经济政治秩序健康发展，促进全球经济治理机制的变革，对金砖各国乃至世界都是有利的。

尽管金砖国家贸易合作面临一系列制约因素，但是根据 2003～2017 年金砖国家对 173 个国家和地区的出口数据我们构建了一个基于引力模型的面板数据，通过逐步增加相关控制变量来调整不同模型形式，深入考察了中国出口对其他金砖成员国出口的影响，估计方法为两步系统 GMM 方法（限于篇幅，实证过程略）。实证结果显示，中国对其他金砖国家的出口不存在挤占效应，反而具有显著的带动效应，中国出口每提高 10% 便会带动其他金砖成员国出口

---

① 资料来源：由 UN Comtrade 数据计算得出。
② 资料来源：2019 年 4 月 IMF 发布的《世界经济展望》。

增加 1.72%，这一带动效应会因东道国的地理位置、收入水平的不同而有所差别。在国民收入较低的发展中国家，中国出口的带动效应较强，显著性也较高；而在国民收入较高的发达地区，中国出口带动效应减弱；在非洲、大洋洲、拉丁美洲、欧洲、北美洲等地区，中国出口的带动效应较为显著；而在亚洲带动效应几乎不存在。本文的研究结论能有力反驳当下甚嚣尘上的"中国威胁论""新殖民主义"等言论，从侧面证实中国始终践行正确的义利观，贯彻互利共赢的理念原则。对非洲、拉丁美洲、东欧等地区的低收入发展中国家，中国出口的强力带动效应是巴西、俄罗斯、印度、南非等金砖成员国摆脱当前经济困境的推手，金砖国家应深化务实合作，提高贸易投资便利化、自由化水平，加强发展战略对接和宏观政策协调，不断增强金砖整体竞争力，提升金砖的"含金量"，加速金砖国家从全球治理的参与者向引领者身份的转变进程。

首先，金砖国家经贸合作为发展中国家共同应对当前世界经济的不稳定性提供了难得的合作平台。当前世界范围内"逆全球化"泛滥，美国特朗普上台后的贸易保护主义措施有增无减，其奉行的"美国利益优先"策略使得全球经济不确定性增加，同时发展中国家面临外部经济环境恶化、经济增速放慢、经济增长方式亟须转变等难题，必须通过南南合作，共同探讨有效的应对策略，努力扩大有利于自身发展的内外部条件、调整结构，加强对外贸易联系，才能实现本国经济的可持续发展。而金砖国家经贸合作作为国际合作的新模式，为五国共享经济发展经验、共同寻求解决问题的方法提供了宝贵平台，也为其他发展中国家经贸合作树立了重要典范，有利于发展中国家在面对重大国际问题时相互磋商，形成合力，共谋出路，从而维护自身利益，推动世界经济均衡发展。

其次，从长远看，金砖国家密切的经贸合作正在成为一股推动全球经济一体化的新兴力量，对重塑互利共赢的世界经济秩序具有重大意义。金砖五国在世界银行的投票权占 13.24%，在国际货币基金组织的份额占 14.91%。金砖国家已经成为全球经济增长的重要驱动力。2008 年爆发的全球金融危机，直到现在余波未息，充分暴露了当今国际经济治理体系的弊端。当前主要国际金融组织由西方发达国家主导，未能充分反映新兴市场国家与发展中国家的利益与诉求，加之缺乏有效的国际监管，全球金融风险不断累积，金融危机一触即发。而金砖国家始终秉持"开放包容、合作共赢"的精神，在贸易方面，积极反对贸易保护主义，主张建立更为合理的全球贸易体系；在金融体系方面，不断推进国际金融货币体系改革，呼吁国际货币基金组织和世界银行尽快弥补其"在合理性方面的不足"，尽早建立并完善一个符合各国利益、支持新兴市场和发展中经济体发展的、公正的国际货币和金融新秩序；在人类发展问题上，呼吁发达国家加大对发展中国家援助，实施如减免债务、开放市场、转让技术等措施，为欠发达国家和地区争取加快发展的机会；在全球治理方面，主张全球积极应对气候变化问题，高度关注可持续发展问题，从而推动实现各国人民共享经济发展成果。

最后，金砖国家间的经贸合作，有利于各成员国互通有无，服务于各自经济，进而促进整个世界的经济发展。金砖国家各自具有发展优势，俄罗斯的基础科学，印度的工厂制造业，巴西的清洁能源开发技术，南非的能源利用，中国的加工业、电信产业等各具优势，五国间深化经贸合作，可以实现优势互补，开辟新的产业空间，共谋发展，还能带动其所在区域的经济发展，进而促进全球经济发展。

四 深化金砖国家贸易合作的政策建议

（一）加强政治互信和国家战略对接，夯实合作共识

首先，坚持平等对话，互信互利，处理好金砖国家间的政治和外交关系，强化战略合作伙伴关系，协调矛盾，削弱贸易合作不稳定因素；其次，求同存异，秉持合作共赢原则，努力降低由领土争端、地缘政治等产生的负面影响，为金砖国家贸易合作创造良好的外部环境；最后，协调国家发展战略，将俄罗斯"欧亚经济联盟"、印度"季节计划"、中国"一带一路"倡议、巴西的"投资伙伴计划"和"前进计划"、南非"非洲发展新伙伴计划"有效聚合，最大限度地寻找各国发展战略的利益契合点，充分发挥发展各自国际发展战略的积极效应，推进金砖国家经贸合作的全面深化、互利共赢。

（二）积极推进金砖国家贸易便利化合作，形成贸易优势互补

金砖五国在贸易结构上虽具有一定的相似性，但在出口贸易关系和技术层次上存在差异，因此，通过贸易便利化合作，能大力推动五国贸易优势互补，巩固合作基础。第一，建设金砖国家之间贸易信息共享平台，通过信息共享及

时了解五国产品需求和贸易政策，从而发挥金砖国家各自的贸易优势，平衡内部贸易结构。第二，深化金砖国家之间的金融服务体系，通过设立专项基金为金砖国家贸易融资提供打包贷款、进出口信贷、担保，且为贸易结算提供资金融通便利，整合证券结算与支付系统，推动金融规则一致性建设和金融市场设施联通，为贸易合作提供稳定的宏观金融环境。第三，通过签订双多边贸易和投资协议、建立自由贸易区等方式深化经贸领域合作，推动金砖国家统一贸易标准建设。第四，发展跨境电子商务，深化在数字经济领域、基础设施互联互通等领域的合作机制建设，为深化经贸合作寻找新的增长点。第五，加强金砖国家在宏观经济政策和产业政策方面的沟通协调，避免产业和贸易方面的恶性竞争。

（三）建立金砖国家贸易纠纷解决机制，提升贸易合作效率

首先，金砖国家应深化贸易合作对话议题，了解彼此利益关切。其次，金砖国家应设立金砖国家贸易合作组织，建立必要的章程，提升合作机制的法律性与有效性，协调解决金砖国家内部贸易争端，或在各国设立常驻贸易代表，推动解决贸易争端，无论是多边还是双边争端解决机制，都要把目前已凸显的贸易合作问题加以解决；巩固金砖国家贸易合作的良好基础，维护金砖国家贸易合作的永久性、持续性。最后，金砖国家按贸易份额共同出资，建立"金砖国家贸易救济共同基金"，主要用于贸易争端裁决中被判为受损国的产业救济，以此缓解金砖国家贸易不平衡的顾虑，为金砖贸易合作增补潜力。

（四）创新与其他金砖国家贸易合作的内容与方式

随着互联网、大数据以及云计算等信息技术的不断进步，经济全球化进入数字信息时代，国际贸易的发展方式发生了深刻改变。在此背景下，第一，金砖国家应加强数字经济领域合作，在合作中寻找高新技术产业的新增长点。第二，金砖国家应积极发展跨境电子商务，助推对外贸易方式创新，通过合作进行跨境电商专业人才、配套服务、法律环境以及技术标准等方面的建设，为跨境电子商务发展消除障碍。第三，加大金砖国家科技合作，拓展贸易空间。金砖国家间的工业化进程差异较大，中国处于重化工业的后期，以建设"创新型国家"实现新型工业化是中国的必然选择，这决定了中国经济结构的定位是高技术与新兴产业的发展；而巴西和俄罗斯的经济结构正努力实现从生产资

源型大宗商品向高附加值制成品转型；印度和南非则注重基础工业的发展。具有明显差异的工业化进程，为金砖国家内部实现制造业差异化发展和产业内贸易发展提供了巨大的协调空间。

（五）协调贸易结构，助推合作步伐

由于贸易是金砖国家经济增长的重要引擎，中国作为世界第一大货物贸易大国、第三大服务贸易大国，应在金砖国家贸易合作中发挥黏合剂的作用，利用中国市场需求巨大的优势，扩大对其他金砖国家制成品的进口。而且从中国贸易结构来看，中国主要从其他金砖国家进口农产品、能源和矿产资源，而对其出口制成品，对个别国家出口远大于进口（如印度）的现状极易带来贸易摩擦问题，因此，以进口拉动其他金砖国家经济增长，在需求差异化的基础上大力发展产业内贸易，可缓和其他金砖国家内部存在的"中国与其他金砖国家贸易分工不合理"的杂音，从根本上提升金砖国家贸易能力，培育新的贸易竞争力产品，帮助其他金砖国家更快融入全球价值链并向高端攀升，更好地分享中国经济增长的成果及全球化的益处。

此外，当前中国主要从其他金砖国家进口资源密集型产品，而资金、技术密集型产品进口较少，未来一方面要扩大资金、技术密集型产品的进口比例，如扩大对印度软件、医药，俄罗斯工业设备，巴西运输设备等资金、技术密集型产品的进口；另一方面，考虑到其他金砖国家中低端劳动密集型产品在其出口额中占据较大比例，可通过扩大进口劳动密集型产品改善与其他金砖国家的贸易关系，实现贸易协调。

（六）推动金砖国家绿色贸易合作，推动金砖国家绿色发展

遵照《金砖国家领导人厦门宣言》倡议，为全面落实《2030年可持续发展议程》，金砖国家应通过绿色贸易协调推进经济、社会和环境可持续发展。金砖国家应开展绿色贸易战略性讨论，制订绿色贸易的行动规划，探索金砖国家间绿色贸易规则，共同推动WTO《环境产品协定》谈判。加强金砖国家间绿色贸易宣传和信息共享，在经贸合作中贯彻生态文明理念。加大环境标志产品互认，降低绿色产品贸易壁垒，合作举办金砖国家环保展览会，推进金砖国家绿色贸易合作，促进金砖国家绿色发展和生态文明建设。

（七）打造以金砖国家为枢纽的双环流价值体系，强化贸易合作主动性

金砖国家应打造国际价值链双环流体系，激发内部贸易积极性，一方面，发挥比较优势，加强在运输设备、农产品、电子通信、矿产、能源、钢铁等领域的贸易合作，不断提升整体产品附加值，推动金砖国家从全球价值链的中低端向高端攀升，巩固金砖国家贸易合作的产业基础；另一方面，通过贸易拓展亚非拉等发展中国家市场，辅以直接投资带动当地工业化发展，形成以南南合作为主的全球价值链"下环流"，增强金砖国家的外部吸引力，从而吸纳更多新兴经济体加入，间接扩大金砖国家贸易合作辐射范围。

（八）推动基础设施建设，挖掘内部需求

相对于其他金砖国家而言，中国具有较为成熟的基础设施建设技术、经验、投融资模式与丰富的资本，因此，金砖国家应携手合作，开展市政设施、轨道交通、公路、铁路、电力等基础设施领域的合作，充分发挥中国资本、价格、技术优势，带动旅游、房地产、建材、建筑等行业发展，加速城市化、工业化进程，调整经济结构，培育新的经济增长点，从而提升五国国民收入，增加金砖国家整体消费能力与需求。

（九）积极参与制定国际经贸规则，维护共同贸易利益

在美国不断挑起国际贸易摩擦、西方国家也欲重塑国际经济秩序的背景下，金砖国家维护全球化，推进贸易投资自由化的作用与责任更为重大。金砖国家应尽早启动对新一轮国际经贸规则的研究计划，建立以自身为主，符合新兴市场国家和发展中国家利益与诉求的、更为公平合理的全球贸易规则，反对任何形式的保护主义，减少甚至消除贸易壁垒，推动全球化发展；探索建设金砖国家间国际大宗商品价格协调机制——俄罗斯、巴西、南非为供给方，中国和印度则为需求方。目前，金砖五国在大宗商品交易价格上的话语权与其供需地位严重不匹配，在国际市场价格上完全处于被动地位。金砖国家可以通过采用本币结算规避美元波动带来的风险，降低交易成本；通过签订大宗商品长期交易合同，设立国际大宗商品储备基金，构建对话协调机制、缓冲存货机制、

平准约束机制和共同干预机制等措施稳定国际大宗商品价格；构建金砖国家国际大宗商品交易平台，探索大宗商品贸易和金融新模式，推动大宗商品交易合作机制创新，以改变发达国家控制国际大宗商品价格的局面，提升金砖国家在国际大宗商品定价领域的影响力。

（十）搭建金砖智库交流平台，为深化经贸合作提供智力支持

金砖国家应致力于打造"金砖国家智库共同体"，实现金砖国家智库合作机制化、常态化。设立金砖国家智库研究基金，轮流定期召开智库论坛、定期出版智库联合研究报告、促进金砖国家学者互访交流常规渠道便利化。在金砖国家智库共同体基础上打造金砖国家联合研究院，有针对性地研究全球经贸发展以及金砖国家经贸合作、自身发展中出现的新问题和紧迫问题，为深化经贸合作贡献智慧。

参考文献

蓝庆新：《七措并举创新和深化金砖国家合作机制》，《中国经济时报》2017 年 9 月 5 日。

蓝庆新：《金砖国家亟须提升大宗商品定价权》，《国际商报》2017 年 7 月 27 日。

唐宜红、俞峰：《中国与其他金砖国家贸易竞合关系研究》，《亚太经济》2017 年第 3 期。

B.28
中国如何利用金砖合作参与全球治理

杨　娜[*]

摘　要： 国际关系中的不确定性日益加剧，要求国家与全球治理机构
采取积极的应对措施。以美国为首的西方发达国家呈现回归
保护主义、在全球治理中呈收缩的趋势。以中国为代表的新
兴国家成为全球治理的关键行为体，金砖合作机制更是成为
代表广大发展中国家利益和诉求与金砖国家参与全球治理实
践的重要平台。中国作为金砖机制的重要成员，探寻如何凝
聚金砖力量以便更有效地参与全球经济、金融、生态、发展
等治理进程，不仅符合国家发展需求，也同金砖国家诉求、
全球治理需要相契合，有力回应了国际社会对中国应提供更
多全球公共产品的呼声，也有助于金砖机制在全球事务中发
挥更大作用。

关键词： 金砖合作机制　全球治理　全球化　中国作用

随着全球化深入发展，各国实力对比发生重大变化，由西方国家主导的
既有国际机制在应对全球性危机、兼顾各国利益且协调发展中国家与发达国
家关系等方面力不从心。以中国、巴西、南非等国为代表的新兴市场国家，
积极推进现有国际机制的改革，努力探索融入乃至引导全球治理的新途径。
作为备受瞩目的新兴经济体，中国以金砖成员的身份参与全球治理，在这一
进程的诸多领域中发挥重要作用，既有力地回应了发达国家要求中国在全球

---

* 杨娜，南开大学周恩来政府管理学院副教授，研究领域：全球治理和欧洲一体化。

治理中承担更多责任的要求，又谨慎地避免了西方国家和周边邻国对中国崛起的疑虑。

一　金砖合作机制成为全球治理的重要行为体

金砖合作机制由经济发展前景较好、具有地区影响力且都属于新兴发展中国家的五个国家组成。发达国家主导下的国际经济秩序正在发生变化，质疑西方国家主导的国际机制的合法性和影响力的声音频现。随着五国积极探寻共同利益、弥合分歧，金砖国家机制愈加成熟和完善，在全球治理中频繁以金砖整体身份发声，在国际经济贸易领域和全球经济金融治理领域表现突出，成为当今国际体系中不可或缺的重要行为体，致力于改革现有国际秩序的不合理方面，推动国际秩序朝着有利于发展中国家利益的方向发展。金砖国家经济将持续稳健的获得增长。金砖国家占世界国内生产总值的比重也在不断上升，世界经济的重心将真正从发达国家向发展中国家转移。国际货币基金组织总裁拉加德曾指出，尽管世界经济增长较为缓慢，但发展中国家的前景乐观，它们对2015年、2016年全球经济增长的贡献仍将超过3/4，是世界经济增长的主要力量。在全球经济复苏脆弱且不均衡的大背景下，作为发展中经济体的领头羊，金砖国家前景光明。2016年，国际货币基金组织更新了十大股东名单，其中金砖国家占据了四个席位，表明金砖成员在国际经济金融领域的话语权和代表权得到较大提升。

金砖五国分处欧、亚、美、非四大洲，具有广泛的地域代表性，五国在人口规模、领土面积、资源禀赋等方面各有优势，在处理地区事务时都有较强影响力，五国都是二十国集团（G20）峰会的成员，金砖成员身份的相似性也是五国选择合作的重要因素。金砖国家因共同利益聚在一起，特别是在重要国际机制中竭力呼吁代表权和投票权与国家实力、对世界经济的贡献相匹配。虽然金砖成员国都是各地区强国，但单个国家尚不具备改变现有国际秩序的能力，因此，联合起来以整体发声是增强自身国际影响力和话语力的最有效途径。具体来说，以金砖为代表的新兴经济体群体性崛起，改变了世界经济发展版图，在推动全球治理机制改革方面也发挥重要作用，利用G20平台，在涉及金融经济、气候变化、贸易摩擦等问题上加强沟通协调，推动国际货币基金组织和世界银行机构改革，提升新兴经济体和发展中国家的代表性和发言权，而在传统和非传统安全风险不断加大、逆全球化思潮抬头的大背景下，金砖国家应定位为新兴市场国家和发展中国家团结合作的"助推器"、地区与国际局势的"稳定器"和国际秩序变革的"加速器"。① 截至目前，金砖机制化进程稳步推进。金砖新开发银行的成立有利于解决发展中国家在基础设施建设等领域的资金短缺问题，提高金砖国家在国际金融体系中的谈判地位；应急储备安排促进金砖成员的金融稳定，逐渐发展成为多边金融稳定机构；金砖合作机制逐渐形成以领导人会晤为引领，多层次、宽领域的合作架构，在国际舞台上发挥越来越重要的作用。②

二 中国是金砖合作机制的坚定支持者和积极参与者

习近平主席在金砖国家领导人果阿峰会上表示，中国是金砖机制的坚定支持者和积极参与者，把金砖国家合作作为中国外交的重要方向，相信金砖国家合作将有力促进世界和平、稳定与繁荣。中国是金砖机制中经济体量最大的国家，应在金砖发展过程中发挥重要作用、贡献更多公共产品。以金砖国家新开发银行（NDB）为例，从这一机制的建立及其投票权、应急储备安排的出资比例看，中国贡献最多，却从不谋求霸权，以避免这一新机制成为某个国家的"一言堂"。同时，该机制还实现了制度创新，即五个成员国既是股东也是借款国，成员在决策中一律平等，彻底改变了西方主导的现行国际机制的运行方式。金砖国家成立近 20 年来③，2006～2016 年五国的经济总量在世界经济中的比重从 12% 上升至 23%，对全球经济增长的贡献率超过 50%。④ 金砖国家能在全球治理中找准自身定位，在各个治理领域充分发挥作用，中国功不可没。具体来说，在金融投资领域，中国主导推进金砖新开发银行以绿色贷款为

---

① 王毅：《金砖合作要做助推器、稳定器、加速器》，新华网，2017 年 6 月 19 日，http：//www. xinhuanet. com/fortune/2017 - 06/19/c_ 1121172300. htm。

② 伊鸣：《"金砖峰会"中国重要作用凸显》，新华网，2014 年 7 月 15 日，http：//www. xinhuanet. com//world/2014 - 07/15/c_ 1111622328. htm。

③ 2010 年，南非成为金砖成员，"金砖四国"改名为"金砖国家"（BRICS）。

④ 《"金砖 +"之魅》，《国际金融报》2017 年 9 月 4 日，第 1 版。

特色，助力金砖国家可持续发展，2016 年底已批准 7 个贷款项目，"上海智慧新能源推广应用示范项目"拿到 5.25 亿元人民币的主权贷款；在工商领域，金砖五国发表了《金砖国家深化工业领域合作行动计划》；在科技领域，中国从技术优势和市场需求出发，加快在新技术开发和新兴产业发展中的布局，金砖五国联合发布了《金砖国家 2017~2018 年科技创新工作计划》，中国鼓励各国企业和研发机构在物联网、云计算、大数据等新型信息通信技术领域开展合作；在智库合作领域，中国搭建"三合一"论坛，深化五国智库交流合作；在教育领域，成立了大学联盟，推动金砖国家高等教育发展战略对接，促成《2017 年金砖国家青年论坛行动计划》。①

习近平主席深入分析世界发展态势和国际格局的变化，体现了中国对当前国际体系及其未来发展方向的判断。他强调，要充分估计国际格局发展演变的复杂性，更要看到世界多极化向前推进的态势不会改变；要充分估计世界经济调整的曲折性，更要看到经济全球化进程不会改变；要充分估计国际矛盾和斗争的尖锐性，更要看到和平与发展的时代主题不会改变；要充分估计国际秩序之争的长期性，更要看到国际体系变革方向不会改变。② 随着中国国家实力的不断上升，中国将改革不公正不合理的国际旧秩序、构建人类命运共同体视为重要任务，但中国不会挑战现有国际政治经济秩序，而是全面参与这一秩序，在参与中发挥建设性领导作用，推动国际秩序实现渐进式改革。③

金砖合作机制是世界处于大发展大变革大调整时期的现实缩影，是全球治理体系改革与创新的构成要素。从 2009 年首次峰会召开标志"金砖国家"正式成立，到金砖国家新开发银行与应急储备安排的确立以及五国在 G20 峰会、国际货币基金组织、世界银行、联合国气候大会等多边场合上的共同发声，金砖合作机制已成为覆盖亚、美、欧、非四大洲的多层次、立体化合作网络，而其正向外部性与影响力亦呈加速扩散趋势，从经济金融逐步延伸至政治安全、人文交流、气候能源等多领域合作。在此过程中，2013 年《德班宣言》对金砖国家合作宗旨的修订和"一体化大市场、多层次大流通、海陆空大联通、

① 陈晓晨：《金砖这十年，中国都贡献了什么？——2017 金砖峰会专家谈系列（二）》，海外网，2017 年 9 月 1 日，http://opinion.haiwainet.cn/n/2017/0901/c353596-31097213.html。
② 《中央外事工作会议在京举行》，《人民日报》2014 年 11 月 30 日，第 1 版。
③ 赵可金：《国际秩序变革与中国的世界角色》，《人民论坛》2017 年第 14 期，第 37 页。

文化大交流"四大目标的确立，预示着金砖合作步入由侧重经济治理的"对话论坛"向"经济和政治并重、虚实结合"的全方位协调机制转型。① 尽管当前全球治理体系仍然由发达国家主导，但旧有治理体系的民主性、合法性、有效性赤字日益凸显，亟须进行改革以适应新兴市场国家与发展中国家日益崛起的客观现实。作为全球治理机制的新生力量与内在补充，金砖国家合作机制已成为代表新兴市场与发展中国家应对全球问题的重要协商与对话平台，在全球治理中具有不可忽视的影响力。② 中国作为金砖合作机制重要的成员国以及全球最大的新兴市场与发展中国家，应立足金砖五国合作，以推动全球经济、金融、环境、发展善治为重点全面参与全球治理，实现全球治理方案与理念的多元化，推动世界格局从传统的统治与服从的强权型特征向符合时代要求的平等参与和互利共赢的民主型特征转化③，并通过金砖国家之间的良性互动构筑新型大国关系、全球伙伴关系网络的范本，全面推进新型国际关系、人类命运共同体的建立。

三　中国如何利用金砖合作参与全球治理

作为金砖机制的重要一员，中国一直致力于推动金砖国家合作，借助金砖合作机制在诸多领域积极深入地参与全球治理进程。

（一）以"内促转型增长、外求深化合作"促进全球经济善治

全球经济治理是金砖合作机制目前发挥效用最为显著的领域。经济发展与合作是金砖合作机制成立的本源，稳固增强的经济实力是金砖国家参与全球治理、实现治理创新的基础。结合当前世界经济形势的演变，中国可从以下方面强化金砖五国合作，参与全球经济的有效治理。

一是加快内生经济动能更新，助推金砖国家与全球经济复苏。2008 年国际金融危机爆发以来，金砖国家普遍面临外部经济环境恶化、经济增长速度放缓、

---

① 朱杰进：《金砖国家合作机制的转型》，《国际观察》2014 年第 3 期，第 59 页。
② 徐秀军：《制度非中性与金砖国家合作》，《世界经济与政治》2013 年第 6 期，第 80 页。
③ 徐秀军：《制度非中性与金砖国家合作》，第 84 页。

金融市场动荡、产业结构不合理、核心技术竞争力不足等问题，五国经济可持续发展能力存在隐患。因此，中国应在立足国内经济改革的基础上，协同金砖国家结合实际国情有序实现经济创新驱动，完成新旧增长动能转换。中国可继续推进经济供给侧结构性改革，稳步实现"互联网＋"的经济发展模式，释放人工智能、大数据、生物科技、共享经济等新产业的经济活力，治理内部产能过剩、区域不平衡、创新研发能力不足等问题，维持中国经济稳中向好的发展态势。此外，中国应倡导并支持金砖国家结合自身国情实现经济的创新驱动，带动金砖国家实现经济转型升级。中国、俄罗斯、巴西、印度、南非均为人口、资源大国的客观事实决定，其内生动力转换必将带来巨大的规模效应，拉动后金融危机时代全球经济的复苏，为金砖国家谋求全球经济治理变革奠定坚实基础。

二是夯实金砖国家的合作机制，打造开放、包容、普惠、共赢的经济全球化。金砖国家具备相似的经济特征与较强的资源、产业互补优势。在面临单边主义、贸易保护主义、霸权主义抬头的挑战下，中国需要发挥自身贸易金融优势，淡化地缘政治差异，注重以实体经济资本输出方式推进相互间的合作。金砖国家之间需要坚定不移地维护自由贸易和多边合作，结合各自的比较优势实现贸易、投融资合作的再增长，进一步发掘五国在工业制造、服务产业、原料生产、能源领域的先发优势。同时，金砖国家合作机制应继续巩固同非洲与拉丁美洲之间的合作，尤其是重点发展对非合作，帮助落后地区实现经济可持续增长，将经济全球化的正面效应惠及广大新兴市场国家与发展中国家，使经济全球化的成果惠及更多民众，抵御并阻断部分西方国家的逆全球化行径。

三是以渐进式改革完善全球经济治理体系。金砖国家合作机制倡导的是对现有经济体系的渐进式和包容性改革，打破少数发达国家对全球经济事务的垄断，在反映和表达广大新兴市场和发展中国家改革诉求的同时，实现发达国家与发展中国家的友好平等与互利共赢，改善旧有经济治理机制的民主赤字，而绝非否认并推翻二战以来的全球经济治理体系。金砖国家在继续推进国际货币基金组织、世界银行投票增加新兴市场国家投票比重的同时，重视和日本、欧洲、美国等发达国家的协调，灵活保持与世界贸易组织、国际货币基金组织、世界银行等国际组织的平衡，消除不必要的误解，避免无谓的猜疑。①

---

① 王浩：《全球金融治理与金砖国家合作研究》，《金融监管研究》2014 年第 2 期，第 85 页。

（二）立足金砖金融合作机制推动全球金融治理改革

经济的持续增长在推动全球经济格局趋于平衡的同时，也使金砖国家意识到既有国际金融秩序存在的缺陷，参与金融事务合作、规避金融风险、改革金融秩序进入金砖国家合作的议事日程。金砖国家新开发银行和应急储备安排的确立标志着金砖国家正深入谋划全球金融治理体系的改革，既有的全球金融治理体系更多代表美国与老牌资本主义国家的利益，存在外汇流通币种单一化、货币错配问题严重、金融稳定性不足、大宗商品消费与定价权不匹配等重要缺陷。① 鉴于此，中国在推进金砖国家金融合作的进程中应着力解决上述问题，实现全球金融善治。

第一，推动国际结算与信贷币种多元化。2008 年国际金融危机的爆发再度凸显了以美元为代表的单一主权货币体系的缺陷，危机后世界经济的复苏与全球经济格局的变化亟须与之匹配的国际货币体系。在此背景下，金砖五国应积极尝试建立更加民主化、多元化的国际货币体系，推动南方国家货币的国际化程度。立足金砖国家之间的金融合作，中国应逐步扩大金砖国家之间的本币互认与结算制度，推动金砖国家内部金融表现稳定国家的货币扩大流通范围，并外延至金砖国家与其他国家和地区的流通借贷，实现人民币、卢布、雷亚尔的国际化，打破美元、欧元的垄断。

第二，完善全球金融机制建设与人才培养。金砖国家新开发银行尚处在发展阶段，需要一系列相匹配的金融制度、金融组织和职能部门。因此，中国应联合其他金砖四国逐步完善金砖国家金融机制，设立金融监管等专职部门加强隐形金融机制与衍生产品的监管，并着力营建具备全球影响力的金融中心。目前金砖国家仍然没有具备全球辐射力的金融中心，中国可大力推动香港国际金融中心的建设，完善其既有国际资本金融运营经验与优势，并加快上海金融中心的建设，鼓励其他金砖国家建立非洲、欧洲、美洲区域的金融中心。此外，中国应积极建立金砖国家倡导的金融治理规则与规范，在谋求国际货币基金组织、世界银行更大投票份额的同时注重提升话语权，破除金融放任自由主义的

---

① 参见李稻葵、徐翔《全球治理视野的金砖国家合作机制》，《改革》2015 年第 10 期，第 52～53 页。

迷信，倡导"实事求是"的发展原则，让各国依照自身实际情况调配宏观调控与市场机制的关系，培养具备金融知识的中高级管理人才与后续人员，在提升金砖金融组织的国际化、专业化程度的同时扩大对全球金融组织运作的参与。

第三，推广金砖国家应急储备安排的规范，建立共建共享共治的全球金融安全共同体。预防和治理全球金融风险需要继续完善金砖外汇储备库，推广其倡导的"自我管理"，即由金砖各国的央行分别划出一定数量的外汇储备建立共同的储备基金，再由该储备基金签署协议委托各成员国在非危机时期分别管理各自的出资，在危机发生时集中用于短期资金救助①，将金砖外汇储备库作为全球金融安全网的示范者，寻求协商共治金融风险的金砖方案，推动建立共商共建共享的金砖国家和全球金融安全共同体。

第四，构建更加公平合理的国际大宗商品定价机制。作为新兴市场和发展中国家的代表，金砖五国是世界大宗商品重要的生产者与消费者，五国所辐射的东亚、南亚、南美等区域是全球轻重工业原料的主产地。然而，受制于二战后西方国家主导建立的大宗商品定价机制，金砖国家并没有获得与其生产潜力及市场份额相匹配的定价权，世界大宗商品定价仍然由少数西方国家主导。鉴于此，中国应倡导金砖国家推动国际大宗商品定价机制的改革，在呼吁既有定价机制改革的同时，谋求金砖国家之间的定价机制安排，尝试建立五国之间、五国与广大发展中国家之间橡胶、矿物、食糖、石油等五国主要进出口商品的价格商定协议，令大宗商品定价更多反映生产国与消费国的利益诉求，打破当前生产消费配额与定价权重脱节的局面。

（三）以"巧用比较优势，创新合作模式"引领全球生态环境治理

作为新兴市场与发展中国家建立的南南合作机制，金砖国家围绕"全球经济发展""金融体系改革""全球减贫脱贫"等议题在国际舞台上不断发声，成为完善全球治理体系的重要力量。应日益严峻的生态环境危机与日益增强的发展转型要求，金砖国家近年来也尤为重视生态环境合作，致力于巩固和提升发展中国家在全球生态环境领域的话语权。应当指出，自金砖国家合作机制诞

---

① 朱杰进：《金砖国家合作机制的转型》，《国际观察》2014 年第 3 期，第 71 页。

生以来，气候变化、环境污染等生态环境问题就已经进入金砖国家合作的议事日程，但其真正落实则始于 2014 年金砖国家环境部长非正式会议。截至 2018 年 8 月，金砖国家已举行过四次环境部长正式会议①，在空气质量改善、水资源利用与管理、维护生物多样性方面达成了广泛的共识并取得了丰硕的成果，但由于正式启动的时间较晚，既有合作也面临合作模式滞后、治理有效性不足的困境，在可预期的未来，金砖国家可从如下三方面着手，进一步促进各成员国在生态环境领域的合作。

第一，利用金砖国家的比较优势，构建更加高效的环境合作平台。金砖国家在生态环境领域具备坚实的合作基础，部分清洁能源的开发已达世界领先水平，中国的太阳能产业发展迅猛，巴西在可再生能源与海洋能源的利用方面具有丰富经验，南非拥有世界上最先进的"煤炭液化"技术，俄罗斯则在核电领域具备核心竞争优势。② 金砖国家应利用各自的比较优势，建立互补、共赢的环境合作机制，包括环境技术转让平台、知识产权保护机制等。此外，还可考虑建立非正式的环境保护知识的交流与共享平台，互换彼此的环境保护经验，提高金砖国家应对环境问题的专业水平。

第二，积极引入社会资本与非国家行为体，引领全球生态环境治理的新发展。相较于经济治理与发展治理，全球生态环境治理兴起时间较晚，而且，它是一个真正以全球利益为先的治理领域，更容易受到国家机会主义倾向的影响。③ 正因如此，全球生态环境治理方兴未艾，机制建设也远未成熟，金砖国家应充分利用这一契机，创新合作模式，打造具有示范效应的环境合作平台，引入社会资本可能成为这一全新合作模式的突破口。"中国国家发展改革委于 2016 年 8 月发布了《传统基础设施领域推广 PPP 模式重点项目》，俄罗斯于 2015 年 7 月通过了《俄罗斯联邦国家——私人合作、自治地区——私人

---

① 第一次环境部长正式会议于 2015 年 4 月在俄罗斯莫斯科召开；第二次环境部长正式会议于 2016 年 6 月在印度果阿召开；第三次环境部长正式会议于 2017 年 6 月在中国天津召开；第四次环境部长正式会议于 2018 年 5 月在南非德班召开。
② 左品、蒋平：《金砖国家参与全球气候治理的动因及合作机制分析》，《国际观察》2017 年第 4 期，第 69 页。
③ 例如，贝拉克·侯赛因·奥巴马在担任美国总统期间，为抢占道义的制高点，曾积极推动全球生态环境特别是气候变化治理，但是现任美国总统唐纳德·特朗普在看到治理生态环境无近期利益可图时，则怒斥全球变暖是骗局，甚至退出《巴黎协定》。

合作和俄罗斯联邦特定法规修订联邦法》，放宽了外国投资进入公共基础领域的门槛。"① 在注入社会资本的基础上，金砖国家还可鼓励更多的非国家行为体，包括非政府组织、跨国公司甚至个人参与生态环境治理，毕竟部分非政府组织可提供强大的技术支持，跨国公司则是重要的财力后盾。

第三，加强与国际社会的沟通、交流，注重吸收发达国家在生态环境保护领域的经验。很多发达国家在历史上也由于片面追求经济发展而导致生态环境的严重破坏，但它们也都通过较为有效的治理手段实现了生态环境的良性修复。作为国际体系中的"后发国家"，金砖国家应秉持"不忘本来、吸收外来、面向未来"的精神，着重汲取发达国家在可持续发展目标制定、资源的循环利用、绿色金融等方面的经验。与此同时，更应借助联合国这一平台，实现与发达国家和其他发展中国家治理经验的共享，推动全球范围内的生态环境合作。

（四）以"培育共同理念，加强战略对接"实现全球发展有效治理

现今的全球秩序已进入深刻调整阶段，西方国家经济低迷，治理危机频发，金砖国家则凭借良好的贸易、投资表现，不仅成为全球经济增长新引擎，更为落实联合国千年发展目标做出了突出贡献，金砖国家在全球发展治理中扮演日益重要的角色，一种不同于"华盛顿共识"的"金砖共识"在悄然形成②，在可预期的未来，金砖国家可从如下三方面入手，进一步巩固与提升自身在全球发展治理中的地位与作用。

第一，继续培育各方在发展领域的共同立场，争取"用一个声音说话"。鉴于金砖国家实现了由传统受援国向新兴施援方的转变，它们中的绝大多数均秉持相似的援助理念，即将双方看作平等的合作伙伴，附加的政治条件较少且合作领域主要分布于基础设施建设与生产性领域③，这一援助理念与西方国家秉持的传统援助理念存在巨大差异。但事实证明，这一援助共识确实促进了其

---

① 李凯杰、葛顺奇：《金砖国家环境议题的合作与发展》，《国际经济合作》2017 年第 8 期，第 16 页。
② 关于"金砖共识"的目标及内容参见朱杰进《试析金砖银行的发展理念创新》，《复旦国际关系评论》2016 年第 2 期，第 1～15 页。
③ 汤蓓：《金砖国家对全球发展治理机制的选择性参与》，《复旦国际关系评论》2016 年第 2 期，第 40 页。

他发展中国家特别是最不发达国家的经济发展，显著地提高了当地人民的生活水平，而且国际货币基金组织和世界银行也开始吸取新兴发展中国家的减贫经验，并将其应用到全球的减贫议程中。因此，金砖国家应继续恪守这一共同的援助理念，并在重要的发展问题上协调彼此的立场，进一步加深合作的程度，提高发展中国家在全球发展治理中的话语权，推动全球治理体系朝更为公正、合理的方向发展。

第二，实现金砖国家合作机制与联合国发展议程及各成员国国家发展战略间的有效对接，增加金砖国家的利益交汇点，提高各方共同合作的动力，拓展共同合作的空间。一方面，作为全球发展治理的"后来者"，金砖国家必须加强与以联合国为代表的传统治理主体间的联系，2016年1月1日起正式实施的《2030年可持续发展议程》可成为继《千年发展目标》后，两方（金砖国家与联合国）战略对接的又一契机，金砖国家应充分落实《2030年可持续发展议程》，并借此进一步深化合作程度，加强伙伴关系，"做到理念上有共识、行动上有计划、机制上有保障，实现共同繁荣"[①]；另一方面，还需要特别加强金砖国家合作机制与各成员国国家发展战略间的有机联系。就中国而言，"一带一路"倡议与金砖国家合作机制可实现协同发展，既符合金砖国家合作转型的需要，又有助于提高新兴发展中国家在全球发展治理领域的发言权。

第三，提高援助信息的透明度，建立相应的机制来评估金砖国家援助的最终效果。正如部分学者指出的，金砖国家的援助理念与援助实践在取得丰硕成果的同时，也存在一定的不足，包括缺乏对援助标准的统一说明、具体的发展合作条件较少公之于众、援助规模基本依靠测算等[②]，这不仅实质性地影响到金砖国家的援助成效，更成为西方国家质疑甚至攻击新兴发展中国家的借口。因此，金砖国家应借鉴传统援助方的有益经验，建立专门的网站，及时更新援助的数据与进度。此外，共同完善对外援助的理论体系更是迫在眉睫。金砖国家虽然提出了与西方国家截然不同的援助理念，但迄今为止并未形成完整的理论支撑，金砖国家需要通过交流与沟通，制定统一的援助标准，建立科学的机

---

① 张蛟龙：《金砖国家落实2030年议程：共同挑战与合作路径》，《拉丁美洲研究》2018年第2期，第153页。

② 参见汤蓓《金砖国家对全球发展治理机制的选择性参与》，第40页。

制来评估并反馈金砖国家的援助成效，回击西方国家的质疑。

综上所述，金砖国家在全球治理中扮演着日益重要的角色。作为既有全球秩序的支持者与建设者，它们积极参与全球经济、金融、发展、生态环境等多领域的治理，并尝试为国际社会贡献更具成效的公共产品；作为新兴市场与发展中国家，它们也逐渐成为既有国际体系的塑造者与革新者，致力于削减全球治理的"参与赤字"与"责任赤字"，最大限度地减少全球治理失灵，推动全球治理体系朝向更为公正、合理的方向发展。但不可否认的是，由于合作时间尚短，成员国内部政治、经济结构差异较大，既有合作在不同治理领域也仍面临一定缺陷。在可预期的未来，金砖国家应进一步加深合作程度，拓宽合作领域，实现金砖国家合作机制的积极转型，搭建起发达国家与发展中国家相互沟通的桥梁。此外，在巩固既有合作成果的同时，更要尝试将不同于西方的理念、原则理论化、制度化，争取在更多场合用"一个声音说话"，共同提升新兴市场与发展中国家在全球治理中的话语权和代表权。

四　总结

当今国际社会，反全球化浪潮此起彼伏，贸易保护主义卷土重来，全球性问题层出不穷，英国决定脱欧、美国退出部分既有国际机制，国际形势充满不确定性，这不仅挑战着现有国际秩序，更是检验国际主要行为体全球治理能力和考验大国智慧的时刻。中国在以金砖成员的身份参与全球治理过程中，面临多重挑战。如何应对这些问题和挑战，关系到中国与金砖合作机制能否在全球治理进程中发挥更为关键的作用。

第一，正确把握金砖未来发展。金砖合作机制作为全球经济的新鲜血液和国际秩序变革的驱动力，其未来发展前景显得至关重要。金砖合作机制代表广大发展中国家的利益诉求，与西方发达国家、联合国、G20等机制如何互动。金砖合作机制作为国际新机制，设定了新的规则，开启了国家间合作新模式，在推动国际秩序变革过程中发挥怎样的作用此前金砖合作机制主要聚焦于全球经济治理领域，但越来越多的在国际政治安全领域发声，特别是在恐怖主义、气候变化、网络犯罪等问题上加强合作，就国际和地区安全热点问题达成共识，那么金砖合作机制的关注重点是否应从国际经济金融领域扩展至全方位治理。金砖内部成员国经济发展不平衡，有些成员因国内问题拖累而无暇分身国际事务，有些成员之间在一些问题上存在纠纷，国家间可持续合作的动力不足。如何推动金砖未来紧密合作？中国在其中的作用是什么？以上是未来金砖合作机制发展过程中各成员国政府需要思考和解决的问题，也是国际社会普遍关注的问题，更为从事金砖研究的学者提供了进一步深入研究的动力。

第二，以经济互补为基础加强金砖成员之间的经贸合作。随着国家经济实力的增强，中国与金砖成员之间的经贸联系日益增加。中国是俄罗斯的第一大进口来源地和第二大出口市场。中国是印度最大的贸易伙伴，印度有 1/6 的进口产品来自中国。中国已连续八年成为南非第一大贸易伙伴，南非也连续七年成为中国在非洲的最大贸易伙伴。中国是巴西最主要的出口目的地，也是巴西进口产品的主要来源地之一。虽然金砖国家之间因经济结构相似而在世界市场上存在一定程度的竞争，但它们之间的经贸互补性也较强。例如，巴西的自然资源丰富，其大豆和铁矿石等资源大量出口至中国；中国和印度都有从石油出口大国俄罗斯进口石油的需求。金砖国家间经贸联系密切，不仅有利于各国寻找新的经济增长点，从而使金砖合作机制更加稳固，还能避免因国际经济环境不利或受西方国家经济危机牵连而陷入经济增长的困境。

第三，促进金砖与其他全球治理行为体加强合作。金砖与欧盟在全球治理领域有相似诉求和利益。特朗普执政以来，美国在全球治理领域全面收缩，重回封闭排外的保护主义。美国宣布退出应对气候变化的《巴黎协定》，一向呼吁重视气候问题的金砖与环境治理走在世界前列的欧盟，有可能就全球环境治理加强合作。欧盟拥有最先进的新能源技术，并从中获得巨额的产业红利。新兴市场与发展中国家需要建设绿色环保及可持续发展的基础设施，欧盟可提供相关技术支持，"金砖 + 欧盟"机制可实现需求与功能互补，深化各方关系。金砖合作机制可与二十国集团在双方均感兴趣的议题领域尝试合作，以国际金融秩序改革者的身份力主将与发展中国家利益紧密相关的议题设为二十国集团的重要议题，也为二十国集团成为长期有效的全球治理机制创造机会。金砖合作机制与潜在成员国可探寻进一步合作空间。此外，金砖合作机制还可考虑在新兴市场国家中吸收新的成员，扩容既能减少发展失衡引发的一系列问题，同时还有助于将"一带一路"倡议的影响力拓展至全球、凝聚发展中国家、减少对美元的依赖、增加金砖成员的经济互补性，进而扩大金砖在全球治理中的影响力。

第四，力促金砖合作机制与"一带一路"协作发展。金砖合作机制是新兴市场与发展中国家主导的机制，"一带一路"由中国倡议、旨在促进沿线国家的经济发展，都是全球治理的新尝试。金砖新开发银行、亚投行和"一带一路"倡议都是新兴市场与发展中国家填补全球治理体系发展缺位的公共产品，金砖国家新开发银行和应急储备安排为"一带一路"建设提供了丰富的资金来源，并为"一带一路"建设的开展提供了稳定的金融保障，与亚投行和丝路基金形成互补互促关系。[①] 金砖国家新开发银行与亚投行在诸如维护国际金融稳定、减少对美元的依赖、支持发展中国家基础设施建设等方面有相同目标，金砖国家新开发银行尝试简化金砖国家之间相互结算与贷款业务，今后可将其经验扩展到"一带一路"建设中。具体来讲，"一带一路"沿线国家的基础设施建设可由金砖国家新开发银行与亚投行共同提供贷款，金砖国家新开发银行和亚投行设立联合风险评估小组，负责评估借贷国的国内经济金融状况，设定统一标准，决定是否发放贷款和还款方式。

第五，推动金砖合作精神为全球治理理念赋予新的含义。金砖精神的实质是开放、包容、合作、共赢，与"一带一路"倡议的共商共建共享的理念一致，为全球治理理念贡献了新的内容。金砖国家新开发银行等机构设置和票数分配等体现了多边主义和决策的民主化，不仅为全球治理的可持续开展提供了参考模式，还丰富了全球治理的思想内涵。金砖成员作为新兴市场与发展中国家，都有强烈意愿参与全球治理，在全球各领域中发挥重要作用，它们都认可全球治理的基本理念，这对于金砖成员国增强内部认同感，塑造共同价值理念具有重要意义。金砖五国力图在达成共识的基础上寻求更广泛支持，进而向国际社会提供能为大多数国家所接受的、先进的精神公共产品。中国借引领"一带一路"的时机，提出以平等为基础、以开放为导向、以合作为动力、以共享为目标的发展治理观，提倡互学互鉴互利共赢，这些新的观念和思路超越了二战以来形成的零和博弈和冷战思维，开创了国际合作新模式，不仅与金砖国家的核心价值观相契合，还为全球治理提供了新的理念。

---

① 李兴、成志杰：《金砖合作机制是推动"一带一路"建设的强大助力》，《人文杂志》2015年第12期，第33页。

B.29
中美贸易摩擦背景下金砖国家合作的战略意义

方长平　胡　炜*

摘　要： 当前，世界上最大的两大经济体之间的贸易摩擦引人关注。美国为了维护自身的经贸利益、产业优势和世界政治经济地位，频繁发起对中国的制裁，也引发了中国的反制举措。就当前贸易摩擦发展态势和美国"以利益谋取实力"的政治思想、中美经贸结构以及相关产业发展前景来判断，中美在传统经贸层面的摩擦将会持续下去，更可能在新兴产业方面形成竞争。中美贸易摩擦是发达工业国家和新兴经济体及发展中国家在全球经济竞争中的一个缩影。在中美贸易摩擦的背景下，金砖国家合作的战略意义更加凸显。"金砖国家"从一个概念成长到政治经济实体，有其历史渊源、实践发展和现实需求。中国既可以通过金砖国家的合作，借助新兴经济体和发展中国家的利益与诉求，来应对中美贸易摩擦，实现自我的稳固发展和目标的达成；也可以借机巩固和深化双边关系，完善和发展金砖机制，构建多层次的成员国体系、常设组织机构和全方位的协调机制；同时借助金砖平台，坚持和完善全球化和世界贸易体制，打造新的全球政治经济社会治理架构，丰富"人类命运共同体"这一理念的内涵和实践。

---

* 方长平，中国人民大学国际关系学院副院长、教授、博士生导师，研究领域：国际关系理论和中国对外战略；胡炜，中国人民大学国际关系学院国际关系专业 2018 级博士生。

关键词： 中美贸易摩擦 金砖国家 持续合作 战略意义

当前中美贸易摩擦已经引起国际社会的广泛关注。作为世界上最大的两个经济体之间的贸易摩擦，不仅对中美两国的经贸往来，而且对世界经济秩序的维护和规则的制定构成了多重挑战。在中美贸易摩擦的背景下，金砖国家合作的战略意义更加凸显。

一 当前中美贸易摩擦的由来、特征及缘由

以"让美国重新伟大"作为竞选口号的特朗普执政以来，在世界范围内，在政治、经济、安全领域都采取了一系列"美国优先"的政策。在经贸领域，"再工业化"、提高关税、退出部分国际制度和修改现行贸易规则等逆全球化政策严重冲击了现行的世界贸易体系。

自2017年8月中下旬以来，中美贸易摩擦纷争不断，尤其是进入11月中下旬，情势急转直下，中国同等出口产品的关税上涨最为剧烈。美国不断发起针对中国的"双反"调查和关税增收，且规模越来越大，同时也引发了中国相应的反制行动。截至2018年9月24日12时，美国政府又对约2000亿美元的中国商品加征10%的关税措施正式生效；12时1分，中国政府对原产于美国的约600亿美元的美国商品实施加征10%或5%的关税。①

从中美贸易摩擦的发展进程中可以看出美国发起的制裁逐步呈现以下几个特点：第一，制裁的对象越来越明确，剑锋直指中国。美国贸易制裁的对象在2018年多为发展中国家和新兴经济体，而中国不仅兼具发展中国家和新兴经济体两重身份，同时，据美方统计，2017年美中贸易逆差总额为3752亿美元，占美国贸易逆差总量的一半以上，故中国在美对外发动贸易战中首当其冲。从2017年8月到2018年3月2日，美国共发起21起贸易调查和制裁事件，其中以中国为对象的事件就占了13起。从2018年3月下旬至今，中国更

---

① 《关于中美经贸摩擦的事实与中方立场》，《人民日报》2018年09月25日。

是直接成为美国用贸易手段攻击的主要对象。①

第二，贸易摩擦涉及领域越来越宽且更加频繁。自 2018 年开始，美国贸易制裁领域从钢铁铝制品扩大到医疗、新材料、机械设备、工业机器人、通信技术、新能源汽车、航空产品、高铁装备等领域。② 虽然贸易制裁的实质效果需结合美国的执行和中国的应对来综合评估，但如此全面和激进地扩展贸易摩擦，难免会激化贸易争端。同时我们也要注意到，以往美国都是经过数月单项调查才公布制裁决定与措施，而最近却借助"301 调查"悄无声息地快速打击中国的制造业和新兴科技，说明美国已将中国视为产业和技术上的竞争对手，旨在通过采取一系列手段打压"中国制造 2025"以及中国经济发展 2035 规划。

第三，贸易制裁开始向新的阶段迈进。根据美国 2018 年 4 月 4 日发布的加征关税的商品清单，美国决定集中打压中国有国际竞争优势的高精尖产品。从当时情势看，美国尚没有进一步的动作，只预留一个"欲依据'301 调查'，额外对 1000 亿美元中国进口商品加征关税"的尾巴。但是在 9 月 24 日美国政府在严重歪曲中美经贸关系的基础上直接将征收关税额度提升到 2000 亿美元，同时不断加大关税施压力度。可以断言——美国已经不再关注传统制造业的"守成"，而聚焦于新兴制造业的"攻坚"，涉及面比我们预想的要更广，以此迎合美国的"先进制造业国家战略计划"。中国通过近几年的"调结构、转方式、促升级"政策，出口商品结构得到了进一步优化，据统计，高技术含量、高附加值的高新技术产品出口份额增幅达到 17.2%，高于总体增速 1.6 个百分点，占比达到 29.1%。③ 此刻美国实行这项政策大有遏制中国制造业转型升级的意味。如果中国的高新技术产品出口依然保持强劲的出口态势，美国必然更频繁地以这种牺牲市场也不愿转移技术的方式来压制中国的竞争优势，从而保持自身在高新制造业的优势地位。

---

① 资料来源：《中美贸易战情景分析：美国会拿哪些行业开刀？中国如何反制防范并举？》，搜狐财经，2018 年 3 月 13 日，http://www.sohu.com/a/225444870_313170。
② 《美国商务部公布制裁名单：新增 44 家中国军工类企业（附完整名单）》，芯智讯，2018 年 8 月 1 日，https://xueqiu.com/2156146731/111420925。
③ 《中国对外贸易形势报告（2018 年春季）》，中华人民共和国商务部，2018 年 5 月 7 日，http://file.mofcom.gov.cn/article/gkml/201805/20180502740111.shtml。

美国刻意制造贸易摩擦的逻辑和方法简单明了，环环相扣，有迹可循，前面的制裁为后面的制裁制造声势和提供"惯例"。首先，美国以不承认中国市场经济地位为基础性理由。2017年11月30日，特朗普政府正式拒绝中国根据《中国加入世界贸易组织议定书》第15条获得市场经济地位的要求。① 如此一来，依据相关法律规定，两国企业在国际反倾销诉讼中就处于不平等地位，这使得美国可以占尽先机主动发起对中国双反调查。而由于"非市场经济国家"的帽子扣在中国头上，无论国内经济运行的现实状况如何，中国都难免成为造成美国经济下滑、失业率攀升的主谋。其次，美国将知识产权与政府的相关政策挂钩，从而扩展调查和制裁的维度。由于背负"非市场经济国家"的名声，中国常常被美国指责为政府过度干预。以往美国在知识产权领域常以"中国的知识产权保护力度不够"为理由，在最新的"301调查报告"中，美国在"知识产权保护"上另辟蹊径，认为中国存在强迫性技术转让，违反了知识产权方面的相关规定，对美方实行了不公平的贸易。"欲加之罪，何患无辞"，中国政府无论在知识产权领域有无作为都会成为美国攻击的对象，知识产权只是美国限制中国高新技术发展的另一个着力点。最后，美国以国家安全审查政策来限制中国企业的经营、投资和贸易。美国政府直接越过听证程序和国会议程，单方面以国家安全名义采取实质性制裁，是过去名义上以"倾销"和"窃听"为由对中国发起贸易制裁做法的升级。自2002年以来，美国发起的针对企业的"337调查"案件有1/3涉及中国企业②，理由越来越模糊，措施越来越苛刻。可以预见，未来美国会更多以国家安全、产业保护以及禁运管制等为理由阻碍中国公司的跨国经营。

美国的政策已经偏离中美正常的贸易关系。未来中美贸易关系是否会走入全面贸易战的境地？为寻找答案，我们必须更加深入地了解中美贸易摩擦的缘由。

第一，美国始终希望对外贸易偏向美国实现本国利益。美国的利益是什

① 《美首次公开拒绝承认中国市场经济地位，商务部官员：此时"泼冷水"对谁都没好处!》，环球网，2017年12月1日，http://world.huanqiu.com/exclusive/2017-12/11414218.html。
② 《商务部召开例行新闻发布会（2016年7月19日）》，中华人民共和国商务部，2016年7月19日，http://www.mofcom.gov.cn/xwfbh/20160719.shtml。

么？主要是保持美国第一的优势地位。如何实现美国利益？特朗普开出的药方就是"雇美国人、买美国货"。退出了跨太平洋伙伴关系协定（TPP）、重修北美自由贸易区（NAFTA）协定，这无疑是一种为世人所诟病的孤立主义行为，但美国依旧没有放弃通过制定和更改贸易规则来维护自身利益，约束新兴经济体发展。同时，特朗普认为奥巴马政府在多边谈判上"让步过大、约束过多"，于是诉诸双边谈判，在维持美国优势地位的同时推卸全球责任，以便更直接迅速地实现美国利益。

第二，中美巨额贸易逆差存在结构性问题，是历史发展的必然，短期内无法改变。中国对美贸易逆差的存在，除因两国贸易统计方法、人民币汇率和贸易体量不同外，经济全球化更是一个重要因素。中美两国已被深深卷入全球化的产业链布局之中，两国在产业结构、国际分工、跨国公司等方面的差异性助推了贸易逆差的扩大。这些本是全球化大势的反映，贸易逆差数字背后是共同利益的提升。而美国试图人为改变贸易逆差，其实质就是逆全球化的举动。

第三，相关产业自身的发展影响美国对华贸易政策的调整，导致中美贸易摩擦的产生。首先，随着高科技技术产业的发展，智能化、机械化不断推进，机器正在逐步取代人工。当前劳动密集型产品依然是中国对美贸易逆差的最重要的来源，美国欲凭借其先进的信息科技优势与新工业化打击中国的劳动密集型产业。其次，是国际产业分工替代成本的降低。在以往的经济战中，中美两败俱伤。之前美国政府会由于选票和国内利益集团的压力，对中国的某一商品征收反倾销税，这必然会导致美国同类商品价格上涨，让企业和消费者付出更高的代价来保住相关产业工人的工作，同时中国的反制行动也会给美国造成不小的损失。而今随着跨国公司全球生产的扩展，外包、产业链再造、部门的扩展以及替代技术的运用变得越来越频繁，居于全球产业链中心的美国更是拥有全球范围的广阔选择余地。换言之，调整政策的替代成本越来越低，不用过多担心"杀人一千，自损八百"的局面，因此美国更愿意做出调整贸易政策的决定。最后，中美围绕新兴产业领域的竞争日趋激烈。智能医疗、跨境电子商务、新能源和智慧交通等新行业正迅速崛起并快速成长，以上都成为中国对美贸易的新兴增长点。美国国内对这些新兴产业也存在巨大的需求，以智能医疗为例，据统计，美国近几年及今后一段时间的劳动力供给增长率为零，而每天大约都有一万人加入领取退休金的队伍，美国人口的老龄化趋势正在加剧，存在巨大的医疗需求缺口。美国国内并非没有发展这些产业的基础和实力，但因为中国的产品更具价格优势且美国企业更多选择全球化经营模式①，所以一旦这些新兴产业在美国本土得以发展和壮大，就将与中国产品形成新的竞争，美国政府可能不得不去培育和保护此类新兴产业。

二　金砖国家合作的历史与现状

2001 年，"金砖四国"这一概念被首次提出。2006 年，在联合国大会期间，经俄罗斯的倡议，中、俄、印、巴四国举行首次金砖国家外长会晤；2009 年，首次金砖国家领导人会晤在俄罗斯叶卡捷林堡举行，此后每年举行一次领导人会晤；2010 年 12 月，经各国协商一致，南非正式加入金砖国家合作机制，金砖国家扩大为五国，英文名称被更正为"BRICS"。金砖五国分布于亚洲、非洲、欧洲、美洲，均为二十国集团成员。经过 10 年的发展，金砖国家已成为新兴市场国家和发展中国家合作的重要平台，并且形成了一股不可小觑的政治经济力量——五国的国土面积占世界总面积 26.46%，人口占世界总人口 42.58%，在世界银行的投票权占 13.24%，在国际货币基金组织的份额占 14.91%。据介绍，金砖五国经济占全球经济的比重，已经从十年前的 12% 上升到 23%；金砖国家国际贸易占世界贸易总额的比重从 11% 上升到 16%；对外投资的比重从 7% 上升到 12%；吸引外资的比重 2016 年达到 16%，对世界经济增长的贡献率达 50%。② 迄今为止，金砖国家已形成以领导人会晤为引领，以安全事务高级代表会议、外长会晤等部长级会议为支撑，在经贸、财金、工商、农业、教育、卫生、科技、文化、智库、友好城市等数十个领域开展务实合作的多层次框架。

2017 年 9 月，金砖国家领导人第九次会晤在中国厦门举办。此次会晤通

① 张宇燕：《中美关系中的经济因素》，《美国研究》，2015 年第 6 期，第 15 页。
② 《金砖五国占全球经济比重升至 23%，对世界经济增长贡献率达 50%》，中国经济网 - 《经济日报》，2017 年 8 月 29 日，http：//www.ce.cn/xwzx/gnsz/gdxw/201708/29/t20170829_25458089.shtml。

过了《金砖国家领导人厦门宣言》，重申了"开放透明、团结互助、深化合作、共谋发展"的原则和"开放、包容、合作、共赢"金砖精神，全面梳理总结了金砖国家合作十年来的成功经验，为加强金砖伙伴关系、深化各领域务实合作规划了新蓝图。这次会晤取得了以下几点成就。

首先，会晤确定了金砖国家继续合作的信念和信心。金砖国家从一个概念发展到如今的政治经济合作机制，经历了从无到有，由弱转强的艰辛历程。其间国际社会对其多次唱衰，认为"金砖失色、褪色"，但都没有阻止金砖国家的合作愿望和金砖体制的稳步发展。在经历了金融危机、地区冲突等风风雨雨后，金砖国家更加坚信唯有金砖合作方可彼此借力，团结互助，共同发展。单打独斗或者依靠西方都可能面临被各个击破、分化瓦解的危险。其次，会晤确定了"金砖＋"合作机制，这是金砖机制建设的一次有益创新。其创制既是应对发达国家民粹利己主义的举措，也是新形势下深化金砖合作的重要发展。

当前美国政府推行的以"美国优先"为核心的全球利益再分配政策，除了中国深受其害外，其余的金砖国家也面临不同程度的冲击——俄罗斯饱受西方制裁的困扰，印度、巴西的钢铁铝行业受高关税压制，南非的部分商品享受不到关税豁免。究其原因，主要是经济全球化和国际分工导致国际产业和技术出现转移，新兴经济体和发展中国家因积极参与国际分工而提升了技术和生产力，具备了一定的竞争优势，从而对发达国家传统产业造成了一定程度的冲击。同时新兴经济体和发展中国家开始提出自己的诉求和利益，要求改变不公正的国际经济政治秩序，分享发达国家攫取的巨额"剪刀差"利益。特朗普所推崇的"雇美国人、买美国货"政策实质是以美国的市场优势，用关税等手段威胁新兴经济体和发展中国家让渡贸易利益，让这些国家承担美国国内分配不均的代价。在这种背景下金砖国家间的合作尤为重要。

2018 年 7 月 25 日，在南非约翰内斯堡第十次金砖国家领导人会晤前的工商论坛上，国家主席习近平应邀出席并发表题为《顺应时代潮流，实现共同发展》的重要讲话；翌日的领导人大范围会晤上，习近平再次发表题为《让美好愿景变为现实》的重要讲话。两次讲话都着重提及未来十年将是"世界经济新旧动能转换的关键 10 年，是国际格局和力量对比加速演变的 10 年，是全球治理体系深刻重塑的 10 年"①，中国期待同各金砖国家一起，将金砖合作打造成全球合作发展平台。金砖合作将以推动金砖国家间合作为中心，把握科技和全球化发展新机遇，带动周边区域发展，形成政治经济文化合力，克服国际环境变化带来的挑战，为构建新型国际关系、打造人类命运共同体发挥建设性作用。

三　当前形势下金砖国家合作的战略意义

金砖国家的合作对中国有效应对中美贸易摩擦具有重要意义。为有效应对美国刻意制造的贸易摩擦，中国必须借助国际力量，以应对"被动偏离"美国所主导的世界政治经济体系所形成的困境。当前国际贸易领域的组织、机制十分庞杂，除了有世贸组织及其相应规则外，还有各区域集团以及大量的政府间协议。各种国际贸易会议、首脑峰会、贸易谈判会议也接连不断。但是总体格局已经出现了分化，国际贸易和其规则背后的主导者基本可以划分为两类群体，分别为发达国家集团和由新兴经济体及发展中国家组成的集团，以美国为首的发达工业国家组成的七国集团和以中国为代表的新兴经济体组织，其中金砖国家是新兴经济体及发展中国家组成的集团的典型代表。由于美国凭借其联盟体系在工业化国家群体内有极强的组织协调能力和规则制定能力，加上工业化国家群体在全球分工体系中具有共同的既得利益，当前国际社会尚不具备分化发达工业国家集团的条件。但是中国可以通过金砖国家的合作，借助新兴经济体和发展中国家的利益与诉求，来应对中美贸易摩擦，实现自我的稳固发展和目标。具体来说，当前金砖国家的合作有以下战略意义。

第一，金砖国家合作可以避免中美贸易摩擦带来的孤立状态。美方的经济制裁带有明显的歧视性规则，同类型受制裁商品，发达国家的关税增幅明显低于发展中国家。美国对中国的打压更是明显，不但有所针对，更是常常以大幅度提高同类型中国产品的关税来弥补全球范围内该类型产品对美国造成的贸易逆差。由此金砖国家的合作必须置于中国多边外交和国际体系转型的背景下进

---

① 习近平：《顺应时代潮流　实现共同发展——在金砖国家工商论坛上的讲话》，《人民日报》2018 年 7 月 26 日。

行深化。通过金砖国家之间的合作，中国不但可以摆脱美国制裁所造成的孤立局面，还能够使自身维持在一个具有包容性和普惠性的贸易规则内，甚至可以在金砖国家政策协调的基础上，以集体方式反对霸凌主义和贸易保护主义，为新兴经济体彼此合作拓展更为广阔的市场。

在经济全球化深入发展的今天，中国有能力利用金砖合作机制这一优势平台推动双边经贸和国家内部经济合作。一方面，中国经济的高速增长，稳定了金砖国家的经济，并提供了强大的增长动力，切实为金砖国家内部合作提供了不可或缺的支持。据有关统计预测，未来 5 年内，中国将会对外进口 8 万亿美元商品，吸引外来投资 6000 亿美元，本国对外直接投资额将会超过 7500 亿美元，跨境旅游将会突破 7 亿人次。① 中国经济体量所产生的"锚定效应"为其他金砖国家提供商业、资本、技术以及产业发展等合作机遇。另一方面，中国也积极构建了一系列金砖国家合作的机制平台，包括领导人峰会、金砖国家新开发银行、金砖国家应急储备安排、金砖国家工商理事会以及金砖国家智库理事会等，中国引领的双边协议和项目对接更是不计其数。

其次，金砖国家合作可以完善中国的产业和贸易结构体系。中美贸易摩擦中新兴制造业显得格外瞩目，美国尤其看重贸易对新兴产业的影响。以美国为代表的发达国家开始注意到制造业带来的就业机会和技术进步，而发展中国家更在意制造业所产生的高人工附加值和资本累积。虽然两者需求不同，但是直接导致了在制造业领域的争夺，最终也会反映在市场层面上。在全球贸易终端市场被发达国家把持的前提下，强化金砖国家之间的合作，有助于形成新的优势互补模式，改善贸易和产业过分依赖发达国家的现状，提升整体的抗风险能力。对于中国而言，金砖国家不但国内生产总值和制成品增值以及出口在全球占很大比重，而且各成员国在不同的资源禀赋和发展道路上形成了不同的优势制造业和贸易模式。利用金砖国家合作这一平台，把握多样性所产生的机遇，完善中国的产业和贸易结构体系，对中国贸易的全球平衡战略来说至关重要。

第三，金砖国家合作利于巩固和深化双边关系，在"金砖＋"的模式下，能够将双边关系和区域关系引领至合作发展的正常轨道上来。前面所

---

① 习近平：《共担时代责任 共促全球发展》，《人民日报》2017 年 01 月 18 日，第 03 版。

言，金砖国家合作需求基于共同的身份和优势互补，合作发展最符合金砖国家利益的选择。无论金砖国家双边关系经历何种波折，金砖国家合作求发展的利益需求和共识一直是不变的。只要这个基础尚在，双边关系就不会恶化，最终也会因合作产生的实在利益而巩固和深化。因为在看重民族国家自主性和国家治理能力的国际社会中，各国尤其是大国都普遍追求战略自主、外交务实和区域利己。美国特朗普政府却试图建立一个在美国利益优先基础之上的国际秩序，其不看重主权平等和意识形态，理所当然地将合作看作一种权宜的手段而非目的。隐藏在美国各种战略合作口号下的是更加纯粹的商业利益争夺。虽然美国也看到了金砖国家在区域层面的关键作用，也试图拉拢部分国家进入围堵中国的遏制圈层，但是随着时间的推移，疏远美国的国家反而更多。美国既没有看清主权国家的心态，又时刻让"他国优先"与"美国优先"这对矛盾凸显并碰撞，反而助推金砖国家务实合作进程。

中国在当前背景下推出"金砖＋"模式，照顾了其余金砖国家在区域中的大国心态，并给予区域经济以实质性的帮助。中国力图推动"一带一路"倡议为金砖合作先行"探路"。让所涉及的参与国在项目中切实受惠，为自己在国际舞台上赢得更多伙伴和朋友。"金砖合作"作为对接项目，吸引金砖大国参与，也使合作国置身于一种不得不与中国合作的周边环境中。中国虽然无力左右他国对中国发展意图的态度和观念，但依然可以较多地从现有的"金砖合作"层面，积极增设机遇，推进与金砖国家在接合区域的良性互动，既能将双边关系和区域关系引领至合作发展的正常道路上，也可以睿智地"消弭争议"，管控双边的分歧和矛盾，建设和健全多层面的对话与磋商机制。

第四，金砖国家合作对金砖机制的完善和发展同样也有重要战略意义。金砖国家的合作可以催生出有利于新兴经济体及发展中国家的贸易规则。中国在中共十八大报告中承诺"中国将会积极支持金砖国家合作，推动国际秩序和全球治理向着公正合理的方向前进"。在不少发达国家陷入民粹主义的背景下，中国正力图通过以亚洲基础设施投资银行、"一带一路"倡议以及"金砖＋"倡议来构建更公平的合作平台，建立在"共商、共建、共享"基础上的更利于新兴经济体及发展中国家的贸易规则。当前世界经济呈现"双环流"的新特征，全球产业分工从以发达国家为核心的"中心—

外围"模式，逐步转变为发达和发展中国家互动形成的"上环流"和发展中国家之间互动而形成"下环流"这样一种"双环流"模式。由中美贸易摩擦可以透视"上环流"存在严重的价值利益分配不均，往往"逆差在中国，获益却在美国"，而且改变这种分配模式受到发达国家极大的阻挠。新的金砖国家合作以"金砖＋"倡议为核心，在寻求新的一体化发展路径的同时，也力图以新兴经济体及发展中国家集体合作的面貌来塑造更为公正、合理、普惠、均衡的经济规则和秩序。金砖国家合作区别于以往的"中心—外围"模式，呈现"无中心—外围"模式框架。在这种框架内，单方面反映一国利益的规则将不适用，甚至可能会遭受集体抵制，而以领域问题为导向，体现不同标准和一体化方式，内含多种协调机制的贸易规则会更受欢迎。

同时，随着"金砖＋"倡议的稳步实施，金砖机制需要构建多层次的成员国体系、常设组织机构和全方位协调机制。金砖国家机制主要的建设路径应该是：整合"一带一路"沿线和"金砖国家"周边的发展中国家和新兴市场国家，以经济建设为依托，扩大双边和多边投资贸易和消费；时机成熟时，在主要经济领域设置常设机构，建立以政府为主导的多轨合作平台，推动经济领域机制化，并将此模式推广到全球主要新兴市场国家；再在经济机制中衍化出相应的协调机制，以此涵盖更多的问题领域；最后设立秘书处等常设机构，协调成员国突发问题和与其他国际组织之间的关系。现有的金砖国家合作是建设这条路径的主力，如果照顾不到相关金砖国家在地缘和经济上的利益考量，丧失了相关金砖国家在区域层面的合作，金砖机制将因没有合力而惨淡收场。面对当前特殊的世界情势，在美国盛行"孤立利己主义"和发达国家集体陷入民粹主义的背景下，中国需要把握机遇，推进金砖机制向纵深发展。当前最可靠的途径是全方位、多区域推进在主要经济领域常设机构的设置，不仅要考虑中国自身的利益，也要兼顾其余金砖大国的相应需求。

第五，金砖国家合作对坚持全球化和世界贸易体制具有重要意义。当前全球化处于低潮，西方国家国内普遍盛行民粹主义，要求实行贸易保护政策。西方国家不惜以邻为壑，发起各种反倾销调查，以金砖国家为例，截至2016年中期，金砖国家共遭受到反倾销调查1732起，反补贴调查205起，占全球案

件总数量的 34.8%。① 从这一系列现象中可以看出部分国家在复杂严峻的经济
形势下不得不保护国内相关产业和利益集团的动机，但是倘若不顾及他国利益
而采取单边行动，就会使各方贸易保护倾向交互增加，使已有的多边贸易体制
权威性和有效性遭到严重破坏。"现行国际秩序并不完美，但只要它以规则为
基础，以公平为导向，以共赢为目标，就不能随意被舍弃，更容不得推倒重
来。"② 金砖国家是开放型世界经济体系的受益国，金砖国家各方的经济发展
模式已经深入融合到全球一体化进程中。金砖国家在反对贸易保护主义、维护
世界贸易体制上有共同利益。此外，金砖国家因其体量和竞争优势，在坚持全
球化和世界贸易体制的同时，也能为世界各国创造有利于贸易的外部环境，能
获得全球大多数国家的支持。金砖国家此刻合作应对，既能减少金砖国家间的
贸易争端，稳定部分世界贸易的重要环节，又能形成反对贸易保护主义、维护
以规则为基础的多边贸易体制的力量。金砖国家彼此也能在各种反倾销调查中
密切配合，交流应对逆全球化的经验，相互救济，共渡难关。

当然，我们也要看到问题的另一个层面：金砖国家之间有很大的差别，各
国不一定认同金砖国家和发达国家的身份差异而刻意强调金砖合作。身份的认
同一直是主权国家追求自主性的体现。中国在尊重其余金砖国家独立自主外交
战略的同时，也要积极宣传全球化和世界贸易体制的普惠性，更主动地宣扬正
确的义利观和人类命运共同体，借助金砖各层级会晤推进高层机制化沟通与互
动。有了广泛的利益接触和成果共享的基础，金砖国家会更自愿地合作和认同
自由贸易体制的意义。建议在金砖机制的框架下也可以洽签自贸区协定和开展
产能合作，让全球化和世界自由贸易体制的基石扎得更深。

第六，金砖国家合作有助于构建新的全球政治经济社会治理架构。治理意
味着公共产品的提供和人的合理需求的满足。旧的全球经济治理模式是在第二
次世界大战之后建立起来的，其机制和运行多由西方经济体制定和操作，必然
包含了发达国家的战略利益。其以世界银行和国际货币基金组织为代表的经济
机构，通过贷款和政治经济要求等方式，要求相应"问题国家"走西方臆想

---

① 《商务部：金砖国家应维护以规则为基础的多边贸易体制》，新华网，2017 年 8 月 29 日，http://www.xinhuanet.com/2017-08/29/c_1121565308.htm。
② 习近平：《顺应时代潮流　实现共同发展——在金砖国家工商论坛上的讲话》，《人民日报》2018 年 7 月 26 日。

的道路。金砖国家合作在经济治理层面效果最为卓著，它提供了与以往迥然不同的经济治理模式：发展中国家和新兴经济体通过共商共建方式以普惠共赢为目标合力解决最关心的共同问题。这既是发展中国家和新兴经济体实力壮大的结果，也是金砖国家共同意识的表现。金砖国家在不同的实践基础上，要探索和普及全球治理的新理念，让新的经济政治社会治理模式被更多发展中国家和新兴经济体借鉴和共享。本质上这种治理经验的推广也是推进国际治理机制平等化和民主化。以共商共建机制为例，共商不仅意味着各国都有参与权，更是保证决策的民主化，让决策更多地发现共性，消弭差异，从而保证决策的合理性，使各国的决策权不在机制中流失；共享不但强调了分配的公平性，更从人的层面考虑治理成果要以人为本，不以剥削控制为目标，维护各经济体自主发展的权利。中国一直是新全球治理理念的倡导者，提出了"新型大国关系"、"伙伴关系"、"亲、诚、惠、容"、"命运共同体"和"正确的义利观"等理念。中国以自己的独有文化，力图使全球治理成果向"均衡、普惠、共赢"的方向发展，强调"公共但有区别的责任"，为新全球治理贡献了独到的思路。在实践中，中国也正和相关金砖国家合作，巩固经贸财金、政治安全、人文交流"三轮驱动"合作架构，推进新全球治理的深入展开。

当前，以美国为首的发达国家自然不愿意放弃这种本质为资本金融运作服务的全球治理利益，必将以此为问题导向，攻击相应的新模式和新举措，保护原有的支配关系。同时，针对危害自身利益的原有治理模式，发达国家开始推卸责任，弃之不顾。金砖国家的全球合作治理模式必然会在规制设定、体制运行和规则阐述等方面对原有治理模式进行修补，同时存在一些较量。金砖国家必须鼎力合作，以经济合作共赢共商共享机制建设为基础，推进各方在政治安全互信、人文交流互鉴以及国际话语互助中的合作，提升发展中国家和新兴经济体的治理能力，完善全球治理体系。从长远的角度来看，金砖国家需要将本国治理模式和金砖治理模式相互融合：以本国模式发掘自身潜力，启迪他国拓展思路——中国的基础设施建设就是一例；以金砖合作模式，通过提供全球公共产品，稀释旧的国际治理体系的负面效应，为广大发展中国家和新兴经济体创造更合理公平的发展环境，提供更多的发展路径。

Abstract

With 50 years' trials and striving, South-South cooperation goes on and goes strong. It is indispensable not only in promoting independence and facilitating development of the South, but also in assisting the countries in integrating into the world. South-South cooperation is also essential in promoting more democratic, equal and rational global governance.

Globalization is hindered by obstacles such as Brexit and America First, and these impediments also weaken multi-lateral cooperation. South-South cooperation consequently meets new requests and challenges-on one hand global development and world governance are confronted with more complex and acute problems, demanding deeper multilateral cooperation; On the other hand, multilateral cooperation meets disruptions in America-led globalization, and therefore multilateral bodies should undertake to promote globalization and international cooperation. South-South cooperation should especially take on more responsibility in promoting global cooperation and contributing to global development. Strengthening cooperation, therefore, has become a necessity for countries of the Global South, and they can thereby enhance their national strengths as well as gaining relevant experience. However, we should also bear in mind that the Southern Hemisphere is diverse as the countries adopt different policies, have different expectations on cooperation, and have different level of political and economic relation with developed countries. Hence, coordinating countries of the Global South for cooperation is difficult.

At the beginning of a new era, countries of Southern Hemisphere should strengthen their solidarity and undertake the historic mission of pushing forward globalization and multilateral cooperation. To accomplish these tasks the countries should learn from previous success and failure, keep with the times and create new cooperation mechanisms for better and more effective cooperation, thereby enabling South-South cooperation to enter a new era with fresh vitality. The South-South partnership has now become a stronger push for globalization and international cooperation because of the rising of BRICS, which brings complementary cooperation. The BRICS countries are representatives of the South. Therefore, their cooperation, despite being relatively independent, is an important part of the South-South system and leads partnerships of the South. BRICS cooperation, with ever-increasing impact, facilitates sustainable development of South-South cooperation and boosts its vitality, enabling South-South partnership to gather strong momentum for future cooperation.

Therefore, it is necessary to explore new possibilities of South-South cooperation alongside BRICS. Specifically, how the BRICS countries contribute to South-South partnership, what roles the BRICS states play, and how BRICS cooperation interact with South-South cooperation in pushing forward globalization and multilateral cooperation. In this book, we delved into the past and present of South-South cooperation to analyse the current state of South-South cooperation as well as new challenges and opportunities. Additionally, to deepen South-South partnership and BRICS cooperation and to explore new approaches for their further development and interactions, we searched for new areas, new methods, and new mechanism of cooperation.

The book is divided into three parts, the first part is a general report, the second covers five country-by-country reports, the third part covers 23 special reports. The book is about 530000 words and is written by more than 30 experts who have been following the development of South-South cooperation and the BRICS countries and studying their issues concerning South-South cooperation and the BRICS countries.

In the general report " BRICS Mechanism Leads New South-South Cooperation", we defined content of the previous and new South-South cooperation. We examined the historical role and evolution of the partnership, and analyzed its significance, traits and background in the new era. Subsequently, we provided general guidance on the future interaction between BRICS and South-South cooperation and suggested approaches for them to push forward globalization, global governance as well as international cooperation. We especially pointed basic direction for the leadership of the BRICS mechanism herein.

In the report "Latest Socio-economic Development of Brazil and its Attitude Towards South-South Cooperation", we examined how Brazil emerges from two years of severe economic recession (2015-2016) with rising economic indexes. We also pointed out in this report that, Brazilian government carries heavy fiscal burden and restrains the implementation of foreign economic policies. However, since the demographic transition began, successive administrations have regarded South-South cooperation as part of diplomatic strategies to promote Brazil's economy and enhance Brazil's international status. After the new president takes office, the government emphasized South-South cooperation, the BRICS countries, the African and South American countries in its diplomatic policies. We therefore suggested in the report that these strategies of the Brazil government are worth recognizing.

In "The Latest Analysis of Russia Economic and Social Development", we reviewed Russia's economic situation since the 2017 recession and concluded that, although indexes such as employment, health care and education have improved, Russia has acute population problems and current indexes are far from achieving targeted values set by Putin. We suggested that positive economic development is not only important to the ruling basis of Putin administration, but also to Putin's historic position. Although Russia's national power has been limited over recent years, it attaches even greater importance to South-South cooperation and seeks to strengthen its cooperation with countries of the Global South through trade, military and technical cooperation and foreign aids.

The report "Social and Economic Dynamic of India and Its Preference for the South-South Cooperation" agrees that India is an important member of the BRICS mechanism and that it strongly pushes South-South cooperation forward. India, despite of challenges and issues confronted, exerts influence on South-South cooperation by bringing into play its advantages on geography, people, language and culture. We analyzed India's political, economic and diplomatic influence on the partnership and the country's vision of bringing more developing countries to BRCIS-plus cooperation. To tackle "Indo-Pacific strategy" and the U.S. led trade protectionism, we suggested that China and India should implement cooperation plans, promote multilateral cooperation, perfect the current cooperation mechanism, and encourage developing countries to integrate into the global economy for common development.

In "Economic and Social Development Status in China and Basic Policies for South-South Cooperation", we summarized the fundamentals of the Chinese economy in 2018 and analyzed the daunting domestic and international environment as well as downward pressure on economy in 2019, when China keeps good momentum of economic stability and growth and proceeds on economic structural adjustments. Additionally, on promoting South-South cooperation in the era, we looked at China's new role and new responsibilities. Specifically, by calling for building a community with a shared future for mankind, China sets out the direction for South-South cooperation; by promoting the Belt and Road initiative and establishing the BRICS mechanism through cooperation, China provides a vital platform for South-South cooperation; by providing Chinese-style development assistance, China lend fresh impetus to South-South cooperation.

The report "Basic Situation of the Economic and Social Development in the South Africa and South Africa's role in South-South Cooperation" described South Africa's economic stagnation due to structural problems such as the single-product economy structure, low employment rate, high inflation rate and expensive public sector, and the consequent change of government in 2017 – 2018. The new government seeks to promote radical reforms, especially land redistribution, to improve the stagnated economy and increase support rate. We analyzed the outlook of South Africa and suggested that, to win the general election, South African government will turn its attention toward domestic affairs and be cautious about undertaking responsibilities abroad, and the government will also adjust its strategies on participating in South-South cooperation.

In "New Missions of South-South Cooperation in a Changing International Cooperation System", we suggested that the international cooperation system is changing profoundly. Specifically, as emerging economies are also taking part in international aid, donor countries are no longer limited to America and the European countries and are becoming more diversified. Previously, for the South to develop, the North aided and South-South cooperation supplemented, but now South-South and North-South cooperation both exert influence. South-South philosophy and experience begins to guide international cooperation. New South-South cooperation face sever challenges. For example, targeting countries of the Global South, it needs to develop relevant knowledge and build up experience for development, promote experience sharing among these countries and coordinate South-South and North-South cooperation. We suggested that, when globalization is confronted with obstacles, South-South cooperation has new responsibility to build international cooperation system proactively. We also suggested that, to provide global governance with more public goods and solutions, South-South partnership needs new cooperation models.

In "South-South Cooperation and Global Governance System Reform", we recognized that, through decades of efforts, South-South cooperation has made great achievements in economy, technology, information and human resources. It also facilitates socio-economic development of developing countries and promotes global governance system reform. We described not only problems and challenges confronted by South-South cooperation amid the reform, but also emerging trends. We also stressed the significance of stronger South-South cooperation in pushing forward global governance system reform. We suggested that, to follow and promote the global reform, we should enrich cooperation content, strengthen regulations, establish strategic link between South-South cooperation and countries' development strategies, optimize the relation between South-South and South-North cooperation, thereby strengthening South-South partnership.

In "The Role and Status of the BRICS Countries in Promoting the South-South Cooperation", by reviewing evolution of South-South cooperation and the BRICS sates, we proposed that these countries are leaders, pioneers, innovators and contributors in South-South cooperation. We suggested that, due to their unique political identities, strong economy and large international influence, the BRICS countries are indispensable in pushing forward the partnership. Additionally, we pointed out obstacles the BRICS states need to tackle when taking part in global governance and promoting South-South cooperation, along with specific approaches for enhancing cooperation.

In "Comprehensive Paths to Boost South-South Cooperation by BRICS", we analyzed three possible approaches for the BRICS countries to promote South-South cooperation in the new era. Specifically, broader and deeper cooperation among the BRICS countries will lay solid foundation for South-South economic and political cooperation both inside and outside countries of the global south; The dialogue mechanism "BRICS-Plus" will build a broader network of closer partnerships for South-South cooperation; by guiding and improving political dialogue between countries of the Southern and Northern hemisphere and promoting cooperation, the BRICS countries can connect the South and the North for a community with a shared future and provide South-South cooperation with a better external environment. We suggested that, the three approaches above, despite being independent from each other, are connected and will enable the BRICS states to promote new South-South cooperation that is more effective, orderly and beneficial.

In " South-South Cooperation Model Innovation: From the Perspective of BRICS + ", we evaluated South-South cooperation which began in the second half of the twentieth century. We concluded that South-South cooperation was limited by irrational international political and economic order, and therefore the partnership failed in promoting development in countries of the Global South. Since the beginning of the new millennium, emerging economies represented by the BRICS countries have been developing rapidly, impacting on the current international political and economic landscape. In the recent decade, the BRICS cooperation mechanism has been growing, and with great achievements and influence, it sets example for South-South cooperation in the new era. Additionally, "BRICS-Plus" enable more countries of the Global South to take part in BRICS cooperation, and it provides philosophy as well as institutional support on making BRICS cooperation the most prominent platform for South-South cooperation.

In "Building a Community with a Shared Future for the BRICS Countries", we confirmed that, building a community with a shared future for the BRICS countries has practical and historic significance for building a global community of shared future and for promoting sustainable BRICS cooperation. We stressed that with more than ten years of cooperation, the BRICS sates have formed a community of shared interests. On building a community with a shared future, the BRICS partnership and the spirit lays the foundations, and the change of domestic and international environment provides opportunities. We suggested that, to build such community for the BRICS states, while sticking to fundamental principles including integrity, sovereignty, democracy and joint responsibility, we should perfect the current cooperation mechanisms and seek innovations.

In "South-South Cooperation in the Global Energy Cooperation System", we suggested that there have been changes in supply and demand of the global energy market, and this influences profoundly developing countries' cooperation on energy, which has become an important sector of South-South cooperation. With bilateral and multilateral mechanisms, developing countries have built international platforms for energy cooperation. They also carried out cooperation on energy security as well as clean energy application and development, thereby improving global energy governance. We recognized that, as the largest developing country, China's significance in new South-South cooperation is increasingly evident, and that China has been pushing forward energy cooperation among developing countries.

In "The Driving and Exemplary Role of BRICS Cooperation in Global Poverty Governance", we described that, after the Cold War ended, with deepening globalization new poverty characteristics emerged. Specifically, poverty is more acute in some areas than others and is more closely related to resources and conflicts. We analyzed the phenomenon and suggested that global governance has been paying attention to poverty. The BRICS countries contribute to global poverty alleviation with their activities, economic development and bilateral as well as multilateral cooperation. We also suggested that the BRICS countries will tackle poverty issues by cooperation that features a multilayer governance system centered sovereign countries, a developing partnership that features fairness and equality, and a stable institutional framework.

In "South-South Cooperation and Global Financial Governance Reform", we analyzed the Washington Consensus which has been widely criticized since the 2008 financial crisis, and suggested that developing countries should realize that South-South cooperation is important to their development and vital in pushing forward global governance. Conventional global financial governance model can hardly prevent regional or global financial crisis, and despite of the institutional and system reforms in recent years, the traditional model fails to meet the expectations and requirements of countries of the Global South. These countries, especially the BRICS countries, have made progress in pushing forward global financial governance reform. We analyzed their attempts and the initial outcome and suggested common goals and tasks in South-South cooperation's participation in global financial governance.

In "Comparative Study of Technology and Innovation Policies in BRICS Countries", we suggested that technological innovation policies are important to sustainable development. We comprehensively compared the design of technological innovation policies among the BRICS countries by examining the goal, approach and implementation of the policies. Additionally, we compared not only the technological innovation policies in force, but also those at different periods to analyze their evolution, so that we can observe patterns of establishing technological innovation policies, thereby advising China on building a scientific technological innovation system.

In "South-South Cooperation in Agriculture and China's Contribution", we analyzed the trend where South-South agricultural cooperation, which was previously mostly conducted bilaterally, has now shifted to trilateral mode. South-South partnership, which focused on political cooperation, has covered more cooperation areas including economy, society and culture. We also examined the importance of South-South agricultural cooperation. We suggested that, China has been believing in South-South cooperation and has not only participated in various modes of agricultural cooperation, but also has become a major participant, a leader and a contributor.

In "Think Tanks should Support and Lead BRICS Cooperation", we reviewed the background and the evolution of the BRICS mechanism, and suggested that think tanks support development of the BRICS states and assist in building a BRICS cooperation mechanism. We analyzed current development of think tanks and relevant cooperation among these countries. Basing on the current state of communication and cooperation on think tanks, we offered several suggestions on think tank development. Specifically, think tanks can support BRICS cooperation in "BRICS-Plus" mode, and we can expand the think tank's platform for dialogue and cooperation, promote result-sharing, perfect information access channels, fully participate in public decision-making and improve management on both the think tank and the society.

In "The Belt and Road Initiative and Its Impact on the BRICS Cooperation", we discussed the significance of the Belt and Road Initiative (BRI) to the BRICS countries. Specifically, we suggested that BRI facilitates the BRICS countries in building an open world economy which features innovative development, interconnected growth, and shared interests. BRI also assists in promoting the awareness of a community with a shared future, building a benefits-sharing global value chain, cultivating a global market, and realizing win-win development. We suggested deeper cooperation among the BRICS states on industrial capacity, trading rules, political security, and people-to-people exchanges, so that BRI can synergize development strategies with BRICS.

In " Legalrisks in China's Investment in the BRICS States and Countermeasures", we analyzed the significance of China's policies that encourage overcapacity industries and surplus capital to invest in the BRICS countries. We suggested that the investment is necessary for economic elements to flow internationally and important for China to have its deserved say in the world. However, we also pointed out that, the BRICS states vary in national conditions and adopt different regimes as well as legal systems. Hence when investing in these countries, China faces several risks such as legal risks. By analyzing the legal risks against international and domestic law on China's direct investment to the BRICS countries, we proposed systematic and diverse legal preventative measures and countermeasures on the national level.

In "A Study on the Supply and Demand of Public Finance Products of the BRICS Countries", we suggested that financial cooperation among the BRICS countries is essentially the supply of international public finance products. Basing on the global supply and demand of public finance products, from a perspective of the effectiveness and stability of international finance, we analyzed the establishment of development bank as well as contingent reserve arrangement in the BRICS countries, and offered suggestions on their development and on improving their inclusiveness. Additionally, we also explored new opportunities of financial cooperation among the BRICS countries with financial technologies in the new era.

In "Risks and Obstacles in People-to-people Exchanges Among the BRICS Countries", we asserted that all parties are paying increasing attention to the people-to-people exchange, the third pillar of BRICS cooperation. However, in practice, the exchange fails to facilitate stronger BRICS cooperation or lay a solid foundation of public support. What's worse, people-to-people exchanges have uncertainties before, during and after implementation and have risk factors in the evaluation mechanism. To resolve these issues, we suggested that the BRICS states need to explore effective approaches to implement people-to-people exchanges, that each country should shift focus away from itself and cooperate with the others and respect of BRICs's reputation, and that the countries should perfect the evaluation mechanism of the exchange.

In "The Role of BRICS in Africa's Industrialization", by analyzing the BRICS countries' previous and current investment in Africa and the characteristics of investment, we pointed out challenges in African deindustrialization. To overcome these obstacles, we suggested achievable objectives and proposed practical roadmap basing on the role of the BRICS sates in Africa's industrialization. Specifically, we suggested the BRICS states to establish a coordination mechanism with Africa's industrialization, and stressed the unique role of new development banks in the BRICS states and their cooperation with the African development banks. Additionally, basing on their experiences and strengths, the BRICS states can support Africa's industrialization and push forward development of African countries, so that countries from the both sides can achieve the sustainable development goals of the 2030 Agenda and realize Agenda 2063.

In "The Opportunities and Challenges of the BRICS Cooperation in Digital Economy", we suggested that real economy is transforming into the new economy which features digital economy. The international community has paying increasing attention to digital economy. Therefore, as emerging economies the BRCIS states should size the opportunity and build new mode of regional cooperation basing on their advantages. We systematically analyzed the development of digital economy in the BRICS countries with a rank of their environmental index, infrastructure readiness index, utilization index and impact index. We also reviewed the cooperation on digital economy among the BRICS countries and pointed out possible challenges. We further offered suggestions on pushing forward cooperation on digital economy.

In "Digital Economy-cooperation in BRICS Countries: Current Situation, Issues and Prospects", we looked at the infrastructure, industrial digitalization and policy environment of the current cooperation on digital economy. We observed impediments to cooperation, such as gaps in infrastructures among the BRICS states, trade barriers for e-commerce, lack of network security technologies, and insufficient international policies. We proposed suggestions for the BRICS states on developing a mutually beneficial digital economy. Specifically, the BRICS countries should strengthen coordination, promote an interconnected digital economy infrastructure, securely share digital network, promote digital technology integration, and perfect regulations of digital economy cooperation.

In "Humanistic Characteristics of the BRICS Countries and Their Influence on BRICS Cooperation", we suggested that, to pursue common development, uphold multilateralism, and maintain fairness and justice on a global scale, it is important for the BRICS states to upgrade their economic, political and security cooperation as well as people-to-people exchanges. Humanistic cooperation push forward BRICS cooperation subtly and gently, promoting inclusive development and creating a good atmosphere for the BRICS countries to expand their common ground while properly managing their differences. The BRICS countries vary in geography, ethnicity as well as population and have different history and religion. While admitting these differences, we proposed that these countries should remove the humanistic characteristics that may hinder cooperation, hence maximizing advantages of humanistic factors for better BRCIS cooperation.

In "Policy Advice on Deepening BRICS Trade Cooperation", we suggested that, when the America-led trade protectionism prevail, the significance of deepening BRICS trade cooperation and leading developing countries to push forward global financial governance system reform becomes more apparent. We also suggested that while trade volume increases rapidly among the BRICS states, there have been hidden problems such as unbalanced trade, vertical trade, trade protectionism and imperfect cooperation mechanism. Facing domestic and international factors which restrain development, the BRICS countries should enhance political trust and synergize national strategies, make trade more convenience, push forward infrastructure building, seek innovations in trade cooperation, create new cooperation models, upgrade trading system, build a value system where the BRICS countries are important intersections, establish a trade dispute settlement mechanisms, and make the BRICS think tanks more capable of providing intellectual support on deepening economic and trade cooperation.

In "How can China Participate in Global Governance with BRICS Cooperation", we suggested that developed countries, represented by America, are starting to regress to trade protectionism and with draw from global governance. Therefore, emerging economies, represented by China, have become key actors in global governance. With interests and demands of developing countries, the BRICS cooperation mechanism is a platform for these countries to participate in global governance in practice. China is pushing forward more cohesive BRICS which can participate more effectively in global governance on economy, finance, ecology and development, thereby combining China's national interests with demands of the BRICS members and requirements for participating in global governance. Consequently, China not only responses to demands from the global community on more public goods, but also facilitates the BRICS mechanism so that it plays a bigger role internationally.

In "Strategic Significance of BRICS Cooperation in US-China Trade Friction", we suggested that the trade dispute only accentuates the strategic significance of BRICS cooperation. China can not only resolve trade dispute by strengthening cooperation with BRICS with interests and demands of the developing countries, but also realize stable development and achieve goals. China can also take the trade dispute as an opportunity to consolidate and deepen bilateral relation, perfect and develop the BRICS mechanism, build a multi-layer system of member states and standing organizations, and establish a comprehensive coordination mechanism. Additionally, China can push forward globalization and the world trading system through BRICS, thereby building a new global political and economic governance system, and enriching the proposal of "a community with a shared future" both in theories and practice.

Contents

I General Report

Abstract: At present, globalization and prevailing trend of international cooperation is under unprecedented threat and challenge, and the role of developing countries as late-movers and catch-up has not changed fundamentally. Therefore, deepening internal cooperation, promoting equal and mutually beneficial development and strengthening the capacity and competitiveness of participating in global governance through coordination will always be an inevitable and urgent strategic choice for emerging and developing countries. Traditional South-South cooperation has played an active role in promoting sovereignty security, development support and international cooperation among newly independent developing countries after world war Ⅱ. However, the development of times and the changes of the environment change not only the subject and driving force of contemporary south-south cooperation, but also its target, content, mode, and mechanism. New diversified cooperation options and models between emerging and developing countries are increasingly rich and varied, and especially the emergence and development of BRICS cooperation mechanism has significantly reshaped the basic ecological environment and development trend of south-south cooperation. To clarify the relationship between the two and explore effective ways to promote integrated interaction and common development is the topic that needs to be answered in the BRICS cooperation and the research and practice of South-South cooperation in the new era. In reviewing the development of the South-South cooperation and its role under the framework and

465

the pattern of international relations after world war Ⅱ, by analyzing the deficiency, challenges and new opportunities in the new era, it is significant to find the basic ways for south-south cooperation to enter a new stage, which make new contributions to international development governance and cooperation, and stress the role of BRICS as a leader.

Keywords: South-South Cooperation; BRICS Countries; Mutual Cooperation

Ⅱ   Country Reports

B. 2   Latest Socio-economic Development of Brazil and its Attitude
Towards South-south Cooperation   *Wang Fei, Lin Ziqi* / 023

Abstract: In 2017, the economy of Brazil finally recovery from deep recession during 2015 and 2016, with several improving economic indicators. All three industries have achieved varying degrees of growth, but the government's financial burden is still heavy. The inflation rate and benchmark interest rate haven fallen while the exchange rate level is basically stable. The economic recession has partly limited the foreign policy of Brazil with new characters when Termer assumes the duty of president. However, South-South Cooperation remains an important role in external policy of Brazil. It's one of the strategic contents of democratic Brazilian government to base in South-South Cooperation, to guarantee the economic development and to rise international status of Brazil. The BRICS, African countries and South American countries are the most important partners of South-South Cooperation. Currently, with the reversal of globalization and economic woe of emerging economies, it's meaningful to concern the Brazil's foreign strategy.

Keywords: Brazil; Multilateralism; South-South Cooperation; BRICS; MERCOSUR

B. 3　The Latest Analysis of Russia Economic and Social

　　　　Development　　　　　　　　　　　　*Mi Jun*, *Qiu Xin* / 041

Abstract: After the adjustment in 2016, Russia's economic recession has been controlled. Since 2017, Russia has entered the most critical period of economic and social development. Whether economic growth can increase is related to whether Putin's ruling foundation is solid or not, and to Putin's historical position. Obviously, The indicators of current macroeconomic growth are far from Putin's grand goal of improving the people's livelihood and the strategy of strengthening the country. What's more, Russia's social development indicators are mixed, the employment, health care, education have a certain degree of development, but the population problem is still serious. Even in the case of limited national strength in recent years, Russia has paid more attention to South-South cooperation and tries to get support from developing countries through foreign trade contacts, military technical cooperation, foreign aid, and strengthening the construction of regional cooperation organizations with South-South countries.

Keywords: Russia; Economic and Social Development; South-South Cooperation

B. 4　Social and Economic Dynamic of India and Its Preference for

　　　　the South-South Cooperation　　　*Chen Lijun*, *He Ruifang* / 055

Abstract: As an important member and driver of BRICS and South-South cooperation, India plays a specific role in the mechanism through geographical, popularity, language and cultural strengthness, as well as plays important roles in South-South cooperation in political, economic and diplomatical powers absorbing more country members to the circle. To promote multilateral cooperation, improve the international cooperation system, promote the integration of developing countries into the world economy, it is necessary for China and India to work closely to reach commons as quick as possible and carry on the actual implement to be in line with "Indo-Pacific" strategy and US-led trade-protectionism.

Keywords: India; Economy and Society; South-South Cooperation

B. 5   Economic and Social Development Status in China and
        Basic Policies for South-South Cooperation   *Zhang Bing* / 070

Abstract: In 2018, China kept the economy running steadily, and the adjustment and optimization of economic structure also made obvious results and opened a new journey of high quality development. In 2019 the trend of China's economic stability and structural optimization and upgrading will continue to develop, but the domestic and foreign environment is still severe and complex, and the economic downward pressure is still large. For a long time, as the largest developing country, China has been an active advocate and important participant in South-South Cooperation. In the current new era, the idea of building a human community with shared destiny put forward by China has further pointed out the direction of South-South Cooperation. The Belt and Road Initiative and the cooperation mechanism of the BRICS provide an important platform for South-South Cooperation, and the development aid with Chinese characteristics also injects new impetus into South-South Cooperation.

Keywords: China's Economy; South-South Cooperation; A Human Community with Shared Destiny; Belt and Road Initiative

B. 6   Basic Situation of the Economic and Social Development in the
        South Africa and South Africa's role in South-South Cooperation
                                        Shen Chen, Hou Xiaochen / 087

Abstract: South Africa's economic growth has stagnated for nearly five years due to the structural problems of single economic structure, high unemployment rate and high inflation rate, and high public sector cost. The economic stagnation triggered a government change with Ramaphosa replacing Zuma as the new leader of South Africa. The new government of South Africa intends to solve the problem of economic stagnation and declining popularity by promoting radical reforms, especially land redistribution. In order to win the next general election, the new government will focus on domestic issues in the near future, while be cautious on international commitments and adjust approaches to south-south cooperation.

Keywords: South African Economic; Government Change; Land; Diplomatic Trend

Ⅲ Special Reports

B. 7 New Missions of South-South Cooperation in a Changing International Cooperation System *Zhou Jinyan* / 101

Abstract: The international cooperation system is undergoing profound changes. The actors of aid system diversified from the previously dominant traditional donors such as the United States and European countries to emerging economies and other multilateral organizations. The main form of international cooperation which was mainly driven by the North-South cooperation and supplemented by the South-South cooperation has been changed. South-South cooperation is becoming equally important to North-South cooperation. The concept and modalities of South-South cooperation even has been leading international development cooperation. An apparent example is that the OECD DAC decided to introduce the broader concept of "Official Total Support for Sustainable Development (TOSSD)", which is undoubtedly influenced by the Chinese approach of development cooperation by combining aid, trade and investment. The new South-South cooperation faces the challenge of building up its own development knowledge and experience from a southern perspective, promoting the transfer of parallel experiences between South and South countries, and coordinating the South-South cooperation and North-South cooperation. In the context of counter-globalization, new South-South cooperation has to shoulder the new responsibility to provide more public goods for global governance, to provide new ideas and solutions for global problems, and to actively shape the international cooperation system.

Keywords: South-South Cooperation; North-South Cooperation; Institutional Innovation

B. 8   South-South Cooperation and Global Governance

System Reform   *Liu Chao , Zhang Guangbing* / 116

Abstract: Over the past decades, South-South cooperation has achieved fruitful results in the fields of economy, technology, information, human resources, etc. It has greatly promoted the economic and social development of developing countries and the reform of the international political and economic order. Under the background of the reform of the global governance system, South-South cooperation is facing many old and new problems, and also presents new trends. Strengthening South-South cooperation is of great significance for promoting the reform of the global governance system. In order to adapt and promote the reform of global governance system, we should strengthen South-South cooperation by enriching the content of South-South cooperation, strengthening the institutional nature of South-South cooperation, docking South-South cooperation with national development strategies and optimizing South-South and North-South cooperation relations.

Keywords: South-South Cooperation; The Reform of Global Governance System; New Trends

B. 9   The Role and Status of the BRICS Countries in Promoting

the South-South Cooperation   *Zheng Dailiang* / 132

Abstract: Based on the development of South-South cooperation and the BRICS countries, this paper discusses that the BRICS countries are the model leaders, reform innovators and powerful "hematopoietic" who promote South-South cooperation. It explains the BRICS countries have an irreplaceable important position in promoting South-South cooperation with unique political identity, and strong economic strength, market influence and international influence, etc. At the same time, this paper further analyzes the difficulties that the BRICS countries need to face in participating in global governance and promoting South-South cooperation, and proposes the basic direction and reform measures to further strengthen pragmatic cooperation.

Keywords: BRICS; South-South Cooperation; Global Governance; Equality and Mutual Benefit

B. 10 Comprehensive Paths to Boost South-South Cooperation

by BRICS *Zhu Tianxiang, Wang Yuhang* / 147

Abstract: As the typical representatives of the emerging markets and developing countries in the rising process, it is of great practical significance for BRICS to promote South-South cooperation in the new era through three major paths. Firstly, expanding and deepening the substantive cooperations among BRICS countries is the core path, which will lay a solid foundation for South-South cooperation at both the domestic and international levels as well as in the political and economic fields. Secondly, creating and enlarging the dialogues and cooperations between BRICS and the other emerging markets and developing countries is the expanded path, which will enrich the partnership networks of South-South cooperation through the "BRICS +" mechanism. Finally, guiding and improving political dialogues and economic cooperations between the countries of the South and the North is the extended path, which will strive to build a community of South and North with shared destiny to provide a better external environment for South-South cooperation. The above three major paths are relatively independent while interrelated to each other, which helps BRICS to promote an effective, orderly and favorable new situation of South-South cooperation.

Keywords: BRICS; South-South Cooperation; Core Path; Expanded Path; Extended Path

B. 11 South-South Cooperation Model Innovation: From the

Perspective of BRICS + *Tian Xu* / 161

Abstract: Bound by unreasonable international political and economic institutions, the South-South Cooperation (SSC) that emerged in the second half of the twentieth century did not bring the expected development to the global South. Since the new millennium, the rapid development of emerging economies, especially the BRICS countries, has impacted the existing international political and economic structure. As a leading model of SSC, the achievements and influence of the BRICS cooperation have continued to develop. The establishment of the 'BRIC Plus' mechanism has further enhanced the openness of BRICS cooperation to other Southern countries and has provided ideational and institutional support for making the BRICS cooperation the most representative platform for SSC in the coming period.

Keywords: BRICS Plus; New South-South Cooperation; Innovation

B. 12　Building a Community with a Shared Future for the BRICS Countries　　　　　　　　　　　　　　　　*Lu Jing* / 174

Abstract: BRICS countries is a group of emerging powers with significant international influence in the world today. Building BRICS community of shared future has practical value and historical significance not only for building a community of shared future for mankind but also for promoting sustainable cooperation among BRICS countries. The BRICS has developed into a community of interests in the past more than ten years cooperation, and the partnership and the BRICS spirit formed in the process of cooperation have laid the foundation for building the BRICS community. Meanwhile, changes in the internal and external situation faced by BRICS countries are the important conditions for building the BRICS community. The content of BRICS community mainly includes four aspects: to establish a partnership based on equality, joint-discussion and mutual understanding; to seek a development prospects of openness, innovation and win-win cooperation; to promote harmonious exchanges with civilizations; to build a global governance structure on the principle of extensive consultation, joint contribution and shared benefits. The BRICS community of shared future will be built mainly through the innovation and perfecting of cooperation institutions by adhering to principles of the wholeness, sovereignty, inclusive democracy and shared responsibility.

Keywords: BRICS Countries; A Community of Shared Future; Sustainable Cooperation Among BRICS Countries

B. 13   South-South Cooperation in the Global Energy Cooperation System   *Feng Xiaoqi, Wan Jun* / 187

Abstract: Cooperation in energy industry is an important area of South-South cooperation. The supply and demand pattern of the international energy market has changed greatly in recent years. This has had a profound impact on the cooperation of developing countries in the field of energy. Through bilateral or multilateral mechanisms, The developing countries have established a series of international platforms for the cooperation in energy sector, and have carried out extensive cooperation in areas such as ensuring energy security, developing and utilizing clean energy, and promoted the continuous improvement of the global energy governance. South-South cooperation in energy sector has made great progress, but it also faces some problems and challenges. As the largest developing country in the world, China is becoming more and more important in the South-South cooperation and is playing an active role in promoting energy cooperation in energy sector among the developing countries.

Keywords: South-South Cooperation; Global Energy Governance; BRICS

B. 14   The Driving and Exemplary Role of BRICS Cooperation in Global Poverty Governance   *Tu Zhiming* / 200

Abstract: As a part of global sustainable development, poverty is increasingly becoming a focus of concern. After cold war, not only have poverty problems not been resolved with the deepening of globalization, but they show new features such as imbalance among regions, intimate dependency of resources and relevance of conflicts. Through acting in concert, their respective economic development and bilateral/multilateral cooperation, BRICS has been playing great role towards global governance of poverty. In the future, in order to resolve global governance of poverty with experience from BRICS, the point centers on some respects including multi-levels systems of governance based on sovereignty state, just and equal developmental partnership and long-term stable institutional framework.

Keywords: International Poverty; Global Governance; BRICS; Norms

B. 15　South-South Cooperation and Global Financial Governance Reform　　　　　　　　　　　　　　*Xu Chao*, *Yu Pinxian* / 214

Abstract: After the global financial crisis in 2008, Western countries suffered heavy losses. The liberal capitalism model represented by the "Washington Consensus" was widely criticized. In their reflection on the crisis, the vast number of developing countries have further recognized that South-South cooperation plays an important role in promoting the development of their own country and promoting global governance. As part of global governance, the traditional global financial governance model is too fragile and fragmented. It is difficult to prevent the outbreak of regional and global financial crises and has caused widespread dissatisfaction in the South. Although the international community has promoted a series of institutional and institutional reforms in recent years and the global financial system has become more inclusive, it still cannot meet the expectations and demands of the South. The South countries, especially the BRICS countries, have also made a series of attempts to achieve reforms in global financial governance and have achieved phased results. An important goal of the southern countries' participation in global financial governance is to promote South-South cooperation. How to promote South-South cooperation and promote the development of the South are the common goals of the South countries.

Keywords: South-South Cooperation; Global Financial Governance; BRICS Countries Financial Crisis

Abstract: The future sustainable development of BRICS countries must rely on institutional arrangements of technology innovation policies. Construct the three-dimensional comparative research framework of technology innovation policy objectives, instruments and execution of BRICS countries, and comprehensively compare the policy design of the BRICS countries, that is, compare the existing technology innovation policy distribution of the BRICS countries from the spatial and horizontal aspect, and compare the differences in technology innovation policies between BRICS countries in four stages as well as full stage along the time axis, and explore the regulations and differences in the evolution of technology innovation policies of the BRICS countries. Based on the analysis results, the paper proposes that scientifically construct China's technology innovation policy system from three dimensions: policy objectives, policy instruments and policy execution: ①creating a mission-oriented policy objective with a Chinese-style competition paradigm and pursuing horizontal diffusion of knowledge; ② coordinating the design of supply-oriented policy instruments, rationally arranging environment-oriented policy instruments, and vigorously promoting demand-oriented policy instruments; ③strengthening the sustainability of technology innovation policy execution and ensuring the effectiveness of technology innovation policies.

Keywords: Technology Innovation Policy; Comparative Study; BRICS

Abstract: With the rise of emerging countries, the scope of global south-south cooperation is being expanded from mainly political cooperation to broadly economic, social, cultural and other areas. Differing from the traditional south-south cooperation, the present south-south cooperation features the characteristics of sharing developmental experience and mutual benefit. Agriculture development has always been the focus of the south-south cooperation. South-south cooperation in agriculture is now combined the modalities of bilateral cooperation and more increasingly trilateral cooperation. China has been adhering to the fundamental principles of global south-south cooperation, especially in agricultural sector. China is becoming the significant participator, leading power and contributor to innovate modalities and approaches of south-south cooperation.

Keywords: South-South Cooperation; Agricultural South-South Cooperation; China's Engagements

B. 18   Think Tanks should Support and Lead
BRICS Cooperation   *Xu Lu , Li Gang / 264*

Abstract: The development of the BRICS countries is inseparable from the intellectual support of think tanks. Think tanks are contributors to the BRICS cooperation mechanism. With the deepening of BRICS cooperation, Think tanks have new opportunities and development needs. This report reviews the historical context of BRICS cooperation mechanism, focuses on the status of BRICS Think tanks cooperation and the development of Think tanks. It puts forward four suggestions for think tank cooperation and think tank development, which are expanding the think tank dialogue cooperation platform with "BRIC +" mode, optimizing results and deepening the sharing of think tank results, setting up valid information channels and participating in public decision-making in all aspects, enhancing collaborative innovation and improving the ability of social think tanks to co-govern.

Keywords: BRICS Cooperation; Think Tank Cooperation; The Role of Think Tanks; BRICS +; Optimizing Results

B. 19   The Belt and Road Initiative and Its Impact on

Abstract: As a spirit, a mechanism, a system design, an idea, and a propulsion of economic development models and impetus, the Belt and Road Initiative helps to offernewthoughtsfor strategic docking, complementary advantages, interconnectionof infrastructure and inclusive development among nations alongside the Belt and Road Initiative, serving as a new cooperation platform. The Belt and Road Initiative is conducive to shaping the world economy of development innovation, interconnected growth and interest integration for BRICS countries. It requires firmly maintaining and developing the open world economy, cultivating the awareness of a community of shared future for mankind, and building a global value chain of shared interests, fostering a big global market that benefits all parties to achieve the development of mutual benefits and win-win results for BRICS countries. The BRICS countries with the Belt and Road Initiative can deepen cooperation in terms of capacity cooperation, economic and trade rules, political security, people-to-people exchanges, environmental protection, etc. and realize the docking development between the Belt and Road Initiative and the BRICS countries.

Keywords: The Belt and Road Initiative; BRICS Cooperation; China

B. 20   Legalrisks in China's Investment in the BRICS States and

Abstract: Encouraging Chinese domestic surplus capital and advantage industries to invest in other countries of BRICS is not only the inevitable trend of the international movement of economic factors, but also an important way to enhance China's discourse power. Due to the differences of political systems, legal regimes and law systems caused by the different national conditions of these countries, Chinese investments in their territory are facing many kinds of risks, including legal risks. This article studied on the domestic and international legal risks and their main manifestations of Chinese outward direct investments (ODI) in these countries, and hereby presented systematic and diversified countermeasures at the national level including both legal precautions and remedies for the protection of Chinese ODI.

Keywords: BRICS; Chinese ODI; Legalrisks; Countermeasures

B. 21   A Study on the Supply and Demand of Public Finance Products of the BRICS Countries   *Zhou Shuai* / 313

Abstract: The essence of financial cooperation in BRICS is the supply of international financial public products. Under the framework of international financial public goods supply, this paper analyzes the construction of the BRICS New Development Bank and the BRICS Emergency Reserve Arrangement from the perspective of international financial stability and international financial efficiency; and puts forward concrete suggestions for its future development and inclusiveness enhancement. In addition, it also looks forward to the new opportunities of BRICS international financial cooperation under the background of financial technology development in the new period.

Keywords: BRICS; International Financial Public Goods; Financial Technology

B. 22   Risks and Obstacles in People-to-people Exchanges Among the BRICS Countries

Chen Huaqiao, Zhu Tianxiang and Zhang Qing, etc. / 327

Abstract: As the third pillar of BRICS cooperation, people-to-people exchanges have received increasing attention. Its implementation witnessed the insufficient support provided by people-to-people exchanges to strengthened BRICS cooperation and the public opinion consolidation. Certain risks reside in subjective and objective conditions, implementation, effectiveness and evaluation mechanism. In order to overcome these obstacles, BRICS countries need to bridge the gap, overcome self-centeredness, make concerted efforts among multiplayers, strengthen brand awareness, and upgrade the evaluation system for people-to-people exchanges. BRICS countries need to explore effective ways of people-to-people exchanges and reinforce pragmatic cooperation.

Keywords: BRICS; People-to-people Exchanges; Risk; Obstacle; Method

B. 23 The Role of BRICS in Africa's Industrialization *Yu Jia* / 341

Abstract: The African continent is facing the challenges of de-industrialization. This paper starts with an analysis of the history, status quo and characteristics of the investment of the five BRICS countries in African countries, and proposes quantitative and feasible targets and roadmaps for the role of BRICS in the process of industrialization in Africa. It is proposed to establish a coordination mechanism between the BRICS and the industrialization of Africa, with particular emphasis on the special role of the BRICS New Development Bank and cooperation with the African Development Bank. Further, the BRICS countries should support African countries industrialization based on their own strengths and development experiences so to promote the African equivalent of emerging countries similar to BRICS in order to achieve the 2030 Sustainable Development Goals and the realization of the African Union's 2063 Agenda.

Keywords: BRICS; Industrialization; Sustainable Development Goal; New Development Bank

B. 24 The Opportunities and Challenges of the BRICS Cooperation in Digital Economy *Tan Youzhi, etc.* / 358

Abstract: As the transformation from the real economy to the new economy whose main content is digital economy, digital economy receiving global concern has increasingly became the new economy, new business forms and new momentum. BRICS countries, as emerging economies, should seize the opportunity to build their own advantages and create a new regional cooperation model in the tide of digital economic development. This paper makes a systematic analysis of BRICS digital economic development through the scores and rankings of environmental index, infrastructure readiness index, utilization index and impact index and summarizes the situation of BRICs in the field of digital economic cooperation. On this foundation, This paper points out the challenges faced by BRICs in the field of digital economic cooperation, and puts forward corresponding suggestions for advancing the digital cooperation of BRICs.

Keywords: BRICS; Digital Economy; Cooperation among BRICS Countries

B. 25　Digital Economy-cooperation in BRICS Countries: Current Situation, Issues and Prospects

He Yi, Jing Wenjun and Sun Baowen / 382

Abstract: As emerging market countries with high international influence, the BRICS countries have actively explored cooperation in the digital economy in recent years. This paper analyzes the status quo, existing problems and development prospects of the digital economy in the BRICS countries from the aspects of infrastructure, industrial digitalization and policy environment. It is pointed out that the current BRICS cooperation in the digital economy still has problems such as large differences in infrastructure construction, cross-border e-commerce trade barriers, inadequate network security technologies, and imperfect international policies. On this basis, it proposes to strengthen the digital economic infrastructure construction of the BRICS countries, to deepen the integration of digital technologies for the mutual benefit and win-win of the BRICS countries, to promote the development of digital network security shared by the BRICS countries, and to establish a peaceful and friendly cooperation system among the BRICS countries.

Keywords: BRICS; Digital Economy; Cooperation Status; Development Prospects

B. 26 Humanistic Characteristics of the BRICS Countries and Their Influence on BRICS Cooperation

Guo Shuyong, Sun Qinmei and Liu Yu, etc. / 397

Abstract: At present, the phenomenon of counter-globalization is serious. As an important representative of emerging market countries and developing countries, the BRICS countries have become an important force in global economic governance. The upgrading of cooperation between the BRICS countries in terms of economic and trade finance, political security, and humanities exchanges is essential for common development, multilateralism, and maintaining global fairness and justice. Taking humanistic characteristics as a breakthrough to analyze the advantages and disadvantages of the conditions of cooperation, it is more likely to produce subtle influences and quiet results for the BRICS cooperation, and is more conducive to the realization of inclusive development and seeking common ground while reserving differences. Due to the geographical, historical, religious, ethnic, and demographic differences of the BRICS countries, their humanistic characteristics are also diverse. This paper clarifies the beneficial and obstructive humanistic characteristics of between Russia, India, Brazil, South Africa and China and the factors that may potentially affect the BRICS cooperation. It is hoped that the humanities will find an efficient way of cooperation in BRICS.

Keywords: BRICS Cooperation; Humanistic Characteristics; Seeking Common Ground While Reserving Differences; Inclusive Development

B. 27 Policy Advice on Deepening BRICS Trade Cooperation

Lan Qingxin, Jiang Feng / 412

Abstract: BRICS countries have gradually become an important contributor to global economic growth. The foundation for world economic recovery is not solid and the trend against globalization is on the rise. Protectionist measures, mainly led by the United States, frequently occur. The sustainable development of global economy and trade is facing severe challenges. Under the circumstance, it is necessary to deepen the BRICS trade cooperation and seek common ground and reserve difference. We need to establish an all-rounded BRICS cooperation mechanism with closer trade tie and give full play to the exemplary effect of BIRCS cooperation, to guide the common development of developing countries and promote reform of the global economic governance mechanism. At present, trade among BRICS countries is growing rapidly, along with the contradiction of imbalance trade, trade vertical structure, trade protectionism, imperfection of BRICS countries trade cooperation mechanism. Meanwhile the factors that restricts the deepening of BRICS trade cooperation include the frequently occurrence of international trade protectionism, geopolitical game, various economic interests, export competition of competitive product, and the polarized economic growth. In this regard, the following policies should be adopted. We should strengthen mutual political trust and synergize national strategies to consolidate consensus on cooperation, as well as promote trade facilitation cooperation among BRICS countries to complement trade advantages of each other. Next, we are encouraged to establish a BRICS trade dispute settlement mechanism, enhance the efficiency of trade cooperation and innovate the content and mode of trade cooperation with other BRICS countries. We can also adjust the structure of trade to improve the cooperation and promote the green trade cooperation and development of BRICS countries. Then, we will build a dual-circulation value system with BRICS countries as the hub so as to strengthen trade cooperation initiative, as well as boost infrastructure construction and explore domestic demand. What else we may do covers proactively participation in the formulation of international economic and trade rules and safeguarding common trade interests. Last but no least, building an exchange platform for BRICS think tanks to provide intellectual support for deepening economic and trade cooperation will be taken into consideration.

Keywords: BRICS; Trade Cooperation; Policy Suggestions

B. 28   How can China Participate in Global Governance with

BRICS Cooperation   *Yang Na* / 426

Abstract: The uncertainties in International Relations have been increase, which require national states and institutions at global level take active measures. Western developed countries take on the tendencies of returning protectionism and shrinking in global governance. Emerging countries have become vital actors in global governance, BRICS institution represents the appeals and interests of developing countries, and is the platform of attending global governance practice. China as important member of BRICS, is seeking how to participate into the process of global economic, financial, ecological and development governance effectively along with concentrating members strength. China is also to explore the way to achieve the conjunction point among national interest, BRICS members' appeals and demand of global governance, which not only replies the requirements of China providing more global public goods, but also helps promote BRICS to play more roles in global affairs.

Keywords: BRICS Cooperative Institution; Global Governance; Globalization; China's Role

B. 29   Strategic Significance of BRICS Cooperation in US-China

Trade Friction   *Fang Changping, Hu Wei* / 440

Abstract: At present, the trade friction between the two largest economies has won world wide attention. In order to ensure its own economic and trade interests、industrial advantages and the leading place in world political and economy, the United States frequently initiated sanctions against China, which also triggered China's countermeasures. We can judge the perspective of China-US economic and trade relation development that the friction between China and the United States at the traditional fields will continue and the competition in emerging industries will increase, in term of the trend of China-US trade friction、the US political thought of "seek strength by interests"、the Structure of trade between the two countries and the prospects of relevant industries. China -US trade friction is a microcosm of the global economic competition between developed industrial countries and emerging economies-developing countries. China-US trade friction highlight the strategic importance of BRICS cooperation. The BRICS grew from a concept to a political and economic entity owing to the help from its historical origins、practical development and real needs. China not only can cope with China-US trade frictions through the cooperation of BRICS countries, but also can consolidate and deepen bilateral relations, improve and develop the BRICS mechanism by build a system that has multi-level members、standing organs and all-around coordinating mechanism. At the same time, with the help of the BRICS platform, we can uphold and improve the globalization and World Trade system, create a new global governance system in political、economic and social level, enrich the connotation and practice of "a community of shared future for mankind".

Keywords: China-US Trade Friction; BRICS; Continued Cooperation Among BRICS Countries; Strategic Importance

社会科学文献出版社

皮书系列

✤ 皮书起源 ✤

"皮书"起源于十七、十八世纪的英国,主要指官方或社会组织正式发表的重要文件或报告,多以"白皮书"命名。在中国,"皮书"这一概念被社会广泛接受,并被成功运作、发展成为一种全新的出版形态,则源于中国社会科学院社会科学文献出版社。

✤ 皮书定义 ✤

皮书是对中国与世界发展状况和热点问题进行年度监测,以专业的角度、专家的视野和实证研究方法,针对某一领域或区域现状与发展态势展开分析和预测,具备原创性、实证性、专业性、连续性、前沿性、时效性等特点的公开出版物,由一系列权威研究报告组成。

✤ 皮书作者 ✤

皮书系列的作者以中国社会科学院、著名高校、地方社会科学院的研究人员为主,多为国内一流研究机构的权威专家学者,他们的看法和观点代表了学界对中国与世界的现实和未来最高水平的解读与分析。

✤ 皮书荣誉 ✤

皮书系列已成为社会科学文献出版社的著名图书品牌和中国社会科学院的知名学术品牌。2016 年,皮书系列正式列入"十三五"国家重点出版规划项目;2013~2019 年,重点皮书列入中国社会科学院承担的国家哲学社会科学创新工程项目;2019 年,64 种院外皮书使用"中国社会科学院创新工程学术出版项目"标识。

中国皮书网

（网址：www.pishu.cn）

发布皮书研创资讯，传播皮书精彩内容
引领皮书出版潮流，打造皮书服务平台

栏目设置

关于皮书：何谓皮书、皮书分类、皮书大事记、皮书荣誉、
皮书出版第一人、皮书编辑部

最新资讯：通知公告、新闻动态、媒体聚焦、网站专题、视频直播、下载专区

皮书研创：皮书规范、皮书选题、皮书出版、皮书研究、研创团队

皮书评奖评价：指标体系、皮书评价、皮书评奖

互动专区：皮书说、社科数托邦、皮书微博、留言板

所获荣誉

2008 年、2011 年，中国皮书网均在全国新闻出版业网站荣誉评选中获得"最具商业价值网站"称号；

2012 年,获得"出版业网站百强"称号。

网库合一

2014 年，中国皮书网与皮书数据库端口合一，实现资源共享。

权威报告·一手数据·特色资源

皮书数据库
ANNUAL REPORT(YEARBOOK)
DATABASE

当代中国经济与社会发展高端智库平台

所获荣誉

- 2016年，入选"'十三五'国家重点电子出版物出版规划骨干工程"
- 2015年，荣获"搜索中国正能量 点赞2015""创新中国科技创新奖"
- 2013年，荣获"中国出版政府奖·网络出版物奖"提名奖
- 连续多年荣获中国数字出版博览会"数字出版·优秀品牌"奖

成为会员

通过网址www.pishu.com.cn访问皮书数据库网站或下载皮书数据库APP，进行手机号码验证或邮箱验证即可成为皮书数据库会员。

会员福利

- 已注册用户购书后可免费获赠100元皮书数据库充值卡。刮开充值卡涂层获取充值密码，登录并进入"会员中心"—"在线充值"—"充值卡充值"，充值成功即可购买和查看数据库内容。
- 会员福利最终解释权归社会科学文献出版社所有。

数据库服务热线：400-008-6695
数据库服务QQ：2475522410
数据库服务邮箱：database@ssap.cn
图书销售热线：010-59367070/7028
图书服务QQ：1265056568
图书服务邮箱：duzhe@ssap.cn

社会科学文献出版社 皮书系列
SOCIAL SCIENCES ACADEMIC PRESS (CHINA)
卡号：528463669459
密码：

S 基本子库
UB DATABASE

中国社会发展数据库（下设 12 个子库）

　　全面整合国内外中国社会发展研究成果，汇聚独家统计数据、深度分析报告，涉及社会、人口、政治、教育、法律等 12 个领域，为了解中国社会发展动态、跟踪社会核心热点、分析社会发展趋势提供一站式资源搜索和数据分析与挖掘服务。

中国经济发展数据库（下设 12 个子库）

　　基于"皮书系列"中涉及中国经济发展的研究资料构建，内容涵盖宏观经济、农业经济、工业经济、产业经济等 12 个重点经济领域，为实时掌控经济运行态势、把握经济发展规律、洞察经济形势、进行经济决策提供参考和依据。

中国行业发展数据库（下设 17 个子库）

　　以中国国民经济行业分类为依据，覆盖金融业、旅游、医疗卫生、交通运输、能源矿产等 100 多个行业，跟踪分析国民经济相关行业市场运行状况和政策导向，汇集行业发展前沿资讯，为投资、从业及各种经济决策提供理论基础和实践指导。

中国区域发展数据库（下设 6 个子库）

　　对中国特定区域内的经济、社会、文化等领域现状与发展情况进行深度分析和预测，研究层级至县及县以下行政区，涉及地区、区域经济体、城市、农村等不同维度。为地方经济社会宏观态势研究、发展经验研究、案例分析提供数据服务。

中国文化传媒数据库（下设 18 个子库）

　　汇聚文化传媒领域专家观点、热点资讯，梳理国内外中国文化发展相关学术研究成果、一手统计数据，涵盖文化产业、新闻传播、电影娱乐、文学艺术、群众文化等 18 个重点研究领域。为文化传媒研究提供相关数据、研究报告和综合分析服务。

世界经济与国际关系数据库（下设 6 个子库）

　　立足"皮书系列"世界经济、国际关系相关学术资源，整合世界经济、国际政治、世界文化与科技、全球性问题、国际组织与国际法、区域研究 6 大领域研究成果，为世界经济与国际关系研究提供全方位数据分析，为决策和形势研判提供参考。

法律声明

　　"皮书系列"（含蓝皮书、绿皮书、黄皮书）之品牌由社会科学文献出版社最早使用并持续至今，现已被中国图书市场所熟知。"皮书系列"的相关商标已在中华人民共和国国家工商行政管理总局商标局注册，如 LOGO（ ▯ ）、皮书、Pishu、经济蓝皮书、社会蓝皮书等。"皮书系列"图书的注册商标专用权及封面设计、版式设计的著作权均为社会科学文献出版社所有。未经社会科学文献出版社书面授权许可，任何使用与"皮书系列"图书注册商标、封面设计、版式设计相同或者近似的文字、图形或其组合的行为均系侵权行为。

　　经作者授权，本书的专有出版权及信息网络传播权等为社会科学文献出版社享有。未经社会科学文献出版社书面授权许可，任何就本书内容的复制、发行或以数字形式进行网络传播的行为均系侵权行为。

　　社会科学文献出版社将通过法律途径追究上述侵权行为的法律责任，维护自身合法权益。

　　欢迎社会各界人士对侵犯社会科学文献出版社上述权利的侵权行为进行举报。电话：010-59367121，电子邮箱：fawubu@ssap.cn。

社会科学文献出版社